LO STRAORDINARIO POTERE DELLE CANDELE

Osiris

LO STRAORDINARIO POTERE DELLE CANDELE

Giovanni De Vecchi Editore – Milano

Nonostante la massima cura posta nella redazione di quest'opera, né l'editore né gli autori possono assumersi alcuna responsabilità per le informazioni fornite nel testo. Si consiglia, in caso di problemi specifici – spesso unici – di ogni singolo lettore, di consultarsi con persona qualificata per ottenere le informazioni più complete, più precise e più aggiornate possibili.

Progetto grafico della copertina: Design Simona Peloggio

Foto di copertina di Simona Peloggio

Traduzione dallo spagnolo di Carla Gabriella Gambaro

INTRODUZIONE

Negli ultimi anni le candele, come mezzo di illuminazione con significato magico e rituale, hanno riconquistato quell'importante ruolo che avevano avuto in passato e che poi si era andato perdendo.
Se nelle civiltà antiche le candele venivano utilizzate per magnificare e adorare le divinità, fu la religione cristiana a consacrarle definitivamente nella storia. È stato in effetti proprio questo uno dei pochi ambiti in cui, nel corso dei secoli, le candele non hanno mai perso la loro funzione e, comunque, da qualche anno sono tornate a essere un elemento magico essenziale nella celebrazione di ogni tipo di rituale legato alle credenze umane.
In tale contesto, oggi le candele si vendono sia nelle chiese sia nei negozi specializzati, e l'acquirente è sempre più esigente riguardo a tipi, colori, forme e dimensioni. Le ragioni di tutto questo sono molteplici e spesso contrastanti.
Vi è per esempio chi preferisce svolgere le pratiche religiose nell'intimità della propria casa e a questo scopo si allestisce i propri piccoli altari, di fronte ai quali pregare i diversi santi.
Altri praticano rituali magici, invocano un determinato spirito affinché li aiuti o li protegga, si propiziano l'amore o la salute. Questi ultimi sanno, o intuiscono, che il colore della candela, il giorno della settimana in cui si svolge il rituale e addirittura la disposizione dei singoli elementi che fanno parte della cerimonia possono influire sul risultato dell'invocazione e sul raggiungimento dell'obiettivo. Lo scopo di questo libro è proprio quello di illustrare tali pratiche.

LE CANDELE E LA LUCE INTERIORE

Quali sono le intime motivazioni che portano una persona a utilizzare una candela nelle proprie preghiere, orazioni o divinazioni? Naturalmente, è impossibile stabilire le singole motivazioni di ciascuno; tuttavia, in generale si può dire che tutti cerchiamo una risposta in una dimensione che trascende quella umana. Ogni persona cerca una luce, una guida, qualcosa di superiore in cui credere, a cui chiedere; e perché dunque non farlo attraverso una candela, utilizzando il fuoco come elemento purificatore?
Nella religione cristiana la luce è sempre stata considerata simbolo dell'unione tra l'uomo e Dio, così come nelle antiche civiltà lo era il fuoco, elemento spirituale ed energia rinnovatrice della natura.
E proprio fuoco e luce sono i due elementi che caratterizzano la candela, uno strumento creato dall'uomo, il quale, nel suo cammino di ricerca del significato del proprio essere, trae aiuto da questo oggetto per plasmare il proprio destino. Una persona accende la candela affinché, tra le altre cose, questa illumini il suo percorso di liberazione spirituale.
Le ragioni di questa tendenza, ormai sempre più diffusa, sono probabilmente da ricercarsi nell'attuale sistema di vita, imposto dal progresso scientifico e tecnologico dell'umanità.
In generale al giorno d'oggi la nostra esistenza, le esigenze dettate dalla società e i rapporti che in essa si instaurano non ci consentono di fare una pausa nel nostro cammino, di soffermarci a riflettere sull'essenza dell'essere, sulla spiritualità; ma d'altra parte questi aspetti, comuni a tutte le civiltà, non possono essere dimenticati tanto facilmente, dal momento che fanno quasi parte dell'eredità genetica del genere umano.
Neppure i più importanti scienziati e filosofi della storia dell'umanità sono riusciti a dimostrare l'inesistenza di Dio, o di un essere spirituale inaccessibile alla specie umana.
È così che, seguendo un sentiero tracciato dalla società in cui dominano la razionalità e lo scientismo e in cui è stato abbandonato l'interesse per la dimensione spirituale, nasce il desiderio di riprendere, deliberatamente, il cammino della ricerca interiore. E in questo le candele possono essere di aiuto.

UN RITO MILLENARIO

Le candele possono svolgere la funzione che in passato avevano le stelle.

Dalla primitiva contemplazione delle stelle e degli astri, che portava a un'infinita serie di domande senza risposta, si è giunti alla scoperta di nuovi pianeti e galassie, sono stati messi in orbita sa-

Intorno al fuoco, nelle caverne, gli uomini primitivi incominciarono a celebrare rituali e a realizzare disegni che sono considerati gli antecedenti delle pratiche magiche

telliti, l'uomo è approdato sul suolo lunare e vari mezzi di esplorazione navigano nell'universo in cerca di una soluzione a interrogativi tuttora insoluti, a enigmi inspiegabili.
Allo stesso modo, la persona che accende una candela la utilizza, nel profondo del suo essere, come strumento per effettuare un'analisi introspettiva. Impara a conoscere se stessa, elabora il proprio sistema di valori e il proprio modo di pensare e, alla fine, intraprende il proprio cammino alla ricerca di una conoscenza più profonda, seguendo una luce che funga da guida e orientamento.
Fin dall'antichità più remota gli stregoni, al calore e alla luce del fuoco, incominciarono a dipingere mani, cerchi, figure enigmatiche, animali colpiti da frecce e tutta una serie di simboli che facevano parte di diversi rituali magici. Si può supporre che intorno a queste figure si riunissero i membri della tribù per celebrare cerimonie il cui scopo era quello di invocare il favore degli dei nelle giornate di caccia. Le pitture rupestri possono dunque essere considerate come la prima manifestazione magica alla luce del fuoco.
Successivamente, con l'avvento del cristianesimo, la candela assunse nuove connotazioni, in parte derivanti dagli antichi rituali pagani.
Alcuni secoli più tardi, nel corso del Medioevo, l'esoterismo conobbe un nuovo impulso, e da allora la candela è tornata a essere un elemento chiave nella celebrazione dei riti esoterici.

UN LIBRO PRATICO

Nelle pagine seguenti illustreremo come le candele possono essere utilizzate e quali effetti riesca a produrre l'invocazione per mezzo di una candela; saranno inoltre esaminati i colori e la loro utilità, i rituali, gli oracoli, le superstizioni e il metodo di fabbricazione delle candele.
Questo libro spiega come sia possibile, grazie al recupero di antiche tradizioni, utilizzare una candela quale strumento per raggiungere nuove mete nella spiritualità dell'essere umano, e come il suo simbolismo magico possa essere di aiuto nel percorrere l'intricato cammino della propria realizzazione personale.

UNA STORIA MOLTO ANTICA

L'origine delle candele risale alla storia stessa del fuoco, una delle più importanti scoperte dell'umanità.
L'antichità del fuoco è testimoniata dal fatto che attualmente non esiste alcun popolo "primitivo" che non lo conosca; inoltre tutte le popolazioni della terra sono in grado di "produrre il fuoco", con la sola eccezione degli andamani (sembra però che questa conoscenza sia andata perduta nel corso della loro storia).
Se crediamo ai numerosi miti e leggende a proposito del fuoco, dovremo convenire sul fatto che la sua scoperta non fu una delle prime effettuate dall'uomo.
Il processo seguito dall'uomo primitivo potrebbe essere stato il seguente: in un primo momento osservò il fuoco come uno dei tanti fenomeni della natura – considerati dono o castigo divino – che si manifestava sotto forma di scintille, eruzioni vulcaniche, incendi provocati da fulmini ecc.; in un secondo momento riuscì probabilmente a trovare il modo di conservare e alimentare tale fenomeno, allora considerato magico secondo una convinzione tramandata poi per diversi secoli; infine, arrivò a "produrlo" per mezzo di vari e molteplici sistemi.
La scoperta e il successivo utilizzo del fuoco ebbero numerose e utili conseguenze. La luce e il calore offrirono all'uomo la possibilità di non vivere più nell'oscurità e di combattere il freddo; ciò consentì anche all'umanità di spingersi in luoghi assolutamente inospitali, quali, per esempio, le regioni polari. Il fuoco divenne inoltre un'arma di difesa, sia contro gli animali sia contro gli appartenenti ad altre tribù. Servì poi per cuocere i cibi e, alimenta-

to dal grasso animale, incominciò a brillare – magico ed eterno – nelle primitive lampade di pietra, che possono essere considerate le "antenate" delle candele.
Grazie a tutte queste caratteristiche, e dal momento che serviva per uccidere, ma al tempo stesso anche per curare, il fuoco incominciò a essere considerato come un elemento magico; contemporaneamente gli uomini primitivi, riuniti intorno ai primi falò della notte dei tempi, iniziarono senza dubbio a cercare di indovinarne i misteri.

UN ELEMENTO INSOSTITUIBILE

A partire dal momento in cui l'uomo imparò a dominare e a creare il fuoco, il suo uso acquistò un'enorme importanza. Tutte le civiltà si sono servite del fuoco per esercitare il proprio dominio ed espandere la propria influenza su altri popoli. Dalle primitive torce unte di grasso animale si passò alle fiaccole con resina, mentre i fuochi e i falò erano alimentati da legna. In seguito gli egizi, così come gli assiri, i fenici e più tardi anche i greci e i romani, utilizzarono l'olio come combustibile.
La luce, una delle prime conseguenze dell'utilizzo del fuoco, divenne un elemento di importanza primaria. Esistono prove del fatto che l'illuminazione nacque ad Atene, e più precisamente nei postriboli della città; curiosamente tale costume si ripeté nella civiltà romana. Inoltre, fu sempre Atene ad adottare, per la prima volta nella storia, l'illuminazione cittadina, in occasione di una celebrazione religiosa che aveva luogo una volta all'anno in onore degli dei Atena e Prometeo; questa è anche la prima testimonianza della presenza della luce su un altare per il culto.

LE PRIME CANDELE

È difficile stabilire quali furono le prime civiltà a creare e utilizzare le candele così come le conosciamo oggi; altrettanto difficile è ricostruire lo scopo originario per il quale furono prodotte.

È noto che già gli antichi druidi (sacerdoti celtici) istruivano i loro successori all'interno di caverne illuminate. È inoltre risaputo che la civiltà celtica fu tra quelle che utilizzarono con maggiore frequenza la luce e il fuoco nelle celebrazioni rituali dedicate alle divinità, come quelle del primo novembre (giorno di inizio dell'anno celtico) o del due febbraio (celebrazione in onore della dea Brigit); entrambe le festività furono poi adottate dalla religione cristiana rispettivamente come il giorno di Ognissanti e la festa della Candelora.
Anche gli etruschi utilizzavano già le candele, che fabbricavano con cera e sego, usando stoppa o giunco per lo stoppino. A Roma si faceva uso di grandi candele sugli altari dedicati alle divinità o anche per illuminare le dimore degli alti dignitari.
Secondo alcuni storici, fu in seguito alle persecuzioni dei cristiani da parte dei romani che la funzione principale della candela (servire da strumento di illuminazione) si arricchì di un significato magico e religioso. Già negli antichi dipinti delle catacombe erano raffigurate candele sugli altari dei martiri, e proprio questa sembra essere una delle origini dell'uso delle candele nella liturgia cristiana (anche se è più probabile che si sia trattato di un semplice adattamento delle abitudini pagane).
Altri storici attribuiscono invece alla tradizione ebraica l'utilizzo delle candele nelle cerimonie religiose e, in effetti, il candelabro a sette bracci è uno dei simboli più antichi di tale uso.
In quanto al cristianesimo – la religione che ha predominato in Occidente nel corso dei secoli – esiste un'abbondante ed esauriente documentazione circa l'esistenza e l'impiego delle candele nelle cerimonie. Nel III secolo d.C. venivano già utilizzate nei cortei funebri e durante i battesimi; successivamente alcuni papi ne proibirono l'uso nei cimiteri; nell'XI secolo si collocavano candele sugli altari e, più tardi, nelle cattedrali e nelle chiese più importanti si tenevano accese tutta la notte durante le festività più significative (Natale e Pasqua).
L'origine del cero pasquale risale a una colonna sulla quale il patriarca di Alessandria, dopo avere consultato gli astrologi, scriveva la data della prima domenica successiva al quattordi-

cesimo giorno della luna di marzo; la colonna veniva poi inviata al papa per ricevere la sua approvazione. Questa tradizione fu in seguito sostituita dal cero che viene acceso la notte di Pasqua.

Al giorno d'oggi le iscrizioni su candele non sono più una prerogativa delle pratiche religiose, ma appartengono anche alla celebrazione di invocazioni e di rituali magici.

ANTICHE CREDENZE A PROPOSITO DELLE CANDELE

L'uso delle candele risale dunque a tempi molto remoti, e ciò ha fatto sì che ogni civiltà, popolo e cultura, dando vita ai diversi rituali di cui si parlerà nei prossimi capitoli, abbia anche associato alle candele determinate credenze o, se si preferisce, superstizioni.
Di conseguenza, si sono andate sviluppando varie "teorie" a proposito degli aspetti più comuni della vita: la fortuna e la sventura, l'amore, il denaro, le forze del male, la morte, le avversità meteorologiche ecc. Alcune di queste verranno sinteticamente esaminate in questo capitolo.

AMORE

- Il vero amore si ottiene accendendo una candela di colore rosa il giorno di San Valentino (festa degli innamorati).

- Per attirare la persona amata bisogna collocare una candela rossa su una sua fotografia o disegno; occorre poi accenderla e farla consumare lasciando che la cera rimanga attaccata al ritratto della persona.

- Per ritornare a vedere la persona amata bisogna lasciare una candela accesa vicino alla finestra.

- Per riconquistare l'amore perduto occorre collocare su una fotografia o disegno della coppia che si è separata (o sulle due fotografie singole) una candela rossa e una rosa sistemate una accanto all'altra; si dovranno quindi accendere le due candele contemporaneamente e attendere che si consumino facendo aderire la cera disciolta ai ritratti.

- Per sapere chi deve compiere il primo passo in una riconciliazione amorosa si deve seguire lo stesso procedimento indicato per il caso precedente, osservando quale delle due candele si consuma per prima: se sarà la candela rosa dovrà essere lei a prendere l'iniziativa, viceversa il primo passo spetterà a lui.

- Se due innamorati si promettono eterno amore alla luce di una candela e questa non si spegne prima di essersi completamente consumata, l'amore durerà per sempre.

AVVERSITÀ METEOROLOGICHE

- Per allontanare il pericolo di tempeste si deve accendere una candela benedetta il giorno di San Lazzaro.

- Una candela che stenta ad accendersi o non si accende del tutto indica l'avvicinarsi di un temporale.

- Una fiamma molto chiara annuncia gelo o neve.

- Una candela che si spegne subito dopo essere stata accesa preannuncia l'arrivo di un forte vento.

- I temporali con molti fulmini sono annunciati dal continuo crepitio della fiamma della candela.

- Una candela accesa che produce scarso gocciolamento di cera indica l'avvicinarsi di una grave siccità.

FESTIVITÀ E CELEBRAZIONI

- Quasi tutte le torte di compleanno sono decorate con candele poiché in questo modo ci si assicura la fortuna fino al compleanno successivo.

- Le candele accese su un albero di Natale sono sinonimo di pace, allegria e felicità.

- A Natale in diversi paesi è ancora diffusa l'abitudine di collocare candele accese alle finestre per favorire l'arrivo di Babbo Natale.

- Se tutte le candeline accese su una torta di compleanno si spengono al primo soffio, il desiderio espresso si esaudirà.

- Accendere una candela rossa il giorno del solstizio d'inverno serve ad assicurarsi un intero anno di prosperità.

- Portare una candela accesa all'altare il giorno della Candelora favorisce la soluzione dei problemi.

Negli Stati Uniti, durante la notte di Halloween, si allontanano gli spiriti maligni con zucche svuotate all'interno delle quali vengono sistemate delle candele, secondo un'antica tradizione importata dalla Gran Bretagna

FORTUNA

- Porta fortuna accendere una candela al proprio santo protettore prima di incominciare la giornata lavorativa.
- Prima di inaugurare una casa nuova porta fortuna accendere una candela bianca al suo interno.
- È di buon auspicio lasciare consumare interamente una candela di colore verde profumata al vischio.
- Porta fortuna accendere una candela con fiammiferi di legno.
- È un buon segno se la fiamma brucia la candela in modo uniforme.

MATRIMONIO

- Per assicurarsi la felicità nel matrimonio si deve accendere una candela bianca il giorno delle nozze.
- Se invece durante la cerimonia nuziale si spegne una candela, il matrimonio sarà destinato al fallimento.
- Per sapere quale dei due coniugi morirà per primo, il giorno delle nozze si dovranno accendere due candele contemporaneamente: morirà per primo chi dei due avrà di fronte la candela che si spegne più rapidamente.
- Per verificare la fedeltà del coniuge bisogna accendere una candela nella stanza o nella zona della casa preferite dal presunto infedele: se la candela si spegne il tradimento è certo.
- Rompere una candela accidentalmente è indizio di futuro matrimonio.
- Il matrimonio entrerà in crisi se casualmente cadrà a terra una candela accesa.

MORTE

- Una candela che si spegne inaspettatamente prima di essersi consumata è considerata segno di morte imminente.

- Anche una fiamma di candela piccola e molto fumosa è ritenuta presagio di morte.

- Una candela nera accesa la notte di Ognissanti è associata a morte prematura.

- Il conservare in un cassetto una candela rotta si associa all'idea di morte accidentale.

- Una candela accesa che si spegne per un attimo e poi riprende a bruciare indica una morte temporanea (arresto cardiaco, catalessi ecc.).

PROSPERITÀ E RICCHEZZA

- Per attirare la prosperità e la ricchezza si dovrà accendere una candela di colore oro o giallo in una notte di luna piena, lasciandola poi consumare completamente.

- Diventerà ricco anche chi riceverà in regalo una moneta d'oro, un nastro rosso e una candela verde.

- Una candela dorata che, consumandosi, lascia un sedimento di forma circolare porta fortuna e ricchezza in casa.

- Quando la cera di una candela si scioglie in rivoli distinti che alla fine si riuniscono, la ricchezza e la fortuna sono assicurate.

- Se, viceversa, la cera scende in un unico rivolo che poi si ramifica, la rovina sarà totale.

SALUTE

- I rituali praticati con candele blu servono a ridurre lo stress e a curare le infezioni, le ustioni, la diarrea e la febbre.
- Il colore bianco aiuta le madri durante il periodo dell'allattamento, favorisce un rapido recupero nelle fratture ossee e allevia il mal di denti.
- Per celebrare rituali di fertilità e curare anemie, leucemie e paralisi è indicato l'uso di candele rosse.
- Accendere una candela rosa contribuisce a curare l'ansia, la depressione, i disturbi cardiaci, renali e uditivi.
- La candela verde può favorire la fertilità e risolvere i disturbi renali.
- I rituali praticati con candele viola favoriscono in generale la guarigione.
- Gli effetti benefici della candela di colore argento sono associati alla capacità di depurare il sistema linfatico e rafforzare quello nervoso.
- La candela gialla agisce positivamente sul sistema nervoso e sull'apparato respiratorio, e aiuta a sviluppare le capacità intellettive.
- La candela dorata protegge l'intero organismo e, in particolare, le vie biliari, il fegato, il pancreas, gli occhi e la testa.
- I piedi e gli organi genitali sono le parti del corpo maggiormente interessate dagli effetti benefici della candela marrone.

SFORTUNA

- Una candela che gocciola da un lato è indizio di sfortuna per chi si trova in quella direzione.

- Porta sfortuna lasciare consumare una candela in una stanza vuota.

- Spezzare una candela è segno di sventura, che sarà tanto maggiore quanti più saranno i pezzi della candela.

- È di cattivo auspicio accendere una candela da un fuoco o falò.

- Si crede che accendere candele di colore nero di martedì tredici porti sfortuna.

- Porta inoltre sfortuna accendere candele da cerimonia per altri fini.

SOGNI

- Sognare una candela rossa accesa è indizio di desiderio sessuale.

- Sognare una candela bianca è simbolo di amore puro e spirituale.

- Se in sogno appaiono candele di colore nero, la sventura si accanirà su chi le ha sognate.

- Sognare cinque candele di colore diverso è indizio di felicità futura.

- Sognare una candela dorata è presagio di fortuna imminente.

- Sognare una candela accesa, consumata a metà e con una grande quantità di cera sciolta intorno è sinonimo di un futuro felice.

SPIRITI E FANTASMI

- Collocare una candela accesa all'interno di una zucca vuota la notte che precede il giorno di Ognissanti allontana gli spiriti maligni.

- Accendere diverse candele la notte di San Giovanni serve a riconciliare la persona con gli spiriti invisibili.

- La fiamma azzurra di una candela indica la vicinanza di spiriti buoni.

- Accendere candele intorno a un defunto allontana gli spiriti maligni, permettendo così un felice passaggio nell'aldilà.

- Accendere candele nel momento della nascita e del matrimonio attira gli spiriti del bene.

- La fiamma molto allungata di una candela indica la presenza di uno spirito buono.

SPIRITUALITÀ E PSICHE

- Per celebrare rituali che riguardano l'attrazione tra le persone è consigliabile accendere candele gialle.

- Per favorire i sogni premonitori si usano candele di colore blu.

- Per i rituali divinatori e per alimentare la spiritualità si devono utilizzare candele bianche.

- Il color oro è adatto ai rituali volti ad attirare l'influenza delle forze cosmiche.

- Il grigio è il colore più indicato per contrastare le energie negative.

- Le candele di colore nero sono adatte per neutralizzare i malefici.

- Le candele rosa sono ideali per gli scongiuri legati all'amore e all'amicizia.

- I rituali con candele viola potenziano le manifestazioni della psiche.

ALTRE CREDENZE

- Per molto tempo nelle chiese si sono utilizzate esclusivamente candele di cera d'api, in quanto ritenute più pure.

- In passato si considerava presagio di future calamità il fatto che una persona che non fosse un sacerdote accendesse tre candele su un altare.

- Sempre in tempi antichi si collocava una candela accesa tra le dita di una persona morta impiccata per captarne i poteri magici.

- Alcune scintille prodotte da una candela indicano l'arrivo di notizie provenienti da lontano.

- Una fiamma molto allungata e priva di oscillazioni può preannunciare la visita di uno sconosciuto.

IL SIMBOLISMO DELLE CANDELE

In uno dei prossimi capitoli esamineremo dettagliatamente i colori delle candele, con il relativo significato e le varie applicazioni. Qui ci limiteremo invece a elencare in modo schematico le proprietà magiche dei colori delle candele, considerando inoltre il rapporto esistente tra candele e fasi lunari, segni zodiacali, giorni della settimana e pietre preziose. Questo capitolo servirà dunque da orientamento per tutti coloro che desiderano addentrarsi nel magico mondo delle candele, affinché possano incominciare a conoscerne alcuni segreti; segreti che hanno accompagnato la storia dell'uomo e che, al termine della lettura di questo libro, permetteranno anche al profano di essere iniziato alle particolari tecniche qui descritte.

LE CANDELE E I COLORI

Arancione: utilizzando candele di questo colore è possibile potenziare e stimolare le capacità energetiche.

Argento: analogamente al nero, neutralizza gli effetti negativi di scongiuri e rituali; serve inoltre per attirare la protezione divina e favorire la spiritualità.

Bianco: è uno dei colori fondamentali e viene utilizzato nei rituali di divinazione, esorcismo, chiaroveggenza e in tutte le pratiche finalizzate a rafforzare la spiritualità dell'individuo.

Blu: i rituali con candele di colore blu sono associati alla lealtà, all'onore, alla pace, alla protezione e ai sogni premonitori.

Giallo: si utilizza per rituali riguardanti l'attrazione tra le persone, il fascino, la capacità di persuasione e la fiducia reciproca.

Grigio: nei rituali con candele è il colore più indicato per neutralizzare tutte quelle azioni che tendono a produrre energie negative.

Marrone: si utilizza per praticare scongiuri finalizzati a proteggere i familiari e gli animali da compagnia, così come per aumentare la capacità di concentrazione.

Nero: serve per combattere tutto ciò che è negativo, come per esempio rituali di malocchio, attacchi personali e qualsiasi altro tipo di azione volto a ostacolare o destabilizzare.

Oro: è il colore utilizzato nei rituali che servono ad attirare l'influenza delle forze cosmiche.

Rosa: le candele di questo colore sono le più indicate per i rituali d'amore, di amicizia e di attrazione non sessuale.

Rosso: è il colore per eccellenza per i rituali di fertilità, amore, salute, forza di volontà e potenza fisica.

Verde: è indicato per invocare la fertilità, la fortuna, la prosperità e tutto ciò che è associato a un futuro migliore.

Viola: i rituali con candele di questo colore tendono ad agevolare la guarigione delle persone ammalate, potenziano le manifestazioni della psiche e favoriscono la protezione della famiglia.

LE CANDELE E I GIORNI DELLA SETTIMANA

Giorno	Colore
Lunedì	bianco, nero
Martedì	rosso, argento, grigio
Mercoledì	giallo
Giovedì	oro, marrone
Venerdì	azzurro, blu, rosa, viola
Sabato	verde
Domenica	arancione

Ciascun giorno della settimana è associato a un determinato colore (a volte più di uno), e questo è un altro dei fattori da tenere in considerazione al momento di intraprendere una cerimonia rituale con candele. Ecco le corrispondenze tra giorni e colori.

LE CANDELE E LE FASI LUNARI

L'influenza esercitata dalla luna nei rituali e negli scongiuri celebrati con candele (così come in ogni tipo di rito ancestrale) è molto importante. Per questa ragione è bene ricordare che ogni cerimonia magica deve essere praticata nella fase lunare più propizia.

Quarto crescente

Corrisponde al periodo in cui le dimensioni della luna nuova aumentano gradualmente fino ad arrivare alla luna piena. È questa la fase più indicata per attuare ogni tipo di invocazione positiva e tutti quegli scongiuri associati alla fortuna, all'amore e al desiderio sessuale.

Luna piena

Durante questa fase aumentano le facoltà di percezione delle persone dotate di poteri extrasensoriali; si tratta inoltre del momento più indicato per realizzare le invocazioni relative alla fertilità e alle capacità divinatorie.

Quarto calante

È il periodo in cui le dimensioni della luna piena vanno diminuendo fino a raggiungere la fase di luna nuova. È il momento più indicato per contrastare gli effetti che sono stati (o stanno per essere) causati da scongiuri malefici e per neutralizzare i problemi di salute, le malattie e, in generale, tutti gli aspetti indesiderati – sia dal punto di vista fisico sia da quello emotivo – della propria persona o degli individui verso i quali il rituale è diretto.

Luna nuova

In questa fase lunare è consigliabile non effettuare alcun tipo di scongiuro, dal momento che la luna, essendo invisibile alle persone, è come se non esistesse; non può quindi esercitare alcun effetto benefico, anche se, d'altro canto, non può neppure ostacolare la realizzazione di rituali magici.

LE CANDELE E LE PIETRE PREZIOSE

Dai tempi più remoti le pietre preziose, oltre ad avere una funzione artistica e ornamentale, sono sempre state utilizzate per rituali magici e di guarigione. Esse possono infatti contribuire a potenziare l'efficacia delle invocazioni.
Elenchiamo qui schematicamente le proprietà delle principali pietre preziose, con le relative caratteristiche e applicazioni.

Acquamarina

Si tratta di una varietà di berillo, di colore azzurro trasparente, molto apprezzata come pietra preziosa. Si dice che chi la porta sia protetto nei viaggi per mare. Viene utilizzata, tra le altre cose, per curare le depressioni, le malattie del fegato, i disturbi otorinolaringoiatrici e vascolari e l'insonnia.

Agata

È una varietà di silice che per la bellezza del suo colore viene utilizzata come pietra ornamentale. Si dice che attiri la fortuna e protegga dai pericoli chi la porta. In quanto alle sue proprietà curative, le sono attribuiti effetti benefici nel trattamento della cefalea, dei dolori mestruali e di quelli associati alla dentizione, della febbre, del mal di stomaco e dell'epilessia.

Ambra

Si tratta di una resina fossile di colore giallo traslucido, utilizzata soprattutto per le collane e come talismano portafortuna. Esiste anche l'ambra nera (vedi *Giaietto*). Tra le sue proprietà vi è quella di equilibrare l'organismo. Attualmente viene usata per curare l'acne e le malattie polmonari e respiratorie.

Corallo

È una struttura calcarea prodotta da piccoli animali marini, gli antozoi dei celenterati. Il corallo, molto apprezzato come ornamento, può essere di colore rosso o rosato. Già nell'antichità veniva utilizzato come amuleto di protezione. Possiede diverse proprietà curative: può combattere le allergie, l'artrite, i problemi respiratori, le depressioni e le disfunzioni sessuali; può inoltre favorire la fertilità.

Corindone

Si tratta di un alluminio naturale cristallizzato che segue il diamante in durezza e viene utilizzato come pietra preziosa. In quanto al suo uso come amuleto, lo portavano gli uomini che aspiravano ad accrescere la propria potenza sessuale e le donne che desideravano una gravidanza. Come elemento utilizzato a scopi terapeutici aiuta soprattutto a combattere la stanchezza, i disturbi sessuali, i dolori mestruali e al seno e le malattie circolatorie.

Diamante

È carbonio puro cristallizzato, che occupa il posto più alto nella scala della durezza; è molto brillante ed è considerato la pietra preziosa di maggior valore. Utilizzato come amuleto, conferisce equilibrio e saggezza a chi lo porta. Viene impiegato a scopo terapeutico in caso di problemi cardiaci, insonnia e disfunzioni dell'organismo in genere.

Giada

È una pietra molto dura, di colore biancastro o verde con macchie rosse o violacee, particolarmente apprezzata in gioielleria. Come amuleto veniva utilizzata per assicurarsi la longevità, mentre dal punto di vista terapeutico può essere utile per curare l'ansia, i problemi emotivi e le disfunzioni dell'apparato urogenitale.

Giaietto

È una varietà di lignite molto dura, di colore nero, derivata dalle conifere fossilizzate, che, dopo un'adeguata pulizia, viene utilizzata per creare ornamenti (collane e altri gioielli). Con il giaietto si fabbricano anche amuleti che proteggono dagli spiriti maligni. È una pietra particolarmente indicata per la cura degli stati allucinatori, dell'epilessia e dei disturbi di stomaco.

Granato

Nome che designa i minerali di un determinato gruppo, che si trovano in rocce metamorfiche e cristallizzano in forme cubiche. Tra questi il granato rosso è considerato una pietra preziosa. Come amuleto veniva utilizzato durante il sonno per allontanare gli incubi. Per le sue proprietà è impiegato nella cura di dolori di varia natura, allergie, malattie renali, anemie e depressioni.

Lapislazzuli

Si tratta di un minerale di colore blu intenso, formato da silicato di alluminio, calce e carbonato di sodio, utilizzato come pietra preziosa nella fabbricazione di monili e oggetti ornamentali. È la pietra dell'amore per eccellenza e viene spesso utilizzata come amuleto. Dal punto di vista terapeutico, è indicato per la cura della depressione, delle malattie nervose, delle infiammazioni, dell'emicrania e della sclerosi cerebrale.

Malachite

Questo minerale è un carbonato di rame di colore verde, talvolta con tonalità variegate. Come amuleto veniva utilizzato in passato per purificare il sangue ed eliminare la negatività. Ha la proprietà di combattere le malattie psicosomatiche e i problemi di fegato e di vescica.

Onice

Si tratta di un'agata con strati chiari e scuri; come pietra preziosa veniva spesso portata sotto forma di cammeo. In quanto al suo uso come amuleto, venne frequentemente utilizzata per proteggere la persona dalle disgrazie e per infonderle coraggio. Il suo impiego a scopo terapeutico si rivela utile in caso di problemi psicologici ed emotivi, affezioni cardiache e fragilità di ossa, pelle e unghie.

Opale

Minerale siliceo, solitamente traslucido ma talvolta anche completamente opaco; la sua caratteristica principale è una lucentezza cerea, in alcuni casi iridescente. Le varietà trasparenti sono le più apprezzate in gioielleria. Il suo uso come amuleto è stato molto controverso a seconda delle epoche e delle culture: in alcuni casi era infatti utilizzato come talismano, mentre in altri veniva addirittura disprezzato in quanto si riteneva che fosse fonte di sventura. Le sue proprietà curative riguardano il trattamento di malattie gravi, come tumore e leucemia, ma anche di raffreddori, influenze e disturbi oculari.

Rubino

È una pietra preziosa di colore rosso, che costituisce una varietà di corindone. Come amuleto stimola l'energia e la vitalità fisica, mentre dal punto di vista terapeutico è indicato per la cura delle anemie, dell'esaurimento, dell'ansia, dell'affaticamento, delle malattie cardiache, della sterilità, della leucemia e dei problemi del sangue e del cuore in genere.

Smeraldo

È una varietà di berillo (silicato di berillio e alluminio) di colore verde, che cristallizza in prismi esagonali. Questa pietra preziosa era quella che meglio rappresentava le tendenze mistiche nell'antichità, quando veniva utilizzata anche dalle donne per evitare gli aborti. Dal punto di vista terapeutico, aiuta, tra le altre cose, a combattere le depressioni, le disfunzioni del sistema immunitario e la febbre.

Topazio

Questo minerale è un composto di silicato di alluminio e fluoro presente in rocce simili al granito. Il colore più frequente è il giallo pallido, ma esistono anche l'azzurro chiaro e il trasparente. Come amuleto veniva usato per proteggere la persona da attacchi esterni, mentre tra le sue virtù terapeutiche spiccano i benefici prodotti sulle malattie nervose, lo stress, i problemi ossei e l'insonnia.

Turchese

È un minerale molto duro, composto da fosfato di alluminio e da una parte di rame; è di colore verde-azzurro e, una volta levigato, viene utilizzato come pietra preziosa. Come talismano viene impiegato per attirare la fortuna, per risvegliare il desiderio sessuale e per proteggere dalla cecità. Le sue qualità curative riguardano soprattutto le affezioni polmonari e del sangue, le febbri e le emicranie.

Zaffiro

Si tratta di un'altra varietà di corindone, cristallizzato, di colore blu. Esiste anche lo zaffiro bianco, che però è più raro. Come amuleto si dice che attiri la felicità e la fortuna. Tra le sue molteplici virtù curative si segnalano invece i particolari effetti sulle malattie nervose degenerative, la sclerosi multipla, le emorragie nasali, i disturbi a carico della laringe, le infiammazioni e le ustioni.

LE CANDELE E I SEGNI ZODIACALI

Ciascuno dei dodici segni dello zodiaco è favorito da un determinato colore (a volte più di uno), e per questa ragione, al momento di praticare un rituale di invocazione, è importante che il colore delle candele utilizzate si armonizzi con il segno astrologico della persona interessata.

Segno zodiacale	Colore
Acquario	verde
Pesci	argento, viola
Ariete	rosso
Toro	azzurro, rosa
Gemelli	giallo, oro, blu
Cancro	bianco
Leone	arancione
Vergine	grigio, giallo
Bilancia	azzurro, rosa
Scorpione	rosso
Sagittario	argento, viola
Capricorno	marrone, nero, verde

I POTERI MAGICI DELLE CANDELE

Come abbiamo già detto, nel corso dei secoli le candele sono diventate un elemento importante nella pratica di rituali magici e religiosi.
Sono passati molti secoli dai tempi in cui l'uomo primitivo utilizzava le prime torce per illuminare le grotte e poter quindi dipingere i suoi disegni all'interno di esse; tuttavia, possiamo affermare che proprio le candele possono essere considerate forse l'unico elemento di quella vita pervenuto fino a noi quasi inalterato.
Indubbiamente, ciò è in buona parte dovuto al fatto che quasi tutti i rituali magici si svolgevano di notte, per cui era inevitabile l'uso di una fonte di luce.
Poco alla volta la funzione primaria della candela, ossia quella di fornire luce, passò in secondo piano, ed essa divenne uno degli strumenti fondamentali nella celebrazione dei rituali magici.

LA DIVINAZIONE PER MEZZO DELLA FIAMMA

Un esempio di questa funzione è documentato già nelle cerimonie rituali praticate dagli ebrei, i quali, il giorno precedente la celebrazione dello Yom Kippur, accendevano una candela e la lasciavano in un determinato luogo della casa. Se la candela si consumava completamente, ciò significava che la persona avrebbe vissuto un nuovo anno per intero, mentre se si spegneva prima

la speranza di vita sarebbe stata inferiore a un anno. Questo è solo uno dei numerosi esempi di utilizzo delle candele come strumento di divinazione. Non dobbiamo infatti dimenticare che si venne a creare una complessa arte divinatoria tramite l'osservazione e l'interpretazione della fiamma della candela.
Il segno più negativo era quello già menzionato: la candela che si spegneva significava la morte della persona per la quale era stato praticato il rituale di divinazione. Il crepitio della fiamma, così come una fiamma che si piegava o si innalzava, era considerato come un avviso di pericolo; una fiamma con un punto di luce particolarmente brillante era viceversa considerata augurio di successo; infine, una fiamma oscillante veniva interpretata come predizione di cambiamenti significativi imminenti.
Con il passare del tempo, l'interpretazione dei movimenti della fiamma della candela divenne sempre più sofisticata, e tra i vari segnali da interpretare vennero inclusi anche il colore e la forma che questa presentava. Una fiamma divisa rappresentava la morte; una di colore azzurrognolo indicava la presenza di un fantasma; una fiamma che emanava una scintilla era interpretata come annuncio di prossime notizie ecc.
Per un'analisi più dettagliata di questo tipo di interpretazione si veda comunque il capitolo intitolato "La divinazione per mezzo delle candele" (pag. 127).

LA CANDELA E LA PROTEZIONE DELLE PERSONE

È risaputo che le candele hanno sempre svolto un ruolo importante anche nei rituali praticati per allontanare spiriti malefici e fantasmi; è da queste pratiche che deriva la tradizione americana di accendere fuochi la notte di Halloween (vigilia di Ognissanti).
Nella tradizione cristiana è consuetudine accendere una candela nel corso della cerimonia di battesimo; in realtà si tratta di un'antica usanza pagana poi adottata dalla Chiesa, il cui obiettivo originario era quello di allontanare dal neonato gli spiriti maligni.
Per lo stesso motivo, anticamente si accendevano candele anche durante i matrimoni, allo scopo di assicurare una serena convi-

venza agli sposi. E, naturalmente, la stessa usanza veniva praticata durante le cerimonie funebri e le sepolture; in questo caso l'obiettivo era quello di proteggere l'anima del defunto fino alla sua ascesa celeste, evitando così che potesse impossessarsene il diavolo.

LA CANDELA E I RITUALI MAGICI

Se in passato venivano utilizzate per celebrare rituali e cerimonie magiche, attualmente le candele continuano a mantenere il loro potere grazie alla loro riconosciuta virtù di favorire la concentra-

Bacco, dio romano del vino, presiedeva in numerose occasioni le orge che si celebravano nelle case degli alti dignitari romani

zione e la protezione delle persone che realizzano le invocazioni. Nella magia bianca la candela è sempre stata usata per favorire l'amore, la fertilità, la fortuna, la prosperità, la protezione negli affari, il rafforzamento delle capacità psichiche e i sogni premonitori.

IL PROCEDIMENTO DA USARE CON LE CANDELE NEI RITUALI MAGICI

Al momento di iniziare una cerimonia o un rituale magico con le candele è importante affrontare la cosa con la massima serietà.
Le candele offrono grandi possibilità, sempre che vengano utilizzate nella maniera corretta. Non si può celebrare un rituale semplicemente accendendo una candela del colore preferito, improvvisando qualche frase e chiedendo l'effetto magico desiderato.
Il fatto di accendere una candela per un rituale è già di per sé un atto magico, che va affrontato con una preparazione preliminare e una profonda concentrazione, e solo dopo avere intrapreso una sorta di purificazione spirituale allo scopo di evitare possibili interferenze che impedirebbero di ottenere il massimo beneficio.
Prima di praticare un rituale occorre innanzitutto procedere all'unzione delle candele con sostanze oleose, che vanno distribuite sulla superficie prima dell'accensione.
Lo scopo dell'unzione è quello di potenziare gli effetti benefici delle candele, per cui l'operazione dovrà essere effettuata su tutta la superficie della candela, prima con una mano e poi con l'altra.
Non va dimenticato che questa operazione avrà maggiore efficacia se verrà eseguita con la luna crescente, in quanto tale condizione potenzierà al massimo l'effetto dell'unzione.
Non esiste un olio ideale per ungere le candele, per cui si consiglia di utilizzare per ogni singolo rituale quello che sarà più indicato, a seconda del colore della candela, del tipo di cerimonia e del momento del giorno in cui questa si svolge.
È bene ricordare che, durante la combustione, la candela emanerà l'odore corrispondente all'olio utilizzato. Quindi, se la persona che si accinge a celebrare il rito è allergica o particolarmente sensibile a una determinata sostanza, dovrà tenerne conto prima di

procedere all'unzione. Un'altra operazione che, in alcune occasioni, segue l'unzione della candela è la sua "vestizione"; essa consiste nello scrivere sulla candela destinata al rituale il desiderio o la richiesta che si intende formulare, ricoprendo poi la scritta con la cera di un'altra candela.

Si dice che, grazie a questo sistema, il potere dell'invocazione risulti rafforzato; in effetti l'operazione prevede l'uso di due candele: quella destinata al rituale vero e proprio e un'altra la cui cera servirà a ricoprire il messaggio scritto sulla prima.

Per quanto riguarda il messaggio, è possibile sia scriverlo su un foglio di carta (normale o colorata, a seconda del rituale) sia inciderlo direttamente sulla candela.

Scegliendo quest'ultimo procedimento è necessario, prima di scrivere sulla cera, scaldare la candela con le mani, a loro volta precedentemente riscaldate – se necessario – alla fiamma di un'altra candela. Per l'iscrizione sulla candela si dovrà utilizzare preferibilmente una piuma di volatile, con la quale si inciderà la frase, parola o sigla. È possibile scrivere incidendo con forza le parole prescelte oppure usando uno speciale inchiostro per candele reperibile nei negozi specializzati.

Ricordiamo che la scrittura riportata direttamente sulla candela e quella sul foglio di carta hanno la stessa validità; solo nei rituali di alta magia è indispensabile scrivere esclusivamente sulla candela.

In ogni modo, è importante sottolineare che occorre scrivere sulla candela solo se lo si ritiene necessario: questo perché le convinzioni e le credenze dell'officiante costituiscono uno degli aspetti determinanti ai fini dell'efficacia del rituale.

La terza e importantissima fase che precede il rituale vero e proprio è l'accensione della candela. Accendendo una candela si mette in moto una serie di forze cosmiche attraverso le quali, con il successivo sortilegio, sarà possibile modificare gli avvenimenti, facendo sì che le energie psicosensoriali agiscano in modo tale da favorire i desideri della persona che rivolge l'invocazione. Quest'ultima viene anche denominata "officiante" o "maestro di cerimonia".

Trattandosi di forze invisibili ma naturali, per l'accensione è con-

sigliabile evitare gli strumenti artificiali, quali accendini o simili, in quanto potrebbero interferire nella buona riuscita dell'inizio della cerimonia. Si raccomanda quindi l'uso di un fiammifero di legno, elemento naturale per eccellenza, anche se in mancanza di questo si può ricorrere ai cerini. È considerato corretto anche accendere una candela con la fiamma di un'altra candela, purché quest'ultima venga sorretta con entrambe le mani.
Così come per l'accensione, anche nel caso dello spegnimento si verifica un cambiamento nell'ambiente psicofisico che circonda l'officiante. Per questa ragione è bene procedere con la massima cautela, e mai schiacciando lo stoppino o spegnendo la fiamma con le dita inumidite. Si consiglia invece di spegnere la candela soffiando leggermente, mettendo la mano al di là della fiamma per evitare di spargere della cera liquida intorno alla candela o, peggio ancora, rovesciarla sul tavolo o per terra. In questo caso l'efficacia del rituale risulterebbe profondamente compromessa, in quanto sarebbe come "gettare a terra" l'intero procedimento realizzato in precedenza; se malauguratamente ciò dovesse accadere, è consigliabile ripetere tutto il rituale dall'inizio, rimandandolo però al momento in cui si verificheranno di nuovo le condizioni più propizie in quanto a ora, giorno e situazione astrale e personale dell'officiante.
Per spegnere la candela ci si può servire anche dell'apposito strumento (chiamato "spegnimoccoli" o "spegnitoio"), evitando comunque di schiacciare lo stoppino o anche semplicemente di toccarlo.

LA PREPARAZIONE DELL'OFFICIANTE

Un'altra importante fase che è consigliabile far precedere al rituale vero e proprio prevede il rilassamento dell'officiante.
Le condizioni psicofisiche della persona che celebrerà il rituale sono in effetti fondamentali.
La cerimonia richiede un minimo di concentrazione e di attenzione, e per questo è indispensabile che l'officiante sia in ottime condizioni, sia fisiche sia mentali. Dal punto di vista spirituale

dovrà sentirsi libero da problemi e afflizioni che involontariamente potrebbero interferire nel processo di interrelazione psicofisico che si verifica nel corso del cerimoniale.
La magia è l'arte di realizzare cose meravigliose contro le leggi naturali e, per potervisi dedicare in modo efficace, il maestro di cerimonia deve trovarsi in perfetta armonia con le leggi della natura e della psiche. In altre parole, deve possedere determinate conoscenze magiche, la dovuta concentrazione mentale, un corpo e una mente sani e la capacità di assumersi la responsabilità delle proprie azioni. Non otterrà risultati positivi attraverso la magia chi non possiede sufficiente energia mentale e fisica per portare a buon fine il rituale o la necessaria fiducia o convinzione negli atti che realizza.
Per tutte queste ragioni, prima di intraprendere il cerimoniale, è consigliabile rilassarsi e concentrarsi sull'obiettivo che ci si è proposti.
Esistono numerosi libri che insegnano i segreti del rilassamento e della concentrazione e che potranno essere consultati dal lettore.[1] Ci limiteremo qui a fornire alcuni consigli di base che potranno contribuire al raggiungimento di uno stato psicofisico ideale.
In primo luogo è consigliabile svuotare la mente e focalizzare la propria attenzione su una parte del corpo, per poi passare a concentrarsi sul resto della propria persona. Si può partire dai piedi e arrivare alla testa, o viceversa. L'obiettivo di questo esercizio è il rilassamento graduale di ogni singola parte del corpo.
Una volta raggiunto il rilassamento muscolare, si tratterà di ottenere quello mentale, al quale si perviene mediante la suggestione, liberando la mente da ogni pensiero o idea.
Sia il rilassamento fisico sia quello mentale richiedono un periodo di allenamento abbastanza lungo, che si prolunga ulteriormente se la persona non ha mai effettuato questo tipo di esercizi. In ogni caso, si tratta di esercizi utili, oltre che per gli obiettivi che

[1] Si consiglia la lettura dei volumi *Guida al training autogeno* e *Corso di psicodinamica* di Milena Screm, pubblicati da De Vecchi Editore.

qui ci si propone, anche per liberarsi dalle tensioni provocate dal nostro sistema di vita.
Riuscire a isolarsi dal mondo esterno e concentrarsi sul proprio io è una delle premesse di ogni esercizio di rilassamento spirituale e fisico su cui si basano le tecniche orientali, tra le quali la più conosciuta è certamente lo yoga. Liberando il corpo e la mente da interferenze esterne, la comunicazione rituale si stabilirà facilmente e l'officiante si troverà nella giusta disposizione per iniziare la cerimonia.

CONSIGLI E RACCOMANDAZIONI

Naturalmente le candele possono essere utilizzate con diverse finalità. Oggigiorno le si accende per eliminare i cattivi odori (per esempio le cosiddette candele "mangiafumo"), per celebrare i compleanni, per occasioni familiari speciali, per supplire alla luce elettrica in caso di necessità, per motivi religiosi ecc.
Abbiamo già avuto modo di parlare della lunga storia della candela, dall'uso che ne facevano i primi stregoni fino alle attuali credenze.
Dal momento in cui le candele si trasformarono di diritto in un elemento insostituibile per la celebrazione di rituali magici (che si svolgevano di notte), si incominciò a seguire una serie di norme o regole non scritte che si tramandarono oralmente di generazione in generazione attraverso i secoli, assimilando influenze di diverse culture e credenze.

REGOLE NELL'USO DELLE CANDELE

L'argomento di questo libro è l'uso delle candele con finalità magiche ed esoteriche, sotto forma sia di invocazioni sia di oracoli. Lo scopo è comunque positivo, tanto per chi pratica la cerimonia quanto per coloro a cui è diretta. Per questa ragione si raccomanda di seguire determinate norme, che potrebbero essere definite come "regole nell'uso delle candele".
In generale, è consigliabile non chiedere più di ciò di cui si ha bi-

sogno, né più di ciò che si può "rendere", dal momento che tutto quello che ci viene concesso ha una sua contropartita, ossia il favore deve essere restituito in reciprocità e ringraziamento.
L'uso delle candele non è un gioco, ma risponde a un determinato protocollo del quale è bene non abusare. Fare sistematicamente ricorso alle candele come mezzo per chiedere una soluzione ai problemi senza che la persona agisca per risolverli può solo creare un'insana dipendenza. La magia aiuta solo chi si impegna per raggiungere determinati obiettivi e, naturalmente, una candela da sola non può fare miracoli.
Non si tratta di credere in superstizioni, ma di agire in base alla propria responsabilità. Bisogna accendere una candela e procedere al rituale solo quando sussista un'effettiva necessità di farvi ricorso.
Per questa ragione, prima di incominciare, è bene sapere ciò che si desidera, come lo si deve chiedere, perché e per chi; si può infatti chiedere per se stessi o per altre persone e, in quest'ultimo caso, è indispensabile ottenere il loro consenso. Questo aspetto è molto importante: infatti, se non si ha l'approvazione di chi deve beneficiare delle richieste, è meglio non iniziare neppure il rituale, poiché quest'ultimo sarebbe inutile e, anzi, potrebbe addirittura nuocere all'officiante.
Si deve tenere presente che la candela può servire come strumento di divinazione, come mezzo per guarire un ammalato, per chiedere protezione, come espressione di un desiderio di benessere o, semplicemente, come guida spirituale e aiuto nella propria meditazione.
Una volta definiti l'obiettivo, le motivazioni e il destinatario, e prima di procedere all'accensione, rimane ancora da stabilire il luogo dove celebrare l'invocazione. È consigliabile disporre di una stanza che risponda a determinate condizioni. Dovrebbe trattarsi preferibilmente di un luogo privato e isolato, poiché ciò favorisce la capacità di concentrazione dell'officiante e facilita il flusso della forza magnetica, rendendo quindi più efficace il rituale.
Una volta scelto il luogo più adatto, in base alle sue caratteristiche e alle possibilità personali, si procede alla preparazione dell'"altare". Allo scopo è sufficiente servirsi di un tavolo, co-

perto con un telo che dovrà essere destinato esclusivamente a usi rituali.
Un altro degli aspetti da tenere in considerazione è il giorno, e addirittura l'ora, in cui avrà luogo la celebrazione. Come illustrato nei prossimi capitoli, a seconda del desiderio che si intende formulare e delle finalità della richiesta, occorrerà verificare quali sono i momenti più indicati per dare inizio al rituale: una stessa celebrazione, con motivazioni e finalità identiche, può infatti dare risultati diversi a seconda del momento in cui si svolge.
Inoltre, affinché il rituale risulti efficace, è bene utilizzare anche elementi che contribuiscano a potenziarne l'effetto. A questo scopo, sempre nei capitoli successivi verranno indicati pietre, piante, profumi, metalli e formule recitative ai quali è possibile ricorrere. In quanto ai profumi, ricordiamo fin d'ora che l'uso dell'incenso è tra i più indicati.
Per quanto riguarda la scelta della candela, anche se alcuni preferiscono utilizzare forme ricercate (quadrate, incise, piramidali ecc.), va ricordato che quelle normali sono efficaci quanto le altre, indipendentemente dal materiale utilizzato (a eccezione delle candele di pura cera d'api) e dalla forma.
Non va inoltre dimenticato che una candela deve servire per un solo rituale, poiché, in caso contrario, la finalità non sarebbe la stessa. È quindi consigliabile disporre di varie candele e accenderne una nuova per ogni celebrazione (a meno che il rituale non sia "rafforzativo", ossia venga ripetuto per aumentarne l'efficacia).
L'ultimo consiglio riguarda l'accensione della candela. Come abbiamo già detto, è preferibile usare un fiammifero di legno o un cerino, oppure un'altra candela o bastoncini e pezzi di carta appositamente preparati per l'uso, e mai un accendino.
Una volta seguiti tutti questi consigli si è pronti per iniziare il rituale.
Nelle prossime pagine descriveremo le finalità delle varie applicazioni delle candele, oltre all'influenza dei colori su queste e sulle pratiche rituali. Spiegheremo inoltre cosa sono gli oracoli, a che cosa servono e come si realizzano. Infine, nell'ultimo capitolo illustreremo dettagliatamente il procedimento da seguire per fabbricare da soli le candele.

I COLORI DELLE CANDELE E IL LORO SIGNIFICATO

Le candele utilizzate per la celebrazione di sortilegi e riti in genere possono essere di diversi colori, ciascuno dei quali è indicato per un determinato fine. Ogni tonalità provoca un effetto, una reazione, per cui, prima di procedere al rituale, è consigliabile scegliere accuratamente la candela da usare.
Per semplificarvi il compito, vi presenteremo qui i vari colori in ordine alfabetico, con i relativi riferimenti ai giorni più propizi per il loro utilizzo, ai pianeti che li influenzano, ai segni zodiacali che li governano ecc.
Il fatto che un giorno sia considerato particolarmente indicato per l'uso di un determinato colore non esclude la scelta di un altro, anche se, ovviamente, il risultato non sarà altrettanto soddisfacente. Allo stesso modo, il fatto che un determinato colore corrisponda a un segno zodiacale specifico significa semplicemente che sotto l'influenza di quest'ultimo la candela apporterà maggiori benefici rispetto al momento in cui la situazione planetaria non dovesse corrispondere al segno che la governa.
Ecco, quindi, le principali caratteristiche dei colori e i loro rapporti con gli altri elementi.

LA CANDELA ARANCIONE

La candela arancione rappresenta il sole e gli aspetti a esso collegati, come la forza o la capacità di superare ostacoli o di intra-

prendere compiti difficili. Possiede caratteristiche legate alla fertilità maschile e, quindi, conferisce energia all'uomo.
Da un altro punto di vista il colore arancione simboleggia il sole al tramonto, ma anche all'alba, per cui è stato associato all'elevazione dello spirito.
La candela arancione viene utilizzata nelle pratiche di alta magia per favorire il magnetismo e le guarigioni. Viene usata anche come mezzo di ringraziamento per il raggiungimento di un obiettivo o la realizzazione di un desiderio. È inoltre indicata per invocare la protezione della famiglia e della salute, e anche per ottenere la prosperità.
Ecco le caratteristiche principali.

Colore: si tratta di un colore fertile, di segno maschile, che può comunque aiutare anche le donne a realizzare il desiderio di maternità. Rappresenta la forza e l'energia del sole nascente ed è un buon alleato quando si tratta di questioni familiari.

Fiore: la rosa rossa e il giglio bianco sono i fiori che meglio rappresentano il potere della candela arancione, in quanto simboleggiano la forza della natura. La prima è caratterizzata da un simbolismo maschile, il secondo da un simbolismo femminile.

Giorno: la domenica, tradizionalmente dedicata al riposo, è il giorno più indicato per ottenere i migliori risultati dal rituale. Affinché quest'ultimo sia efficace è sufficiente recitare alcune preghiere, chiedendo che la candela funga da guida nella vita personale e familiare.

Metallo: il metallo da utilizzare sull'altare è naturalmente l'oro, da sempre il più apprezzato, che continua a essere la rappresentazione fisica della forza del sole.

Numero: il numero corrispondente non può essere che l'uno, simbolo dell'energia vitale e della forza, base dalla quale hanno origine tutti gli altri numeri, simbolo matematico per eccellenza.

Ora: ovviamente, il momento migliore per celebrare la cerimonia rituale è il mattino, ma la si può iniziare anche a mezzogiorno (quando il sole risplende con maggiore potenza) o al tramonto (quando riacquista il suo caratteristico colore arancione).

Pianeta: agli effetti che ci riguardano in questo contesto il sole è considerato un pianeta, e di fatto governa la candela arancione. Rappresenta la forza della creazione, l'energia inesauribile. È grazie al sole che esiste la vita sulla terra; la sua luce e il suo calore sono le guide che aiutano l'uomo anche nel rinnovamento della sua fede spirituale.

Pianta: durante la cerimonia è consigliabile tenere vicini la camomilla e il rosmarino, allo stato naturale o anche sotto forma di preparato industriale.

Pietra: essendo associati alla candela arancione, il diamante e l'ambra dovrebbero essere collocati sull'altare allestito per la cerimonia. L'ambra è meno costosa e più facilmente reperibile. Entrambe le pietre servono per equilibrare le forze e contribuiscono a captare l'energia degli elementi per indirizzarla verso l'obiettivo desiderato.

Profumo e incenso: nel corso del rituale si consiglia di utilizzare profumo e incenso alla rosa. Il primo va applicato sulle mani, mentre il secondo purifica l'ambiente dalle vibrazioni negative e migliora la comunicazione.

Salute: in quanto fonte di energia totale, la candela arancione fornisce forza vitale a tutto l'organismo, e in particolare al cuore, alla colonna vertebrale, alla testa e all'apparato riproduttivo.

Segno zodiacale: come il sole, il Leone è il simbolo della forza. Si tratta del segno dei capi, dei direttori, delle cariche importanti. I nati sotto il segno del Leone contemplano la vita dalla prospettiva del lottatore, dell'uomo valoroso che si costruisce da solo e protegge la famiglia.

LA CANDELA ARGENTEA

La candela argentea rafforza il piano spirituale dell'individuo, aiutandolo a concentrarsi nella ricerca della verità e della fede. Uno degli effetti prodotti da questa candela, utilizzata generalmente nelle cerimonie liturgiche, è quello di permettere il contatto con le forze superiori. Al tempo stesso la candela argentea agisce in modo positivo, agevolando l'evoluzione interiore delle persone e spingendole verso mete più elevate. Favorisce anche i sogni premonitori.
Ecco le principali caratteristiche.

Colore: il colore argento è sinonimo di magnetismo, di attrazione e di sovrapposizione tra spirituale e materiale.

Fiore: la rosa rossa, essendo una delle più resistenti, conferisce l'atteggiamento necessario per potersi elevare – partendo da una profonda conoscenza di se stessi – a una dimensione spirituale superiore che comprenda tutti gli esseri.

Giorno: il giorno più indicato per celebrare la cerimonia di invocazione è il martedì.

Metallo: il metallo prezioso direttamente associato alla candela argentea è naturalmente l'argento, elemento nobile e malleabile il cui magnetismo produce gli effetti benefici necessari per portare a buon fine il proprio progetto.

Numero: il numero corrispondente alla candela argentea è il nove, associato alla sapienza e alla vita spirituale a livello superiore.

Ora: il momento migliore per iniziare l'invocazione è il mattino, in assoluta calma e tranquillità.

Pianeta: il pianeta che governa questa candela è Marte, i cui potenti effetti introducono l'officiante nel mondo superiore, aiutandolo anche a interpretare i sogni premonitori.

Profumo e incenso: devono essere entrambi di rosa, un aroma etereo e al tempo stesso intenso.

Salute: i benefici effetti della candela argentea sono associati alla sua facoltà di depurare i sistemi linfatico e nervoso.

Segno zodiacale: Sagittario e Pesci sono i segni corrispondenti alla candela argentea. Il Sagittario è il simbolo delle vocazioni religiose, mentre i Pesci rappresentano il sacrificio e la sensibilità; i nati sotto quest'ultimo segno presentano tendenze mistiche e capacità profetiche e medianiche.

LA CANDELA AZZURRA

Questo colore influisce direttamente sulle emozioni, sui sentimenti e, più concretamente, sull'amore, l'amicizia, il sesso e tutte le manifestazioni di carattere affettivo. La candela di questo colore è la più indicata per favorire le riconciliazioni, le relazioni stabili e i legami duraturi. Il colore azzurro risveglia la sensualità della persona poiché, essendo associato ad Afrodite, dea greca dell'amore, ha proprietà afrodisiache. A differenza di altri colori, la candela azzurra non viene utilizzata nelle cerimonie religiose, ma solo in pochi rituali magici. Si tratta di una candela che esalta i sensi, la voglia di vivere e la visione positiva delle cose. Inoltre le sono attribuiti effetti di elevazione spirituale e di allontanamento dai fanatismi.
Ecco le caratteristiche principali.

Colore: l'azzurro è un colore essenzialmente maschile, associato alla sensibilità, sia spirituale sia fisica (ma forse più alla prima). Favorisce la conquista e l'intenzione di intraprendere un'unione stabile e duratura; inoltre conferisce forza e autenticità a tutte le azioni cui dà origine.

Fiore: il papavero e il lillà sono i fiori consigliati, in quanto rappresentano la passione amorosa.

Giorno: il più indicato per usare la candela azzurra è il venerdì, giorno che esercita un'influenza positiva sulla sensibilità degli individui.

Metallo: il metallo più indicato per accompagnare un rituale con candele azzurre è il rame. Nobile e malleabile, questo metallo è caratterizzato dalla capacità di conduzione e di trasmissione.

Numero: il numero corrispondente alla candela azzurra è il sei, associato a Venere, dea romana dell'amore. Questo numero rappresenta la capacità di amare in modo assoluto ma, se ripetuto per tre volte, può essere pericoloso, in quanto diventa il simbolo della Bestia.

Ora: il pomeriggio, e più precisamente l'inizio del tramonto, è il momento più indicato per celebrare il rituale o l'invocazione con la candela azzurra.

Pianeta: il pianeta dell'amore è Venere, visibile a occhio nudo nelle primissime ore del mattino; proprio per questo motivo è sempre stato oggetto di particolare attenzione da parte sia degli astrologi sia degli uomini di tutte le culture e civiltà. È associato anche alle arti, alla sensibilità e all'armonia.

Pianta: tra le piante che forniscono maggiore energia al corpo vi sono gli spinaci; consumati crudi sono il complemento ideale per il rituale.

Pietra: la più adatta ad accompagnare la candela azzurra è il lapislazzuli. Molto bella e suggestiva, questa pietra di colore blu intenso rappresenta lo strumento ideale per attirare la pace spirituale e il flusso divino dell'amore, indirizzandoli verso il cuore delle persone.

Profumo e incenso: come anche nel caso del fiore, il profumo con cui ci si deve strofinare le mani e che deve essere diffuso nel corso della cerimonia, così come l'incenso che deve essere bruciato per tutta la durata di quest'ultima, è il lillà, simbolo della bellezza.

Salute: le candele azzurre proteggono tutti gli organi di fonazione (corde vocali, laringe, faringe, gola), la parte posteriore del cranio (nuca) e le vertebre cervicali. Oltre a esercitare la loro influenza sulle questioni amorose, le candele di questo colore preservano anche l'organismo dalle infezioni, soprattutto quelle a trasmissione sessuale.

Segno zodiacale: i nati sotto il segno del Toro e della Bilancia sono protetti dall'azione della candela azzurra. Il Toro rappresenta la stabilità materiale, mentre la Bilancia è il segno dell'armonia e della riconciliazione in campo sentimentale.

LA CANDELA BIANCA

Il colore bianco della candela è associato agli aspetti più intimi della persona, come la bellezza interiore e la purezza, ma anche la fertilità, la capacità di immaginazione e la creatività. Anche se influisce in modo determinante sulle donne, il bianco esercita il suo potere anche sugli uomini, soprattutto quelli che svolgono attività artistiche o comunque creative, favorendo inoltre la fertilità maschile.
La candela bianca è associata a tutti questi aspetti, che sono considerati lunari, e serve per celebrare quasi tutti i rituali magici, dal momento che il bianco è un colore polivalente. La candela bianca è anche detta "neutra", perché la si può utilizzare in un rituale di richiesta quando non si dispone della candela del colore più indicato.
Tuttavia, va ricordato che questa candela è efficace soprattutto nei rituali che riguardano la maternità, la famiglia, la protezione nei viaggi, i bambini, il potenziamento delle facoltà intuitive e il rafforzamento dei legami familiari (da non confondere con quelli sentimentali, poiché si tratta di concetti completamente diversi).
Trattandosi di un colore più femminile che maschile, gli effetti terapeutici più evidenti si hanno su quelli che potremmo definire i caratteri anatomici propri di questo sesso, quali gli organi della riproduzione e il seno.

Sul piano spirituale la candela bianca favorisce la devozione, mentre a livello caratteriale accentua l'umiltà.
Ecco le caratteristiche principali.

Colore: il bianco è il colore che comprende tutti gli altri. Nello spettro cromatico è a partire dal bianco che, attraverso la scomposizione della luce, nascono tutti i colori che l'essere umano è in grado di visualizzare. Proprio per questo motivo la candela bianca può sostituire tutte le altre in caso di necessità. Per la sua associazione con la maternità il bianco è considerato un colore puro.

Fiore: sono due i fiori più indicati per celebrare un rituale con la candela bianca: la ninfea e la rosa bianca. La prima ha foglie rotonde con grandi fiori bianchi che galleggiano sulla superficie dell'acqua; rappresenta la capacità di adattamento alle condizioni più avverse. La rosa bianca è invece un fiore che raggruppa e simboleggia una serie di caratteristiche e virtù tipiche della donna.

Giorno: la candela bianca produce effetti più evidenti se utilizzata il lunedì, giorno corrispondente all'inizio delle attività, quando tutto si rimette in movimento per affrontare una nuova settimana di lavoro, di responsabilità e di obblighi. Se però il lunedì viene a coincidere con una notte di plenilunio, è preferibile rimandare il rituale.

Metallo: il metallo direttamente associato alla candela bianca è l'argento, elemento nobile e malleabile il cui magnetismo produce gli effetti benefici necessari per portare a buon fine il progetto desiderato.

Numero: associato alla candela bianca è il numero due, simbolo della dualità, della coppia e anche dell'equilibrio tra due opposti. Rappresenta la capacità di comprensione, poiché nasce dalla sapienza del numero uno.

Ora: il momento migliore per stabilire il contatto magico del rituale è il mattino, ma può essere indicato anche il tardo pomeriggio, quando sorge la luna. Se si celebra il rituale durante la fase di luna crescente i risultati saranno più rapidi.

Pianeta: alla candela bianca corrisponde la luna che, pur essendo un satellite, è elevata al rango di pianeta per gli effetti che esercita su tanti aspetti della vita dell'uomo. La luna rappresenta la forza che nasce dall'interiorità, che genera e, al tempo stesso, intercede per l'umanità. Per quanto riguarda la fertilità, sono noti e dimostrati gli effetti delle fasi lunari sui cicli mestruali della donna; di conseguenza, la luna può favorire la procreazione. Esercita inoltre la sua influenza sulla mente delle persone.

Pianta: le piante associate all'acqua sono le più indicate per i rituali in cui si usa la candela bianca. Tra queste ricordiamo soprattutto la ninfea, anche se possono essere altrettanto indicati alcuni ortaggi, come la lattuga e il cavolo.

Pietra: due sono le pietre che favoriscono il momento iniziale del rituale: l'acquamarina e la perla. La prima è una varietà di berillo, di colore azzurro trasparente, molto apprezzata come pietra preziosa. La seconda è invece associata alla candela bianca per la bellezza della sua forma e del suo colore.

Profumo e incenso: prima di iniziare il rituale è consigliabile che l'officiante si versi alcune gocce di profumo di ninfea sulle mani, in modo da favorire il lavoro successivo. Per quanto riguarda l'incenso, che viene utilizzato per eliminare gli influssi negativi dell'ambiente, si può fare ricorso agli aromi di lillà o violetta, poiché l'incenso alla ninfea è praticamente introvabile.

Salute: gli effetti benefici della candela bianca riguardano tutti gli organi coinvolti nel processo della gestazione e della maternità; tra quelli maggiormente beneficiati vi saranno quindi gli organi riproduttivi e il seno. Le virtù depurative della candela bianca si estendono comunque anche al sistema linfatico e nervoso.

Segno zodiacale: quello associato alla candela bianca è il Cancro. I nati sotto questo segno sono persone sensibili, ordinate, risparmiatrici e amanti della famiglia. Anche molte persone che lavorano in settori creativi sono influenzate da questo segno. I nati sotto il segno del Cancro sono però destinati a soffrire di crisi depressive e a vedere prevalentemente il lato negativo delle cose.

LA CANDELA BLU

La candela blu rappresenta la profondità del mare. Si tratta di un colore più intenso rispetto all'azzurro del cielo, dal quale è separato unicamente dalla linea immaginaria dell'orizzonte. La candela blu simboleggia il valore maschile, la profondità e il superamento dell'oscurità nel cammino verso la luce, la trasparenza, il divenire.
Per queste sue caratteristiche è una delle candele più indicate per chiedere o sollecitare favori o potenza nel percorso verso il conseguimento di obiettivi difficili da raggiungere.
Riassumendo tutte queste caratteristiche, si può dire che la candela blu potenzia la forza di volontà individuale, il carattere e lo slancio, che devono comunque essere supportati dalla determinazione a raggiungere gli obiettivi prefissati. Fornisce anche energia vitale, mentale e spirituale.
Ecco le caratteristiche principali.

Colore: si tratta di un colore fondamentalmente maschile, associato all'idea di forza e volontà, soprattutto dal punto di vista spirituale.
Dal blu derivano la motivazione e la determinazione a conseguire gli obiettivi prestabiliti. La tonalità più scura potenzia la forza e la perseveranza nelle azioni intraprese.

Fiore: il papavero, che simboleggia la fiducia in se stessi.

Giorno: analogamente alla candela azzurra, il giorno più indicato per celebrare un rituale con quella blu è il venerdì.

Metallo: il metallo adatto è il rame, nobile e malleabile, ma al tempo stesso resistente.

Numero: il numero corrispondente alla candela blu è il cinque. Si tratta di un numero instabile, che però, una volta raggiunto, diventa il simbolo della felicità. È anche considerato il numero dell'avventura, dei viaggi e degli imprevisti.

Ora: il momento più indicato per iniziare un rituale con la candela blu è unanimemente considerato il tardo pomeriggio.

Pianeta: come per la candela azzurra, il pianeta corrispondente è Venere, associato alle arti, alla bellezza, alla sensibilità e all'armonia.

Pianta: gli spinaci, consumati crudi o semicrudi, forniscono l'apporto ideale per ottenere la forza necessaria a raggiungere la meta che ci si è prefissati.

Pietra: la pietra più indicata è l'agata, una varietà di silice molto apprezzata per la sua colorazione. Conferisce alla persona l'energia necessaria al conseguimento dell'obiettivo desiderato.

Profumo e incenso: in sintonia con il fiore corrispondente, il profumo con cui ci si deve strofinare le mani e che deve essere diffuso nel corso della cerimonia, così come l'incenso che deve essere bruciato per tutta la durata di quest'ultima, è l'oppio, che alimenta la fiamma conferendole forza e fermezza.

Salute: le candele blu proteggono la parte superiore del corpo, ossia il collo e la testa, dove ha sede la forza di volontà; contribuiscono inoltre a evitare le malattie cerebrali attribuibili all'età, quali, per esempio, la demenza senile, il morbo di Parkinson o l'arteriosclerosi.

Segno zodiacale: sono protetti dall'azione della candela blu i nati sotto il segno dei Gemelli. Si tratta di persone che lottano e che riescono a raggiungere – anche se non senza sforzo – ciò che si prefiggono, servendosi della propria capacità di dissuasione o di convinzione.

LA CANDELA DORATA

La celebrazione di rituali con la candela dorata è collegata alla connessione tra il sole e l'oro. Rappresenta la ricchezza della magia, rimandando al simbolismo della ricerca della ricchezza attraverso i procedimenti utilizzati dagli antichi alchimisti.
D'altro canto, la candela dorata può favorire gli investimenti e incoraggiare il risparmio.
Ecco le principali caratteristiche.

Colore: il color oro è ricco di simbolismi. È stato utilizzato da varie civiltà e da alcune religioni come emblema del potere, inteso però in senso materiale, ma è associato anche all'elevazione spirituale che porta alla conoscenza assoluta.

Fiore: la rosa gialla è tra i fiori più indicati per accompagnare la candela dorata nei rituali celebrativi e per l'ottenimento di denaro e investimenti redditizi.

Giorno: quello migliore per celebrare un rituale di carattere fondamentalmente economico è il giovedì, giorno di mercato nella cultura ebraica.

Metallo: ovviamente, quello da utilizzare in questo caso è l'oro, che storicamente è sempre stato il metallo prezioso per eccellenza.

Numero: il quattro è il numero che meglio rappresenta l'unione del sole con l'oro, in quanto simboleggia la fusione del quotidiano con il materiale.

Ora: il momento migliore per procedere all'invocazione è quello che segue il mezzogiorno, ora in cui il sole possiede la massima energia.

Pianeta: essendo il maggiore del sistema solare per dimensioni, Giove è il pianeta corrispondente alla candela dorata. Rappresenta la sapienza.

Pietra: tutte le pietre auree o di colore giallo sono indicate, dall'ambra fino a quelle che contengono anche solo una minima parte del prezioso metallo.

Profumo e incenso: sia l'uno che l'altro devono essere di rosa. Al di là della sua naturale bellezza, la rosa emana un aroma che aiuta a conciliare i desideri materiali con quelli spirituali, per cui il suo uso è particolarmente indicato nella celebrazione di rituali con la candela dorata.

Salute: la candela dorata protegge tutto l'organismo in genere, anche se gli effetti più evidenti sono quelli sulle vie biliari, sul fegato e sul pancreas. Agisce anche sulla zona degli occhi e intorno alla testa, ossia nell'area in cui viene rappresentata l'aura delle persone.

Segno zodiacale: sono protetti dall'azione della candela dorata i nati sotto il segno dei Gemelli, capaci di lottare per raggiungere gli obiettivi prefissati, anche se non senza sforzo.

LA CANDELA GIALLA

Il giallo è il colore originario delle candele, quando si estraeva la cera dal favo e la si utilizzava direttamente senza procedimenti di lavorazione intermedi. Si può quindi dire che la candela gialla è la candela allo stato puro.
Questo colore è associato agli aspetti materiali dell'essere umano, agli scambi commerciali, alla logica, all'ordine e al ragionamento. Il giallo esercita anche una particolare influenza sulla personalità; favorisce sia l'uomo sia la donna e, per quanto riguarda la salute, influisce soprattutto sul sistema nervoso.
La candela gialla rappresenta la comunicazione, la quotidianità e, al tempo stesso, la dispersione; fornisce un aiuto nella ricerca dell'illuminazione spirituale e contribuisce a contenere l'egoismo delle persone.
Ecco le caratteristiche principali.

Colore: trattandosi di uno dei colori primari, il giallo riporta l'individuo agli anni dell'infanzia. Può essere utilizzato in tutta la sua gamma di tonalità, dalla più chiara alla più scura. È un colore che invita al divertimento e alla distrazione.

Fiore: la rosa gialla è il fiore che meglio si combina con la candela dello stesso colore. È molto resistente ai cambiamenti atmosferici e influisce sugli aspetti intellettivi della persona, dotandola di maggiore capacità di comprensione e intelligenza. Con questa candela è comunque compatibile anche il papavero giallo.

Giorno: il giorno più indicato è il mercoledì; scegliendolo si avranno maggiori probabilità di raggiungere l'obiettivo desiderato, anche perché il mercoledì è noto per la sua capacità di esercitare un influsso positivo sulle transazioni commerciali.

Metallo: la candela gialla rappresenta la dispersione e il metallo che meglio influisce su questo aspetto è il mercurio, che si trova allo stato liquido a temperature normali.

Numero: il numero che meglio simboleggia tutto ciò che è quotidiano e materiale è il quattro.

Ora: in questo caso l'ora non rappresenta un fattore determinante, poiché l'uso della candela gialla è valido ed efficace in qualsiasi momento del giorno. Può tuttavia essere più favorevole accenderla a partire da mezzogiorno, quando il sole si trova nel suo punto più alto.

Pianeta: Mercurio, il pianeta più vicino al sole, è quello che meglio si associa alla candela gialla. Gli antichi alchimisti lo mettevano in corrispondenza con l'elisir della vita. È il pianeta della conoscenza e del pensiero umano, che recepisce e trasmette le idee; in altre parole, è collegato alla comunicazione.

Pianta: la lavanda e la valeriana sono le piante più indicate, grazie alle loro virtù disintossicanti e sedative. Aiutano la persona a concentrarsi sull'obiettivo desiderato.

Pietra: la pietra corrispondente alla candela gialla è l'agata, che esprime energia e conferisce la forza necessaria al raggiungimento della pienezza spirituale.

Profumo e incenso: il sandalo è indicato sia per il profumo con cui ungersi le mani prima di iniziare il rituale, sia per l'incenso da bruciare durante l'invocazione.

Salute: la candela gialla agisce positivamente sul sistema nervoso e sull'apparato respiratorio; inoltre aiuta a sviluppare le capacità intellettive e a instaurare con facilità i rapporti sociali.

Segno zodiacale: sono protetti dalla candela gialla i nati sotto i segni della Vergine e dei Gemelli. Il primo rappresenta l'ordine e la virtù, il secondo la determinazione e l'altruismo.

LA CANDELA GRIGIA

Simbolo per eccellenza del dualismo, la candela grigia rappresenta il Signore, il Salvatore, e ciò indipendentemente dal credo o dalla fede religiosa di chi rivolge l'invocazione. Da un altro punto di vista la candela grigia simboleggia anche l'indifferenza e l'egoismo, caratteristiche che si associano all'idea di salvezza, facendo sì che la persona che agisce sotto la sua influenza veda rafforzate le proprie credenze. Il colore grigio è il colore delle ceneri, simbolo della distruzione ma anche della resurrezione, e rimanda all'unione tra il passato e il futuro.
Accendendo quindi una candela grigia il rituale favorirà e potenzierà la purezza dello spirito.
Ecco le principali caratteristiche.

Colore: il grigio è il risultato della mescolanza di bianco e nero, due colori complementari che si aiutano reciprocamente nella ricerca della spiritualità e nell'eliminazione della negatività. Il grigio pertanto possiede caratteristiche di rinnovamento della fede e delle credenze.

Fiore: è indicata l'infiorescenza del pino, un albero sempreverde, resistente e profondamente radicato nel terreno.

Giorno: quello più adatto per la celebrazione del rituale di rinnovamento spirituale è il martedì, giorno di lotta e di vittoria finale.

Metallo: l'acciaio, durissimo e resistente, è considerato il più indicato da collocare sull'altare su cui si celebra un rituale con la candela grigia.

Numero: il cinque è il numero magico che rappresenta la purezza di spirito e l'ispirazione. Simboleggia l'unione della terra e del cielo.

Ora: il mattino o la sera sono i momenti migliori per utilizzare la candela grigia.

Pianeta: è Marte a governare i rituali effettuati con la candela grigia. Questo pianeta rappresenta infatti gli aspetti materiali dell'uomo, ma serve anche da guida nella lotta e nel cammino verso una maggiore purezza di spirito.

Pietra: la più indicata per accompagnare la candela grigia è l'agata, una varietà di silice molto apprezzata per la sua colorazione. Esprime energia e incoraggia la persona a conseguire i propri obiettivi.

Profumo e incenso: il profumo e l'incenso da utilizzare sono quelli di pino, in sintonia con il fiore. L'aroma di questa essenza purifica l'ambiente e aumenta la capacità di concentrazione sia dell'officiante sia della persona a cui sono destinati gli effetti benefici del rituale.

Salute: la candela grigia protegge soprattutto il cervello, centro del pensiero razionale e punto di partenza per l'elevazione spirituale.

Segno zodiacale: la candela grigia protegge i nati sotto il segno della Vergine, che rappresenta l'ordine e la virtù.

LA CANDELA MARRONE CHIARO

La candela marrone chiaro simboleggia la forza e, soprattutto, il sesso maschile. Questo colore favorisce il contatto con la realtà, per cui il rituale con la candela corrispondente è consigliato alle persone dotate di una sensibilità esasperata o che si trovano in un momento della vita in cui la loro visione del mondo è poco realistica.
La candela marrone chiaro aiuta anche a individuare il cammino da seguire per raggiungere una profonda spiritualità e sapienza.
Come conseguenza del suo stretto vincolo con la terra, questa candela rende le persone più realiste, influendo inoltre in maniera positiva sulla fertilità.
Ecco le principali caratteristiche.

Colore: il marrone esercita un'influenza positiva sulle persone, incoraggiandole a concretizzare i loro obiettivi; evita gli eccessi e conferisce il rigore di pensiero e la chiarezza di idee necessari per raggiungere una profonda spiritualità.

Fiore: sull'altare allestito per il rituale va collocato il caprifoglio, pianta silvestre rampicante, profondamente radicata nel terreno, caratterizzata da fiori gialli e rosati dal profumo intenso e gradevole.

Giorno: il giovedì è il giorno più indicato per la celebrazione del rituale con la candela marrone chiaro.

Numero: il quattro è il numero sotto la cui influenza la candela marrone agisce in modo più efficace. È associato ai quattro punti cardinali, che orientano la persona e la indirizzano verso i suoi obiettivi.

Ora: il momento più indicato è il pomeriggio, dal mezzogiorno alla sera; in questo arco di tempo l'effetto benefico della candela marrone risulta potenziato.

Pianeta: la candela di colore marrone chiaro è governata da Giove, il pianeta più grande del sistema solare, che rappresenta il giudizio, la generosità e la sapienza. È il grande benefattore, che favorisce coloro che perseguono il cammino della perfezione.

Pianta: analogamente al fiore, la pianta che meglio favorisce l'azione della candela marrone è il caprifoglio.

Pietra: l'onice è la pietra preziosa che simboleggia la forza della terra. Si tratta di un'agata con strati chiari e scuri, spesso utilizzata per i cammei.

Profumo e incenso: è consigliabile che siano entrambi di caprifoglio, per le sue particolari caratteristiche di intensità e di attrazione.

Salute: le parti del corpo maggiormente interessate ai benefici effetti della candela marrone sono i piedi e, data l'associazione di questo colore con la fertilità, anche gli organi genitali.

Segno zodiacale: il Capricorno è quello che presenta maggiori affinità con le caratteristiche e il simbolismo attribuiti alla candela marrone, che conferisce costanza a questo segno instabile, illuminando la persona che effettua la cerimonia di invocazione.

LA CANDELA MARRONE SCURO

La candela marrone scuro è naturalmente molto simile a quella marrone chiaro, ma incoraggia maggiormente la persona ad analizzare coscientemente i fatti e le proprie motivazioni, conferisce una più spiccata forza di volontà ed esige una maggiore concentrazione mentale e spirituale.
Aiuta inoltre a rafforzare il carattere dei bambini, dotandoli di un'accentuata capacità critica, e guida l'individuo verso il sentiero della spiritualità.
Le sue caratteristiche principali sono identiche a quelle già illu-

strate per la candela di colore marrone chiaro. L'unica variazione riguarda il rituale, e in particolare la richiesta formulata da chi presiede la cerimonia di invocazione.

Colore: incoraggia ulteriormente la persona a realizzare i propri obiettivi. Le richieste dovranno essere accompagnate da un grande sforzo di volontà da parte di chi le effettua.

Fiore: caprifoglio.

Giorno: giovedì.

Numero: quattro.

Ora: pomeriggio, da mezzogiorno alla sera.

Pianeta: Giove.

Pianta: caprifoglio.

Pietra: onice.

Profumo e incenso: caprifoglio.

Salute: protegge la zona della testa, quella maggiormente legata al carattere e alla personalità del neonato.

Segno zodiacale: Capricorno.

LA CANDELA NERA

Nonostante le sue connotazioni macabre e l'associazione con l'idea del lutto, per quanto riguarda l'uso delle candele questo colore è positivo. Comprendendo infatti tutti i colori, è utilizzato per raccogliere l'energia negativa ed eliminarla dall'ambiente in cui si svolge la cerimonia di invocazione. La candela nera serve inoltre da aiuto e da guida per orientarsi nell'oscurità delle tenebre. Ecco le principali caratteristiche.

Colore: il nero è complementare al bianco, e la candela di questo colore viene utilizzata nel rituale di invocazione come candela "di accompagnamento", per potenziare la forza di quella principale, aiutandola a raggiungere l'obiettivo prefissato.

Fiore: l'orchidea nera è il fiore più indicato per neutralizzare l'energia negativa del luogo in cui va effettuata l'invocazione.

Giorno: è consigliabile usarla preferibilmente il lunedì, quando è bene ripulire l'ambiente dalle impurità, in modo da captare senza interferenze l'energia positiva.

Numero: quello corrispondente alla candela nera è l'otto, che simboleggia l'infinito, la giustizia e il trionfo sulle tenebre. Nella religione buddista rappresenta i sentieri divini.

Ora: sono consigliate le prime ore del mattino, quando la notte finisce e la forza del sole e della luce incomincia a farsi strada all'orizzonte.

Pianeta: nonostante sia un satellite, agli effetti della magia delle candele la luna è considerata un pianeta. Come si è visto, corrisponde alla candela bianca ma, in riferimento alla sua faccia nascosta, è associata anche a quella nera. La luna rappresenta la forza che nasce dall'interiorità, che genera e intercede per l'umanità. Esercita il suo influsso sulla mente delle persone, in questo caso liberandole dalle influenze negative.

Pietra: il corallo nero, struttura calcarea prodotta da un organismo animale marino, è il più indicato per la cerimonia, anche se è molto raro e quindi difficile da reperire.

Profumo e incenso: dovrebbero essere entrambi di orchidea. È questo, infatti, l'aroma più indicato per ungersi le mani prima di iniziare il rituale e da bruciare nell'ambiente (il processo di combustione eliminerà le negatività dal luogo in cui si celebra la cerimonia).

Salute: gli effetti benefici della candela nera sono associati alla sua capacità di depurare i sistemi linfatico e nervoso, oltre che l'apparato escretore dell'essere umano.

Segno zodiacale: il Capricorno, segno caratterizzato da alti e bassi, è quello che meglio definisce le caratteristiche e il simbolismo attribuiti alla candela nera. Questa contribuirà a eliminare la componente negativa presente sia nell'ambiente sia all'interno dell'individuo per il quale viene effettuata l'invocazione.

LA CANDELA PORPORA

La candela porpora è associata alla capacità di sacrificio, alla spiritualità, oltre che a tutti gli aspetti legali che discendono in qualche modo dal concetto di autorità.
Oltre ad agevolare lo sviluppo spirituale della persona, il rituale praticato con una candela di questo colore favorisce anche i suoi interessi economici.
Ecco le caratteristiche principali.

Colore: il colore rosso violaceo, o porpora, è stato utilizzato fin da tempi remoti per cardinali, papi, sovrani e alti gerarchi, dal momento che simboleggia l'aura che favorisce il contatto con i livelli superiori della coscienza. È un colore altamente spirituale, identificato con la meditazione.

Fiore: il gelsomino, fiore della vocazione e della forza spirituale, è il più indicato per accompagnare la candela di questo colore.

Giorno: il più adatto per la celebrazione del rituale con la candela porpora è il giovedì, giorno del rinnovamento spirituale.

Metallo: è indicato lo stagno, per la sua duttilità e per la capacità di saldare fortemente tra loro altri metalli. Lo stagno fonde facilmente e resiste alle intemperie senza ossidarsi. È il simbolo dell'unione tra i piani fisico, mentale e spirituale.

Numero: il cinque è il numero magico che rappresenta il potere dell'ispirazione e l'unione di terra e cielo. Ricordiamo a questo proposito la stella a cinque punte, con le sue innegabili connotazioni cabalistiche.

Ora: le più indicate per questo rituale sono le prime ore del pomeriggio, un momento particolarmente adatto alla riflessione.

Pianeta: corrisponde alla candela porpora il pianeta Giove, il più grande del sistema solare, che rappresenta il giudizio, la generosità e la sapienza, e che contribuisce a mantenere gli uomini sulla retta via della legge.

Pianta: si consiglia di collocare sull'altare una pianta di tarassaco (dente di leone), poiché le sue radici sono medicinali.

Pietra: il turchese è la pietra dei mistici, di tutti coloro che desiderano raggiungere un elevato livello spirituale. Composto da solfato di alluminio e da una parte di rame, è caratterizzato da un bellissimo colore verde-azzurro ed è considerato una pietra-talismano.

Profumo e incenso: è consigliabile che l'officiante si versi sulle mani alcune gocce di profumo di gelsomino prima di iniziare il rituale e che bruci incenso al gelsomino nel locale dove si svolge l'invocazione. In questo modo si favorirà il contatto con il piano superiore o spirituale.

Salute: la candela porpora protegge diversi organi del corpo, ma soprattutto il fegato e il pancreas, oltre che la circolazione sanguigna e la pelle. Aiuta inoltre a evitare la dipendenza dalle droghe e protegge dalle situazioni particolarmente delicate.

Segno zodiacale: Sagittario e Pesci sono i segni più direttamente in contatto con la candela porpora. Il primo è il simbolo della filosofia e delle vocazioni religiose; i nati sotto questo segno combinano lo spirito di combattimento con la solidarietà; sono inoltre coraggiosi e generosi.
I Pesci rappresentano invece il sacrificio, l'umiltà e la sensibilità. I nati sotto questo segno sono altruisti, presentano tendenze mistiche, talvolta sono addirittura geniali e si distinguono per la loro capacità di mediazione tra la realtà spazio-temporale e la dimensione superiore.

LA CANDELA ROSA

Questo colore influisce direttamente sulle emozioni e sui sentimenti e, più precisamente, sull'amore, l'amicizia, il sesso e tutte le manifestazioni di carattere affettivo.
La candela rosa favorisce le riconciliazioni, i rapporti stabili e i legami di coppia duraturi.
Il rosa si identifica con l'affettività, lo spirito di sacrificio, la sensibilità e l'emotività.
Non può essere considerata una candela esclusivamente femminile, poiché in ogni caso il suo influsso aiuta a liberare il pensiero, lo spirito e la sensibilità, suscitando inoltre l'attrazione.
Ecco le caratteristiche principali.

Colore: il rosa è prevalentemente – ma non esclusivamente – femminile, associato alla sensibilità e ai suoi aspetti spirituali. Simboleggia l'amor proprio e la vanità, e ha un effetto inibitore sugli impulsi violenti.

Fiore: sono consigliati la rosa e il lillà, in quanto simboli della passione d'amore.

Giorno: il più indicato per l'utilizzo della candela rosa è il venerdì, giorno che esercita un'influenza positiva sulla sensibilità degli individui.

Metallo: il più indicato per accompagnare questo rituale è il rame, metallo nobile e malleabile, caratterizzato da un'elevata capacità di trasmissione.

Numero: quello corrispondente alla candela rosa è il sei, associato a Venere, dea romana dell'amore. Simboleggia la capacità di amore assoluto.

Ora: il momento più indicato per iniziare il rituale con una candela rosa è quasi unanimemente considerato il pomeriggio (e più precisamente a partire dalle quattro).

Pianeta: il pianeta dell'amore è Venere, associato alle arti, alla bellezza, alla sensibilità e all'armonia. La sua energia magnetica esercita una forza di attrazione che favorisce ogni tipo di unione, anche in campo commerciale.

Pianta: è indicato il crescione, pianta afrodisiaca in grado di fornire energia vitale per sfruttare appieno la sensualità.

Pietra: la pietra direttamente associata a questo rituale è lo smeraldo, caratterizzato da una grande bellezza e dalla capacità di attirare la pace spirituale e il flusso dell'amore indirizzandoli verso il cuore delle persone.

Profumo e incenso: in sintonia con il fiore corrispondente, il profumo con cui ci si deve strofinare le mani e che deve essere diffuso nel corso della cerimonia, così come l'incenso che deve essere bruciato per tutta la durata di quest'ultima, è quello di rosa o di lillà, entrambi simbolo della bellezza.

Salute: la candela rosa protegge gli organi genitali (soprattutto quelli femminili) dalle infezioni, in particolare quelle a trasmissione sessuale. Inoltre protegge la pelle, regola le funzioni organiche e aiuta a risolvere i problemi psicologici.

Segno zodiacale: sono protetti dall'azione della candela rosa i nati sotto i segni della Bilancia e del Toro. Il primo è il segno dell'armonia e della riconciliazione in campo sentimentale, mentre il secondo rappresenta la stabilità materiale.

LA CANDELA ROSSA

La candela rossa è associata a tutti quegli aspetti che potenziano le caratteristiche fisiche e le aspirazioni materiali dell'individuo (virilità, forza, giovinezza, autorità).
Inoltre protegge dagli incidenti, dalle armi, dagli attacchi degli animali e aiuta a superare le operazioni chirurgiche o eventuali avvelenamenti.
Essendo associata all'idea del sangue, oltre a rappresentare la forza simboleggia anche la lotta, il desiderio di sopravvivere superando le difficoltà e intraprendendo nuovi progetti. Il suo pianeta non può essere altro che Marte.
Il rituale con la candela rossa può aiutare le persone indecise ad acquisire la forza necessaria per realizzare nuovi progetti; può inoltre potenziare l'immaginazione e proteggere da possibili incidenti durante i viaggi.
Ecco le caratteristiche principali.

Colore: il rosso è il colore della forza, del sangue e della violenza; è anche un elemento positivo poiché questa energia, se ben indirizzata, fornisce la vitalità necessaria per portare avanti i progetti più difficili. Il rosso è uno dei colori primari ed esercita un influsso positivo sulla virilità.

Fiore: il fiore che si associa alla candela rossa è il garofano dello stesso colore, noto per la sua resistenza e la sua bellezza.

Giorno: il martedì è quello più indicato per celebrare un rituale con la candela rossa; si tratta infatti di un giorno di lotta cui segue la vittoria (per questo si dice che il martedì sia il giorno dei soldati e dei missionari).

Metallo: il metallo più duro, che nel corso della storia ha rappresentato la forza e la violenza, è il ferro, principale componente delle armi utilizzate nella storia dell'umanità. Ma anche gli utensili impiegati per la costruzione sono quasi sempre stati di ferro, per cui la sua simbologia è duplice.

Numero: corrisponde a questo rituale il numero tre, rappresentazione della triade anima-mente-corpo.

Ora: il momento migliore della giornata è il mezzogiorno, quando il sole è alla sua massima potenza. Se possibile è preferibile celebrare il rituale a mezzogiorno di un martedì di primavera, in modo da potenziarne l'effetto.

Pianeta: il rituale con la candela rossa è governato da Marte, il pianeta rosso, che simboleggia gli aspetti più materiali dell'uomo e gli ostacoli che si devono superare per proseguire nel cammino verso la meta desiderata.

Pianta: qualsiasi pianta che presenti spine sul fusto o sui frutti, che punga o irriti chi la tocca simboleggia perfettamente lo spirito della candela rossa.

Pietra: la pietra che meglio rappresenta la candela rossa è il granato, un minerale cristallizzato che concentra la forza della natura e al quale vengono attribuiti effetti afrodisiaci.

Profumo e incenso: l'officiante dovrà ungersi le mani con profumo di garofano e bruciare incenso di garofano durante la cerimonia, in modo tale da purificare l'ambiente e riempirlo di energia positiva.

Salute: l'energia della candela rossa influisce su tutto l'organismo, ma in particolare protegge gli organi sessuali, l'apparato escretore e la testa.

Segno zodiacale: Ariete e Scorpione sono i segni che meglio esercitano la loro influenza nei cerimoniali con la candela rossa. I nati sotto il segno dell'Ariete sono in genere molto forti, ma anche un po'grossolani. Possono essere buoni dirigenti, ma privi di tatto e diplomazia.
Gli Scorpioni sono invece grandi indagatori della propria interiorità; amano l'introspezione e la loro missione è quella di lottare oltre i propri limiti.

LA CANDELA VERDE

La candela verde simboleggia la natura, la primavera, la speranza, la capacità di comunicazione e l'intelligenza.
Il suo uso è indicato per i rituali volti a ottenere l'abbondanza di beni e l'orientamento nel cammino spirituale. Grazie a essa è possibile raggiungere la responsabilità, la stabilità, la fedeltà e la conoscenza suprema e, di conseguenza, anche il successo professionale. La riuscita nell'ambito lavorativo si basa su tutte queste premesse, ma anche sull'ambizione che, in giusta misura, funge da stimolo per la realizzazione dei propri obiettivi, generalmente raggiunti grazie alla costanza e alla meticolosità con cui l'individuo svolge il proprio lavoro.
Ecco le caratteristiche principali.

Colore: il verde è il colore della speranza, ma anche della natura. Rappresenta l'aspirazione a raggiungere la perfezione e la conoscenza assoluta. Tuttavia, può anche simboleggiare valori meno positivi: se non si raggiunge il giusto equilibrio può infatti sfociare nella crudeltà, nell'orgoglio o nell'invidia.

Fiore: si consiglia di accompagnare la candela verde con il fior di loto, che rappresenta la fiducia in se stessi.

Giorno: il sabato è il più indicato per l'uso della candela verde e per richiedere umilmente i favori associati a questo rituale, siano essi di carattere spirituale o materiale.

Metallo: in questo caso non si tratta di un metallo che favorisce, ma piuttosto che protegge. Particolarmente indicato per i rituali con la candela verde è il piombo che, grazie alla sua solida struttura, respinge le radiazioni e facilita il cammino verso la meta prefissata.

Numero: il numero magico che corrisponde alla candela verde è il sette, caratterizzato da uno speciale simbolismo, essendo in grado di cambiare in un solo istante la vita di una persona.

Ora: le ore più indicate del sabato vanno dalle sei di sera a notte inoltrata. Ricordiamo a questo proposito che si intende sempre l'ora solare.

Pianeta: la candela verde è associata a uno dei pianeti più grandi del nostro sistema solare, Saturno, che simboleggia l'ordine e la gerarchia. Il dio che porta il suo nome era un guerriero, noto però anche per la sua licenziosità; è per questa ragione che Saturno rappresenta il dualismo materiale dell'uomo, la combinazione delle sue virtù e dei suoi difetti.

Pianta: per le sue caratteristiche di resistenza e tenacia, la pianta più indicata per questo cerimoniale è l'edera, un rampicante ostinato e perseverante.

Pietra: la più indicata è il giaietto, una varietà di lignite derivata dalla fossilizzazione delle conifere, anche se il colore non coincide (il giaietto infatti è nero). Questa pietra è considerata custode della spiritualità e, per associazione con le sue caratteristiche, rappresenta la volontà ferrea e instancabile.

Profumo e incenso: devono essere entrambi all'oppio, il derivato del papavero che alimenta la fiamma e consente di orientarsi nelle tenebre per raggiungere gli obiettivi prestabiliti.

Salute: la candela verde protegge le parti più fragili del corpo umano e, in particolare, la struttura ossea, che preserva dalle cadute e dalle fratture.

A livello mentale aiuta a evitare le malattie cerebrali causate da scarsa irrorazione sanguigna e conferisce grande longevità.

Segno zodiacale: l'Acquario e il Capricorno sono i segni che meglio definiscono le caratteristiche e il simbolismo attribuiti alla candela verde.
L'Acquario rappresenta la spiritualità, ma anche la solidarietà e i sentimenti umanitari. È il segno dei rivoluzionari, degli innovatori, ma anche di coloro che professano il cameratismo.
Il Capricorno è invece un segno più instabile, capace di ottenere il meglio, ma anche di cadere in disgrazia per la sua mancanza di umiltà e di umanità. L'ideale è una combinazione di questi due segni, che si aiutano e si completano a vicenda.

LA CANDELA VIOLA

Si tratta di una variante della candela porpora che, così come quella nera, è difficilmente accettata per le sue connotazioni negative associate alla morte. Non si deve comunque dimenticare che si tratta di una candela dalle chiare valenze femminili, in quanto il colore viola favorisce molto di più le donne degli uomini. Nel complesso questa candela potenzia le facoltà visionarie e paranormali, favorisce la chiaroveggenza e il contatto con il mondo soprannaturale. Ecco le principali caratteristiche.

Colore: il viola, per la sua associazione con la dimensione ultraterrena, è uno dei colori più utilizzati, insieme con il porpora, negli indumenti della religione cristiana.
Per ragioni completamente diverse è anche patrimonio del femminismo istituzionalizzato (come nel caso delle organizzazioni a favore dei diritti della donna ecc.). È inoltre un colore molto indicato per l'iniziazione all'esoterismo.

Fiore: ovviamente, il fiore più adatto per questo rituale è la viola, che favorisce il contatto con le forze dell'occulto e l'accesso alle relative conoscenze.

Giorno: il giorno migliore per praticare il rituale con la candela viola è il venerdì, che garantisce maggiori possibilità di raggiungere gli obiettivi prefissati.

Numero: a questo rituale esoterico corrisponde il numero tre, che simboleggia l'unione di anima, mente e corpo.

Ora: il potere della candela viola si intensifica nelle ore notturne, soprattutto nelle notti di luna piena.

Pianeta: il pianeta corrispondente alla candela viola è Venere, associato alla bellezza, alla sensibilità e all'armonia. Inoltre l'energia magnetica di questo pianeta esercita una forza di attrazione verso l'occulto e l'aldilà.

Pietra: il turchese è la pietra dei mistici, di tutti coloro che desiderano raggiungere un elevato livello spirituale e di chi possiede la facoltà di entrare in contatto con l'aldilà. Il turchese è considerato una pietra-talismano.

Profumo e incenso: in entrambi i casi è consigliabile l'aroma di violetta; ci si dovrà quindi ungere le mani con questo profumo e si lascerà bruciare nell'ambiente l'incenso corrispondente.

Salute: la candela viola contribuisce all'espansione dell'essere umano da ogni punto di vista, sia nelle conoscenze materiali sia in quelle spirituali. Per quanto riguarda l'organismo, la candela di questo colore evita la propagazione delle infezioni e cura i disturbi delle estremità inferiori. Un'altra delle sue prerogative è la protezione contro ogni tipo di dipendenza.

Segno zodiacale: Sagittario e Pesci sono i segni direttamente associati alla candela viola. Il Sagittario simboleggia la filosofia e le vocazioni religiose; i nati sotto questo segno riuniscono nella loro personalità lo spirito di combattimento e la solidarietà; sono inoltre persone coraggiose e generose. I Pesci rappresentano invece il sacrificio, l'umiltà e la sensibilità. Coloro che si trovano sotto l'influenza di questo segno presentano tendenze mistiche e si distinguono per le loro capacità medianiche e per la facilità con cui riescono a mettersi in contatto con l'aldilà.

LE CANDELE E LA SALUTE

Tra gli innumerevoli usi delle candele grande importanza ha il loro potere curativo.
Ogni colore possiede alcune caratteristiche specifiche che conferiscono alla candela determinate qualità terapeutiche. Affinché si possa scegliere la candela più adatta per ogni singolo disturbo forniamo qui un elenco dei diversi colori con le relative proprietà curative.

Arancione: grazie alle sue proprietà energetiche (prevalentemente dovute alla parte di rosso presente nella composizione), questo colore è indicato per curare i disturbi legati all'asma, alla bronchite, alla tosse, all'esaurimento, alla stitichezza, all'epilessia e all'artrite.

Bianco: è il simbolo della purezza. È il colore più indicato per la concentrazione, la meditazione e il raggiungimento della pace interiore. Tra le sue proprietà vi è quella di aumentare la produzione di latte nella puerpera; è inoltre consigliato per la cura delle decalcificazioni ossee, delle fratture e del mal di denti.

Blu: è un colore rilassante, indicato per il trattamento di ustioni, cefalee, febbre, dolori mestruali, insonnia, ferite lievi, scottature da esposizione solare e irritazioni alla gola.

Blu-viola: le proprietà energizzanti e rinvigorenti di questo colore, soprattutto in riferimento alla sfera mentale, lo rendono particolarmente adatto alla cura specifica di asma, depressione, disturbi mentali e nervosi, polmoniti, tubercolosi, sordità, morbo di Parkinson e problemi intestinali.

Giallo: è un colore dalle proprietà stimolanti, indicato per la cura della stitichezza, del diabete, delle indigestioni, dei dolori mestruali e delle affezioni cutanee.

Rosa: è un colore che armonizza, protegge, aiuta e ringiovanisce. È particolarmente indicato per la cura delle malattie cardiache, dell'ansia, della depressione, dei problemi uditivi, dei disturbi renali e della stitichezza.

Rosso: è il colore dotato di maggiore vitalità ed energia e quindi possiede notevoli qualità rinvigorenti. Per questa ragione viene utilizzato per curare i tumori, la leucemia, le paralisi, le nevralgie, le infezioni epatiche, l'assideramento e la maggior parte delle malattie gravi.

Verde: è il colore della natura per eccellenza ed è anche associato alla fertilità. È indicato per la cura del cancro, delle cefalee, delle disfunzioni renali, delle malattie da raffreddamento, dell'ipertensione, dei problemi nervosi e dell'ulcera.

Verde-azzurro: questo colore aiuta a combattere lo stress, equilibra l'organismo ed elimina le tensioni accumulate nel corpo. È indicato per la cura di infezioni, infiammazioni, problemi oculari, ipertensione, alterazioni cutanee, disturbi del metabolismo e ustioni.

Viola: favorisce la concentrazione, l'introspezione, la meditazione e la creatività. È consigliato per curare asma, allergie, trombosi, raffreddori, disturbi mentali, stress, tumori di diversa localizzazione e sinusiti.

Pianta	Indicazioni
Achillea (millefoglie)	malattie epatiche, dolori muscolari, ulcera
Aglio	asma bronchiale, artrite, infezioni
Agrimonia	malattie epatiche, itterizia
Anice	asma, bronchite
Assenzio	raffreddore, febbre
Camomilla	coliche, infiammazioni, febbre, disturbi nervosi
Cardo santo	raffreddore, catarro
Cinnamomo	influenza
Coriandolo	febbre
Finocchio	ansia, stitichezza, dolori mestruali
Fiore di sambuco	stitichezza, raffreddore, febbre, emorroidi, impotenza
Gelsomino	impotenza
Ginepro	nevralgie, gonfiori, reumatismi
Ginseng	disturbi sessuali in genere
Lavanda	stanchezza, depressione, cefalee, distorsioni, impotenza, reumatismi
Malva	infiammazioni alle tonsille
Mandragora (radice)	impotenza, sterilità
Menta	cefalea, dolori muscolari
Ortica	asma bronchiale, malattie polmonari, ulcere allo stomaco, disturbi intestinali
Puleggio (mentuccia)	febbre, dolori mestruali
Rosa	calcoli renali
Rosmarino	raffreddore, debolezza generale, stress, depressione, coliche, reumatismi, paralisi
Salvia	raffreddore, tosse, febbre, influenza, depressione, distorsioni, varici
Tarassaco (dente di leone)	malattie del fegato, del pancreas e della milza, stitichezza, problemi della vescica e degli organi sessuali femminili
Timo	febbre, cefalea
Valeriana	ansia, stress, infiammazioni articolari, insonnia, reumatismi
Violetta	infezioni in genere
Zafferano	depressione, febbre
Zenzero	febbre, dolori mestruali

Il potere curativo non risiede comunque nella candela in sé, ma in genere è associato all'uso di piante medicinali o erbe curative. Per facilitarvi la scelta, nello schema riportato a fianco vengono elencate le principali indicazioni delle singole piante dotate di proprietà terapeutiche.
Una volta scelti il colore della candela e la pianta idonei per la cura che si intende realizzare, si procederà alla preparazione della candela curativa, secondo il procedimento qui indicato.
Si metteranno paraffina e cera d'api in un largo recipiente di ottone, a sua volta immerso in un altro recipiente con acqua in ebollizione. Quando la paraffina e la cera si saranno completamente sciolte si aggiungerà l'erba curativa in polvere, oltre alla mina sminuzzata di un pastello del colore prescelto, recitando le seguenti parole:

Cera, paraffina, erba fina,
unitevi in santa comunione.
Lavorate insieme in congiunzione
affinché la candela agisca da medicina.

In seguito si taglierà un pezzo di stoppino, fissando alla sua estremità inferiore una vite o un bullone che serva da contrappeso; quest'ultimo andrà sistemato in fondo allo stampo, in posizione centrale, versando quindi poco alla volta la cera sciolta. Sarà quindi necessario attendere finché il tutto si sarà raffreddato e solidificato.
Ricordiamo che è preferibile preparare queste candele durante la fase di luna crescente, poiché in questo modo se ne potenzieranno gli effetti benefici e si aumenterà di conseguenza il loro potere curativo.

IL RITUALE CURATIVO

Disponendo a questo punto della candela adatta, con caratteristiche medicinali concrete, si potrà dare inizio al rituale o cerimonia di cura. Esistono tanti tipi di rituali quanti sono i maestri officianti; qui viene illustrato un antico rituale tipico delle cerimonie magiche mediterranee che si sono andate sviluppando nel corso dei secoli nella zona compresa tra il Levante spagnolo e l'Italia nordorientale.

A seconda del momento del giorno e dell'ora più adatti, con un pezzo di gesso si traccerà per terra un cerchio, il cui diametro dovrà corrispondere all'altezza dell'officiante. Non importa se ci si trova in un luogo chiuso o all'aperto ma, in quest'ultimo caso, sarà preferibile utilizzare vernice o calce, poiché con il gesso potrebbe risultare difficile disegnare nitidamente il cerchio.

Si prenderà quindi una piccola quantità di polvere della stessa pianta che è stata utilizzata per preparare la candela curativa e la si spargerà in tutte le direzioni, incominciando sempre da nord e procedendo in senso orario. Mentre si svolge questa operazione si dovranno recitare le seguenti parole:

Con le polveri di
(pronunciare il nome della pianta o erba usata)
mantengo il cerchio libero dagli spiriti maligni.
Fuori!
Chiamo gli spiriti benefattori.
Avanti!
E chiedo loro che mi aiutino nella giusta realizzazione
dei riti che mi accingo a celebrare.

Ripulito così il cerchio dalle eventuali negatività, si sistemerà al centro una grossa pietra piana e liscia, che servirà da altare. Se possibile questa pietra non dovrà trovarsi a contatto diretto con il terreno, ma poggerà su altre due pietre, una da ciascun lato.

Sulla pietra-altare, in posizione centrale, si collocherà la candela curativa e alla destra o alla sinistra di questa (a seconda che l'officiante sia destro o mancino) una fotografia della persona che si desidera beneficiare con il rituale. Qualora non si disponga della fotografia, sarà sufficiente che l'officiante si concentri mentalmente sulla persona in questione mentre viene fatta l'invocazione e per tutta la durata della cerimonia. A questo punto si ripeterà la formula già pronunciata in precedenza:

Con le polveri di
(pronunciare il nome della pianta o erba usata)
mantengo il cerchio libero dagli spiriti maligni.
Fuori!
Chiamo gli spiriti benefattori.
Avanti!
E chiedo loro che mi aiutino nella giusta realizzazione
dei riti che mi accingo a celebrare.

La fase successiva consiste nell'accendere la candela. L'officiante, sempre pensando alla persona che dovrà essere favorita dal rituale, si rivolgerà verso nord recitando le seguenti parole:

Per la grazia che mi è stata concessa
chiedo aiuto a tutti gli spiriti buoni
affinché
(citare il nome della persona cui si dedica il rito)
riceva gli effetti di questa cerimonia,
che realizzo con piena umiltà e fervore.

L'officiante dovrà quindi ripetere la stessa formula rivolto a est, a sud e infine a ovest. Prenderà poi la fotografia della persona e la alzerà davanti a sé, recitando le seguenti parole rivolto nuovamente prima a nord, poi a est, quindi a sud e infine a ovest:

Desidero con tutta umiltà e fervore che
(citare il nome della persona cui si dedica il rituale)
possa guarire dalla malattia (o disturbo di cui soffre)
e questo scongiuro lo liberi per sempre dal suo male
grazie all'azione che oggi intraprendo per aiutare
(citare ancora il nome della persona cui si dedica il rituale).

Ricordiamo che l'intero rituale deve essere praticato con la massima concentrazione, pensando sempre alla persona che si desidera aiutare, visualizzandola mentalmente e immaginandola perfettamente sana, ossia libera dal male che in quel momento la affligge.

Se è una persona esperta e ben preparata, l'officiante potrà mantenere la concentrazione per tutto il tempo in cui la candela resterà accesa: in questo caso le probabilità che il rituale eserciti un'azione benefica aumentano considerevolmente. Nel caso in cui l'officiante sia invece un principiante o una persona poco preparata per questo tipo di lavoro dal punto di vista fisico e mentale, è preferibile non attendere che la candela si sia completamente consumata. In quest'ultimo caso, se la cerimonia avviene all'aperto, si spegnerà la candela con un rapido soffio, mettendo la mano dietro la fiamma per evitare di spargere la cera liquida.

Per concludere la cerimonia bisogna dirigersi verso ciascuno dei punti cardinali, ringraziando in silenzio, con una leggera flessione del capo, per l'aiuto ricevuto. Occorre quindi uscire dal cerchio e cancellarlo, oppure ricoprire la calce o la vernice con sabbia o terra. In questa operazione è importante procedere in senso antiorario.

Infine, si lanceranno in aria piccole quantità di polvere dell'erba o pianta medicinale usata per la preparazione della candela e nelle diverse fasi del rituale descritto.

LE CANDELE IN CASA

Nell'antichità, il primo luogo in cui si incominciarono a celebrare i rituali magici fu la casa, la dimora in cui si viveva.
Il termine "occultismo" si riferisce alle situazioni in cui questi rituali o cerimonie si svolgevano; naturalmente, in determinate epoche, il luogo più "occulto" dove poter effettuare tranquillamente le proprie invocazioni era proprio l'interno della propria abitazione, dove i "maghi" e gli "stregoni" non potevano venire scoperti e, di conseguenza, essere considerati incarnazioni del demonio.
La tradizione di celebrare le invocazioni all'aperto è successiva e si rifà a un'altra antica consuetudine, in base alla quale l'uomo doveva trovarsi il più vicino possibile alla natura. Risale ad allora la nascita delle leggende, basate su fatti reali, delle invocazioni a diverse divinità (del bene e del male), che hanno come sfondo vette, radure nascoste nelle foreste, luoghi ubicati in posizioni strategiche od orientati in direzione di una determinata stella o pianeta ecc.
Indipendentemente dal luogo scelto per la celebrazione dei rituali, è innegabile che la casa è sempre stata uno dei primi luoghi che l'uomo ha desiderato "ripulire" o liberare dalle influenze negative e malefiche.
In quasi tutte le civiltà e culture la dimora familiare è sempre stata considerata un luogo sacro, e il desiderio di proteggere la famiglia è sempre andato di pari passo con l'esigenza di allontanare dall'ambiente domestico i possibili influssi negativi.

MAGIA IN CASA E PER LA CASA

Non è possibile fornire un panorama generale degli usi e costumi relativi alla protezione della casa e della famiglia adottati dalle varie culture, in quanto ciascuna aveva le sue particolarità.
Tuttavia, è accertato che tutte facevano un uso generalizzato del fuoco, che in molti casi era una fonte di vita e di sopravvivenza.
Il fuoco in sé era quasi un elemento di culto, e la sua fiamma veniva mantenuta accesa sia in luoghi pubblici protetti sia nelle case, dapprima nelle stanze principali e più tardi in locali appositamente adibiti a tale scopo.
All'inizio questi fuochi venivano alimentati esclusivamente per ragioni di sopravvivenza, ma in seguito incominciarono a essere consacrati a diverse divinità, che potevano essere comuni a tutta la tribù, città, popolo o cultura, oppure proprie di ciascuna delle famiglie che le venerava.
Con il passare dei secoli, queste divinità familiari si sono andate trasformando in esseri con un'entità propria, in spiriti e folletti che, sebbene invisibili, si credeva vivessero nelle case insieme con il resto della famiglia.
È a partire da queste credenze che si sono originate e diffuse, giungendo fino a noi, le varie superstizioni a proposito dell'esistenza di entità soprannaturali che abiterebbero nelle case dei mortali (palazzi antichi, castelli e anche abitazioni comuni).
La protezione delle case dagli spiriti maligni è dunque sempre stata associata al fuoco.
In tutte le case si bruciavano diversi tipi di piante per vari motivi e con molteplici fini: per diffondere gradevoli aromi, per praticare rituali curativi, per allontanare gli influssi negativi e anche per evitare che entrassero in casa quelle malattie che periodicamente decimavano città e interi paesi.
Se in passato si credeva all'esistenza di spiriti buoni che proteggevano gli abitanti della casa da furti, stregonerie ecc., le famiglie, per conservare tale protezione, quando cambiavano casa cercavano di trasferire con sé anche queste entità benefiche. Il sistema più diffuso era quello di raccogliere un pezzo di brace dal camino della casa che si lasciava, utilizzandolo poi per accende-

re il primo fuoco nel camino della nuova dimora. Questa tradizione è in un certo senso sopravvissuta attraverso l'uso dell'"inaugurazione" con cui in genere si festeggia il trasferimento in una nuova casa.
Esistevano, ed esistono tuttora, diversi tipi di piante, ciascuna delle quali con caratteristiche particolari, che possono essere utilizzate con i fini più diversi.
Tra quelle che venivano tradizionalmente bruciate nelle case per liberarle dalle negatività e per favorire la guarigione delle persone che vi abitavano ve ne sono alcune particolarmente note: anice, chiodi di garofano, coriandolo, lavanda, limone, lillà, petali di rosa e di viola. Per allontanare le forze del male si usavano spesso il basilico, l'alloro, la felce, l'aglio, il lillà, la radice di mandragora, il vischio, il sandalo e l'achillea.

I RITUALI PER PROTEGGERE LA CASA DALLA SFORTUNA

Come conseguenza delle più antiche tradizioni, la casa, in quanto bene principale della persona o dell'intera famiglia, è sempre stata il luogo più amato e apprezzato, e quindi, nel corso dei secoli, è stata anche oggetto di diversi rituali di protezione.
In genere oggi non è necessario ricorrere a rituali di questo tipo, dal momento che le case in cui si vive sono di nuova costruzione o abitate da poche generazioni; si tratta di luoghi dalla storia recente, dove difficilmente hanno vissuto persone che possono avere lasciato un'impronta o una traccia di negatività.
Può essere invece utile ricorrere a rituali di protezione nel caso di abitazioni molto antiche (per esempio residenze ricevute in eredità) o costruite su terreni che sono stati teatro di incidenti individuali o collettivi.
La benedizione di una casa nuova o antica o una cerimonia per proteggerla dagli influssi negativi, per allontanare la sfortuna, per evitare che sia colpita da un fulmine, per "ripulire" una determinata parte della casa, per evitare furti e intrusioni, o anche semplicemente per far sì che nell'ambiente domestico regnino la pa-

ce e la concordia sono tutti rituali che possono essere comunque praticati, anche se apparentemente non esiste alcun motivo perché qualcuno di questi fatti debba verificarsi e anche se non è mai successo nulla di simile in passato.

I rituali che verranno illustrati in questo capitolo non rispondono a regole prestabilite, anche perché si sono andati sviluppando autonomamente e si sono tramandati per lo più oralmente di generazione in generazione, diversificandosi da una zona all'altra.

D'altra parte, l'aspetto determinante non è costituito tanto dal rituale in sé, quanto piuttosto dalla fede di chi lo pratica. Come nel caso degli scongiuri curativi descritti nel capitolo precedente, questi rituali sono veramente efficaci solo se l'officiante crede realmente nel loro potere.

È infatti la forza psichica riversata nel rituale dalla persona che lo pratica a determinare in larga misura il buon esito della cerimonia. A questo proposito ricordiamo ancora una volta che una buona concentrazione è fondamentale per ottenere il risultato desiderato.

Rituale per chiedere la protezione di una casa nuova

Elementi necessari: quattro candele bianche, polvere di anice, calce o gesso, fiammiferi di legno, una bussola, mappe della casa o dell'appartamento.

Procedimento: la bussola non è indispensabile se si è dotati di senso dell'orientamento, ma è comunque molto utile per individuare esattamente i quattro punti cardinali. Una volta che questi sono stati localizzati, con la calce si disegnerà un cerchio intorno alla casa (se si tratta di un appartamento è sufficiente segnare con un pezzetto di gesso i quattro punti cardinali all'interno dell'abitazione, possibilmente in prossimità delle pareti esterne).

Al centro del cerchio si sistemeranno le mappe della casa (o dell'appartamento), con intorno le quattro candele, collocate a circa sessanta centimetri dal centro in corrispondenza dei quattro punti cardinali.

Rituale: l'officiante si metterà all'interno del cerchio, senza calpestare le mappe, e cercherà di concentrarsi sul lavoro da realizzare, rilassandosi fisicamente e mentalmente fino a raggiungere la massima concentrazione.
Da lì si sposterà poi verso l'esterno, in corrispondenza del punto che indica il nord, dove si fermerà per recitare la seguente formula:

All'interno di questo cerchio,
casa della famiglia
(citare i nomi delle persone che vi abiteranno)
non entrerà nulla e nessuno
che non sia in buoni rapporti con le forze del bene,
nulla e nessuno
che possa turbare la pace della famiglia
(citare i nomi delle persone che vi abiteranno).

Successivamente l'officiante, seguendo la linea del cerchio dall'interno e senza calpestarla, farà quattro volte il giro della casa in senso orario; ritornando infine in corrispondenza del nord ripeterà:

All'interno di questo cerchio,
casa della famiglia
(citare i nomi delle persone che vi abiteranno)
non entrerà nulla e nessuno
che non sia in buoni rapporti con le forze del bene,
nulla e nessuno
che possa turbare la pace della famiglia
(citare i nomi delle persone che vi abiteranno).

Dopodiché l'officiante ritornerà al centro del cerchio, accenderà le quattro candele e lascerà cadere la polvere di anice sulla mappa della casa, recitando le seguenti parole:

Io consacro le pareti di questa casa
affinché impediscano l'ingresso alle negatività.
Così sia!
Io consacro questo luogo come dimora di
(citare i nomi delle persone che vi abiteranno)
affinché vivano qui in pace e armonia.
Così sia!
Io consacro tutto ciò che c'è qui
affinché coloro che risiederanno qui trovino
la felicità eterna.
Così sia!

Per concludere si lasceranno consumare le candele, mentre l'officiante percorrerà con la mente tutte le parti della casa, incominciando dalle pareti esterne fino ad arrivare al punto in cui si trova, ossia al centro del cerchio.
Osservando le norme generali del rituale, è consigliabile verificare quali sono il giorno, l'ora e la posizione astrale e solare più indicati. Nel caso specifico sarebbe bene scegliere un lunedì governato dal segno della Bilancia, con la luna in fase crescente. Il momento ideale nell'arco della giornata sarebbe il pomeriggio.

Rituale per chiedere la protezione di una casa antica che è già stata abitata

Elementi necessari: quattro candele bianche, quattro candele rosse, polvere di pianta di limone, calce o gesso, fiammiferi di legno, una bussola, mappe della casa o dell'appartamento.

Procedimento: nel caso in cui non si sia dotati di senso dell'orientamento si farà ricorso alla bussola per localizzare i quattro punti cardinali. Con la calce si disegnerà un cerchio intorno alla casa (se si tratta di un appartamento è sufficiente segnare con un pezzetto di gesso i quattro punti cardinali all'interno dell'abitazione, possibilmente in prossimità delle pareti

esterne) e, lungo questo tracciato, si segneranno i quattro punti cardinali, collocando in corrispondenza di ciascuno una candela rossa.
Al centro del cerchio si sistemeranno le mappe della casa (o dell'appartamento), con intorno le quattro candele bianche, collocate a circa sessanta centimetri dal centro, sempre in corrispondenza dei quattro punti cardinali.

Rituale: l'officiante si metterà all'interno del cerchio, senza calpestare le mappe, e cercherà di concentrarsi sul lavoro da realizzare, rilassandosi fisicamente e mentalmente fino a raggiungere la massima concentrazione.
Dopodiché accenderà le quattro candele bianche e lascerà cadere la polvere di limone sulla mappa della casa, recitando contemporaneamente le seguenti parole:

Invoco tutti gli spiriti che abitano questa casa
affinché escano da essa.
Fuori!
Esigo che tutti gli spiriti che abitano questa casa
escano da essa.
Fuori!

Da lì si sposterà verso il cerchio di calce esterno, in corrispondenza del punto che indica il nord, accenderà la candela rossa che avrà collocato in precedenza e reciterà la seguente formula:

All'interno di questo cerchio,
casa della famiglia
(citare i nomi delle persone che vi abiteranno)
non entrerà alcun influsso malefico.
Così sia!
Nulla e nessuno che possa turbare la pace della famiglia
(citare i nomi delle persone che vi abiteranno)
avrà accesso all'interno di questo cerchio.
Così sia!

Successivamente l'officiante, seguendo la linea del cerchio dall'interno e senza calpestarla, farà quattro volte il giro della casa in senso orario, accendendo le altre tre candele rosse; ritornando infine in corrispondenza del nord ripeterà:

All'interno di questo cerchio,
casa della famiglia
(citare i nomi delle persone che vi abiteranno)
non entrerà alcun influsso malefico.
Così sia!
Nulla e nessuno che possa turbare la pace della famiglia
(citare i nomi delle persone che vi abiteranno)
avrà accesso all'interno di questo cerchio.
Così sia!

Per concludere si lasceranno consumare le candele, mentre l'officiante ritornerà al centro del cerchio.
Per il rituale descritto si consiglia di scegliere un martedì governato dal segno dell'Ariete, con la luna in fase crescente. Il momento ideale nell'arco della giornata sarebbe l'alba.

Rituale per allontanare la disgrazia da una casa

Elementi necessari: tante candele di colore viola quante sono le stanze della casa, abbondante polvere di lillà, calce o gesso, fiammiferi di legno, una bussola.

Procedimento: la bussola servirà per localizzare i quattro punti cardinali di ogni stanza della casa. Una volta che questi saranno stati individuati e segnati, con la calce o un pezzo di gesso si traccerà un cerchio all'interno di ciascuna stanza, collocandovi al centro una candela viola spenta.

Rituale: l'officiante si metterà nel punto più basso della casa (in cantina, se questa esiste) e si concentrerà sul lavoro da realizzare, rilassandosi fisicamente e mentalmente fino a raggiungere la massima concentrazione. Una volta sistematosi sopra il segno che indica il nord, e dopo aver raggiunto una concentrazione sufficiente, percorrerà la stanza da nord a sud e da est a ovest, camminando lungo le pareti e lanciando da ciascuna di esse la polvere di lillà verso il centro del cerchio, recitando nel contempo le seguenti parole:

Per mezzo di questa polvere faccio in modo che qualsiasi
tipo di disgrazia abbandoni la parete della stanza.
Amen!
Per mezzo di questa polvere concentro tutte le disgrazie
all'interno del cerchio.
Amen!
Le polveri di lillà tratterranno le disgrazie
all'interno del cerchio magico senza lasciarle sfuggire.
Così sia!

Con questo rituale l'officiante farà in modo che le eventuali disgrazie non possano continuare a nascondersi negli angoli più insospettabili della casa, concentrandole al centro del cerchio della stanza in questione.
Questo procedimento dovrà essere ripetuto per ogni locale della casa, sempre partendo dal basso e spostandosi verso l'alto, fino ad arrivare alla soffitta o al solaio (se questi esistono).
Una volta che le eventuali disgrazie della casa saranno state "imprigionate" all'interno dei cerchi delle stanze, l'officiante si dirigerà verso il cerchio della prima stanza da cui è partito. Prima di entrare nel cerchio lancerà un po' di polvere di lillà pronunciando le seguenti parole:

Che il potere conferitomi dalle polveri di lillà
elimini le influenze negative della stanza.
Così sia!
Per mezzo di questa polvere neutralizzo le maledizioni
e le disgrazie di questa stanza.
Amen!

Una volta pronunciate queste parole, le disgrazie non potranno più colpire la persona che effettua il rituale, per cui questa potrà entrare nel cerchio senza alcun problema. Una volta all'interno del cerchio accenderà la candela viola, pronunciando contemporaneamente il seguente scongiuro:

Che con il fuoco di questa candela magica
brucino le disgrazie.
Fuori!
Che le disgrazie che abitano nella casa
si volatilizzino nel fuoco della fiamma magica.
Fuori!
Che il fumo della fiamma della candela magica
porti via le disgrazie per sempre
e che mai, mai più
ritornino in questa casa.
Fuori! Fuori!
Fuori!

Questo procedimento dovrà essere ripetuto in ogni stanza, sempre partendo dalla parte più bassa della casa per arrivare a quella più alta.
Per concludere, si ritornerà nuovamente alla prima stanza e si spegnerà la candela soffiando in direzione nord, procedendo quindi allo stesso modo per tutte le altre stanze e rispettando sempre lo stesso ordine seguito per i precedenti scongiuri.
Per il rituale appena descritto si consiglia di scegliere un martedì tredici, possibilmente con la luna in fase crescente. Il momento ideale nell'arco della giornata sarebbe il mezzogiorno.

RITUALE PER EVITARE LA DISGRAZIA IN UNA CASA

Elementi necessari: quattro candele verdi, quattro candele gialle, una candela viola, abbondante polvere di basilico, calce o gesso, fiammiferi di legno, una bussola.

Procedimento: la bussola servirà per localizzare i quattro punti cardinali intorno alla casa (o all'interno dell'appartamento, in prossimità delle pareti esterne). Una volta che questi saranno stati individuati e segnati, si collocherà una candela verde in corrispondenza di ciascuno di essi; con la calce si traccerà quindi un cerchio all'esterno della casa, collocandovi al centro una candela viola.

Rituale: l'officiante si metterà al centro del cerchio e si concentrerà sul lavoro da realizzare, rilassandosi fisicamente e mentalmente fino a raggiungere la massima concentrazione. Poi si dirigerà verso il segno che indica il nord e reciterà la seguente preghiera:

Con il potere magico di queste erbe
invoco gli spiriti buoni
affinché proteggano l'interno del cerchio
da qualsiasi tipo di disgrazia.

Dopodiché spargerà una manciata di basilico all'esterno del cerchio. Successivamente ripeterà la stessa preghiera e lo stesso gesto nei punti che indicano l'est, il sud e l'ovest.
Ritornato quindi nuovamente a nord, e prima di arrivare a est, si fermerà esattamente a metà strada tra questi due ultimi punti (in corrispondenza del nord-est), collocandovi una candela gialla. La stessa operazione dovrà essere ripetuta nei punti corrispondenti al sud-est, al sud-ovest e al nord-ovest.
Fermo in corrispondenza del punto che indica il nord-est l'officiante reciterà poi la nuova invocazione:

Da questo punto il cerchio magico incomincia a chiudersi,
quando lo scongiuro sarà concluso la protezione sarà totale.
Nessuna disgrazia potrà colpire gli abitanti della casa.
Nulla e nessuno disturberà mai chi abita in questa casa.

Dopodiché lancerà un'altra manciata di polvere di basilico. Successivamente ripeterà la stessa formula e la stessa operazione collocandosi nei punti corrispondenti a sud-est, sud-ovest e nord-ovest. Per concludere, l'officiante incomincerà ad accendere le candele, partendo da quella sistemata in corrispondenza del nord e procedendo in senso orario. Quando saranno tutte accese, farà la stessa cosa anche con quella collocata al centro del cerchio e si metterà vicino a essa, spargendo la polvere di basilico nelle quattro direzioni e recitando il seguente scongiuro:

Queste polveri magiche chiuderanno qualsiasi spiraglio
che la magia delle candele può avere lasciato.
Amen!
Per mezzo di questa polvere allontano tutte le disgrazie
dal cerchio di protezione.
Amen!
Che il potere delle candele e delle erbe sigilli per sempre
questa casa e la protegga eternamente dalle disgrazie.
Così sia!

Con questo rituale l'officiante farà in modo che le eventuali disgrazie non possano entrare mai più nella casa.
Alla fine l'officiante spegnerà tutte le candele corrispondenti ai punti cardinali, partendo da quella collocata a nord e lasciando accesa solo quella sistemata al centro del cerchio. Quest'ultima dovrà essere tenuta sotto controllo, poiché quando ci si trova al chiuso il pericolo di incendi è sempre presente. Quando si sarà spenta da sola, si potrà finalmente raccogliere tutto il materiale utilizzato con la sicurezza che la casa rimarrà protetta contro qualsiasi disgrazia proveniente dall'esterno.
Per questo rituale si consiglia di scegliere un giovedì governato dal segno del Leone, con la luna in fase crescente. Il momento ideale nell'arco della giornata sarebbe il pomeriggio.

RITUALE PER ALLONTANARE LA SFORTUNA DA UNA CASA

Elementi necessari: tre candele viola, una ciotola con una manciata di polvere di lillà, calce o gesso, fiammiferi di legno, una bussola.

Procedimento: la bussola servirà per individuare il nord della casa. Al centro della stanza che si trova più a nord si traccerà con gesso o calce un triangolo isoscele, grande tanto quanto lo consentono le dimensioni della stanza stessa. Il vertice del triangolo dovrà essere orientato in direzione della finestra del locale, che dovrà essere tenuta aperta.
Internamente a questo vertice si collocherà la ciotola con la polvere di lillà. Le candele dovranno essere sistemate in corrispondenza dei tre angoli.

Rituale: l'officiante si metterà al centro del triangolo, rivolto verso la finestra aperta e possibilmente con una parete alle spalle. Questa posizione contribuirà a concentrare tutte le energie in un unico punto e inoltre eviterà che le forze che si desiderano allontanare retrocedano invece di uscire attraverso la finestra aperta.
Prima di passare alla fase successiva, l'officiante dovrà concentrarsi sull'obiettivo da raggiungere. Per fare ciò eseguirà i necessari esercizi di rilassamento, respirando lentamente e ritmicamente, con inspirazioni ed espirazioni profonde che aiutino a interiorizzare gli effetti benefici derivanti dal controllo di sé, per poterli poi indirizzare verso lo scopo desiderato.
Dalla sua postazione privilegiata l'officiante si dirigerà verso la candela collocata in corrispondenza del vertice e la accenderà con un fiammifero di legno; ripeterà quindi la stessa operazione con le altre candele, spostandosi in senso orario e utilizzando ogni volta un fiammifero nuovo. Alla fine ritornerà alla sua postazione al centro del triangolo.
Lì si concentrerà nuovamente e, una volta raggiunto un grado di concentrazione ottimale, aprirà gli occhi, volgendo lo sguardo verso la luce che proviene dalla finestra. Con lo sguardo fisso in quella direzione reciterà mentalmente le seguenti parole:

Senza perdere tempo lascerai la mia casa,
non tornerai come disgrazia.
Abbandona questa dimora e ricorda:
non tornerai mai più.

Successivamente l'officiante respirerà profondamente e, con la mano destra, prenderà la polvere di lillà, che precedentemente avrà sistemato accanto a sé. Poi, lentamente, passerà la polvere dalla mano destra a quella sinistra, ripetendo questa azione per tre volte. Alla fine, con la mano sinistra lancerà con forza la polvere fuori della finestra e poi ripeterà la formula, ma questa volta ad alta voce:

Senza perdere tempo lascerai la mia casa,
non tornerai come disgrazia.
Abbandona questa dimora e ricorda:
non tornerai mai più.

E quindi aggiungerà:

Fortuna desiderata,
puoi entrare nella mia casa,
perché non esiste più alcun male
che ci possa turbare.

Una volta pronunciate queste parole, la sfortuna che avrebbe eventualmente potuto colpire la casa, e di conseguenza anche i suoi abitanti, lascerà spazio alla fortuna. Infine, l'officiante spegnerà le candele procedendo in senso contrario rispetto a quello seguito per accenderle e le conserverà per una prossima occasione, avvolte in carta bianca. È consigliabile realizzare questo rituale in primavera, possibilmente di mercoledì e in piena luce del giorno.

RITUALE PER EVITARE LA SFORTUNA IN UNA CASA

Elementi necessari: tredici candele gialle, abbondante polvere di felce, una piccola ciotola, calce o gesso, fiammiferi di legno, una bussola.

Procedimento: l'officiante si collocherà al centro della stanza più vicina alla porta d'ingresso della casa (nel caso in cui gli ac-

cessi siano due o più, si sceglierà la stanza più vicina all'ingresso principale).
In questa stanza l'officiante localizzerà i quattro punti cardinali, li segnerà con gesso o calce a una distanza di un metro e trenta centimetri l'uno dall'altro, e intorno a ciascuno di essi traccerà un cerchio con un raggio di tredici centimetri.
All'interno di ciascuno dei quattro cerchi disporrà tre candele gialle; la candela rimasta dovrà invece essere collocata nel punto di intersezione delle linee immaginarie che uniscono i punti nord-sud ed est-ovest.
In seguito, prendendo come centro il punto in cui è stata sistemata l'ultima candela, si traccerà un cerchio che unisca i quattro punti cardinali, segnandolo con polvere di felce, e lo si dividerà in due metà.
Questo tracciato, che a prima vista può sembrare complicato, è in realtà molto facile da realizzare se si seguono con attenzione le istruzioni fornite. D'altra parte, la particolare disposizione del cerchio e la sua divisione in due parti sono di estrema importanza, poiché il semicerchio che si troverà dietro l'officiante servirà da protezione e impedirà il passaggio della sfortuna.
A questo punto, prima di iniziare il rituale, si collocherà la ciotola con la polvere di felce al centro del cerchio, insieme con la tredicesima candela.

Rituale: per dare inizio alla cerimonia l'officiante si metterà a metà del semicerchio più lontano dalla porta d'ingresso della casa, di fronte alla candela e alla polvere di felce. Lì si rilasserà fisicamente e mentalmente con l'aiuto degli esercizi di respirazione, concentrandosi sul lavoro da realizzare.
Dopo essersi concentrato, si dirigerà verso il piccolo cerchio che indica il nord e accenderà le tre candele, ripetendo nel frattempo a bassa voce:

Qui non dovrai stare.

Questa frase dovrà essere pronunciata ogni volta che si accenderà una candela, ripetendo l'operazione per ogni punto cardinale e procedendo in senso orario. Quando tutte le candele saranno accese (tranne quella al centro), l'officiante ritornerà verso il centro del cerchio e lì accenderà la polvere di felce mentre reciterà la seguente formula:

Fortuna desiderata,
impedisci che la disgrazia entri in questa casa,
proteggila dalla sfortuna
e fa' in modo che questa gente viva in pace nella propria dimora.

Dopo qualche breve attimo di rilassamento l'officiante accenderà la candela centrale, l'unica ancora spenta, poi tenderà le braccia davanti a questa e, con i palmi rivolti verso la porta d'ingresso, reciterà le seguenti frasi (indirizzate alla sfortuna):

Non hai il permesso. Non puoi entrare.
Non venire a cercarmi, non volere il mio male,
poiché io non ti cerco, né ti ho mai chiamata.
Ricorda: qui non dovrai mai stare.
Non dimenticare che non devi,
né puoi, violare la mia casa;
pensa solo a non tornare mai più.
Dimentica il mio nome, la mia vita e la mia casa,
e tieni ben presente le parole "mai più".
Ricorda e non dimenticare che qui non entrerai,
mai, mai, mai più.

Con questo rituale si impedisce o, comunque, si ostacola l'ingresso della sfortuna in casa. I periodi dell'anno nei quale si possono ottenere i migliori risultati sono la primavera e l'autunno; inoltre è preferibile scegliere un martedì tredici: praticando il rituale in questo giorno, è più facile che lo scongiuro garantisca una protezione totale per tredici anni consecutivi, al termine dei quali sarà opportuno ripetere la cerimonia. Infine, ricordiamo che è preferibile lasciare le candele accese finché non si saranno completamente consumate, poiché non potrebbero essere riutilizzate per un'altra cerimonia e, in ogni caso, sarebbe sconsigliabile riaccenderle.

Rituale per evitare furti e intrusioni in casa

Elementi necessari: quattro candele di colore arancione, abbondante polvere di coriandolo, calce o gesso, una copia delle chiavi di casa, fiammiferi di legno.

Procedimento: l'officiante traccerà, a circa venti centimetri dalla porta d'ingresso della casa, una linea retta lunga circa un metro e parallela alla porta stessa. La superficie del pavimento risulterà così suddivisa in due parti.
Nella parte più lontana rispetto alla porta, in posizione centrale, si formerà un cerchio di circa trenta centimetri di diametro con la polvere di coriandolo; all'interno di questo cerchio si disporranno le quattro candele in modo da formare un altro cerchio, al centro del quale si collocherà la copia della chiave.

Rituale: l'officiante si metterà di fronte ai cerchi formati dalla polvere d'erba e dalle candele; quindi si siederà, assumendo la posizione che gli risulti più comoda per effettuare i necessari esercizi di rilassamento.
Quando avrà raggiunto una concentrazione ottimale, l'officiante alzerà le braccia e le tenderà in avanti, con i palmi bene alzati, come se volesse fare il gesto di bloccare l'accesso a possibili energie negative provenienti dall'esterno.
In seguito concentrerà tutta la sua attenzione sulla chiave, trasmettendole mentalmente il messaggio di favorire unicamente i desideri dell'officiante e di non permettere mai l'accesso in casa a estranei.
A questo punto l'officiante accenderà tutte le candele, incominciando da quella più vicina alla porta d'ingresso e procedendo in senso orario; per ogni candela che accenderà dovrà ripetere le seguenti parole:

Dovrai custodire la mia casa.

Quando tutte le candele saranno accese e la frase sarà stata ripetuta per quattro volte, l'officiante ricoprirà la chiave con polvere di coriandolo, recitando nel frattempo la seguente formula:

Chiave che custodisci la mia abitazione, la mia casa.
Chiave che impedisci l'accesso al male.
Chiuderai il passaggio agli estranei,
non lascerai passare nessuno che io non voglia.

Queste parole dovranno essere ripetute altre due volte e, prima di concludere, l'officiante reciterà nuovamente la frase pronunciata all'inizio della cerimonia:

Dovrai custodire la mia casa.

L'ultima fase del rituale prevede che l'officiante spenga le candele con la polvere d'erba precedentemente depositata sulla chiave, procedendo anche questa volta in senso orario e formulando il desiderio finale:

Così sia!

Ricordiamo che è preferibile celebrare questo rituale all'inizio dell'anno, in piena luce del sole, scegliendo un mercoledì, possibilmente con la luna in fase crescente.

Rituale per chiedere protezione contro il male

In questo caso specifico si tratta di proteggere la casa dal male, e non di allontanare il male dalla casa; tale compito non è adatto a un officiante inesperto o poco preparato, ma va preferibilmente affidato a un sacerdote o a una persona profondamente credente e dotata di un'intensa forza spirituale.

Elementi necessari: sei candele bianche, un recipiente con polvere di achillea, calce o gesso, una bussola, fiammiferi di legno, un altare.

Procedimento: sulla soglia di casa, davanti alla porta d'ingresso, si disporrà l'altare, tracciandovi intorno un cerchio di circa

sei metri di diametro; in corrispondenza di ciascuno dei punti cardinali individuati in tale cerchio si collocherà una candela bianca.
Le altre due candele andranno sistemate sull'altare, una a destra e l'altra a sinistra, con in mezzo il recipiente contenente la polvere di achillea.
Per celebrare questa cerimonia l'officiante dovrà indossare una tunica bianca, poiché questo è il colore più indicato per allontanare gli influssi negativi.

Rituale: prima di accendere le candele del cerchio magico, l'officiante dovrà rilassarsi e concentrare tutte le sue forze in un immaginario punto di luce bianca. Poi, mentre accenderà le candele esterne, reciterà le seguenti parole:

Luce di vita, luce d'amore,
aiutami in questo rituale affinché ci liberi dal male.

La formula dovrà essere ripetuta per quattro volte, una per ogni candela che verrà accesa. Successivamente si accenderanno le altre due candele collocate sull'altare, ripetendo sempre le stesse parole:

Luce di vita, luce d'amore,
aiutami in questo rituale affinché ci liberi dal male.

La fase successiva prevede la consacrazione della polvere di achillea. Questa pianta dai fiori bianchi è uno degli strumenti con i quali è possibile difendersi dal male. Se bevuta sotto forma di infuso ha effetti astringenti, ma in questo caso deve essere consacrata e poi bruciata, affinché i suoi effluvi impregnino la casa e la liberino dagli influssi malefici.
Per la consacrazione l'officiante solleverà il recipiente con l'erba in polvere e pronuncerà le seguenti parole:

Spiriti del bene,
consacrate queste erbe di achillea
affinché la sua essenza protegga la casa dagli influssi malefici.

Il rituale prosegue con l'accensione della polvere d'erba per mezzo di un fiammifero di legno. L'officiante solleverà nuovamente il recipiente e camminerà intorno alla casa, dirigendosi verso est. Prima di ritornare al punto di partenza dovrà avere ripetuto per sei volte la seguente formula:

Spiriti del bene,
proteggete questa casa e i suoi abitanti
dalle influenze malefiche.
Che l'essenza di achillea
impregni tutta la casa.
Che questo fumo bianco dissolva le tenebre.
Spiriti del bene,
custodite questa casa per sempre,
e proteggetela dal male.
Amen.

Rituale per favorire l'armonia in casa

Elementi necessari: tante candele di colore argento quante sono le stanze della casa, abbondante polvere di vischio, calce o gesso, fiammiferi di legno, una bussola.

Procedimento: il luogo più adatto per praticare questo rituale è la camera da letto principale, in quanto è la stanza che concentra una maggiore quantità di energia positiva.
Con l'aiuto della bussola l'officiante individuerà il punto nord del locale e con la calce o il gesso disegnerà un cerchio, all'interno del quale sistemerà le candele argentee (il cui numero, come si è detto, corrisponderà a quello delle stanze della casa).
Successivamente traccerà con la polvere di vischio un triangolo isoscele intorno alle candele.

Rituale: l'officiante accenderà le candele e, tenendo una manciata di polvere di vischio in entrambe le mani, si metterà in piedi di fronte a esse, con lo sguardo rivolto a nord. Chiuderà gli oc-

chi per concentrarsi, respirerà lentamente e cercherà di trasmettere tutte le proprie energie mentali alle mani, che a loro volta le trasmetteranno alla polvere di vischio.
Dopo avere raggiunto la massima concentrazione, l'officiante aprirà gli occhi, poserà per un istante lo sguardo sulle candele accese e girerà lentamente per tre volte intorno al cerchio. Nel frattempo ripeterà le seguenti parole:

Concordia e pace abiteranno qui.

Una volta completati i tre giri, l'officiante spargerà intorno alle candele la polvere racchiusa nella mano destra, recitando la seguente formula:

Desiderata concordia,
regna nella mia casa
e in tutto il mio essere.
Bianca concordia,
vieni nella mia stanza e augurami il bene.

Dopo avere recitato queste parole, l'officiante spargerà la polvere della mano sinistra sopra le candele e le spegnerà. Questa cerimonia si rivelerà più efficace se sarà ripetuta all'inizio di ogni stagione, poiché in questo modo l'energia positiva portata dalla concordia si rinnoverà costantemente senza mai perdere forza.
I giorni della settimana più indicati per praticare il rituale sono quelli festivi e le ore più adatte quelle dell'imbrunire.

I RITUALI PER PROTEGGERE LA CASA DALLE AVVERSITÀ METEOROLOGICHE

RITUALE PER PROTEGGERE LA CASA DAI FULMINI

Elementi necessari: uno stiletto, una candela azzurra, corta e con la base larga, fiammiferi di legno, quattro pietre di forma arrotondata e regolare, una bussola.

Procedimento: con lo stiletto si traccerà un cerchio intorno alla casa e, nel punto corrispondente al nord, si disporranno tre pietre, una vicino all'altra, sistemando poi la quarta sopra le precedenti. Su quest'ultima andrà poi collocata la candela azzurra. Prima di accenderla l'officiante si disporrà con lo sguardo rivolto a nord.

Rituale: guardando verso il cielo, l'officiante pronuncerà le seguenti parole:

Oh, Dio dell'universo,
io ti invoco.
Dio onnipotente,
io ti imploro.

Una volta conclusa l'invocazione, l'officiante accenderà la candela con un fiammifero di legno e reciterà la seguente formula:

Che la luce di questa candela azzurra
ti faccia giungere il seguente messaggio:
oh, Dio dei cieli,
proteggi questa casa dal fulmine malvagio
che tutto distrugge e nulla crea.

Per concludere il rituale, e prima che la candela si consumi, l'officiante impugnerà lo stiletto e dirà ad alta voce:

Così sia!

Immediatamente dopo conficcherà la punta dello stiletto nella candela, spegnendola.

RITUALE PER PROTEGGERE LA CASA DAL FUOCO

Elementi necessari: una candela gialla, un recipiente con acqua, abbondante polvere di pianta di limone, calce o gesso, fiammiferi di legno, una bussola.

Procedimento: nella camera da letto principale (poiché questa è la stanza dotata di maggiore forza positiva) l'officiante cercherà il nord con l'aiuto della bussola e lo segnerà. In quel punto traccerà un cerchio di circa sessanta centimetri di diametro e, all'interno di questo, un altro cerchio grande la metà. Al centro del cerchio più piccolo collocherà il recipiente con l'acqua e la candela gialla, dopodiché riempirà l'interno di entrambi i cerchi con la polvere di limone.

Rituale: l'officiante si siederà di fronte ai cerchi nella posizione che gli sarà più comoda, chiuderà gli occhi, respirerà profondamente e lentamente, in modo da raggiungere un rilassamento totale, e si concentrerà sul rituale da compiere.
Quando avrà raggiunto la massima concentrazione, aprirà gli occhi ed eseguirà alcuni esercizi di respirazione, inspirando ed espirando per dieci volte. Dopodiché reciterà la seguente invocazione:

Oh, Dio,
io ti invoco,
Dio onnipotente,
io ti imploro.

Poi l'officiante prenderà una manciata di polvere di limone dall'interno dei due cerchi e la spargerà sopra il recipiente contenente acqua. La fase successiva prevede l'accensione della candela, mentre verranno pronunciate le seguenti parole:

Che la luce di questa candela gialla
ti faccia giungere il seguente messaggio:
oh, Dio dell'universo,
proteggi questa casa dal fuoco che distrugge
e allontanalo per sempre da questa dimora.

Infine l'officiante spegnerà la candela, e in questo modo la casa sarà protetta dai possibili danni provocati dal fuoco. Si raccomanda di ripetere questo rituale una volta all'anno, alla fine della primavera, ossia quando si avvicina la stagione dei temporali. La cerimonia va effettuata preferibilmente di martedì all'alba.

Rituale per proteggere la casa dalle inondazioni

Elementi necessari: una candela azzurra, fiammiferi di legno, un piccolo tronco e rami di betulla, calce, una bussola.

Procedimento: dopo avere tracciato con la calce un cerchio intorno alla casa, l'officiante "pianterà" al suo interno, in corrispondenza del punto nord (individuato grazie alla bussola), il piccolo tronco di betulla (per fare ciò sarà necessario scavare una buca nel terreno) e intorno a questo i rami. Infine sistemerà la candela azzurra sul tronco di betulla.

Rituale: il rituale avrà inizio con l'accensione della candela per mezzo di un fiammifero di legno. In seguito l'officiante si disporrà rivolto a nord, con lo sguardo alzato verso il cielo, e pronuncerà queste parole di consacrazione:

Oh, Dio dell'universo,
per te accendiamo questa candela azzurra,
affinché liberi questa nostra terra
da inondazioni e calamità.

L'officiante dovrà quindi incendiare i rami di betulla, che a loro volta daranno fuoco al piccolo tronco, le cui fiamme avvolgeranno completamente la candela, facendola sciogliere in un unico fuoco.
Quando le fiamme avranno raggiunto la candela si dovrà recitare la seguente invocazione:

Oh, Dio, io ti invoco.
Dio onnipotente,
che questo fuoco redentore e il cerchio in cui si trova
siano liberi dall'acqua.
Proteggi questa casa dall'inondazione,
favore che chiediamo con rispetto e devozione.

I RITUALI DI CELEBRAZIONE CON CANDELE

LA CELEBRAZIONE DI FESTIVITÀ

I rituali di celebrazione presentano alcune particolarità che li differenziano dai rituali di invocazione illustrati in precedenza.
La maggior parte di questi rituali appartiene a un'antica tradizione. Si può dire che, così come vengono praticati oggi, rappresentano un adattamento di antichi rituali magici ai successivi usi e costumi imposti da civiltà, culture e credenze religiose che si andarono sovrapponendo ai riti primitivi. I rituali riportati in questo capitolo possono essere considerati esempi di questa continua trasformazione.

RITUALE PER CELEBRARE LA FESTA DELLA CANDELORA

La festa della Candelora, che si celebra il due febbraio, è attualmente una festività cristiana, ma in realtà la sua origine risale alle civiltà precolombiane, nelle quali si invocavano la dea della fertilità e il dio fecondatore. Il rito avveniva per mezzo di una cerimonia celebrata dagli stregoni, cui presenziavano anche i più alti rappresentanti della tribù e nel corso della quale si chiedeva che venisse concesso il dono della fertilità a qualche personaggio importante della cerchia dominante.

Elementi necessari: un altare, quattro recipienti, acqua di mare, terra, alcuni rametti di rosmarino, una croce fatta con rami di alloro, una candela rossa, una bussola, gesso o calce, fiammiferi di legno. È inoltre necessaria la presenza della persona che deve beneficiare della cerimonia.

Procedimento: si erigerà un altare, orientato verso nord, sul quale si collocheranno in posizione centrale la croce di alloro e la candela; in ciascuno dei quattro angoli si sistemeranno poi i vari recipienti: nell'angolo superiore destro un recipiente vuoto, in quello inferiore destro un recipiente con acqua di mare (si può usare anche acqua dolce con un pizzico di sale), nell'angolo inferiore sinistro un recipiente con terra e, per ultimo, nell'angolo superiore sinistro un recipiente con rametti di rosmarino. Successivamente si disegnerà un cerchio con calce o gesso intorno all'altare.

Rituale: per la cerimonia di consacrazione l'officiante, dal centro del cerchio e con lo sguardo rivolto verso nord, reciterà le seguenti parole:

Dio onnipotente,
ti offro questo cerchio di luce
affinché sia consacrato
per il seguente rituale.
Amen.

Successivamente dall'altare, di fronte al quale si sarà messa la persona che beneficerà della cerimonia di invocazione, l'officiante prenderà il recipiente dell'angolo superiore destro, recitando le seguenti parole:

Oh, Dio onnipotente,
io ti offro il simbolo dell'aria.
Amen.

Rimetterà quindi il recipiente al suo posto e prenderà quello dell'angolo inferiore destro, recitando le seguenti parole:

Oh, Dio onnipotente,
io ti offro il simbolo dell'acqua.
Amen.

Rimetterà nuovamente il recipiente nella sua posizione e prenderà quello dell'angolo inferiore sinistro, recitando la seguente formula:

Oh, Dio onnipotente,
io ti offro il simbolo della terra.
Amen.

Dopo aver posato il recipiente, prenderà quello dell'angolo superiore sinistro. Darà fuoco ai rametti di rosmarino con un fiammifero di legno e, tenendo il contenitore con entrambe le mani, pronuncerà le seguenti parole:

Oh, Dio onnipotente,
io ti offro il simbolo del fuoco.
Amen.

Una volta che i quattro simboli delle forze cosmiche saranno stati consacrati, si accenderà la candela rossa con un fiammifero di legno, recitando le seguenti parole:

Che questa candela illumini,
con l'aiuto di Dio,
il processo della fertilità.
Amen.

Infine l'officiante solleverà la croce di alloro e, mentre la consegnerà alla persona per la quale è stato celebrato il rituale, reciterà la seguente formula:

Con l'aiuto di Dio,
che il potere del cerchio sacro confluisca in
(citare il nome della persona per la quale si celebra il rituale),
che la forza dell'aria, dell'acqua, della terra e del fuoco confluiscano in
(citare il nome della persona per la quale si celebra il rituale),
affinché il seme fiorisca e dia il frutto desiderato.
Così sia.

La celebrazione della festa di Ognissanti, come viene chiamata nella tradizione cristiana, risale in realtà a tempi molto antichi.
Si può dire che in tutta Europa la vigilia di Ognissanti si accendevano fuochi e si celebravano vari rituali con finalità diverse, a seconda degli usi locali.
Per esempio, in Inghilterra era consuetudine svuotare delle zucche, mettendovi poi all'interno una candela accesa per allontanare gli spiriti maligni; questa tradizione è stata poi esportata negli Stati Uniti, dove ha dato origine alla celebre notte di Halloween.
In altri luoghi si accendeva una candela che doveva rimanere sempre accesa fino all'arrivo della primavera.
Secondo altre tradizioni, si accendevano fuochi in cima alle colline per guidare gli spiriti delle persone morte nel corso dell'anno nel loro cammino verso il riposo eterno.
Gli antichi celti, che consideravano la notte di Ognissanti come la fine dell'anno, in quell'occasione raccoglievano il bestiame per metterlo al riparo in previsione dell'inverno e del freddo; inoltre sacrificavano le pecore che presentavano tare o erano state vittime di incidenti o fratture nella discesa dai pascoli montani al fondovalle.
In questa notte i maghi si dedicavano alle loro pratiche divinatorie, e gli stregoni celebravano le loro invocazioni e cerimonie rituali.
La seguente cerimonia rappresenta un atto di purificazione, di rinnovamento spirituale e di invocazione del bene.

Elementi necessari: una mela, un recipiente con sidro naturale, una candela bianca o color argento, fiammiferi di legno, una bussola, gesso o calce, un recipiente con rametti di vischio, una corona fatta con rami di ginepro, un altare.

Procedimento: la notte del primo novembre si innalzerà un altare orientato a nord, al centro del quale si collocherà la candela bianca o argentea. Alla sinistra di questa si metterà il recipiente

con i rametti di vischio e dal lato opposto la corona di rami di ginepro; nella parte superiore sinistra si sistemerà la mela e in quella superiore destra il recipiente con il sidro.
Prima di iniziare il rituale bisogna tracciare con calce o gesso un cerchio di dodici metri di diametro intorno all'altare.

Rituale: innanzitutto è necessario consacrare il cerchio. Per fare ciò l'officiante, collocatosi nel punto nord del cerchio, ma senza calpestare la linea bianca, reciterà le seguenti parole:

Dio onnipotente,
ti offro questo cerchio di luce
affinché sia consacrato
per il seguente rituale.
Amen.

Dopo la consacrazione occorre passare alla purificazione del cerchio. L'officiante si metterà dietro l'altare e prenderà il recipiente con i rametti di vischio, ai quali darà fuoco con un fiammifero di legno; quindi solleverà la ciotola recitando le seguenti parole:

Oh, Dio dell'universo,
io ti invoco
affinché il potere purificatore del fuoco
allontani il male
da questo cerchio sacro.
Così sia.

Si procederà poi alla consacrazione dei diversi elementi che si trovano sull'altare. In primo luogo si consacrerà la corona di rami di ginepro recitando la seguente formula:

Oh, Dio dell'universo,
ti offro questa corona
perché sia consacrata,
affinché protegga chi la porta,
affinché chi la ostenta rinnovi il suo spirito.
Così sia.

Subito dopo si procederà alla consacrazione della mela e del recipiente con il sidro. L'officiante solleverà la mela con la mano destra e la ciotola con la sinistra, pronunciando le seguenti parole:

Questi sono prodotti della terra:
la mela nata dall'albero della vita,
e il suo frutto, trasformato in bevanda divina.
Oh, Dio dell'universo,
te li offro entrambi per la loro consacrazione.
Così sia.

Quando tutti gli elementi necessari al rituale saranno benedetti, sarà giunto il momento di recitare l'invocazione finale. L'officiante accenderà la candela bianca, candela purificatrice, si metterà la corona in testa e reciterà la seguente formula:

Oh, Dio dell'universo,
grazie al tuo potere porto questa corona,
affinché nel giorno della fine del ciclo
rinnovi la sua forza spirituale.
Oh, Dio dell'universo,
grazie al tuo potere mangio questa mela
e bevo questo sidro,
affinché in questo ciclo che viene
rafforzino la mia forza fisica e mentale.
Così sia.

L'officiante mangerà quindi la mela, berrà il sidro dalla ciotola e sotterrerà il torsolo della mela al centro del cerchio, completando in questo modo il ciclo naturale, giacché con il seme che ritorna alla terra ha inizio un nuovo ciclo vitale.

LA CELEBRAZIONE DI EQUINOZI E SOLSTIZI

La celebrazione degli equinozi commemora i due giorni dell'anno in cui il sole incrocia l'equatore celeste, in cui il giorno e la notte hanno la stessa durata. I solstizi corrispondono invece ai due giorni dell'anno in cui il sole raggiunge, nel suo movimento apparente, la distanza massima dall'equatore celeste. Il solstizio d'estate è segnato dal passaggio del sole attraverso il Tropico del Cancro, quello d'inverno dal suo passaggio attraverso il Tropico del Capricorno.

RITUALE PER CELEBRARE L'EQUINOZIO DI PRIMAVERA

L'equinozio di primavera si verifica il ventun marzo.
In passato lo si celebrava di notte, dando il benvenuto alla primavera, come ringraziamento per avere ormai superato il rigido inverno e per l'arrivo di una nuova stagione in cui la natura offre i suoi primi frutti.
Questa celebrazione era chiaramente associata con la fertilità, dal momento che questo era considerato un buon periodo per procreare. Anche la tradizione di dipingere uova (successivamente denominate "uova di Pasqua") con colori e simboli magici, e di utilizzarle come doni da offrire alla dea della fertilità, è precedente alla celebrazione religiosa della Pasqua, giorno che in seguito venne a cadere la prima domenica successiva all'equinozio di primavera.

Elementi necessari: un altare, una bussola, gesso o calce, una candela gialla, fiammiferi di legno, una ciotola con alcuni steli di lavanda, una coppa o bicchiere di acqua pura, un uovo sodo, un ramo di mandorlo (possibilmente in fiore).

Procedimento: si collocheranno la candela gialla al centro dell'altare, la ciotola con la lavanda a sinistra, la coppa d'acqua a destra e l'uovo sodo nella parte superiore e centrale dell'altare.
Con calce o gesso si traccerà intorno all'altare un cerchio, al cui interno si disegnerà una stella a cinque punte. Una delle punte dovrà indicare il nord e la distanza dall'altare al vertice di ciascuna delle punte non dovrà essere inferiore ai due metri né superiore ai cinque.

Il ramoscello di mandorlo fungerà da bastone o bacchetta cerimoniale e dovrà essere tenuto dall'officiante nella mano destra, tranne quando non verrà usato (in questi casi andrà posato trasversalmente nella parte inferiore dell'altare, al di sotto della candela).

Rituale: la prima parte del rituale prevede la consacrazione del cerchio e della stella. Per fare ciò l'officiante si collocherà in corrispondenza della punta che indica il nord e da lì, puntando la bacchetta cerimoniale verso il cerchio, reciterà le seguenti parole:

Oh, Dio dell'universo,
benedici questo cerchio sacro
la cui stella segna l'inizio della nuova vita.
In tuo nome sia benedetto
e tutto ciò che si trova al suo interno rimanga protetto.

La protezione dei cerchi, presenti nella maggior parte delle cerimonie di invocazione e di celebrazione rituale, è un elemento di grande importanza, in quanto serve a evitare eventuali interferenze che potrebbero diminuire – o addirittura annullare – gli effetti benefici invocati.
Per questa ragione, una volta effettuata la consacrazione del cerchio, si può procedere a quella degli altri elementi e dare inizio alla celebrazione in assoluta tranquillità, ma sempre con la dovuta concentrazione e il dovuto rispetto.
A questo punto l'officiante potrà benedire i vari oggetti.
Dopo avere deposto la bacchetta nella parte inferiore dell'altare, nella posizione precedentemente indicata, prenderà la coppa con l'acqua pura e reciterà le seguenti parole:

Oh, Dio dell'universo,
consacra questa coppa d'acqua cristallina
che viene dalla pura neve,
simbolo della trasformazione
dell'inverno in primavera.

Poi si passerà alla consacrazione della lavanda: l'officiante darà fuoco agli steli con un fiammifero di legno e, subito dopo, solleverà il recipiente, pronunciando le seguenti parole:

Oh, Dio dell'universo,
consacra questo recipiente di lavanda,
grazie al cui fuoco
tutto ciò che è qui si purifica.

Prima di procedere alla fase successiva, che consiste nella consacrazione dell'uovo sodo, sono necessarie alcune precisazioni. Innanzitutto ricordiamo che l'uovo potrà anche essere di gallina (in quanto facilmente reperibile); l'ideale sarebbe tuttavia un uovo di tacchina, l'animale rituale per eccellenza nella celebrazione dell'equinozio di primavera. Inoltre, l'uovo potrà essere decorato con diverse formule magiche (che non vengono qui riportate, in quanto si tratta di un altro tipo di rituale) o semplicemente colorato (preferibilmente di giallo). L'officiante lo prenderà in mano e, sollevandolo, pronuncerà le seguenti parole:

Oh, Dio dell'universo,
consacra questo uovo,
simbolo della fertilità,
che ti offro
per ringraziarti della tua bontà.

Dopo avere così consacrato tutti gli oggetti, si accenderà la candela. A questo punto l'officiante riprenderà la bacchetta e, indicando nell'ordine l'uovo, il recipiente con i resti bruciati della lavanda e la coppa, reciterà la seguente formula:

Grazie al potere concessomi
ho consacrato l'uovo, la lavanda e la coppa.
Voglio offrire a Dio il mio ringraziamento,
affinché ci conceda un nuovo ciclo pieno di felicità
e il miracolo della fertilità.
Così sia.

L'officiante berrà quindi dalla coppa e chi lo desidera potrà spartire con lui l'uovo sodo e l'acqua consacrati.

Rituale per celebrare il solstizio d'estate

Il solstizio d'estate si verifica il ventun giugno. È questa la notte magica per eccellenza, un tempo diffusamente celebrata in diverse aree del Mediterraneo; una notte in cui si accendevano grandi falò, si bruciavano vecchi oggetti e si danzava senza sosta fino al mattino.
Secondo la tradizione mediterranea, il rituale doveva essere celebrato in riva al mare o su un'alta scogliera; secondo le popolazioni delle montagne e delle valli dell'Europa centrale il luogo ideale per praticare questa cerimonia era invece la parte più interna di un bosco o di una foresta, ossia una zona solitaria e al riparo da sguardi indiscreti.
Tradizionalmente questa cerimonia veniva celebrata alla luce della luna, a mezzanotte, e chi assisteva doveva essere nudo (o coperto da una tunica, preferibilmente dorata).
Questo rituale simboleggiava la rinascita e la forza del sole, che all'alba infonde ai partecipanti la sua potenza, conferendo loro l'energia vitale necessaria per continuare la lotta della vita.
In tempi remoti i maghi e gli stregoni, che erano soliti utilizzare diversi tipi di erbe per i loro scongiuri, si recavano a raccoglierle nei boschi proprio in questa notte, poiché si diceva che era questo il momento in cui i loro effluvi erano più forti ed efficaci.

Elementi necessari: legna, fiammiferi di legno, una bussola, una candela dorata, un rametto di quercia, una ciotola con erba di tarassaco (dente di leone), una campanella, una coppa o un bicchiere di birra, un altare.

Procedimento: con la legna si faranno quattro falò, ciascuno in direzione di uno dei quattro punti cardinali e separati tra loro da una distanza non inferiore ai quattro metri. Tra una catasta di legna e l'altra si formeranno altre quattro cataste più piccole, sem-

pre di legna. In questo caso il cerchio magico sarà costituito dai fuochi, per cui non sarà necessario ricorrere al gesso o alla calce. Al centro del cerchio magico si innalzerà l'altare, formato da una pietra piana sorretta da altre due pietre che fungeranno da supporti.
Sull'altare si disporranno poi i vari elementi necessari per il cerimoniale: la candela dorata al centro, con la campanella al suo fianco; il ramoscello di quercia dovrà essere tenuto dall'officiante nella mano destra e, quando non sarà utilizzato, verrà deposto longitudinalmente nella parte inferiore dell'altare, al di sotto della candela; nella parte superiore dell'altare si collocheranno la coppa di birra a destra e la ciotola con il tarassaco a sinistra.

Rituale: come in tutte le cerimonie di celebrazione, il rituale inizia con la consacrazione dei diversi elementi che verranno utilizzati.
Innanzitutto si darà fuoco, con fiammiferi di legno, alla catasta di legna collocata in corrispondenza del nord, poi a tutte le altre, procedendo in senso orario. A ogni accensione l'officiante pronuncerà le seguenti parole:

Oh, Dio dell'universo,
benedici questo fuoco sacro
i cui figli sono la luce e il calore.
In tuo nome sia benedetto il cerchio di fuoco
affinché protegga questo rituale che celebriamo in tuo onore.

Gli assistenti, nel caso in cui desiderassero partecipare alla cerimonia, dovranno disporsi all'interno del cerchio, con lo sguardo rivolto verso l'esterno.
Una volta avvenuta la consacrazione del cerchio di fuoco e del suo interno si potrà procedere a quella dei vari elementi, per passare quindi alla celebrazione vera e propria.
Per benedire i singoli oggetti l'officiante deporrà la bacchetta nella parte inferiore dell'altare (nella posizione precedentemente descritta) e solleverà dapprima la coppa di birra, la cui consacrazione avverrà con le seguenti parole:

Oh, Dio dell'universo,
consacra questa coppa di acqua d'orzo
che la natura ci offre,
simbolo di potere e di forza divina.

Seguirà la consacrazione del recipiente con il tarassaco. L'officiante darà fuoco all'erba con un fiammifero di legno e solleverà la ciotola, pronunciando le seguenti parole:

Oh, Dio dell'universo,
consacra questa ciotola di tarassaco,
il cui fuoco purifica questo altare,
e tutto ciò che si trova su di esso.

Per consacrare la campanella l'officiante la solleverà, la farà suonare una sola volta e pronuncerà la seguente invocazione:

Oh, Dio dell'universo,
consacra questa campanella,
simbolo del tuo potere infinito,
che io innalzo in tuo onore.

Una volta benedetti tutti gli oggetti, si procederà all'accensione della candela. L'officiante prenderà nuovamente la bacchetta cerimoniale in una mano e la campanella nell'altra, farà suonare quest'ultima una volta, la rimetterà al suo posto e, sollevando la coppa di birra, pronuncerà le seguenti parole:

Oh, gran Dio onnipotente e onnipresente,
grazie al potere che mi hai dato
alzo la mia coppa e brindo.
In tuo onore pronuncio le seguenti lodi:
(inginocchiandosi)
La tua forza è calore.
La tua forza è luce.
Il tuo potere crea e distrugge.
Mantienici al tuo fianco,
aiutaci a seguire il tuo sentiero
e mandaci la tua luce e la tua forza.

L'officiante berrà quindi dalla coppa e, se lo desiderano, gli altri partecipanti potranno spartirne con lui il contenuto.

Rituale per celebrare l'equinozio d'autunno

L'equinozio d'autunno si verifica il ventitré settembre. Il rituale corrispondente si celebrava dopo il raccolto, come ringraziamento per i frutti concessi da madre natura.
Con gli ultimi raccolti ci si preparava all'arrivo dell'inverno, una stagione fredda che in passato portava povertà e difficoltà. Simboleggiando la fine di un ciclo, la cerimonia di rinnovamento della vita doveva passare attraverso la morte e la successiva rinascita; in altre parole, rappresentava anche il rito del ritorno alla vita dopo il passaggio attraverso la morte.
Con la morte della natura il ciclo sarebbe poi ricominciato a primavera.

Elementi necessari: un altare, una bussola, una ciotola con mirra, una candela nera, una coppa di vino, alcune spighe di grano, un grappolo d'uva, fiammiferi di legno, calce o gesso.

Procedimento: si innalzerà un altare orientato a nord e, con calce o gesso, si traccerà tutt'intorno un cerchio di circa tre metri di diametro.
Si disporranno quindi sull'altare i seguenti elementi: in alto a destra il grappolo d'uva, in basso a destra le spighe di grano, al centro la candela nera, in basso a sinistra il recipiente con la mirra e in alto a sinistra la coppa di vino.
La disposizione dei diversi elementi sull'altare è molto importante, poiché questo sarà anche l'ordine di consacrazione di ciascuno di essi.

Rituale: il rituale inizia con la consacrazione del cerchio sacro. L'officiante si collocherà al suo interno, in prossimità del punto che indica il nord, e da lì reciterà le seguenti parole:

Oh, Dio onnipotente che guidi le nostre vite,
consacra questo cerchio magico,
aiutaci in questa invocazione
e permettici di celebrarla con te.
Amen.

Si procederà poi alla consacrazione dei vari elementi da utilizzare per il rituale.
Seguendo lo stesso ordine con cui sono stati collocati sull'altare, si prenderà per primo con le due mani il grappolo d'uva e, sollevandolo, si reciterà la seguente invocazione:

Oh, Dio dell'universo,
consacra e benedici questo alimento
e accettalo come offerta.

Si rimetterà quindi il grappolo al suo posto e si prenderanno le spighe, pronunciando le seguenti parole:

Oh, Dio dell'universo,
consacra e benedici questo alimento
e accettalo come offerta.

La fase successiva prevede la consacrazione del recipiente con la mirra. L'officiante dapprima darà fuoco alla mirra con un fiammifero di legno, poi prenderà il recipiente con entrambe le mani e, sollevandolo, reciterà le seguenti parole:

Oh, Dio,
che questa mirra purificatrice
ripulisca l'interno del cerchio
e tutto quanto si trova in esso.
Consacra anche questo elemento
che restituisce all'aria ciò che fu aria.

Per concludere la consacrazione, si solleverà con entrambe le mani la coppa di vino e si reciterà la seguente formula:

Oh, Dio onnipotente,
benedici questa coppa di vino,
frutto della vite.
Io in tuo onore la consacro
e in tuo onore la benedico.

Alla fine si accenderà la candela nera recitando le seguenti parole:

Oh, Dio onnipotente,
che la forza di questa luce ci guidi.
Liberaci dalle tenebre,
permettici di vedere il sentiero che percorriamo
e riportaci alla luce dell'eterno rinascere.
Amen!

RITUALE PER CELEBRARE IL SOLSTIZIO D'INVERNO

Il solstizio d'inverno cade il ventidue dicembre, data corrispondente alla notte più lunga dell'anno.
Come anche nel caso di altre celebrazioni, la festa del solstizio d'inverno è stata caratterizzata da usi rituali, credenze e costumi antichi che furono successivamente adottati dalla religione cristiana.
Si possono per esempio ricordare le tradizioni di tagliare un albero e decorarlo, di appendere rami di vischio, di bruciare un ceppo ecc. Quest'ultimo è un uso antichissimo, che risale ai tempi in cui si accendevano fuochi per venerare il sole e, al tempo stesso, dargli forza (in questo senso la potremmo definire una cerimonia di aiuto, dal momento che il sole di dicembre è quello più debole).
Questi fuochi, che inizialmente venivano allestiti all'esterno, in un secondo tempo furono trasferiti all'interno delle case, e da un intero falò si passò a bruciare solo una parte di tronco (di quercia o di pino).
L'azione di bruciare il tronco d'albero rappresentava la forza che infondeva potere al sole e, al tempo stesso, simboleggiava la ri-

nascita dell'astro principale. Allora si credeva che, spargendo per i campi le ceneri del tronco bruciato durante la celebrazione, ci si potesse assicurare un totale rinnovamento della terra e, quindi, un fertile raccolto.
Analogamente, sembra che l'uso di tagliare un albero e addobbarlo derivi da un'antica tradizione dell'Europa centrale, per mezzo della quale si rappresentava l'Albero della Vita, con le decorazioni come simboli planetari della volta celeste (secondo un'altra credenza, gli addobbi erano invece le anime delle persone morte nel corso dell'anno e la cui fiamma rimaneva accesa in loro ricordo).

Elementi necessari: una candela bianca, una nera, una rossa e una verde; una ciotola con acqua, una con vino e un'altra con birra; gesso o calce, una bussola, una ciotola di incenso, legna di quercia o di pino, fiammiferi di legno.

Procedimento: trattandosi dell'ultimo rituale di questa serie, il cerchio magico tracciato con calce o gesso dovrà essere il più grande di tutti, raggiungendo un diametro di dodici metri (un metro per ogni mese dell'anno).
Lungo il tracciato del cerchio si indicheranno i quattro punti cardinali, disponendo sopra ciascuno di essi un mucchietto di incenso.
Al centro del cerchio si collocherà l'altare e, di fronte a esso, i tronchi di quercia o di pino; sull'altare, da sinistra a destra, si disporranno le ciotole con acqua, birra e vino; nella parte centrale, in modo da formare un rombo che indichi i quattro punti cardinali, le candele bianca (nord), nera (sud), rossa (ovest) e verde (est). Al centro dell'altare, tra le quattro candele, si metterà infine la ciotola con l'incenso rimasto.

Rituale: per procedere alla consacrazione del cerchio, l'officiante si metterà in corrispondenza del nord, darà fuoco all'incenso e poi ripeterà la stessa operazione nei punti est, sud e ovest (seguendo esattamente quest'ordine).
Ritornerà quindi nel punto nord e da lì reciterà le seguenti parole:

Oh, Dio,
in tuo onore ti chiedo
di consacrare questo cerchio,
sacro segno del tuo potere.
Dio dell'universo,
che queste quattro fiamme ci proteggano e ci aiutino
nel rituale che ci accingiamo a celebrare.

Quando le fiamme si saranno spente, l'officiante si dirigerà verso la legna sistemata di fronte all'altare, le darà fuoco e reciterà la seguente formula:

Dio dell'universo,
che questo fuoco sacro
illumini le nostre azioni.
Così sia.

Dopodiché l'officiante si collocherà dietro l'altare e procederà alla benedizione dei singoli elementi predisposti per il rituale. Alzando la ciotola con l'acqua reciterà le seguenti parole:

Oh, Dio dell'universo,
benedici quest'acqua,
simbolo del cielo
e fonte della natura.

Dopo avere rimesso la ciotola al suo posto, prenderà quella contenente la birra e dirà ad alta voce:

Oh, Dio dell'universo,
benedici quest'acqua d'orzo,
che la natura ci offre,
simbolo del potere e della forza divina.

Poi passerà a quella con il vino, recitando la seguente formula:

Oh, Dio dell'universo,
benedici questa coppa di vino,
frutto della vite,
che in tuo onore io consacro.

Una volta benedetti gli elementi liquidi, l'officiante accenderà le quattro candele: prima la bianca, poi la nera, la rossa e infine la verde. Nel frattempo reciterà le seguenti parole:

Oh, Dio dell'universo,
che la luce di queste candele ci guidi,
purifichi i nostri spiriti,
ci liberi dalle tenebre,
ci dia la forza
e ci permetta di rinascere.
Così sia.

Per concludere il rituale, l'officiante accenderà l'incenso nella ciotola e lo alzerà recitando la formula finale:

Oh, Dio onnipotente,
ricevi la nostra gratitudine
per tutti i doni
che ci hai concesso.
Oh, Dio dell'universo,
accetta quest'offerta
come segno di devozione.
Proteggici dal male
e consentici di rinnovare il ciclo della vita.
Amen!

ALTRI RITUALI

Nel corso della storia, nelle diverse culture e tradizioni ci si è serviti di scongiuri, intrugli, filtri e di una grande varietà di sistemi per praticare riti d'amore.

Secondo la tradizione gitana, per attirare un uomo o una donna con fini amorosi si doveva piantare dell'aglio capovolto e poi innaffiarlo alla luce della luna per sette notti, aspettando la prima notte di luna piena per recitare uno scongiuro che associava la crescita della pianta alla nascita dell'amore tra l'uomo e la donna.
Un altro antico rituale, alquanto insolito, faceva ricorso alle candele. Si doveva scrivere il nome della persona amata su un foglio di carta rosa, con il quale si avvolgeva una candela dello stesso colore. Quando si accendeva la candela, la fiamma bruciava anche il foglio e, a quanto sembra, il sistema funzionava.
Secondo un'antica tradizione zingara, per conquistare l'amore di una donna l'uomo doveva recarsi in un bosco in una notte di luna piena e tagliare due rami cresciuti intrecciati; quella stessa notte, alla luce della luna, doveva accendere un fuoco e, dopo avere recitato una formula magica, sputare sui rami e lanciarli tra le fiamme mentre pronunciava il nome della donna amata.

RITUALE PER ATTIRARE LA DONNA AMATA

Elementi necessari: una candela rosa, fiammiferi di legno, una coppa di vino dolce, spezie (tre a scelta), un cucchiaio d'argento, un altare.

Procedimento: sull'altare si disporranno le spezie prescelte (per esempio chiodi di garofano, pepe e zafferano) all'estremità superiore sinistra, la coppa di vino dolce all'estremità superiore destra e la candela rosa al centro.

Rituale: l'uomo che desideri praticare questo rituale dovrà innanzitutto concentrarsi per liberare la mente e il corpo da qualsiasi segno di tensione, immaginando poi il viso della donna amata.
Quindi aprirà gli occhi, metterà una piccola quantità di ciascuna delle tre spezie nella coppa di vino e mescolerà il tutto con il cucchiaio d'argento, mentre reciterà le seguenti parole:

In nome dell'amore,
che queste spezie
in unione col vino
producano l'effetto desiderato.

Poi prenderà un fiammifero di legno, accenderà la candela e pronuncerà ad alta voce le seguenti parole:

Che la forza di queste spezie,
il potere di questo vino
e la luce di questa candela
producano l'effetto desiderato
affinché io possa unirmi al mio essere amato.

Per concludere, berrà il vino con le spezie in tre sorsi.

Rituale per attirare l'uomo amato

Elementi necessari: una candela rossa, fiammiferi di legno, una coppa di vino secco, spezie (tre a scelta), un cucchiaio d'argento, un altare.

Procedimento: sull'altare si disporranno le spezie prescelte (per esempio cannella, zenzero e noce moscata) all'estremità superiore sinistra, la coppa di vino secco all'estremità superiore destra e la candela rossa al centro.

Rituale: la donna che desideri praticare questo rituale dovrà innanzitutto concentrarsi per liberare la mente e il corpo da qualsiasi segno di tensione, immaginando poi il viso dell'uomo amato.
Quindi aprirà gli occhi, metterà una piccola quantità di ciascuna delle tre spezie nella coppa di vino e mescolerà il tutto con il cucchiaio d'argento, mentre reciterà le seguenti parole:

In nome dell'amore,
che queste spezie
in unione col vino
producano l'effetto desiderato.

Poi prenderà un fiammifero di legno, accenderà la candela e pronuncerà ad alta voce le seguenti parole:

Che la forza di queste spezie,
il potere di questo vino
e la luce di questa candela
producano l'effetto desiderato
affinché io possa unirmi al mio essere amato.

Per concludere, berrà il vino con le spezie in tre sorsi.

RITUALE PER OTTENERE BENI MATERIALI

Certamente antico come l'uomo è il desiderio di ottenere guadagni, ricchezze e beni materiali.
In origine molti dei rituali prevedevano sacrifici di animali e talvolta addirittura umani per placare l'ira degli dei. Nel corso del tempo si diffuse il ricorso agli scongiuri e ai rituali di richiesta, alcuni dei quali sono già stati illustrati nelle pagine precedenti.
Dopo avere sperimentato con successo le prime tecniche agricole e venatorie, l'uomo, in quello che è stato definito come "processo di sedentarizzazione", smise di spostarsi continuamente alla ricerca di cibo per stabilirsi in un determinato luogo.
Questo processo di sedentarizzazione determinò la necessità di accumulare possedimenti (quanto più estese erano le terre, tanto più abbondanti erano i raccolti), donne (quanto più numerose erano le mogli, tanto più numerosi erano i figli disponibili per lavorare la terra) ecc.
Da allora il desiderio dell'uomo di possedere sempre più beni materiali è andato continuamente crescendo, e oggigiorno, con il consumismo alla sua massima espressione, quasi nessuno rie-

sce a sottrarsi a questa regola. È tuttavia consigliabile non abusare di queste invocazioni; bisogna sempre chiedere elementi, oggetti o beni materiali realmente necessari e indispensabili, poiché altrimenti il rituale potrebbe rivelarsi addirittura controproducente.
Fatte queste necessarie premesse, va precisato che ciò che si può chiedere non è tanto il bene materiale in sé, quanto i mezzi e l'opportunità affinché, attraverso lo sforzo individuale, tale bene possa essere acquisito o prestato da un conoscente o congiunto.

Elementi necessari: una fotografia o disegno del bene materiale richiesto, una candela marrone, un rametto di ginepro, fiammiferi di legno, un altare.

Procedimento: sull'altare si dispongono il rametto di ginepro in alto a sinistra, la fotografia o disegno in alto a destra e la candela marrone al centro.

Rituale: la persona che desideri praticare questo rituale dovrà innanzitutto liberare la mente e il corpo da qualsiasi segno di tensione. Dopodiché si concentrerà sull'immagine collocata sull'altare e, prendendo il rametto di ginepro con la mano sinistra, reciterà le seguenti parole:

Oh, Dio,
benedici questo rametto di ginepro
affinché mi aiuti a ottenere
ciò che ora ti chiederò.

Si accenderà poi la candela con un fiammifero di legno e si reciterà la seguente formula:

Oh, Dio,
che la luce di questa candela
guidi la mia richiesta
affinché mi aiuti a ottenere
ciò che ora penserò.

Per concludere, si lascerà bruciare il disegno o la fotografia sulla fiamma della candela, pronunciando ad alta voce ciò che si desidera.

Rituale per ottenere beni spirituali

Va detto innanzitutto che i beni spirituali in quanto tali non esistono. Ciò che invece esiste, a livelli più o meno elevati, è la spiritualità, l'intimo sentimento di comunione con il divino, ottenibile solo attraverso la pace interiore, la conoscenza o la continua esplorazione del proprio io.
È evidente che in questo caso una semplice invocazione può fare molto poco. Si tratterà dunque di combinare il desiderio di raggiungere la pace spirituale con un lavoro di meditazione molto più profondo mediante lo studio delle diverse filosofie come strumento per trovare il cammino che ciascuno considera più appropriato. Tuttavia, per favorire questo percorso individuale, può essere utile ricorrere a un rituale da praticare con le candele argentee.

Elementi necessari: cinque candele di colore argento, una bussola, fiammiferi di legno, un altare.

Procedimento: si sistemeranno le cinque candele argentee al centro dell'altare, a una distanza di circa cinquanta centimetri l'una dall'altra, collocandone una in corrispondenza del nord e le altre quattro a formare un pentagono.

Rituale: innanzitutto si accenderà la candela collocata nel punto corrispondente al nord, pronunciando le seguenti parole:

Oh, Dio,
io ti invoco affinché illumini il mio cammino.

Si accenderanno poi le altre quattro candele e si reciterà l'invocazione finale:

Che queste candele servano da guida
per chi come me
desidera raggiungere la spiritualità assoluta.
Oh, Dio,
illumina il mio cammino
e mantieni viva la mia fiamma.

LA DIVINAZIONE PER MEZZO DELLE CANDELE

Da che l'uomo incominciò a dominare il fuoco e a riunirsi intorno a esso, in quelle che furono probabilmente le prime cerimonie rituali celebrate dalla specie umana, l'evoluzione del fuoco stesso, le sue forme capricciose, le sue diverse tonalità cromatiche e le braci che lasciava incominciarono a interessare i soggetti più curiosi delle tribù che allora abitavano il nostro pianeta.
Da questi gruppi di "curiosi" sarebbero poi emersi quelli che furono in seguito considerati stregoni, sciamani ecc. Senza dubbio il fuoco fu uno dei primi elementi in cui si incominciarono a cercare spiegazioni per fatti ignoti, profezie, aiuti per guarire gli ammalati e, in definitiva, una risposta a tutte quelle domande che solo pochi erano preparati a comprendere.
Ancora oggi si possono osservare antichi rituali che vertono essenzialmente sul fuoco, ed è ampiamente documentato che culture di ogni parte del mondo (dagli egizi ai maya) si sono basate sul culto del sole, principale fonte di calore, luce ed energia, che denominavano "il grande fuoco".
Non deve quindi sorprendere il fatto che il fuoco, considerato sacro presso molti popoli e tribù, sia stato il centro dell'attenzione, il nucleo intorno al quale ruotava l'esistenza degli uomini fin dall'inizio dei tempi, e che attraverso di esso si sia tentato di fornire risposte a tutte le incognite che si presentavano.
Ed è proprio dall'osservazione della fiamma, delle sue molteplici forme e colori che ebbe origine quella che oggi è conosciuta come l'arte della divinazione attraverso il fuoco.

L'ORACOLO DELLE CANDELE

Il sistema attuale si basa su una duplice osservazione delle candele, che ha dato vita a due arti divinatorie diverse e, allo stesso tempo, complementari.
Una di queste deriva direttamente dall'antica osservazione del fuoco dei falò e ha come oggetto la fiamma; l'altra si basa invece sull'osservazione delle forme della cera. In altre parole, semplicemente guardando una candela gli esperti sono in grado di elaborare due tipi di interpretazione, che possono essere complementari o indipendenti.
Non è possibile spiegare in poche pagine tutti i meccanismi del procedimento adottato in questi casi, ma può essere interessante prendere in considerazione i fondamenti su cui si basa questo particolare metodo divinatorio.

PRELIMINARI

In primo luogo, bisogna scegliere una candela il cui colore corrisponda al segno zodiacale del consultante e verificare che il rituale venga effettuato nel giorno relativo al colore della candela.
Come abbiamo già illustrato in precedenza, ciascuno dei dodici segni zodiacali è associato a uno o più colori (vedi pag. 30), che a loro volta corrispondono a un giorno della settimana, secondo lo schema riportato a pag. 24.
Per esempio, una persona nata sotto il segno dell'Ariete che desideri praticare una cerimonia di divinazione con le candele dovrà così scegliere una candela rossa e celebrare il rito di martedì. Se la consultazione della candela ha invece come scopo quello di rivelare aspetti e progetti di una persona diversa da quella che celebra il rituale, occorrerà usare una candela bianca.
È poi necessario scegliere il luogo adatto alla celebrazione del rituale: dovrà trattarsi di un luogo chiuso, al riparo da correnti d'aria che potrebbero interferire nel processo di combustio-

ne della candela, e che sia anche libero da odori o elementi chimici, che rischierebbero di compromettere l'esito della consultazione.
Per purificare il luogo prescelto si accenderà un bastoncino di incenso e lo si lascerà bruciare finché non si sarà completamente consumato. Oltre a essere un elemento purificatore, l'incenso possiede anche la facoltà di facilitare e potenziare i contatti psichici, i viaggi astrali e le capacità divinatorie in genere.
Dopo la purificazione si collocheranno sul tavolo di lavoro quattro candele, ciascuna in corrispondenza di uno dei quattro punti cardinali. Queste candele, dette da cerimoniale, dovranno essere possibilmente di forma triangolare e di color argento, essendo queste le più indicate per favorire il contatto della persona che celebra il rituale divinatorio con le forze psichiche dell'ambiente circostante, che faciliteranno le predizioni.
Al centro si collocherà invece la candela del colore corrispondente al segno zodiacale del consultante (o bianca se la consultazione avviene per un'altra persona).
Un altro importante preliminare è il rilassamento, che dovrà essere totale a livello sia fisico sia spirituale. Una volta raggiunta la disposizione adeguata, il celebrante dovrà concentrarsi sull'obiettivo della cerimonia stessa.

CERIMONIA

Completati i preliminari, si accenderanno le quattro candele argentee con fiammiferi di legno, incominciando con quella che indica il nord e procedendo in senso orario.
Quando questa operazione sarà stata completata, si pronuncerà la seguente invocazione:

Che il potere di queste quattro candele,
simbolo dei quattro elementi,
fuoco, terra, acqua e aria,
mi aiuti a trovare la risposta
alla domanda che formulerò.

LA DIVINAZIONE TRAMITE LA FIAMMA

Questo sistema di divinazione si basa sull'osservazione della fiamma della candela e, più precisamente, della forma che questa assume qualche attimo dopo l'accensione, poiché è allora che la sua interpretazione risulta più diretta. Va però tenuto presente che esiste sempre il rischio di attribuire alla fiamma forme che hanno origine nell'immaginazione o, meglio, nell'inconscio dell'osservatore. In questo caso, ovviamente, non è più possibile parlare di interpretazione.

PRELIMINARI

In primo luogo l'officiante si concentrerà per liberarsi da preoccupazioni e problemi, fino ad arrivare a svuotare la mente. Gli esercizi di respirazione sono particolarmente indicati allo scopo.
Si tratta di respirare profondamente attraverso le narici, trattenendo l'aria nei polmoni il più a lungo possibile ed espirando quindi lentamente attraverso la bocca. A mano a mano che si ripete l'esercizio di inspirazione-pausa-espirazione la capacità di trattenere il respiro aumenta, il corpo si rilassa e la concentrazione mentale risulta favorita. Cinque minuti di questo esercizio sono sufficienti se praticati correttamente e con attenzione. A questo punto si accenderà la candela con un fiammifero di legno e si chiuderanno gli occhi.

CERIMONIA

Prima di formulare la domanda che interessa bisogna concentrarsi su di essa, cosa che risulterà facile se sono stati eseguiti correttamente gli esercizi di respirazione.
La fase successiva prevede di ripetere per quattro volte la domanda, a intervalli di quindici secondi l'una dall'altra, mantenendo sempre gli occhi chiusi. Si apriranno quindi gli occhi per alcuni secondi e si fisseranno la forma e la figura della fiamma.
È possibile riformulare la domanda, purché si segua sempre il procedimento descritto.

Per avere un'idea approssimativa della risposta della candela alla domanda, bisogna consultare il seguente elenco. Naturalmente questo non comprende tutte le risposte possibili, che sono tante quanti gli interrogativi che si possono porre, ma potrà comunque essere utile all'officiante per farsi un'idea generale dell'interpretazione.

Aumento improvviso della luminosità della fiamma: malaugurio. Avviso di pericolo, cattive compagnie, progetti che non vanno a buon fine. Solitudine. È consigliabile rivedere i progetti previsti e riflettere approfonditamente sul modo in cui si vive, si pensa e si agisce.

Crepitio senza scintille: possibili problemi o imprevisti di vario tipo. Più genericamente: difficoltà.

Scoppiettio: sbagli ed errori di valutazione che ritarderanno progetti e lavori. Possono interessare anche terze persone.

Spegnimento imprevisto della fiamma: rovina. Gravi problemi, disgrazie e incidenti.

Movimento della fiamma da destra a sinistra: sfortuna. Fallimento di progetti e insuccessi sentimentali.

Movimento della fiamma da sinistra a destra: buone notizie. Situazione favorevole per conquistare la persona amata.

Movimento della fiamma a zigzag: interruzione di progetti e idee. Tradimento da parte di un conoscente o addirittura di un amico.

Piccola luce sullo stoppino: successo nei progetti già intrapresi o che si stanno per intraprendere. Prosperità. Entrate impreviste. Fortuna.

Improvviso alzarsi della fiamma: successo nei progetti e in amore. Riconoscimento del lavoro realizzato.

Improvviso alzarsi e riabbassarsi della fiamma: problemi familiari. Alti e bassi nei rapporti con gli altri. Se la situazione personale è equilibrata si annunciano squilibri, e viceversa.

Vari punti di luce sullo stoppino: scoperte importanti. Ha inizio una nuova fase della vita. Ampliarsi delle conoscenze e, probabilmente, anche del numero dei membri della famiglia.

LA DIVINAZIONE TRAMITE LA CERA

Questo sistema di divinazione si basa sull'osservazione della candela e, più precisamente, della forma che la cera assume quando, poco dopo l'accensione, incomincia a colare lungo la candela stessa. Si tratta di un metodo di divinazione più facile rispetto al precedente, dal momento che la cera, una volta solidificatasi, non cambia forma e può quindi essere osservata per tutto il tempo necessario per giungere a un'interpretazione. Per contro, il procedimento divinatorio, che ha luogo tra la formulazione della domanda e l'ottenimento della risposta, è più lungo rispetto al rituale di divinazione tramite la fiamma. Ricordiamo inoltre che per interpretare correttamente le figure che si formano si dovrà considerare non solo la forma che assume la cera, ma anche dove e come cola dalla candela.

PRELIMINARI

In primo luogo l'officiante si concentrerà, liberandosi da preoccupazioni e problemi. Dovrà perciò eseguire gli stessi esercizi di respirazione indicati in precedenza, o altri che garantiscano gli stessi risultati.
Si accenderà quindi la candela con un fiammifero di legno e, dopo averla osservata per alcuni istanti, si chiuderanno gli occhi.

CERIMONIA

Dopo essersi concentrati sul quesito da porre, si apriranno gli occhi e si formulerà la domanda, ad alta voce e una sola volta, osservando subito dopo da dove cade la cera, come cade e che figura forma cadendo.

INTERPRETAZIONE DELLE FIGURE

Per avere un'idea approssimativa di qual è stata la risposta della candela alla domanda formulata, dopo ogni domanda e la conseguente osservazione della cera si consulterà il seguente elenco.

Una goccia di cera cade molto rapidamente verso la base: buone notizie, che giungeranno rapidamente.

Una grossa goccia si ramifica cadendo: è un buon augurio. La persona in questione è stabile e tranquilla, sia dal punto di vista fisico sia da quello spirituale e sentimentale.

Una sola goccia cade dal lato destro: soluzione di problemi. Risposta positiva.

Una sola goccia cade dal lato sinistro: la soluzione ai problemi tarderà ad arrivare. Risposta negativa.

La goccia di cera cambia direzione mentre cade: futuro incerto. Ammesso che arrivino, le soluzioni ai problemi giungeranno in ritardo.

Cadono diverse gocce che poi si riuniscono: se cadono a destra si otterrà l'aiuto di qualcuno per trovare la risposta agli interrogativi che ci si è posti; se cadono a sinistra si dovrà trovare da soli la soluzione alle questioni in sospeso.

Le gocce rallentano e si uniscono ad altre prima di arrivare alla base: buon augurio. Rapide soluzioni alle questioni in sospeso.

Le gocce si arrestano momentaneamente prima di arrivare alla base: malaugurio. Persona indecisa, irresponsabile e incapace di risolvere i problemi. Soluzione difficile.

LA DIVINAZIONE TRAMITE IL SEDIMENTO DI CERA

Quest'ultimo metodo di divinazione si basa sull'osservazione della cera dopo la completa combustione della candela, ossia quando questa si è consumata e spenta definitivamente, lasciando alla base determinate figure.
Questi resti sono conosciuti con vari nomi, ma quello che utilizzeremo qui è il più semplice e chiaro: il sedimento di cera.
A questo proposito va ricordato che, se da un lato l'arte della divinazione tramite la fiamma o la cera può essere imparata con una certa facilità, dall'altro l'osservazione del sedimento di cera è decisamente più complicata e difficile. Si tratta, infatti, di un metodo che richiede molta pratica, ed è molto più efficace se imparato direttamente da una persona specializzata in questa tecnica.
È comunque abbastanza difficile trovare persone sufficientemente preparate e disposte a insegnare quest'arte.
In ogni caso, riportiamo le nozioni di base indispensabili per iniziarsi al lungo e difficile cammino della divinazione tramite il sedimento di cera. Per interpretare correttamente le figure che si vanno formando bisogna prendere in considerazione le forme, i simboli, le piccole protuberanze, i sottili canali di comunicazione e i meandri formati dalla cera quando la candela si trova nella fase finale della combustione.

PRELIMINARI

Per questo particolare metodo divinatorio le dimensioni della candela sono irrilevanti, anche se, naturalmente, disponendo di poco tempo è preferibile utilizzare una candela di dimensioni ridotte. Nel caso in cui si scegliesse invece una candela piuttosto grande, va tenuto presente che, quanto più abbondante sarà la cera rimasta

alla base dopo la combustione, tanto più numerosi saranno le figure e i simboli da decifrare e, di conseguenza, maggiori le difficoltà nell'interpretazione.
Un altro importante elemento è rappresentato dalla base che supporterà la candela. Dovrà trattarsi di una base non combustibile, liscia, non porosa, perfettamente piana, priva di inclinazione e preferibilmente facile da pulire.
Per cominciare l'officiante dovrà concentrarsi, eseguendo gli esercizi di respirazione già spiegati o altri che abbiano lo stesso effetto: la totale liberazione da problemi fisici e mentali.

Cerimonia

Dopo essersi concentrato, l'officiante accenderà la candela con un fiammifero di legno e la lascerà consumare completamente.
Ricordiamo che durante l'intero processo di combustione della candela è importante evitare che si creino correnti d'aria.

Interpretazione delle figure

Nel caso della divinazione tramite il sedimento di cera, più che per qualsiasi altro metodo divinatorio, è fondamentale considerare le indicazioni fornite come semplici nozioni di base e mai come interpretazioni definitive.

Sedimento a forma allungata: carenza di obiettivi. Necessità di aiuto da parte di altre persone.

Sedimento a forma di animale: a seconda del fatto che l'animale sia di aria, mare o terra il significato cambia. In genere l'animale d'aria preannuncia buone notizie e cambiamenti positivi; quello di mare simboleggia invece cambiamenti imminenti, anche nelle amicizie e nel lavoro; quello di terra conferma invece stabilità e buone prospettive a lunga scadenza.

Sedimento a forma circolare: situazione indefinita. Soluzioni a lungo termine e, in ogni caso, grazie all'intervento di altre persone.

Sedimento a forma quadrata: successo in campo sentimentale.

Sedimento a forma di lettera: senza entrare nei dettagli di ciò che ogni singola lettera può significare, ricordiamo in generale che la lettera capovolta è di cattivo auspicio nel campo lavorativo ed economico. Se invece la lettera compare diritta, l'interpretazione in riferimento agli stessi aspetti è positiva.

Sedimento a forma rettangolare: aiuto inaspettato. Può essere di carattere economico (regalo o donazione) o presentarsi sotto forma di consiglio nel campo professionale.

Sedimento a forma semicircolare: problemi. La persona in questione si trova in condizioni di salute critiche, che comunque si risolveranno se la base del semicerchio è rivolta verso il consultante.

COME FABBRICARE DA SOLI LE CANDELE

Nei precedenti capitoli si è parlato della grande varietà di candele offerta dai negozi specializzati, nei quali è possibile trovare modelli di ogni forma, tipo e colore. Nonostante questo, alcuni preferiscono fabbricare personalmente le candele da utilizzare per i vari rituali magici.
Qui illustreremo il procedimento da seguire per fabbricare da soli le candele. Tale procedimento varia leggermente a seconda che si desiderino ottenere le candele cosiddette "normali" o quelle di pura cera d'api. Incominceremo proprio da queste ultime, indispensabili per la celebrazione di rituali in cui non si possano bruciare grassi animali (sego).

Elementi necessari: foglio di cera, stoppino, forbici. Questo materiale si trova presso le cererie, i grossisti di miele o i negozi di bricolage.

Procedimento: con le forbici si taglia il foglio di cera nella misura desiderata, poi lo si arrotola intorno allo stoppino.
Si sistema quindi la cera su una superficie liscia, si preme lo stoppino contro il lato corto del foglio di cera e glielo si arrotola intorno; si dovrà mantenere la pressione per un po' e poi lasciare riposare per qualche istante.

Per la preparazione della candela normale si segue invece questo procedimento.

Elementi necessari: piattello di ottone, filo metallico, cera vergine, bollitore doppio (di latta od ottone), materiale per lo stoppino, stampo e paraffina. Tutti questi elementi si trovano facilmente presso le cererie o i negozi di bricolage.

Procedimento: bisogna innanzitutto intrecciare i fili per preparare lo stoppino, inserendo nella parte centrale l'anima metallica e facendo in modo che il tutto risulti il più consistente possibile (in ogni caso si può acquistare lo stoppino già pronto). A una delle due estremità dello stoppino si dovrà fissare il piattello di ottone, che verrà a sua volta collocato sul fondo dello stampo. Con l'aiuto di un filo metallico si centrerà lo stoppino nella parte superiore dello stampo.
Per evitare che la cera aderisca allo stampo si dovranno trattare le pareti di quest'ultimo con silicone o altro prodotto antiaderente. Nel caso di stampi "usa e getta" questa operazione è superflua, dal momento che una volta che la candela si sarà solidificata sarà sufficiente tagliare lo stampo e aprirlo.
Con l'aiuto di un coltello si prenderà una quantità sufficiente di paraffina e la si metterà nella parte superiore del bollitore doppio (nel caso in cui non si disponga di questo attrezzo, la paraffina andrà messa in un largo recipiente di latta sistemato a sua volta in un altro recipiente con acqua in ebollizione). A questo punto si riempirà a metà la parte inferiore del bollitore con acqua calda e vi si introdurrà la parte superiore del bollitore contenente la paraffina, facendo attenzione che acqua e paraffina non entrino in contatto tra loro.
Si aggiungerà quindi alla paraffina un'uguale quantità di cera d'api, sistemando il bollitore su una fiamma affinché la paraffina e la cera si sciolgano fondendosi tra loro.
È questa la fase del procedimento in cui si possono aggiungere gli oli essenziali desiderati, quelli più indicati per la candela che si sta preparando.
Per ottenere una candela colorata si può invece usare la mina di un pastello sminuzzata.
Quando la cera sarà profumata e colorata si toglierà il bollitore dal fuoco, versando lentamente la cera liquida nello stampo (nel

quale sarà stato precedentemente sistemato lo stoppino). Ricordiamo di tenere da parte un po' di cera liquida per riempire le eventuali cavità che potrebbero formarsi durante il processo di solidificazione della candela. Si raccomanda inoltre di non togliere lo stampo finché la cera non si sarà completamente solidificata.

Oltre alle essenze e al colore, alcuni specialisti in materia aggiungono alle candele anche simboli magici o rune, ossia diversi disegni o lettere di alfabeti antichi dotati di poteri speciali, che contribuiscono ad aumentare l'efficacia del cerimoniale realizzato con queste candele. Esiste un'infinità di simboli (stelle, lune nelle diverse fasi, croci, triangoli, cerchi, numeri ecc.) che possono essere incisi sulla candela solidificata con l'aiuto di una punta metallica riscaldata o di una penna di volatile.

A questo punto la candela sarà pronta per l'uso.

INDICE

Finito di stampare
nel mese di dicembre 1997
presso la INGRAF
Industria Grafica S.r.l. - Milano

Diogenes Taschenbuch 21719

de
te
be

Cornell Woolrich

Walzer in die Dunkelheit

Roman

Aus dem Amerikanischen von Jobst-Christian Rojahn

Diogenes

Die Originalausgabe erschien 1947
unter dem Titel: ›Waltz into Darkness‹

Umschlagfotografie: Standbild aus
der Verfilmung von François Truffaut
unter dem Titel ›La Sirène du Mississippi‹
mit Jean-Paul Belmondo und
Catherine Deneuve in den
Hauptrollen
(1969)

Neuübersetzung

100/89/8/1
ISBN 3 257 21719 6

If one should love you with real love
(Such things have been,
Things your fair face knows nothing of
It seems, Faustine)...

Algernon Charles Swinburne

Lautlose Musik hebt an.
Die Tanzpartner erscheinen,
nehmen langsam die Ausgangsstellung ein.
Der Walzer beginnt.

I

Die Sonne schien hell, der Himmel war blau, und es war Mai. New Orleans war der Himmel, und der Himmel konnte nur ein anderes New Orleans sein, denn etwas Besseres gab es einfach nicht.

In seiner Junggesellenbehausung in der St. Charles Street war Louis Durand dabei, sich anzukleiden. Nicht zum ersten Mal an diesem Tag, denn die Sonne stand schon hoch, und er war bereits seit etlichen Stunden auf den Beinen – nein, diesmal war's für das große Ereignis dieses Tages. Denn der heutige Tag war kein Tag wie jeder andere, dies war *der* Tag, der Tag aller Tage. Ein Tag, den ein Mann nur ein einziges Mal in seinem Leben erlebt und der nun für ihn angebrochen war. Er war spät gekommen, aber er war gekommen – heute, jetzt.

Er war nicht mehr jung. Das sagten ihm nicht andere, sondern er sagte es sich selbst. Für einen Mann war er noch keineswegs alt, aber für das, was heute geschehen sollte, war er auch nicht mehr zu jung. Siebenunddreißig.

An der Wand hing ein Kalender, dessen erste vier Blätter nach hinten geklappt waren, um das fünfte bloßzulegen. Darauf stand oben in der Mitte das Wort *Mai*. Rechts und links davon wurde dem Betrachter in schräggestellten, schattenwerfenden, überaus verschnörkelten Zahlen das Jahr offenbart – 1880. Darunter waren in ihren einzelnen schwarzen Kästchen die Zahlen eins bis neunzehn mit Bleistift durchgestrichen. Die Zwanzig war – diesmal mit rotem Stift und bullaugenrund – dick eingekreist, wieder und wieder, als könne sie gar nicht stark genug hervorgehoben werden. Die folgenden Ziffern zeigten keine Markierung – das war die Zukunft.

Er hatte das Hemd mit den gestärkten Rüschen angezogen, das Mama Alphonsine so liebevoll für ihn gewaschen und gebügelt hatte, jedes einzelne Fältchen ein Kunstwerk. Die Manschettenknöpfe waren aus silbergefaßtem Granat. In der breiten Krawatte, die sich von seinem Kinn aus wie ein Fächer nach unten entfaltete, stak die übliche Krawattennadel, ohne die der gepflegte Herr schlicht undenkbar war. In diesem Fall handelte es sich um eine mit Diamantsplittern besetzte Mondsichel, die an beiden Enden in kleine Rubinspitzen auslief.

Aus seiner rechten Westentasche hing ein schwerer Uhrenanhänger. Von diesem führte eine Kette aus dicken Goldgliedern zu der entsprechenden Tasche auf der linken Seite hinüber, die eine schwere Taschenuhr wölbte. Die Kette hing unübersehbar mitten auf seinem Bauch, was durchaus der Absicht ihres Trägers entsprach, denn was war ein Mann ohne Uhr? Und was war eine Uhr ohne einen deutlichen Hinweis auf ihr Vorhandensein?

Das bauschige, weitgeschnittene Hemd über der engen Weste gab ihm das Aussehen einer Kropftaube. Allerdings war seine Brust in diesem Augenblick so stolz geschwellt, daß das wohl auch ohne jede modische Beihilfe der Fall gewesen wäre.

Auf der Spiegelkommode, vor der er stand und sich die Haare bürstete, lagen ein Häuflein Briefe und ein Daguerreotyp.

Er legte die Bürste aus der Hand, unterbrach seine Vorbereitungen für einen Augenblick und nahm die Briefe einen nach dem anderen auf, um sie kurz zu überfliegen. Auf dem ersten war der Briefkopf der »Harmonie« zu erkennen, »Eheanbahnungsinstitut von St. Louis im Dienste edel gesinnter Damen und Herren«. Er begann in schöner, männlicher Schrift:

Hochverehrter Herr!
Es gereicht uns zu großer Freude, Ihnen in Beantwortung Ihrer Anfrage den Namen und die Anschrift eines unserer Mitglieder bekanntgeben zu dürfen. Wenn Sie sich höchstselbst mit der genannten Dame in Verbindung setzen wollen, so wird dies, dessen sind wir sicher, den Beginn einer Korrespondenz markieren, welche zu beidseitiger Zufriedenheit...

Der nächste Brief zeigte eine noch feinere Handschrift, diesmal eine weibliche. Er begann mit »Mein sehr verehrter Mr. Durand...« und schloß mit »Ihre Ihnen sehr ergebene Miss J. Russell«.

Dann: »Lieber Herr Durand ... Ergebenst, J. Russell«.

Dann: »Mein lieber Louis Durand ... Ihre aufrichtige Freundin, Julia Russell«.

Und dann: »Lieber Louis ... Ihre Ihnen zugetane Freundin Julia«.

Und dann: »Lieber Louis ... Ihre Julia«.

Und dann: »Louis, mein lieber Freund ... Deine Julia«.

Und schließlich: »Louis, Geliebter ... Deine Dir gehörende, ungeduldige Julia«.

Unter diesem Brief stand ein Postskriptum: »Will es denn niemals Mittwoch werden? Ich zähle die Stunden bis zur Abfahrt des Schiffes!«

Er ordnete die Briefe wieder und schob sie zärtlich und liebevoll zu einem säuberlichen Stapel zusammen. Dann steckte er sie in die Innentasche seines Jacketts, in die über seinem Herzen.

Nun nahm er das kleine, auf Pappe aufgezogene Daguerrotyp in die Hand und betrachtete es lange und versunken. Die dargestellte Person war nicht mehr jung. Sie war gewiß keine alte Frau, aber ebenso sicher war sie auch kein Mädchen mehr. Ihre Züge ließen deutlich den sich ankündigenden Wandel erkennen.

Ihr Mund war schmal – er war noch nicht hart, würde es aber bald werden. Auch die Augen hatten etwas Scharfes an sich und ließen bereits die Bildung tiefer Falten und eine zunehmende Verengung ahnen. Noch war es nicht ganz soweit, aber lange würde es nicht mehr dauern. Das Fundament war gelegt. Die Nase hatte eine Krümmung, die den Zeitpunkt absehbar machte, an dem sie zum Haken werden würde. Das Kinn war schwer und würde schon bald unter dem eingefallenen Mund hervorstehen.

Sie war nicht schön. Wenn, dann war sie attraktiv, denn das war sie für *ihn* – und Attraktivität ist nun einmal eine gänzlich subjektive Sache.

Ihr dunkles Haar war am Hinterkopf zu einem Knoten zusammengebunden, nur einige Strähnen hingen ihr, nach vorne gelockt, als Pony in die Stirn, wie es schon seit sehr langer Zeit der Mode entsprach. Genau genommen schon so lange, daß es sich ganz unmerklich als Mode überlebt hatte.

Das einzige Stückchen Gewand, welches die Beschränkungen der Aufnahmetechnik sichtbar zu werden erlaubt hatten, war ein eng um den Hals gelegtes schwarzes Samtband, verfloß das Porträt doch unmittelbar unterhalb desselben in den braun wabernden Wolken fotografischer Nebel.

Dies also war es, was er der Liebe abgehandelt hatte. Er hatte genommen, was er kriegen konnte, nach fünfzehn Jahren des Wartens, in plötzlicher, verzweifelter Hast und in der Angst, überhaupt nichts mehr zu bekommen.

Jene frühe, erste Liebe (die, so hatte er einst geschworen, auch seine letzte sein sollte) war nunmehr nur noch eine schattenhafte Erinnerung, ein nur noch halb erinnerter Name.

Marguerite – er konnte diesen Namen aussprechen, und er hatte keine Bedeutung mehr, war so trocken und flach wie eine Blume, die jahrelang zwischen den Seiten eines Buches gepreßt worden ist.

Ein Name, der zur Vergangenheit eines anderen gehörte, nicht mehr zu seiner eigenen. Man sagt, daß sich der Mensch alle sieben Jahre vollkommen verändert und daß nichts von dem bleibt, was er zuvor war. So gesehen, war er schon zweimal ein anderer geworden.

Zweifach entfernt hatte er sich von dem zweiundzwanzigjährigen Jüngling, der Louis Durand hieß wie er – das einzige, was sie verband – und der am Abend vor seiner Hochzeit bei seiner Braut angeklopft hatte, Sterne im Blick und Blumen in der Hand. Um dort zunächst ungehört stehengelassen zu werden und dann die Tür sich langsam öffnen und zwei Männer herauskommen zu sehen, die etwas Totes auf einer zugedeckten Bahre davontrugen.

»Zurücktreten, Gelbfieber!«

Er sah den Ring an ihrer Hand, die auf dem Boden nachschleifte.

Er schrie nicht auf. Er gab keinen Laut von sich. Er beugte sich nieder und legte seinen Brautstrauß sanft auf die Totenbahre, als diese an ihm vorübergetragen wurde. Dann wandte er sich um und ging fort.

Fort von der Liebe, für fünfzehn Jahre.

Marguerite, ein Name. Das war das einzige, was ihm geblieben war.

Er blieb diesem Namen treu bis zum Tod. Denn auch er war gestorben, nur langsamer als sie. Der zweiundzwanzigjährige Jüngling starb und wurde zu einem jungen Mann von neunundzwanzig Jahren. Und auch der war dem Namen treu geblieben, dem schon sein Vorgänger die Treue gehalten hatte – bis auch er schließlich verblichen war. Der junge Mann von neunundzwanzig Jahren starb und wurde zu einem älteren Mann von sechsunddreißig Jahren.

Und eines Tages, ganz plötzlich, überwältigte ihn die aufgestaute Einsamkeit, die er fünfzehn Jahre lang in sich unterdrückt hatte, und er wechselte unruhig die Richtung, fast wie von Panik ergriffen.

Jede Liebe, woher auch immer, zu jedem Preis. Schnell, ehe es zu spät war! Nur nicht mehr länger allein sein.

Wenn er doch einfach jemanden in einem Restaurant kennengelernt hätte ...

Oder wenn er wenigstens einer auf der Straße begegnet wäre ...

Aber nichts dergleichen geschah.

Statt dessen fiel sein Blick auf eine Zeitungsanzeige. Die Anzeige eines Instituts in St. Louis, die in einer in New Orleans erscheinenden Zeitung stand.

Niemand kann der Liebe entkommen.

Aber da wurde er aus seinen Gedanken aufgeschreckt. Das Geräusch von Wagenrädern, die irgendwo vor dem Hause zum Stehen kamen, veranlaßte ihn, das Bildnis in seine Brieftasche zu schieben und diese einzustecken. Er trat auf den Balkon hinaus und blickte hinab. Die Sonne ließ plötzlich seinen Rücken weiß erscheinen, wie mit Mehl bestäubt, als er sich über das Geländer beugte und dabei die darüber hinwuchernde rote Bougainvillea niederdrückte.

Von der Straße her trat ein Farbiger durch den Torweg in den Innenhof.

»Wo hast du so lange gesteckt?« rief Durand ihm zu. »Hast du meine Blumen bekommen?« Die Frage war ganz und gar rhetorisch, denn er konnte das spitz zulaufende Paket und das verschwommene Rosa, das oben durch das Einwickelpapier schimmerte, sehr wohl sehen.

»Klar doch.«

»Hast du mir eine Droschke besorgt?«

»Steht draußen und wartet auf Sie.«

»Ich dachte schon, du würdest nie zurückkommen«, fuhr Durand fort. »Du warst mindestens ...«

Der Schwarze schüttelte in philosophischer Gutmütigkeit den Kopf. »Ein Verliebter hat's immer eilig.«

»Nun komm endlich rauf, Tom«, lautete der ungeduldig unterbreitete Vorschlag. »Steh nicht den lieben langen Tag da unten rum.«

Immer noch humorvoll grinsend, setzte Tom seinen Weg fort und verschwand unterhalb des Balkons im Haus. Einige Augenblicke später öffnete sich die äußere Eingangstür der Wohnung, und er trat hinter ihrem Besitzer ein.

Dieser drehte sich um, ging zu ihm hin, ergriff das Bukett und schälte es eher mit nervöser Hast als mit pfleglicher Sorgfalt aus seinen zarten Umhüllungen.

»Wollen Sie ihr den schenken oder ihn in Stücke reißen?« erkundigte sich der Farbige trocken.

»Na, ich muß mich doch wohl mal davon überzeugen, wie er aussieht, oder? Glaubst du, daß sie rosa Rosen und Wicken mögen wird, Tom?« In der letzten Frage schwang eine klagende Hilflosigkeit mit, als käme sie von jemandem, der sich an einen Strohhalm klammert.

»Tun das nicht alle Frauen?«

»Ich weiß nicht. Die einzigen Mädchen, die ich...« Er sprach den Satz nicht zu Ende.

»Ach, die«, sagte Tom nachsichtig. »Der Mann sagte, sie mögen die«, fuhr er dann fort. »Der Mann meinte, daß alle die haben wollen.«

Er zupfte die Manschette aus Spitzenpapier, die um den Strauß gelegt war, mit einer Sorgfalt zurecht, als gehöre er ihm, und stellte so sein frisches Aussehen wieder her.

Durand suchte derweil die restliche für den Aufbruch nötige Ausstattung zusammen.

»Ich möchte zuerst zum neuen Haus«, sagte er ein wenig atemlos.

»Sie waren doch erst gestern da«, merkte Tom an. »Wenn Sie

nur mal einen Tag nicht hingehen, haben Sie Angst, daß es wegfliegt, könnte man meinen.«

»Ich weiß, aber es ist die letzte Gelegenheit, sicherzustellen... Hast du deiner Schwester Bescheid gesagt? Ich möchte, daß sie da ist, wenn wir eintreffen.«

»Sie wird da sein.«

Durand blieb stehen, die Hand auf dem Türknauf, sah sich mit einem alles erfassenden Blick um – und plötzlich war der Schwung seines Aufbruchs so gut wie weggeblasen.

»Damit ist nun die Zeit hier zu Ende, Tom.«

»Es war schön und ruhig hier, Mr. Lou«, pflichtete der Diener bei. »Zumindest in den letzten Jahren, als sie anfingen, älter zu werden.«

Als wirke dieser indirekte Hinweis auf die Vergänglichkeit der Zeit wie ein Auslöser, setzte die Hast des Aufbruchs von neuem ein. »Du packst fertig und sorgst dafür, daß meine Sachen da rüberkommen. Vergiß nicht, Madame Tellier die Schlüssel zurückzugeben, bevor du gehst.«

Er blieb erneut stehen, drehte den Türknauf, öffnete aber die Tür noch nicht.

»Was ist noch, Mr. Lou?«

»Ich fürchte mich. Ich habe Angst davor, daß sie...« – er schluckte hinter seinem steifen, bis zu den Ohren reichenden Stehkragen und fuhr sich mit dem Handrücken über die Stirn, um unsichtbare Feuchtigkeit fortzuwischen – »...mich nicht mag.«

»Also ich finde, Sie sehen ganz in Ordnung aus.«

»Es hat sich ja bisher alles nur brieflich abgespielt. In Briefen ist's leicht.«

»Sie haben ihr doch Ihr Bild geschickt. Sie weiß also, wie Sie aussehen«, versuchte Tom ihm Mut zuzusprechen.

»Ein Bild ist ein Bild, und ein lebendiger Mensch ist ein lebendiger Mensch.«

Tom trat zu ihm hin, der jetzt niedergeschlagen und halb von der Tür weggedreht dastand, und wischte mit der Hand einen Staubfleck von seiner Schulter. »Sie sind nicht der schönste Mann von New Orleans, aber auch nicht der häßlichste.«

»Ach, das meine ich gar nicht. Unsere Disposition...«

»Sie passen im Alter zueinander. Sie haben ihr doch das Ihre mitgeteilt.«

»Ich habe ein Jahr abgezogen. Ich habe geschrieben, daß ich sechsunddreißig bin, das klingt besser.«

»Sie können ihr ein angenehmes Leben bieten, Mr. Lou.«

Durand stimmte dem mit eifrigem Kopfnicken zu, als fühle er sich zum ersten Mal auf sicherem Boden. »Sie wird nicht arm sein.«

»Dann würde ich mir auch nicht allzu viele Sorgen machen. Wenn ein Mann verliebt ist, hat er nur noch Augen fürs Aussehen. Wenn eine Frau sich verliebt, 'tschuldigung, Mr. Lou, aber dann interessiert sie sich dafür, wie gut es ihr gehen wird.«

Durands Miene hellte sich auf. »Sie wird nicht knausern müssen.« Er hob plötzlich den Kopf, als habe er eine ganz neue Entdeckung gemacht. »Selbst wenn ich nicht ganz das bin, was sie sich erträumt hat – sie wird sich an mich gewöhnen.«

»Möchten Sie... na ja, sichergehen?« Tom fummelte an seiner eigenen Kleidung herum, zog an einer verborgenen Schnur irgendwo vor seiner Brust und brachte eine ziemlich abgewetzte und steife Karnickelpfote zum Vorschein, die von einem kleinen vergoldeten Metallband umschlossen war. Er hielt sie Durand hin.

»Ach, ich glaube nicht an...«, erhob dieser schüchtern Einspruch.

»Kein weißer Mann mag nicht zugeben, daß er's tut«, kicherte Tom vor sich hin. »Nee, nee, nur das nicht. Aber trotzdem, stecken Sie's nur ein, schaden kann's nix.«

Durand stopfte die Pfote schuldbewußt in seine Tasche. Er

blickte auf die Uhr und ließ diese dann mit einem hohlen Geräusch wieder zuschnappen.

»Ich bin spät dran! Ich möchte das Boot nicht verpassen!« Diesmal stieß er die symbolische Tür weit auf und trat über die Schwelle seines Junggesellendaseins.

»Sie haben noch fast eine Stunde, bis überhaupt erst der Schornstein von Ihrem Dampfer auf dem Fluß auftaucht, denke ich.«

Aber Louis Durand, der Bräutigam in spe, war schon fort. Er stieg Madame Telliers fliesenbelegte Stiege mit laut klappernden, im ganzen Treppenhaus widerhallenden Schritten hinab. Wenig später drang vom Hof her ein erregter Ruf durchs offene Fenster an Toms Ohr.

Tom schlenderte auf den Balkon hinaus.

»Mein Hut! Wirf ihn mir runter.« Durand hüpfte ungeduldig herum.

Tom warf den Hut hinab und zog sich zurück.

Eine Sekunde später ertönte erneut ein Ruf, diesmal noch weitaus gequälter.

»Mein Stock. Wirf mir den auch noch runter.«

Der Stock wurde hinabgeworfen und geschickt in der Luft aufgefangen. Ein kleines Wölkchen sonnenfarbigen Staubes stieg von Madame Telliers nicht allzu makellosen Steinplatten auf.

Tom wandte sich um und schüttelte resigniert den Kopf.

»Ein Verliebter hat's immer eilig, und wie.«

2

Die Kutsche fuhr schnell die St. Louis Street hinunter. Durand saß angespannt nach vorne gebeugt auf der Kante seines Sitzes, beide Hände auf den Knauf seines Spazierstocks gelegt, der der oberen Hälfte seines Körpers als Stütze diente. Plötzlich lehnte er sich noch weiter vor.

»Das da«, rief er aus und zeigte aufgeregt mit dem Finger. »Das da vor uns.«

»Das neue da, Sir?« fragte der Kutscher voller Bewunderung zurück.

»Ich baue es selbst«, ließ ihn Durand in einem atavistischen Anfall jungenhaften Stolzes wissen, sechzehn Jahre zu spät. Dann präzisierte er seine Aussage: »Ich meine, sie bauen es nach meinen Plänen. Ich habe ihnen gesagt, wie ich's haben möchte.«

Der Kutscher kratzte sich am Kopf. In diesem Falle sollte die Geste nicht etwa Verwirrung andeuten, sondern das schiere Überwältigtsein von solcher Großartigkeit. »Is schon schön«, sagte er.

Das Haus hatte zwei Stockwerke. Es war aus ockerfarbenen Ziegeln gemauert, mit weißen Einfassungen um die Fenster und Türen. Es war nicht groß, stand aber an äußerst günstiger Stelle, nämlich auf einem Eckgrundstück, so daß man nach zwei Seiten freie Sicht hatte. Zudem war es von einem zwar nicht riesigen, aber doch ausreichend großen Grundstück umgeben und berührte keins der Nachbarhäuser. Es war genug Platz für einen Rasen vor und einen Garten hinter dem Haus.

Natürlich war es noch nicht ganz vorzeigbar. Ein paar kleine, unordentliche Haufen zerbrochener und weggeworfener Ziegel lagen noch davor herum, der Rasen war noch nicht eingesät, und die Fensterscheiben waren noch mit Farbe verschmiert. Aber in das Gesicht des Mannes trat etwas fast Ehrfürchtiges, als er alles betrachtete. Seine Lippen öffneten sich leicht, und sein Blick wurde weich. Er hätte nie gedacht, daß es ein so schönes Haus je geben könnte. Es war das schönste Haus, das er jemals gesehen hatte. Es gehörte ihm.

Der Kutscher ließ fragend die Peitsche zucken und weckte ihn aus seinen Träumen.

»Sie müssen auf mich warten, ich will gleich von hier aus runter zum Fluß, wenn das Boot einläuft.«

»Jawoll, nehm Se sich nur Zeit, mein Herr«, grinste der Kutscher verständnisvoll. »Ein Mann muß sich sein Haus ansehen.«

Durand ging nicht sofort hinein, sondern verlängerte den Zustand der Verzückung, in den es ihn versetzte, indem er langsam vom Anfang des Grundstücks bis zu seinem Ende die beiden Straßenfronten des Hauses abschritt. Prüfend klopfte er mit seinem Stock gegen das Fundament. Er streckte die Hand aus und probierte einen der Fensterläden aus, schwang ihn weit auf und dann zurück an die Hauswand. In seiner Ordnungsliebe spießte er ein kleines, unordentliches Strohbüschel mit seinem Stock auf und beförderte es auf die andere Seite des Zufahrtsweges, eine Spur von herumfliegenden Halmen hinterlassend, die alles noch schlimmer aussehen ließ als der ursprüngliche Missetäter.

Schließlich kehrte er zur Eingangstür zurück, das Haupt stolz erhoben. Auf dem weißgestrichenen Kiefernholz war die Stelle markiert, an der ein gußeiserner Türklopfer angebracht werden sollte, der noch nicht vorhanden war. Er hatte ihn selbst ausgesucht und war zu diesem Zweck eigens zu der Gießerei hinausgefahren. Keine Mühe zu groß, kein Detail zu unwichtig!

Möglicherweise geleitet von der Vorstellung, daß es einem Manne nicht gut anstand, an die Tür seines eigenen Hauses klopfen zu müssen, versuchte er statt dessen den Türknopf, fand das Haus offen und trat ein. Drinnen nahm er den unverwechselbaren und nicht unangenehmen, ja in diesem Falle geradezu verzaubernden Geruch in sich auf, den jedes neue Haus ausströmt – ein aromatisches Gemisch aus frisch gehobeltem Holz, dem Terpentin in der Malerfarbe, Fensterkitt und einigen anderen, weniger leicht zu identifizierenden Ingredienzen.

Eine jungfräuliche Treppe, deren erst kürzlich aufgetragene Holzlackierung durch einen in ihrer Mitte nach oben hinauflaufenden Streifen braunen Packpapiers geschützt wurde, führte im hinteren Teil der Eingangshalle in das obere Stockwerk. Sich zur

Seite wendend, betrat er den noch unvollendeten Salon, dessen westliches Fenster auf dem Boden viereckige Pfützen aus goldenem Licht bildete.

Als er so dort stand und sich den Raum ansah, veränderte dieser sich vor seinen Augen. Ein flauschiger, geblümter Teppich breitete sich auf dem asketischen Holzboden aus. Das fahle Rot eines trägen Holzfeuers glühte in dem noch leeren Kamin unter dem Sims. Ein runder Spiegel glänzte geisterhaft an der Wand darüber. Ein Plüschsofa, zwei Plüschsessel, ein Wohnzimmertisch erschienen da, wo jetzt noch nichts stand. Auf dem Tisch begann eine Lampe, eine planetenartige, milchweiße Kugel über einem schlanken Fuß, sanft zu leuchten, wurde dann heller und heller. Und mit ihrer Hilfe ließ sich ein dunkelhaariges Haupt in einem der Sessel erkennen, das zufrieden gegen den weißen, oben über die Lehne gebreiteten Sesselschoner gelehnt war. Und auf dem Tisch, unter der freundlich scheinenden Lampe, stand eine Art Arbeits- oder Nähkörbchen – dieses ein wenig undeutlicher sichtbar als die anderen Details.

Dann klapperte irgendwo im Obergeschoß ein Eimer, und der Raum wurde von einer alles wieder auslöschenden Flut überspült – der Teppich wurde immer dünner, das Feuer, die Lampe und mit ihr das dunkelhaarige, gesichtslose Haupt verloschen, das Zimmer war wieder so kahl wie zuvor. Tapetenrollen, ein Kübel auf einem Gestell, nackter Fußboden.

»Wer ist da unten?« rief eine Frauenstimme hohl durch die leeren Räume.

Er kehrte in die Eingangshalle zurück und ging zur Treppe.

»Ah, Sie, Mr. Lou. Das Schiff wartet auf Sie, schätze ich.«

Das verdrießliche, mit einem großen, bunten Kopftuch gekrönte Gesicht einer älteren Farbigen blickte über den Rand des Geländers herab.

»Wo ist der denn hin, der Kerl von hier unten?« wollte er gereizt wissen. »Er sollte das doch fertigmachen.«

»Ging los, um mehr Kleister zu holen, oder so was. Wird gleich zurück sein.«

»Wie sieht's da oben aus?«

»Es wird.«

Er startete zu einem unerwarteten kleinen Lauf, der ihn rasch die Treppe hinauftrug. »Ich möchte vor allem das Schlafzimmer mal sehen«, verkündete er, als er an ihr vorbeisauste.

»Welcher Bräutigam will das wohl nich.« Sie kicherte.

Er hielt in der Tür an und sah vorwurfsvoll zu ihr zurück. »Es geht mir um die Tapete«, bemühte er sich, seine Beweggründe klarzustellen.

»Mir brauchen Se nix zu erzählen, Mr. Lou. Ich war schon auf der Welt, da war'n Sie noch lange nich geborn.«

Er trat zur Wand und wischte leicht mit der Hand darüber, als seien die Blumen dort nicht nur zu sehen, sondern auch zu fühlen.

»Das sieht an der Wand sogar noch besser aus, meinen Sie nicht auch?«

»Doch, richtig schön«, stimmte sie zu.

»Die hier kam allem noch am nächsten. Sie mußten sie extra aus New York kommen lassen. Wissen Sie, ich habe sie nämlich gefragt, welche Art sie am liebsten mag, ohne ihr zu sagen, warum ich das wissen wollte.« Er wühlte in seiner Tasche, nahm einen Brief heraus und überflog ihn. Endlich fand er die Stelle, die er suchte, und unterstrich sie mit dem Zeigefinger: »... und im Schlafzimmer mag ich rosa gern, aber kein zu grelles Rosa, mit kleinen blauen Blümchen wie Vergißmeinnicht.« Er faltete den Brief triumphierend wieder zusammen und deutete mit dem Kopf zu den Wänden hin.

Aunt Sarah hörte ihm nur halb zu. »Ich hab noch 'n Haufen Arbeit. Sie wern mich 'ntschuldigen, Mr. Lou, aber es wär mir schon lieb, wenn Se mir jetzt nich im Weg stünden. Zuerst mal muß ich das Bett da richten.« Sie kicherte wieder vor sich hin.

»Warum lachen Sie eigentlich andauernd?« protestierte er. »Unterlassen Sie das bloß, wenn sie erst mal hier ist.«

»Aber wo denn. Ich bin doch auch nich blöd, Mr. Lou. Zermartern Se sich deshalb man nich den Kopf.«

Er verließ das Zimmer, nur um schon wenig später wieder in der Tür zu erscheinen. »Meinen Sie, daß Sie unten die Gardinen noch aufhängen können, bevor sie kommt? Die Fenster sehen sonst ziemlich nackt aus.«

»Holn Se se nur ab, und ich hab bis dahin das Haus fertig«, versprach die geschäftig herumwuselnde Alte und entfaltete mit geschicktem Wurf ein sich bauschendes weißes Bettlaken, daß es so aussah wie ein Segel im Wind.

Wieder ging er. Und kam erneut zurück, diesmal von der Mitte der Treppe.

»Ach ja, es wäre auch nett, wenn Sie noch ein paar Blumen auftreiben und hier und da verteilen könnten. Vielleicht vor allem im Salon, zu ihrer Begrüßung, wenn sie eintritt.«

Sie murmelte etwas, was sich verdächtig nach einem Einspruch anhörte – etwa: »Se wird nich viel Zeit ham, um da an Blumen rumzuriechen.«

»Wie bitte?« unterbrach er sie entsetzt.

Sie verzichtete weise auf eine Wiederholung ihrer Worte.

Einmal mehr brach er auf und kehrte einmal mehr zurück. Diesmal ganz von unten, vom Fuße der Treppe.

»Und denken Sie daran, daß Sie alle Lampen brennen lassen, wenn Sie aus dem Haus gehen. Ich möchte, daß alles hell und fröhlich ausschaut, wenn sie's zum ersten Mal sieht.«

»Machen Se nur so weiter, alle paar Sekunden was andres«, schalt sie, aber ohne zuviel Groll, »und ich werd gar nich mehr fertig. Also raus jetzt, Tempo«, befahl sie und verscheuchte ihn, in verächtlicher Vertraulichkeit mit der Schürze wedelnd, als sei er sieben oder siebzehn, nicht aber siebenunddreißig Jahre alt. »Nix is einem mehr im Weg als son Mann, wenn er denkt, er muß einem dabei behilflich sein, das Haus für jemanden herzurichten.«

Er warf ihr einen recht verletzten Blick zu, ging dann aber doch wieder nach unten. Diesmal kehrte er nicht zurück.

Als Aunt Sarah jedoch kaum fünf Minuten später selbst herunterkam, war er immer noch da.

Er stand, mit dem Rücken zu ihr, vor einem Tisch, und das ganz einfach deshalb, weil dieser ihm im Weg stand. Er hatte die Hände flach auf die Tischplatte gelegt und sich ganz leicht über sie gebeugt. Als betrachte er angespannt Zukunftsvisionen, die niemand außer ihm wahrzunehmen vermochte. Als sähe er eine kleine Gestalt durch ihre sich drehenden Wirbel auf sich zukommen, näher und immer näher, immer größer werdend, je dichter sie an ihn herankam, langsam zu Lebensgröße wachsend...

Er hörte Aunt Sarah nicht herunterkommen. Vielmehr riß er sich selbst von dem ihn überwältigenden Bild los und drehte sich beim ersten Laut ihrer Stimme um.

»Sie immer noch da, Mr. Lou? Hätt ich mir fast denken können.« Sie stemmte die Arme in die Seiten und betrachtete ihn mit Nachsicht. »Seht euch das an. Sind Se wirklich sicher, daß Se glücklich sind, ja? Ich hab so nen Ausdruck noch auf keinem Gesicht nich gesehn.«

Er fuhr einfältig mit der Hand über seine untere Gesichtshälfte, als hätte sie auf irgendeine Äußerlichkeit Bezug genommen. »Sieht man das so deutlich?« Er sah sich unsicher um, als könne er noch immer nicht recht glauben, daß seine augenblickliche Umgebung tatsächlich so da war, wie er sie wahrnahm. »Mein eigenes Haus...«, murmelte er, nur halb hörbar. »Meine eigene Frau...«

»Ein Mann ohne Frau, das is doch kein ganzer Mann nich, das is bloß ein Schatten, der rumwandert und niemand hat, der ihn wirft.«

Seine Hand hob sich kurz zu seiner Brust, berührte diese

fragend und fiel wieder herab. »Ich höre immerzu Musik. Spielt hier irgendwo eine Band in den Straßen?«

»Da spielt ne Band, aber gewiß doch«, bestätigte sie, ohne zu lächeln. »Eine ganz besondre Band, nur immer für einen Menschen. Nur einen Tag lang. Ich hab sie auch ma gehört. Heute sind Sie dran.«

»Ich mach jetzt besser, daß ich wegkomme!« Er schoß zur Tür, stieß sie auf, jagte den Weg hinab und sprang mit einem Satz in die wartende Droschke, die arg zu schwanken begann.

»Zum Canal Street Pier«, seufzte er in freudiger Erwartung, »zum Dampfer aus St. Louis.«

3

Der Fluß war leer, der Himmel klar. Beide spiegelten sich in seinen unruhig wartenden Augen. Dann erschien ein kleiner, wirbelnder Schmutzfleck in der Ferne, nicht größer, als wenn ihn ein menschlicher Finger an den göttlichen Himmel geschmiert hätte. Er kam von da, wo gar kein Fluß zu sein schien, nur Ufer. Es war, als schwebe er über festem Land, denn sein Ursprung lag hinter der Biegung des Flusses, der sich erst danach begradigte, um auf New Orleans und den Pier zuzufließen. Und auf die, die sich darauf versammelt hatten.

Durand stand wartend da, andere Wartende um sich herum. Manche so dicht bei ihm, daß ihre Ellbogen ihn fast berührten. Fremde, Menschen, die er nicht kannte, noch nie zuvor gesehen hatte, nie wieder sehen würde – für einen Augenblick zusammengebracht durch die Ankunft eines Schiffes.

Er hatte sich als Standort einen der Poller ausgesucht, der die Mole überragte – das war sein Merkzeichen, er hielt sich dicht daneben und ließ sich nicht von anderen davon wegdrängen, denn er wußte, daß dieser Metallpfosten seine Rolle beim Festmachen des Schiffes spielen würde. Eine Weile stand er mit einem Fuß auf dem Poller. Dann wieder beugte er sich erwartungsvoll über ihn, wobei er sich mit beiden Armen auf ihn stützte. Und einmal setzte er sich sogar darauf, aber nur ganz kurz, dann erhob er sich wieder, als könnte er die Ankunft des Dampfers dadurch beschleunigen, daß er auf den Beinen blieb.

Der Rauch war jetzt gestiegen, stand hoch am Himmel wie ein Büschel schmuddelig-schwarzer Straußenfedern, die versuchten, voneinander freizukommen. Unter seiner bauschigen Fülle begann ein Schwarz von fester Substanz, ein schlanker Kegel in die Höhe zu wachsen – ein Schornstein. Dann ein zweiter.

»Da ist es«, rief ein Hafenarbeiter, und diese ebenso überflüssige wie überfällige Erklärung wurde sogleich aufgenommen und von zwei oder drei Leuten in seiner Nähe wiederholt.

»Jawoll, da ist es«, erscholl es wie ein zwei- oder dreifaches Echo. »Da ist es, jawoll.«

»Da ist's«, sagte Durands Herz sanft zu ihm, aber es meinte etwas anderes.

Der Schornstein durchschnitt das Land wie ein stumpfes Messer, kam von der Uferlinie frei und erreichte das offene Wasser des Flusses. Ein gelblicher Aufbau, in den in zwei ebenmäßigen Reihen unzählige kleine Höhlungen eingekerbt zu sein schienen, wurde nun darunter sichtbar, und wiederum darunter – aus dieser Entfernung nur als dünner Strich zu erkennen – der plumpe schwarze Rumpf. Die Räder drehten sich, die Schaufeln klappten um, wenn sie den Scheitelpunkt ihrer Kreisbahn erreicht hatten, und fielen gischtsprühend zurück in das angeschwollene braune Wasser, auf das sie ununterbrochen einschlugen.

Der Dampfer kam um die Flußbiegung und wurde immer größer, hatte nun den Bug dem Pier zugewandt. Er hatte bald Lebensgröße und jagte darauf zu, als wolle er ihn überrennen.

Ein schrilles, hohes Heulen, unendlich traurig wie der Schrei einer verdammten Seele in ihrer Höllenpein, zerschnitt die Luft, eine federweiße Wolke legte sich um den Schornstein und blieb dann dahinter zurück. Die *City of New Orleans*, die St. Louis vor drei Tagen verlassen hatte, hatte ihren Heimathafen wieder erreicht, den Hafen, dem sie ihren Namen verdankte.

Die Schaufelräder wurden gestoppt, und der Dampfer glitt nun über das Wasser wie ein Papierschiffchen, wie ein Geist. Dann drehte er bei, kehrte die Seite dem Pier zu und fuhr daran hin, wobei seine Geschwindigkeit nun, da man ihn von der Seite sah, viel größer erschien als zuvor, als er mit dem Bug voran direkt darauf zugehalten hatte, obwohl doch das Gegenteil der Fall war.

Die eingekerbten Vertiefungen ließen den Eindruck entstehen, als fahre man an einem Lattenzaun vorbei, erst schnell, dann immer langsamer. Schließlich kamen sie zum Stillstand, glitten sogar wieder ein Stück zurück und schienen an Boden zu verlieren. Das zwischen Rumpf und Mole eingefangene Wasser gebärdete sich wie wahnsinnig vor Schmerz, es wand sich, schlug um sich, gurgelte in dem Versuch, einen Ausweg zu finden. Am Ende verdünnte es sich zu einem schmalen Rinnsal.

Kein Fluß mehr und kein Himmel, beides ausgelöscht durch die hoch aufragenden Deckaufbauten. Jemand, der müßig an der oberen Reling lehnte, winkte ziellos mit der Hand. Das galt nicht Durand, denn es war ein Mann, aber höchstwahrscheinlich auch keinem anderen Menschen, sondern war wohl einfach als freundlicher Willkommensgruß gedacht. Aber auf dem Pier übernahm es doch einer, diesen Gruß mit einem ähnlichen Winken zu beantworten, stellvertretend für alle.

Ein Tau wurde herabgeworfen, und einige in der kleinen Menschenansammlung unten traten beiseite, um nicht davon getroffen zu werden. Hafenarbeiter eilten herbei, hatten ihren kurzen, ruhmreichen Auftritt, als sie das Tau aufnahmen und an dem Poller direkt vor Durand festzurrten. Am anderen Ende des Schiffes geschah das gleiche. Jetzt war es angekommen, festgemacht.

Eine Gangway wurde vorgeschoben, ein Stück der unteren Reling herausgehoben, so daß eine Öffnung entstand, und dann wurde der Abgrund überbrückt. Ein Schiffsoffizier kam herab, fast noch ehe die Gangway richtig gesichert war, und nahm dicht am unteren Ende Aufstellung, um das Aussteigen und Entladen zu überwachen. Die Passagiere strömten aus beiden Richtungen über das Deck auf diesen engen Ausgang zu, durch den sie dann einer nach dem anderen heraustraten und hinabstiegen.

Durand trat so dicht an die Gangway heran, daß er seine Hand auf ihre Seile legen konnte, als nähme er sie stumm für sich in Besitz, und blickte ängstlich in die Gesichter, die schnell herab- und an ihm vorbeiglitten, nur wenige Zentimeter von seinem eigenen entfernt.

Der erste Passagier, der das Schiff mit großen Schritten verließ, war ein Mann, der in beiden Händen Musterkoffer trug, ein Handlungsreisender, der es offensichtlich eilig hatte. Dann eine Dame, langsamer, sich vorsichtig vorantastend. Grauhaarig und mit Brille – nicht sie. Dann wieder eine, wieder nicht sie – ihr Mann kam einen Schritt hinter ihr herab und führte sie am Ellbogen. Dann eine ganze Familie, in hierarchischer, der jeweiligen Bedeutung entsprechender Ordnung.

Danach kamen weitere Herren herab, diesmal zwei oder drei nacheinander. Die Gesichter nur blasse Chiffren für ihn, schnell vorbei. Dann eine Frau, und einen Augenblick lang... Nein, nicht sie, andere Augen, eine andere Nase, ein anderes Gesicht. Der flüchtige Blick einer Fremden, der dem seinen begegnete, ihn schnell zurückwies. Noch ein Mann. Noch eine Frau. Rotblond das Haar und die Brauen – nicht sie.

Ein Zwischenraum dann, eine Pause, ein Warten.

Sein Herz schrak in voreiliger Hast zusammen, erholte sich

dann wieder. Auf den Decksplanken pochten Schritte, irgendein Nachzügler, der plötzlich losrannte, um die anderen einzuholen. Dem Klang der kleinen, schnellen Schritte nach eine Frau. Rauschende Röcke, ein Gesicht – nicht sie. Ein Hauch von Lilienwasser, ein kurzes Abgefertigtwerden durch Augen, für die er ebensowenig Bedeutung hatte wie sie für die seinen, keine Frage darin, kein Wissen. Nicht sie.

Und dann nichts mehr. Die Gangway leer. Eine Stille, wie sie eintritt, wenn etwas zu Ende ist.

Er starrte nach oben, und sein Gesicht erstarb.

Er hielt sich jetzt mit beiden Händen an den Seilen der Gangway fest. Schließlich ließ er sie wieder los, wechselte hinüber zur anderen Seite und sprach den dort herumstehenden Offizier an, ihn angstvoll am Ärmel fassend. »Niemand mehr?«

Der Schiffsoffizier drehte sich um und gab die Frage durch den Trichter seiner Hände dröhnend Richtung Deck hinauf weiter. »Noch jemand oben?«

Ein Besatzungsmitglied, vielleicht der Kapitän, trat an die Reling und spähte herab. »Alle von Deck«, rief er herunter.

Das klang wie ein Totengeläut. Durand fühlte sich allein, mitten in einem plötzlichen Schweigen, obwohl es um ihn herum auch weiterhin überaus laut zuging. Für ihn jedoch Stille. Niederschmetternde Endgültigkeit.

»Aber da muß noch … Es muß noch …«

»Niemand mehr«, antwortete der Kapitän fröhlich, »kommen Sie nur rauf und sehen Sie selbst nach.«

Dann wandte er sich ab und ging von der Reling fort.

Jetzt kam das Gepäck herunter.

Er wartete und hoffte gegen jede Hoffnung.

Niemand mehr. Nur Gepäck, der unbelebte Bodensatz der Fracht. Schließlich selbst davon nichts mehr.

Er drehte sich um, schlenderte die ganze Länge des Piers zurück, verließ ihn, betrat wieder den festen Boden des Hafengeländes, lief noch ein Stückchen weiter. Seinen Kopf hielt er dabei steif zur Seite geneigt, als schmerze diese Hälfte mehr als die andere, was aber nicht zutraf, denn der Schmerz war überall gleich stark.

Und als er anhielt, war ihm das nicht bewußt – und er wußte auch nicht, warum er es gerade in diesem Augenblick tat. Noch, was für einen Grund er überhaupt hatte, sich hier noch länger aufzuhalten. Der Dampfer hatte nichts für ihn, der Fluß auch nicht. Da war gar nichts für ihn da, weder hier noch sonstwo.

Tränen traten ihm in die Augen, und obwohl niemand in seiner Nähe war, niemand, der sie hätte bemerken können, senkte er doch langsam den Kopf, damit keiner sie entdecke.

So stand er mit gebeugtem Haupt da, ein wenig wie ein stummer Leidtragender an einer Bahre. An einer Totenbahre, die niemand außer ihm zu sehen vermochte.

Der Boden vor seinen blicklosen Augen war leer. Gelbliche Erde, die von der Sonne versengt wurde. So leer, wie von nun an sein Leben vielleicht sein würde.

Aber da bewegte sich plötzlich und völlig geräuschlos der rundliche Schatten eines kleinen Kopfes furchtsam darüber hin, von irgendwo hinter ihm kommend, von unten heraufsteigend. Ein Hals, Schultern folgten. Dann die grazile Verengung einer schmalen Taille. Und dann hörte das ganze Muster auf zu fließen und stand still.

Seine benommenen Augen bemerkten die Erscheinung gar nicht. Sie sahen nicht den Boden, auch nichts darauf abgedruckt – sie sahen nur das Haus in der St. Louis Street. Sie sagten ihm Lebewohl. Er würde es nie wieder betreten, nie wieder dorthin zurückkehren. Er würde es einem Makler übergeben und ihn mit dem Verkauf beauftragen ...

Eine Hand berührte ihn ganz sacht an der Schulter. Kein spürbares Gewicht, kein zwingender Stoß, sondern samtweich und schwerelos wie das Auffliegen eines Schmetterlings. Der

Schatten am Boden hatte einen Schattenarm zu einem anderen Schatten erhoben – zu dem seinen – und verband beide für einen kurzen Augenblick, um dann wieder herabzusinken.

Er hob langsam den Kopf. Dann drehte er ihn genauso langsam zu der Seite hin, von der die Berührung gekommen war.

Eine Gestalt kreiste wie auf einer Drehscheibe halb um ihn und schwang in das Zentrum seines Blickfeldes, obwohl es ja er war, der sich bewegt hatte, und nicht der Hintergrund.

Sie war winzig und in ihren verkleinerten Maßen so vollkommen proportioniert, daß sie, zog der Blick nicht mit Absicht andere Gestalten zum Vergleich heran, jede beliebige Größe hätte haben können – die einer klassischen Statue ebenso wie die einer zierlichen, feingearbeiteten Puppe.

Als Durand sich halb umwandte, hob sie ihre klaren, braunen Augen. Ihr Gesicht war von einer so erlesenen Schönheit, wie er sie noch nie zuvor erblickt hatte – es war die Schönheit von Porzellan, aber ohne dessen kalte Ruhe. Ein Mund wie Rosenblätter.

Sie war nicht älter als Anfang zwanzig, und obwohl ihr ihre Größe zusätzliche Jugendlichkeit verleihen mochte, wich der Eindruck doch kaum von der Realität ab. Sie hatte die Haut eines jungen Mädchens, und ihre Augen waren die unschuldigen, vertrauensvollen Augen eines Kindes.

Eng gedrehte, goldene Locken schmückten ihren Kopf wie Narzissen und sträubten sich fast erfolgreich gegen die konventionelle Frisur, die sie ihnen aufgezwungen hatte. Es bedurfte der Hilfe zusätzlicher Spangen, damit sich das Goldhaar dem Allerweltsknoten am Hinterkopf fügte, vorne dagegen widersetzte es sich jeder ponyhaften Ordnung und sprühte wie topasfarbener Gischt.

Sie stand in der vorgeschriebenen gestrafften Haltung da, die gern als »klassisch« bezeichnet wird. Ihr Kleid entsprach dem, was schon seit etlichen Jahren Mode war. Eng anliegend wie die

Hülle um einen geschlossenen Regenschirm, hatte es in der Mitte einen breiten Einsatz, der den Eindruck erweckte, als trage sie eine Art Latzschürze. Hinten schwoll alles zu einer gebauschten Wölbung aus Schleifen und Falten an, die kunstvoll über einem drahtigen Gerüst arrangiert waren – die elegante Turnüre, ohne die das Gesäß einer Dame unziemlich glatt erschienen wäre. Man entblößte lieber – oh, verwegener Gedanke – das Fußgelenk, als den besagten Körperteil flach zu lassen.

Ein kleines, blauviolettes Strohhütchen, kaum dicker und größer als eine Männerhand, thronte auf ihren Goldlocken und versuchte keck, bis zu einer Augenbraue hinabzureichen, bis zur linken, ohne daß genug da gewesen wäre, um an dieses Ziel zu gelangen und trotzdem auf dem Köpfchen sitzenzubleiben.

Kleine Amethyste funkelten in den Löchlein, die durch die Läppchen ihrer winzigen, gänzlich unbedeckten Ohren gestochen waren, und ein schmales Band aus blauviolettem Samt lag um ihren Hals. Ein Parasol aus Organza gleicher Farbe, der kaum größer war als ein Suppenteller und die Konsistenz von Nebel zu haben schien, schwebte hoch über ihr an einem verlängerten Stöckchen wie ein wandernder violetter Heiligenschein. Auf ihrer einen Seite stand ein kleiner vergoldeter Vogelkäfig auf dem Boden, dessen unterer Teil mit einem Flanelltuch umhüllt war, während man den oberen aus Rücksicht auf den herumflatternden leuchtendgelben Käfigbewohner unbedeckt gelassen hatte.

Er sah auf ihre Hand, er besah sich seine eigene Schulter, so wenig sicher war er, daß die Berührung wirklich von ihr gekommen war, so wenig sicher auch, was der Grund für diese Berührung gewesen sein könnte. Langsam lüftete er den Hut, hielt ihn in fragendem Abstand über seinem Kopf.

Der zusammengepreßte Mund bog sich zu einem gewinnenden Lächeln. »Sie erkennen mich nicht, nicht wahr, Mr. Durand?«

Er schüttelte kaum merklich den Kopf.

Das Lächeln zauberte Grübchen in ihre Wangen, stieg dann in ihre Augen empor. »Ich bin Julia, Louis. Ich darf doch du und Louis zu dir sagen?«

Der Hut fiel ihm aus der Hand und zu Boden, rollte einmal um sich selbst im Kreis. Er bückte sich, um ihn wieder aufzuheben, aber nur sein Arm und sein Oberkörper – die Augen wandte er nicht einen Augenblick von ihrem Gesicht ab, als würden seine Blicke von einem unüberwindlichen magnetischen Strom dort festgehalten.

»Aber nicht doch... Wie kann...?«

»Julia Russell«, insistierte sie, noch immer lächelnd.

»Aber nein... Sie können nicht...« Er fuhr fort, unzusammenhängende Satzfetzen hervorzustoßen.

Ihre Brauen wölbten sich, ihr Lächeln erlosch voller Mitleid. »Es war nicht sehr nett von mir, das zu tun, nicht wahr?«

»Aber... das Bild... dunkle Haare...«

»Ich habe dir eins von meiner Tante geschickt.« Sie schüttelte in verspäteter Reue den Kopf. Sie senkte den Sonnenschirm und schloß ihn mit einem kleinen, schnappenden Geräusch. Mit seiner Spitze begann sie kabalistische Muster in den Sand zu malen. Sie schaute zu Boden, betrachtete sich das, was sie da hervorbrachte, mit trauriger Miene. »Ach, ich hätt's nicht tun dürfen, das ist mir jetzt wohl klar. Aber damals schien's nicht so wichtig zu sein, es war ja noch nichts Ernstes mit uns. Ich glaubte, es sei halt nur so eine Korrespondenz. Und später dann wollte ich dir viele Male das richtige schicken und dir alles erklären... aber je länger ich damit wartete, desto weniger Mut hatte ich. Ich befürchtete, ich würde... ich würde dich verlieren. Der Gedanke quälte mich immer heftiger, und doch, je näher der Zeitpunkt kam... Und dann, im letzten Augenblick, ich war schon auf dem Schiff, wollte ich umdrehen und nach Hause zurückkehren. Aber Bertha beschwor mich, die Reise an... die Reise anzutreten. Meine Schwester, weißt du.«

»Ich weiß«, sagte er mit einem Kopfnicken, noch immer ganz benommen.

»Die letzten Worte, die sie mir unmittelbar vor der Abfahrt sagte, waren: ›Er wird dir verzeihen. Er wird wissen, daß du nichts Böses tun wolltest.‹ Aber während der ganzen Reise... ach, wie bitter habe ich meine... meine frivole Tat bereut.« Sie ließ den Kopf tief hängen und biß sich mit kleinen weißen Zähnen auf die Lippen.

»Ich kann's einfach nicht glauben... ich kann's einfach nicht glauben«, war alles, was er vor sich hin stammeln konnte.

Sie war das Abbild von liebreizender Reue, wie sie da mit der Schirmspitze am Boden herumfuhr und der Vergebung harrte.

»Aber um so viel jünger«, staunte er. »So viel hübscher sogar noch als...«

»Das spielte auch eine Rolle«, murmelte sie. »So vielen Männern reicht schon ein hübsches Gesicht, um ganz hingerissen zu sein. Ich wollte aber, daß unsere Gefühle füreinander tiefer gingen, daß sie größere Dauer hätten, sicherer seien. Ich wollte, daß ich dir etwas bedeute, und das, wenn überhaupt, dann... nun, dann wegen dem, was ich dir schrieb, wegen meiner Art zu denken, wegen all dem, was ich wirklich bin... und nicht nur wegen eines dummen, geschwätzigen Bildes. Ich dachte mir, die Gefahr, daß sich später alles nur als eine Laune erweist, sei vielleicht viel, viel geringer, wenn ich am Anfang hinsichtlich meines Aussehens und Alters eher Nachteiliges mitteilte. Mit anderen Worten, ich wollte die Hindernisse lieber am Beginn aufbauen, nicht erst am Ende.«

Wie vernünftig sie doch war, entdeckte er still für sich, wie überlegt – und das noch zusätzlich zu allen ihren äußeren Reizen! Da war wahrhaftig alles beisammen, was das Mustergültige ausmacht.

»Wie oft ich versucht habe, dir die Wahrheit zu schreiben, wirst du nie erfahren«, fuhr sie zerknirscht fort. »Und jedes Mal wieder verließ mich der Mut. Ich fürchtete, daß ich dich mir lediglich entfremden würde ... von mir als einem Menschen, der sich nach eigenem Eingeständnis der Falschheit schuldig gemacht hatte. Ich konnte das einfach nicht dem kalten Papier anvertrauen.« Sie machte eine entzückende kleine Geste. »Und nun siehst du mich vor dir und weißt alles. Das Schlimmste.«

»Das Schlimmste«, protestierte er mühsam. »Aber du ...«, fuhr er nach einer Weile und immer noch voller Verwunderung fort, »aber du, du wußtest die ganze Zeit über, was ich bis eben nicht gewußt habe, nämlich, daß ich so viel ... nun, erheblich älter bin als du. Und trotzdem ...«

Sie senkte die Augen, als habe sie noch Weiteres zu beichten. »Vielleicht war es gerade das, was dich so anziehend für mich gemacht hat, weißt du? Ich war, solange ich denken kann, immer nur zu ... nun ja, sagen wir romantischen Empfindungen, zum richtigen Maß an Gefühl und Bewunderung fähig bei Männern, die älter waren als ich. Jungens in meinem Alter haben mich nie interessiert. Ich weiß auch nicht, worauf das zurückzuführen ist. Es war bei allen Frauen in meiner Familie so. Meine Mutter heiratete mit fünfzehn, und mein Vater war zu diesem Zeitpunkt schon weit über vierzig. Die Tatsache allein, daß du sechsunddreißig Jahre alt warst, genügte, um mich gleich ...« Mädchenhafter Anstand ließ sie den Satz nicht vollenden.

Er verschlang sie noch immer mit seinen Augen, noch immer ungläubig.

»Bist du enttäuscht?« fragte sie zaghaft.

»Wie kannst du nur fragen«, rief er aus.

»Ist mir vergeben?« lautete die nächste, gestammelte Frage.

»Es war eine wunderhübsche Täuschung«, antwortete er mit Wärme. »Ich glaube, es hat noch nie eine schönere gegeben.«

Er lächelte, und ihr Lächeln, das noch immer ein wenig verschämt war, antwortete ihm.

»Jetzt muß ich mich von neuem an dich gewöhnen, mich ganz

neu mit dir vertraut machen. Das war also ein Fehlstart«, sagte er fröhlich.

Sie wandte den Kopf zur Seite, versteckte ihn beschämt an der eigenen Schulter. Und auch diese Geste, die bei anderen vielleicht übertrieben oder gar widerwärtig süßlich gewirkt hätte, bekam sie erfolgreich so hin, daß sie nur noch wie eine verspielte Parodie erschien, zugleich aber doch auch das ursprünglich Gemeinte, die getadelte Scheu, deutlich zum Ausdruck brachte.

Er grinste.

Sie wandte ihm das Gesicht wieder zu. »Hast du deine Pläne, äh, deine Absichten geändert?«

»Du vielleicht?«

»Ich bin hier«, sagte sie mit größter Schlichtheit, ernst jetzt.

Er betrachtete sie noch einen Moment, nahm ihre Anmut in sich auf. Dann traf er plötzlich und mit neu erwachtem Wagemut eine Entscheidung. »Würdest du dich wohler fühlen, würde es dich von allen noch vorhandenen Ängsten befreien«, platzte er heraus, »wenn auch ich dir etwas beichten würde?«

»Du?« sagte sie überrascht.

»Ich ... ich habe dir so wenig die Wahrheit gesagt wie du mir«, sprach er hastig weiter.

»Aber ... aber ich sehe dich doch genauso vor mir, wie du dich mir beschrieben hast, ganz so, wie du auf dem Bilde ...«

»Das ist es nicht, es ist etwas anderes. Ich habe vielleicht auch so ähnlich gedacht wie du, auch ich wollte, daß du mich mögen, mein Angebot annehmen solltest allein aufgrund meiner Stärken als der Mann, der ich bin, innerlich. Nur wegen mir allein, anders ausgedrückt.«

»Aber das weiß ich doch und ich tu's auch«, sagte sie verständnislos. »Ich verstehe nicht.«

»Das wirst du gleich«, versprach er fast eifrig. »Ich muß dir nämlich gestehen, daß ich gar nicht Angestellter einer Kaffee-Importfirma bin.«

Ihr Gesicht zeigte keinerlei Reaktion, nur höflich interessiertes Nichtverstehen.

»Daß ich keine tausend Dollar erspart habe, um... um uns den gemeinsamen Anfang zu ermöglichen.«

Kein Zeichen. Kein Zeichen von Enttäuschung oder frustrierter Habgier. Er beobachtete sie genau. Ein Lächeln der Nachsicht, der erteilten Absolution überzog langsam ihr Gesicht, bevor er noch weitergesprochen hatte. Lange, bevor er weitergesprochen hatte. Er ließ ihm Zeit. Dann sagte er: »Nun, ich bin der Besitzer dieses Importhauses.«

Kein Zeichen. Nur dieses leicht gezwungene Lächeln, wie es Frauen zeigen, wenn sie einem Mann bei der Schilderung geschäftlicher Einzelheiten zuhören, die sie nicht im geringsten interessieren, sie aber höflich sein wollen.

»Und mein Vermögen kommt näher an 100 000 Dollar heran.«

Er wartete darauf, daß sie etwas sagen würde. Das tat sie aber nicht. Im Gegenteil – sie schien ihrerseits zu erwarten, daß er weitersprach. Als ob für sie das Mitgeteilte so trocken, so bar jeglicher Bedeutung gewesen wäre, daß sie den Höhepunkt gar nicht bemerkt hatte.

»Also, das ist nun *meine* Beichte«, sagte er ein wenig lahm.

»Oh«, sagte sie, als käme sie plötzlich zu sich. »Oh, war's das? Du meinst...« – sie machte eine fahrige Geste vager Hilflosigkeit – »...über dein Geschäft und finanzielle Angelegenheiten...« Sie hob zwei Finger und legte sie auf ihren Mund, unterdrückte ein Gähnen, das er, hätte sie keinen Versuch gemacht, es zu verbergen, nicht einmal bemerkt hätte. »Es gibt zwei Dinge, für die ich absolut keinen Kopf habe«, gestand sie ein. »Das eine ist Politik, das andere sind Geschäfte, Finanzen.«

»Aber du vergibst mir?« forschte er. Dabei verspürte er eine wilde, innere Freude, die fast an Jubel grenzte – als habe er endlich und fast zufällig eine Vollkommenheit entdeckt, die er kaum zu erhoffen gewagt hatte.

Diesmal lachte sie laut auf, mit einer Spur von Ausgelassenheit, als habe er ihr mehr Ehre angetan als sie verdiente. »Wenn du die Vergebung unbedingt haben willst, dann sollst du sie haben«, ließ sie sich erweichen. »Aber da ich den Passagen deiner Briefe, die sich mit diesen Dingen befaßten, nicht die geringste Aufmerksamkeit geschenkt habe, bittest du um Verzeihung für eine Untat, von der ich bis eben gar nicht wußte, daß du sie begangen hast. Du bekommst sie, auch wenn ich nicht so ganz verstehe, wofür eigentlich.«

Er starrte sie mit einer ganz neuen Eindringlichkeit an, die jetzt tiefer drang als vorher – als sei sie auch innerlich so ungemein anziehend, wie sie es auf den ersten Blick äußerlich war.

Ihre Schatten wurden länger, und sie waren nun fast allein auf dem Pier. Er blickte um sich, als komme ihm seine Umgebung nur sehr allmählich wieder zu Bewußtsein. »Es wird später und später, und ich lasse dich hier herumstehen«, ermahnte er sich selbst eher pflichtschuldig als aufrichtig, konnten seine Worte doch, wenn er es recht bedachte, ihre Trennung einleiten.

»Du läßt mich die Zeit ganz vergessen«, gestand sie, ohne den Blick auch nur einmal von ihm zu wenden. »Ist das ein schlechtes oder ein gutes Omen? Du läßt mich ja sogar meine höchst mißliche Lage vergessen – so halb an Land und halb noch an Bord. Ich muß bald das eine oder das andere wählen.«

»Das wird sich schnell finden«, sagte er und beugte sich eifrig vor. »Wenn ich nur deine Zustimmung habe.«

»Ist die deine denn nicht auch nötig?« fragte sie schalkhaft.

»Sie ist ja schon gegeben, sie ist ja schon gegeben.« Er geriet fast außer sich in dem hastigen Bemühen, sie zu überzeugen.

Aber sie war nicht in Eile – nun, da er es war. »Ich weiß nicht«, sagte sie, hob die Spitze ihres Parasols und ließ sie wieder sinken, hob sie dann erneut mit einer Unschlüssigkeit, die er unerträglich fand. »Wenn du nicht besänftigt gewesen wärst, wenn du die Betrügerin, als die ich vor dich hingetreten bin, voller Mißtrauen angeschaut hättest, dann wäre ich zurück aufs Schiff gegangen und da bis zu seiner Rückreise nach St. Louis geblieben. Meinst du nicht, daß das vielleicht doch klü...«

»Nein, sag so was nicht«, drang er voller Beunruhigung in sie. »Besänftigt? Ich bin heute abend der glücklichste Mann in ganz New Orleans... ich bin der glücklichste Mann in der ganzen Stadt...«

Sie war anscheinend nicht so leicht zu überzeugen. »Noch ist Zeit. Lieber jetzt als später. Bist du ganz sicher, daß du es nicht doch gerne sähest, wenn ich zurückführe? Ich würde kein Wort sagen, mich nicht beklagen. Ich würde deine Gefühle vollkommen verstehen...«

Ihn packte plötzlich wieder die Angst, sie zu verlieren. Sie, die er bis vor knapp einer halben Stunde noch gar nicht gehabt hatte.

»Aber so empfinde ich doch ganz und gar nicht. Ich bitte dich, glaub mir! Meine Gefühle sind das genaue Gegenteil. Was kann ich nur tun, um dich davon zu überzeugen? Möchtest *du* mehr Zeit? Bist du es? Versuchst du, mir das zu sagen?« drängte er in wachsender Furcht.

Sie sah ihn einen Augenblick unverwandt an, und ihr Blick war freundlich und offen, man könnte sogar sagen, ein wenig zärtlich. Dann schüttelte sie den Kopf, zugegebenermaßen nur ganz leicht, aber doch mit all der Festigkeit und Entschlossenheit, die ein Mann in diese Geste hineingelegt hätte (wenn er sie richtig verstanden hatte), und nicht oberflächlich und unbestimmt verneinend wie ein junges Mädchen.

»Mein Entschluß ist gefaßt«, sagte sie langsam und einfach, »seit ich in St. Louis an Bord des Dampfers gegangen bin. Ja, schon seit dem Eintreffen deines Antrages und meiner Antwort darauf. Und ich ändere meine Entschlüsse nicht so leicht, wenn ich sie einmal gefaßt habe. Das wirst du merken, wenn du mich erst besser kennst.« Dann verbesserte sie sich: »Falls es dazu kommt«, und ließ das mit einem kleinen, unwillkommenen Stich in ihn eindringen, was auch prompt der Fall war.

»Dann sei dies meine Antwort«, sagte er, und seine Stimme zitterte vor Ungeduld. »Hier ist sie.« Er öffnete seine Brieftasche, nahm das Daguerreotyp heraus, jenes Bildnis der anderen, älteren Frau (das ihrer Tante), zerriß es energisch in winzige Stückchen und verstreute diese auf dem Boden. Dann wies er ihr seine beiden Hände vor, leer.

»Auch ich habe mich entschieden.«

Sie lächelte zustimmend. »Dann ...?«

»Dann laß uns aufbrechen. Sie warten da in der Kirche schon eine gute Dreiviertelstunde oder länger auf uns. Wir haben uns viel zu lange aufgehalten.«

Er bog seinen Arm und bot ihn ihr mit einem Lächeln und einer galanten Verbeugung, was oberflächlich betrachtet vielleicht als neckisches Spiel, als übermütige Parodie erscheinen mochte, in Wirklichkeit aber durchaus ernst gemeint war.

»Miss Julia?« forderte er sie auf.

Das war der Augenblick äußerster Verzauberung, die Quintessenz ihrer Romanze, ihre Verlobung.

Sie wechselte den Sonnenschirm auf die andere Schulter. Ihre Hand legte sich in seinen Arm wie eine leichte, sonnenbeschienene Ranke, und sie hob ihren Rocksaum an zu damenhaft zurückhaltendem Schritt.

»Mr. Durand«, akzeptierte sie und nannte ihn beim Nachnamen, wie es im Falle einer noch unverheirateten jungen Frau der gebührenden Schicklichkeit entsprach – einer Schicklichkeit, die sie zugleich ihre Augen in anmutigster Weise niederschlagen ließ.

4

Das Innere der Dryades German Methodist Church. Plötzlich von draußen hereinbrechendes orangefarbenes Licht ließ die bleigefaßten Kirchenfenster zu aufgeschwollener Formlosigkeit zerfließen, während ihre Bögen weit oben im spinnwebhaften blauen Dämmerlicht verschwanden. Alles ernst, friedlich, leer – bis auf fünf Personen.

Fünf Personen, die sich in einem feierlichen kleinen Konklave um die Kanzel versammelt hatten, vier ihr zugewandt, die fünfte auf ihr stehend. Vier schweigend, die fünfte leise sprechend. Zwei der vier standen nebeneinander, die anderen beiden flankierten sie. Draußen, fast unhörbar und so, als würden sie durch einen schweren Wandschirm gefiltert, die Geräusche der Stadt, gedämpft, verträumt, weit weg. Das gelegentliche Klappern von Pferdehufen auf Kopfsteinpflaster, der quietschende Protest scharf um die Kurven fahrender Räder, die Stimme eines seine Ware ausrufenden Straßenverkäufers, das Gebell eines Hundes.

Drinnen die würdigen Sätze der kirchlichen Trauung, die gemessen in der weiten Stille widerhallten. Reverend A. Clay, der amtierende Geistliche, Louis Durand und Julia Russell die Hauptpersonen, Allan Jardine und Sophie Tadoussac, die Haushälterin von Reverend Clay, die Trauzeugen.

»Und willst du, Julia Russell, diesen Louis Durand als deinen Ehemann annehmen...

Ihm die Treue halten...

Ihn lieben und ehren...

In Freud und Leid...

In guten wie in bösen Tagen...

In Gesundheit und Krankheit...

Bis der Tod euch scheidet?«

Stille.

Dann wie ein winzig kleines Glöckchen, in der Weite dieser Kirche kaum größer als ein Fingerhut, aber klar und silberrein:

»Ja.«

»Jetzt den Ring, bitte. Stecken Sie ihn der Braut an den Finger.«

Durand langt hinter sich. Jardine zieht den Ring aus der Tasche, legt ihm diesen in die blind suchende Hand. Durand hebt ihn zur schmalen Spitze ihres Ringfingers.

Eine augenblickliche Verlegenheit. Das Maß ihres Fingers war mit einer Schnur genommen worden, in die an entsprechender Stelle ein Knoten gemacht und die ihm dann übersandt worden war. Irgend etwas mußte falsch gemacht worden sein, sei es beim Maßnehmen oder bei der Anfertigung des Ringes durch den Juwelier. Denn er will nicht weiter, will sich nicht aufstecken lassen.

Durand versucht es ein zweites Mal, ein drittes, ihre Hand immer fester fassend. Der Ring widerstrebt immer noch.

Da fährt sie mit dem Finger schnell an den Lippen entlang, hält ihn ihm wieder hin, nun angefeuchtet. Der Ring bewegt sich, gleitet jetzt bis zur richtigen Stelle hinab.

»Nunmehr erkläre ich euch für Mann und Frau.«

Mit professionellem Lächeln ermutigt der Reverend die seit altersher im Angesichte der Öffentlichkeit so scheuen Liebenden (je heimlicher die Liebe, desto größer die Schüchternheit) und sagt: »Sie dürfen die Braut jetzt küssen.«

Langsam wenden sich ihre Gesichter einander zu. Ihre Blicke begegnen sich. Ihre Köpfe nähern sich einander. Die Lippen von Louis Durand vereinen sich mit denen Julias, seiner Frau, zu heiliger Besiegelung ihres Bundes.

5

Das »Antoine« eilte hellerleuchtet seinem allnächtlichen Rendezvous mit der Stunde der Mitternacht entgegen, glitzernd, leuchtend und bespiegelt, gefüllt mit fröhlich Feiernden, von Gelächter durchhallt, champagnersprühend. Ein halbes Tausend Gasflammen funkelten überall an Decken und Wänden aus ihren kristallenen Höhlen. Es war das heiterste und das bekannteste Restaurant auf dieser Seite des Ozeans, hier entsprang wie durch Zauberhand die Seele von Paris dem Schlamm des Stromdeltas.

Die Hochzeitstafel nahm die gesamte Länge einer Wand ein. Die Gäste waren ausschließlich an dieser plaziert, so daß die äußere Seite des Tisches frei war und sie einen unbehinderten Blick auf den übrigen Raum hatten – und dieser auf sie.

Es war schon elf vorbei – der Tisch bereits formlos angefüllt mit zerknitterten Servietten, verstreuten Blumen, vom wiederholten Nachfüllen mit rotem oder weißem Wein fleckig verschmierten Gläsern, Champagner- und Kirschgläsern und kleinen gläsernen Fingerhütchen mit Benedictine für die Damen, alle höchst unterschiedlich gefüllt. Und in der Mitte, die Tafel beherrschend, ein Wunder von Torte, schneeweiß, zuckerübergossen, Schicht um Schicht sich erhebend. Bereits böse von Erosion betroffen, eine ganze Hälfte schon weg. Aber auf der höchsten Spitze, noch unversehrt, ein puppengroßes Brautpaar, er in einem Anzug aus feinem schwarzem Wollstoff, sie mit einem vom Kopf herabströmenden Tüllschleier.

Und ihm gegenüber das Original, das Paar in voller Lebensgröße. Eng aneinandergeschmiegt, heimlich unter dem Tisch die Hände haltend, lauschte es irgendeiner langatmigen Rede. Sein Kopf hoch erhoben in höflich vorgetäuschter Aufmerksamkeit, der ihre mit verträumten Augen an seine Schulter gelehnt.

Er trug jetzt den passenden Abendanzug, und die schnelle Fahrt zu einem Bekleidungshaus (noch bevor sie hier herausgekommen waren – sie hatte das eher beiläufig vorgeschlagen, er dann darauf bestanden) hatte ihr Reisekostüm in eine herrliche Kreation aus schimmerndem weißem Satin verwandelt, Gardenien in ihr Haar und an ihren Ausschnitt gezaubert.

Am dritten Finger ihrer linken Hand der neue, goldene Trauring, am vierten ein Solitär, sein Geschenk, der gleichsam zur Hochzeit nachgelieferte Verlobungsring.

Ihre Augen bewunderten wie die eines jeden gerade erst reichlich beschenkten Menschen diese Schmuckstücke. Ob sie jedoch häufiger zum dritten Finger hinwanderten oder zum vierten – wer hätte das zu erkennen und zu sagen vermocht?

Blumen, Wein, freundlich lachende Gesichter, Toasts und gute Wünsche. Der Anfang von zwei Leben. Oder besser das Ende von zweien und der Beginn von einem.

»Sollen wir uns jetzt mal davonstehlen?« flüsterte er ihr zu. »Es ist schon bald zwölf.«

»Ja. Aber zuvor laß uns noch einmal zusammen tanzen. Bitte die Kapelle doch, uns noch einmal aufzuspielen. Und dann gehen wir ganz still fort, ohne noch einmal hierher an den Tisch zurückzukommen.«

»Sobald Allan mit seiner Rede fertig ist«, stimmte er ihr zu. »Falls er das je wird.«

Allan Jardine, sein Geschäftspartner, hatte sich dermaßen im Labyrinth seiner Glückwunschrede verirrt, daß er den Rückweg nicht mehr wiederzufinden schien. Das ging nun schon zehn Minuten lang so, zehn Minuten, die einem wie vierzig vorkommen wollten. Jardines Frau, die neben ihm saß und die nur auf Grund eines von niemandem vermuteten, aber sehr anstrengenden heimischen Tauziehens präsent war, hatte einen mürrischen, mißbilligenden Ausdruck auf dem Gesicht. Mit irgend etwas unzufrieden, tat sie dennoch um der Geschäftsinteressen ihres Mannes willen ihr möglichstes, den Anschein größter Liebenswürdigkeit zu erwecken. Wahrscheinlich behagte ihr das gute

Aussehen der Braut nicht, oder deren Jugend, oder vielleicht auch die etwas unorthodoxen Begleitumstände der dieser Eheschließung vorangegangenen Brautwerbung. Möglicherweise mißbilligte sie auch die Tatsache, daß Durand überhaupt in den Ehestand getreten war – nachdem er sich so viele Jahre Zeit damit gelassen hatte, aber dann nicht wenigstens noch ein paar weitere, bis ihre eigene minderjährige Tochter das heiratsfähige Alter erreicht hätte. Ein Lieblingsprojekt, von dem nicht einmal ihr Mann gewußt hatte, und nun nie mehr wissen würde.

Durand zog ein Kärtchen aus der Tasche, auf das er schrieb: »Spielen Sie uns noch einen Walzer.« Dann wickelte er es in einen Geldschein, winkte einem Kellner und übergab das Ganze diesem mit der Bitte, es dem Kapellmeister zu überbringen.

Jardines Frau zupfte ihren Mann jetzt verstohlen am Saum seines Jacketts, um ihn zur Beendigung seiner Rede zu bewegen.

»Allan«, zischte sie, »genug ist genug! Das hier ist eine Hochzeitsfeier und keine Wahlveranstaltung.«

«Ich bin gleich fertig«, versprach er in einer leise beiseite gesprochenen Erwiderung.

»Nein, du bist es jetzt«, lautete das Dekret, das daraufhin, von einer guillotineartigen Bewegung der Hand begleitet, erlassen wurde.

»Und damit präsentiere ich Ihnen allen die beiden jüngsten Lehrlinge, die den großen und überaus glücklichen Beruf der Ehe zu erlernen gedenken, Julia, ich darf doch ...« – mit einer Verbeugung in ihre Richtung – »... und Louis.«

Gläser hoben sich, senkten sich wieder. Jardine setzte sich endlich und wischte sich die Stirn trocken. Seine Frau fächelte sich mit der Hand Luft zu, hielt dabei den Mund geöffnet, als wolle sie einen schlechten Geschmack loswerden.

Musik erklang.

Durand und Julia erhoben sich. Ihre Behendigkeit hätte leicht als nicht gerade sehr schmeichelhaft aufgefaßt werden können, wenn sie nicht so verständlich gewesen wäre.

»Entschuldigt uns, wir möchten so gern diesen Walzer miteinander tanzen.«

Und Durand winkte Jardine zu, um ihm zu verstehen zu geben, daß er sie nicht an ihren Plätzen zurückerwarten solle.

Eine Nachricht, die Jardine sofort hinter vorgehaltener Hand an seine Frau weiterleitete, sobald das Brautpaar den Tisch verlassen hatte. Woraufhin sie auch das zu mißbilligen schien, zusätzlich zu all den anderen Umständen dieser ganzen Geschichte, die bereits ihre Mißbilligung fanden, und mit spitzen Lippen prüde und verhärmt an ihrem Wein nippte.

Die Bogen der Geiger hoben sich alle gleichzeitig in die Höhe, senkten sich gemeinsam herab auf die Saiten und schwangen dann auf zu dem Walzer aus *Romeo und Julia*.

Sie standen sich einen Augenblick lang gegenüber, er und sie, in der üblichen Ausgangsstellung. Dann beugte sie sich herab, um die Schlaufe am Faltensaum ihres Kleides aufzunehmen, und er öffnete die Arme, von denen sie sich umfangen ließ.

Der Walzer begann, der flotteste aller Gesellschaftstänze. Rund und rund und rundherum, dann der Wechsel, und wieder rundherum und rundherum, in die andere Richtung. Die Tische und Gesichter wirbelten um sie herum, als befänden sie sich beide in der bewegungslosen Mitte eines Strudels, und die Gaslichter an Wänden und Decken sausten vorbei wie Kometen.

Sie hielt den Hals gebogen, den Kopf leicht zurückgelegt, sah zu ihm auf und gerade in seine Augen, als wolle sie sagen: »Ich bin ganz in deiner Hand, mach mit mir, was du willst. Wo du hingehst, da will auch ich hingehen. Wohin du dich auch wendest, ich werde dir folgen.«

»Bist du glücklich, Julia?«

»Sagt dir das mein Gesicht nicht schon?«

»Bereust du es nun, nach New Orleans gekommen zu sein?«

»Gibt es denn überhaupt noch einen anderen Ort als New Orleans?« fragte sie mit entzückendem Nachdruck zurück.

Rund und rund und rund – sie zusammen allein, obwohl sie von einer Flut anderer Tänzer umgeben waren.

»Unser gemeinsames Leben soll wie dieser Walzer werden, Julia. So elegant, so weich, so harmonisch. Nie eine falsche Wendung, nie ein schriller Ton. Und nah beieinander wie jetzt. Ein Kopf, ein Herz, ein Leib.«

»Ein lebenslanger Walzer«, hauchte sie verzückt. »Ein Walzer mit Flügeln. Ein niemals endender Walzer. Ein Walzer im Sonnenlicht, in azurener Bläue, in Gold – und in fleckenlosem Weiß.«

Sie schloß wie in Ekstase die Augen.

»Da ist der Seitenausgang, und niemand blickt her.«

Sie kamen geschickt und wie Schlittschuhläufer auf den Zehenspitzen zum Stillstand. Sie lösten sich voneinander und warfen einen schnellen Blick auf die sie nicht beachtende Hochzeitsgesellschaft, die durch die Tanzenden halb verdeckt wurde. Dann schob er sie vor sich her, um Zimmerpalmen herum, vorbei an einer Bronzenymphe und einer gedrehten Säule, hinaus in einen Küchengang, in dem es stark nach dampfendem Essen roch und der von irgendwo aus der Nähe kommenden Stimmen erfüllt war. Sie lachte, als ein kleines Kätzchen, das ihnen entgegengelaufen kam, stehenblieb und sie verwundert betrachtete.

Er nahm sie jetzt an der Hand und führte, zog sie hinter sich her, mit schnellen, freudigen kleinen Schritten, hinaus auf eine Gasse, die an dem Gebäude vorbeiführte. Und von dort aus erreichten sie schließlich die Straße. Er hob den Arm, winkte einer Droschke und saß einen Augenblick später neben ihr darin, den Arm schützend um sie gelegt.

»St. Louis Street«, wies er den Kutscher stolz an. »Ich werde Ihnen dann sagen, wo Sie halten sollen.«

Und als die Glocken der nahen St.-Louis-Kathedrale langsam zwölf Uhr zu schlagen begannen, fuhren Louis Durand und seine junge Frau schnell davon und ihrem neuen Heim zu.

6

Das Haus stand leer und wartete. Wartete auf den Beginn seiner Geschichte, die ja im Falle von Häusern stets die ihrer Bewohner ist. Petroleumlampen waren von jemandem angezündet worden, als er das Haus verlassen hatte (höchstwahrscheinlich Aunt Sarah), eine in jedem Zimmer, die kleinen, perlenförmigen Flämmchen, von Glaszylindern geschützt, gerade groß genug, um die Dunkelheit zu vertreiben und einen goldfarbenen Glanz zu verbreiten. Die gleiche Duftmischung aus Hobelspänen, Farbe und Fensterkitt, gewürzt mit einem Schuß Bohnerwachs, hing noch in der Luft, aber weit schwächer jetzt, denn auf dem blanken Boden waren Teppiche ausgelegt, an den Gardinenstangen Vorhänge aufgehängt worden.

Jemand hatte Blumen in den Salon gestellt, keine kostbaren aus dem Laden, sondern wildwachsende, aber um nichts weniger farbenprächtige und fröhliche. Ein sehr großzügig bemessener Strauß füllte eine weite Schale, die auf dem Tisch in der Mitte des Wohnzimmers stand, mit Weidenzweigen dazwischen, die überall herausstaken und an die Stacheln eines Igels erinnerten.

Sogar eine Uhr war aufgezogen und in Gang gesetzt worden, eine neue Uhr auf dem Kaminsims, aus Frankreich eingeführt, das Zifferblatt in einen Block aus grünem Onyx eingelassen, zu dessen beiden Seiten kleine bronzene Cupidos mit Schmetterlingsflügeln eine Kette aus bronzenen Rosen hielten. Das eifrige, frisch eingeübte Ticken gab allem eine Note beruhigender häuslicher Stille, indem es das kalte Schweigen bannte.

Alles war bereit – was fehlte, waren nur noch die Bewohner. Ein Haus, das auf den Herrn und seine Frau wartete, um in Besitz genommen zu werden.

Das widerhallende Geräusch von Pferdehufen kam in der Stille draußen näher, verstummte mit einem Doppelschlag. Achsen knirschten unter der Verlagerung von Gewicht, beruhigten sich dann wieder. Jemand schnalzte professionell mit der Zunge, woraufhin das Pferdegetrappel wieder hörbar wurde, bis es langsam in der erneut eintretenden Stille verklang.

Man hörte das leichte Schurren von Leder auf Pflasterstein, ein mutwilliges kleines Wispern, als erzähle ein Fuß einem anderen ein Geheimnis.

Einen Augenblick später drehte sich draußen ein Schlüssel im Schloß.

Da standen sie nun beide, sichtbar geworden, in der Türöffnung, Durand und sie. Golden beglänzt vom Licht vor ihnen im Haus, umrahmt von einem Stück blauen, sternenübersäten Himmels hinter ihnen und über ihren Köpfen. Sie verharrten bewegungslos, als nähmen sie weder das wahr, was vor ihnen lag, noch das, was sie hinter sich gelassen hatten. Sie wandten sich einander zu, er legte seine Arme um ihre Taille, sie die ihren um seinen Hals.

Nichts rührte sich, weder sie, noch die Sterne hinter ihnen, noch das geöffnete Haus, das bereit war, sie in sich aufzunehmen. Es war dies einer jener Augenblicke, die sich niemals wiederholen. Der Kuß auf der Schwelle zur Ehe.

Er endete. Ein Augenblick kann sich selbst nicht überdauern. Sie bewegten sich schließlich wieder, traten auseinander, und er sagte sanft: »Willkommen in Ihrem neuen Heim, Mrs. Durand. Mögest du darin so viel Glück finden, wie du ihm bringst, Julia.«

»Danke«, murmelte sie und senkte für eine Sekunde den Blick. »Und du ebenso.«

Er nahm sie wieder in die Arme und hob sie auf. Das kleine,

schäumende Rascheln von Röcken wurde hörbar, als sie sich vom Boden löste. Seitwärts gehend, um mit der Schulter die schwingende Tür abwehren zu können, trug er sie über die Schwelle ins Haus. Dann bückte er sich wieder, setzte sie ab und auf die Füße, hinein in das leichte Schaumgebilde ihrer spitzenbesetzten Rocksäume.

Er trat beiseite und schloß die Tür.

Sie sah sich um, wobei sie auf der Stelle stehen blieb, ihren Oberkörper aber im Halbkreis drehte, um alles in sich aufzunehmen.

»Gefällt's dir?« fragte er.

Er ging zu einer Lampe, drehte an dem Rädchen, vergrößerte ihre Flamme zu einem gelben Stalagmiten. Dann eine weitere und noch eine, wo immer sie stehengelassen worden waren. Die Farbe der Wände hellte sich von stumpfem Elfenbein zu reinstem Weiß auf. So wurde die Neuheit von allem nur um so deutlicher sichtbar. »Gefällt's dir?« strahlte er, als ob der Lohn für alle seine Mühen darin läge, daß er sie das bejahen hörte.

Ihre Hände waren ineinandergelegt und bis zur Höhe ihres Gesichtes erhoben, verharrten dort in einer Art stilisierter Ekstase.

»Ach, Louis«, hauchte sie, »es ist einfach vollkommen, exquisit.«

»Das ist alles deins«, sagte er, und die Art und Weise, in der er die Stimme senkte, verriet, wie dankbar er ihr für diese Würdigung seines Werkes war.

Sie bewegte jetzt ihre ineinander verschränkten Hände zur einen Seite ihres Gesichts und legte ihre Wange, den Kopf ein wenig schräg geneigt, dagegen. Dann schob sie sie auf die andere Seite und wiederholte die Bewegung des Kopfes.

»Oh, Louis«, war alles, was zu sagen sie anscheinend in der Lage war. »Oh, Louis.«

Wenig später machten sie einen kleinen Rundgang durch die

unteren Räume, und er zeigte ihr den Salon, das Eßzimmer, die anderen Zimmer. Und für jeden hatte sie nur ein hingehauchtes »Oh, Louis«, bis ihr schließlich der Atem gänzlich ausgegangen zu sein schien und sie nur noch »Oh!« seufzen konnte.

Am Ende erreichten sie wieder die Eingangshalle, und er sagte ein wenig zaghaft, daß er die Türen noch abschließen wolle.

»Wirst du unser Zimmer finden können?« fügte er hinzu, als sie sich zur Treppe wandte. »Oder soll ich lieber mit dir hinaufgehen?«

Sie schlug kurz die Augen vor ihm nieder. »Ich denke, ich werde es schon finden«, antwortete sie dann keusch.

Er reichte ihr eine der kleineren Lampen. »Nimm die besser mit, zur Sicherheit. Sie hat wahrscheinlich auch oben welche brennen lassen, vielleicht aber auch nicht.«

Jetzt, wo das Licht ihr so nahe war, von dem glühenden, etwa in Höhe ihres Herzens gehaltenen Zentrum aus aufwärts in ihr Gesicht leuchtete, schien sie ihm etwas Madonnenhaftes an sich zu haben. Sie war wie eines jener unaussprechlich schönen Bildnisse in einer der alten europäischen Kathedralen, das vor den Augen seines Verehrers zum Leben erwacht – als Lohn für seinen Glauben. Ein Wunder der Liebe.

Sie stieg eine Stufe empor. Und noch eine. Ein Engel, der die irdischen Niederungen hinter sich läßt, aber rückwärts gewandt in bedauerndem Abschied.

Er streckte sogar die Hand ein wenig vor, als wolle er ihren Umriß in der Luft nachzeichnen und so ihre Gegenwart verlängern.

»Auf Wiedersehen, für ein kleines Weilchen«, murmelte er leise.

»Für ein kleines Weilchen«, hauchte sie zurück.

Dann drehte sie sich um, der Zauberbann war gebrochen. Sie war nun nurmehr eine Frau in einem Abendkleid, die eine Treppe hinaufstieg.

Die anmutigen, rückseitigen Draperien, die das Kennzeichen dieser seit gut hundert Jahren hübschesten Mode waren, wippten sanft bei jedem ihrer aufsteigenden Schritte. Ihre freie Hand glitt über das Geländer.

»Achte nur auf die Tapete«, sagte er, »die wird's dir verraten.«

Sie wandte sich fragend und mit einem Blick des Unverständnisses zu ihm um. »Wieso denn das?«

»Ich meine, du kannst das Zimmer am Tapetenmuster erkennen, wenn du hineinkommst.«

»Oh«, sagte sie fügsam, aber doch so, als hätte sie noch immer nicht recht verstanden.

Sie gelangte nach oben und überschritt den Rand der Treppe. Ihre Silhouette wurde immer kleiner, als sie weiterging, bis ihre Schultern, dann ihr Kopf verschwunden waren. Der Schein ihrer Lampe an der Decke entfernte sich aus seinem Blickfeld, glitt das gleiche scheinbare Gefälle hinab.

Er ging zuerst ins Wohnzimmer und dann in alle anderen Räume im Erdgeschoß, schloß alle Fenster, die noch nicht zu waren, überprüfte die schon geschlossenen, zog die Vorhänge zu und ihre Enden übereinander. Nachtluft war ungesund, alle Welt wußte das – man schloß sie am besten aus einem schlafenden Haus aus. Dann löschte er endlich alle Begrüßungslampen, eine nach der anderen, Zimmer für Zimmer.

In der Küche hatte Sarah als weiteren Willkommensgruß für sie beide ein paar herrliche grüne Weintrauben auf einer Platte arrangiert. Er zupfte eine Beere ab und steckte sie in den Mund, bedachte ihre Aufmerksamkeit mit einem halben Lächeln und löschte dann auch dort das Licht.

Die letzte Lampe war verloschen, und er ging langsam im Dunkeln die Geistertreppe hinauf – in einem Dunkel, das ihm bereits vertraut war, obwohl er noch keine halbe Stunde in diesem Hause war. Das Dunkel des eigenen Hauses ist niemals fremd und niemals furchterregend.

Er fand in der gleichen, auch oben herrschenden Dunkelheit den Weg bis zu ihrer Schlafzimmertür, nun allerdings geleitet von dem Lichtstreifen, der unter der Tür hervorschien.

Er hielt an und stand einen Augenblick lang still da.

Dann klopfte er an die Tür, in einer Art verspielter Förmlichkeit.

Sie mußte allein schon auf Grund dieses Klopfens und seines Klanges die Stimmung erraten haben, in der er war. Ihre ihm antwortende Stimme hatte ebenfalls einen neckenden, verspielten Tonfall.

»Wer klopft da?« fragte sie mit vorgetäuschtem Ernst.

»Dein Mann ist's.«

»So? Was sagt er denn?«

»Darf ich hereinkommen?«

»Sag ihm, er darf.«

»Wer ist's, der mich zu sich lädt?«

Die Antwort war fast unhörbar, aber so leise, wie sie war, drang sie doch an sein Herz.

»Deine Frau.«

7

Aus dem Büro heimkehrend (das war etwa eine Woche, höchstens zehn Tage später), eilte er zu ihrer Begrüßung die Treppe hinauf, da er sie bei seinem Eintritt nicht in den unteren Räumen angetroffen hatte. Er dämpfte seinen Schritt, um sie zu überraschen, um unerwartet hinter sie zu treten, ihr die Augen zuzuhalten und sie erraten zu lassen, wer das denn sei. Wie hätte sie nicht wissen sollen, daß er es war, denn wer sonst kam in Frage? Das Heimkommen aber war noch immer etwas köstlich Neues und mußte einfach mit all diesen Schnörkeln und Zusätzen verziert werden. Auch wenn sich das Spiel täglich wiederholte, hatte es sich doch die wundervolle Erregung bewahrt, die ein erstes Zusammentreffen begleitet.

Die Tür ihres Schlafzimmers stand offen, und sie saß da ganz brav in einem Korbstuhl, mit dem Rücken zur Tür, so daß nur der obere Teil ihres Kopfes über dem Rand der hohen Lehne sichtbar war. Er blieb kurz auf der Schwelle stehen, nach wie vor unentdeckt, und liebkoste sie mit seinen Blicken. Während er sie noch betrachtete, konnte er ihre Hand sich kraftlos bewegen und die Seite eines Buches umblättern sehen, mit dem sie sich beschäftigte.

Er setzte sich wieder in Bewegung, wollte sich jetzt unverhofft über die Lehne des Stuhles herabbeugen und seine Lippen auf ihren Kopf drücken, der im Licht der untergehenden Sonne kupferfarben schimmerte. Aber als er näherkam, als ihre ihm verborgene Gestalt langsam sichtbar wurde, sich gleichsam perspektivisch mit seiner Annäherung streckte, ließ ihn etwas, was er nun entdeckte, erneut innehalten, erstaunt und fast ungläubig.

Er änderte seine Absicht. Bewegte sich offen in weitem Bogen um ihren Stuhl herum, um sie von der Seite sehen zu können, und blieb schließlich davor stehen, wobei sich so etwas wie gequälte Fassungslosigkeit auf seinem Gesicht abzeichnete.

Sie hatte, als sie ihn bemerkt hatte, aufgeblickt und ihr Buch mit einem kleinen, kehligen Ausruf der Freude geschlossen.

»Du bist schon da, Lieber? Ich habe dich gar nicht unten hereinkommen hören.«

»Julia«, sagte er mit blankem Unverständnis.

»Aber was ist denn?«

Er zeichnete die Seitenansicht ihrer Gestalt mit einer skizzierenden Geste seiner Hand in die Luft, aber sie begriff noch immer nicht. Er mußte es sagen.

»Nun, die Art und Weise, wie du da sitzt...«

Ihre Beine waren übereinandergeschlagen, wie nur Männer das tun. Ein Knie wölbte sich in schamloser Deutlichkeit über dem anderen, der Unterschenkel des einen Beines ragte kühn hervor, und der frei in der Luft schwebende Fuß war sogar in leicht wippender Bewegung gewesen, wenngleich diese nun aufgehört hatte.

Die Hülle ihres Hauskleides verbarg zwar die ganze Liederlichkeit ihrer Haltung, aber schattenhafte Konturen und Einbuchtungen verrieten sie trotzdem noch deutlich genug.

Sie war bei etwas wahrlich Anstößigem ertappt worden – nicht im Sinne später gültiger Maßstäbe, wohl aber nach den zeitgenössischen, allgemein akzeptierten Verhaltensnormen. Wenn eine Frau so dasaß wie sie, dann wäre sie überall angestarrt, ja geächtet und zu sofortigem Verlassen des Raumes aufgefordert worden. Keine, und nicht einmal die koketteste, hätte je anders zu sitzen gewagt als mit den Knien geschlossen nebeneinander, die Füße flach auf dem Boden – allenfalls war es um der Erhöhung der Anmut willen statthaft, den einen hinter den anderen zurückzuziehen. Unmoral ergibt sich nicht aus dem Wesen einer Handlung, sondern aus der Allgemeingültigkeit der akzeptierten Grundsätze, denen sie Hohn spricht. So kann eine geringfügige Veränderung in der Haltung für eine Epoche, in der das Verhalten sehr streng geregelt ist, schockierender sein als eine echte, schwerwiegende Übertretung für eine andere, in ihren Auffassungen sehr viel laxere. Die eine Epoche kann die andere nicht verstehen und wertet ihre Vorstellungen als Ausdruck lachhafter Engstirnigkeit. Was sie seinerzeit keineswegs waren.

Durand war durchaus nicht prüder als andere, aber er erblickte da etwas, was er noch keine andere Frau hatte tun sehen. Nicht einmal die »jungen Damen« von Madame Rachels »Akademie«, die er als Junggeselle gelegentlich besucht hatte. Und das hier war seine Frau, das geschah unter dem Dach seines Hauses!

»Sitzt du auch zu anderen Zeiten so da?« fragte er und fühlte sich höchst unbehaglich dabei.

Ganz langsam, scheinbar heimlich, lösten sich die Anstoß erregenden Knie voneinander, senkte sich das keß hervorstehende Bein neben seinen Partner hinab. Fast ohne daß die Veränderung aufgefallen wäre, saß sie wieder so da, wie alle Damen zu sitzen pflegten. Selbst wenn sie mit sich allein oder nur ihre Männer anwesend waren.

»Nein!« erhob sie tugendhaft Einspruch, entsetzt die Hände hebend. »Natürlich nicht. Wie könnte ich? Ich war ... ich war allein hier, und es muß ganz ohne mein Zutun geschehen sein.«

»Aber stell dir doch bloß mal vor, das geschieht mal ganz ohne dein Zutun, wo andere dich sehen können.«

»Das wird es nicht«, versprach sie, und hob bei dem bloßen Gedanken abwehrend die Hände. »Denn es ist noch niemals zuvor passiert und wird es auch nie wieder.«

Sie beendete das Thema, indem sie ihm erwartungsvoll das Gesicht hinhielt.

»Du hast mir noch gar keinen Kuß gegeben.«

Das Gesehene verschwand aus seinen Augen, wie es auch aus seinem Kopf verschwand, als seine Lippen die ihren fanden.

8

Die Wangen rosig, die Augen taufeucht, bezaubernd schön im frühmorgendlichen Sonnenlicht und angetan mit einem warmgelben Negligé, dessen Farbton so ganz zu dem sie umgebenden Sonnenglanz paßte, kam sie Aunt Sarah zuvor, nahm ihr die Kaffeekanne aus der Hand und bestand wie an jedem Tag darauf, ihm selbst einzuschenken.

Er lächelte geschmeichelt, wie er es an jedem Tage tat, wenn dies sich ereignete.

Als nächstes nahm sie die kleine Silberzange, ergriff damit ein glitzerndes Zuckerstück, hob es vorsichtig über den Rand seiner

Tasse, hielt es tief über den Kaffee, auf daß es nicht spritze, und ließ es los.

Er strahlte.

»Um so süßer«, murmelte er vertraulich.

Sie rieb ihre Fingerspitzen rasch aneinander ab, obwohl sie ja eigentlich mit nichts in Berührung gekommen waren, küßte ihn auf die Wange, eilte zurück zu ihrem Platz und setzte sich mit leise knisterndem Geraschel nieder.

Sie war wie ein kleines Mädchen, mußte er denken, das einen kleinen Jungen dazu drängt, Vater und Mutter mit ihm zu spielen. Du bist der Papa, und ich bin die Mama.

Nachdem sie sich in ihrem Stuhl zurechtgesetzt hatte, hob sie ihre Tasse und lächelte ihn über deren Rand hin an, bis sie den Blick senken mußte, um sicherzustellen, daß dieser auch genau auf ihren immer noch und immer wieder so unglaublich winzigen Mund treffen würde.

»Das ist wirklich ein hervorragender Kaffee«, sagte sie, als sie daran genippt hatte.

»Der ist aus unserem Angebot. Eine der besseren Qualitäten aus unserem Lager. Ich schicke gelegentlich ein Säckchen an Aunt Sarah.«

»Ich weiß gar nicht, was ich ohne ihn machen würde. Er wirkt so belebend, vor allem an einem kühlen Morgen. Es gibt nichts, was ich lieber mag.«

»Du meinst, seit du angefangen hast, den von Aunt Sarah zu kosten?«

»Nein, immer schon. Mein ganzes Leben lang habe ich ...«

Sie hielt inne, da sie bemerkt hatte, daß er sie mit plötzlicher, gebannter Aufmerksamkeit ansah. Es war wie ein Stein, der in eine angeregte Unterhaltung geworfen worden ist und sie, schwer auf den Grund sinkend, zum Verstummen bringt.

Zwischen ihnen war plötzlich so etwas wie ein Krankheitserreger aktiv geworden. Unmöglich, ihn zu benennen. Sie schien sich bei ihm anzustecken, denn als sie sein Gesicht sich verändern sah, nahm auch das ihre einen angespannten und aufmerksamen Ausdruck an. Unbehagen, ein plötzliches Erkalten der vertrauensvollen Gewißheit. Es war eine unangenehme Empfindung, dieses Gefühl des Verlustes, wie es eine wertlose Metallscheibe auslöst, die man ganz plötzlich in einer Handvoll Goldmünzen entdeckt.

»Aber...«, sagte er schließlich und sprach nicht weiter.

»Ja?« sagte sie mit Anstrengung. »Wolltest du etwas sagen?« Sie hob eine Hand über die Tischkante und machte eine ermutigende Bewegung.

»Nein, ich...« Dann strafte er sich selbst Lügen und sprach es doch aus. »Aber in einem deiner Briefe hast du doch das genaue Gegenteil geschrieben. Hast mir erzählt, wie du am Morgen immer hinuntergegangen seist, um eine Tasse Tee zu trinken. Tee und nichts anderes, du könntest Kaffee nicht vertragen. ›Schweres, tintiges Getränk.‹ Ich kann mich sogar noch an deine Worte erinnern.«

Sie hob erneut die Tasse, nahm einen Schluck, konnte also erst wieder sprechen, als sie sie abgesetzt hatte.

»Das stimmt«, sagte sie dann und sprach ziemlich schnell, als wolle sie die Verzögerung nun, da ihre Ursache beseitigt war, wieder ausgleichen. »Das war jedoch wegen meiner Schwester.«

»Deine Vorlieben sind doch aber ganz allein deine Sache, welchen Einfluß sollte deine Schwester darauf gehabt haben?«

»Ich hielt mich in ihrem Hause auf. Sie war diejenige, die nur Tee trank, ich nur Kaffee. Aber aus Rücksichtnahme, weil ich nicht Veranlassung dazu geben wollte, daß sie etwas trank, was sie gar nicht mochte, gab ich vor, auch nur Tee zu trinken. Ich schrieb das damals in meinem Brief an dich, weil ich ihr diese Briefe manchmal zeigte, bevor ich sie abschickte, und ich wollte halt nicht, daß sie mein kleines Täuschungsmanöver entdeckte.«

»Ach so«, grinste er, fast mit einem Seufzer der Erleichterung.

Sie fing an zu lachen. Sie lachte beinah schon ein bißchen zu laut für die Geringfügigkeit des Anlasses. Als löse sich die Anspannung.

»Du hättest vorhin dein Gesicht sehen sollen«, erklärte sie. »Einen Augenblick lang wußte ich nicht, was dich so bedrückte.«

Sie lachte wieder.

Er stimmte in ihr Lachen ein.

Sie lachten beide – in einem Ausbruch alberner und unschuldiger Fröhlichkeit.

Auch Aunt Sarah lachte mit, als sie hereinkam, und wußte doch ebensowenig wie die beiden, warum eigentlich.

9

Ihre Gesichtsfarbe war ihm eine Quelle unablässigen Staunens. Sie schien zu den schnellsten und unvorhergesehensten Veränderungen fähig, beinah von einem Augenblick zum anderen. Dieses Erröten oder Erblassen, wenn es denn so etwas war, trat nicht für ihn sichtbar ein, sondern war einfach plötzlich da, was – praktisch gesehen – auf das gleiche hinauslief.

Ihr Erröten war kein gewöhnliches, denn es verschwand nicht nach ein paar Minuten wieder, wie das normalerweise der Fall ist. Wenn die Veränderung eingetreten war, wenn sich die Farbe ihres Gesichtes vertieft hatte, dann blieb das stundenlang so, ohne daß ein baldiges Abklingen zu erwarten gewesen wäre.

Besonders deutlich wurde das am frühen Morgen. Wenn sich die Fensterläden auftaten und er sich ihr zuwandte, um sie anzuschauen, dann hatte ihr Gesicht die Farbe von Kamelien. Aber schon ein paar Augenblicke später, wenn sie ihm die Treppen hinunter folgte und sich zu ihm an den Frühstückstisch setzte, hatten ihre Wangen die frische Farbe von Primeln, von rosa Nelken, was das Blau ihrer Augen und das Gold ihrer Haare nur um so mehr strahlen ließ und ihr eine Lieblichkeit verlieh, die fast schon nicht mehr zu ertragen war.

Eines Abends im Theater – sie saßen zusammen in einer Loge – trat eine solche Verwandlung zwischen zwei Akten des gerade gespielten Stückes ein, aber diesmal schrieb er sie zunächst einer Unpäßlichkeit zu, die sie ihm natürlich niemals eingestanden hätte. Sie waren sehr spät gekommen und hatten die Loge bei Dunkelheit oder doch zumindest in einer nur vom Bühnenlicht ein wenig aufgehellten Finsternis betreten. Als die Gaslichter jedoch in der Pause zwischen den Akten aufflammten, entdeckte sie (was ihr sehr zu schaffen zu machen schien – warum, vermochte er nicht zu sagen), daß ihre Loge mit einem dicken Damaststoff von ganz besonders kräftiger apfelgrüner Farbe ausgekleidet war. Im Verein mit dem lodernden, voll auf ihr Gesicht herabstrahlenden Gaslicht gab ihr das ein gereiztes, kränkliches Aussehen.

Wie immer, wenn sie irgendwo mit ihm zusammen auftrat, wandten sich viele Augen aus dem Zuschauerraum ihr zu, die Augen von Männern und Frauen gleichermaßen, und mehr als ein Opernglas war bald auf sie gerichtet, was durchaus statthaft war.

Sie rutschte ein paar Minuten lang ungeduldig in ihrem Stuhle herum, erhob sich dann plötzlich, berührte ihn kurz am Handgelenk und entschuldigte sich. »Bist du unwohl?« fragte er und erhob sich in dem Versuch, ihr zu folgen, aber sie war schon fort.

Sie kehrte zurück, noch bevor die Lichter wieder verloschen waren, und erschien wie ein anderer Mensch. Die grausige Verfärbung ihres Gesichtes war weg, ihre Wangen glühten nun in aprikosenfarbener Frische, die gegen die vereinten Bemühungen des Gaslichts und des unseligen Bezugsstoffes ankämpfte, sich durchsetzte und ihre Schönheit endlich triumphierend obsiegen ließ.

Die Zahl der auf sie gerichteten Gläser verdoppelte sich unverzüglich. Einige Herren ohne Anhang erhoben sich sogar halbwegs von ihren Sitzen. Eine zischelnd den Zuschauerraum durchlaufende Flutwelle bewundernder Bemerkungen ließ sich eher erahnen als hören.

»Was war denn los?« fragte er besorgt. »War dir nicht wohl? Irgend etwas im Abendessen, vielleicht...«

»Ich habe mich in meinem ganzen Leben noch nie so wohl gefühlt«, entgegnete sie zuversichtlich. Sie hatte sich wieder gesetzt, sicher, entspannt, und unmittelbar vor dem Verlöschen der Lichter wandte sie sich ihm lächelnd zu, wischte mit leichter Hand einen unsichtbaren Fleck von seiner Schulter fort, als wolle sie der ganzen Welt voller Stolz zeigen, in wessen Begleitung sie da war, zu wem sie gehörte.

Eines Morgens aber überwältigte ihn seine Besorgnis. Er stand vom Frühstückstisch auf, ging zu ihr hinüber und legte ihr prüfend den Handrücken auf die Stirn.

»Wozu tust du denn das?« fragte sie mit unerschütterter Gemütsruhe und verdrehte die Augen nach oben zu seiner Hand hin.

»Ich wollte nur wissen, ob du vielleicht Temperatur hast.«

Ihre Haut fühlte sich jedoch kühl und vollkommen normal an. Er kehrte an seinen Platz zurück.

»Ich mache mir deinetwegen ein bißchen Sorgen, Julia. Ich frage mich, ob ich dich nicht mal von einem Arzt untersuchen lassen sollte, nur zu meiner Beruhigung. Ich habe da von bestimmten...« – er zögerte, um sie nicht unnötig zu erschrecken – »... von bestimmten Lungenleiden gehört, die sich im Frühstadium nur an diesen... äh... diesen periodischen und zu den Wangen hin aufsteigenden Rötungen erkennen...«

Er glaubte, ihre Lippen in verräterischer Weise zittern gesehen zu haben, aber sie hatten sich lediglich zu einem kleinen, besänftigenden Lächeln verzogen.

»Aber nein doch, ich bin vollkommen gesund.«

»Du wirst manchmal so weiß wie ein Gespenst. Und dann wieder ... Vor ein paar Minuten noch, oben in unserem Schlafzimmer, da warst du wirklich unnatürlich blaß. Und jetzt hast du Backen wie Äpfel.«

Sie drehte ihre Gabel um, dann noch einmal, so daß sie wieder dalag wie zuvor.

»Vielleicht macht das ja das kalte Wasser«, sagte sie. »Ich wasche mir damit kräftig das Gesicht, und das gibt ihm Farbe. Du brauchst dich also nicht mehr zu beunruhigen, da ist wirklich nichts, was dir Kummer machen müßte.«

»Oh«, rief er mit großer Erleichterung aus. »Ist *das* alles, was dahintersteckt? Wer hätte gedacht ...«

Er drehte plötzlich den Kopf herum. Aunt Sarah stand bewegungslos da, eine Platte in der Hand, die sie beim Tischdecken vergessen hatte, und starrte Julia ins Gesicht, forschte darin mit verengten Lidern.

Da dachte er verständnisvoll, daß wohl auch sie – ganz wie er selbst – sich um den Gesundheitszustand ihrer jungen Herrin sorgte, wenn sie einen so abwägenden, heimlich forschenden Blick auf sie richtete.

10

Mit Behagen in seine Zeitung vertieft, spürte er Aunt Sarah irgendwo hinter sich, mit jener Hausarbeit befaßt, die man »Staubwischen« nennt. Sie bestand in diesem Falle darin, daß sie mit einem Staubtuch über bestimmmte Flächen fuhr (wenn sie sich in ihrer Höhe befanden oder tiefer), andere damit abklopfte (wenn sie höher lagen). Bald hörte er sie innehalten und lockend mit der Zunge schnalzen, woraus er schloß, daß sie den Punkt erreicht haben mußte, wo Julias Kanarienvogel, der auf den

Namen Dicky Bird hörte, in seinem vergoldeten, von einem Haken dicht neben dem Fenster herabhängenden Käfig saß.

»Na, mein Schöner?« flötete sie. »Na, wie denn? Sag's der Aunt Sarah. Wie geht's meinem schönen Vögelchen?«

Der Vogel gab ein schwaches, einsilbiges Piepsen von sich, nicht mehr.

»Das kannst du aber besser. Na, komm schon, raff dich auf und laß mich mal hören, wie du singst.«

Es erscholl ein zögerndes Zwitschern, nur wenig mehr als ein Piepsen.

Die alte Frau schob aufmunternd einen Finger durch die Gitterstäbe, offensichtlich wollte sie ganz sanft die winzigen Federchen des Vogels streicheln.

Als wenn dieser kleine Anstoß alles gewesen wäre, dessen es noch bedurft hatte, fiel der kleine gelbe Käfigbewohner prompt auf den Boden des Käfigs. Dort blieb er, den Kopf nach unten geneigt, unbeweglich hocken, ganz offensichtlich nicht in der Lage, wieder auf die Stange zurückzugelangen, von der er gerade abgestürzt war. Er öffnete und schloß wiederholt die Augen, gab aber sonst kein Lebenszeichen von sich.

Aunt Sarah war nun lautstark besorgt. »Mr. Lou!« kreischte sie. »Kommen Se ma her, Sir! Irgendwas is mit Miss Julias kleinem alten Vogel. Sehn Se doch ma nach, was ihm fehlt.«

Durand, der sie schon einige Minuten lang über die Schulter beobachtet hatte, legte die Zeitung beiseite, stand auf und ging zu ihr hinüber.

Bis er sie erreicht hatte, hatte Aunt Sarah schon die Käfigtür geöffnet, mit schwerfälliger Vorsicht die Hand hineingestreckt und den Vogel herausgeholt. Er machte keinen Versuch davonzuflattern, lag fast leblos da.

Sie beugten sich beide mit einem Eifer darüber, der schon – wenn auch unbeabsichtigt – einen Hauch des Lächerlichen an sich hatte.

»Aber der verhungert ja. 's sieht ganz so aus, als hätt der schon tagelang nix mehr zu fressen gekriegt. Unter den Federn is ja schon gar nischt mehr übrig von dem. Hier, fühln Se ma. Sehn Se sich das nur an. Die Körnerschüssel ganz leer. Auch kein Tropfen Wasser.«

Der Vogel blinzelte ihnen weiter zu, offenkundig hing sein Leben nur noch an einem seidenen Faden.

»Wenn ich's mir recht überleg, hab ich ihn schon zwei Tage nich mehr singen hörn, sogar schon drei. Jedenfalls nich so richtig.«

Durand erinnerte sich, von ihrer Bemerkung angeregt, daß auch er den Vogel nicht mehr singen gehört hatte.

»Miss Julia wird Zustände kriegen«, prophezeite die alte Frau mit bedenklichem Kopfwiegen.

»Aber wer füttert denn den Vogel, Sie oder sie?«

Aunt Sarah sah ihn mit einem Blick äußerster Verwirrung an. »Nun, ich... ich hab gedacht, sie macht das. Sie hat niemals nix zu mir gesagt deswegen. Sie hat's mir nie aufgetragen. Da er ihrer is, dachte ich, will sie vielleicht nich, daß jemand anders als sie ihn füttert.«

»Und sie muß gedacht haben, daß Sie das machen«, sagte er mit gerunzelter Stirn, auch er verwirrt. »Aber merkwürdig, daß sie Sie nie gefragt hat, ob Sie sich darum kümmern. Ich werde ihn halten, und Sie gehen mal und holen ein bißchen Wasser.«

Der Vogel saß wieder im Käfig, zu neuem Leben erwacht, und sie beobachteten ihn noch immer gespannt, als Julia das Zimmer betrat. Augenscheinlich hatte sie die langwierige Toilette, die sie beschäftigt gehalten hatte, doch noch beenden können.

Sie trat zu ihm, hob den Kopf und küßte ihn gehorsam.

»Ich gehe einkaufen, Lou, mein Lieber. Kannst du mich für etwa eine Stunde entbehren?« Ohne seine Erlaubnis abzuwarten, schritt sie weiter zur gegenüberliegenden Tür.

»Ach, übrigens, Julia...«, mußte er ihr nachrufen, um sie aufzuhalten.

Sie blieb stehen und drehte sich um, ganz hingebungsvolle Geduld. »Ja, mein Lieber?«

»Aunt Sarah und ich, wir haben grad entdeckt, daß Dicky Bird halb tot ist.«

Er glaubte, diese Mitteilung würde sie zum Käfig zurückkehren lassen, und sei es auch nur, um mal einen kurzen Blick auf den Vogel zu werfen. Sie aber blieb, wo sie war, offensichtlich nicht sehr beglückt über die Verzögerung, auch wenn sie sie hinnahm.

»Er wird sich wieder rappeln«, warf Sarah schnell ein. »'s gibt nichts, nich Mann, nich Tier, nich Vogel, was Aunt Sarah nich gesundkriegen kann. Du wirst sehen, er wird schon bald wieder in Ordnung sein.«

»Wird er das?« sagte sie nur kurz. Es lag fast so etwas wie Verärgerung in der Art und Weise, wie sie das sagte, was er sich aber, so redete er sich ein, wohl nur einbildete.

Sie fing an, sich mit arroganter Miene die Handschuhe überzustreifen. Ganz unmerklich war das Thema gewechselt worden. »Ich hoffe nur, daß ich nicht allzu lange warten muß, bis ich eine Droschke bekomme. Es ist doch immer so, gerade dann, wenn man eine braucht, ist keine...«

Aunt Sarah hatte neben anderen harmlosen Eigenschaften auch die, Themenwechsel immer erst mit Verspätung mitzubekommen und sich noch minutenlang bei einer Sache aufzuhalten, die für alle anderen schon längst erledigt war.

»Er wird schon wieder so schön wie früher singen, in ein oder zwei Tagen, mein Schätzchen.«

Julias Augen zuckten ungeduldig. »Manchmal kann einem dieses Gesinge von ihm auch ein bißchen viel werden«, sagte sie scharf. »Es ist schon eine große Erleichterung gewesen, daß er mal...« Sie befeuchtete korrigierend ihre Lippen und wandte sich wieder Durand zu. »Ich habe da bei Ottley einen Hut im Fenster gesehen, den ich unbedingt haben muß. Ich hoffe, es hat ihn nicht schon jemand weggeholt. Darf ich?«

Er strahlte angesichts der schmeichelnden Ehrerbietung, mit der sie um seine Erlaubnis nachsuchte. »Natürlich! Kauf ihn dir nur, um alles in der Welt, ich bitte dich.«

Sie machte einen freudigen kleinen Luftsprung auf die Tür zu, stieß diese weit auf. »Also dann, mein Liebster.« Sie warf ihm eine Kußhand zu.

Die Tür schloß sich, und nun war es wieder ein ganz klein wenig dunkler im Zimmer.

Aunt Sarah stand noch immer neben dem Käfig. »Ich hätte wirklich gedacht, daß sie wenigstens ma herkommt und ihn sich anguckt«, sagte sie verwirrt. »Schätze, sie mag ihn nich mehr so.«

»Aber das tut sie sicher noch. Sie hat ihn doch extra aus St. Louis mitgebracht«, antwortete Durand unaufmerksam, sich wieder in seine Zeitung versenkend.

»Vielleicht hat se sich verändert, schert sich nich mehr um den.«

Dieser Monolog galt jedoch eher ihr selbst als ihrem Arbeitgeber, der nur ganz zufällig anwesend war und ihn mit anhörte.

Sie verließ das Zimmer.

Eine Minute verstrich, ja eigentlich waren es mehrere. Durand konzentrierte sich voll und ganz auf das bedruckte Papier in seinen Händen.

Aber dann hörte er plötzlich auf zu lesen.

Seine Augen wandten sich abrupt von der Zeitung ab, starrten über ihren Rand hinweg.

Auf nichts Besonderes, nur so, gedankenverloren.

11

An ihren Schrankkoffer wurde er eines Tages nur dadurch wieder erinnert, daß er darauf saß. Dieser große Koffer war nicht mehr auf den ersten Blick als solcher zu erkennen, denn er war mit einem buntfarbigen Schonbezug zugedeckt und stand etwas abseits an der Wand.

Es war Sonntag, und wenn sie auch nicht zur Kirche gingen, so versäumten sie es doch wie alle anderen guten Bürger nie, sich ihren Sonntagsstaat anzulegen und ihren feiertäglichen Morgenspaziergang zu machen. Um zu sehen und gesehen zu werden, sich zu verneigen und jemandem zuzunicken und im Vorübergehen vielleicht auch ein paar freundliche Worte mit diesem oder jenem Bekannten zu wechseln. Das war ein fester Brauch, dieser Spaziergang am Sonntagmorgen, in allen Städten des Landes.

Er wartete darauf, daß sie fertig würde, und setzte sich auf diese undefinierbare Fläche, ohne sich dafür zu interessieren, was es war. Ihm genügte, daß sie eben war und stabil genug, um sein Gewicht zu tragen.

Sie wurde im allerletzten Augenblick von Problemen aufgehalten.

»Das habe ich letzte Woche schon angehabt, erinnerst du dich? Da bekommen sie's ja gleich wieder zu sehen.«

Sie verwarf es.

»Und das hier... ich weiß nicht so recht...« Sie kräuselte die Lippen. »Es gefällt mir gar nicht mehr.«

Sie verwarf es ebenfalls.

»Das da sieht doch sehr hübsch aus«, meinte er fröhlich und deutete wahllos auf eines ihrer anderen Kleider.

Sie ging mit einem Achselzucken über seine Unwissenheit hinweg. »Aber das ist doch eins für werktags, kein Sonntagskleid.«

Er fragte sich im stillen und mit einem geräuschlosen kleinen

Kichern, wie man das unterscheiden könne, unterließ es aber, sie danach zu fragen.

Sie setzte sich jetzt nieder, verzögerte den Aufbruch noch mehr. »Ich weiß nicht, was ich machen soll. Ich hab einfach nichts, worin ich mich sehen lassen könnte.« Dieser Ausspruch, in Verbindung gebracht mit der Tatsache, daß der ganze Raum schon von Kleidern förmlich übersät war, erschien ihm so komisch, daß er sich nicht mehr länger beherrschen konnte und in ein schallendes Lachen ausbrach, wobei er mit der flachen Hand auf die Fläche schlug, auf der er saß. Durch den Überzug hindurch fühlte er die unverkennbare Form eines birnenartig gerundeten, metallenen Schlosses. Und erst in diesem Augenblick wurde ihm klar, daß es ihr großer Koffer war, auf dem er sich niedergelassen hatte, der Koffer, mit dem sie aus St. Louis angereist war. Und plötzlich fiel ihm auch ein, daß sie ihn seit ihrer Ankunft noch nie geöffnet hatte.

»Was ist eigentlich hiermit?« fragte er. Dabei stand er auf und zog den Schonbezug weg. Die unmittelbar unterhalb des Schlosses mit blutroter Farbe aufgemalten Initialen J. R. leuchteten ihm entgegen. »Hast du keins mehr da drin? Das, denke ich, müßtest du doch, bei einem Koffer von der Größe.« Und nur darum bemüht, ihr behilflich zu sein, legte er seine Hand hinweisend auf den Kofferdeckel.

Sie blickte ganz plötzlich und fast angestrengt forschend auf eines ihrer Kleider, das sie vor sich in die Höhe hielt. So dicht, als ob sie kurzsichtig wäre oder einen mikroskopisch kleinen Fehler in dem Gewebe zu finden versuchte.

»Ach nein«, sagte sie. »Nichts. Nur Lumpenzeug.«

»Wie kommt's eigentlich, daß ich dich den noch nie habe öffnen sehen? Du hast ihn doch noch nie aufgemacht, oder?«

Sie starrte weiter auf das Gebilde in ihrer Hand. »Nein«, sagte sie, »noch nie.«

»Ich hätte gedacht, daß du vielleicht mal auspacken würdest.

Du hast doch die Absicht zu bleiben, oder etwa nicht?« Er versuchte nur, witzig zu sein, weiter nichts.

Diesmal antwortete sie nicht. Beim zweiten der beiden Sätze hatte es zwar in ihren Augen gezuckt, aber das mochte ja gar nichts damit zu tun gehabt haben – es konnte ja auch ganz einfach mit seiner Bemerkung zusammengefallen sein, zufällig.

»Warum nicht?« insistierte er. »Warum hast du noch nicht ausgepackt?« Das aber ohne bestimmte Absicht, nur so, um halt eine Antwort zu bekommen.

Jetzt ging sie auf seine Frage ein. »Ich... ich kann nicht«, sagte sie, ein wenig unsicher.

Sie schien keine weitere Erklärung abgeben zu wollen, zumindest nicht unaufgefordert, weshalb er erneut fragte: »Warum nicht?«

Sie wartete einen Augenblick. »Es ist... wegen des Schlüssels. Er... äh... ist weg. Ich hab keinen. Ich hab ihn auf dem Schiff verloren.«

Während sie noch sprach, war sie zum Koffer herübergekommen und versuchte nun ziemlich hastig, den Schonbezug wieder darüber zu breiten, fast so, als habe es sie aufgeregt, daß er in Unordnung gebracht worden war. Obwohl das auch wiederum reine Einbildung sein konnte, die durch die nervöse Schnelligkeit ihrer Hände hervorgerufen wurde.

»Warum hast du mir denn nichts davon gesagt?« hielt er ihr vor, dies aber herzlich, denn er wollte ihr nur einen Gefallen tun. »Ich werde einen Schlosser herbitten, der dir ein neues machen soll. Das ist im Handumdrehen erledigt. Warte mal, laß mich nur noch mal sehen...«

Er zog die Schondecke wieder ein Stückchen zurück, während sie zu versuchen schien, ihm Widerstand zu leisten und den Stoff festzuhalten. Einmal mehr wurde das lebhaft leuchtende J. R. sichtbar, aber nur ganz kurz.

Er befingerte die birnenförmige Messingplatte mit dem

Schloß. »Das sollte kein Problem sein. Es ist ein ziemlich einfaches Schloß.«

Der Schonbezug, den sie noch in der Hand hielt, fiel wie ein Vorhang herab und ließ Schloß und Initialen gleichermaßen verschwinden.

»Ich werde gleich gehen und einen holen«, erbot er sich und ging auch schon zur Tür. »Er kann dann den Abdruck machen und den Job bereits erledigt haben, wenn wir von unserem ...«

»Das geht aber nicht«, rief sie ihm mit einer unerwarteten Schärfe in der Stimme nach, die vielleicht ja nur darauf zurückzuführen war, daß sie sie leicht anheben mußte, um ihn noch zu erreichen.

»Aber wieso nicht?« fragte er und hielt da an, wo er gerade war.

Sie stieß hörbar den Atem aus. »Weil Sonntag ist.«

Er wandte sich in der Tür um, kam langsam wieder ins Zimmer zurück, enttäuscht. »Stimmt ja«, räumte er ein. »Ich hab's glatt vergessen.«

»Ich auch, für einen Augenblick«, sagte sie und atmete noch einmal heftig aus. Obwohl das wahrscheinlich nicht mehr war als nur ein Ausdruck ihrer Verdrossenheit über die Verzögerung, geschah es doch auf eine Art, daß man es leicht als unaussprechliche Erleichterung hätte mißdeuten können, so irreführend klang es danach.

12

Das Ritual des Bades war bereits im Gange oder doch zumindest in Vorbereitung, irgendwo im Hintergrund. Das sagten ihm die an sein Ohr dringenden Geräusche, denn Einblick in das, was da vor sich ging, hatte er nicht, saß er doch zwei Räume davon entfernt in dem kleinen Salon, der an ihr Schlafzimmer angrenzte, in die Lektüre der Zeitung vertieft. Er konnte nur hören, wie Eimer mit heißem Wasser, die Aunt Sarah von dem Herd unten in der Küche herbeischleppte, mit einem hohl trommelnden Geräusch in die Wanne geleert wurden. Dann ein heftiges Herumrühren, damit es sich ordentlich mit dem kalten Wasser vermischte, welches in seinem natürlichen Zustand aus dem Wasserhahn zufließen durfte. Dann die Prüfung, die mit vorsichtig eingetauchter Fußspitze durchgeführt wurde und der für gewöhnlich blitzartige Rückzüge und Schreie wie »Zu kalt!« oder »Zu heiß!«, zugleich auch lautstarker Widerspruch von seiten der Helferin, von Aunt Sarah, folgten: »Nein, isses nich. Jetzt sei nich son Baby. Laß ihn ne Minute drin, wie kannst du denn was drüber sagen, wenn du ihn so schnell wieder rausziehst? Dein Mann sitzt draußen – schämst du dich gar nich, daß er da mitbekommt, was für 'n Angsthase du bist?«

»Na, er muß ja da auch nicht rein, ich aber wohl«, kam die klagende Antwort.

Diesen wäßrigen Tumult übertönend und von seinem halbwegs musikhaften Klang angeregt, ließ der Kanarienvogel Dicky Bird im Zimmer dazwischen, in ihrem Schlafzimmer, sein beschwingtes Lied erschallen.

Aunt Sarah kam durch den kleinen Salon, in dem er saß, je einen leeren Eimer in beiden Händen.

»Sie is wirklich 'n hübsches kleines Ding«, meinte sie. »Weiß wie Milch und weich wie Honig. Hat ne Figur wie ... olala.«

Sein Gesicht überzog sich ganz plötzlich mit tiefer Röte. Es dauerte eine ganze Zeit, bis diese Farbenflut wieder abebbte. Er tat dabei so, als seien ihre Worte nicht an ihn gerichtet gewesen, beachtete sie nicht weiter.

Sie stieg die Treppen hinab.

Das von Dicky Bird versuchte Bravourstück steigerte sich zu einem triumphierenden, lang anhaltenden, fast schon ohrenbetäubenden Triller, brach dann ganz unvermittelt ab. Selbst er mußte zugeben, daß das für einen so kleinen Vogel doch ein ganz beträchtlicher Lärm war.

Eine befremdliche, fast vollkommene Stille folgte.

Dann das platschende, wogende Geräusch, das entsteht, wenn ein Körper ins Wasser eintaucht.

Danach nur noch ein gelegentliches Plätschern.

Aunt Sarah kehrte zurück, unterbrach ihren Gang, um ein flauschiges Badetuch auszuschütteln und zu inspizieren, das sie am Küchenherd angewärmt und nun mit heraufgebracht hatte. Daraufhin ging sie weiter ins Schlafzimmer.

»Hallo, da drinne«, hörte er sie sagen. »Wie geht's meinem Vögelchen? Meinem gelben Liebling?« Plötzlich vertiefte sich ihre Stimme zu heftigem Drängen. »Mr. Lou! Mr. Lou!«

Er stürzte hinüber.

»Er is tot.«

»Das kann doch nicht sein. Er hat doch eben noch gesungen.«

»Der is tot, ich sag's Ihnen! Schaun Se ma her, sehn Se doch selbst...« Sie hatte den Vogel aus dem Käfig genommen, ihn auf ihre Handfläche gebettet.

»Vielleicht braucht er wieder Wasser und Körner wie beim letzten...« Aber beide Gefäße waren gefüllt, denn das hatte sich Aunt Sarah nach dem bewußten Vorfall zu ihrer Aufgabe gemacht.

»Das isses nich.«

Sie senkte die eine Handkante leicht ab.

Etwas glitt darüber, blieb dann in der Luft hängen, während der Körper des Vogels seine ursprüngliche Stellung unverändert beibehielt.

»Ihm is der Hals gebrochen worden.«

»Vielleicht ist er ja von seiner Stange gefallen...«, versuchte Durand ohne große Überzeugung vorzuschlagen, denn es wollte ihm sonst keine andere Erklärung einfallen.

Sie blickte ihn finster und streitlustig an.

»*Die* falln doch aber nich! Wozu ham se wohl Flügel, was?«

Er wiederholte: »Aber er hat noch vor wenigen Minuten gesungen...«

»Was er vor ein paar Minuten noch war und was jetzt, das sind zwei ganz verschiedne Dinge.«

»... und niemand ist hier drin gewesen außer Ihnen und Miss Julia...«

In der Stille konnte man – und man mochte es gar nicht so recht glauben – Julia im benachbarten Bade hören, wie sie leise ein paar Takte vor sich hin pfiff.

Aber dann hielt sie inne, als werde sie sich mit einer gewissen Verspätung bewußt, eines wie undamenhaften Verhaltens sie sich damit schuldig gemacht hatte, und das Wasser gab ein verspieltes kleines Geplätscher von sich, gleichsam als Finale.

13

Rein zufällig kam er durch die Straße, in der sich seine frühere Wohnung befand. Er hatte nichts mehr mit ihr zu tun, wäre wohl auch an ihr mit kaum mehr als einem Blick liebevollen Erinnerns vorbeigegangen. Sein Ziel lag schließlich ganz woanders, und es hatte sich lediglich so ergeben, daß dies der kürzeste Weg zu ihm war.

Und ebenso Zufall war, daß Madame Tellier, seine damalige Vermieterin, just in dem Augenblick aus dem Hause trat und eine Weile in der Eingangstür stehenblieb, als er an ihr vorüberging.

Sie begrüßte ihn überschwenglich, mit lauten Freudenrufen, die in beiden Richtungen noch viele Häuser weiter zu hören waren, umarmte ihn wie eine zweite Mutter, erkundigte sich nach seiner Gesundheit, seinem Glück, seinem Gefallen am Eheleben.

»Ach, wir vermissen Sie so, Louis! Ihre Zimmer sind – wieder – vermietet, an ein Paar kalter Nordlichter (ich verlange von denen das Doppelte)... aber es ist nicht dasselbe.« Abneigung ließ sie ihre ziemlich große Nase rümpfen. Plötzlich aber erstrahlte ihr Gesicht wieder, schnipste sie, sich an etwas erinnernd, knallend mit den Fingern. »Da fällt mir doch gerade ein! Ich hab da noch einen Brief für Sie liegen. Schon seit ein paar Tagen, aber ich habe seit seiner Ankunft Tom nicht mehr gesehen, um ihn nach Ihrer neuen Adresse zu fragen, sonst hätte ich ihn schon nachgeschickt. Er kommt noch gelegentlich vorbei, um für mich zu arbeiten, wissen Sie. Warten Sie, ich werde Ihnen den Brief herausholen.«

Sie klopfte ihm in schneller Folge dreimal auf die Brust, als wolle sie ihm gut zureden, einen Augenblick so stehenzubleiben, drehte sich dann um und eilte ins Haus.

Er hatte – und das fiel ihm erst jetzt mit Bedauern ein – völlig vergessen, der Post seine Adressenänderung mitzuteilen, als er in die St. Louis Street umgezogen war. Nicht, daß das von lebensentscheidender Bedeutung gewesen wäre, denn die geschäftlichen Briefe gingen sowieso an sein Büro, ganz wie immer, und seine private Korrespondenz war nie sehr umfangreich gewesen, bestand eigentlich nur aus dem werbenden Briefwechsel mit Julia, der ja nun zu einem glücklichen Ende gelangt war. Er würde auf dem Heimweg bei der Post vorbeigehen und dort den entsprechenden Nachsendeantrag stellen, und sei es nur um eines sich gelegentlich noch zu der alten Anschrift verirrenden Briefes wie des von Madame Tellier erwähnten willen.

Inzwischen war sie mit ihm zurückgekehrt. »Hier! Ist es nicht gut, daß Sie zufällig hier vorbeigekommen sind?«

Er warf, einfach nur, um sich zu vergewissern, einen kurzen Blick auf die Anschrift, als er den Brief von ihr entgegennahm. »Mr. Louis Durand«, in einer spinnwebartigen Handschrift. Die drei großen Buchstaben M, L und D in schwarzer Vergrößerung aufragend, die kleinen Buchstaben zu fein gezogen und zu sehr verkleinert, um deutlich lesbar zu sein. Es war jedoch sein Name, da konnte es keinen Irrtum geben, und deshalb stellte er auch keine weiteren Fragen, steckte den Brief achtlos in die Seitentasche seines Mantels, um ihn später zu lesen – und vergaß ihn dort prompt.

Ihr Abschied war ebenso lautstark und gefühlvoll wie die Begrüßung. Sie küßte ihn auf die Stirn, eine Art mütterlicher Segnung, winkte ihm noch aus einer Entfernung von drei oder vier Häusern Lebewohl, ja führte sogar einen Zipfel ihrer Schürze zum Auge, bevor sie sich abwandte und ins Haus ging. Sie hatte nah am Wasser gebaut, diese Madame Tellier – sie weinte schon nach einem einzigen Glas Wein oder beim Anblick eines einstmals vertrauten Gesichts. Selbst wenn es sich um die Gesichter von Leuten handelte, die sie wegen Nichtbezahlung des Mietzinses an die Luft gesetzt hatte.

Er erledigte seine Besorgung, er kehrte in sein Büro zurück, er ging einmal mehr in der alltäglichen Routine seiner Tätigkeit auf.

Erst eine Viertelstunde bevor er nach Hause gehen wollte, stieß er ein zweites Mal auf den Brief, in gleicher Weise zufällig wie beim ersten Mal, indem er nämlich die Hand auf der Suche nach einem Taschentuch blind auch in die Tasche seines Mantels steckte.

An seine Existenz erinnert, unterbrach er seine Arbeit für ein Weilchen, nahm ihn heraus, riß ihn auf und lehnte sich zurück, um ihn zu lesen. Kaum war sein Blick auf die einleitenden Worte gefallen, da hörte er verwirrt auch schon wieder zu lesen auf.

»Meine gute, liebste Julia.«

Er war für sie bestimmt, nicht für ihn.

Er nahm den Briefumschlag wieder auf, besah ihn sich ein wenig genauer, als er es auf der Straße in Madame Telliers Gegenwart getan hatte. Da sah er, was ihn in die Irre geführt hatte. Der kleine Kringel, der an dem »Mr.« hing und der so winzig war, daß er dem Leser fast entging, sollte ein »s« sein.

Er wandte sich wieder dem Briefbogen zu, drehte ihn um, blickte auf den unteren Teil der Rückseite.

»Deine Dich liebende, sehr beunruhigte Bertha.«

Der Brief war von ihrer Schwester in St. Louis.

»Beunruhigt.« Das Wort schien sich ihm entgegenzuwerfen, sich wie ein Angelhaken in seiner Aufmerksamkeit festzusetzen und an ihr zu ziehen. Er konnte es nicht wieder abschütteln.

Er wollte eigentlich gar nicht weiterlesen. Schließlich war das ja ihr Brief.

Aber irgendwie hielten ihn die Anfangsworte gefangen, und er konnte nicht mehr zu lesen aufhören, sobald er ihre Bedeutung erst einmal erfaßt hatte.

Meine gute, liebste Julia!
Ich kann nicht begreifen, warum Du mich so behandelst. Ich habe doch gewiß etwas Besseres von Dir verdient. Es ist nun schon drei Wochen her, daß Du mich verlassen hast, und in dieser ganzen Zeit nicht ein Wort von Dir! Auch nicht die allerkürzeste Zeile, um mich wissen zu lassen, ob Du heil angekommen bist, ob Du Mr. Durand vorgefunden hast, ob die Hochzeit nun stattgefunden hat oder nicht. Das sieht Dir so gar nicht ähnlich, Julia. Was soll ich nur davon halten? Kannst Du Dir denn gar nicht vorstellen, in welchen Zustand der Besorgnis mich dies alles versetzt …

14

Er wartete bis nach dem Abendessen, bis er schließlich darauf zu sprechen kam – und das in mildester, möglichst wenig vorwurfsvoll klingender Manier.

Er nahm den Brief aus der Tasche und überreichte ihn ihr, nachdem sie aus dem Eßzimmer in den Salon hinübergegangen waren, und sie sich ihm gegenüber an den lampenbeschienenen Tisch gesetzt hatte. »Der ist heute für dich gekommen. Ich habe ihn aus Versehen geöffnet, das leider gar nicht bemerkt. Ich hoffe, du verzeihst mir.«

Sie nahm den Umschlag in Empfang und betrachtete ihn ein Weilchen von allen Seiten. »Von wem ist er?« fragte sie.

»Siehst du das denn nicht?«

Gerade wollte er sich darüber verwundern, daß die Handschrift ihr den Absender nicht verriet, als sie schon den Briefbogen aus dem Kuvert gezogen, entfaltet und ein »O ja« gemurmelt hatte, so daß die Frage gar keine Gelegenheit bekam, sich in seinem Kopf zu bilden. Aber zu entscheiden, ob dieses »O ja« das Erkennen des Absenders, das Durchschauen der Natur dieses Schreibens oder aber etwas gänzlich anderes anzeigen sollte, war ihm nicht möglich.

Sie las den Brief ziemlich schnell, ja fast hastig durch, wobei sich ihr Kopf, den Zeilen folgend, in fortgesetzt aufeinanderfolgenden kleinen Zuckungen hin und her bewegte. Dann kam sie an sein Ende, war fertig.

Er meinte, auf ihrem Gesicht so etwas wie Zerknirschung erkennen zu können – in dieser plötzlichen, stillen Gedankenverlorenheit, die einen Augenblick anhielt.

»Sie schreibt ...« Sie schob ihm den Brief halb zu. »Hast du ihn gelesen?«

»Ja, das habe ich«, sagte er und fühlte sich ein wenig unbehaglich dabei.

Sie steckte den Brief in den Umschlag zurück, klopfte zweimal mit der Hand darauf, da, wo er erbrochen worden war.

Er schaute sie liebevoll an, um das Drängende in seiner Aufforderung abzumildern. »Schreib ihr doch«, beschwor er sie. »Das ist doch gar nicht deine Art.«

»Ja, das werde ich tun«, versprach sie reumütig. »O ja, das werde ich tun, Louis, ganz bestimmt.« Und rieb sich die Hände ein wenig, sah dabei auf sie hinab.

»Aber warum hast du das denn eigentlich nicht schon längst getan?« fragte er ganz behutsam weiter. »Ich habe dich nie danach gefragt, weil ich so sicher war, daß du längst geschrieben hättest.«

»Ach, es ist so viel geschehen ... ich wollte ja, immer wieder wollte ich schreiben, und jedesmal kam etwas dazwischen, was mich von meinem Vorhaben ablenkte. Weißt du, Louis, das hier ist für mich doch der Beginn eines ganz neuen Lebens gewesen, diese zurückliegenden Wochen, und alles schien auf einmal zu passieren ...«

»Ich weiß ja«, sagte er. »Aber nun *wirst* du schreiben?« Und damit nahm er seine Zeitung wieder auf und vertiefte sich in sie.

»Gleich tu ich's«, gelobte sie.

Eine halbe Stunde verging. Sie blätterte nun in einem schweren, reich verzierten Album, ergötzte sich an den Kupferstichen, während sie den Text verächtlich ignorierte.

Er beobachtete sie eine Weile heimlich mit gesenkten Lidern. Er räusperte sich mahnend.

Sie schenkte dem keine Beachtung, blätterte weiter, ganz wie ein Kind von den Bildern in Anspruch genommen.

»Du hast doch versprochen, an deine Schwester zu schreiben.«

Sie blickte ein wenig ungehalten auf. »Ich weiß, aber muß es denn gleich heute abend sein? Warum reicht's denn nicht, wenn ich das morgen mache?«

»*Möchtest* du ihr wirklich schreiben?«

»Natürlich möchte ich das, wie kannst du nur fragen. Aber warum muß es unbedingt jetzt in diesem Augenblick sein? Macht das wohl einen so großen Unterschied, wenn ich erst morgen schreibe?«

Er legte die Zeitung beiseite. »Aber ja doch, wenn man mal an die Ankunftszeit denkt, fürchte ich. Wenn du jetzt schreibst, kommt der Brief noch mit der frühen Morgenpost weg. Wenn du aber erst morgen schreibst, geht er erst einen ganzen Tag später ab, und deine Schwester muß sich um so viele Stunden länger Sorgen machen.«

Er stand auf und schloß das vor ihr liegende Album, da sie keinerlei Anstalten machte, das selbst zu tun. Dann hielt er kurz inne, sah sie forschend an und fragte: »Ihr seid euch doch nicht etwa böse, oder? Irgendein Streit kurz vor der Abreise, von dem du mir nichts erzählt hast?« Und bevor sie noch antworten konnte (falls sie je diese Absicht gehabt hatte), legte er selbst ihr die Antwort in den Mund. »Ihr Brief klingt nicht danach.«

Ihre Lippen, die sich gerade geöffnet hatten, schlossen sich wieder, als ob er tatsächlich vorweggenommen hätte, was sie gerade hatte sagen wollen. »Wie du nur redest«, murmelte sie eine Weile später. »Wir hängen unzertrennlich aneinander.«

»Dann also los. Warum so störrisch? Es gibt keine Zeit außer der Gegenwart. Und du hast doch, soweit ich sehen kann, im Augenblick nichts Dringlicheres vor.« Er ergriff ihre beiden Hände und mußte sie regelrecht von ihrem Stuhl hochziehen. Und obwohl sie keinen aktiven Widerstand leistete, konnte er doch spüren, wie das Gewicht ihres Körpers seinem Ziehen entgegenwirkte.

Er mußte zum Sekretär gehen und die Schreibplatte herunterklappen. Er mußte ein Blatt Briefpapier aus dem entsprechenden Regalfach ziehen und für sie zurechtlegen, ein ganz klein wenig schräg zur Tischkante.

Schließlich mußte er wieder zum Tisch zurückkehren und sie von dort an der Hand zum Sekretär führen. Und als er sie endlich dazu gebracht hatte, sich niederzusetzen, mußte er die Feder in die Tinte eintauchen und sie ihr zwischen die Finger stecken. Dann gab er ihr einen kleinen Klaps auf den Kopf. »Du bist störrisch wie ein Kind, das seine Hausaufgaben nicht machen will«, sagte er belustigt.

Sie versuchte ein Lächeln, aber die Wirkung war allenfalls zweifelhaft.

»Laß mich doch noch mal einen kurzen Blick auf ihren Brief werfen«, sagte sie schließlich.

Er ging zum Tisch, brachte ihn ihr. Sie schien aber nur auf die erste Zeile ganz oben zu schauen, fast so, als interessiere sie sich nur für die Form der Anrede, um diese dann übernehmen zu können. Obwohl er sich sagte, daß dieser Eindruck die reinste Einbildung sein müsse – so viele Menschen mußten einen Brief vor sich liegen haben, wenn sie ihn ordentlich beantworten wollten, und sie gehörte vielleicht zu diesen.

Nach diesem einen, schnellen Blick wandte sie sich unverzüglich dem leeren Briefbogen zu und schrieb: »Meine gute, liebste Bertha«. Ihr über die Schultern blickend, konnte er das Entstehen dieser Wörter auf dem Papier beobachten. Danach schien sie keine Verwendung mehr für den erhaltenen Brief zu haben, denn sie schob ihn leicht zur Seite und kümmerte sich nicht mehr um ihn.

Er überließ sie sich selbst. Er kehrte zu seinem Stuhl zurück, nahm die Zeitung wieder auf. Aber der Strom ihrer Gedanken schien nicht eben leicht dahinzufließen. Er hörte, wie ihre Feder ein paar Wörter kratzte, dann war es still, das Geräusch erstarb, eine lange Pause trat ein. Dann wieder das ruckartige Kratzen von ein paar weiteren Wörtern, und erneut Stille. Er blickte gerade rechtzeitig zu ihr hinüber, um zu sehen, wie sie sich gequält die Hand vor die Stirn schlug, sie kurz dort liegen ließ.

Schließlich vernahm er, wie sie aufseufzte, dies aber eher ungeduldig und angewidert als über die erledigte Aufgabe erleichtert. Das Kratzen der Feder hatte endgültig aufgehört. Sie warf sie auf die Schreibplatte, als sei sie verärgert.

»Ich bin fertig. Möchtest du's lesen?«

»Nein«, sagte er, »das ist doch eine Sache zwischen Schwestern und nicht für die Augen des Ehegatten bestimmt.«

»Na schön«, sagte sie gleichgültig. Sie befeuchtete mit rosiger Zunge den gummierten Rand des Umschlages, verschloß ihn. Sie lehnte ihn aufrecht gegen die Regalfächer und wollte die Schreibplatte hochklappen. »Ich werde Aunt Sarah bitten, ihn morgen früh einzustecken.«

Er hatte aber danach gegriffen und ihn aufgenommen, bevor ihre Hände das hatten verhindern können, obwohl sie beide darauf zugeflogen waren – einen Augenblick zu spät. Sie hatte nicht bemerkt, daß er hinter sie getreten war.

Er schob den Brief in seine Brusttasche, knöpfte das Jackett darüber zu. »Ich kann das für dich erledigen«, sagte er. »Ich gehe ja früher aus dem Haus, und um so eher kommt er weg.«

Er bemerkte einen erschreckten Ausdruck auf ihrem Gesicht, einen Ausdruck der Angst beinah, der sie die Augen für einen kleinen Moment seltsam verdrehen ließ. Aber dann nahmen sie ihre gewohnte Stellung so schnell wieder ein, daß er sich sagte, er müsse sich wohl geirrt, das gar nicht so gesehen haben.

Als er das nächste Mal zu ihr hinschaute, wischte sie sich gerade die Fingerspitzen mit dem ledernen Federläppchen ab, wobei sie allerdings eher gegen mögliche als gegen tatsächliche Tintenflecken vorging. Aber das schien in diesem Augenblick die einzige ihr verbliebene Sorge zu sein, obwohl sie dabei nachdenklich die Stirn runzelte.

15

Am nächsten Morgen dachte er, sie sei noch niemals zuvor hübscher und liebevoller gewesen. All ihre in der Vergangenheit so anmutig zum Ausdruck gebrachte Zuneigung erschien kalt im Vergleich mit der warmen Fürsorglichkeit, die sie heute an den Tag legte.

Sie war in lila fließende Seide gehüllt, über die ein welliger Schimmer lief, von welcher Seite man sie auch betrachtete. Der Stoff seufzte leicht, wenn Julia sich darin bewegte, als sei selbst er ganz überwältigt von ihrer Schönheit. Sie blieb nicht wie sonst am Tisch sitzen, sondern begleitete ihn bis zur Haustür, um ihn dort zu verabschieden. Ihr Arm war um seine Hüfte gelegt, seiner um die ihre. Und als das schräg einfallende Licht der Morgensonne sie in seinem Glanz einfing, sie dann wieder freiließ, um sie einen Schritt weiter wieder zu erfassen und so während ihres ganzen Weges durch die Eingangshalle sein Spiel mit ihr spielte, da meinte er, noch niemals eine solche Vision engelgleicher Schönheit gesehen zu haben, und der Gedanke schüchterte ihn beinah ein, daß diese Frau die seine war, hier in seinem Hause herumging, hier an seiner Seite. Wenn sie ihn in diesem Augenblick gebeten hätte, sich hinzulegen und für sie zu sterben, dann wäre er ihrem Wunsche hocherfreut nachgekommen, auch hocherfreut darüber, daß sie ihn dieser Bitte für würdig erachtet hatte.

Sie hielten an. Sie löste ihren Kopf von seinem Arm, sie nahm seinen Hut auf, sie wischte den Staub davon ab, sie reichte ihn ihm.

Sie küßten sich.

Sie holte seinen Mantel, hielt ihn für ihn auf, half ihm hinein.

Sie küßten sich.

Er öffnete die Tür, bereit zum Aufbruch.

Sie küßten sich.

Sie seufzte! »Ich sehe dich gar nicht gern fortgehen. Nun werde ich für den Rest dieses lebenslangen Tages allein sein müssen.«

»Was wirst du treiben?« fragte er reumütig, denn ihn überkam plötzlich und kurzzeitig die Einsicht des vielbeschäftigten Mannes, daß auch sie einen Tag vor sich hatte, den sie irgendwie verbringen mußte, daß sie auch während seiner Abwesenheit noch da war.

»Einkaufen gehen, nehme ich an«, schlug er nachsichtig vor.

Ihr Gesicht erhellte sich für einen Augenblick, als habe er ihre geheimsten Gedanken erraten. »Ja...!« Dann verdüsterte er sich wieder. »Nein...«, sagte sie unglücklich.

Sofort war seine ganze Aufmerksamkeit auf sie gerichtet. »Warum nicht? Was ist los?«

»Ach, nichts...« Sie wandte den Kopf zur Seite, wollte es ihm nicht sagen.

Er faßte sie am Kinn und drehte ihr Gesicht wieder zu sich. »Julia, ich möchte es wissen. Sag's mir. Was ist es?« Er berührte leicht ihre Schulter.

Sie versuchte zu lächeln, lächelte matt. Ihre Augen blickten zur Tür hinaus.

Schließlich sah er sich genötigt zu raten.

»Ist's das Geld?«

Er hatte richtig geraten.

Kein Wimpernzucken, aber irgendwie hatte sie doch seine Frage bejaht. Unverzüglich schlug er den Mantel auf, fuhr mit der Hand in die Innentasche seines Jacketts. »Also, du brauchst mich doch nur darum zu bitten, weißt du das denn nicht...?«

Diesmal war die Antwort nicht mißzuverstehen. »Nein! Nein! Nein!« Sie wurde fast heftig, wenn auch eher in der schmollenden, ungeduldigen Manier eines Kindes. Sie stampfte sogar mit dem Fuß auf, um ihren Worten Nachdruck zu verleihen. »Ich mag nicht darum *bitten*. Das ist nicht schön. Es ist mir gleichgültig, daß du mein Mann bist, ich finde es trotzdem nicht schön. Ich bin so erzogen worden, ich kann mich da nicht mehr ändern.«

Er lächelte sie an. Er fand sie anbetungswürdig. Dennoch verstand er sie nicht, was aber weder sein Lächeln noch seine Bewunderung beeinträchtigte. »Was willst du denn dann?«

Sie gab ihm eine typisch weibliche Antwort. »Ich weiß nicht.« Und hob dabei ihre Augen nachdenklich, als versuche sie, das Problem kritisch zu beleuchten, eine Lösung dafür zu finden.

»Aber du möchtest doch gerne einkaufen gehen, oder nicht? Ich kann's dir doch ansehen. Und doch willst du nicht, daß ich dir Geld dafür gebe.«

»Gibt's nicht vielleicht irgendeine andere Möglichkeit?« appellierte sie hilflos an ihn, als sei sie willens, sich über alle ihre Skrupel hinwegzusetzen, wenn man ihr nur sagte, wie sie das schaffen könnte, ohne auf sie verzichten zu müssen.

»Ich könnte es dir ungebeten unter den Teller schieben, damit du's dann beim Frühstück vorfindest«, witzelte er.

Sie fand diesen Vorschlag gar nicht komisch, schüttelte geistesabwesend den Kopf, immer noch damit beschäftigt, das Problem – einen Finger an den Mund gelegt – zu überdenken. Plötzlich strahlte sie, sah ihn an. »Könnte ich nicht ein eigenes kleines Konto bekommen? ... So eins, wie du es hast, nur ... ach, nur ein ganz kleines, winziges ... klitzekleines ...«

Dann entschied sie sich aber dagegen, bevor er noch seine freudige Zustimmung hatte äußern können, was er gerade vorgehabt hatte.

»Ach nein, das wären viel zu viele Umstände, bloß wegen ein paar Hüten, Handschuhen und solchem Kram ...« Sie wollte wieder in mutlose Verwirrung zurückfallen, als sich ihr Gesicht plötzlich erneut aufhellte, war ihr doch eine weitere Möglichkeit in den Sinn gekommen. »Oder noch besser, könnte ich nicht einfach deins mitbenutzen?« Sie breitete angesichts dieses Einfalls triumphierend die Arme aus. »Das wäre doch soviel einfacher. Wir machen es einfach zu unserem gemeinsamen Konto. Es ist ja schon da.«

Er beugte sich tief herab, schlug sich mit der Hand hart auf den Schenkel. »Du lieber Himmel! Würde dich das glücklich machen? Ist das alles, was dazu nötig ist? Gott segne dein vertrauensvolles Herz. Natürlich, genau so werden wir's machen.«

Sie flog mit einem kleinen Aufschrei in seine Arme. »Oh, Lou, ich werde mir so *groß* vorkommen, so bedeutend! Darf ich, wirklich? Und kann ich sogar meine eigenen Schecks ausstellen, ganz wie du?«

Jemanden lieben heißt geben, ja den Wunsch haben, noch mehr zu geben, ohne Fragen zu stellen. Innezuhalten und sich zu bedenken würde bedeuten, nicht mehr zu lieben.

»Deine eigenen Schecks, mit deiner eigenen Unterschrift, in deiner eigenen Börse. Wir treffen uns um elf Uhr in der Bank. Paßt dir diese Zeit?«

Sie drückte nur ihre Wange an die seine.

»Wirst du den Weg dorthin finden?«

Wiederum drückte sie nur ihre Wange an die seine, diesmal die andere.

Sie gestattete ihm, vor ihr bei der Bank einzutreffen, das war ihr Vorrecht als Frau. Aber als er erst einmal eingetroffen war, ließ sie ihn kaum den Bruchteil einer Minute warten. Ja, sie betrat die Bank so eilig und so dicht hinter ihm, daß man fast schon hätte glauben können, sie habe an irgendeinem günstigen Aussichtspunkt in der Nähe bereitgestanden, um ihm unmittelbar in die Bank folgen zu können.

Sie trat zu ihm, als er noch kaum das Vestibül durchschritten hatte.

»Louis«, sagte sie und legte ihm zutraulich die Hand auf den Arm, um ihn einen Augenblick aufzuhalten, einen Schritt beiseite zu ziehen. »Ich habe über das alles nachgedacht, seit du aus dem Haus gegangen bist. Ich bin mir nicht sicher, ob ich ... ob ich am Ende wirklich möchte, daß du das tust. Du könntest mich für eine jener anmaßenden Frauen halten, die ... Sollten wir die Dinge nicht doch lieber so lassen, wie sie sind?«

Er tätschelte ihre ihn haltende Hand. »Kein Wort mehr, Julia«, sagte er mit feiner, männlicher Autorität. »Ich möchte es so.«

Er war jetzt ganz sicher, daß die Idee von ihm selbst stammte, von Anfang an die seine gewesen war.

Sie unterwarf sich seinem Gebot, wie es ihr als Frau wohl anstand, mit einer schicklichen Neigung ihres Hauptes. Sie hakte sich bei ihm ein und begleitete ihn mit sich langsam dahinbewegender Eleganz durch die Schalterhalle der Bank bis zu ihrem äußersten Ende, wo der Direktor zum Vorschein gekommen war und darauf wartete, sie mit schmeichelnder Aufmerksamkeit hinter einer niedrigen hölzernen Barriere zu begrüßen, die aus amphoraförmigen Säulen bestand und um den Eingang zu seinem Büro herumgebaut war. Er war ein mondgesichtiger Herr, und die Rundheit seines Gesichtes wurde noch unterstrichen durch die kreisrunde Umrahmung eines sorgfältig getrimmten, stahlgrauen Backenbartes, zumal seine Backen selbst, sein Kinn und seine Oberlippe glatt rasiert waren. Die goldene Kette auf seiner Weste mußte die dickste von ganz New Orleans sein.

Selbst er, als Oberhaupt dieses Etablissements, schwoll sichtlich an wie eine Kropftaube, als er Julia auf sich zuschreiten sah. Der Stolz, den Durand in Julias Begleitung empfand, hätte die ganze Unternehmung selbst dann noch gerechtfertigt, wenn es keinerlei andere Gründe für sie gegeben hätte.

Julia hatte für diese ungewöhnliche Expedition in die Gefilde von Handel und Finanzen einen himmelblauen Reifrock gewählt, der die trockene Luft mit Flüsterlauten erfüllte. Die wippenden rosa Rüschen, die an ihrem Hals und an ihren Handgelenken erblühten, waren mit winzig kleinen rosa Samtknöpfen in symmetrischen Doppelreihen besetzt, ein Hütchen aus hellblauem Samt, von rosafarbenen, unter dem Kinn zu Schleifen gebundenen Bändchen gehalten, saß tief über ihrem einen Auge wie eine hübsch eingefärbte Kompresse zur Linderung von Kopfschmerzen, und ein kurzer Schleier, der mit rosa Pünktchen wie mit Konfetti übersät war, reichte gerade bis über ihre Augen hinab. Ihre Schritte waren so klein und pochend, als wenn sie auf Stelzen liefe, und das Rückgrat hatte sie in klassischer Manier so weit durchgebogen, daß es schon ganz so aussah, als werde sie in jedem Augenblick das Gleichgewicht verlieren und nach vorne kippen.

Noch nie war eine Turnüre so leicht und so sehnsuchtsvoll wiegend über den Boden einer Bank dahingeschwebt. Ihr Vorbeiwehen löste hinter den käfigartigen Schaltern der Kassierer, die ihren Weg zu beiden Seiten säumten, eine wahre Sensation aus. Ein Augenpaar nach dem anderen hob sich unter seinem grünen Blendschutz von trockenen, langweiligen Zahlen und Konten, um ihr verträumt nachzublicken. Das Personal von Geldinstituten war zu jener Zeit noch ausschließlich männlichen Geschlechts, was zum größten Teil auch für die Kundschaft galt. Es gab nur eine diskrete, wie der Vorraum zu einem Harem abgeschirmte, durch die Aufschrift »Schalter für Damen« kenntlich gemachte kleine Nische, die für die gelegentlich vorbeikommenden Frauen (Witwen und dergleichen) reserviert war, welche sich, da sie sonst niemanden hatten, der diese gemeinen Transaktionen für sie erledigt hätte, genötigt sahen, persönlich in Erscheinung zu treten, um ihre finanziellen Angelegenheiten zu regeln. Zumindest ersparte man ihnen auf diese Weise die Schande, sich da zusammen mit Männern in einer Schlange anstellen zu müssen, oder den Blicken aller ausgesetzt zu sein, während in aller Öffentlichkeit Geld an sie ausgezahlt wurde. Sie konnten sich hinter den bewußten Vorhang zurückziehen und wurden dort von einem eigenen Kassierer bedient, der einzig und allein für sie da und zumeist erheblich liebenswürdiger und älter als alle anderen war.

Banken galten nicht als unschicklich für Frauen, wie etwa die Saloons oder bestimmte Theateraufführungen, bei denen Trikots getragen wurden, oder auch wie fast alle sportlichen Wettbewerbe, beispielsweise Boxkämpfe oder Ballspiele. Es ging lediglich darum, ihnen zu ersparen, sich durch den Umgang mit Geld besudeln zu müssen, das noch immer weitgehend ein dem Manne vorbehaltener Gebrauchsgegenstand und folglich für sie anstößig war.

Durand und seine atemberaubende (aber angemessen eskortierte) Frau blieben vor dem backenbärtigen Bankdirektor stehen, der ein kleines Türchen in der Holzschranke für sie geöffnet hielt.

Durand sagte: »Darf ich dir Mr. Simms vorstellen, meine Liebe? Ein guter Freund von mir.«

Mr. Simms erwiderte mit galanter Verbeugung: »Ich bin geneigt, letzteres in Zweifel zu ziehen, denn wenn dem so wäre, hätten Sie dieses Ereignis nicht so lange hinausgeschoben, Louis.«

Sie warf ihm einen gewinnenden Blick zu – gewiß keinen flirtenden, denn das wäre Durands Ruf abträglich gewesen, aber doch einen betörend verspielten.

»Ich bin erstaunt«, sagte sie und ließ das so stehen, um den folgenden Worten eine größere Wirkung zu verleihen.

»Wie dies?« fragte Mr. Simms unsicher.

Sie gab das Kompliment nicht direkt an Mr. Simms, sondern an Durand, auf daß er es weiterreiche. »Ich habe bis heute immer geglaubt, Bankdirektoren seien durchweg alt und von ziemlich abschreckendem Aussehen.«

Die Westenknöpfe von Mr. Simms waren noch nie zuvor einer stärkeren Belastung ausgesetzt gewesen, nicht einmal nach dem Genuß des sonntäglichen Bratens.

Dann sagte sie und sah sich dabei mit echtem Interesse um: »Ich bin ja noch niemals in einer Bank gewesen. Was für ein herrlicher Marmorboden!«

»Wir sind in der Tat ein wenig stolz darauf, ja«, gestand Mr. Simms.

Sie betraten sein Büro. Sie setzten sich, und Mr. Simms schob ihr höchstselbst den Stuhl unter.

Sie plauderten ein Weilchen über ganz allgemeine Dinge, hatte alles Geschäftliche damals doch noch den schönen Zug, sich zunächst hinter einem Paravent gesellschaftlich bestimmter Präliminarien verborgen zu halten – und das auch dann, wenn nur Männer miteinander verhandelten (vorausgesetzt, sie taten dies auf gleicher Ebene). Zu direkt und ohne alles schmückende Beiwerk zur Sache zu kommen, galt als schlechter Stil. Allerdings wurde dieses schmückende Beiwerk von Jahr zu Jahr dürftiger.

Schließlich bemerkte Durand: »Nun, wir dürfen Mr. Simms nicht allzuviel von seiner Zeit stehlen, ich weiß ja, ein wie beschäftigter Mann er ist.«

Damit war der Punkt erreicht, wo man zur Sache kommen konnte.

»In welcher Weise kann ich zu Diensten sein?« erkundigte sich Mr. Simms fügsam.

»Ich möchte gerne«, sagte Durand, »daß neben mir auch meine Frau volle Verfügungsgewalt über mein Konto hat.«

»Aber wirklich«, murmelte sie und hob abwehrend eine Hand. »Er besteht darauf...«

»Das ist doch ganz einfach«, sagte Simms. »Wir wandeln das bestehende Konto einfach in ein gemeinsames um, über das Sie beide gleichermaßen verfügen können.« Er kramte in den Formularen auf seinem Schreibtisch, zog zwei aus dem Stapel heraus. »Und um das tun zu können, muß ich Sie beide lediglich um Ihre Unterschrift bitten, eine von jedem. Ihre, Louis, auf diesem

Bevollmächtigungsformular, und Ihre, meine Liebe, auf dieser Karte hier, damit wir ein Muster haben und die von Ihnen unterzeichneten Schecks honorieren können.«

Durand unterschrieb bereits, den Kopf gebeugt.

Simms schob zögernd ein zweites Formular vor und fragte: »Wollten Sie beide Konten entsprechend ändern, das Sparkonto ebenso wie das laufende, oder nur das letztere?«

»Wir könnten es eigentlich gleich für beide machen, wo wir nun schon einmal dabei sind«, entgegnete Durand ohne Zögern. Er war kein knauseriger Geber, und jede andere Antwort, so schien ihm, wäre höchst kleinlich gewesen.

»Lou!« protestierte sie, aber seine Hand gebot ihr Schweigen.

Simms reichte ihr schon die Feder, die er für sie ins Tintenfaß getaucht hatte. Sie zögerte, was dem Akt zumindest den Anschein unziemlicher Hast nahm. »Wie soll ich unterschreiben? Nehme ich meinen eigenen Vornamen oder ...?«

»Vielleicht wäre es das beste, Ihren vollen ehelichen Namen zu wählen, ich meine ›Mrs. Louis Durand‹. Dann müssen Sie nur daran denken, diesen jedesmal in genau gleicher Form zu verwenden, bei jedem Scheck, den Sie unterfertigen.«

»Ich werde mich bemühen«, sagte sie gehorsam.

Eilfertig trocknete er die Tinte für sie.

»Ist das schon alles?« fragte sie mit großen Augen.

»Mehr braucht's nicht, meine Verehrteste.«

»Oh, dann war alles ja gar nicht so schlimm.« Sie blickte sich in freudiger Erleichterung um, fast wie ein Kind, das sich vor dem Besuch beim Zahnarzt gefürchtet hat, dann aber gar keine Schmerzen erdulden mußte.

Die beiden Herren tauschten angesichts solcher Unerfahrenheit einen Blick herablassender männlicher Überlegenheit aus. Instinktiv war ihnen lieb, wenn Frauen sich so verhielten.

Mr. Simms verabschiedete sie an der Tür seines Büros mit dem gleichen protokollarischen Aufwand, mit dem er sie begrüßt hatte.

Wieder schwebte die Turnüre in so leichter Eleganz über den werktäglichen Boden der Bank wie noch keine zuvor. Ausgenommen die ihre bei ihrem Einzug. Wieder hoben sich die schmachtenden Kalbsaugen der eingesperrten Angestellten und Kassierer und Buchhalter von ihrer jeweiligen Arbeit, um ihr in eskapistischem Verlangen zu folgen, und alle schienen den unhörbaren romantischen Seufzer der Verschmähten auszustoßen. Es war wie das kurzzeitige Aufleuchten eines Regenbogens über morastigem Sumpfland. Ein hübscher Anblick – solange er währte.

»Er war doch sehr nett, nicht wahr?« vertraute sie Durand an.

»Kein übler Bursche«, pflichtete er mit maskuliner Zurückhaltung bei.

»Darf ich ihn nicht mal zum Abendessen einladen?« erkundigte sie sich voller Ehrerbietung.

Er drehte sich um und rief über die Schulter zurück: »Mrs. Durand würde sich freuen, Sie bald mal zum Abendessen bei uns zu sehen. Ich melde mich.«

Mr. Simms verbeugte sich tief und mit unverhohlener Genugtuung.

Auch als sie schon auf die Straße hinausgetreten waren, blieb er noch ein paar Augenblicke stehen, strich sich den Backenbart und beneidete Durand um dessen so unvergleichliches Weib.

16

Der Brief lag auf seinem Schreibtisch, als er vom Lunch zurückkam. Er mußte spät hereingekommen sein, seine Zustellung sich verspätet haben, denn die Tagespost hatte schon zur Erledigung bereitgelegen, als er um neun Uhr erschienen war.

Es war nun schon bald drei Uhr. Die Mittagsmahlzeit eines

normalen Geschäftsmannes in New Orleans bestand nicht aus einem eilig hinuntergeschlungenen Snack, rein ins Restaurant und gleich wieder raus. Nein, das war eine gemächliche Angelegenheit mit entsprechender Würdigung all ihrer Annehmlichkeiten. Zumeist suchte er sein Lieblingsrestaurant auf. Dort ließ er sich feierlich nieder, wählte sorgfältig und bestellte reichlich. Freunde und Bekannte wurden begrüßt oder setzten sich auch zu ihm. Es wurde über Geschäftliches gesprochen, manchmal auch ein Geschäft abgeschlossen. Er nahm sich Zeit für den Kaffee, die Zigarre, den Cognac. Schließlich begab er sich dann in aller Ruhe zurück an die Stätte seines Wirkens, erfrischt, wiederhergestellt und bereit für die zweite Hälfte seiner alltäglichen Bemühungen. Dieser Vorgang nahm zwei bis drei Stunden in Anspruch.

So war es denn schon Nachmittag, als er, an seinen Schreibtisch zurückkehrend, den Brief vorfand, der dort auf ihn wartete.

Zweimal machte er sich daran, ihn zu öffnen, wurde aber jedesmal unterbrochen. Endlich nahm er ihn wieder auf, nun willens, ihm einen Moment lang seine volle Aufmerksamkeit zu widmen.

Der Poststempel war wiederum aus St. Louis. Ob nun davon angeregt oder nicht – jedenfalls erkannte er die Handschrift wieder. Auch dieser Brief war von ihrer Schwester.

Diesmal aber gab es keinen Irrtum. Er war direkt an ihn adressiert. Und mit Absicht. »Louis Durand, Esq.« – an die Anschrift seines Büros, an seine Geschäftsadresse.

Er schlitzte den Brief mit einem Brieföffner auf und nahm das Schreiben heraus, verwirrt. Er schwang seinen Drehstuhl zur Seite und wandte seine Aufmerksamkeit dem Brief zu.

Wenn sich von Tinte, die auf einem Stück Papier getrocknet ist, sagen ließe, sie könne schreien, so schrie diese laut zu ihm auf.

Mr. Durand!
Ich kann das nicht mehr länger ertragen! Ich fordere eine Erklärung von Ihnen! Ich ersuche Sie, mir unverzüglich mitzuteilen, was aus meiner Schwester geworden ist.

Ich wende mich direkt an Sie als an meine letzte Rettung. Wenn Sie mich nicht schnellstmöglich über den Verbleib meiner Schwester aufklären, mir versichern, daß sie wohlauf ist, und sie dazu veranlassen, sich selbst mit mir in Verbindung zu setzen, um das zu bestätigen und mich sofort über die Gründe dieses befremdlichen Schweigens zu informieren, werde ich mich an die Polizei wenden und diese um Hilfe bitten.

Mir liegt ein Brief vor, eine Antwort auf den letzten, den ich ihr geschrieben habe, der angeblich von ihr stammt und von ihr unterschrieben ist. Dieser Brief ist aber von jemand anderem abgefaßt worden. Es ist die Handschrift einer Fremden, einer mir unbekannten Person ...

17

Wie lange er so da saß und auf den Brief starrte, wußte er nicht. Die Zeit hatte alle Bedeutung verloren. Wieder und wieder las er die gleichen Worte. »Es ist die Handschrift einer Fremden, einer mir unbekannten Person.« Bis sie zu einer sausenden Kreissäge wurden, die sein Gehirn in zwei Teile zerschnitt.

Dann war plötzlich die Hypnose weg, und Panik setzte ein. Er sprang so schnell aus seinem Drehstuhl auf, daß dieser mit lautem Getöse umstürzte. Er stopfte den Brief mit solcher Hast in seine Tasche, als sei er glühend heiß und verbrenne ihm bei jeder Berührung die Finger.

Er rannte zur Tür, vergaß seinen Hut. Lief daraufhin zurück, um ihn zu holen, und erneut zur Tür. In ihr stieß er mit dem Bürodiener zusammen, der von dem Lärm des umstürzenden

Stuhls herbeigerufen worden war. Ihn an beiden Schultern pakkend, schleuderte Durand ihn förmlich zur Seite, floh weiter, rief zurück: »Sag Jardine, er soll übernehmen, ich muß für den Rest des Tages weg, nach Hause.«

Auf der Straße schlug er mit dem erhobenen Arm um sich, in alle Richtungen gleichzeitig, nach vorn, nach hinten, zur Seite, wie ein Mensch, der sich unsichtbarer Mücken zu erwehren trachtet – alles in dem Versuch, aus der ihn umgebenden Leere eine Pferdedroschke herbeizuzaubern. Und als ihm das endlich nach ein paar Minuten, die ihm selbst wie eine ganze Stunde quälenden Wartens vorkamen, gelungen war, lief er neben ihr her und sprang in sie hinein, bevor sie noch anhalten konnte. Stand dann aufrecht darin wie ein Wagenlenker des klassischen Altertums, um sich schließlich über die Schulter des Droschkenkutschers zu beugen und ihm mit wahnsinniger Dringlichkeit die Adresse zuzurufen.

»St. Louis Street, aber schnell! Ich muß auf allerschnellstem Wege dorthin!«

Die Speichen der Räder verflossen zu soliden, aus Bewegung gemachten Scheiben, die New Orleans Street fing an, um ihn herum nach hinten zu strömen, zitternd wie Spiegelungen auf fließendem Wasser.

Er schlug sich selbst auf die Flanke, als sei er das Pferd. »Schneller, Kutscher! Wie lange soll das denn noch dauern!«

»Wir fliegen ja praktisch schon, Sir. Können so auch leicht mal jemanden überfahren.«

»Dann überfahren Sie halt jemanden, zum Kuckuck. Nur bringen Sie mich endlich hin!«

Er sprang aus der Droschke, wie er hineingesprungen war, klatschte mit der nach hinten gestreckten Hand ein paar Münzen in die nach vorne gestreckte Hand des Kutschers, und rannte auf die Tür seines Hauses zu, als wolle er sich dagegenwerfen, sie einrennen.

Aunt Sarah öffnete mit erstaunlicher Schnelligkeit. Sie mußte gerade auf der anderen Seite der Tür in der Eingangshalle gestanden haben.

»Ist sie zu Hause?« schleuderte er ihr ins Gesicht. »Ist sie da, im Haus?«

»Wer?« Aunt Sarah zuckte zurück, von der Heftigkeit seiner Frage erschreckt. Dann aber beantwortete sie sie, konnte sie sich doch nur auf eine einzige Person beziehen. »Miss Julia? Sie is schon den ganzen Nachmittag weg. Hat mir nur gesagt, sie wollte was einkaufen, gleich wieder da sein. Das war so gegen eins, schätz ich. Aber sie is noch nich zurück.«

»Mein Gott!« intonierte er düster. »Das habe ich befürchtet. Wenn dieser verfluchte Brief doch eine Stunde früher gekommen wäre!«

Dann bemerkte er, daß auf einer lehnenlosen Bank an der Wand ein junges Mädchen saß und in zusammengekauerter Haltung wartete. Einfach gekleidet, hielt es eine große Schachtel auf seinem Schoß. Es zuckte zusammen, und sein blasses Gesicht verfärbte sich schmerzlich bei dem starken Wort, das er gerade gebraucht hatte.

»Wer ist denn das?« wollte er wissen und senkte die Stimme.

»Junge Dame von der Schneiderei, hergeschickt, damit Miss Julia ein Kleid anprobiert, das sie da für sie schneidern. Sie sagt, sie hätt ihr aufgetragen, um drei hier zu sein. Sie wartet nun auch schon 'n paar Stunden.«

Dann hatte sie heute wohl nicht die Absicht gehabt, unter normalen Umständen länger fortzubleiben, schoß es ihm durch den Kopf. Und daß sie's doch tut, beweist nur...

»Wann ist dieser Termin vereinbart worden?« wandte er sich barsch an das Mädchen, das sich nur noch tiefer duckte.

»Vor einigen... vor einigen Tagen«, stammelte es. »Ich glaube, es war letzte Woche, Sir.«

Er rannte in voller Geschwindigkeit die Treppe hinauf, ohne

auf die Wahrung des Scheins zu achten, hörte aber hinter sich noch Aunt Sarahs taktvolles Wispern: »Du gehst jetzt besser, meine Süße. Irgendwas braut sich da zusammen. Komm lieber ein andermal wieder.«

Da stand er nun in ihrem gemeinsamen Schlafzimmer, ganz außer Atem von seinem schnellen Lauf, im übrigen aber einen Moment lang bewegungslos, voll stummer Ohnmacht. Seine Augen fielen auf den Schrankkoffer. Auf den Koffer, der nie geöffnet worden war. Täuschend getarnt, aber er wußte nun, wußte schon seit jenem Sonntag, was das war. Er zog den Schonbezug fort, und wieder wurden die Initialen sichtbar: »J. R.« – in der Farbe frischen Blutes.

Er drehte sich um, schoß aus dem Zimmer und die Treppe hinunter. Diesmal aber nicht ganz, etwa auf halbem Wege nach unten blieb er stehen.

Die junge Gehilfin aus der Schneiderei war nun an der Tür. Gerade dabei, das Haus zu verlassen, überreichte sie Aunt Sarah die Schachtel. »Sagen Sie Mrs. Durand, daß es ... es mir leid tut, sie mißverstanden zu haben, und daß ich morgen am Nachmittag, so um die gleiche Zeit, wiederkommen werde, wenn ihr das genehm ist.«

»Lauf los und hol mir einen Schlosser!« schrie er von der Mitte der Treppe aus und torpedierte damit ihre leise geführte Abschiedsunterredung. Die furchtsame Gesandte huschte blitzschnell aus seinem Blickfeld, während Aunt Sarah versuchte, mit einer Hand die Tür hinter ihr zu schließen und gleichzeitig in Befolgung seines Befehls davon loszukommen.

Bevor sie sich aber noch auf ihren Botengang begeben konnte, besann er sich anders. »Nein, warten Sie. Das würde ja alles viel zu lange dauern. Bringen Sie mir einen Hammer und ein Stemmeisen. Haben wir so was?«

»Ich denke schon.« Sie schlurfte in den rückwärtigen Teil des Hauses.

Als sie ihm das gewünschte Werkzeug gebracht hatte, verschwand er wieder nach oben. Er ließ sich auf die Knie nieder und machte sich mit fürchterlicher Energieentfaltung über den Koffer her, den Mund zu einer weißen Narbe zusammengepreßt. Er schob das Stemmeisen unter den Bügel des Schlosses und fing an, gnadenlos darauf einzuhämmern. Nach kurzer Zeit sprang das Schloß auf, hing halb herausgerissen an seiner einseitigen Befestigung.

Das Niederfallen von Hammer und Stemmeisen erzeugte ein dumpfes Dröhnen in der wiederhergestellten Stille des Raumes, das an das Läuten einer Totenglocke gemahnte.

Er riß die seitlichen Schnappriegel auf, öffnete die Lederriemen, die den Koffer in der Mitte zusammenhielten, stemmte sich hoch und zog dabei den leicht gewölbten Deckel mit, der sich öffnete und nach hinten kippte.

Der Koffer verströmte einen so starken Geruch von Mottenkugeln, daß es Durand vorkam, als bliese er ihm mitten ins Gesicht.

Das war der Koffer einer überaus sauberen, ordentlichen, ja peniblen Person. Symmetrisch aufgetürmte Stöße von Besitztümern, alle säuberlich geschichtet, und die Zwischenräume mit Taschentüchern und ähnlichen kleineren Artikeln ausgefüllt, so daß nichts während des Transportes verrutschen konnte.

Der oberste Einsatz enthielt nur Leibwäsche und Nachthemden, alles eher nützlich als schön. Gelbe Flanellhemden für die Nacht, Unterkleider aus Flanell, dicke Wollsachen mit Zugbändern, deren Bestimmung er nicht genauer festzustellen versuchte.

In kürzester Zeit hatte er alles so durchwühlt, daß der Koffer nicht mehr wiederzuerkennen war.

Er hob den obersten Einsatz heraus und fand darunter säuberlich übereinandergelegte Kleider. Diese waren von weit nüchternerer Art als all jene, die sie seit ihrer Ankunft gekauft hatte.

Braune und graue, mit steifen kleinen weißen Kragen, schwarze Alpakawolle, gelegentlich ein seriöser Wollstoff von dunklem Blau oder Grün, keine helleren Farbtöne.

Er ergriff wahllos das zuoberst liegende Kleid, dann ein zweites.

Er stand, zu voller Körpergröße aufgerichtet, zwischen beiden, hielt sie hilflos in die Höhe, sah von einem zum anderen.

Plötzlich stieß sein Blick in dem großen Spiegel an ihrer Garderobentür auf das Abbild seiner selbst. Er trat noch weiter hinter dem Koffer hervor, sah wieder hin. Irgend etwas stimmte da nicht, aber er vermochte nicht zu sagen, was es war.

Er trat mit seinen beiden Trophäen einen Schritt zurück, um ein noch umfassenderes Spiegelbild von sich zu erhalten. Und noch in diese Rückwärtsbewegung hinein explodierte das Erkennen. Von beiden Kleidern war zuviel da. Er hielt seine Hände, die Hände, die die Kleider hielten, in Höhe seiner Schultern seitlich ausgestreckt. Die Kleider reichten von da bis auf den Boden hinab, ja noch weiter, denn der Stoff hatte sich dort zu einem faltigen Häufchen zusammengeschoben.

In seiner Erinnerung sah er sie neben sich stehen, dort in dem Spiegel. Sie erschien für einen kurzen Augenblick, für ein kurzes Rekapitulieren. Ihr Kopf reichte – bei hochgesteckter Frisur – bis zu seiner Schulter.

Er ließ die beiden geisterhaften Stoffetzen fallen, fast so, als erschreckten sie ihn. Dann ging er zur Garderobe, riß beide Türen weit auf, mit beiden Händen gleichzeitig. Leer, im oberen Teil eine nackte Holzstange, nutzlos. Ein kleiner, gespenstischer Hauch von Veilchenduft, das war alles.

Irgendwie wirkte diese Entdeckung wie eine Antiklimax zu der vorhergehenden. Seine wirklichen Befürchtungen betrafen die Kleider, die er vor sich hatte, und nicht die, die fort waren.

Er lief wieder zur Treppe, beugte sich über das Geländer, damit man ihn von unten aus sehen konnte, und rief nach Aunt

Sarah, bis sie in erneuerter Angst angelaufen kam. »Ja, Sir! Ja, Sir!«

»Dieses Mädchen da, was hat es eben dagelassen? Etwas von Mrs. Durand?«

»'n neues Kleid, das sie für sie anfertigen.«

»Bringen Sie's her. Reichen Sie's mir rauf, schnell!«

Er eilte damit ins Schlafzimmer zurück, riß die Pappschachtel auf, den Inhalt heraus.

Fröhlich, munter, mit blauvioletten Bändern verziert. Seine Augen beachteten sie nicht.

Er hob eines der beiden Kleider auf, die er vorhin zu Boden hatte fallen lassen. Er breitete es auf dem Bett aus, glättete es wie ein Schnittmuster aus Papier, zog die Ärmel lang, den Rock zu seiner ganzen Länge herunter.

Dann legte er das neue Kleid darüber, das Kleid, das gerade abgegeben worden war, trat zurück und betrachtete sich sein Werk, schon wissend, was er sehen würde.

Die beiden Kleider paßten überhaupt nicht zueinander. Die Ärmel des einen waren viel länger, eine ganze Manschettenbreite! Das Oberteil des einen war um vieles weiter, die Taille des anderen um vieles enger. Die Trägerin des einen hätte nie und nimmer in das andere hineingepaßt. Und am auffälligsten war, daß der eine Rock erheblich länger war als der andere.

Es gab damals für Röcke nur eine Länge, selbst er wußte das – Bodenlänge. Es gab einfach keine Röcke, die nicht bis zum Boden reichten. Alle Unterschiede in der Länge von Kleidern verdankten sich nicht etwa der Mode, sondern ausschließlich und allein der Körpergröße ihrer Trägerinnen.

Und in dem zuoberst liegenden Kleid funkelten noch die Stecknadeln der Schneiderin, mit denen sie die Größe der Frau abgesteckt hatte, die er kennengelernt hatte – vor einer Woche erst war ihr zum letzten Male Maß genommen worden, um diese Robe nun endlich fertigstellen zu können.

Die Kleider aus St. Louis ...

Die Farbe wich langsam aus seinem Gesicht, und in seinem Herzen war eine fremde Angst, eine Angst, wie er sie noch nie verspürt hatte. Er hatte es bereits gewußt, als er vor einer Weile in dieses Haus gekommen war. Aber nun, in diesem Augenblick, war sein Verdacht bestätigt worden – und diesem Beweis konnte er sich nicht mehr entziehen.

Die Kleider aus St. Louis waren die Kleider einer anderen.

18

Es war jetzt dunkel, die Stadt war in der Nacht versunken. Die Stadt, die Welt, sein Denken – das alles hing in bodenloser Nacht. Es war dunkel auf den Straßen draußen, und es war dunkel da in dem Raum, in dem er stand.

Da, wo er stand, war kein Auge, das die Dunkelheit durchdrungen hätte – er war allein, ungesehen, niemand vermutete ihn dort. Er war etwas Bewegungsloses in einer schwarz ausgekleideten Kiste. Und wenn es atmete, dann war das ein Geheimnis zwischen Gott und ihm. Dies und der Schmerz, den ihm das Atmen verursachte, und noch ein paar andere Dinge.

Dann näherte sich endlich ein blasser Lichtschein, stieg von unten herauf, draußen auf den Treppenstufen. Emporsteigend wurde er immer stärker, bis schließlich seine Quelle sichtbar wurde – eine brennende Lampe, die ruhelos in einem Metallgefäß flackerte, das die heraufsteigende Sarah in Händen hielt. Das Licht bleichte ihre Gestalt zu einer geisterhaften Erscheinung. Zu einem Geist mit dunklem Gesicht, die Falten und Runzeln darin aber betont, als seien sie mit gesiebtem Mehl bestäubt.

Oben angekommen, wandte sie sich seinem Zimmer zu. Das Licht explodierte in der Türöffnung zu einem anhaltenden, blendend hellen Glanz, der sich ausdehnte und ihn erfaßte.

Sie blieb stehen und sah ihn an.

Er stand völlig bewegungslos da, überwältigend bewegungslos. Das Licht fiel auf die Kleider, die auf dem Bett ausgebreitet lagen, auf den Boden hinabgerutscht waren. Es ließ sie farbig anlaufen, als es sie erreichte, wie eine mit Farbstoff gefüllte Spritze. Sie wurden blau, grün, kastanienbraun, staubig rosa. Und auch ihn ließ es farbig anlaufen, gab ihm die Farben eines wächsernen Abbildes, das bis ins letzte Detail einem lebenden Menschen gleicht. So gut gemacht, daß es den Betrachter fast täuschen könnte, was ja auch das Ziel solcher Wachsstatuen ist. Das unbelebte Ebenbild.

Er sah aus wie einer, den der Schlag getroffen hat. Aufrecht stehend, aber tot. Er konnte sie sehen, denn sein Blick ruhte auf ihrem Gesicht, er blickte ihr ernst ins Gesicht, auf jenen Teil des Körpers also, den das Auge ganz automatisch sucht, wenn es zu jemandem hinschaut. Er konnte sie hören, denn als sie halb erschreckt flüsterte »Was ist los, Mr. Lou? Was ist denn los, Mr. Lou?«, antwortete er, sprach er, wurde seine Stimme hörbar.

»Sie kommt nicht wieder«, entgegnete er leise.

»Sind Sie die ganze Zeit schon hier oben, so ohne Licht?«

»Sie kommt nicht wieder.«

»Wie lange muß ich denn noch mit dem Abendessen warten? Ich kann das Hähnchen nicht mehr sehr viel länger knusprig halten.«

»Sie kommt nicht wieder.«

»Mr. Lou, Sie hören mich ja gar nich, Sie hörn mir nich zu.«

Aber alles, was er zu sagen vermochte, war nur immer: »Sie kommt nicht wieder.« All die Wörter waren vergessen, die vielen Wörter, die zu erlernen er fünfzehn Jahre gebraucht hatte – allein vier waren ihm von seiner Muttersprache noch geblieben: »Sie kommt nicht wieder.«

Sie wagte sich ins Zimmer hinein, brachte die Lampe mit,

und das Licht zuckte und flackerte, bevor es sich wieder beruhigte. Sie setzte die Lampe auf den Tisch. Sie rang ihre Hände, zerdrückte ihre Schürze darin, als wisse sie nicht, was sie sonst mit ihnen anfangen sollte.

Am Ende nahm sie einen Zipfel von ihrem Rock auf und wischte damit, alter Gewohnheit folgend, traurig über den Rand des Tisches, als glaube sie, beim Staubwischen zu sein. Das war die einzige Hilfe, die sie leisten, die einzige Erleichterung, die sie ihm verschaffen konnte – den Staub von einem Teil des Tisches in seinem Zimmer zu entfernen. Aber das Mitleid hat viele Ausdrucksformen und bedarf der Worte nicht.

Und es schien tatsächlich so, als hätte sie Wärme in das Zimmer gebracht – Wärme, die zumindest ausreichte, um ihn auftauen zu lassen, um den Eispanzer wegzuschmelzen, der ihn in seiner Erstarrung festgehalten hatte. Nur dadurch, daß sie da war, ein menschliches Wesen, ihm nahe.

So kehrte er langsam ins Leben zurück. Der Tote begann, wieder zum Leben zu erwachen. Es war keineswegs vergnüglich, dem zuzuschauen. Der Wiedergeburt nach dem Tod, dem Tod des Herzens.

Gleichsam ein umgekehrter Todeskampf. Nach dem endgültigen Zusammenbruch, nicht davor. Wenn das Herz gestorben ist, sollte es tot bleiben. Es sollte ihm der Gnadenstoß versetzt werden, es müßte endgültig zum Stillstand gebracht und verhindert werden, daß es sich noch weiter quält.

Als sich die Starre löste, knickten seine Knie ein, und er sank vor dem Bett nieder. Er warf seine Arme darüber, krallte sich in seiner Qual mit den Händen an der Bettdecke fest.

Und eines der Kleider bewegte sich, ganz wie von selbst, wand sich in schlangenhafter Hast über das Kopfteil des Bettes und wurde in den Strudel seines Schmerzes hineingezogen – sein Kopf sank darauf nieder, das Gesicht nach unten, sich in schrecklicher Verhöhnung einstmaliger Küsse darin vergrabend, von Küssen, zu denen es nie wieder kommen würde, war doch niemand mehr da, dem er sie hätte geben können. Lediglich der leere Kokon war geblieben, mit dem er da rang.

»Julia, Julia, sei gnädig.«

Die Hand der alten Frau machte eine tröstende Bewegung zu seiner bebenden Schulter hin, verharrte dann aber, sie nicht berührend, unmittelbar darüber in der Luft.

»Aber, aber, Mr. Lou«, sagte sie mit kehligem Drängen. »Nur ruhig, armer Kerl.«

Dann hob sie die ausgestreckte Hand, ließ sie höher über seinem zermarterten, nichts wahrnehmenden Kopf schweben.

»Möge der Herr Ihnen gnädig sein, möge Er sich Ihrer erbarmen. Sie weinen, aber da is nix, um das Sie weinen könnten. Sie trauern, aber Sie trauern um was, was Sie gar nie hatten.«

Er rollte den Kopf zur Seite und sah mit plötzlicher, erschreckter Aufmerksamkeit zu ihr empor.

Als errege der Anblick seines vergeudeten Schmerzes ihren Zorn, als wolle sie Rache üben für eine lange hinausgeschobene Offenbarung, ging sie hinüber zu dem Sekretär, der einmal Julia gehört hatte. Sie zog eine der Schubladen mit so rechtschaffener Empörung auf, daß das ganze Möbel schwankte und bebte.

Sie schob ihre Hand hinein, fuhr unbeirrt auf ein Versteck los, von dem sie aufgrund einer früheren Entdeckung wußte. Dann hielt sie sie ihm sprachlos entgegen. Darin lag ein staubiger kleiner Fladen, ein Stückchen Rouge.

Sie schleuderte es zu Boden, belegte es mit einem Bannfluch.

Erneut tauchte ihre Hand in die geheimen Winkel der Schublade hinab. Diesmal hielt sie ein Bündel schlanker, langer Zigarren.

Sie hielt sie ihm hin, warf sie dann von sich.

Ihre Hände flogen nun hoch und über ihren Kopf, zitterten in der Luft, zitterten Verdammnis und Verfluchung, den blinden Himmel zum Zeugen anrufend.

Sie erhob eine grauenhafte Stimme, wie eine Prophetin des Alten Testaments, die eine apokalyptische Vision heraufbeschwört.

»Da hat ein böses Weib unter Ihrem Dach gehaust! Da hat ne Fremde in Ihrem Bett gelegen.«

19

Ohne Hut, ohne Mantel, das Haar zerzaust – gerade so, wie er gewesen war, als er vor ein paar Minuten da oben in seinem Zimmer seine Entdeckung gemacht hatte, lief er nun wie ein Wahnsinniger durch die stillen, in Nacht gehüllten Straßen. Er konnte keine Droschke finden, war aber viel zu verstört, um irgendwo stehenzubleiben und auf eine zu warten. Vorwärts, immer vorwärts, weiter zu einer Adresse, die ihm glücklicherweise wieder eingefallen war, als er sie so dringlich benötigte. Das Haus des Bankdirektors Simms, halbwegs auf der anderen Seite von New Orleans gelegen. Er wäre auch, hätte sich dies als notwendig erwiesen, die ganze Strecke zu Fuß gelaufen, nur um dorthin zu gelangen.

Aber zu seiner Erleichterung erspähte er, als er an eine Straßenkreuzung kam, über der eine schwefelig leuchtende, gelbgrünliche Straßenlaterne hing, direkt vor sich ein Gefährt, das gerade leer von einer Fahrt zurückkam. Er schrie hinter der Droschke her, lief ihr, ohne darauf zu warten, daß sie umdrehen und ihn abholen würde, mit großen Schritten nach, sprang hinein und stieß Simms' Adresse hervor.

Beim Hause des Bankiers angekommen, klingelte er Sturm.

Ein schwarzer Diener öffnete und bat ihn herein, wobei er angesichts des wilden Ungestüms von Durand eine beleidigte Miene aufsetzte.

»Er ist noch beim Abendessen, Sir«, sagte er mißbilligend.

»Wenn Sie sich bitte gedulden wollen und hier ein paar Augenblicke Platz nehmen, bis er fertig...«

»Nein«, keuchte er. »Das duldet keinen Aufschub! Bitten Sie ihn, für einen Moment nur herauszukommen...«

Der Bankdirektor kam in die Eingangshalle heraus, die Brauen verärgert zusammengezogen, noch kauend und die Serviette um den Hals gebunden. Als er sah, um wen es sich handelte, hellte sich sein Gesicht auf.

»Louis!« sagte er mit Herzlichkeit. »Was bringt denn Sie zu dieser Stunde hierher? Wollen Sie nicht hereinkommen und uns bei Tisch Gesellschaft leisten?« Dann, als er nähertretend das verwirrte Aussehen seines Gastes bemerkte: »Sie sind ja völlig außer Fassung... Was ist los, Mann? Bringen Sie einen Brandy, Becky. Ein Stuhl...«

Durand machte eine schnelle Handbewegung und wies die angebotenen Stärkungsmittel zurück. »Mein Geld...«, stieß er hervor.

»Was ist damit, Louis? Was ist mit Ihrem Geld?«

»Ist es noch da...? Ist da jemand drangegangen? Als Sie um drei Uhr schlossen, welchen Stand hatten da meine Konten?«

»Ich verstehe nicht ganz, Louis. Niemand kann an Ihr Geld heran, es ist dagegen abgesichert. Niemand außer Ihnen und Ihrer Frau...«

Der gequälte Ausdruck, der bei diesen Worten über Durands Gesicht huschte, ließ ihn etwas erahnen.

»Sie meinen...«, hauchte er entsetzt.

»Ich muß wissen... jetzt, noch heute abend... Um Gottes willen, Simms, tun Sie etwas für mich, helfen Sie mir... lassen Sie mich hier nicht so warten...«

Der Bankdirektor riß sich zum Zeichen, daß seine Abendmahlzeit zumindest für heute beendet war, die Serviette vom Hals und warf sie von sich. »Mein Hauptbuchhalter«, sagte er, schnell eine Entscheidung treffend, »mein Hauptbuchhalter weiß das. Das geht schneller, als wenn wir zur Bank fahren, wo wir erst aufmachen und dann alle Tagesgeschäfte durchgehen müßten ...«

»Wo kann ich ihn finden?« Durand war schon auf dem Wege zur Tür und nach draußen.

»Nein, nein, ich begleite Sie. Warten Sie noch ein Momentchen ...« Simms griff hastig nach seinem Hut und einem Seidenschal. »Was ist los, was ist passiert, Louis?«

»Ich scheue mich, etwas zu sagen, bevor ich Gewißheit habe«, sagte Durand verzweifelt. »Ich scheue sogar den Gedanken ...«

Simms mußte erst noch die Privatanschrift des Hauptbuchhalters heraussuchen. Dann aber brachen sie in aller Eile auf, kletterten in die Droschke, die Durand hergebracht hatte, und wurden von dieser zu einem schlichten, kleinen, eingezwängten Haus in der Dumaine Street befördert.

Simms stieg aus und hielt Durand mit einer freundlich gemeinten Geste seiner Hand zurück, augenscheinlich in dem Bemühen, ihm so viel wie möglich abzunehmen.

»Sie warten vielleicht besser hier. Ich werde hineingehen und mit ihm reden.«

Er ging in das Haus und blieb höchstens zehn Minuten fort. Durand kam es vor, als habe man ihn die ganze Nacht da draußen sitzenlassen.

Endlich öffnete sich die Tür, und Simms erschien wieder. Durand sprang hoch, als sei eine gespannte Feder unter ihm gelöst worden, um ihm entgegenzueilen, wobei er die Nachrichten schon vom Gesicht des anderen abzulesen versuchte. Der sah nicht allzu heiter drein.

»Wie steht's? Um Himmels willen, sagen Sie mir's!«

»Ruhig, Louis, ruhig.« Simms legte einen schützenden Arm um ihn. »Sie hatten heute morgen bei Geschäftseröffnung 30051 Dollar und vierzig Cent auf Ihrem laufenden Konto und 20010 Dollar auf Ihrem Sparkonto ...«

»Das weiß ich! Das weiß ich doch alles! Das ist nicht das, was ich wissen möchte...«

Der Hauptbuchhalter war Simms nach draußen gefolgt. Der Bankdirektor gab ihm einen verstohlenen Wink und übertrug ihm damit die unwillkommene Aufgabe, Durands Frage zu beantworten.

»Ihre Frau erschien heute fünf Minuten vor drei, um noch in letzter Minute eine Abhebung zu tätigen«, sagte der Buchhalter. »Bei Geschäftsschluß waren auf dem einen Konto 51 Dollar und zehn Cent, auf dem anderen noch zehn Dollar. Zu einer gänzlichen Auflösung beider Konten hätte es Ihrer Unterschrift bedurft.«

20

Das Zimmer glich einem Stilleben. Alles hätte auf eine Leinwand gemalt sein können, die man dann dort zum Trocknen aufgestellt hatte. Lebensgroß, in allen Schattierungen und Details der Wirklichkeit entsprechend, und dennoch eine kunstvolle Nachahmung und nicht das tatsächlich Vorhandene.

Ein Fenster, vom Licht der untergehenden Sonne beschienen, als brenne draußen, unmittelbar davor, ein kleines Feuer und erhelle mit seinem Schein die Decke und die gegenüberliegende Wand. Der Teppich auf dem Boden stellenweise gewellt und verschoben, als habe ihn jemand mit seinen schlurfenden Schritten oder gar durch ein oder zwei Stürze durcheinandergebracht und dann so liegenlassen. An einer Stelle beeinträchtigte ihn ein dunkler, krebsförmiger Fleck, als ob eine beträchtliche Menge irgendeiner schweren Flüssigkeit darauf verschüttet worden wäre.

Ein zerwühltes Bett, das einst einen Bräutigam hatte erröten lassen und das jetzt jedem auch nur einigermaßen ordnungsliebenden Menschen die Farbe ins Gesicht getrieben hätte, sah es doch ganz so aus, als habe es schon tagelang niemand mehr gemacht. Ergrauendes Leinen, das auf der einen Seite aus seinem Rahmen gerutscht war, dafür auf der anderen Seite über ihn hinaus bis auf den Boden hing. Ein einzelner Schuh, ein Herrenschuh, verlassen daneben – als ob die ursprüngliche Absicht, ihn anzuziehen oder aber sein Pendant ebenfalls auszuziehen, ganz plötzlich wieder in Vergessenheit geraten wäre, bevor sie noch in die Tat hatte umgesetzt werden können.

Vergißmeinnicht auf rosafarbener Tapete, auf einer Tapete, die aus New York gekommen war, brieflich dort bestellt, »nicht zu rosa«. An einer Stelle üble Risse, durch die der Verputz sichtbar wurde – als wenn jemand in wilder Wut mit einer Schere auf die Blüten eingestochen und versucht hätte, so viele von ihnen wie nur möglich zu vernichten.

Im Mittelpunkt des Stillebens ein Tisch. Und auf dem Tisch drei unbewegte Gegenstände. Ein widerlich riechendes Wasserglas, schmierig von ständigem Nachfüllen, eine Flasche Brandy und ein völlig reaktionsloser Kopf, Stirn auf der Tischplatte, verfilztes Haar borstig davon abstehend. Der dazugehörige entnervte Körper auf einem angekippten Stuhl neben dem Tisch, eine Hand in unnachgiebiger Besitzgier um den Flaschenhals gekrallt.

Ein Pochen an der Tür, aber ohne das vorausgehende Geräusch einer Annäherung, als ob jemand schon sehr lange dort gestanden, gelauscht und versucht hätte, sich ein Herz zu fassen.

Keine Antwort, keine Bewegung.

Wieder ein Pochen. Diesmal eine Stimme dazu.

»Mr. Lou! Mr. Lou, schließen Sie doch auf!«

Keine Antwort. Der Kopf rollte ein Stückchen zur Seite, ein von Bartstoppeln bläuliches Kinn wurde sichtbar.

Und wieder ein Klopfen.

»Mr. Lou, schließen Sie auf! Es sind nun schon zwei Tage.«

Der Kopf löste sich von der Tischplatte, hob sich ein wenig, die Augen noch immer geschlossen. »Was sind Tage?« sagte er verschwommen. »Ich hab's vergessen. Ach ja, diese Dinger, die zwischen den Nächten sind. Diese leeren Dinger.«

Der Türknopf drehte sich vergeblich. »Lassen Se mich rein. Lassen Se mich doch bloß ma Ihr Bett aufschütteln.«

»Das ist jetzt nur noch für mich allein. Lassen Sie's also sein.«

»Wollen Se nich doch wenigstens ne Lampe? Es wird duster. Lassen Se mich Ihnen doch die Lampe auswechseln.«

»Was kann die mir schon zeigen? Was gibt's denn da noch zu sehen? Hier drin bin bloß noch ich. Ich und ...«

Er hielt die Brandyflasche über das Glas, kippte sie an. Nichts kam heraus. Er hielt sie senkrecht, mit der Öffnung nach unten. Nichts.

Er erhob sich vom Stuhl, schwang die Flasche hinter sich, um sie gegen die Wand zu schmeißen. Dann hielt er inne, ließ den Arm wieder sinken, schlurfte, nur einen Schuh an den Füßen, zur Tür und drehte endlich den Schlüssel um.

Er streckte ihr die Flasche hin.

»Holen Sie mir ne neue«, bellte er. »Das ist alles, was ich will. Das ist das beste, was die Welt jetzt noch für mich tun kann. Ich will Ihre Lampe nicht und Ihre Süppchen und Ihr Bettmachen.«

Sie aber verteidigte mutig die Sache ordentlicher Haushaltsführung, diese alte, unbeachtete farbige Frau. Sie schlüpfte an ihm vorbei, bevor er sie noch daran hindern konnte, setzte die neue Lampe neben die, die ihr Petroleum verbrannt hatte, zog und zupfte an dem verdreckten Bettuch und warf ihm gelegentlich einen verstohlenen Blick zu, um zu sehen, ob er sie an ihren Aktivitäten hindern wollte oder nicht.

Sie wurde fertig und beeilte sich, wieder aus dem Zimmer zu verschwinden. Sie wählte den weiten Umweg an der Wand entlang, um ihm nicht zu nahe zu kommen. Als sie die Tür sicher wieder erreicht hatte, drehte sie sich um und sah ihn an, wie er so dastand, den Flaschenhals fest umklammernd.

Und er sah sie an.

Plötzlich schien ihn ein Beben unaussprechlichen Verlangens zu durchlaufen. Seine Stimme, eben noch rauh und bitter, wurde ganz sanft. Er streckte die Hand nach ihr aus, als wolle er sie bitten dazubleiben, jetzt, und ihm zuzuhören, wie er von *ihr* sprach, von ihr, der Nichtanwesenden. Sie sollte mit ihm über *sie* sprechen.

»Erinnern Sie sich noch, wie sie dort zu sitzen und sich die Nägel zu säubern pflegte, mit so einem kleinen Stäbchen mit Baumwolle oben an der Spitze? Ich sehe sie vor mir«, sagte er gebrochen. »Und dann hielt sie die Finger hoch, so, alle gespreizt, und legte den Kopf erst auf die eine, dann auf die andere Seite, um zu schauen, ob's gut so war.«

Aunt Sarah antwortete nicht.

»Erinnern Sie sich noch an sie in dem grünen Kleid mit den lavendelfarbigen Streifen? Ich sehe sie vor mir, das Sonnenlicht hinter ihr, ihr Kleid von einer leichten Brise bewegt, dort am Anlegeplatz des Dampfers in der Canal Street. Ein kleiner, zierlicher Parasol geöffnet über ihr.«

Aunt Sarah gab keine Antwort.

»Erinnern Sie sich noch an diese besondere Art, sich jedesmal vor dem Ausgehen in der Tür umzudrehen und die Finger zu biegen, als riefe sie einen *zu sich hin*, und dann ›Tschüß‹ zu sagen?«

Endlich öffnete die alte Frau die Tore ihrer Schweigsamkeit, als könne sie es nicht mehr ertragen, ihm noch weiter zuzuhören. Sie riß die Augen weit auf und ließ ihre welken Lippen die Zähne entblößen. Sie erhob die Hand gegen ihn, als wolle sie ihm Schweigen gebieten.

»Der Herrgott muß erzürnt gewesen sein über Sie an dem Tag,

an dem Er Sie zum ersten Mal in das Gesicht dieses Weibes blicken ließ!«

Er wankte zur Wand, drückte sein Gesicht dagegen, die Arme gerade in die Höhe gestreckt, als versuche er, sich nach oben zur Zimmerdecke hinaufzuziehen. Seine Stimme schien tief aus seinem Bauch zu kommen, durch den Trommelwirbel vernichtender Qualen, durch das Weinen eines erwachsenen Mannes hindurch.

»Ich will sie wiederhaben. Ich will sie haben. Ich werde nicht ruhen, bis ich sie gefunden habe.«

»Wozu woll'n Se se wiederhaben?« verlangte sie zu wissen.

Er drehte sich langsam um.

»Um sie zu töten«, sagte er durch die zusammengepreßten Zähne.

Er stieß sich von der Wand ab und wankte trunken zum Bett. Er hob eine Ecke der Matratze hoch, faßte darunter und zog etwas hervor. Dann hob er es langsam in die Höhe, hielt es ihr fest umklammert hin, um es ihr zu zeigen – eine Pistole mit elfenbeinernem Griff und stählernem Lauf.

»Hiermit«, flüsterte er.

21

Die Zuschauer strömten aus dem Tivoli-Theater hinaus auf die Royal Street. Die hinausdrängende Menge ließ die Gasflammen an den Wänden des Foyers und oben an der Decke unruhig flackern. Das Stück – es trug den Titel *Papas kleines Mißgeschick* und war die Bearbeitung eines französischen Lustspiels – war höchst vergnüglich gewesen, was all die angeregten Unterhaltungen über die Aufführung bestätigten.

Auf der Straße angelangt, begann sich die solide Menschenmasse aufzulösen. Die Zuschauer aus dem zweiten Rang gingen in verschiedene Richtungen auseinander, während diejenigen aus dem Parterre und aus den Logen paarweise und manchmal auch zu viert in die nacheinander vor dem Hauptportal vorfahrenden, von dem farbigen Türsteher herbeigewinkten Equipagen stiegen.

Der Mann, der sich an die schattige Mauer drückte, dort, wo keine Helligkeit mehr hinreichte, blieb unbemerkt, obwohl viele so dicht an ihm vorübergingen, daß sie ihn hätten berühren können.

Endlich verlor sich die Menge. Der Glanz verlosch langsam, als ein Bediensteter anfing, eine Gaslaterne nach der anderen mit einem langen Stab, mit dem er den Zuleitungshahn oben an den Lampen erreichen konnte, zu löschen.

Nur noch ein paar Nachzügler waren übrig, die noch am Haltepunkt der Kutschen warteten. Es herrschte keine Hast, Zuvorkommenheit und Ehrerbietung waren die Regel.

»Nach Ihnen.«

»Nein, bitte, nach Ihnen, mein Herr. Die Ihre ist doch die nächste.«

Und schließlich ist nur noch ein Paar da, das auf seine Equipage wartet. Die Frau klein und mit einem Spitzenschal über dem Kopf, der, eng gegen die unzuträgliche Nachtluft zusammengezogen, schützend ihr Haupt, ihren Mund und ihr Kinn verschleiert.

Ihr Begleiter verläßt sie für einen Augenblick, um zu ergründen, warum sich der Aufruf der Equipage so verzögert hat, und plötzlich ist, wie aus dem Nichts getreten, ein Mann neben ihr und betrachtet sie angespannt. Sie wendet den Kopf ab, zieht den Schal noch enger, tritt in ihrer Angst ein oder zwei Schritte zurück.

Er beugt sich nun weit vor, verrenkt sich ganz offen den Hals und duckt sich fast direkt unter ihr spitzenverhülltes Gesicht, sie immer noch eindringlich anstarrend.

Sie stößt einen Angstschrei aus und weicht noch weiter zurück.

»Julia?« flüstert er fragend.

In ihrer Angst wendet sie sich um, dreht ihm den Rücken zu.

Er kommt um sie herum und tritt wieder vor sie.

»Nehmen Sie bitte Ihren Schal herunter, Madame.«

»Lassen Sie mich in Ruhe, oder ich schreie um Hilfe.«

Er streckt die Hand vor, reißt ihn ihr weg.

Ein Paar erschreckter blauer Augen, die Augen einer Fremden, blicken ihn groß an, entsetzt.

Ihr Begleiter kommt zurück, rennt, hebt seinen Stock drohend in die Luft. »Hier, Sir!« Läßt ihn ein paarmal herabsausen, verwirft das dann aber als nicht befriedigend und schlägt hart mit seiner unbewehrten Faust zu.

Durand stolpert rückwärts und stürzt auf das Trottoir nieder.

Er macht keinerlei Anstalten, sich zu wehren oder wieder aufzustehen und zurückzuschlagen. Er liegt ausgestreckt da, auf einen Ellbogen gestützt, passiv, erschöpft, mutlos. Der wilde Blick erstirbt in seinen Augen.

»Verzeihen Sie mir«, stöhnt er. »Ich hielt Sie ... für jemand anderes.«

»Komm fort von hier, Dan. Der Mann muß ein bißchen verrückt sein.«

»Nein, Madame, verrückt bin ich nicht«, widerspricht er mit steifer Würde. »Ich bin vollkommen gesund. Viel zu gesund.«

22

Im Salon des Hauses von Madame Jessica in der Toulouse Street hatte sich eine lebhafte Abendgesellschaft versammelt. Madame Jessicas Salon war sowohl weiträumig als auch kostspielig eingerichtet. Die Möblierung war im Stil des Empire elfenbeinweiß und goldverziert, die Polsterbezüge karmesinroter, brokatgeschmückter Damast. Brüsseler Teppich bedeckte den Parkettboden, und die flackernden Lichtzungen der Gaslampen oben in ihren kristallenen Schalen wirkten wie ein Nordlicht.

Ein junger Mann mit glänzendem Haar saß am Rosenholzklavier und spielte Chopins »Minutenwalzer« mit leichtem, sehr gekonntem Anschlag. Ein Paar drehte sich langsam in der Mitte des Raumes, weit mehr von seiner Unterhaltung absorbiert als vom Tanzen. Zwei weitere Besucher saßen auf dem Sofa beisammen, tranken Champagner und plauderten angeregt miteinander. Noch ein drittes Paar stand zusammen, nahe der Tür und gleichfalls ohne Augen für seine Umgebung. Immer zwei beieinander. Die jungen Damen waren alle im Abendkleid, während die Herren, die keinen Abendanzug trugen, zumindest alle von gepflegtem und einnehmendem Aussehen waren.

Alles war Dekorum, alles Eleganz und Schicklichkeit. Madame waren in dieser Hinsicht überaus streng. Keine Stimme zu laut, kein Gelächter zu schallend. Niemand verließ den Raum, ohne sich zuvor bei den anderen zu entschuldigen.

Ein farbiges Hausmädchen, dessen Aufgabe es war, Neuankömmlinge anzukünden, öffnete die eine der beiden einander gegenüberliegenden Schiebetüren und verkündete: »Mr. Smith.« Niemand lächelte oder schien dem die geringste Beachtung zu schenken.

Durand trat ein, und Madame Jessica durchquerte den Raum, um ihn persönlich und aufs herzlichste zu begrüßen, den Arm ausgestreckt, die Pailletten bei jedem ihrer Schritte funkelnd.

»Guten Abend, Sir. Wie nett von Ihnen, uns einen Besuch abzustatten. Darf ich Sie mit irgend jemandem bekanntmachen?«

»Ja«, sagte Durand ruhig.

Madame wedelte mit ihrem Weidenholzfächer, legte einen Finger an den Mundwinkel, blickte sich nachdenklich in ihrem

Salon um wie eine gute Gastgeberin, die darum bemüht ist, jeweils nur die Gäste zusammenzubringen, die die größte Affinität haben.

»Miss Margot ist im Augenblick beschäftigt ...«, sagte sie und sah im Vorübergehen zum Sofa hin. »Wie wäre es mit Miss Fleurette? Sie ist ohne Begleitung.« Sie zeigte auf die gegenüberliegende Tür, die tiefer in das Haus hineinführte und die ganz unauffällig ein Stückchen aufgeschoben worden war. Eine großgewachsene Brünette stand dort, wie zufällig, wie im Vorbeigehen.

»Nein.«

Madame machte irgend etwas mit ihrem Fächer, und die Brünette drehte sich um und verschwand. Eine etwas drallere, rothaarige junge Frau nahm ihren Platz in der Tür ein.

»Miss Roseanne vielleicht?« schlug Madame bezirzend vor.

Er schüttelte nur den Kopf.

Madame ließ ihren Fächer zucken, und die Türöffnung war wieder leer.

»Sie sind aber schwer zufriedenzustellen, Sir«, sagte sie mit unsicherem Lächeln.

»Ist das ... alles? Gibt es ... keine anderen mehr?«

»Nicht ganz. Da ist noch unsere Miss Juliette. Ich glaube, sie hat gerade ein Tête-à-tête. Wenn Sie ein paar Minuten warten wollen ...«

Er ließ sich abseits von den anderen in einem großen Sessel nieder.

»Darf ich Ihnen eine Erfrischung reichen lassen?« fragte Madame, sich aufmerksam über ihn beugend.

Er öffnete seine Brieftasche, gab ihr Geld.

»Champagner für alle. Für mich bitte keinen.«

Ein farbiger Butler ging umher und füllte die Gläser nach. Die jungen Herren wandten sich einer nach dem anderen zu ihm um, prosteten ihm mit erhobenem Glas zu und bekundeten ihren

Dank mit einer Verbeugung. Er quittierte das, indem er seinerseits feierlich den Kopf neigte.

Auf Madame mußte dies alles einen äußerst günstigen Eindruck gemacht haben, beschloß sie doch ganz offensichtlich, die Ankunft von Miss Juliette mit irgendwelchen unbekannten, nur hinter den Kulissen angewandten Methoden zu beschleunigen. Jedenfalls kehrte sie schon bald zu Durand zurück und versprach: »Sie wird sogleich herunterkommen. Ich habe ihr eine Nachricht zugehen lassen, daß hier unten ein junger Herr auf sie warte, der nach ihr gefragt habe.«

Sie verließ ihn, kam dann aber wieder zurück, um ihm zu sagen: »Da ist sie also. Ist sie nicht einfach hinreißend? Alle sind ganz verrückt nach ihr, das kann ich Ihnen versichern!«

Er sah sie in der Tür erscheinen. Sie blieb dort einen Augenblick stehen und sah sich um, versuchte, ihn zu identifizieren.

Sie war blond.

Sie war schön.

Sie war etwa siebzehn.

Sie war jemand anderes.

Madame eilte zu ihr, führte sie durch den Salon, einen Arm liebevoll um ihre Taille gelegt.

»Nur hier entlang, meine Süße. Darf ich dir...«

Sie schnappte nach Luft. Das schöne Geschöpf neben ihr riß die Augen angesichts der ersten Zurückweisung, die es da in seinem kurzen, aber durchaus dichtbevölkerten Dasein hatte hinnehmen müssen, weit auf. Eine verwirrte Stille senkte sich vorübergehend über die lebhafte Versammlung.

Sein Sessel war leer. Die nächstgelegene Tür, die Tür, die hinausführte, schloß sich gerade.

Mardi gras. Eine verrückt gewordene Stadt. Ein Fieber, das sie in jedem Jahr am Dienstag vor dem Aschermittwoch erfaßt. »Fetter Dienstag«. Wieder und wieder, nun schon seit dreiundfünfzig Jahren, seit 1827, als dieses Fest zum ersten Mal gefeiert wurde, ganz spontan, niemand weiß, wie. Noch einmal über die Stränge schlagen, bevor die Entbehrungen der Fastenzeit einsetzen – als ob diese von menschlicher Schwäche bestimmte Welt an ihr Ende gelangt sei und sich niemals mehr erneuern werde. Ein letztes Bacchanal vor dem öffentlichen Widerruf, wie um der Buße einen triftigen Grund zu geben.

Es gibt keine Nacht mehr und keinen Tag. Das geisterhafte Leuchten von Fackeln und Laternen an der Canal Street, der Royal Street, den anderen Straßen der Innenstadt erzeugt noch um Mitternacht ein rötliches Sonnenlicht. Und tagsüber sind alle Geschäfte geschlossen, nichts wird erstanden, nichts verkauft. Nichts als Freude, und die kann man umsonst bekommen. Seit acht Jahren schon galt der Tag als gesetzlicher Feiertag, und im gleichen Jahr, nämlich 1872, hatte der Gesetzgeber für diesen einen auch das Tragen von Masken auf offener Straße erlaubt.

Irgendwo erklingt beständig Musik, sei es in der Nähe oder in der Ferne. Wenn sich die Klänge der einen Straßenkapelle in der einen Richtung entfernen, nähern sich schon von irgendwoher die einer anderen. Andauernd hört man Rufen und Lachen, auch wenn die Quelle dieser Geräusche unsichtbar bleiben mag, irgendwo verborgen hinter einer Straßenecke oder hinter den geöffneten Fenstern eines Hauses. Selbst wenn es einmal zu einem vorübergehenden Nachlassen des Lärms kommen sollte, in der einen oder anderen Straße, zu diesem oder jenem Zeitpunkt, so geht der Fastnachtsdienstag doch mit Sicherheit an anderer Stelle ungehemmt weiter, kommt niemals zum Stillstand.

Während einer dieser vorübergehenden Pausen stand plötzlich eine bewegungslose Figur in einem von einer Galerie geschützten Torweg an der Canal Street. Die Luft war noch neblig und beißend von qualmend verbranntem Pech, der Boden war mit Konfetti, Papierschlangen, zerplatzten Ballons, die wie seltsam gefärbte Schalen exotischer Obstsorten aussahen, übersät, ein paar zertretene Blechtrompeten lagen herum, und sogar ein Damenschuh mit abgebrochenem Absatz. Die Beine eines Betrunkenen ragten schräg aus einer Tür heraus, der Rest von ihm blieb drinnen verborgen. Jemand hatte ein Blumengewinde darüber geworfen, wie man einen Kranz am Fuß einer Totenbahre niedergelegt, und fest um die nach oben gerichteten Zehen gewunden.

Die andere Gestalt aber in ihrem eigenen Torbogen war nüchtern, stand aufrecht. Sie trug als Zugeständnis an den Geist des Karnevals eine Maske aus Papiermaché, ansonsten aber gewöhnliche Männerkleidung. Das falsche Gesicht grotesk, eine erstarrte Grimasse ruchloser Freude, doppelt grotesk gar in Verbindung mit der matten, einsamen, verbrauchten Gestalt darunter.

Ein fernes Getöse, das schon einige Augenblicke drohend in der Luft gelegen hatte, brach plötzlich mit voller Lautstärke los, als es um die Ecke kam und ein sich dahinwindender Schlangentanz sichtbar wurde, bei dem die Tänzer ihre Hände auf die Schultern oder Hüften ihres jeweiligen Vordermannes gelegt und so eine lange Kette gebildet hatten. Der *Mardi gras* war wieder da, vorbei die Pause, das Atemholen.

Fackeln begleiteten die Schlange, und Kesselpauken und Schlaginstrumente. Die Straße erhellte sich wieder, als hätte sie Feuer gefangen. Wankende Riesenschatten glitten über die orangefarbenen Fassaden der Häuser. Sofort kehrten die Menschen auf beiden Seiten der Straße an die Fenster zurück. Wieder schneite Konfetti herab, nahm die verschiedensten Farben an, als es durch die wechselnden Beleuchtungen dahintrieb – rosa, violett, blaßgrün.

Die eigentliche Prozession, das Rückgrat gleichsam der Tänzer, wurde auf beiden Seiten von eigenständigen Begleitern flankiert, von Einzelpersonen oder Paaren, aber auch von Trios und Quartetten, die daneben herliefen, ohne fester Bestandteil der Schlange zu sein. Die Kette wurde von Minute zu Minute länger, nahm vereinzelte Tänzer in sich auf, obwohl niemand zu sagen vermochte, wohin sie sich bewegte, und sich auch niemand darum kümmerte. Der Kopf der Schlange war schon um eine Straßenecke gebogen und aus dem Blickfeld verschwunden, bevor noch ihr Schwanz hinter der entgegengesetzten Ecke aufgetaucht war. Den ursprünglichen Tanzschritt, mit dem sie aller Wahrscheinlichkeit nach losgezogen war, hatte sie aufgrund ihrer schwerfälligen Länge schon seit etlicher Zeit zugunsten eines bunten Potpourris aufgegeben. Einige tanzten einen Cakewalk, paradierten mit hoch unter das Kinn gezogenen Knien dahin, andere schlurften einfach so die Straße im Zickzack dahin, hoben kaum die Füße vom Boden, wieder andere wankten, hüpften, tanzten von einer Seite zur anderen wie Schachtelteufel.

Die Maske bewegte sich fieberhaft hin und her, vor und zurück, während der Körper darunter unbeweglich stehenblieb. Ihre starrenden Augen fixierten jede zweite Gestalt, die vorüberkam, folgten ihr eine Weile, ließen sie dann los, um zurückzukehren und sich auf die übernächste zu konzentrieren. Nur auf die Frauen – die Clowns, Piraten, spanischen Schmuggler dazwischen übersprangen sie.

Spähende, hervorquellende, weiß umrandete Augen, die Possen und Spaß, fröhliches Flirten und komische Leidenschaft verhießen – alles, nur nicht den verborgen lauernden Tod.

Viele sahen die Gestalt, einige winkten, manche riefen ihr einladend zu, ein paar warfen auch Blumen, die sie mitten ins Gesicht trafen. Römische Kaiserinnen, Haremsschönheiten, Zigeunerinnen, Frauen von Kreuzrittern in hohen Kappen. Und ein Kindermädchen mit gestärkter Schürze, das in einem Kinderwagen einen ausgewachsenen Mann vor sich herschob, dessen haarige Beine an den Seiten herunterbaumelten und gelegentlich ihre eigenen Schritte machten.

Ganz plötzlich wurden die komischen Glotzaugen starr, die Maske und der sie tragende Hals beugten sich weit vor, aufmerksam, bis aufs äußerste angespannt.

Sie war als Domino verkleidet, hatte ein wehendes, sich gabelnd teilendes Gewand an, das nur an den Hand- und Fußgelenken und am Hals fest anlag. Ihren Kopf bedeckte eine Kapuze. Sie trug eine Augenmaske aus hellblauer Seide, der Mund darunter war wie eine noch geschlossene Knospe.

Sie war nicht größer als etwa einen Meter fünfundfünfzig oder sechzig, ihr Schritt war zierlich und graziös. Sie gehörte nicht zur Kavalkade, sondern zur ungebunden treibenden Begleitung, die neben ihr herlief. Sie befand sich auf der anderen Seite der Schlange, die sich zwischen ihnen dahinwand. Sie wanderte von Mann zu Mann, tanzte mit jedem ein paar Schritte, verließ ihn wieder und weiter zum nächsten. So kam sie voran, nicht ein Schritt, nicht eine Drehung war ohne Begleiter vergeudet.

Sie war ein Geist der reinen Fröhlichkeit.

In diesem Augenblick verrutschte ihre Kapuze, glitt ihr für einen Augenblick vom Kopf, und bevor sie sie noch halten und hastig wieder aufsetzen konnte, hatte er das blonde Haar über der blauen Maske erspäht.

Er warf einen Arm hoch und schrie »Julia!« Er löste sich aus dem Schatten des Torbogens, warf sich dreimal gegen die hinderliche Menschenkette in dem Versuch, auf ihre andere Seite hinüberzugelangen, und prallte dreimal an ihrer unerwarteten Undurchlässigkeit ab.

»Niemand kommt hier durch«, sagten sie ihm neckend. »Geh

ganz bis zum Ende und da drumherum, wenn du unbedingt hinüber willst.«

Plötzlich schien sie ihn zu bemerken. Sie hielt einen Augenblick an und sah direkt zu ihm herüber. Oder es schien doch wenigstens so. Er hörte durch all den Lärm das schrille Gelächter, in das sie beim Anblick seines komischen Gesichts ausbrach. Sie streckte höhnend die Hand nach ihm aus. Dann drehte sie sich um und lief weiter.

Er stürzte sich in den Mahlstrom und wurde wie ein Ertrinkender, der seinen Kopf über Wasser zu halten versucht, von der Flut überspült, hierhin und dorthin geschleudert – nur nicht in die Richtung, in die er vorankommen wollte.

Schließlich hatte ein Wikinger mit behörntem Helm, eines der Glieder in der ihn aufhaltenden Kette, Mitleid mit ihm.

»Er sieht halt jemanden, den er mag«, rief er scherzend. »Schließlich ist Fastnacht, lassen wir ihn doch durch.« Und seine muskulösen Arme kurz wie eine Zugbrücke hebend, ließ er ihn darunter hindurchtauchen und zur anderen Seite gelangen.

Sie war, wenn auch mit Unterbrechungen, noch immer zu sehen, aber nun schon weit voraus. Wie ein hellblauer Korken, der auf schmutzigen Wogen tanzt.

»Julia!«

Diesmal drehte sie sich gänzlich herum, aber ob sie der Klang des Namens oder die Stärke seines Rufs dazu veranlaßte, war nicht auszumachen.

Er sah, wie sie sich leicht duckte, als wolle sie ihn zu einer Scheinverfolgung animieren, zu einer Jagd, bei der es keine Furcht gab, nur Spielerei, Koketterie. Eine absichtliche Anstiftung zur Verfolgung. Wenig später flüchtete sie, glitt, klein wie sie war, leicht zwischen den Menschen hindurch. Sie schaute sich aber immer wieder um.

Es war ganz offensichtlich, daß sie nicht wußte, wer er war, sondern ihn schlicht für einen anonymen Karnevalsbesucher hielt, mit dem man seinen Spaß haben konnte. Einmal, als er schon glaubte, sie endgültig verloren zu haben, was durchaus leicht hätte geschehen können, wenn sie es nur gewollt hätte, war sie zur Seite in einen Hauseingang getreten und wartend dort stehengeblieben, bis er sie wieder ausfindig gemacht hatte. Als das geschehen und kein Irrtum mehr möglich war, zog sie ihr Clownskostüm an beiden Seiten weit auseinander, machte eine ihn verspottende Verbeugung und eilte weiter.

Zu guter Letzt drehte sie sich noch einmal nach ihm um, blickte sie ein letztes Mal zu ihm zurück, als wollte sie sagen: »Genug damit. Ich habe für Ihre Annäherung einen ausreichend hohen Preis ausgesetzt, der gehört Ihnen, machen Sie jetzt damit, was Sie wollen, was immer das sein mag.« Dann löste sie sich aus dem Hauptstrom der Tänzer und schoß eine nur spärlich beleuchtete Seitengasse hinab.

Er seinerseits gelangte schon wenig später an den Anfang dieser Gasse und konnte noch den blassen Schimmer ihres Gewandes in der Dämmerung vor sich erkennen. Auch er bog in die Gasse ein. Hier gab es keine Hindernisse mehr, nichts, was ihn aufgehalten hätte. Innerhalb weniger Sekunden schon hatte er sie überholt, sie angehalten und mit dem Rücken gegen eine Wand gedrängt, seine beiden erhobenen Arme zu ihren Seiten wie eine Absperrung dagegengestemmt.

Sie war unfähig zu sprechen, völlig außer Atem. Sie lehnte in Erwartung des Techtelmechtels an der Wand, galt es doch nun für sie beide, die Früchte ihrer wilden Jagd zu ernten. In der Dunkelheit konnte er kaum noch die blaßblaue Maske erkennen. Der rötliche und gelbe Schein der Fackeln auf der Hauptstraße erleuchtete nur den Anfang dieser kleinen Gasse, reichte nicht bis zu der Stelle, an der sie standen. Da herrschte nur düsteres Zwielicht. Es war genau der richtige Ort, um...

Er versuchte, ihr die Maske vom Gesicht zu ziehen, sie aber

wehrte ihn ab, drehte den Kopf zur Seite. Sie kicherte leise und fächelte sich mit der Hand Luft zu, um schneller wieder zu Atem zu kommen.

»Julia«, keuchte er ihr ins Gesicht. »Julia.«

Sie kicherte wieder.

»Jetzt habe ich dich.«

Er schaute sich um, blickte dahin, wo das Licht war, wo noch immer die Menschenmenge vorbeiströmte, als wolle er die Entfernung abschätzen.

Dann fuhr seine Hand suchend in seine Rocktasche und zog die Pistole mit dem Elfenbeingriff heraus, die er schon während des ganzen Karnevals mit sich herumtrug. Einen Augenblick lang konnte sie die Waffe nicht sehen, hielt er sie doch sehr tief, weit unterhalb ihrer Augenhöhe.

Dann riß er sich seine Maske herunter, und sie fiel zu Boden.

»Erkennst du mich jetzt, Julia? Siehst du nun, wer ich bin?«

Sein Ellbogen bewegte sich nach hinten, die Waffe entfernte sich von ihr, er wollte Platz gewinnen. Die Pistole klickte leise, als er den Hahn spannte. Dann bewegte sie sich wieder auf das Mädchen zu. Sie fand jenen leeren Raum, von dem man weiß, daß andere ihr Herz dort haben.

Nun zerrte er rücksichtslos an ihrer Maske, zog sie ihr fort. Dabei glitt ihr die Kapuze vom Kopf und ließ ihr blondes Haar sichtbar werden. Im gleichen Augenblick, in dem er ihr ganzes, unverhülltes Gesicht sah, sah sie die Pistole.

»Nein, nich, Mister, nich ...«, wimmerte sie verzweifelt. »Ich hab nix Unrechtes tun wollen. Ich hab halt Blödsinn gemacht, hab Sie 'n bißchen veräppelt ...«

Sie versuchte, sich zu Boden sinken zu lassen, aber die angespannte Enge seiner Arme hielt sie hoch, ließ das nicht zu.

»Aber Sie sind ja eine ... Sie sind eine ...«

»Bitte, Mister, ich kann doch nix dafür, wenn ich nich das bin, was Sie ...«

Es gab einen kleinen dumpfen Aufschlag, als die Pistole mit dem elfenbeinernen Griff neben ihm auf die Erde fiel.

24

Das Zimmer war ein Stilleben. Vergißmeinnicht auf rosafarbener Tapete im Hintergrund. Im Vordergrund ein Tisch. Auf dem Tisch ein widerlich riechendes Wasserglas, eine umgekippte Flasche, bis zum letzten Tropfen geleert, ein Kopf, das Gesicht nach unten. Nichts bewegte sich. Nichts war eines Gefühls oder einer Wahrnehmung fähig.

Ein Stilleben, das den Titel »Verzweiflung« trug.

25

Der Polizeichef von New Orleans war ein recht durchschnittlicher Vertreter seines Berufsstandes, nicht mehr und nicht weniger. Siebenundfünfzig Jahre alt, neunzig Kilo schwer, einsfünfundsiebzig groß, silbergraues Haar mit ersten Anzeichen einer Glatze, zweigeteilter Spitzbart, nicht übermäßig gut gekleidet, von ehernen Grundsätzen erfüllt, aber kein harter, das Normalmaß überschreitender Arbeiter, verheiratet, nur beim Lesen auf die Hilfe einer Brille angewiesen, von einem leichten Nierenleiden geplagt. Nicht brillant, aber auch nicht dumm – das erstere im Falle eines Beamten wohl eher eine disqualifizierende Eigenschaft als das letztere.

Sein Büro im Polizeihauptquartier war nicht besonders einnehmend, aber da es nicht für einen sozialen Zweck, sondern einzig und allein für die Arbeit bestimmt war, war das zweifellos nicht von allzu großer Bedeutung. Es hatte so eine ganz bestimmte, etwas schwülstige Atmosphäre an sich, wie sie wohl bei

Büros von Verwaltungsbehörden dieser Art unvermeidlich ist. An den Wänden elfenbeinfarbene Tapeten, schnell braun geworden vom Alter (und das ganz ungleichmäßig), mit Taschen und Blasen, wo sie sich verworfen hatte – sie mußte mindestens aus der Regierungszeit Van Burens stammen. Am Boden ein grüner Teppich, der zu kränklichem Gelb verblichen war. Eine Gaslampe mit vier Flammen in tulpenförmigen, seifig irisierenden Glasschalen an der Decke. Der mit Papieren überhäufte Schreibtisch des Polizeipräsidenten stand so, daß er selbst mit dem Rücken zum Fenster saß, während diejenigen, die er befragte, den Nachteil in Kauf zu nehmen hatten, daß ihnen das Licht voll ins Gesicht schien.

Sein Sekretär öffnete die Tür, schloß sie wieder hinter sich und verkündete: »Da ist ein Herr draußen, der Sie zu sprechen wünscht, Sir.«

Der Polizeichef blickte nur kurz von einem Bericht auf, den er gerade studierte. »Weswegen? Lassen Sie ihn sein Anliegen nennen«, sagte er mit polterndem, tieftönendem Bariton.

Der Sekretär zog sich zurück, konferierte, kehrte wieder.

»Es handelt sich um eine persönliche Angelegenheit, Sir, nur für Ihre Ohren bestimmt. Ich schlug vor, er solle sie schriftlich vortragen, aber er behauptet, daß das nicht möglich sei. Er bittet Sie, ihm nur einen kurzen Augenblick Ihrer Zeit zu widmen.«

Der Polizeichef seufzte ungehalten. »Na gut. Unterbrechen Sie uns nach fünf Minuten, Harris. Vergessen Sie's nicht.«

Der Sekretär hielt die Tür auf, gab mit zwei erhobenen Fingern die Erlaubnis zum Eintreten, und ein alter Mann betrat das Büro. Ein hagerer, mutloser, nutzloser, geschlagener Mann von siebenunddreißig Jahren.

Der Sekretär zog sich zurück, um mit dem Abzählen der fünf Minuten zu beginnen.

Der Polizeichef legte den Bericht, in dem er gelesen hatte,

beiseite und nickte dem Alten mit unpersönlicher Höflichkeit zu. »Guten Tag, Sir. Wollen Sie sich bitte so kurz wie möglich fassen? Ich habe hier eine ganze Reihe von Angelegenheiten vorliegen, die ich ...« Er fuhr mit einem Arm ziemlich vage über den Schreibtisch hin.

»Ich werde mich bemühen, Sir. Ich weiß es wohl zu würdigen, daß Sie mir Ihre Zeit schenken.«

Dem Polizeichef gefiel das. Er hatte bis dahin einen durchaus günstigen Eindruck gewonnen.

»Möchten Sie sich nicht setzen?«

Er würde ihm zumindest die zugesagten fünf Minuten geben, wenn nicht sogar mehr. Sein Besucher sah ganz so aus, als hätte er viel erdulden müssen. Dahinter aber war eine bestimmte, lebendig gebliebene Würde erkennbar, die eher zu Hochachtung als zu rührseligem Mitleid nötigte.

Der Besucher setzte sich in einen großen schwarzen Ledersessel, dessen Sitzfläche an gebrochenen Federn litt.

»Nun, mein Herr«, trieb der Polizeichef an, um jeden Versuch einer Verzögerung zu unterbinden.

»Ich heiße Louis Durand. Ich heiratete am 20. Mai dieses Jahres eine Frau, die aus St. Louis stammte und sich Julia Russell nannte. Ich hatte sie noch nie zuvor gesehen. Ich habe den Trauschein bei mir. Am 15. Juni hob sie von meinem Konto 50 000 Dollar ab und verschwand. Ich habe sie seither nicht wiedergesehen. Ich möchte einen auf diese Frau lautenden Haftbefehl erwirken. Ich möchte, daß sie festgenommen, ihr der Prozeß gemacht wird und ich mein Geld zurückbekomme.«

Der Polizeichef schwieg eine Weile. Es war offensichtlich, daß dies nicht etwa aus Unaufmerksamkeit oder gar Desinteresse geschah, sondern weil sich umgekehrt plötzlich ein Übermaß des Gegenteils beider Regungen eingestellt hatte. Es war gleichermaßen offensichtlich, daß er in seinem Kopf die ganze Geschichte für sich selbst umformulierte, sie gleichsam in seine eigene Sprache übersetzte, um sich mit ihr vertrauter zu machen und besser mit ihr umgehen zu können.

»Dürfte ich die Urkunde mal sehen?« sagte er schließlich.

Durand zog sie hervor, überreichte sie ihm.

Er las sie sorgfältig durch, sagte aber nichts weiter dazu. Ja, er stellte nur noch zwei weitere Fragen, beide sehr weit gefaßt, aber doch von höchster Relevanz.

Die eine lautete: »Sie sagten, Sie hätten sie nie zuvor gesehen. Wie kam das?«

Durand erklärte die besonderen Umstände seiner Brautwerbung und fügte die Ansicht an, daß die Dame, die er geheiratet habe, nicht die Frau gewesen sei, um die er angehalten habe, sondern eine Schwindlerin. Er begründete diese Auffassung, räumte aber auch ein, daß er keinerlei Beweise dafür habe.

Die zweite und abschließende Frage des Polizeichefs, durch die vor dem Mund zusammengelegten Hände gesprochen, lautete: »Fälschte sie Ihre Unterschrift, als sie das Geld bei der Bank abhob?«

Durand schüttelte den Kopf. »Sie unterschrieb mit ihrem eigenen Namen. Ich hatte ihr die Bankvollmacht erteilt, ihr den Zugang zu allen Konten gewährt.«

Die Fünfminutenfrist war verstrichen. Die Tür öffnete sich, Jung-Harris schob Kopf und Schultern herein und sagte: »Entschuldigen Sie, Commissioner, aber ich habe da einen Bericht für Sie erhalten, den ...«

Seine früheren Instruktionen widerrufend, forderte ihn der Polizeichef mit einer Handbewegung zum Schweigen auf.

Er wandte sich mit gemächlicher Bedachtsamkeit an Durand, um diesem zu verstehen zu geben, daß das Interview nicht der Mitteilung des Sekretärs wegen beendet werde, sondern allein aus Gründen, die in ihm selbst lagen. »Ich würde diese Angelegenheit zunächst gern mal mit meinen Kollegen durchsprechen«, gestand er ein, »bevor ich etwas unternehme. Es ist dies ein wahrlich seltsamer Fall, ganz anders als alles, was mir bis jetzt so untergekommen ist. Wenn Sie mir gestatten, diese Heiratsurkunde vorläufig noch hierzubehalten, dann sorge ich dafür, daß Sie sie zu gegebener Zeit zurückbekommen. Ich schlage vor, daß Sie sich morgen um die gleiche Zeit wieder hier einfinden, Mr. Durand.«

Und sich umwendend, schärfte er seinem Sekretär mit unmißverständlicher Deutlichkeit ein: »Harris, ich werde Mr. Durand morgen um die gleiche Zeit zu einem Gespräch empfangen. Bitte sorgen Sie dafür, daß meine Termine darauf abgestimmt werden.«

»Ich danke Ihnen, Herr Präsident«, sagte Durand und erhob sich.

»Da gibt es noch nichts zu danken. Lassen Sie uns erst einmal abwarten und sehen, was zu machen ist.

26

»Nehmen Sie Platz, Mr. Durand«, sagte der Polizeichef, nachdem er ihm die Hand gegeben hatte.

Durand kam der Aufforderung nach, wartete.

Der Polizeichef suchte nach den passenden Worten, ordnete sie in seinem Kopf und gab sie endlich von sich: »Es tut mir leid, Ihnen sagen zu müssen, daß wir in Ihrer Angelegenheit nichts für Sie tun können. Rein gar nichts. Und mit ›wir‹ meine ich die gesamte Polizei dieser Stadt.«

»Was?« Durand war wie vor den Kopf gestoßen, der zurückfiel gegen das schwammige schwarze Leder der Sessellehne. Der Hut fiel ihm aus der Hand und von seinem Schoß, und es war der Polizeichef, der ihn wieder aufsammelte und an ihn zurückgab. Durand konnte einen Augenblick lang kaum sprechen. »Sie... Sie meinen, daß eine fremde Frau, eine Rumtreiberin, daherkommen, eine Scheinehe eingehen, sich mit 50 000 Dollar heimlich davonmachen darf und ... und ... und Sie sagen, Sie können da nichts dagegen unternehmen?«

»Einen Augenblick mal«, sagte der Polizeichef und sprach mit geduldiger Freundlichkeit. »Ich verstehe durchaus, was Sie empfinden, aber einen Augenblick mal.« Er reichte ihm die Heiratsurkunde, die er am Vortag dabehalten hatte.

Durand zerknitterte sie in seiner Hand, schleuderte sie angewidert von sich. »Diese ... diese wertlose Fälschung ...!«

»Der erste Punkt, den wir klären müssen, bevor wir weitermachen, ist der folgende«, erklärte der Polizeipräsident. »Das da ist keine Fälschung. Und diese Ehe ist keine unechte.« Er unterstrich jedes seiner Worte. *»Diese Frau ist Ihre rechtmäßige Ehefrau.«*

Diesmal war Durands Bestürzung noch größer. Er war völlig entgeistert. »Sie ist nicht Julia Russell! Das ist nicht ihr Name! Wenn ich überhaupt verheiratet bin, dann mit Julia Russell, wer immer und wo immer sie auch sein mag ... Das ist eine Eheschließung in Stellvertretung, wenn Sie so wollen ... *Aber diese Frau ist eine andere!*«

»Das ist der Punkt, in dem Sie sich irren.« Der Polizeichef begleitete jedes Wort mit dem schweren Pochen seines Zeigefingers auf den Schreibtisch. »Ich habe mich mit den Geistlichen der Kirche in Verbindung gesetzt, in der die Trauung vollzogen wurde, und ich habe gleichermaßen unsere laizistischen Rechtsexperten konsultiert. Die Frau, die da neben Ihnen in der Kirche gestanden hat, wurde Ihnen *in persona* angetraut und nicht stellvertretend für eine andere. Es ist dabei ganz belanglos, welchen Namen sie angegeben hat, ob einen falschen oder ihren richtigen, und es würde auch nichts ändern, wenn sie behauptet hätte, sie sei die Tochter des Präsidenten der Vereinigten Staaten, Gott bewahre! ... sie ist Ihre Ihnen rechtmäßig angetraute Ehefrau, nach bürgerlichem und nach kirchlichem Recht. Sie und nur sie und sie allein. Und nichts kann aus ihr etwas anderes machen. Sie können die Ehe natürlich annullieren lassen, mit der Begründung, daß sie aufgrund falscher Angaben geschlossen wurde, aber das ist eine andere Sache ...«

»Mein Gott!« stöhnte Durand.

Der Polizeichef erhob sich, ging zum Wasserkühler und holte ihm einen Becher. Er übersah ihn.

»Und das Geld?« fragte er schließlich matt. »Eine Frau kann einen Mann all seiner Ersparnisse berauben, direkt vor Ihren Augen, und Sie können ihm nicht helfen, nichts für ihn tun? Was ist das für ein Recht, das die ehrlichen Leute bestraft und die Missetäter schützt? Da kann eine Frau in das Haus eines Mannes hineinmarschieren und ...«

»Nein. Jetzt halten Sie mal ein. Das bringt uns an den Punkt zurück, an dem wir schon einmal waren. Eine Frau kann das nicht tun, nicht straflos. Aber in Ihrem Falle hat das ja eben nicht *eine* Frau, irgendeine ganz gewöhnliche Frau getan.«

»Aber ...«

»*Ihre Ehefrau* hat es getan. Und deshalb ist ihr mit dem Gesetz nicht beizukommen. Sie haben ihr mit Ihrer Unterschrift die Erlaubnis erteilt, eben das zu tun, was sie getan hat. Mr. Simms von der Bank hat mir die Vollmacht gezeigt. Unter den gegebenen Umständen, nämlich bei Vorhandensein eines gemeinsamen Kontos, kann die Ehefrau ihren Mann einfach nicht bestehlen, der Ehemann nicht seine Frau.«

Er blickte sich bekümmert zu dem Fenster hinter sich um.

»Sie könnte just in diesem Augenblick da draußen auf der Straße vorbeigehen, und wir könnten sie doch nicht festhalten, sie nicht festnehmen.«

Durand ließ, völlig vernichtet, seine Schultern nach vorn sakken. »Sie glauben mir also nicht«, war alles, was er sagen konnte. »Daß da irgendwo im Hintergrund von dem allen und insgeheim ein ganz übles Spiel gespielt wurde. Daß da eine Frau in St. Louis aufbrach, um meine Frau zu werden, und eine andere plötzlich an ihrer Stelle hier erschien ...«

»Wir glauben Ihnen, Mr. Durand, wir glauben Ihnen voll und ganz. Lassen Sie es mich so sagen. Wir stimmen mit Ihnen gänzlich überein, was die Theorie anbelangt, aber in der Praxis können wir keinen Finger rühren, um Ihnen zu helfen. Es ist nicht, daß wir dazu etwa nicht willens wären. Wenn wir jemanden in Arrest nehmen würden, könnten wir die betreffende Person einfach nicht auf längere Zeit festhalten, ganz zu schweigen davon, daß wir auch die Rückgabe des Geldes nicht erzwingen könnten. Der ganze Fall stützt sich auf Indizien. Bislang ist ja nachweislich kein Verbrechen begangen worden. Sie fuhren zum Hafen, um dort mit einer Frau zusammenzutreffen, trafen statt dessen aber eine andere. Eine Vertauschung von Personen ist als solche noch kein Verbrechen. Das kann, wie soll ich mich ausdrücken, ein persönlicher Verrat sein, eine Art Gaunerei, aber nach dem Gesetz ist es noch kein Verbrechen. Ich rate Ihnen ...«

Durand lächelte welk. »Vergessen Sie die ganze Sache.«

»Nein, nein, nicht im geringsten. Reisen Sie nach St. Louis und fangen Sie dort an. Bringen Sie Beweise bei, daß ein Verbrechen – entweder eine Entführung oder ein noch viel schlimmeres – gegen die echte Julia Russell verübt worden ist. Jetzt hören Sie mir mal genau zu. Ich sagte *bringen Sie Beweise bei.* Ein Brief, der die Handschrift eines anderen aufweist, beweist nur ... daß es ein Brief ist, der von einem anderen geschrieben wurde. Kleider, die zu groß sind, sind halt nur ... Kleider, die zu groß sind. Ich sagte, *bringen Sie Beweise bei,* daß ein Verbrechen begangen wurde. Und diese Beweise« – er bewegte den Finger ernst hin und her, wie ein Pendel – »legen Sie nicht uns vor, sondern den Behörden, in deren rechtlichem Verantwortungsbereich Sie das Beweismaterial gefunden haben. Das bedeutet, daß Sie sich, sollten Sie es etwa auf dem Fluß finden, an die Kommune am Ufer wenden, die dem Ort des Geschehens am nächsten liegt.«

Durand ließ verzweifelt seine Faust wie einen Holzhammer auf den Schreibtisch des Polizeichefs hinabsausen. »Mir ist bis zum gegenwärtigen Augenblick gar nicht klar gewesen«, sagte er wütend, »daß ein Übeltäter so viele Möglichkeiten hat, sich eines Verbrechens schuldig zu machen und dann der gerechten Strafe zu entgehen. Mir will scheinen, daß es sich lohnt, das Gesetz zu mißachten! Warum sich auch daran halten, wenn ...«

»Das Gesetz, wie wir es in diesem Lande praktizieren«, sagte der Polizeichef nachsichtig, »tut alles, um die Unschuldigen in Schutz zu nehmen. Es mag sich in einigen wenigen Fällen wie etwa dem Ihren einem ehrlichen Kläger gegenüber als ungerecht erweisen, aber dafür hat es in unzähligen anderen Fällen unschuldige Personen vor ungerechtfertigten Anschuldigungen, irrtümlicher Inhaftierung, ungerechten Prozessen und vielleicht sogar auch vor der Todesstrafe bewahrt, die ja nicht mehr rückgängig zu machen ist, wenn sie erst einmal vollstreckt wurde. Das römische Recht, das in vielen anderen Ländern Gültigkeit hat, geht davon aus, daß jemand schuldig ist, solange seine Unschuld nicht bewiesen wurde. Das angelsächsische allgemeine Recht, das für uns gilt, geht umgekehrt davon aus, daß jemand so lange als unschuldig zu gelten hat, solange seine Schuld nicht bewiesen worden ist.«

Er seufzte tief. »Denken Sie einmal darüber nach, Mr. Durand.«

»Ich verstehe«, sagte dieser endlich und hob den niedergeschlagen gesenkten Kopf. »Es tut mir leid, daß ich die Beherrschung verloren habe.«

»Wenn man mich in eine Ehe hineingetrickst hätte«, gestand ihm der Polizeichef, »und ich um 50 000 Dollar erleichtert worden wäre, dann würde ich auch die Beherrschung verlieren – und das noch viel schlimmer als Sie gerade eben. Aber das ändert nicht das geringste an dem, was ich Ihnen soeben auseinandergesetzt habe. Es bleibt bei allem, was ich Ihnen gesagt habe.»

Durand stand mit matter Behutsamkeit auf, strich mit zwei Fingern an den seitlichen Falten seiner Hosenbeine hinab, um sie zu glätten. »Ich werde nach St. Louis fahren und dort anfangen«, sagte er grimmig. »Guten Tag«, fügte er dann noch kurz hinzu.

»Guten Tag«, echote der andere.

Durand ging zur Tür, zog sie nach innen auf, um hinauszugehen.

»Durand«, rief der Polizeichef ihm nach, von einem ihm nachträglich gekommenen Gedanken bewegt.

Durand wandte den Kopf zu ihm um.

»Nehmen Sie aber das Gesetz nicht in die eigenen Hände.«

Durand blieb eine Weile in der Tür stehen, hielt seine Antwort einen Augenblick lang zurück, als hätte er das soeben Gesagte nicht gehört.

»Ich will es versuchen«, sagte er schließlich und ging hinaus.

27

Die *City of Baton Rouge* erreichte wenige Tage später um sechs Uhr abends den Hafen von St. Louis. Es war Mittwoch, der elfte.

Er war noch nie zuvor in dieser Stadt gewesen, aber wo er noch vor einem Jahr an all den Unterschieden, dem Neuen, der im Vergleich zum einschläfernd schwülen New Orleans frischeren, geschäftigeren Atmosphäre, dem eher ein wenig deutsch anmutenden Erscheinungsbild der Stadt (es war dies kaum spürbar, aber doch recht merklich für jemanden, der aus der durch und durch französischen, flußabwärts gelegenen Stadt kam), wo er also noch vor einem Jahr Gefallen an all diesen Dingen gefunden und sie genossen hätte, da war ihm nun das Herz viel zu schwer, um sich dafür zu interessieren oder um sehr viel mehr wahrzunehmen als die Tatsache, daß die Reise beendet und eben an diesem Ort zu Ende gegangen war – an diesem Ort, der des Rätsels Lösung bringen, sein Problem lösen, über sein Schicksal entscheiden würde.

Der Tag war wolkenverhangen, aber selbst noch in seiner Bewölktheit lag etwas Aufgeräumtes, Belebendes, das vergleichbaren Tagen in New Orleans so gänzlich fehlte. Es lag Tatkraft in der Luft, Energie – es war weniger Freundlichkeit, dafür aber erheblich mehr Häßlichkeit spürbar.

Für ihn war das jedenfalls der Norden, war es doch so weit nördlich, wie er bislang noch nie gelangt war.

Er hatte Bertha Russells Adresse natürlich bei sich, aber da es schon sehr spät war, vielleicht aber auch unbewußt wegen seiner latenten Feigheit, die ihn bestrebt sein ließ, den Höhepunkt der schweren Prüfung so weit hinauszuschieben wie möglich, beschloß er, sich erst einmal ein Hotel zu suchen, bevor er sich aufmachte, um diese unbekannte Frau aufzusuchen und zu befragen, von der nun alles abhing.

Er verließ den Ankunftsschuppen auf dem Pier und wandte sich stadtwärts, wurde unverzüglich von einer Schar Droschkenkutscher mit erhobenen Peitschen umringt, die sich hoffnungsvoll auf ihn stürzten, und kletterte achtlos in eines ihrer Gefährte.

»Bringen Sie mich zu so etwas wie einem Hotel«, sagte er niedergeschlagen. »Nichts allzu feines. Und nicht zu weit drinnen im Zentrum.«

»Jawoll, Sir. Da wird das *Commercial Traveler* ganz das richtige sein, schätze ich. Is nur 'n Steinwurf von hier.«

Selbst die Farbigen sprachen hier oben schneller als die zu Hause, stellte er mit stumpfer Unvoreingenommenheit fest.

Das Hotel war ein schäbiges, nach Bier riechendes Haus am Ufer des Flusses, aber es kam seinen Bedürfnissen doch weit genug entgegen, um akzeptabel zu sein. Ihm wurden Schlüssel und Erläuterungen gegeben, dazu die Erlaubnis, sich selbst den Weg zu einem freudlosen Zimmer suchen zu dürfen, das über ein Fenster fast ohne jede Aussicht verfügte, wurde diese doch gleich dreifach behindert – von einer Backsteinmauer, von einem Film verfestigten Staubes, der sich auf den Scheiben abgesetzt hatte, und von einem muffigen Vorhang, dessen Gewebeporen schon längst vom Schmutz geschlossen worden waren. Aber die Dämmerung trübte bereits die Luft, und er hätte sowieso nicht hinausgeschaut, selbst wenn er es gekonnt hätte. Er war nicht hierher gekommen, um sich an Aussichten zu erfreuen.

Er ließ seine Reisetasche auf den Boden und sich selbst mit schwerer Mutlosigkeit in einen Stuhl fallen, um sich die Handgelenke zu reiben und dumpf vor sich hin zu brüten.

Wieder malte er sich die ihm bevorstehende Szene aus, wie er das schon den ganzen Tag lang auf dem Dampfer und die Nacht zuvor getan hatte. Hörte wieder die ihn beruhigende Stimme, die er zu hören hoffte. »Sie war schon immer ziemlich wild, Mr. Durand, ja, unsere Julia, die war schon immer so. Das ist nicht das erste Mal, daß sie fortgelaufen ist. Sie wird schon bald zu Ihnen zurückkommen, nur keine Bange. Wenn Sie sie am wenigsten erwarten, dann wird sie plötzlich wieder da sein und Sie um Verzeihung bitten.«

Es wurde ihm bewußt, daß er sich wohl genau diesen Ausgang wünschte, wenn er ihn sich immer wieder so ausmalte. Versichert zu bekommen, daß es die echte Julia war, eine Betrügerin, eine Diebin, eine Flüchtige zwar, aber doch die Person, die zu sein sie vorgegeben hatte. Warum, fragte er sich, warum?

Weil Anonymität bedeuten würde, daß ihr Verlust noch endgültiger wäre, noch weniger behebbar. Anonymität bedeutete, daß sie für immer fort war, daß es nicht einmal mehr ein Wesen gab, welches er eines Tages wiederzufinden hoffte, daß ihm nichts geblieben war.

Oder war es so, weil die Alternative dazu, daß sie trotz allem Julia war, nur etwas noch weit Tristeres sein konnte, etwas, was ihn erschauern ließ, wenn er nur daran dachte?

Und da erinnerte er sich an den Brief, von dem Bertha behauptet hatte, daß er in einer fremden Handschrift abgefaßt sei – und alle Hoffnung war ihm genommen.

Er verließ augenblicklich sein Zimmer, ging hinunter und versuchte, in dem wenig einladenden Restaurant etwas zu essen, das zu dem Hotel gehörte – ein Speisesaal, wie er typisch für die Absteige von Handlungsreisenden ist, raucherfüllt, lärmend von prahlenden Stimmen, und nicht eine Frau unter den Gästen. Er aß aus purer Gewohnheit und ohne zu wissen, was er da zu sich nahm. Und als er dann vor einer unangerührten Tasse eiskalten, dünnen Kaffees saß, bemerkte er plötzlich, daß es auf dem großen, vergilbenden Zifferblatt der Uhr hoch oben an der Wand schon fast neun war, und beschloß, nicht bis zum morgigen Tag zu warten, sondern den Gang sofort zu machen und die Sache ein für allemal hinter sich zu bringen. Der Versuch, noch eine weitere Nacht darüber zu schlafen, würde lediglich noch mehr Quälerei bedeuten und unerträglich sein. Er wollte das alles hinter sich bringen, ob der Ausgang nun ein guter oder ein schlimmer war, er wollte sofort Klarheit haben, er konnte die Ungewißheit keine halbe Stunde länger ertragen.

Er ging kurz noch einmal in sein Zimmer hinauf, holte die beiden Briefe der Schwester, die Heiratsurkunde und alle anderen für die Sache relevanten Urkunden, steckte alles in seine Tasche, kam wieder herunter, fand eine Droschke und nannte die Adresse.

Von außen ließ sich bei der Finsternis nicht viel über das Haus sagen. Es schien relativ groß zu sein. Der obere Teil seiner Silhouette fiel schräg ab, was bedeutete, daß es ein Mansardendach hatte. Es befand sich in einem höchst sauberen, respektablen Viertel. Bäume säumten die Straßen, und die Straßen waren ohne Leben, weil alle hier wohnenden Menschen in ihren Häusern waren, wie es gesetzestreuen Bürgern zu dieser Stunde des Tages wohl anstand. Hier und da funkelte eine Straßenlaterne zwischen den Bäumen wie ein limonenfarbenes Glühwürmchen. Ein spitzer Kirchturm stach wie ein kurzes, schwarzes Messer nach oben in den wie mit Klinkerstaub eingefärbten Himmel, der dank der leuchtenden, niedrigziehenden Wolkenbänke heller als die Erde war.

Was das Haus anbetraf, so kam aus einem Paar Doppelfenster im Erdgeschoß orangefarbenes Lampenlicht. Der Rest war dunkel. Immerhin war irgend jemand da.

Er stieg aus und suchte nach Geld.

»Soll ich warten?« fragte der Droschkenkutscher.

»Nein«, sagte er zögernd, »nein. Ich weiß noch nicht, wie lange ich hierbleiben muß.« Und doch war es ihm beinah verhaßt, zuschauen zu müssen, wie die Droschke wendete, davonfuhr – und ihn hier zurückließ, gleichsam von der Welt abgeschnitten und nicht mehr in der Lage, im letzten Augenblick doch noch den Rückzug anzutreten, was er eigentlich sehr gern getan hätte.

Er ging zur Haustür, fand einen kleinen, elfenbeinernen Klingelknopf und drückte mit dem Daumen darauf.

Er mußte lange warten, unterließ es aber, noch einmal zu läuten.

Endlich erstrahlte – ganz langsam, als werde es von einer näherkommenden Lampe beschienen – ein Oberlicht mit einander abwechselnden Streifen von dunkelrotem und farblosem Glas, das bisher für ihn unsichtbar gewesen war.

Die Stimme einer Frau rief durch die Tür: »Wer ist da, bitte? Was wünschen Sie?«

Nach diesen Vorsichtsmaßregeln zu urteilen, lebte sie allein.

»Ich hätte gern Miss Bertha Russell gesprochen, bitte«, rief er zurück. »Es ist wichtig.«

»Einen Augenblick bitte.«

Er konnte hören, wie ein Riegel zurückgeschoben, ein Drehschloß geöffnet wurde. Dann tat sich die Tür auf, und sie stand vor ihm und betrachtete ihn, die Petroleumlampe in ihrer einen Hand ein wenig erhoben, so daß ihre Strahlen zu ihrer Beruhigung auf ihn fielen.

Sie war etwa fünfzig, oder doch nahe daran, eine große, kräftig gebaute Frau, dabei jedoch nicht dick – irgendwie wirkte sie eckig. Sie sah nicht eben gesund aus – ihr Gesicht war von wachsartiger Gelblichkeit wie bei jemandem, der sich Sorgen gemacht und das Haus schon seit geraumer Zeit nicht mehr verlassen hat. Ihr Haar, grob und glänzend, war in den frühen Stadien des Ergrauens. Hinten noch ganz schwarz, waren über der Stirn die ersten weißen Strähnen sichtbar geworden, und die Art und Weise, wie sie ihr Haar trug, war eher dazu angetan, diese zu betonen als zu verbergen – es war straff nach hinten gekämmt, so straff, daß es aussah, als zöge jemand daran, und dann achtlos zu einem Knoten zusammengebunden. Es gab ihr ein strenges Aussehen, welches nicht gänzlich gerechtfertigt sein mochte, wenngleich aus ihren Zügen nur wenig Humor oder Weichheit herauszulesen war.

Sie trug ein steifes schwarzes Wollkleid mit einem weißen Häkelkragen, den eine Karneolbrosche am Hals zusammenhielt.

»Ja?« sagte sie mit sich hebender Stimme. »Ich bin Bertha Russell. Kennen wir uns?«

»Mein Name ist Louis Durand«, antwortete er ernst. »Ich bin soeben erst aus New Orleans eingetroffen.«

Er hörte sie tief Luft holen. Sie starrte ihn einen langen Augenblick an, als wolle sie sich mit ihm vertraut machen. Dann zog sie ganz abrupt die Tür weiter auf. »Kommen Sie herein, Mr. Durand«, sagte sie. »Kommen Sie ins Haus.«

Sie schloß die Haustür hinter ihm ab. Er trat beiseite, wartete, ließ sie vorangehen.

»Hier entlang«, sagte sie. »Dort drüben ist der Salon.«

Er folgte ihr durch eine dunkelbödige, flickenteppichgeschmückte Eingangshalle und seitlich hinein in den Salon. Sie mußte gelesen haben, als er geläutet hatte. Als sie die Lampe auf einem Tisch in der Mitte des Zimmers abstellte, schwamm ein dickes, geöffnetes Buch mit Goldschnitt ins Blickfeld, eine silbergefaßte Brille daneben. Er erkannte es als die Bibel. Ein rotes Samtband, das als Lesezeichen fungierte, hing daraus hervor.

»Warten Sie, ich mache noch ein wenig mehr Licht.«

Sie zündete eine zweite Lampe an, regulierte ihre Helligkeit so, daß sie der der anderen entsprach. Dennoch blieb der Raum alles andere als lichtdurchflutet.

»Setzen Sie sich, Mr. Durand.«

Sie setzte sich ihm gegenüber an den Tisch, dahin, wo sie auch vorher schon gesessen hatte, als sie allein gewesen war. Sie zog das Samtband über die geöffnete Seite der Bibel, schloß den schweren Band und schob ihn ein Stückchen beiseite.

Er bemerkte, wie sie aus einer Mischung von Aufregung und vorweggenommener Furcht zitterte. Sie war fast körperlich spürbar, so groß war ihre Erregung – und doch so eisern unterdrückt.

Mit Anstrengung legte sie die Hände ineinander und halb auf die Tischkante, dahin, wo bis vor kurzem noch die Bibel gelegen hatte.

Sie befeuchtete die blutlosen Ränder ihrer Lippen.

»Also, was können Sie mir berichten? Weswegen sind Sie hierher gekommen?«

»Es ist nicht das, was ich Ihnen sagen kann«, antwortete er, »sondern Sie mir.«

Sie nickte ein wenig mürrisch, als ob sie, wiewohl nicht einverstanden mit der Herausforderung, dennoch bereit sei, sich ihr zu stellen, um die Sache voranzubringen.

»Nun gut. Ich kann Ihnen soviel sagen: Meine Schwester Julia erhielt von Ihnen einen Heiratsantrag, brieflich, so um den 15. April dieses Jahres. Streiten Sie das ab?«

Er wischte die Notwendigkeit einer direkten Beantwortung dieser Frage mit einer Handbewegung beiseite, blieb stumm, damit sie ihren Bericht fortsetzen könne.

»Meine Schwester reiste hier am 18. Mai ab, um sich mit Ihnen in New Orleans zu treffen.« Ihre Augen bohrten sich in die seinen. »Das war das letzte Mal, daß ich sie sah. *Seit diesem Tage habe ich nichts mehr von ihr gehört.*« Sie atmete lange und tief ein. »Ich erhielt Antwort auf einen meiner Briefe, aber in fremder Handschrift. Und nun kommen Sie allein hierher.«

»Es ist niemand mehr da unten, den ich hätte mitbringen können.«

Er sah, wie sich ihre Augen weiteten, aber sie wartete ab.

»Einen Augenblick«, sagte er. »Ich meine, daß wir uns beide viel Zeit sparen können, wenn wir eine Sache klären, bevor wir...«

Er hielt ganz plötzlich inne, denn es bestand keine Notwendigkeit mehr, den Satz zu vollenden. Er hatte die Antwort selbst gefunden, nach oben zur Wand schauend, an ihr vorbei. Es war unfaßlich, daß er das bis jetzt gar nicht gesehen hatte, aber er hatte ja schließlich seine ganze Aufmerksamkeit ihr und nicht seiner Umgebung zugewandt. Und außerdem wurde es durch die Schatten jenseits des Lichtkreises der beiden Lampen verdunkelt.

Es war ein großes Porträtfoto in einem mit kirschfarbenem Velours bespannten Rahmen, das fast lebensgroße Bild eines Kopfes. Die abgebildete Person war nicht mehr jung, kein Mädchen mehr. Da war eine Schärfe um ihren Mund, die Härte versprach. Da war eine Schärfe um die Augen, die auf Falten hinwies. Sie war nicht hübsch. Dunkles Haar, am Hinterkopf...

Bertha war aufgestanden, stand ein wenig seitlich daneben,

hielt die Lampe hoch und hinter sich, so daß das Bildnis voll im unbehinderten Schein des aufsteigenden Lichtstrahles lag.

»*Das* ist Julia. *Das* ist meine Schwester. Da. Was Sie da vor sich sehen, was Sie in diesem Augenblick betrachten. Es ist eine Fotografie, die erst vor zwei oder drei Jahren aufgenommen wurde.«

Seine Stimme war ein Flüstern, das kaum bis zu ihr drang. »Dann war es ... nicht sie, die ich geheiratet habe.«

Sie stellte angesichts dessen, was sich ihr auf der anderen Seite des Tisches darbot, schnell die Lampe ab. »Mr. Durand!« Sie lief halbwegs zu ihm hin, als wolle sie ihn stützen. »Kann ich Ihnen irgend etwas bringen?«

Er wehrte sie mit matt erhobener Hand ab. Er konnte sein eigenes mühsames Atmen in seinen Ohren wie einen Blasebalg zischen hören. Er tastete nach dem Stuhl, von dem er sich erhoben hatte, und schaffte es ohne Hilfe, sich wieder auf ihn zurückfallen zu lassen, halb zu ihm hingedreht und die Lehne umklammernd, damit er nicht wegrutschte.

Er streckte die Hand aus und zeigte mit dem Finger – und der Finger zuckte auf und ab, während Durand wartete, daß er die Sprache wiederfinden und entsprechende Worte die Bewegung ergänzen würden. »Das ist die Frau, deren Bildnis mir von hier aus zugeschickt wurde. *Aber es ist nicht die Frau, die ich dann am 20. Mai dieses Jahres in New Orleans geheiratet habe.*«

Die Angst, die sich auf ihrem entsetzten Gesicht abzeichnete, wurde übertroffen, verdrängt durch die seine, die allem Anschein nach noch um vieles größer war.

»Ich werde Ihnen etwas Wein holen«, bot sie hastig an.

Er hob abwehrend die Hand. Zog an seinem Kragen, um ihn zu weiten.

»Ich werde Ihnen etwas Wein holen«, wiederholte sie hilflos.

»Nein, nein, ich bin ganz in Ordnung, machen Sie sich bitte keine Umstände.«

»Haben Sie eine Fotografie, irgendein Bild dieser anderen Person, das Sie mir zeigen könnten?« fragte sie nach einer Weile.

»Ich habe nichts, nicht ein Fetzchen von irgendwas. Irgendwie gelang es ihr sogar, die Aufnahme unseres Hochzeitsbildes hinauszuzögern. Sie war blond. Sie war klein. Sie war erheblich... ich meine, ein wenig jünger als Ihre Schwester.« Er beendete sein Gestammel, als sei ihm plötzlich bewußt geworden, wie sinnlos es war, damit fortzufahren.

»Aber Julia?« beharrte sie, als ob er in der Lage sei, ihr ihre Frage zu beantworten. »Wo aber ist Julia? Was ist aus ihr geworden. Wo *ist* sie?« Sie stützte verzweifelt die Hände auf die Tischplatte, beugte sich vor. »Ich habe sie zum Schiff gebracht.«

»Ich war bei seiner Ankunft dort. Es kam ohne sie an. Sie war nicht an Bord.«

»Sind Sie sicher, ganz sicher?« In ihren Augen glänzten Tränen des Zweifels.

»Ich habe alle Passagiere von Bord gehen sehen. Alle. Sie war nicht dabei. Sie war nicht an Bord.«

Sie sank auf der anderen Seite des Tisches in ihren Stuhl zurück. Sie legte eine Hand flach auf die Stirn, blieb eine Weile still so sitzen. Sie weinte nicht, aber in ihren Mundwinkeln zuckte es ein paarmal ganz kurz.

Jetzt mußten sie beide der Wahrheit ins Auge sehen. Sie stand nun offen zwischen ihnen, sie konnten ihr nicht mehr ausweichen, sie nicht mehr umgehen. Soweit war die Sache gediehen. Die Frage war nur noch, wer von ihnen beiden sie als erster in Worte fassen würde.

Sie tat es.

Sie ließ ihre Hand herabsinken. »Sie ist umgebracht worden!« flüsterte sie heiser. »Sie hat auf dem Schiff den Tod gefunden.« Sie erbebte, als ob ein heimtückisches, böses Wesen ins Zimmer getreten sei, ohne dazu eine Tür oder ein Fenster zu brauchen. »Irgendwie, durch irgendwen.« Sie schauderte erneut, fast als habe sie Schüttelfrost. »Zwischen dem Zeitpunkt, als ich ihr an jenem Mittwochnachmittag zum Abschied zuwinkte...«

Er ließ seinen Kopf langsam und in grimmiger Zustimmung herabsinken. Jetzt endlich überzeugt, das Ganze endlich in seiner wirklichen Bedeutung erfassend. Er beendete den Satz für sie:

»... und dem Zeitpunkt, zu dem ich an jenem Freitagabend an der Gangway stand, um sie willkommen zu heißen.«

28

Er traf Bertha Russell in Mantel, Handschuhen und Haube an, eine gespenstische Erscheinung im ungemilderten Schwarz der Trauer, die ihn in der offenen Tür des Hauses erwartete, als er kurz vor neun Uhr dort vorfuhr, bemüht, die am Abend zuvor getroffene Verabredung pünktlich einzuhalten. Welchen Schmerz und welche Bitterkeit sie auch in den ungesehenen Stunden der soeben vergangenen Nacht empfunden haben mochte – das alles hatte sie jetzt überwunden, und nur noch schwache Spuren waren davon übriggeblieben. Ihr Gesicht war kalt und steinern in seiner Gefaßtheit, auch wenn sie bläuliche Schatten unter den Augen hatte und die durchscheinende Blässe der Schlaflosigkeit auf ihren Zügen lag. Es war das Gesicht einer Frau, deren Sinn auf Vergeltung gerichtet war, die nicht mehr Gnade walten lassen würde, als ihr selbst zuteil geworden war, welchen Preis auch immer sie das kosten mochte.

»Haben Sie schon gefrühstückt?« fragte sie, als er aus der Droschke gestiegen und zu ihr getreten war.

»Mir ist nicht danach«, antwortete er kurz.

Sie schloß umgehend die Tür ab und ging neben ihm zur Kutsche, so daß man den Eindruck gewinnen mußte, daß sie ihm zwar etwas zu essen gegeben hätte, wenn dies von ihr verlangt worden wäre, daß sie ihm zugleich aber die Zeit mißgönnt hätte, die sie beide das gekostet hätte.

»Haben Sie irgend jemanden im Auge?« fragte er, als sie losfuhren. Sie hatte beim Einsteigen eine Adresse genannt, die ihm so unbekannt war, wie es alle Adressen in dieser Stadt für ihn sein mußten.

»Ich habe, nachdem Sie gestern abend gegangen waren, noch ein paar Erkundigungen eingezogen. Mir ist da jemand empfohlen worden. Man hat mir nur Gutes über ihn berichten können.«

Die Droschke beförderte sie in das belebte Geschäftsviertel der Innenstadt – dieses eigentümliche Paar, diese zwei, die beide so verschlossen waren, die beide so steif und aufrecht dasaßen und kaum ein Wort miteinander wechselten. Das Gefährt hielt endlich vor einem ganz fraglos häßlich aussehenden Gebäude aus fleischrotem Klinkerstein, dessen Wände wabenartig von zahllosen rundbogigen Fenstern in vier parallel zueinander verlaufenden Reihen durchlöchert waren. Ein beachtlich großer Bienenstock voller kleiner Büros und Geschäfte, dessen Erscheinungsbild allerdings nicht auf eine übermäßig wohlhabende Mieterschaft schließen ließ.

Durand entlohnte den Droschkenkutscher und begleitete sie in das Innere des Gebäudes. Dort war die Luft ziemlich kühl und muffig, viel kühler als draußen auf der Straße, und es war weit weniger hell, was auch die in recht großem Abstand an den Wänden der Korridore installierten Gaslampen in keiner Weise zu ändern vermochten.

Sie konsultierte einen umfangreichen Wegweiser an der Wand, ohne dabei jedoch mit dem Finger die Namensliste entlangzufahren, und hatte sich schon wieder von der Tafel abgewandt, bevor Durand noch herausbekommen konnte, welchen Namen sie dort gesucht hatte.

Da es keinen Aufzug gab, mußten sie die Treppe hinaufsteigen. Ihr nach oben folgend, erst ein Stockwerk, dann ein weiteres, dann noch ein drittes, gewann er den Eindruck, als sei sie durchaus bereit, Berge, ja selbst den Everest zu besteigen, wenn sie das an ihr Ziel bringen würde. Sie waren, so hatte sie ihm anvertraut, holländischen Ursprungs, sie und ihre Schwester. Er hatte noch niemals in irgend etwas eine so stumme Halsstarrigkeit zum Ausdruck kommen sehen wie in den Bewegungen dieses gestählten, nach oben strebenden Körpers dort auf der Treppe. Sie war auf eine schreckliche Weise unbeugsam in ihrer sturen Zielstrebigkeit, um vieles unbeugsamer, als es ein leidenschaftlicher, behender Kreole des Südens je hätte sein können. Er konnte nicht anders als sie zu bewundern. Und einen Augenblick lang konnte er auch nicht anders als sich zu fragen, was für eine Frau ihm die andere, Julia, wohl gewesen wäre.

Auf der dritten Etage gingen sie durch ein endloses Gewirr enger Flure weiter, die noch schlechter beleuchtet waren als die unteren und die nicht alle auf einer Ebene verliefen, sondern manchmal höher lagen und manchmal tiefer.

»Das sieht hier alles nicht gerade nach erfolgreicher Geschäftstätigkeit aus, meinen Sie nicht auch?« sagte er leichthin und ohne groß nachzudenken.

»Aber es zeugt von Aufrichtigkeit«, sagte sie kurz, »und die genau suche ich.«

Er bereute seine Bemerkung.

Sie blieb vor der vorletzten Tür des Korridors stehen.

Auf einem Glasschild, das an ihrer oberen Hälfte angebracht war, war in zwei einander entsprechenden Bögen aufgemalt:

WALTER DOWNS
PRIVATDETEKTIV

Durand klopfte für sie beide an, und ein voller Bariton, von seiner eigenen Tiefe erbebend, vibrierte ein lautes »Herein!« Er öffnete die Tür, trat beiseite, um Bertha Russell den Vortritt zu lassen, und ging nach ihr hinein.

Hier drinnen war es dank des Fensters zur Straße heller. Es war ein einziger Raum, der noch weniger wohlhabend aussah, als es das Gebäude, in welchem er sich befand, hatte vermuten lassen. Ein riesiger, aber überaus schäbiger Schreibtisch zerteilte ihn in so gut wie zwei Hälften, wobei dessen Eigner auf der einen Seite saß und die Besucher – alle Besucher – auf der anderen. Auf dieser anderen Seite gab es zwei Stühle, nicht mehr, von denen der eine allerdings eine recht untaugliche Angelegenheit mit geflochtenem Sitz war. Auf der gegenüberliegenden Seite stand noch ein kleiner Stahlschrank mit verrosteten Ecken und sperrangelweit geöffneter Tür. Letzteres war kein Zufall, denn etliche dicke Notizbücher, die herausragten und von einer Flut unsortierter Papiere gekrönt waren, schienen sie jeder Fähigkeit beraubt zu haben, sich je wieder schließen zu können.

Der Mann, der mitten in dieser wenig anziehenden Behausung hockte, war um die vierzig, kaum zwei oder drei Jahre älter als Durand. Sein Haar war sandfarben, aber immer noch dicht, wenn man von den zwei Geheimratsecken absah, die seine Stirn entschieden höher machten und seinem Gesicht ein irgendwie löwenartiges Aussehen gaben. Er trug, was ungewöhnlich für einen Mann seines Alters war, keinerlei Bart, nicht einmal einen kleinen auf der Oberlippe. Und paradoxerweise verlieh dies seinem Gesicht keineswegs eine zusätzliche Jugendlichkeit, sondern schien ganz im Gegenteil den Eindruck der Gereiftheit noch zu erhöhen, waren doch die Grundzüge und vor allem die Linien des Mundes sehr ausgeprägt. Seine Augen waren blau, und sein Blick hatte – sozusagen an der Oberfläche – etwas Freundliches und Menschliches. Dahinter wurde jedoch gelegentlich ein Funkeln sichtbar, ein winziger blauer Funke, der eher auf Fanatismus hindeutete. In jedem Fall waren es die ruhigsten Augen, die Durand je gesehen hatte. Sie waren sich ihrer selbst sicher und aufmerksam prüfend wie die eines Richters.

»Spreche ich mit Mr. Downs?« hörte er Bertha fragen.

»Das tun Sie, Madam«, brummte er.

Sein Betragen hatte nichts Gewinnendes an sich, was aber gänzlich seiner Absicht zu entsprechen schien. Es war, als hindere er sich selbst an jeder Verbindlichkeit, um erst einmal in Erfahrung zu bringen, ob die Klienten seine Billigung finden würden – und nicht umgekehrt er die ihre.

Und so traf Durand zum ersten Male mit Walter Downs zusammen. Von hundert Menschen, die den Lebensweg eines bestimmten Individuums kreuzen, hinterlassen neunundneunzig kaum mehr Spuren als den kurzzeitigen Wirbel, den die Begegnung hervorruft. Aber dann ist da ein hundertster, der das Leben dieses Individuums aus seiner Bahn bringt, es verändert, darauf einwirkt wie eine starke Gegenströmung, so daß es eine ganz neue Richtung einschlägt und seine frühere kaum noch zu erkennen ist.

»Da steht ein Stuhl, Madam.« Er hatte sich nicht erhoben.

Sie setzte sich. Durand blieb stehen, veränderte nur gelegentlich seine Haltung und lehnte sich gelegentlich an die Wand, um es sich bequemer zu machen.

»Ich bin Bertha Russell, und dies ist Mr. Louis Durand.«

Er bedachte Durand mit einem knappen Kopfnicken, nicht mehr.

»Wir kommen einer Angelegenheit wegen zu Ihnen, die uns beide betrifft.«

»Wer von Ihnen beiden wird sie mir dann vortragen?«

»Sprechen Sie doch für uns, Mr. Durand. Ich denke, das wird das einfachste sein.«

Durand, der zu Boden blickte, als ließen sich dort die Worte ablesen, brauchte eine Weile, bis er begann. Aber Downs, der jetzt die Stellung seines Kopfes so verändert hatte, daß sein Blick ausschließlich auf ihn gerichtet war, zeigte keinerlei Ungeduld.

Die Geschichte erschien so alt, so oft erzählt. Er sprach mit gleichbleibend leiser Stimme, verzichtete auf jede Betonung.

»Ich korrespondierte von New Orleans aus, meinem Wohnsitz, mit der Schwester dieser Dame, die hier am Ort wohnt. Ich machte ihr einen Heiratsantrag, in den sie einwilligte. Sie reiste hier am 18. Mai ab, um mit mir in New Orleans zusammenzutreffen. Ihre Schwester brachte sie zum Schiff. Sie kam nie an. Eine völlig andere Person meldete sich bei mir, als der Dampfer in New Orleans eintraf, der es gelang, mich trotz aller Unterschiede im Aussehen davon zu überzeugen, daß sie Miss Russells Schwester sei, und wir wurden getraut. Sie stahl mir dann gute 50 000 Dollar und verschwand. Die Polizei da unten hat mir gesagt, daß sie nichts tun könne, weil es keinen Beweis dafür gebe, daß die Person, der ich ursprünglich meinen Heiratsantrag zusandte, tatsächlich beseitigt wurde. Die Tatsache, daß sich da jemand für eine andere ausgab, und der Diebstahl seien angesichts der gegebenen Rechtslage noch nicht strafbar.«

Downs sagte daraufhin nur drei Worte: »Und Sie wünschen?«

»Wir wünschen, daß Sie den Beweis erbringen, daß ein Mord begangen wurde. Wir möchten, daß Sie Beweise für *den* Mord beibringen, von dem wir beide wissen, daß er verübt worden sein muß. Wir möchten, daß Sie dieser Frau auf die Spur kommen und sie dingfest machen, die eine der Hauptbeteiligten an der ganzen Sache ist.« Er holte tief Luft. »Wir wollen das Verbrechen bestraft sehen.«

Downs nickte mürrisch. Er blickte nachdenklich vor sich hin. Sie warteten. Er schwieg so lange, daß Durand schließlich fürchtete, er könne ihre Anwesenheit ganz vergessen haben, und sich räusperte, um ihn wieder daran zu erinnern.

»Werden Sie den Fall übernehmen?«

»Ich habe ihn bereits übernommen«, antwortete Downs mit einer ungeduldigen, abwehrenden Handbewegung – als wolle er sagen: Unterbrechen Sie mich doch nicht.

Durand und Bertha Russell sahen sich an.

»Ich habe mich schon entschlossen, diesen Fall zu übernehmen, während Sie ihn mir noch geschildert haben«, fuhr Downs augenblicklich fort. »Das ist ein Fall, wie ich ihn mag. Sie sind beide aufrichtige Menschen. Was Sie anbetrifft, mein Herr...« Er erhob die Augen unvermittelt zu Durand. »Nun, Sie müssen einfach einer sein. Nur ein aufrichtiger Mensch kann ein solcher Narr sein, wie Sie einer gewesen zu sein scheinen.«

Durand errötete tief, antwortete aber nicht.

»Und ich bin ebenfalls ein Narr. Es war schon über eine Woche keine Kundschaft mehr hier. Aber wenn ich Ihren Fall nicht gemocht hätte, hätte ich ihn trotzdem nicht übernommen.«

Irgend etwas an ihm ließ Durand das glauben.

»Ich kann nicht versprechen, daß es gelingen wird, den Fall zu lösen. Ich kann Ihnen aber sehr wohl eines, und nur dies eine zusagen, nämlich daß ich ihn nicht ad acta legen werde, bevor ich ihn nicht gelöst habe.«

Durand griff nach seiner Brieftasche. »Wenn Sie so liebenswürdig sein möchten, mir zu sagen, was üblicherweise...«

»Geben Sie mir, was immer Sie wollen, wir werden das dann mit meinen Auslagen verrechnen«, sagte Downs fast gleichgültig. »Wenn diese den Betrag, wie hoch er immer sein mag, übersteigen, wenn sie das je tun sollten, werde ich Sie's wissen lassen.«

»Einen Augenblick mal«, unterbrach Bertha Russell Durand und öffnete ihre Geldbörse.

»Nein, bitte... ich bitte Sie... das ist doch wohl meine Obliegenheit«, protestierte er.

»Hier geht es nicht um Salongehabe!« beschied sie ihn fast zornig. »Sie war meine Schwester. Ich habe ein Recht darauf, die Kosten mit Ihnen zu teilen. Ich verlange das. Sie dürfen mir das nicht nehmen.«

Downs blickte sie beide an. »Ich sehe, daß ich mich nicht geirrt habe«, murmelte er. »Dies ist ein geeigneter Fall.«

Er nahm ein Exemplar der Morgenzeitung dieses Tages auf, faltete sie zunächst voll auseinander und dann bis zur Breite einer Spalte wieder zusammen. Diese fuhr er mit dem Finger hinab, eine Reihe von Kleinanzeigen.

»Dieser Dampfer, der von hier nach New Orleans fuhr«, sagte er, »war welcher?«

»Die *City of New Orleans*«, sagten Durand und Bertha Russell gleichzeitig.

»Zufällig geht die gerade wieder flußab«, sagte er. »Es ist die nächste von dieser Reederei durchgeführte Reise. Die *City of New Orleans* ist mal wieder dran und fährt morgen um neun Uhr vormittags.«

Er legte die Zeitung aus der Hand.

»Beabsichtigen Sie, noch länger hier zu verweilen, Mr. Durand?«

»Ich kehre unverzüglich nach New Orleans zurück, jetzt, da ich diese Angelegenheit in Ihre Hände übergeben habe«, sagte Durand. Dann fügte er noch bitter hinzu: »Ich habe schließlich mein Geschäft dort.«

»Gut«, bemerkte Downs, erhob sich und angelte nach seinem Hut. »Dann werden wir beide zusammen reisen, ich gehe jetzt und besorge mir ein Ticket. Wir werden damit beginnen, ihre Schritte nachzuvollziehen, das heißt die gleiche Reise machen wie sie, auf dem gleichen Schiff, mit dem gleichen Kapitän und der gleichen Besatzung. Jemand könnte ja was gesehen haben, sich erinnern. Jemand muß einfach.«

29

Die Kabinen der *City of New Orleans* waren klein, kaum mehr als Schuhkartons, die nebeneinander in den Regalen eines Schuhgeschäftes aufgereiht stehen. Die, die sie beide miteinander teilten, schien sogar noch kleiner zu sein als alle übrigen, vielleicht weil sie sich beide gleichzeitig in ihr aufhielten. Wenn sie sich darin bewegen und etwa ihre Sachen auspacken und aufhängen wollten, dann mußten sie sich beständig flach aneinander vorbeidrücken oder einander seitlich ausweichen, um sich nicht bei jedem Schritt zu berühren oder gar zu kollidieren.

Durch die Scheiben konnte man draußen im Dämmerlicht zwei schmutzige Bänder sich entrollen sehen, das eine grau, das andere bräunlich, das eine der Mississippi, das andere die Uferlinie.

»Ich möchte gerne in jeder erdenklichen Weise behilflich sein«, bot Durand an. »Sagen Sie mir nur, was ich tun kann und wie ich's machen soll.«

»Die Passagiere werden bei dieser Reise leider nicht die gleichen sein wie bei der damaligen«, erklärte Downs. »Das hieße zu viel erhoffen. Die, die die gleichen geblieben sind, sind jene, deren Job es ist, den Dampfer zu bedienen und zu warten. Und die werden wir zwischen uns aufteilen, vom Kapitän bis hinunter zu den Heizern. Wenn wir dabei nichts herausfinden, stehen wir um nichts schlechter da als vorher. Und wenn wir etwas ermitteln, egal was, dann um so besser. Lassen Sie sich also nicht entmutigen. Das mag alles Monate oder gar Jahre dauern, und wir stehen erst am Anfang.«

»Und was ist es, was Sie... was wir... herauszufinden versuchen, jetzt, um einen Anfang zu machen?«

»Wir versuchen, einen Zeugen zu finden, der sie *beide zusammen* gesehen hat, die echte und die falsche Julia, womit ich allerdings nicht notwendig meine, daß sie gemeinsam gereist sein müssen. Ich meine vielmehr, daß jemand vielleicht beide lebend und während ein und derselben Reise, zur gleichen Zeit also, gesehen hat, hier auf diesem Flußdampfer. Denn die Schwester kann ja bezeugen, daß die echte mit diesem Schiff hier in St. Louis abgereist ist, während Sie bezeugen können, daß die falsche mit ihm in New Orleans ankam. Ich will durch einen Eliminierungsprozeß herausfinden, wann die echte zum letzten und die unechte zum ersten Mal gesehen wurde. Das sollte dann so genau wie irgend möglich mit dem da draußen in Beziehung gesetzt werden« – er deutete auf die beiden Bänder vor dem Kabinenfenster –, »um ganz grob den Punkt der Reise zu erhalten, an dem es geschah, den Staat, der juristisch für den Fall zuständig ist, und das Gebiet, wo ich mich der Suche nach dem einzigen Beweismittel widmen kann, das es, wenn überhaupt, nur geben kann.«

Durand fragte ihn nicht, was er mit letzterem gemeint hatte. Vielleicht sagte ihm das ein kalt seinen Rücken hinunterlaufender Schauder schon genau genug.

Der Kapitän hieß Fletcher. Er äußerte sich sehr vorsichtig, war der Typ von Mann, der nachdenkt, bevor er den Mund aufmacht, und der sich deshalb später dessen nicht zu schämen braucht, was er einmal gesagt hat. Sein Erinnerungsvermögen suchte mittels seiner Hand in seinem schwarzen Vollbart nach Auffrischung.

»Ja«, sagte er schließlich, nachdem er sich die erschöpfende Darstellung des Falles durch Downs angehört hatte. »Ja, ich erinnere mich an eine kleine Dame, wie Sie sie beschrieben haben. Der Wind verfing sich unter ihrem Rock, gerade als wir uns oben an Deck entgegenkamen. Sie hielt ihn ganz schnell mit ihren Händen runter, aber für einen Augenblick ...« Er vollendete den Satz nicht, seine Augen jedoch verrieten erfreutes Erinnern. »Dann legte ich die Hand an die Mütze, als wir aneinander vorbeigingen. Sie senkte den Blick und wollte mich einfach nicht sehen ...« Er kicherte leise. »Und doch hat sie gelächelt, als sie an mir vorbeikam, und ich weiß, daß dieses Lächeln für mich bestimmt war, denn es war ja sonst niemand in Sicht.«

»Und nun diese hier«, sagte Downs.

Er offerierte als Gedächtnisstütze eine kleine Fotografie von

Julia, die ihm Bertha mitgegeben hatte und die derjenigen sehr ähnlich war, die sich einmal in Durands Besitz befunden hatte.

Der Kapitän betrachtete sie sehr sorgfältig, aber ohne großes Behagen, und dachte dann noch eine ganze Weile nach.

»Nein«, sagte er schließlich. »Nein, ich habe dieses Mäd ... diese Frau noch nie gesehen.« Er reichte das Bildnis zurück, als sei er froh, es wieder loszuwerden.

»Sind Sie sich dessen ganz sicher?«

Der Kapitän hatte keine sehr große Lust, sich an dieses Gesicht zu erinnern, selbst wenn er gekonnt hätte.

»Wir befördern viele Leute, Sir, auf jeder Reise, und man kann wirklich nicht von mir erwarten, daß ich mir alle ihre Gesichter merke. Ich bin schließlich auch nur ein Mensch.«

»Und wundersam«, bemerkte Downs später zu Durand, »sind die Wege der Menschen. Sie sehen mit ihrem Herzen und mit ihrem Blut. Denn an die eine, für die ich ihm nur eine mündliche und noch dazu gleichsam aus zweiter Hand kommende Beschreibung liefern konnte, konnte er sich sogleich erinnern und wird das wahrscheinlich auch für den Rest seines Lebens tun. Aber an die andere, von der ihm sogar eine Fotografie vorlag, konnte er sich partout nicht entsinnen!«

Durand drückte mit dem Daumen auf den Klingelknopf in ihrem winzigen Kabuff, und nach sträflich langer Zeit erschien schlurfend ein Steward.

»Nicht Sie«, beschied ihn Durand. »Wer ist hier für die Kabinen der Damen zuständig?«

Wiederum nach sehr langer Zeit trat eine Stewardess in Erscheinung. Er gab ihr eine Münze.

»Ich möchte Sie mal etwas fragen, vielleicht können Sie sich erinnern. Sind Sie irgendwann mal morgens in eine der Kabinen gekommen und haben bemerkt, daß die Koje unbenutzt war, also niemand in ihr gelegen hatte?«

Sie nickte voller Eifer. »Aber! Viele Male schon. Wir sind nicht bei jeder Reise voll. O Mann, manchmal ist die Hälfte meiner Kabinen völlig leer.«

»Nein, dann muß ich die Frage anders formulieren. Sind Sie irgendwann mal in eine der Kabinen gekommen, die *zunächst* belegt war, und haben da die Koje unberührt vorgefunden?«

Diese Frage schien ihr Schwierigkeiten zu machen. »Sie meinen, niemand hat drin gepennt und trotzdem hat einer das Bett gemacht?«

»Ja, so ungefähr.«

Sie war sich ihrer Sache nicht sicher. Sie kratzte sich am Kopf und bemühte sich, war sich aber nicht sicher.

Er versuchte zu helfen. »Mit den Kleidern von jemandem drin, vielleicht. Mit dem Gepäck von jemandem, das Sie dort sehen konnten und daraus schließen, daß die Kabine belegt war. Aber es hatte eben niemand in der Koje gelegen.«

Sie war sich noch immer nicht sicher.

Er spielte seinen Trumpf aus. »Vielleicht mit einem *Vogelkäfig* drin?«

Ihre Erinnerung entzündete sich wie Zunder, auf den ein Funke trifft. »Das isses, so war's! Wie wissen denn Sie das? Kabine mit nem Vogelkäfig drin, klar doch, und ich mußte nix an der Koje machen, weil...«

Er nickte düster. »Niemand in der Nacht zuvor darin geschlafen hatte.«

Sie richtete sich auf. »Das hab ich nun nicht gesagt. Die Lady hat nämlich das Bett selbst gemacht, bevor ich gekommen bin. War irgendwie so ordentlich, dran gewöhnt, Dinge selber zu machen, nicht auf wen zu warten.«

»Wer hat Ihnen das denn erzählt, woher wiss...«

»Sie war *drin*, als ich reinkam. Die hübscheste kleine Lady, was wo ich je gesehn hab, blond wie'n Engel und klein wie'n Kindchen.«

Im Speisesaal hatte Downs, wie Durand bemerkte, einen seiner Teller zurückbehalten, obwohl er ihn leergegessen hatte. Nach Beendigung der Mahlzeit, als nur noch sie beide an dem einen langen Tisch saßen, rief Downs den Kellner herbei und sagte schlicht: »Sehen Sie sich das hier mal an. Sehen Sie mir ein Weilchen bei dem zu, was ich jetzt tue.«

Dann zog er ein Taschentuch heraus, breitete es glatt auf dem Tisch aus. Auf das Taschentuch legte er ein Salatblatt, welches zur Garnierung des zurückbehaltenen Tellers gehört hatte, faltete die Ecken des Tuches zur Mitte hin zusammen wie ein Zauberer, der gerade dabei ist, etwas verschwinden zu lassen.

»Haben Sie irgendwann mal jemanden so etwas tun sehen, nach dem Essen? Ja?«

»Sie meinen, die Serviette zusammenfalten wie...«

»Nein, nein.« Downs mußte das Taschentuch wieder auffalten, um ihm das Salatblatt zu zeigen, dann alles wiederholen. »Erst ein Salatblatt reinlegen, um es mitzunehmen. Das ist ein Taschentuch. Denken Sie es sich kleiner, viel kleiner, ein Hauch von...«

Jetzt nickte der Kellner. »Ich hab das ne Lady tun sehn, auf der ein' Reise. Ich wunderte mich da, was sie... es war ja nich Fleisch oder so was, nur so'n bißchen alter...«

Downs hob mahnend den Zeigefinger. »Jetzt hören Sie gut zu, denken Sie genau nach. Können Sie sich noch erinnern, wie oft sie das getan hat? Nach wie vielen Mahlzeiten?«

»Grad einmal. Bloß einmal. Nach nur eim Essen. Das war das einzigste Mal, daß ich sie gesehn hab, grad das eine Mal bei dem ein' Essen.«

»Ich kann die beiden nicht zusammenbringen«, sagte Downs später leise zu Durand. »Die eine endet, noch bevor die andere anfängt. Aber es ist irgendwann in der ersten Nacht passiert. Beim Abendessen sah der Kellner, wie die echte ein bißchen Salat für ihren Vogel mopste. Um acht Uhr morgens fand die Stewardess, daß eine Blondine ›wie'n Engel‹ bereits ihr Bett selbst gemacht hatte, in eben jener Kabine, in welcher sich der Vogelkäfig befand.«

Beim ersten Zwischenstopp um acht Uhr am folgenden Morgen entdeckte Durand, daß Downs schon seinen Aufbruch vorbereitet hatte.

»Sie gehen hier von Bord?« fragte er überrascht. »So schnell? Schon jetzt?«

Downs nickte. »Der erste Zwischenstopp des Dampfers diesmal war auch der erste dieses Dampfers damals. Für beide gilt ja der gleiche Fahrplan. Zu diesem Zeitpunkt nun war sie schon etliche Stunden tot und im Wasser. Weiterzufahren hieße nur, daß mich jede Umdrehung der Schaufelräder ein Stück weiter von ihr wegbringen würde. Kommen Sie, begleiten Sie mich zur Gangway.«

»Wenn sie irgendwo steckt«, sagte er und dämpfte seine Stimme, als sie zusammen auf das frühmorgendlich neblige Deck hinaustraten, »dann irgendwo da hinter uns, irgendwo auf der Strecke, die wir in der vergangenen Nacht zurückgelegt haben. Wenn sie je ans Ufer gespült wird oder gar schon – unerkannt oder unentdeckt – angeschwemmt worden ist, dann irgendwo da hinter uns. Ich werde am Ufer entlang zurückgehen, von Dörfchen zu Dörfchen, Kilometer um Kilometer, wenn nötig alles zu Fuß. Zuerst auf dieser Seite, dann auf der gegenüberliegenden. Und wenn sie noch nicht angeschwemmt worden ist, dann werde ich eben warten, bis sie angeschwemmt wird.«

Sein Gesichtsausdruck war der eines Fanatikers, mit dem sich nicht reden läßt.

»Irgendwo da hinter uns steckt sie, auf dem Grunde des Flusses, in dem großen, weiten Wasserwirbel unterhalb von Cape Girardeau, und genau da werde ich auf sie warten.«

Durand fröstelte fast bei diesen Worten. Downs hielt ihm die Hand hin.

»Viel Glück denn«, sagte Durand, der sich jetzt ein wenig vor diesem Mann fürchtete.

»Ihnen auch«, antwortete Downs. »Sie werden mich eines Tages wiedersehen, früher oder später. Ich kann noch nicht sagen wann, aber eines Tages werden Sie mich ganz bestimmt wieder zu Gesicht bekommen.«

Er ging die Gangway hinunter. Durand blickte ihm nach, bis er aus seinem Blickfeld verschwunden war. Dann wandte er sich mit einem unfreiwilligen Schaudern ab, klangen doch die letzten Worte, die er den anderen hatte sprechen hören, seltsam in seinem Kopf nach:

»Sie werden mich eines Tages wiedersehen. Eines Tages werden Sie mich ganz bestimmt wieder zu Gesicht bekommen.«

30

Den Tod eines Menschen mitansehen zu müssen, ist traurig genug, aber immerhin ist es nur er, der geht, nimmt er nichts sonst mit sich. Den Tod eines Hauses mitzuerleben, ist etwas weitaus Traurigeres, denn so vieles geht mit ihm dahin.

Am letzten Tag ging Durand in seinem Haus in der St. Louis Street langsam von Zimmer zu Zimmer. Das Haus lag bereits im Sterben, die Möbel waren schon auseinandergenommen, die Teppiche zusammengerollt, die Gardinen abgenommen, die Schranktüren offen gelassen worden, da sich hinter ihnen nichts mehr fand. Das Skelett des Hauses war schon sichtbar. Das Skelett, das nach dem Tode übrigbleibt, wie bei einem Menschen auch.

Und doch, so wurde ihm bewußt, verließ er gar nicht so sehr dieses Haus, sondern er ließ ein Stück von sich selbst zusammen mit ihm in einem gemeinsamen Grab zurück. Ein Teil, das er niemals mehr wiederfinden, niemals zurückrufen können würde. Er würde nie wieder so hoffen können, wie er einst hier gehofft hatte. Es gab nichts mehr zu erhoffen. Er würde nie wieder so jung sein, wie er es einst hier gewesen war, auch wenn das ein spätes Jungsein gewesen war bei seinen siebenunddreißig Jahren. Es war ihm spät vergönnt gewesen und schnell vergangen, hatte nur ein paar kurze Wochen gedauert. Er würde nie wieder lieben können – weder so, wie er einst hier geliebt hatte, noch sonst in irgendeiner Weise. Und das ist in sich schon eine Art von Tod. Seine zerbrochenen Träume lagen überall herum. Er konnte sie fast unter seinen Füßen knirschen hören wie verschütteten Zucker, jedesmal, wenn er einen Schritt weiterging.

Er stand in der Tür dessen, was einmal ihr Schlafzimmer gewesen war, und blickte lange auf die Tapete. Die Tapete, die er aus New York hatte kommen lassen – »rosa, aber kein zu grelles Rosa, mit kleinen blauen Blümchen wie Vergißmeinnicht« – und die für die Augen einer Braut bestinmmt gewesen war, einer Braut, die nicht lange genug gelebt hatte, um sie je zu Gesicht zu bekommen, um überhaupt eine richtige Braut zu werden.

Er schloß die Tür. Aus keinem bestimmten Grund, denn da drinnen gab es ja nichts mehr. Vielleicht nur, um den Raum noch schneller seinen Blicken zu entziehen. Und als sie sich schloß, schien für einen Augenblick eine Stimme durch sie hindurch zu sprechen, mit lebensechter Klarheit, wie er meinte.

Wer klopft da?... Sag ihm, er darf.

Dann war sie verschwunden, für immer verstummt.

Er ging langsam die Treppe hinunter. Seine Knie bogen sich nur zögernd bei jedem Schritt, als ob sie eingerostet wären.

Die Haustür stand offen, und draußen davor standen ein Maulesel und ein zweirädriger Karren, hochbeladen mit den Nichtigkeiten, die er Aunt Sarah geschenkt hatte. Sie eilte gerade, aus dem Hintereingang kommend, zum Karren, einen verbeulten Vogelkäfig in der einen Hand, eine unförmige Kaminuhr in der anderen. Als sie ihn sah, blieb sie abrupt stehen, um voller Mißtrauen eine weitere Bestätigung seiner Großzügigkeit von ihm zu erbitten.

»Diese auch? Diese Uhr hier?«

»Ich habe Ihnen doch gesagt, alles«, antwortete er ungeduldig. »Alles bis auf die schweren Stücke. Nehmen Sie nur alles, schaffen Sie's mir aus den Augen.«

»Ich werde garantiert die großartigste Hütte von ganz Shreveport ham, wenn ich erst dahin heimgekehrt bin.«

Er sah sie einen Augenblick lang grimmig an, aber sein Grimm galt nicht ihr.

»Da fällt mir auf, daß diese Band heute gar nicht spielt«, stieß er anklagend hervor.

Sie verstand, was er meinte, erinnerte sich mit erstaunlicher Schnelligkeit.

»Pst, Mr. Lou. Jeder kann mal 'n Fehler machen. Das war die Musik des Teufels.«

Sie lief weiter zum Karren, wo ein schlaksiger Jüngling, ein entfernter Neffe, müßig herumlungerte und die Beute bewachte.

»Haben Sie alles, was Sie gerne haben wollen?« rief Durand ihr nach. »Dann schließe ich jetzt ab.«

»Ja, Sir! Ja, Sir! Könnt mir gar nich mehr wünschen.« Und offensichtlich bis zum Schluß von geheimen Zweifeln geplagt, ob Durand vielleicht nicht doch noch seine Meinung ändern und alles rückgängig machen würde, fuhr sie schnell fort: »Na los, Junge! Jetzt bring mal den Maulesel auf Trab. Worauf wartest du denn noch?« Dann kletterte sie hinauf, setzte sich neben den Knaben, und der Karren rumpelte davon. »Gott segne Sie, Mr. Lou! Gott schütze Sie!«

»Dafür ist's wohl ein bißchen spät«, dachte Durand düster.

Er kehrte noch einmal in die Eingangshalle zurück, um seinen Hut von der hohen Wandgarderobe zu holen, wo er ihn abgelegt hatte. Und als er ihn von seinem Haken herunternahm, fiel etwas seitlich aus der Holzverkleidung der Garderobe heraus und mit leisem Klirren zu Boden. Etwas, das jemand schon vor langer Zeit dort versteckt und dann vergessen haben mußte.

Er hob den kleinen, schmalen Stab auf, zog ihn ganz hervor, und ein kleines Streifchen zusammengewickelten Himmelblaus wurde an seinem anderen Ende sichtbar. Obwohl verblaßt und beschmutzt, belebte es doch augenblicklich die entblößte Halle mit einem Farbtupfer.

Der Sonnenschirm.

Er ergriff ihn an beiden Enden und zerbrach ihn mit lautem, splitterndem Krachen über dem gebogenen Knie, nicht nur einmal, sondern wieder und wieder, mit einer ungezügelten Heftigkeit, die in keinerlei Verhältnis zu der Zerbrechlichkeit des Schirmes stand. Dann schleuderte er die Stoffetzen und Holzstückchen mit aller Kraft von sich, so weit es nur ging.

»Zur Hölle mit dir, folg nur deiner Herrin«, murmelte er wild. »Sie wartet schon auf dich, damit du ihr da unten Schatten spendest!«

Und schlug die Tür hinter sich zu.

Das Haus war tot. Die Liebe war tot. Die Geschichte war zu Ende.

31

Und wieder Mai – Mai, der immer wiederkehrt. Mai, der niemals älter wird, Mai, der jedesmal wieder gleich schön ist. Menschen werden alt und verlieren ihre Liebe, haben keine Hoffnung mehr auf eine neue, aber der Mai kehrt immer wieder. Es sind immer wieder andere da, die darauf warten, andere, die erst noch an die Reihe kommen.

Und wieder Mai. Nun der Mai des Jahres 81. Ein Jahr nach der Hochzeit.

Der Zug aus New Orleans lief spät am Nachmittag in Biloxi

ein. Der Himmel sah aus wie frisch aus dem Trockenofen kommendes Porzellan, hier und da noch ein paar davon aufsteigende Dampfschwaden, die Wolken. Die Baumkronen leuchteten in ihrem feinen neuen Blätterkleid. Und in der Ferne – wie eine Ablagerung von Saphiren – die Gewässer des Golfs. Der Ort war hübsch und einen Besuch wert, wie auch der Blick aufs Meer. Aber er war nun alt und verbittert, zu alt, als daß ihm das alles noch etwas bedeutet hätte.

Er war der letzte, der aus dem Zug stieg. Er kletterte bleiern, widerwillig auf den Bahnsteig hinab, als sei es ihm völlig gleichgültig, ob er hier ausstieg oder noch eine Station weiterfuhr. Und das war es ihm auch. Ausruhen, für eine Weile vergessen, das war alles, was er wollte. Den Heilungsprozeß fortschreiten, die Wunden sich zu häßlichen, krustigen Narben verhärten lassen. New Orleans erinnerte ihn noch viel zu sehr an alles. Das würde es immer tun.

Ein romantischer Mensch wird nur schwer mit seinen Verlusten fertig, und er war ein Romantiker. Nur ein Romantiker hatte die Rolle spielen können, die er so buchstabengetreu gespielt hatte, die Rolle des Narren. Er gehörte zu jenen Männern, die vom Schicksal dazu ausersehen sind, ein Opfer der Frauen zu werden – er fing langsam an, das selbst zu begreifen. Wenn sie es nicht gewesen wäre, dann irgendeine andere. Wenn es keine schlechte Frau gewesen wäre, dann das, was man als eine »gute« bezeichnete. Selbst eine solche hätte ihn im Handumdrehen in ihrer Gewalt gehabt. Und wenn die Folgen vielleicht auch weniger katastrophal gewesen wären – seinen tiefsitzenden Stolz hätte auch das verletzt. Die einzige Möglichkeit der Verteidigung lag für ihn darin, sich von ihnen fernzuhalten.

Nun, da ihm das Pferd gestohlen war, hing ein Schloß vor der Stalltür. Das Schloß war zu und der Schlüssel weggeworfen, ein für allemal. Aber da gab es ja auch nichts mehr, was ein Aufschließen noch gelohnt hätte.

Mitten im Gewimmel der Urlauber, die für einen ein- oder zweiwöchigen Ferienaufenthalt aus dem Hinterland hier herunter gekommen waren, mitten in dem Geschnatter und der Bewegung, die entstand, als sie sich in kleine Grüppchen aufteilten und ihre Freunde begrüßten, die zum Bahnhof gekommen waren, um sie abzuholen, stand er einsam da, abgesondert, die Reisetasche zu seinen Füßen.

Die Blicke mehr als nur einer heiratsfähigen jungen Dame in den ihn umgebenden Gruppen richteten sich über die Schulter eines Verwandten oder Freundes hinweg abwägend auf ihn – sie fragten sich aller Wahrscheinlichkeit nach, ob er geeignet sei, in die Planungen für die unmittelbare Zukunft einbezogen zu werden, denn was ist schon ein Urlaub ohne eine möglichst große Schar von Kavalieren? Aber immer, wenn ihre Blicke den seinen begegneten, wandten sie sie schnell ab, und das nicht allein aus Gründen der Schicklichkeit. Es vermittelte ihnen vielmehr ein beunruhigendes Gefühl – wie wenn man etwas anschaut, von dem man glaubt, daß es lebendig sei, und dann feststellt, daß es sich doch um etwas Unbeseeltes handelt. Es war wie der Flirt mit einem Zaunpfahl oder einem Pumpenschwengel – schön, bis man seinen Irrtum entdeckte.

Der Bahnsteig leerte sich allmählich, und er stand noch immer dort. Der Zug aus New Orleans fuhr an, und er drehte den Oberkörper halb herum, als wollte er wieder einsteigen und bis zur nächsten Station weiterfahren, wo immer diese auch liegen mochte. Aber dann wandte er sich wieder nach vorn dem Ausgang zu und ließ die Wagen einen nach dem anderen hinter seinem Rücken vorbeigleiten, als der Zug aus dem Bahnhof hinausfuhr.

32

Er machte es sich schnell zur Gewohnheit, jeden Abend so ungefähr um sieben Uhr auf einen langsam getrunkenen Whiskypunsch in die Bar eines in der Nähe gelegenen Hotels, des *Belleview House*, zu gehen. Oder auch zwei, nie aber mehr. Es war im Grunde genommen auch gar nicht so sehr das Getränk, welches ihn in die Bar zog, sondern die Tatsache, daß er bis zur Zeit des Abendessens nichts zu tun hatte. Und er hatte diese spezielle Bar ausgewählt, weil sein eigenes Hotel über keine vergleichbare Einrichtung verfügte. Außerdem lag sie am nächsten und war die größte von allen.

Diese Bar war fröhlich, lebhaft und geräuschvoll, typisch in ihrer Art und charakteristisch für die Zeit. Der Ort, an dem der Gentleman etwas trank. Und es galt für sie, was für alle gleichgearteten Institutionen galt, nämlich, daß sie zwar ausschließlich den Männern vorbehalten blieb, die Frauen aber nirgends spürbarer in den Gedanken, Anspielungen und Konversationen anwesend waren als eben hier, wo sie es körperlich nicht waren. Sie waren allgegenwärtig, erfüllten die Luft, waren in jeder Zweideutigkeit, in jedem Augenzwinkern, in jedem Toast und in jeder prahlerischen Anzüglichkeit. Und hier waren sie so, wie sie sich die Männer wünschten und wie sie in der Wirklichkeit jenseits des Hotelportals nur so selten anzutreffen waren – ungewöhnlich entgegenkommend. Immer und in jeder Hinsicht.

Selbst allegorisch beherrschten sie die Bar. An der Wand, die dem hufeisenförmigen Mahagonitresen gegenüber lag, hing hell beleuchtet das riesige Ölgemälde einer ruhenden weiblichen Gestalt, wahrscheinlich irgendeiner Göttin. Ihr Haupt umkreisten zwei geflügelte Cupidos, zu ihren Füßen hatte sie ein Füllhorn, aus dem sich Früchte und Blumen ergossen. Da gab es auch noch purpurfarbene Gewänder, die aber eher der Zierde als der Bedeckung dienten – ein Stoffstreifen wucherte über die Schulter der Gestalt abwärts, ein anderes Stückchen umhüllte ihre Hüften. Im Hintergrund und von den Betrachtern wohl noch nie beachtet, seit das Bild hier aufgehängt worden war, wölbte sich ein blauer Himmel voller wolliger weißer Wölkchen.

Die Bar beherrschend, wie es der Fall und klugerweise auch die Absicht war, bot sich das Gemälde selbst Durand als Mittel an, eine erste Bekanntschaft seit seinem Eintreffen in Biloxi anzuknüpfen. Der Mann, der ihm bei seinem zweiten Besuch in der Bar am nächsten stand, war wie er allein und hatte seine Blicke verzückt auf besagtes Bildnis geheftet, die Augen fast feucht von einer Art entrückter Gier, als Durand zufällig in seine Richtung blickte und seinen Gesichtsausdruck bemerkte.

Durand konnte sich eines leisen Schmunzelns nicht enthalten, nur so vor sich hin und keinesfalls an die Adresse des glühenden Verehrers da neben ihm gerichtet. Dieser aber, der das halb ausgebildete Lächeln wohl wahrgenommen hatte, gerade als es wieder verschwinden wollte, mißverstand es als Zeugnis esoterischer Geistesverwandtschaft und erwiderte es prompt, dies aber mit einem Ausdruck freundlicher Geselligkeit, welcher dem Original völlig abgegangen war.

»Sie seien gepriesen!« sagte er voller Inbrunst und hob sein Glas zum Bilde empor – und das so, daß Durand es sehen konnte.

Durand nickte, mit Mäßigung zustimmend.

Ermutigt erhob der andere nun seine Stimme und lud ihn über die drei oder vier Meter hinweg, die sie voneinander trennten, zu sich ein: »Wollen Sie mir nicht bei einem Drink Gesellschaft leisten, Sir?«

Durand verspürte nicht das geringste Bedürfnis dazu, aber es wäre in höchstem Maße ungehobelt gewesen, die Einladung auszuschlagen. So bewegte er sich annehmend auf seinen Nachbarn zu, der seinerseits die noch verbliebene Distanz durch eine entsprechende Bewegung aufhob.

Die Bestellungen wurden erneuert, sie prosteten sich mit den frisch gefüllten Gläsern zu, nahmen einen Schluck und vollendeten so das kleine Einführungsritual.

Der andere war etwa Mitte vierzig, soweit Durand das beurteilen konnte. Er hatte ein zwar gutaussehendes, zugleich aber schwaches und verlebtes Gesicht – mehr Falten eines lockeren Lebenswandels hatten sich darin eingegraben als solche des Alters, vor allem auf der Stirn. Seine Gesichtsfarbe war auffallend blaß, sein Haar dunkel, wurde aber vielleicht mit ein wenig Schuhschwärze hier und da in diesem Zustand erhalten, obwohl sich das nur vermuten ließ. Er war kleiner als Durand, aber von größerem Leibesumfang, und dies in einer irgendwie kissenartigen, wenig kompakten Art und Weise.

»Allein da, Sir?« wollte er wissen.

»Ganz allein«, antwortete Durand.

»Was für ein Jammer!« sagte er explosiv. »Schätze, zum ersten Mal hier, was?«

So sei es, gab Durand lakonisch zu.

»Werden's mögen, sobald Sie sich erst auskennen«, versprach er. »Kostet einen Mann ein paar Tage, ganz wurscht, wo.«

Das sei wohl richtig, stimmte Durand lau zu.

»Sie wohnen hier im Haus?« Er wies mit dem Daumen auf eine Tür hinter sich, die in das Innere des Hotels führte. »Ich ja.«

»Nein, ich bin drüben im *Rogers*.«

»Hätten dies nehmen sollen. Das beste am Ort. Alles ein bißchen lasch da drüben, wo Sie hausen, was?«

Er habe dergleichen nicht bemerkt, sagte Durand. Er glaube nicht, daß er lange bleiben werde.

»Na, vielleicht ändern Sie noch Ihre Meinung«, meinte der andere unbeschwert. »Vielleicht können wir Sie dazu bewegen, Ihre diesbezügliche Meinung zu ändern«, wiederholte er, als verfüge er über eine Mehrheitsbeteiligung an diesem Badeort.

»Vielleicht«, pflichtete Durand ohne allzu großen Enthusiasmus bei. »Der geht jetzt auf mich«, lud er dann pflichtschuldigst ein, als er bemerkte, daß das Glas seines Kumpans fast geleert war.

»Fühle mich geehrt«, sagte der andere voller Eifer und sorgte schnell dafür, daß auch der Rest verschwand.

Gerade als Durand seine Bestellung aufgeben wollte, kam ein Hotelpage durch die Milchglastür, die in die Rezeption hinüberführte, sah sich ein Weilchen suchend um, trat dann, als er Durands Partner erspähte, zu diesem hin, entschuldigte sich und flüsterte ihm ein paar Worte ins Ohr, die Durand nicht verstehen konnte. Zumal da er das auch gar nicht erst versuchte.

»Ach, schon?« sagte der andere Mann. »Froh, daß du's mir gesagt hast.« Er gab dem Jungen eine Münze. »Bin gleich da.«

Er wandte sich Durand wieder zu. »Man ruft mich«, sagte er fröhlich. »Müssen da wieder anknüpfen, wo wir jetzt gezwungen sind abzubrechen. An einem anderen Abend.« Er schob seine Krawatte zurecht, fuhr sich über das Haar, zog an seinem Jackett. »Darf eine Dame nicht warten lassen, Sie verstehn«, fügte er hinzu, unfähig, der Versuchung zu widerstehen, Durand wissen zu lassen, welcher Art seine Abberufung war.

»Auf gar keinen Fall«, gestand dieser zu.

»Dann Ihnen einen guten Abend, Sir.«

»Guten Abend.«

Durand beobachtete, wie der andere hinausging. Sein Gesichtsausdruck, noch gut zu erkennen, war alles andere als freizeitlich gelöst, und als er die Tür erreichte, stieß er die Flügel mit großem Schwung auf, offensichtlich sehr darauf bedacht, nicht müßiggängerisch zu erscheinen.

Durand lächelte verhalten vor sich hin, halb verächtlich, halb mitleidsvoll, und wandte sich dann – nun wieder allein – seinem Punsch zu.

33

Am folgenden Abend trafen sie sich wieder, er und der andere Mann. Der letztere war schon da, als Durand die Bar von der Straße aus betrat, und er setzte sich ohne weitere Förmlichkeiten zu ihm, da er ihm nach der Etikette der Bar einen Drink schuldig geblieben war und, wäre er dem – was er nur zu gern getan hätte – ausgewichen, den Anschein erweckt hätte, als wolle er sich um seine Verpflichtungen drücken.

»Noch immer allein, wie ich sehe«, begrüßte der andere Durand.

»Noch«, sagte Durand dunkel.

»Na, Mann, Sie sind aber ganz schön lasch«, merkte er kritisch an. »Was hindert Sie? Sollte meinen, daß Sie inzwischen jede Menge ...« Er vollendete den Satz nicht, gestattete aber einem feuchten Augenzwinkern, dies an seiner Stelle zu tun.

Durand lächelte matt und gab die Bestellung auf.

Sie prosteten sich zu, sie tranken.

»Übrigens, möchte mich Ihnen mal vorstellen«, sagte der andere mit Herzlichkeit. »Ich bin Colonel Harry Worth, habe früher in der Armee gedient.« Die Art und Weise, wie er das sagte, ließ deutlich erkennen, welche Armee er meinte – oder eher noch, daß es überhaupt nur eine gab, die er hatte meinen können.

»Mein Name ist Louis Durand«, sagte Durand.

Sie gaben sich die Hand, dies auf Initiative des anderen hin.

»Woher stammen Sie, Durand?«

»New Orleans.«

»Oh«, nickte der Colonel zustimmend. »Netter Ort. War mehrmals dort.«

Durand erkundigte sich nicht, wo der Colonel herkam. Das, so formulierte er im stillen für sich, interessierte ihn einen Dreck.

Sie sprachen über dieses und jenes. Über Geschäftliches

(beide). Über ein kleines Mädchen in Natchez (der Colonel). Über die augenblickliche Regierung (beide, und dies mit Bitterkeit, als handele es sich um eine Art Fremdherrschaft). Über ein kleines Mädchen in Louisville (der Colonel). Über Cocktailrezepte (beide). Über ein »gelbes« Mädchen in Memphis (der Colonel, mit klatschendem Schlag auf den eigenen Schenkel).

Dann, als der Colonel sich gerade anschickte, einen weiteren Drink für sie zu bestellen, kam wiederum der Page herein, trat zu ihm, flüsterte ihm ins Ohr.

»Zeit ist um«, sagte er daraufhin zu Durand. Er reichte ihm die Hand. »War mir ein Vergnügen, Mr. Randall. Freu mich schon aufs nächste Mal.«

»Durand«, sagte Durand.

Der Colonel fuhr in dramatischer Übertreibung zurück, entschuldigte sich ausgiebigst. »Klar doch. Bitte um Vergebung. Da haben wir's wieder. Habe sauschlechten Kopf für Namen.«

»Macht doch nichts«, sagte Durand gleichgültig. Er hatte so das Gefühl, daß sich dieser Irrtum wiederholen würde, solange ihre Bekanntschaft währte. Ein Name, der beim zweiten Mal falsch ist, stimmt aller Wahrscheinlichkeit nach beim vierten oder zehnten Mal ebensowenig. Aber es bedeutete ihm nicht das geringste, ob dieser Mann ihn beim falschen Namen nannte oder nicht, denn dieser Mann selbst bedeutete ihm noch viel weniger.

Worth erneuerte ihren Händedruck, diesmal unter günstigeren Auspizien. Als er sich schon zum Gehen wandte, langte er zum Tresen hinüber und schob sich eine Gewürznelke in den Mund.

»Für alle Fälle«, sagte er spitzbübisch.

Er ging nach hinten hinaus, ins Hotel. Durand stand näher an der Außenseite der Bar, zur Straße hin. Einige Minuten später wandte er desinteressiert den Kopf in diese Richtung, gerade noch rechtzeitig, um durch die dicken, seifengrünen Glasscheiben, die ein wenig gewölbt waren wie Butzenscheiben, den Colonel vorübergehen zu sehen.

Die Dicke des Mediums, durch das seine Blicke hindurch mußten, verzerrten zwar die Konturen ein wenig, aber Durand war vollkommen sicher, daß er es war. An der von Durand abgewandten Seite drei vereinzelte Auswüchse, zusätzlich zu jenen, welche zu seiner eigenen Person gehörten – das war alles, was darauf schließen ließ, daß er in Begleitung eines weiblichen Wesens war. In Höhe seiner Schultern war die Spitze einer Feder sichtbar, die zur Kopfbedeckung einer auf der anderen Seite neben ihm hergehenden Frau gehörte. Es sah ganz so aus, als ob ein Federkiel oder ein hellbefiederter Pfeil im Colonel selbst stecke.

Und in seinem Rücken, über seine eigenen bescheidenen Umrisse hinausragend, wippte sinnlich, zugleich aber auch irgendwie elegant, eine Turnüre auf und ab, schwebte wie ein Ballon mit ihrer Trägerin an seiner Seite dahin. Und schließlich flatterte unten an seinen Füßen – so, als hinge eine Socke aus seinem Schuh und schleife nach – ein dreieckiges Stückchen Stoff über den Boden dahin, das zum Rocksaum einer Abendrobe gehörte und im Dahingehen unruhig hin- und herzuckte.

Wieder lächelte er sein müdes Lächeln, ganz wie am Abend zuvor. Diesmal hoben sich seine Brauen dabei, was wohl so viel bedeuten sollte wie: Jeder nach seiner Fasson.

34

Am heutigen Abend trat der Page weit später in Erscheinung als sonst. Der Colonel hatte aus diesem Grund ein Glas mehr getrunken als bei ihren vorangegangenen Zusammenkünften, was sich nur an der gesteigerten Wärme seiner Freundlichkeit und der Neigung ablesen ließ, in regelmäßigen Abständen gegen

Durands Oberarm zu schlagen oder diesen gar zu ergreifen, um so gut wie jeder zweiten Äußerung, die er von sich gab, gebührenden Nachdruck zu verleihen. Sonst aber war die Sprache des Colonel Worth klar, sein Denken durchaus zusammenhängend.

»Meine Verlobte ist schon ein süßes Mädel, Randall. Ein süßes Mädelchen«, wiederholte er feierlich, als könne er seinem Zuhörer das Gesagte gar nicht nahe genug bringen.

»Davon bin ich überzeugt«, sagte Durand, wie er das schon zweimal getan hatte. »Fest überzeugt.« Nachdem er die fehlerhafte Benennung seiner Person einmal an diesem Abend korrigiert hatte, unternahm er nun nichts mehr in dieser Richtung.

»Will Ihnen was sagen, ich bin der glücklichste Mann. Sie sollten sie wirklich mal sehen. Müssen *mir* nicht glauben, sollten sie nur mal mit Ihren eigenen Augen sehen.«

»Oh, ich glaube Ihnen ja«, wandte Durand reserviert ein.

»Sollten auch so ein Mädchen haben.« (Klatsch) »Sollten sich unbedingt ein Mädchen wie das suchen.« (Klatsch, Klatsch)

»Nicht jeder kann ein solches Glück haben«, murmelte Durand, eine Fußspitze ruhelos an der Messingstange unten wetzend.

»Hasse das, einen so feinen Kerl wie Sie allein rumgeistern zu sehen.« (Klatsch)

»Ich beklage mich ja gar nicht«, sagte Durand und ließ den Boden seines Glases entsagungsvoll in einander überschneidenden Kreisen über den Tresen scheuern, bis er ungefähr wieder dort angelangt war, wo er die Kreiselei begonnen hatte.

»Verdammt noch mal, sehen Sie mich an. Hab Ihnen mindestens zehn Jahre voraus, möchte wetten. Hänge nicht einfach rum und warte drauf, daß sie zu mir kommen. Man muß raus, sich eine suchen.«

»Das ist richtig, das muß man«, stimmte Durand mit der Miene dessen zu, der sich schwört: Ich werde meinen Beitrag zu dieser Konversation leisten, und wenn mich das umbringt!

Der Colonel wurde plötzlich von verspäteten Befürchtungen heimgesucht, die Grenzen des guten Geschmacks überschritten zu haben. Statt ihm einen neuerlichen Klaps zu versetzen, faßte er Durand diesmal zärtlich am Revers seines Jacketts. »Werde nicht zu persönlich, oder?« sagte er flehentlich. »Wenn das der Fall sein sollte, dann sagen Sie's, und schon bin ich weg. Möchte um nichts in der Welt, daß Sie das denken.«

»Aber nichts dergleichen«, versicherte ihm Durand. Was auch der Wahrheit entsprach. Genausogut hätten sie über Astrologie oder sonst ein entlegenes Thema debattieren können.

»Nehme halt an Ihnen Anteil, weil ich Sie mag. Finde Ihre Gesellschaft höchst erfreulich.«

»Ich kann diese Empfindung durchaus erwidern«, sagte Durand würdevoll und mit einer knappen Verbeugung, die nur vom oberen Teil seines Kopfes ausgeführt zu werden schien.

»Möchte, daß Sie meine Verlobte mal kennenlernen. Tolles Mädchen.«

»Das wäre mir eine Ehre«, sagte Durand. Er begann zu wünschen, daß der Hotelpage zu seinem allabendlichen Auftritt erscheinen möge.

»Sie wird in ein paar Minuten herunterkommen, wollte sie abholen.« Plötzlich hatte der Colonel eine Eingebung. Der Stolz des Besitzens ist ja oftmals gleichbedeutend mit dem Stolz der Zurschaustellung. »Warum schließen Sie sich uns heute abend nicht an? Wäre uns ein Vergnügen, wenn Sie unser Gast sein wollten. Kommen Sie mit mir hinaus, ich werde Sie meiner Verlobten vorstellen.«

»Nicht heute abend«, sagte Durand ein wenig übereilt. Nach irgendeiner Entschuldigung suchend, strich er sich versuchsweise über das Kinn. »Ich bin darauf nicht vorbereitet... bin wirklich nicht vorzeigbar.«

Der Colonel hob prüfend den Kopf. »Unsinn. Sehn doch ganz in Ordnung aus. Sind glatt rasiert.«

Dann entschloß er sich dazu, einen Kompromiß anzubieten. »Na schön, dann kommen Sie wenigstens mit hinaus und erlauben, daß ich Sie vorstelle, wenn sie herunterkommt. Danach marschieren wir dann getrennt.«

Durands Zartgefühl wurde plötzlich von Skrupeln heimgesucht, was ihm durchaus gelegen kam. »Ich glaube nicht, daß sie es Ihnen danken wird, wenn Sie jemanden stracks von *hier* mitbringen und ihr präsentieren. Das könnte in ihren Augen nicht eben sehr vorteilhaft aussehen, Sie wissen ja, wie die Damen so sind. Schließlich ist dies eine Bar, und da wird getrunken.«

»Gehe doch aber selbst jeden Abend hierher«, sagte der Colonel unsicher.

»Ja, aber Sie beide kennen sich, während ich ein Fremder für sie bin. Das ist durchaus etwas anderes.«

Bevor noch der Colonel in dieser Frage gesellschaftlicher Etikette zu einer Antwort gelangen konnte, war der schon vertraute Page eingetreten, um seine Botschaft zu überbringen.

»Ihre Dame ist heruntergekommen, Sir.«

Der Colonel steckte eine Münze in die behandschuhte Hand des Knaben, leerte sein Glas.

»Ich sage Ihnen was. Habe eine noch bessere Idee. Was halten Sie davon, wenn wir ein Quartett bilden. Werde meine Verlobte bitten, jemanden für Sie mitzubringen. Sie wird ja hier wohl inzwischen ein paar junge Damen ohne Anhang kennengelernt haben. Das wird's leichter für Sie machen. Wie wär's mit morgen abend? Haben da doch noch nichts vor, oder?«

»Nicht das geringste«, sagte Durand, zufrieden, daß zumindest für den Augenblick ein Aufschub erwirkt war, und mit dem Gedanken spielend, sich irgendwann im Laufe des morgigen Tages zu entschuldigen, erschien das doch als der beste Weg, dem allen zu entgehen. Er sah wohl, daß sich im Moment jedes weitere Zögern leicht in eine Kränkung hätte verkehren können, selbst wenn es sich um einen so dickhäutigen Menschen handelte wie

Worth, und er hatte keineswegs die Absicht, diesen Mann grundlos zu beleidigen.

»Fein!« sagte Worth und strahlte. »Das ist also abgemacht. Will Ihnen auch sagen, welches ein passender Ort dafür ist. Gibt da so'n kleines Restaurant, nennt sich *Die Grotte*. Ist bis spät in die Nacht geöffnet. Nicht flott, Sie verstehen. Einfach nur gut und anregend. Gibt Musik da und sehr guten Wein. Gehen oft hin, Miss Castle und ich. Statt uns hier im Hotel zu treffen, wo ein Haufen alter, verknöcherter Burschen rumlungert, die nur zu bereit sind, sich das Maul zu zerreißen, kommen Sie lieber dorthin. Bringe meinerseits die beiden jungen Damen mit.«

»Hervorragend«, sagte Durand.

Der Oberst rieb sich erfreut die Hände – offensichtlich waren da Facetten seines früheren Seins doch noch nicht ganz so vollständig verschwunden, wie er selbst wohl glauben mochte.

»Werde eine der Nischen, eben eine Grotte, für uns reservieren lassen. So was gibt's da, durch Vorhänge vor neugierigen Blicken geschützt. Schaun Sie sich halt um, werden uns in einer davon finden.« Er tippte Durand mit dem Zeigefinger auf die Brust. »Und vergessen Sie nicht, ich lade Sie ein.«

»Darüber läßt sich vielleicht noch einmal reden«, sagte Durand.

»Werden uns schlagen, wenn's soweit ist. Morgen abend also, abgemacht?«

»Morgen abend, abgemacht.«

Worth eilte hinüber zum Hotelpagen, der wartend in der Tür stand, da er offenkundig von einer Person, die den Colonel nur zu gut kannte, Anweisung erhalten hatte, diesen im wortwörtlichen Sinne mitzubringen.

Plötzlich drehte der Colonel wieder um, hastete zurück, stellte sich auf die Zehenspitzen und flüsterte rauh in Durands Ohr: »Vergaß ganz, Sie zu fragen. Blond oder brünett?«

Für einen Augenblick tauchte *ihr* Bild in seinem Kopf auf.

»Brünett«, sagte er kurz, und ein zuckender Schmerz bildete Fältchen um seine Augen.

Der Oberst stieß ihm in derber Kameraderie den Ellbogen in die Rippen.

35

Am nächsten Tag war er, was die Verabredung anbetraf, zu lustlos, um seine fadenscheinigen Entschuldigungen rechtzeitig zu übersenden, und bevor er es noch so richtig bemerkt hatte, war es schon Abend, war der Termin – und sei es auch nur durch sein Versäumnis – bestätigt, war es zu spät, ihn zu umgehen, ohne sich der gröbsten Unhöflichkeit schuldig zu machen, was nicht der Fall gewesen wäre, wenn er ihn ein paar Stunden früher abgesagt hätte.

Er hatte sich am späten Nachmittag, vollständig angekleidet, zu einem kleinen Nickerchen aufs Bett gelegt, und als er dann wieder aufgewacht war, war die vereinbarte Zeit schon fast erreicht, so daß ihm nun nichts anderes mehr übrigblieb, als die Verabredung einzuhalten.

Er seufzte und schnitt Grimassen vor dem Spiegel, begann dann aber doch mit den notwendigen Vorbereitungen und rührte heftig mit seinem Rasierpinsel in dem dickwandigen Steinguttiegel, bis der Schaum mächtig darin aufquoll und perlgroße Tröpfchen davon an den Seiten hinunterliefen. Er würde nur eine halbe Stunde bleiben, versprach er sich selbst, gleichsam als Zeichen seines Willens zur Teilnahme, würde aber dafür sorgen, daß ihn dann einer der Ober mit einer Scheinbotschaft herausrief, und weggehen. Und sicherstellen, daß er seinen Anteil an der Vergnügung zuvor schon beglichen hatte, damit sie das nicht für das Motiv hielten. Sie würden gekränkt sein, damit war zu rechnen, aber dies doch weit weniger, als wenn er gar nicht erschiene.

Gestärkt durch diesen Plan, rasiert und in frischem Hemd, streifte er seinen Mantel über, öffnete die Brieftasche, um sich zu vergewissern, daß sie auch ausreichend gefüllt war, und machte sich dann widerwillig auf den Weg. Kein Feiernder brach je mit weniger Beschwingtheit und mit einem längeren Gesicht auf, um an etwas teilzunehmen, was als Lustbarkeit gedacht war. Er fluchte leise vor sich hin, als er die Tür seines Zimmers hinter sich zuzog, fluchte über den so übergeselligen Colonel, der ihn zu dieser Geschichte verleitet hatte, über die Unbekannte, der er den Hof machen sollte, bloß weil sie eine Frau war und ihn deshalb in eine Position manövrieren konnte, wo ihm gar nichts anderes übrigblieb, und zu allermeist über sich selbst, weil er nicht den Mumm gehabt hatte, schlichtweg dankend abzusagen, als am Abend zuvor die Einladung ausgesprochen worden war.

Eine fade, alberne junge Kuh, jedermanns Abfall. Er konnte sich lebhaft vorstellen, welchen Geschmack der Colonel in puncto Frauen hatte, er brauchte sich doch nur den Mann selbst anzusehen.

Ein zehnminütiger Gang in derart sarkastischer Geistesverfassung, die bis zum Schluß auch durch den glitzernden Brokat des Sternenhimmels über ihm nicht gemildert werden konnte, brachte ihn an sein Ziel.

Die Grotte war ein langes, schmales, kabinenartiges und ebenerdiges Gebäude, von außen so fadenscheinig und wenig einladend wie viele andere kurzlebige Etablissements dieser Art in Badeorten. Gas- und Petroleumlicht quoll aus allen Ritzen und Fugen, durch irgendeine spezielle Abdeckung der Lampen drinnen rosig und bläulich gefärbt. Das Innere lag aufgrund einer Vertiefung im Boden ein wenig niedriger als der Bürgersteig, so daß er ein paar Eingangsstufen hinuntersteigen mußte, nachdem ihn ein farbiger Türhüter erst einmal hereinkomplimentiert hatte. Der Hauptspeisesaal selbst war, wenn man ihn von den Stufen her überblickte, ein unordentliches Durcheinander von weißgedeckten Tischen, alle in kreisförmiger Anordnung von Köpfen umgeben und mit einer Tischlampe mit rosenfarbenem oder blauem Schirm versehen, eine aus Europa stammende Neuerung, die den an solchen Stätten sonst üblichen Lichterglanz zu sanftem Zwielicht dämpfte und eine Atmosphäre schuf, die eine Andeutung verbotenen Treibens und heimlicher Liebschaften enthielt. Sie gaben dem ganzen Raum das Aussehen eines Feldes voller Leuchtkäfer.

Ein gewichtiger Oberkellner mit weit abstehenden, gekräuselten Koteletten, der eine Speisekarte schräg vor sich hin hielt wie ein Maler seine Palette, begrüßte ihn am Fuß der kleinen Treppe.

»Sind der Herr allein? Darf ich Ihnen einen Tisch zeigen?«

»Nein, ich bin hier verabredet«, sagte Durand. »Colonel Worth und Freunde. In einem der Séparées. Wo finde ich die?«

»Ah, gerade durch, Sir, im hinteren Teil. Am anderen Ende des Restaurants. Sie werden schon erwartet. Es ist das erste auf der rechten Seite.«

Er ging durch den langen, freigehaltenen Mittelgang nach hinten wie jemand, der sich durch eine Rauferei hindurchzwängt, eine Rauferei der Stimmen und Gerüche, wenn nicht sogar der Hände. Hindurch durch Geltungsbereiche verschiedenster Essensgerüche, die alle voneinander isoliert blieben, jeder in seinem Kernbereich für sich, sich der Vermischung mit anderen widersetzend – hier Hummer, da gegrilltes Steak, dort feuchtes Leinen und verschütteter Wein. Hindurch durch abgelöste Fetzen von Gesprächen und Gelächter, die gleichermaßen zusammenhanglos blieben, jedes Stückchen in seinem eigenen, kleinen, kreisrunden Bereich.

»Wenn wir zusammen sind, dann sagt er so, und wenn er mit einem andern Mädchen spricht, dann so. Oh, ich weiß alles über Sie, nur keine Sorge.«

»... eine Regierung, die der Ruin dieses Landes ist! Und es

schert mich gar nicht, ob mich einer hört, ich habe schließlich ein Recht auf meine eigene Meinung!«

»... und jetzt komme ich zum allerbesten Teil der Geschichte. Zu dem Teil, der euch allen Spaß machen ...«

Hinten verengte sich der Raum zu einem schmalen Durchgang zur Küche, der für die Kellner bestimmt war. Auf beiden Seiten dieses Durchgangs reihten sich jedoch Öffnungen aneinander, die in die abgetrennten Nischen oder Eßecken hineinführten, die Worth gemeint hatte. Sie alle hatten keine Türen, sondern waren nur durch Vorhänge vor unerwünschten Einblicken geschützt. Die ersten beiden Nischen rechts und links lagen jedoch nicht genau parallel zum Gang, sondern ein wenig schräg, die Ecken abschneidend.

Als er seine Blicke auf die Nische rechts des Durchgangs richtete und sie – noch ein Stück von ihr entfernt, noch getrennt von ihr durch die letzte, in seinen Weg hineinragende Tischreihe – als das endliche Ziel seines Weges ins Auge faßte, wurde plötzlich der schützende Vorhang auf einer Seite aufgerissen, und ein Kellner trat rückwärts heraus. Er war im Begriff, sich zurückzuziehen, verharrte aber noch für einen Augenblick halb drinnen, halb draußen, um eine ihm aufgegebene Bestellung zu Ende anzuhören. Inzwischen hielt er den Vorhang mit einer Hand von der Wand weg, und die so entstandene Öffnung hatte fast die Form eines Diamanten.

Durands Fuß, der gerade den Boden berührte, machte keine Bewegung mehr nach vorn, brachte ihn der Nische kein Stückchen mehr näher.

Es war, als ob die Öffnung des Vorhanges eine Kamee mit einem Bildnis von reinsten, vollkommensten Linien enthielt, allein Durands Augen vorbehalten – eine Kamee von strahlender Schönheit, auf dunkelfarbigen Samt gebettet.

Auf der einen Seite war ein Stück von dem massigen Profil des Colonels sichtbar, das sich unruhig hin und her bewegte, während er dem Kellner die Bestellung aufgab, auf der anderen Seite ein Stück des sanft geneigten Profils einer Unbekannten mit dunklem Haar und dunklen Augen.

In der Mitte zwischen diesen beiden, nach draußen blickend, weiß wie Alabaster, strahlend wie Marmor, königlich wie eine kleine Juno, schön wie eine blonde Venus oder wie die Helena von Troja, das Gesicht und der Hals und die bloßen Schultern und die halbentblößte Brust, die er niemals vergessen würde, die er niemals vergessen konnte – wie durch Zauber aus seinen Träumen in lebendige Substanz zurückverwandelt.

Julia.

Er konnte das Licht auf ihrem Haar sehen, einen darüber hingleitenden, goldenen Schimmer. Und das flüchtige Funkeln wie von Kristall, wenn ihre Augen sich bewegten.

Daß sie ihn da draußen nicht erblickte, war unglaublich. Ihre Augen sahen geradewegs in seine Richtung, aber ihr Blick mußte wohl, aus dieser Entfernung nicht wahrnehmbar, ein ganz klein wenig zur Seite des einen oder anderen ihrer Tischnachbarn hin abgelenkt sein und ihn so verfehlen.

Der Kellner ließ seine aufhaltende Hand sinken, der Vorhang fiel zur Wand zurück, die Kamee war verschwunden.

Er stand wie angewurzelt, so betäubt, so vernichtet, so unfähig zu jeglicher Bewegung, als sei jener weiße, versengende Anblick – aufleuchtend, dann wieder fort – ein Blitz gewesen, der dicht neben ihm eingeschlagen war und ihn mit dem Boden hatte verschmelzen lassen. Alles, was noch fehlte, war, daß er ihn vor all den Menschen zu Boden stürzen ließ, hier und jetzt.

Doch dann rempelte ihn ein gedankenlos vorbeieilender Kellner leicht an und setzte ihn auf diese Weise wieder in Bewegung – wie eine Billardkugel, die auf eine andere trifft.

Er lief den Weg zurück, den er gekommen war, jetzt unsicher schwankend, gegen Tische und Stuhllehnen stoßend, die seine Bahn säumten, vorbei an kurz zu ihm aufblickenden, fragenden

Gesichtern, vorbei an einer verwischten Folge von Lampen, wertlosen Leuchtfeuern, die nur verwirrten und nicht in der Lage waren, ihn auf geradem Weg durch ihre Mitte zu führen.

Er erreichte das andere Ende dieses rauhen Ortes, und der gleiche Oberkellner, der ihn begrüßt hatte, trat besorgt zu ihm.

»Haben Sie Ihre Freunde nicht gefunden, Sir?«

»Ich ... ich habe es mir anders überlegt.« Er zog seine Brieftasche heraus, preßte dem Mann unfaßliche zehn Dollar in die Hand. »Ich bin nicht hier gewesen, habe nicht nach ihnen gefragt. Sie haben mich nicht gesehen.«

Er stolperte die Treppe hinauf und hinaus, wankend, als habe er sich in den wenigen Minuten, die vergangen waren, mit Wein vollaufen lassen. Mit dem Wein des Hasses, mit dem Ferment der Früchte des Zorns.

36

Er hatte anfänglich keine sehr klare Vorstellung, was er jetzt tun wollte. Die schwarzen Nebel des Hasses, die sein ganzes Denken erfüllten, überzogen alle Pläne und Vorhaben. Allein der Instinkt und keineswegs Berechnung hatte ihn davon abgehalten, durch jenen Vorhang in die Nische zu stürzen.

Allein. Er mußte sie allein haben, so daß niemand sie retten konnte. Er wollte keine bitteren Anschuldigungen, die so wenig nur einbrachten. Was bedeutete ihr schon eine Anklage mehr? Ihr Weg mußte übersät sein damit. Er wollte keine öffentliche Auseinandersetzung, denn da würde sie ihm mit ihrer Kühle und mit ihrer Gefaßtheit unweigerlich überlegen sein. »Ich habe diesen Mann noch nie gesehen. Er muß verrückt sein!« Es gab nur eines, was er wollte, einzig und allein eines. Und das war ihr Tod. Er wollte, daß sie in den paar wenigen Augenblicken, die ihm vorangingen, allein miteinander waren.

Er stand eine Weile vor dem Hotel, in dem sie und Worth wohnten, um sich zu beruhigen, seine Fassung wiederzugewinnen. Stand mit dem Rücken zu dem Gebäude und schaute auf die See hinaus. Und während er da so stand, ansonsten bewegungslos und ohne irgendeine erkennbare innere Regung, schlug er wieder und wieder mit der Faust auf das hölzerne Geländer der Promenade. In regelmäßigen Abständen, wie mit einer Mörserkeule seine Gedanken zerstoßend, sie fein zermahlend.

Schließlich wurden die Schläge schwächer, hörten ganz auf. Er war bereit.

Er wandte sich abrupt um und betrat die hellerleuchtete Eingangshalle des Hotels, zielstrebig, aber nicht übereilt. Er schritt geradewegs zum Empfang, blieb davor stehen, trommelte mit den Fingern auf seiner Oberfläche aus schwarz-weißem Marmor herum, um die Aufmerksamkeit des Portiers ein wenig schneller auf sich zu lenken.

Als er das erreicht hatte, sagte er: »Ich bin ein Freund von Colonel Worth. Ich bin gerade in der *Grotte* mit ihm und seiner Gesellschaft zusammengetroffen.«

»Ja, Sir. Womit kann ich dienen?«

»Eine der jungen Damen in seiner Begleitung, die wohl ebenfalls hier im Hause wohnt, fand den Abend kühler als erwartet. Deshalb hat sie mich gebeten, ihr einen Schal zu holen, und mir auch genauestens erklärt, wo ich ihn finde. Gestatten Sie also, daß ich hinaufgehe und ihn hole.«

Der Portier war – berufsbedingt – vorsichtig. »Könnten Sie mir die Dame beschreiben?«

»Sie ist blond und eine recht zierliche Person.«

Die Zweifel des Portiers waren verflogen. »Ja, das ist die Verlobte des Colonels, Miss Castle. Zimmer zwo-sechs. Ich werde veranlassen, daß ein Page Sie sogleich hinaufbringt, Sir.«

Er schlug auf eine Tischklingel, übergab einen Schlüssel mit den entsprechenden Instruktionen.

Durand wurde in einem schwerfälligen Aufzug aus schmiedeeisernem Gitterwerk nach oben befördert, dessen Schacht nach allen Seiten hin durchsichtig war. Er nahm zur Kenntnis, daß sich außen um den Schacht eine Treppe herumwand, die mit dem Lift zusammen nach oben stieg und schließlich das gleiche Ziel erreichte. Er registrierte das, sehr genau und voller Ingrimm.

Sie gingen einen Flur entlang. Es gab eine kurze Verzögerung, als der Hotelpage den Schlüssel in ein Türschloß steckte und eine Weile vergeblich versuchte, ihn umzudrehen. Als sich die Tür schließlich öffnete, überkam Durand die seltsamste Empfindung, die er je gehabt hatte. Es war ihm, als sei er ihr wieder genauso nah wie früher. Es war ihm, als sei sie in eben dem Augenblick auf der anderen Seite aus dem Zimmer gegangen, in dem er es auf dieser betrat. Sie war in jeder seiner Wahrnehmungen, außer der visuellen, gegenwärtig. Der Duft ihres Parfüms hing noch geisterhaft in der Luft. Er konnte sie mit allen seinen Nerven spüren. Ein Untergewand aus Taft, über eine Stuhllehne geworfen, raschelte wieder in seinen Ohren, als sie sich in seiner Erinnerung darin bewegte.

Das alles spornte seinen Haß an und bestärkte ihn in seinem Vorhaben. Er machte keinen falschen Schritt, keine unnötige Bewegung. Er verfolgte sein Ziel wie jemand, der einen Feind verfolgt.

Der Page war respektvoll an der Tür stehengeblieben und hatte ihn allein eintreten lassen. Er blieb jedoch in einer Position, von der aus er genau sehen konnte, was Durand tat.

»Sie muß sich geirrt haben«, sagte dieser überzeugend und für den anderen bestimmt, aber so, als spräche er zu sich selbst. »Er hängt doch gar nicht über dem Stuhl.« Er hob den Unterrock hoch, legte ihn wieder zurück. »Er wird wohl in einer der Schubladen sein.« Er öffnete eine, schloß sie wieder. Dann eine zweite.

Der Page beobachtete ihn nun mit dem leicht beunruhigten Blick einer Henne, deren Nest nach Eiern durchsucht wird.

»Frauen wissen doch nie, wo sie ihre Sachen haben, ist dir das auch schon mal aufgefallen?« sagte Durand vertraulich zu ihm, von Mann zu Mann.

Der Junge grinste, war geschmeichelt, daß man ihn in einen Erfahrungsbereich einbezog, der ihm aus eigener Kraft noch nicht zugänglich war.

Durand, insgeheim schon verzweifelt, fand schließlich etwas in der dritten Schublade, zog einen langen Streifen leichten, himmelblauen Schleierstoffes heraus, der, wenn schon sonst nichts anderem, wenigstens dem Zweck seines Besuches gerecht wurde.

»Das ist er, denke ich«, sagte er und verbarg ein erleichtertes Lächeln über sein Glück.

Er schob die Schublade wieder zu und kam zur Tür zurück, stopfte im Gehen das Tuch in seine Seitentasche.

Die Augen des Jungen richteten sich mit einer gewissen Unvermeidbarkeit auf seine stopfende Hand, die seinen auf die ihm sichtbare Innenseite der Tür. Dort befand sich, unmittelbar über dem Riegel des Schnappschlosses, eine kleine, rundliche Einbuchtung mit einem Knopf. Eine Sperrvorrichtung für das Schloß, die gleiche wie bei dem in seinem Zimmer drüben in dem anderen Hotel. Darauf hatte er gebaut.

Bevor der Junge das noch richtig mitbekommen hatte, hatte Durand ihm schon die Aufgabe abgenommen, die Tür wieder zu schließen, wobei er nicht etwa nach dem Türknauf griff, sondern nach dem Türblatt unmittelbar über dem Sperrknopf, und die Tür hinter ihnen beiden zuzog.

Während er dies tat, konnte er die Stellung des Sperrknopfes schnell verändern, ihn eindrücken, so daß das Schloß nun auf war, die Tür geschlossen, aber nicht verriegelt, sich jederzeit öffnen ließ, ob man nun einen Schlüssel hatte oder nicht.

Jetzt gestattete er dem Jungen, die ihm zugewiesene Aufgabe zu Ende zu führen, den Schlüssel im Schloß umzudrehen und ihn wiederherauszuziehen. Allerdings lenkte er ihn dann von einer Überprüfung seines Werkes dadurch ab, daß er ihm einen halben Silberdollar hinhielt.

Sie fuhren zusammen wieder hinunter, der Junge ein einziges Lächeln und von Natur aus unfähig, irgendeinen Verdacht gegen jemanden zu hegen, der ein so reichliches Trinkgeld gab. Und auch Durand lächelte ein wenig, ein ganz klein wenig.

Er nickte dem Portier dankend zu, als er an ihm vorbeischritt, und klopfte auf seine Tasche, um ihm anzuzeigen, daß er gefunden hatte, was zu holen ihm aufgetragen worden war.

Es war nicht der geringste Schimmer von Mitleid im Funkeln der Sterne über ihm, als er in die Nacht hinaustrat und sein Gesicht deren heimlichtuerisches Dunkel annahm. Es war nicht ein Hauch von Milde in der feuchten, salzigen Brise, die vom Golf hereinwehte. Er würde sie für sich haben, und niemand sollte sie retten. Er wollte ihren Tod, nichts anderes würde ihm Genüge tun.

37

Vom *Belleview* kehrte er in sein eigenes Hotel zurück, öffnete seine Reisetasche und nahm die Pistole heraus. Eben jene Pistole, mit der er, wie er eines Abends in New Orleans Aunt Sarah mitgeteilt hatte, Julia töten würde. Und nun schien die Zeit dafür gekommen zu sein. Er öffnete den Lauf, obwohl er schon vorher wußte, daß sie geladen, das Magazin voll war. Und genau das fand er bestätigt. Dann schob er sie in die Innentasche seiner Jacke, die sehr tief war, sie bis zum Griff in sich aufnahm und sicher hielt.

Er blickte an sich hinab und sah, daß ein Ende des blauen

Schals aus seiner Seitentasche heraushing. In einem Anfall von Zorn zerrte er ihn vollends hervor und schleuderte ihn auf die Erde. Dann bohrte er den Absatz seines Schuhs hinein, stieß ihn mit dem Fuß weit von sich wie etwas Unsauberes, das man nicht berühren durfte. Sein Gesicht war zerfressen von dem Haß, den eine unbegrabene Liebe ausströmt.

Er schnipste die Gaslampe aus, und das grüngelbliche Licht des Zimmers verblaßte zu Mondlicht, das Flecken von Lampenruß aufwies. Er blieb eine Weile still darin stehen, halb Mensch und halb Schatten, als sammle er Kräfte. Dann bewegte er sich wieder, und die Hälfte von ihm, die Schatten war, wurde Mensch, und die, die Mensch war, Schatten, als die durchs Fenster hereinfallenden Lichtstrahlen ihn im Vorbeigehen streiften. Ganz kurz drang ein zitronengelber Schein vom erleuchteten Flur draußen ins Zimmer, als er die Tür öffnete und hinter sich wieder schloß.

Er ging die Treppe zum zweiten Stock hinauf, ohne jemandem zu begegnen, und das Stimmengewirr aus den verschiedenen, im Erdgeschoß des Hotels befindlichen Salons wurde schwächer und schwächer, je höher er stieg. Bis endlich alles ganz still war. In der zweiten Etage verließ er das Treppenhaus und folgte dem Flur mit seinem roten, blumenverzierten Teppichbelag und den walnußdunklen Türen, den der Hotelpage ihn entlanggeführt hatte. Hier wäre zum ersten Mal beinahe etwas schiefgegangen. Er begegnete einer Dame, die gerade aus ihrem Zimmer trat, etwa auf der halben Länge des Flurs und schon viel zu weit vorne, um noch umkehren zu können. Ihre Augen ruhten für einen kurzen Augenblick auf ihm, dann ging sie mit diskret gesenktem Blick an ihm vorbei, wie es sich angesichts der Tatsache, daß sie verschiedenen Geschlechts waren, ziemte, und das Rauschen ihres vielschichtigen Rockes seufzte den Flur entlang. Er gab ihr Zeit, sich am Ende des Ganges seitwärts ins Treppenhaus zu wenden und aus seinem Blickfeld zu verschwinden, indem er ein Weilchen vor irgendeiner Tür stehenblieb, als wolle er dort eintreten. Dann lief er schnell weiter auf die Tür zu, die er eigentlich anstrebte, warf einen hastigen, prüfenden Blick um sich, ergriff den Türknauf, drehte ihn kräftig – und war im Zimmer. Er schloß die Tür hinter sich.

Wie auch zuvor schon, brannten im Zimmer nur die schwachen Nachtlichter, und sie war noch nicht zurück. Aber sie war in der Luft gegenwärtig, dachte er, im verschwebenden Hauch von Duftkissen und in der warmen, wattigen Sinnlichkeit, die dieser stundenlang verschlossene Raum atmete. Er hätte ihr nie näher kommen können – einzig ihre Person selbst war abwesend. Ihre Ausstrahlung aber war hier drinnen bei ihm und schien ihn wie mit Geisterarmen von hinten zu umschlingen. Er straffte die Schultern, als wolle er sich davon frei machen, und drehte kurz den Kopf hin und her.

Er stand eine Weile am Fenster, ein wenig seitlich daneben, von draußen nicht sichtbar, und starrte mit häßlich verzerrtem Gesicht ins Mondlicht, das durch den spitzenartig durchbrochenen Vorhang hereindrang und seinem Gesicht ein pockennarbiges Aussehen verlieh. Unter ihm lag – wie eine Schneewehe – das schräg abfallende, weiße Dach der Veranda. Jenseits davon der weiche, schwarze Rasen des Hotelgartens. Und dahinter in der Ferne, funkelnd wie ein Schwarm Glühwürmchen, die Gewässer der Bucht. Oben am Himmel stand der Mond, rund und hart wie eine Tablette. Und in seinen Augen auch so ungenießbar.

Schließlich drehte er sich abrupt um und zog sich tiefer ins Zimmer zurück, suchte sich irgendeinen Stuhl und ließ sich hineinfallen, um zu warten. So, wie er sich gesetzt hatte, befand sich die obere Hälfte seines Gesichts im Schatten, der darauf lag wie eine Maske mit unregelmäßig verlaufendem Rand. Eine Maske, undurchdringlich und grimmig und kalt.

Von nun an wartete er völlig regungslos, und die Nacht schien mit ihm zu warten wie ein Mitverschwörer, der nur zu sehr darauf erpicht ist, Böses geschehen zu sehen.

Einmal gegen Ende seiner Wache nahm er die Uhr heraus und schaute darauf, das Zifferblatt kurz ins Mondlicht tauchend. Er war nun schon drei volle Stunden hier drinnen. Sie waren auch ohne ihn den ganzen Abend dort in dem Restaurant geblieben. Er ließ den Uhrdeckel wieder zuschnappen, und das Geräusch hallte bombastisch in der Stille wider.

Plötzlich hörte er sie irgendwo in der Ferne lachen, als beantworte sie seinen Blick auf die Uhr mit Spott und Hohn. Vielleicht kam sie gerade im Aufzug heraufgefahren. Er hätte dieses Lachen auch dann noch sofort als das ihre erkannt, wenn er sie nicht früher an diesem Abend in einem der Séparées des Restaurants gesehen hätte. Ja, er hätte es, dessen war er sich sicher, selbst dann als das ihre erkannt, wenn er überhaupt nicht gewußt hätte, daß sie sich hier in Biloxi aufhielt. Das Herz erinnert sich.

38

Er sprang schnell auf und sah sich um. Eigenartigerweise hatte er, obwohl er sich nun schon so lange in diesem Zimmer aufhielt, noch keinerlei Vorstellung entwickelt, wo er sich eigentlich verstecken wollte, und mußte nun improvisieren. Er erblickte einen Paravent und wählte ihn. Es war die schnellste und einleuchtendste Methode, sich unsichtbar zu machen, und viel Zeit blieb ihm nicht, denn sie näherte sich schon der Tür, konnte er jetzt doch hören, wie sie fröhlich etwas zu jemandem sagte – und dies in großer Nähe draußen auf dem Flur.

Er schob den Wandschirm noch ein wenig auseinander, bildete aus seinen Segmenten ein Viereck, so daß eine Art hohler, aus der Wand vorspringender Stützpfeiler entstand, hinter dem er sich dann verkroch. Er konnte, wie er erleichtert fetstellte, aufrecht stehenbleiben, ohne zu riskieren, daß der obere Teil seines Kopfes über den Rand des Schirmes hinausragte und ihn verriet. Durch die durchbrochene, mit spitzenartigen Verzierungen versehene obere Randleiste, die sich fast in Höhe seiner Augen befand, war das Zimmer gut zu überblicken.

Die Tür öffnete sich, und sie war da.

Zwei Gestalten kamen herein, nicht nur eine. Aber sie traten nur ein paar wenige Schritte herein, verschmolzen dann sofort da in dem Halbschatten des kleinen Vorraumes in gieriger Umarmung zu einer einzigen. Ein Hauch von Champagner oder Brandy, von ihrer Atemluft herübergeweht, streifte ihn, vermischt mit ein wenig Parfüm. Sein Herz ertrank darin.

Da war keinerlei Bewegung, nur das Rascheln aneinandergedrückter Kleidungsstücke.

Wieder erklang ihr Lachen, aber diesmal gedämpfter, verstohlen. Und so in der Nähe tiefer, als es draußen, aus einiger Entfernung vernommen, geklungen hatte.

Er erkannte die Stimme des Colonels, als dieser heiser flüsterte: »Habe den ganzen Abend nur auf diesen Augenblick gewartet, mein kleines Mädelchen du, mein kleines Mädelchen.«

Das Rascheln verstärkte sich zu aktivem Widerstand.

»Harry, jetzt ist's aber genug. Ich muß dieses Kleid noch mal anziehen. Laß mir wenigstens noch einen Fetzen davon.«

»Ich kauf dir 'n andres. Ich kauf dir zehn.«

Endlich löste sie sich von ihm, Licht aus dem Flur schien zwischen ihren beiden Gestalten hindurch – aber die Arme des Colonels hielten sie noch umschlungen, fest wie ein Faßreifen. Durand konnte sehen, wie sie sie gerade nach unten drückte, nicht in der Lage, sie in der üblichen Weise seitwärts aufzusprengen. Schließlich öffneten sie sich.

»Aber ich mag das hier. Sei doch nicht so stürmisch. Ich habe wirklich noch nie so einen Mann erlebt. Laß mich mal die Lampe hochdrehen. Und wir dürfen hier nicht so stehen, nicht so.«

»Ich mag's gern so.«

»Das bezweifle ich nicht!« sagte sie spitzbübisch. »Aber heller wird's jetzt trotzdem.«

Sie trat nun ganz ins Zimmer, ging zum Nachtlicht, und bei ihrer Berührung wurde aus dem glimmenden Funken ein plötzlicher Durchbruch der Sonne. Und als das Licht sie badete, alle Unbestimmtheit von ihren Umrissen und Gesichtszügen abwusch, erblühte sie vor ihm noch einmal zu vollem Leben, noch einmal nach einem Jahr und einem Monat und einem Tag. Nicht mehr nur eine Kamee, kurz durch einen geöffneten Vorhang erblickt, ein körperloses Lachen irgendwo in einem Flur, eine Silhouette vor einer offenstehenden Tür – nein, sie war ganz da, sie war wirklich da, sie war *sie*. Sie erblühte. In all ihrer Pracht und Schändlichkeit, in all ihrer Schönheit und Heimtücke, in all ihrer Kostbarkeit und Wertlosigkeit.

Und in Durands Herz öffnete sich eine alte Wunde und fing erneut zu bluten an.

Sie warf ihren Fächer von sich, ihren Umhang. Sie streifte sich den Handschuh ab, den sie noch anhatte, tat ihn zu dem anderen, den sie in der Hand hielt, und warf beide von sich. Sie war in granatroten Satin gekleidet, steif und knisternd und mit Schnekken und Flechtwerk aus glänzendem Jett verziert. Sie nahm eine kleine Puderquaste auf und betupfte sich damit die Nasenspitze, dies aber eher aus Gewohnheit als aus echtem Bedürfnis. Und ihr Verehrer stand dabei und beobachtete jede ihrer Bewegungen, vergötterte sie, flehte sie mit seinen gierig vernebelten Augen an.

Endlich wandte sie sich wieder an ihn, beiläufig, über die Schulter. »War das nicht wirklich traurig für die arme Florrie? Was meinst du, was aus dem jungen Mann geworden ist, mit dem du sie zusammenbringen wolltest?«

»Oh, zur Hölle mit dem!« sagte Worth mit Gehässigkeit. »Hat's vergessen, vielleicht. Kein Gentleman. Wenn ich den noch mal treffe, werde ich ihn mit Nichtachtung strafen.«

Sie befaßte sich nun mit ihrem Haar. Zupfte leicht daran herum, ohne es allzu sehr durcheinanderzubringen. Beugte sich graziös ein ganz klein wenig vor, damit der Spiegelrahmen ihr ganzes Haupt einfassen konnte. »Wie war er?« fragte sie leichthin. »Schien er wohlhabend zu sein? Hätten wir... ich meine, hätte ihn Florrie wohl gemocht? Was denkst du?«

»Kenne ihn ja kaum. Hieß Randall oder so ähnlich. Habe ihn nie mehr als fünfzig Cent auf einmal ausgeben sehen, für Whiskypunsch.«

»Oh«, sagte sie mit absinkender Betonung und hörte auf, an ihrem Haar herumzumachen, als habe sie ganz plötzlich das Interesse daran verloren.

Sie drehte sich um und ging unversehens ganz langsam auf ihn zu, die Hand zum Abschied ausgestreckt. »Nun also, ich danke dir für einen angenehmen Abend. Wie alle deine Abende, war auch dieser in höchstem Maße köstlich.«

Er nahm ihre Hand, hielt sie dann aber zwischen den seinen fest.

»Darf ich nicht noch ein ganz kleines Weilchen bleiben? Ich benehme mich auch. Will nur hier sitzen und dir zusehen.«

»Mir zusehen!« rief sie schelmisch aus. »Mir bei was zusehen, hm? Nicht bei dem, was du denkst, das sage ich dir.« Sie schob ihn leicht an der Schulter zurück, um eine gleichbleibende Distanz zwischen sich und ihm aufrechtzuerhalten.

Dann verebbte ihr Lächeln, und sie wirkte einen Augenblick lang nachdenklich, reumütig nüchtern.

»War das mit Florrie nicht doch ein bißchen zu arg?« wiederholte sie, als habe sie in dieser Bemerkung einen Restbestand an Wert entdeckt, den sie sich beim ersten Mal noch nicht nutzbar gemacht hatte.

»Ja, ich denke schon«, pflichtete er ihr vage bei.

»Sie hat sich solche Mühe gemacht, damit sie gut aussah. Ich mußte ihr das Geld für ihr Kleid leihen.«

Augenblicklich ließ er sie los. »Oh, bitte, hier, laß mich. Warum hast du mir das nicht eher gesagt?« Er griff in sein Jackett, zog die Brieftasche heraus, öffnete sie und kramte darin herum.

Sie warf einen schnellen Blick auf sie und blickte den Rest der Zeit, bis er endlich fertig war, verträumt an ihm vorbei ins Zimmer.

Er schob etwas in ihre Hand.

»Ach, da ich gerade daran denke...«, sagte er.

Er kramte noch einmal in seiner Brieftasche, schob noch etwas in ihre unkooperative, gleichwohl keinen Widerstand leistende Hand.

»Für die Hotelrechnung«, sagte er. »Um des Scheines willen ist es wohl besser, wenn du das selbst erledigst.«

Sie drehte sich weg, wandte ihm schwungvoll den Rücken zu. Aber dies kaum aus Gekränktheit oder Abscheu, denn sie sagte neckend zu ihm: »Jetzt aber mal nicht gucken, wenigstens nicht über meine linke Schulter.«

Für einen kurzen Augenblick hoben sich die Falten des granatroten Satins, enthüllten den langen, wohlgeformten Schimmer rauchschwarzer Seide. Worth, der sich auf die Zehenspitzen gestellt hatte, um an Höhe zu gewinnen, blickte ihr hungrig über die rechte Schulter. Sie wandte ihm kurz ihr Gesicht zu, blickte ihn schelmisch an, zwinkerte ihm mit einem Auge zu – und dann rauschte der Stoff ihres Kleides wieder herab, berührte mit leise platschendem Geräusch den Boden.

Worth machte eine plötzliche, konvulsivische Bewegung, und wieder waren sie eins, diesmal aber im hellen Licht des Zimmers und nicht im Schatten des kleinen Vorraumes.

Durand fühlte etwas Schweres in seiner Hand, blickte hinab und sah, daß er die Pistole herausgezogen hatte. »Ich werde sie beide töten«, brannte sich mit glühenden Lettern in sein Gehirn ein.

»Und nun?« sagte Worth undeutlich, die Lippen auf ihrem Hals und ihrer Schulter. »Willst du jetzt lieb sein?«

Durand konnte sehen, wie sie ihr Gesicht von dem seinen wegwandte – wohlwollend lächelnd zwar, aber von ihm weg. Sie drehte sich zur Tür hin und es gelang ihr irgendwie, ihn dazuzubringen, sich mit ihr zu drehen. Gesicht und Hals noch immer unter seinen endlosen Küssen begraben, schaffte sie es doch, ihn auf die Tür zuzumanövrieren. »Nein«, sagte sie besänftigend und immer wieder. »Nein … Nein … Ich *bin* doch lieb zu dir, Harry. Nicht lieber, als ich stets zu dir gewesen bin, und auch nicht weniger lieb … Komm, komm, jetzt wollen wir aber mal ein braver Junge …«

Durand atmete erleichtert auf und steckte die Pistole wieder fort.

Sie stand nun fast im Türspalt, endlich allein, ihren Arm nach draußen gestreckt. Worth mußte ihn wohl stets von neuem abküssen, nach der Länge der Zeit zu urteilen, die sie ihn so hinaushielt.

Alles, was er hören konnte, war das gedämpfte Murmeln eines hinausgezögerten Abschieds.

Endlich entzog sie ihm mit einiger Mühe ihren Arm und drückte die Tür zu.

Er sah ihr Gesicht ganz deutlich, als sie zurück ins helle Licht des Zimmers trat. All die Verspieltheit und Koketterie war wie mit einem Schwamm davon abgewischt worden. Es war jetzt klug und berechnend, ein klein wenig auch zerfurcht, als habe sie lange eine Maske aufgehabt.

»Allmächtiger Gott!« hörte er sie müde aufstöhnen und sah, wie sie sich mit der Hand an die Stirn schlug.

Dann trat sie ans Fenster und schaute erst einmal hinaus, wie er es zuvor auch getan hatte, stand eine Weile bewegungslos dort. Als sie offensichtlich genug hatte von den Gedanken, zu denen der Ausblick sie angeregt haben mochte, drehte sie sich plötzlich und mit unvermittelt über sie kommender Ungeduld um, so daß ihre Röcke mit einem leisen Zischen durch die Stille wirbelten. Sie ging zurück zur Frisierkommode, zog eine Schublade heraus. Kein Pudern der Nase, kein Richten der Frisur jetzt – sie hatte keinen Blick für den Spiegel übrig.

Sie zog das Geld oben aus dem Strumpf und warf es mit einer Drehung des Handgelenks hinein, die fast so etwas wie Verachtung ausdrückte. Wenn dem so war, so galt diese aber wohl weniger dem Geld selbst als seiner Quelle.

In ein Versteck fassend, das sie da drin in der Schublade angelegt haben mußte, holte sie eine jener schlanken Zigarren heraus, wie sie ihm Aunt Sarah damals in dem Haus in der St. Louis Street in New Orleans gezeigt hatte.

Ihm kam ihr Anblick irgendwie abstoßend, fast obszön vor, wie sie sich da zum Glaszylinder der Lampe niederbeugte, bis die Zigarre brannte, wobei sie sie zwischen eng zusammengepreßten Lippen hielt und Rauch aus ihren winzigen Nasenlöchern quellen ließ wie ein Mann.

In einem Übelkeit erregenden, phantasmagorischen Trugbild, das nur wenige Augenblicke währte, erschien sie ihm in ihrem langen roten Kleid wie ein rauchender, hornbewehrter Teufel.

Ein Weilchen später legte sie die Zigarre in einem für Haarnadeln bestimmten Schälchen ab und setzte sich vor den Spiegel. Sie löste nun ihr Haar, und es fiel ihr in melassefarbenen Wellen tief über den Rücken hinab. Dann griff sie in einen Schlitz seitlich in ihrem Kleid und hakte ein paar Ösen auf, öffnete es aber nicht weiter und zog es auch nicht aus. Es entstand nur ein kleiner Spalt, in dem bei jedem Atemzug ihre anschwellende, enggeschnürte Seite sichtbar wurde und dann wieder verschwand.

Jetzt zog sie das Geld wieder hervor, das sie erst vor wenigen Augenblicken in die Schublade geworfen hatte, nahm aber sehr viel mehr heraus als nur das und zählte es sehr aufmerksam durch. Dann legte sie es in ein kleines Lackkästchen von der Art, wie man sie zur Aufbewahrung von Schmuck verwendet, verschloß dieses und pochte mit den Knöcheln ihrer Finger wie zum Zeichen eines zufriedenstellenden Abschlusses abschiednehmend darauf.

Sie schloß die Schublade, erhob sich, ging hinüber zum Sekretär, klappte seinen Deckel herunter und setzte sich davor nieder. Nun zog sie einen Bogen Schreibpapier aus dem Regal in seinem Inneren. Sie nahm einen Federhalter auf, tauchte die Feder ins Tintenfaß, legte ihren anderen Arm über die untere Hälfte des Bogens und begann zu schreiben.

Durand trat hinter dem Wandschirm hervor und ging ganz langsam über den Teppich auf sie zu. Dieser machte seinen Schritt völlig lautlos, obwohl er selbst sich gar nicht darum bemühte, jedes Geräusch zu vermeiden. Er blieb unentdeckt, bis er hinter ihr stand und ihr über die Schultern sehen konnte.

»Lieber Billy«, stand da auf dem Papier geschrieben, »ich ...«

Die Feder war zum Stillstand gekommen, und sie kaute ein Weilchen an dem Halter herum.

Er streckte die Hand vor und legte sie leicht auf ihre Schulter, ließ sie dort liegen, aber leicht, leicht, so leicht, wie sie einst die Hand auf *seine* Schulter gelegt hatte, ganz leicht, damals auf dem Pier in New Orleans – leicht, aber sein Leben zermalmend.

Ihr Erschrecken war das der Angst, nicht das der Unschuld. Und das, obwohl sie noch gar nicht wissen konnte, wer er war. Denn sie drehte sich nicht um, um das festzustellen, wie es ein Mensch mit reinem Herzen getan hätte. Sie veränderte die Haltung ihres Kopfes nicht, sah von ihm fort, den Hals starr vor Anspannung. Sie hatte *Angst* hinzuschauen. Sie mußte in ihrem Leben schon so viel Schuld hinterlassen haben, daß keine plötzliche Berührung in der Stille der Nacht, in der Einsamkeit ihres Zimmers – von wem auch immer sie kommen mochte – Gutes für sie verheißen konnte.

Leblos ließ ihre Hand den Federhalter fallen. Ihre andere

krallte sich verstohlen in dem Briefbogen fest, knüllte ihn langsam zusammen, ließ ihn in ihrer Faust verschwinden. Dann ließ sie das Papierbällchen über die Tischkante zu Boden fallen.

Noch immer bewegte sie sich nicht. Das glänzende, toffeefarbene Haupt hielt vollkommen still, fast so, als wenn in jedem Augenblick eine Axt darauf herabsausen würde.

Ihre Augen hatten ihn im Spiegel entdeckt. Er hing zu ihrer linken Seite, und als er selbst hineinblickte, sah er ihr kalkweißes Gesicht, sah ihre Augäpfel verdunkelt, als seien sie vollkommen schwarz, was ihr ein häßliches, unnatürliches Aussehen gab.

»Du brauchst keine Angst zu haben, dich umzudrehen, Julia«, sagte er ironisch. »Ich bin's ja nur. Niemand von Wichtigkeit. Bloß ich.«

Ganz unvermittelt fuhr sie herum, so schnell, daß die Vertauschung ihres seidigen Hinterkopfes gegen ihr gipsweißes Gesicht fast schon die Wirkung einer plötzlichen Geistererscheinung hatte.

»Du führst dich auf, als wenn du dich nicht mehr an mich erinnertest«, sagte er sanft. »Du hast mich doch aber gewiß nicht vergessen, Julia, oder? Ausgerechnet *mich*.«

»Woher weißt du, daß ich hier bin?« fragte sie rauh.

»Ich wußte es gar nicht. Ich war der andere, den du heute abend in dem Restaurant kennenlernen solltest.«

»Und wie bist du hier reingekommen?«

»Durch die Tür.«

Sie war jetzt aufgestanden, ging in die Defensive und versuchte, den Stuhl vor dem Sekretär umzudrehen, ihn – so wenig stabil, wie er war – zwischen sich und ihn zu bringen. Aber es war nicht genug Platz dafür da, und deshalb gelang ihr das nicht.

Er nahm ihn ihr ab und stellte ihn auf den Boden zurück.

»Wie kommt es, daß du mich gar nicht aus deinem Zimmer

weist, Julia? Wie kommt es, daß du mir nicht damit drohst, um Hilfe zu schreien? Oder all die anderen Dinge, die sie normalerweise tun?«

Sie sagte, sich zu einer Art verzweifelter Gefügigkeit zwingend, die er einen Moment lang nur bewundern konnte: »Das ist wohl eine Sache, die wir beide untereinander ausmachen müssen, ohne Schreie und ohne Rausschmiß.« Sie fuhr sich mit zitternder Hand über ihren einen Arm, von unten bis oben. »Laß uns das so schnell wie möglich hinter uns bringen.«

»*Mich* hat das bislang ein Jahr gekostet«, sagte er, »da wirst *du* mir doch wohl noch ein paar Minuten mehr zubilligen können, hoffe ich.«

Sie antwortete nicht.

»Hattest du die Absicht, den Colonel zu heiraten, Julia? Das wäre Bigamie.«

Sie zuckte gereizt die Achseln. »Ach der, der ist doch ein Narr. Ich bin nicht für ihn verantwortlich. Die ganze Welt ist voller Narren.« Und in diesem Satz lag zumindest wirkliche Aufrichtigkeit.

»Und der größte von allen ist der, den du gerade vor dir siehst, Julia.«

Er stieß mit der Fußspitze nachsichtig gegen das Papierkügelchen des zerknüllten Briefbogens, daß es ein kleines Stück über den Boden rollte. Aber auch das ganz sanft, als seien darin die zunichte gemachten Hoffnungen eines anderen eingewickelt.

»Wer ist Billy?«

»Oh, niemand Bestimmtes. Eine flüchtige Bekanntschaft, so ein Mensch, den ich irgendwo mal kennengelernt habe.« Sie hob wiederum mit nervöser Gereiztheit die Hand, als könne sie so die genannte Person ein für allemal aus ihrem Kopf verbannen.

»Deine Welt muß voll von Billys sein, von Billys und Lous und Colonel Worths.«

»Wirklich?« sagte sie. »Nein, einen Lou gab es da nur einen.

Es mag ein bißchen spät sein, um das noch zu sagen, aber ich habe nun mal nicht die Billys und Colonel Worths geheiratet. Ich habe Lou geheiratet.«

»Du hast so getan als ob«, stimmte er sarkastisch zu.

»Nun, es ist wohl zu spät«, sagte sie. »Was soll's noch?«

»In diesem Punkt sind wir uns wenigstens mal einig.«

Sie trat zur Lampe, die auf dem Tisch stand, hielt nachdenklich die Hand mit gespreizten Fingern davor, so daß ihr Fleisch in durchsichtigem Rot erglühte, und betrachtete sich das ein Weilchen. Dann drehte sie sich wieder zu ihm um.

»Was ist nun also, Lou? Was hast du mit mir vor?«

Seine Hand schob sich langsam zu jenem Teil seines Jacketts, in dem die an seinem Körper ruhende Pistole steckte. Verharrte dort für einen Augenblick. Kroch dann ins Innere und fand sie, ihren Griff. Zog sie heraus, langsam, ganz langsam – der beinerne Griff, die vernickelte Kammer, der geriefte Lauf schienen nicht aufhören zu wollen, endlos zu sein.

»Ich bin hergekommen, um dich zu töten, Julia.«

Sie warf nur einen einzigen Blick auf die Waffe, gerade lang genug, um sie als das zu identifizieren, was sie war, um sich zu überzeugen, daß er wirklich über das Mittel verfügte, seine Ankündigung wahrzumachen. Dann aber gehörten ihre Augen nur noch ihm, lösten sich von da an nicht mehr von den seinen. Sie wußte, wo das Zeichen erscheinen würde, nämlich in seinen Augen, nicht auf der Pistole. Sie wußte, daß diese Augen der einzige Ort waren, wo ein Appell noch Aussicht auf Erfolg hatte.

Sie sah ihn lange an, als wolle sie seine Fähigkeit abschätzen, das zu tun, was er angedroht hatte. Was sie sah, das hätte nur sie allein sagen können: ob eiserne Entschlossenheit, die zu brechen hoffnungslos war, oder Halbherzigkeit, die nur darauf wartete, in Nichts aufgelöst zu werden …

Er zielte nicht, hatte die Waffe nicht auf sie gerichtet, sondern hielt sie einfach nur auf der flachen Hand, die Mündung zur Seite.

Aber sein Gesicht war weiß von den lang erduldeten Schmerzen, die sie ihm zugefügt hatte, und was immer sie aus seinem Blick herausgelesen haben mochte – noch immer bedurfte es nur einer Drehung seiner Hand.

Vielleicht war sie ja eine Spielerin und liebte ganz instinkthaft das Risiko, das sie ansprach, sie reizte – vielleicht war es ihr zuwider, Wetten abzuschließen, die bar jeder Ungewißheit waren. Oder vielleicht war das Gegenteil der Fall – vielleicht war sie keine Spielerin, setzte nur auf Nummer Sicher und sonst gar nichts, sowohl bei Männern als auch im Spiel. Und vielleicht war dies hier jetzt eine sichere Sache, auch wenn er selbst das noch gar nicht wußte. Oder es war pure Eitelkeit, Selbstachtung, die sie trieb, ihre Macht über ihn auf die Probe zu stellen, selbst wenn eine Niederlage den Tod bedeutete. Vielleicht würde sie sogar, wenn sie unterläge, sterben wollen – wie das nun mal so ist mit der Eitelkeit.

Sie lächelte ihn an. Aber mit kalter Herausforderung – etwas anderes war das nicht.

Plötzlich zerrte sie am Oberteil ihres Kleides, zog daran, zog Kleid und Mieder seitlich herab und immer weiter hinunter, den Arm aus der Schlinge des Ärmels ziehend, bis schließlich das Weiß ihrer Flanke bis zur Hüfte hinab entblößt war. Die linke Seite, die Herzseite. Und während sie das tat, bewegte sie sich auf ihn zu, kam ihm Schritt für Schritt näher, ihr Fleisch weiß wie Milch und geschmeidig wie Seide.

Dann blieb sie stehen, als das kalte Metall der Pistole sie berührte, hielt ihre Kleidungsstücke vom Körper weg und sah ihm tief in die Augen.

»Also gut, Lou«, flüsterte sie.

Er zog die Pistole zwischen ihnen fort.

Das brachte sie ihm noch einen Schritt näher.

»Zaudere nicht, Lou«, hauchte sie, »ich warte.«

Seine Füße wichen zurück, brachten ihn ein winziges Stück

weg von ihr. Er stopfte die Pistole in seine Seitentasche, übereilt und flüchtig, ohne groß darauf zu achten, so daß der Griff der Waffe noch herausragte.

»Zieh dir was über, Julia«, sagte er, »du bist ja ganz nackt.«

Und das war die Antwort. Wenn sie eine Spielerin war, dann hatte sie jetzt gewonnen. Wenn sie keine Spielerin war, dann hatte sie seinen Blick von Anfang an richtig gedeutet. Und wenn es Eitelkeit gewesen war, die sie bis an den Rand der Selbstzerstörung hatte gehen lassen, dann hatte diese gesiegt, war unberührt und unbeschädigt geblieben.

Sie verriet sich nicht, gab kein Zeichen, nicht einmal ein solches des Triumphes – wie es die Art der Sieger ist, die zugleich auch noch klug sind. Sein Gesicht war von Feuchtigkeit überzogen, die sich langsam darauf angesammelt hatte, als sei er derjenige, der ein Risiko eingegangen war.

Sie zog ihr Kleid wieder hoch, gab ihm zwar nicht ganz wieder den Sitz, den es zuvor gehabt hatte, aber doch wenigstens teilweise.

»Wenn du mich also nicht umbringen willst, was willst du dann?«

»Dich mit nach New Orleans nehmen und dich der Polizei übergeben.« Wohl beunruhigt von der Tatsache, daß sie sich noch immer so dicht gegenüberstanden, riß er sich los und wandte sich zur Seite. »Mach dich fertig«, sagte er über die Schulter.

Plötzlich senkte er den Kopf, sah verwundert hinab auf seine Brust. Ihre Arme hatten sich – weich wie weiße Bänder – über seine Schultern geschlängelt und versuchten nun, sich vor ihm zu drängender Umarmung zu vereinen. Er konnte die Weichheit ihres Haares an seinem Hals spüren, als sie den Kopf an seinen Rücken legte.

Er riß ihre Arme auseinander, stieß sie von sich. »Mach dich fertig«, sagte er wütend.

»Wenn's das Geld ist, warte... Ich habe etwas hier, das kann ich dir geben. Und wenn das nicht ausreicht, dann beschaffe ich, was noch fehlt... ich schwöre dir, ich werde...«

»Darum geht es nicht. Du warst nach dem Gesetz meine Frau, und es wurde, nach dem Gesetz, kein Verbrechen begangen.«

»Worum geht es dann?«

»Darum, daß du Auskunft darüber gibst, was aus Julia Russell geworden ist. Aus der echten. Du bist nicht Julia Russell, bist es nie gewesen. Willst du noch so tun, als wärst du's?«

Sie antwortete nicht. Er meinte, jetzt mehr wirkliche Angst bei ihr zu spüren als angesichts der Pistole. Ihre Augen waren geweiteter, blickten auf jeden Fall angespannter.

Sie gab die Schublade preis, die sie aufgerissen und neben der sie gehockt hatte, die Schublade, in der das Geld steckte, und kam auf ihn zu.

»Du sollst ihnen erzählen, was du mit ihr gemacht hast«, sagte er. »Und dafür gibt es ein Wort. Möchtest du das hören?«

»Nein, nein!« protestierte sie und hielt ihm ihre Handflächen im Näherkommen entgegen – ob ihr Protest jedoch dem Gedanken galt, den er insinuiert hatte, oder aber dem Klang des Wortes, das auszusprechen er gedroht hatte, vermochte er nicht zu sagen. Es schien fast so, als sei es eher das letztere.

»Mor...«, begann er.

Und da hatten ihre Handflächen seinen Mund gefunden und hinderten ihn angstvoll am Weitersprechen. »Nein, nein! Lou, sag das nicht! Ich hatte damit nichts zu tun. Ich *weiß* nicht, was aus ihr geworden ist. Hör mir nur mal zu, hör mich an, Lou, du mußt mich anhören!«

Er versuchte, sie wie vorhin schon abzuschütteln, aber diesmal klammerte sie sich fest an ihn, ließ sie sich nicht zurückstoßen. Obwohl seine Arme sie von sich schleuderten, kam sie doch mit ihnen, getragen von ihnen, wieder zu ihm zurück.

»Was anhören? Noch mehr Lügen? Unsere ganze Ehe war

eine einzige Lüge. Jedes Wort, das du in dieser ganzen Zeit zu mir gesagt hast, alles eine einzige Lüge. Erzähl deine Lügen der Polizei, aber nicht mehr mir. Ich will keine mehr hören!«

Dieses Wort schien ihr – genau wie jenes, das sie erstickt hatte – eine ganz besondere Angst einzuflößen. Sie zitterte und gab ein leises Stöhnen von sich, der erste Laut der Schwäche, den sie vernehmen ließ. Oder wenn er vorgetäuscht war, wenn es eine berechnende Vorspiegelung von Schwäche um der Wirkung auf ihn willen war, dann hatte sie damit Erfolg, denn er nahm ihn für Schwäche, womit sein Zweck ja erfüllt war.

Sich noch immer verzweifelt an ihn klammernd, ließ sie sich vor ihm auf die Knie fallen und nahm eine Stellung vollkommener Unterwerfung ein.

»Nein, nein, diesmal die Wahrheit!« schluchzte sie trocken. »Nur die Wahrheit, nichts sonst! Wenn du mich nur anhören wolltest, dann will ich dir...«

Er hörte auf zu versuchen, sich von ihr zu befreien, und stand nun gleichmütig da.

»Weißt du denn überhaupt, was das ist?« fragte er verächtlich.

Aber sie hatte sich doch Gehör verschafft.

Ihre Arme fielen von ihm ab, sie wandte für einen Augenblick den Kopf beiseite und legte eine Hand auf ihren Mund – ob in hastiger Suche nach einer Eingebung oder um sich für die aufrichtige Aussprache, die vor ihr lag, zu sammeln, vermochte er nicht zu sagen.

»Im Augenblick fährt kein Zug«, sagte er mürrisch. »Und ich kann dich auch nicht so, wie du bist, zum Bahnhof mitnehmen und da die halbe Nacht mit dir herumwarten... dann sprich halt, wenn du möchtest.« Er ließ sich in einen Stuhl fallen und zerrte an seiner Krawatte, als sei er von der emotionalen Belastung, der sie beide ausgesetzt waren, völlig erschöpft. »Es wird dir aber nichts helfen. Ich sage dir gleich und bevor du zu sprechen anfängst, daß es dabei bleiben wird. *Du wirst mit mir nach New Orleans zurückkehren und dich dort verantworten.* Alle deine Tränen und dein Gekniee und deine Bitten sind vergebliche Liebesmüh!«

Ohne sich zu erheben, schob sie sich näher an ihn heran, kroch auf den Knien, verringerte die Entfernung zwischen sich und ihm wieder, bis sie ihm zu Füßen saß, reumütig, elend, ihre Hände auf der Armlehne seines Stuhles.

»Ich war es nicht. Ich habe es nicht getan! *Er* muß ihr irgend etwas angetan haben, denn ich habe sie nie wieder gesehen. Aber was, das weiß ich nicht. Ich war nicht dabei. Er kam danach zu mir und sagte, sie hätte einen Unfall gehabt, und ich hatte Angst, ihn weiter auszufragen...«

»Er?« fragte er boshaft.

»Der Mann, mit dem ich zusammen war, da auf dem Dampfer.«

»Dein Geliebter«, sagte er tonlos und bemühte sich, sie nicht sehen zu lassen, wie er den bitteren Kloß herunterzuschlucken versuchte, der ihm in der Kehle steckte.

«Nein!« sagte sie energisch. »Nein, das war er nicht! Du kannst das glauben oder nicht, aber er war's vom Anfang bis zum Ende nicht. Das war ein reines Arbeitsverhältnis. Und vor ihm war's auch keiner. Ich mußte mich um mich selbst kümmern, seit ich auf dieser Welt bin, und ob ich nun Dinge getan habe, die rechtens waren, oder aber solche, die falsch waren – ich habe keinem Mann gehört, Lou, außer dir. Keinem Mann, bis ich dich geheiratet habe.«

Er fragte sich, warum er sich plötzlich um so vieles leichter fühlte als noch vor wenigen Augenblicken, und ermahnte sich mit Strenge, das nicht zu tun. Tat es aber dennoch.

»Julia«, sagte er vorwurfsvoll und schleppend, wie in völligem Unglauben. »Und das soll ich dir abnehmen? Julia, Julia.«

»Nenn mich nicht Julia«, murmelte sie reumütig. »Das ist nicht mein Name.«

»*Hast* du denn überhaupt einen Namen?«

Sie befeuchtete ihre Lippen. »Bonny«, gestand sie dann. »Bonny Castle.«

Sein zustimmendes Kopfnicken war ein pantomimisches Hohngelächter. »Für den Colonel Bonny. Für mich Julia. Für Billy was anderes. Und für den nächsten Mann wieder was anderes.« Er wandte angewidert das Gesicht von ihr ab, sah sie dann wieder an. »Bist du auf diesen Namen getauft worden? Ist das dein Taufname?«

»Nein, ich bin nie getauft worden, und ich hatte nie einen Taufnamen.«

»Ich dachte immer, jeder hat einen Namen.«

»Ich hatte nie einen. Du brauchst eine Mutter und einen Vater, die dir einen geben. Ein Waschkorb auf einer Türschwelle kann das kaum. Verstehst du?«

»Woher stammt der Name aber dann?«

»Von einer Ansichtskarte«, sagte sie, und uralter Trotz und Groll, die noch immer in ihr lebendig waren, ließen sie einen Moment den Kopf höher erheben. »Eine Ansichtskarte aus Schottland an das Waisenhaus; das war, als ich zwölf war. Ich fand sie und besah sie mir ganz schnell. Das hübscheste Bild, das ich je gesehen hatte, mit efeuberankten Mauern und einem blauen See. Und darunter stand *Bonny Castle*. Ich wußte nicht, was das bedeutete, aber ich machte es zu meinem Namen. Bis dahin hatten sie mich im Waisenhaus immer Josie gerufen. Ich haßte das. Na ja, es war halt ebensowenig mein richtiger Name wie der neue. Den habe ich seit dieser Zeit beibehalten, deshalb ist er, wenn nicht aus anderen Gründen, einfach aufgrund der Länge des Gebrauchs zu meinem rechtmäßigen geworden. Welchen Unterschied machen schon ein paar Tröpfchen geheiligtes Wasser, die dir auf den Kopf geträufelt werden? Nur zu, lach du nur, wenn dir danach ist«, forderte sie ihn mit düsterer Miene auf.

»Ich weiß gar nicht mehr, wie das geht«, sagte er niedergeschlagen und gleichsam in Klammern. »Dafür hast du gesorgt. Wie lange warst du dort in diesem Heim?«

»Bis ich fünfzehn war, glaube ich. Oder nahe dran. Ich habe ja auch nie meinen genauen Geburtstag gewußt, weißt du. Noch etwas, ohne das ich auskommen mußte. Ich habe mir irgendwann einmal einen erfunden, so wie den Namen. Ich wählte den Valentinstag, weil der so schön festlich war. Aber nach einer Weile war mir das alles leid, und ich habe mich nicht mehr darum gekümmert.«

Er sah sie schweigend an.

Sie seufzte müde, holte tief Luft, um fortzufahren.

»Nun, ich riß von da aus, als ich fünfzehn war. Sie beschuldigten mich, irgendwas gestohlen zu haben, und schlugen mich deshalb auch. Sie haben mich schon vorher beschuldigt und geschlagen. Mit dreizehn wußte ich noch nichts Besseres zu tun, als das still zu ertragen, aber mit fünfzehn war ich dazu nicht mehr bereit. Ich kletterte nachts über die Mauer. Ein paar von den anderen Mädchen halfen mir, aber sie hatten nicht den Mut, sich mir anzuschließen.« Und dann sagte sie mit eigentümlich nachdenklicher Distanziertheit, als spräche sie von jemand anderem: »Das ist etwas, was ich wenigstens nie war, ein Feigling.«

»Du warst nie ein Feigling«, stimmte er zu, aber so, als finde er in dieser ihrer Selbsteinschätzung nur wenig Anlaß zu Befriedigung.

»Das war oben in Pennsylvania«, fuhr sie fort. »Es war bitterkalt. Ich erinnere mich noch, wie ich stundenlang die Straße entlanggetrottet bin, bis mich schließlich ein Rollkutscher auf seinem Wagen mitnahm...«

»Du bist also aus dem Norden«, sagte er. »Das habe ich gar nicht gewußt. Du sprichst gar nicht so wie die da oben.«

»Norden, Süden.« Sie zuckte mit den Achseln. »Ist doch

alles eins. Ich spreche so wie die Leute da, wo ich gerade bin, bis ich dann an einen neuen Ort komme.«

Und immer nur Lügen, dachte er. Niemals die Wahrheit.

»Ich kam nach Philadelphia. Eine alte Frau nahm mich eine Zeitlang bei sich auf, eine alte Hexe. Sie las mich auf, als ich fast am Ende war. Erst dachte ich, sie wäre freundlich, aber sie war's nicht. Nachdem sie mich ein paar Tage gefüttert und mir Ruhe gegönnt hatte, steckte sie mich in die Kleider eines jüngeren Kindes – ich war ja so klein, weißt du – und nahm mich mit zum Einkaufen in die Geschäfte. Sie sagte: ›Sieh mir gut zu!‹ und zeigte mir, wie man Sachen von den Verkaufstischen klaute, ohne daß es einer merkte. Am Ende riß ich auch bei ihr wieder aus.«

»Aber nicht, ohne es vorher selbst getan zu haben.« Er beobachtete sie genau, um zu sehen, ob die Antwort ihr Mühe machen würde.

Sie hielt aber nicht eine Sekunde inne. »Nicht ohne es vorher selber getan zu haben. Sie gab mir ja nur dann was zu essen, wenn ich's getan hatte.«

»Und was geschah dann?«

»Ich arbeitete ein wenig. Als Putzhilfe, als dienstbarer Geist. Ich arbeitete in der Backstube einer Bäckerei, half dabei, die Brötchen zu formen. Ich arbeitete sogar mal als Hilfskraft einer Waschfrau. Ich war öfter obdachlos, als daß ich ein festes Plätzchen zum Schlafen hatte.« Sie drehte für einen Augenblick den Kopf zur Seite, so daß sich ihr Hals straffte. »Aber ich kann mich an diese Zeit kaum noch erinnern. Und was mehr ist, ich möchte es auch gar nicht.«

Wahrscheinlich hat sie sich auch auf der Straße verkauft, dachte er, und ihm wurde bei diesem Gedanken ganz elend ums Herz, als sei sie eigentlich jemand, dem seine Wertschätzung galt.

Mit einer fast unheimlichen Hellsichtigkeit sagte sie eben in diesem Augenblick: »Es gab einen Weg, auf dem ich mich gut hätte durchbringen können, aber den wollte ich nicht einschlagen.«

Lügen, schwor er, alles Lügen. Aber sein Herz sang wie wild.

»Eines Abends nahm ich erschreckt vor einer Frau reißaus, die mich auf eine Tasse Tee in ihr Haus gelockt hatte.«

»Bewundernswert«, bemerkte er trocken.

»Oh, rühme nicht meine Redlichkeit«, sagte sie mit plötzlich aufflackernder Offenheit, »rühme lieber meine Abartigkeit. Damals haßte ich nämlich manchmal jedes menschliche Wesen für das, was ich durchmachen mußte – Männer, Frauen, Kinder, alle. Ich gab keinem, was er von mir verlangte, weil keiner mir zu geben bereit war, was ich von ihm haben wollte.«

Er sah stumm vor sich hin. Endlich war er doch der Leichtgläubigkeit ins Netz gegangen, wenn auch nur kurz – diesmal aber mit dem Kopf ebenso wie mit dem Herzen.

»Gut, ich fasse mich wohl besser kurz. Du willst ja vor allem wissen, was auf dem Fluß passiert ist. Ich traf eine Truppe von Wanderschauspielern, der ich mich anschloß. Sie spielten nicht mal in richtigen Theatern, denn sie hatten kein Geld und konnten sich das nicht leisten. Sie reisten herum und schlugen Zelte auf. Danach schloß ich mich einem Mann an, der Berufsspieler war und auf den Flußdampfern arbeitete. Das Mädchen, das zuvor seine Partnerin gewesen war, hatte ihn verlassen, um einen Plantagenbesitzer zu heiraten – jedenfalls hat er mir das erzählt. Er suchte einen Ersatz und bot mir eine Gewinnbeteiligung an, wenn ich für ihn arbeiten würde.« Sie hob eine Hand. »Und das war schließlich nur eine andere Form von Schauspielerei. Mit Unterkünften, die bei weitem denen vorzuziehen waren, die ich bis dahin gewöhnt gewesen war.« Sie hielt inne.

»Das war er«, erklärte sie ihm dann.

»Wie hieß er denn, wie war sein Name?« fragte er mit einem plötzlichen Anflug von Interesse.

»Was hat der schon zu bedeuten? Sein Name war so falsch wie der meine. Er änderte sich mit jeder Reise. Das war auch notwendig, eine Vorsichtsmaßregel. Einmal war's McLarnin. Einmal Rideau. Ich bezweifle, daß ich während der ganzen Zeit, die wir zusammen waren, auch nur einmal seinen richtigen Namen gehört habe. Ich bezweifle auch, daß er selbst den noch wußte. Er ist dahin, verlang nicht von mir, mich zu erinnern.«

Sie versucht bloß, ihn zu schützen, dachte er. »Du mußt ihn doch aber irgendwie angeredet haben.«

Sie schenkte ihm ein Lächeln unwilligen Erinnerns. »›Lieber Bruder‹. Und so, daß mich alle hören konnten. Das gehörte zu meiner Rolle, denn wir reisten immer als Bruder und Schwester. Ich bestand darauf. Wir hatten beide unsere eigene Kabine.«

»Und er war damit einverstanden.« Das war keine Frage, sondern eine Bekundung des Unglaubens.

»Anfangs erhob er noch Einspruch. Seine frühere Partnerin hatte wohl... nun, das tut hier nichts zur Sache. Ich wies ihn darauf hin, daß das so auch für seine Zwecke besser sei, und als er das eingesehen hatte, stimmte er durchaus bereitwillig zu. Für ihn stand das Geschäft an erster Stelle, immer. Er hatte in jeder Stadt am Fluß ein Liebchen und konnte gut auf ein weiteres verzichten. Verstehst du, ich machte... den Lockvogel für ihn, war sein Magnet. Meine Aufgabe war es, an Deck mein Taschentuch fallenzulassen, oder mit jemandem in einem engen Durchgang zusammenzustoßen, oder mich gar zu verlaufen und dann jemanden um Hilfe anzugehen. Da ist nichts Schlimmes dran, wenn ein Gentleman auf höchst ehrbare Weise die Bekanntschaft der unverheirateten Schwester eines anderen macht. Wohingegen sie wohl zurückhaltender gewesen wären, wenn sie mich für seine Frau – oder auch was anderes – gehalten hätten. Und dann stellte ich ihnen, wie es die Schicklichkeit gebot, bei erster sich bietender Gelegenheit meinen Bruder vor. Und schon wenig später fand dann das Spiel statt.«

»Hast du mitgespielt?«

»Nie. Nur ein schamloses Flittchen würde mit Männern zusammen Karten spielen.«

»Du warst aber doch dabei.«

»Ich füllte die Gläser auf. Flirtete ein bißchen, um sie bei guter Laune zu halten. Und ich ergriff ihre Partei gegen meinen Bruder, wenn es zu irgendwelchen Meinungsverschiedenheiten kam.«

»Du hast Signale gegeben.«

Sie ließ ihre Schultern leicht sinken, in philosophischer Resignation. »Dazu war ich ja schließlich da.«

Er hielt die Arme vor der Brust verschränkt wie ein Mensch, der ein hartes Urteil fällt, oder besser schon unwiderruflich gefällt hat, und den keine inständigen Bitten oder hartnäckigen Forderungen des Bittstellers mehr zu erweichen vermögen. Seine Finger trommelten ruhelos auf seinen Armen herum.

»Und was ist mit Julia? Mit der anderen Julia, der echten?«

»Da bin ich gerade angelangt«, murmelte sie ergeben. Sie holte tief Luft, um für den Höhepunkt ihres Vortrages gerüstet zu sein. »Wir pflegten etwa einmal pro Monat runterzufahren, nie öfter. Das wäre nicht gerade weise gewesen. Blieben ein bißchen, und dann wieder rauf. Zur letzten Reise verließen wir St. Louis am 18. Mai des vorigen Jahres auf der *City of New Orleans*.«

»So wie sie auch.«

Sie nickte. »Am ersten Abend, den wir unterwegs waren, lief etwas schief. Er hatte zu guter Letzt seinen Meister gefunden. Ich weiß nicht, wie sich das alles zugetragen hat. Es konnte auf seiten seines Kunden nicht bloß Glück gewesen sein, denn für solche Fälle kannte er zu viele sicher wirkende Gegenmittel. Es muß wohl tatsächlich so gewesen sein, daß er auf einen getroffen war, der noch bessere Tricks kannte als er. Ich konnte die Karten des Mannes nicht sehen, denn er schien nur nach dem Gedächtnis zu spielen, hielt sie nach innen gedreht und so, daß Bild auf

Bild lag. Alle meine Möglichkeiten, die Farben durch Fummeln am Halsband, Armband, Ohrring oder Fingerring zu signalisieren, waren für die Katz, ich konnte keine Zeichen geben. Das Spiel dauerte die halbe Nacht, und mein Partner verlor ständig, bis ihm nichts mehr geblieben war, womit er noch hätte weiterspielen können. Und da bei diesen Spielen die Teilnehmer ausnahmslos Reisende und einander fremd waren, wurde nie um etwas anderes als um bares Geld gespielt, weshalb sein Verlust ein ganz realer war.«

»Die Betrüger betrogen«, kommentierte er.

»Aber lange vorher, schon Stunden früher, hatte mich der Mann bereits gebeten, sie allein zu lassen. Entschieden, aber doch auf so höfliche Weise, daß ich gar nicht anders konnte als dem nachzukommen, wenn ich nicht riskieren wollte, daß er mich in aller Offenheit dessen bezichtigte, was er wohl schon längst durchschaut hatte. Er gab vor, nicht gewohnt zu sein, in Anwesenheit von Damen zu spielen. Wollte sich gern seines Jacketts und seiner Weste entledigen, nahm aber meine sofort ausgesprochene Erlaubnis dazu nicht an, und so mußte ich gehen. Mein Partner versuchte, mir dies mit allen ihm zu Gebote stehenden dringlichen Zeichen zu untersagen, aber meine weitere Anwesenheit war vollkommen nutzlos, und deshalb überließ ich die beiden sich selbst. Ich fürchte, wir waren da in unsere eigene Falle geraten.

An der Reling stand eine Frau herum, wie ich ohne Begleitung, die sich schnell zu mir gesellte und eine Unterhaltung anfing. Ich war es nicht gewöhnt, mit anderen Frauen zu plaudern, weil dabei für mich ja nichts heraussprang, und deshalb hörte ich ihr anfangs nur mit halbem Ohr zu.

Sie war eine Närrin. Schon nach wenigen Minuten erzählte sie mir völlig unaufgefordert alles über sich. Wer sie war, wohin sie reiste, aus welchem Grund. Sie war viel zu vertrauensselig, hatte wohl keinerlei Erfahrung, was die Welt draußen anging. Speziell die Welt der Flußdampfer und die Leute, denen man auf ihnen begegnet.

Ich versuchte zuerst, sie wieder loszuwerden, aber ohne Erfolg. Sie klammerte sich förmlich an mich, lief mir ständig nach. Es war, als verzehre sie sich geradezu nach einer Vertrauten, nach jemandem, dem sie ihr Herz ausschütten konnte, das so übervoll von romantischsten Erwartungen war. Sie nannte mir deinen Namen, blieb dann in einem erleuchteten Kabineneingang stehen und bestand darauf, das Bildnis hervorzukramen und mir zu zeigen, das du ihr geschickt hattest, und mir sogar Passagen aus den letzten paar Briefen von dir vorzulesen, als handle es sich bei ihnen um das heilige Evangelium.

Endlich, gerade als ich glaubte, das alles kaum noch sehr viel länger ertragen zu können, ohne daß meine wahren Empfindungen durch einen entsprechenden Gefühlsausbruch sichtbar wurden, der sie dann wohl ein für allemal zum Schweigen gebracht hätte, entdeckte sie, wie spät es – für ihre Verhältnisse – schon war, und entfloh in Richtung ihrer Kabine wie ein säumiges Kind, wobei sie sich andauernd winkend nach mir umdrehte, so eingenommen war sie wohl von mir.

Wir hatten später an dem Abend einen heftigen Streit, er und ich. Er warf mir vor, unser ›Geschäft‹ zu vernachlässigen. Unklugerweise, wohl aus Gründen der Selbstverteidigung, erzählte ich ihm von ihr. Daß sie auf dem Wege sei, unbesehen einen Mann mit 100 000 Dollar zu heiraten, der...«

Er richtete sich wachsam auf. »Wie konnte sie das wissen?« fragte er scharf. »Ich habe das bloß der erzählt, die angeblich sie war, also dir, nachdem du angekommen warst und wir zusammen da auf dem Pier standen.«

Sie lachte freudlos. »Sie hatte Nachforschungen angestellt, lange schon vor ihrer Abreise aus St. Louis. Ich mag dich ja in größerem Umfange genarrt haben, aber sie tat das mit ebenso großer Sicherheit auch, halt nur in einem geringeren Maß.«

Er blieb eine lange Zeit stumm, fast, als mache ihm diese neue Offenbarung weiblicher Tücke die ihre erträglicher.

Dann aber setzte sie ihren Bericht unaufgefordert fort, als messe sie ihm die Zeit mit peinlicher Genauigkeit zu, die ihm für das Nachdenken über das, worüber er, wie sie wohl wußte, gerade nachdachte, zur Verfügung stehen sollte.

»Ich sah, wie er mich anblickte, als ich ihm das erzählte. Er brach unseren Streit augenblicklich ab, ließ mich allein und lief eine Weile an Deck auf und ab. Ich kann dir das Geschehen nur so berichten, wie es sich zutrug. Ich kannte ja damals seine Bedeutung noch nicht. Zurückblickend kann ich jetzt natürlich eine solche Bedeutung erkennen. Aber damals nicht. Das mußt du mir glauben. Du mußt, Lou.«

Sie schlug ihre Hände zusammen, hob sie dicht vor sein Gesicht und rang sie flehentlich.

»Muß ich das? Was sollte mich dazu zwingen?«

»Das, was ich dir heute abend hier erzähle, ist die Wahrheit. Jedes Wort ist wahr, auch wenn es zuvor keines gewesen sein mag und nie wieder eins sein wird.«

Wenn es zuvor keines gewesen sein mag und nie wieder eins sein wird. Er ertappte sich dabei, wie er ihre Worte einfältig nachsprach, unhörbar, in seinem Kopf.

»Ich lief dann hinaus, um ihn zu suchen und zu fragen, ob er die Absicht habe, das Verlorene noch an diesem Abend wieder zurückzuholen, ob er mich noch brauche oder ob ich zu Bett gehen könne. Ich fand ihn tief in Gedanken versunken an der Reling stehen. Der Mond ging gerade unter, und der Fluß wurde dunkel. Wir liefen noch am unteren Ufer des Missouri entlang, ich glaube, wir sollten noch vor Morgengrauen den Mississippi erreichen. Ich wußte kaum, daß er es war, bis ich direkt neben ihm stand; so schwer war er in der Finsternis zu erkennen.

Er flüsterte mir zu: ›Klopf an ihre Tür und lade sie zu einem Spaziergang an Deck ein.‹

Ich sagte: › Aber es ist doch schon so spät, sie hat sich sicher längst hingelegt. Sie ist diese späten Stunden nicht so gewöhnt wie wir.‹

›Tu, was ich dir sage!‹ befahl er mir barsch. ›Oder ich werde dir mit meinen Fäusten ein wenig auf die Sprünge helfen. Denk dir irgendwas aus, daß sie herauskommt, dir wird da schon was einfallen. Sag ihr, du seist einsam und brauchtest Gesellschaft. Oder sag ihr, daß da am Ufer bald Lichter auftauchen würden, die man nicht versäumen dürfe, die sie gesehen haben müsse. Wenn sie wirklich so naiv ist, wie du sagst, dann sollte es mit jedem Vorwand zu schaffen sein.‹

Und er gab mir einen Stoß, daß ich fast mit dem Gesicht voran auf die Decksplanken gestürzt wäre.«

»Und du bist hingegangen?«

»Ich bin hingegangen. Was konnte ich anderes tun? Warum sollte ich für eine Fremde leiden? Welche Fremde hatte je für mich gelitten?«

Er gab darauf keine Antwort.

»Ich ging zu ihrer Kabinentür und klopfte, und als sie verschreckt rief, wer denn da sei, da rief ich – ich kann mich noch genau daran erinnern – mit honigsüßer Stimme, um sie zu beruhigen: ›Es ist Ihre neue kleine Freundin, die Miss Charlotte.‹«

»War das dein Name auf dem Schiff?«

»Bei dieser Reise. Sie öffnete sofort, so sehr vertraute sie mir. Sie hatte sich noch nicht ausgekleidet, sagte mir aber, daß sie gerade im Begriff gewesen sei, das zu tun. Wenn sie's doch schon getan hätte!«

»So zurückblickend, bist du ja überaus mitleidig«, ließ er sie wissen. »Das warst du damals nicht.«

Sie zuckte mit keiner Wimper. »Ich überbrachte meine Einladung. Ich klagte über Kopfschmerzen und sagte, alle Mittel ablehnend, die sie mir unverzüglich anbot, daß ich es vorzöge, von der frischen Luft geheilt zu werden, und fragte sie, ob sie mich wohl ein Weilchen begleiten würde, weil es doch schon so spät sei.

Ich erinnere mich, daß mir beim Gedanken an seine möglichen Absichten eigentümlich unbehaglich zumute war – oh, ich wußte wohl, daß er nichts Gutes im Schilde führte, aber ich wagte nicht, mir den Gedanken zu gestatten, daß das auch ganz konkreten körperlichen Schaden bedeuten könnte. Irgendein raffinierter Erpressungsversuch höchstens, so meinte ich, der erst später wirksam werden würde, wenn sie glücklich verheiratet war. Und während ich noch mit ihr sprach, hoffte ich inständig, daß sie meiner Einladung nicht folgen würde und mir das bei ihm als Entschuldigung dienen könnte. Aber sie schien mich über die Maßen lieb gewonnen zu haben. Ich brauchte sie nicht zweimal zu fragen, denn sie willigte sofort ein, ihr Gesicht strahlend vor Freude, daß ich mich an sie gewandt hatte. Sie legte sich gegen die Kühle der Nachtluft schnell einen Schal um, schloß die Tür hinter sich und kam mit mir.«

Sie hatte sein Interesse geweckt, ganz gegen seinen Willen. »Du sagst doch die Wahrheit, Julia? Sagst du die Wahrheit?« fragte er gespannt.

»Bonny«, murmelte sie mißbilligend.

»Sagst du die Wahrheit? Du wußtest wirklich nicht, worauf das alles hinauslief?«

»Warum kniee ich wohl hier zu deinen Füßen? Warum stehen Tränen der Reue in meinen Augen? Sieh sie dir an. Was soll ich sagen, was tun? Soll ich einen Eid schwören? Hol eine Bibel. Öffne sie vor mir. Drück ihre Seiten an mein Herz, während ich spreche.«

Er hatte sie noch nie weinen sehen. Er fragte sich, ob sie je geweint hatte. Sie weinte wie jemand, für den das Weinen etwas ganz Ungewohntes ist, der es im Zaum hält, es unterdrückt, weil er nicht recht weiß, was es ist – und nicht wie eine, die sich seiner schon oftmals absichtsvoll bedient hat, also weiß, was für ein wirksames Mittel es ist, und sich ihm hemmungslos überläßt, ja, sich geradezu hineinsteigert.

Er wischte diese Gedanken beiseite, die seiner Skepsis entsprungen waren. »Und dann? Und dann?« drängte er sie.

»Dreimal schritten wir die volle Länge des Decks ab, in vertraulicher Harmonie, wie das Frauen halt können.« Sie hielt inne.

»Was ist?«

»Mir ist da gerade noch etwas eingefallen. Und ich wünschte so, ich hätte es vergessen. *Sie hatte den Arm um mich gelegt*, als wir da auf und ab gingen. Ich meinen nicht um sie, wenigstens das nicht, aber sie den ihren um mich. Sie schwatzte wieder von dir, endlos von dir. Immer warst du es, nur du.«

Sie zog die Luft ein, als verspüre sie wieder die Spannung jener Nacht, jenes Spaziergangs über das verlassene, dunkle Deck.

»Nichts geschah. Er trat nicht zu uns. Bei jedem auftauchenden Schatten war ich bereit, einen Schrei zu unterdrücken, aber keiner davon war er. Zu guter Letzt hatte ich keinerlei Grund mehr, sie noch länger da draußen festzuhalten. Sie erkundigte sich nach meinen Kopfschmerzen, und ich sagte ihr, daß sie fort seien. Und sie hätte sich die Erleichterung nie träumen lassen, mit der ich das sagte.

Ich brachte sie zurück an ihre Tür. Sie drehte sich kurz zu mir um, erinnere ich mich, und küßte sogar meine Hand, als sie mir liebevoll eine gute Nacht wünschte, sie war ja so hingerissen von mir. Sie sagte: ›Ich bin so froh, daß wir uns begegnet sind, Charlotte. Ich hatte nie eine richtige Freundin. Du mußt mal mich und meinen ...‹ – und dann fing sie ganz süß an zu stammeln – ›... meinen Mann besuchen, mußt zu uns kommen, wenn wir uns erst einmal eingerichtet haben. Ich werde in meinem neuen Leben wohl dringend neue Freunde brauchen.‹ Und dann öffnete sie ihre Tür und ging hinein. Unversehrt, unangetastet. Ich hörte noch, wie sie die Tür hinter sich verriegelte.

Und das war das letzte Mal, daß ich sie gesehen habe.«

Sie schwieg, als wisse sie, daß dies der richtige Augenblick war, um voll und ganz die Wirkung zu erzielen, die sie erzielen wollte.

»Mehr hattest du mit der Geschichte nicht zu tun?« sagte er langsam.

»Mehr hatte ich damit nicht zu tun. Ich war nicht stärker daran beteiligt, was immer es auch war.

Ich habe seitdem viel darüber nachgedacht«, fuhr sie dann fort. »Ich weiß jetzt, was es war, was es gewesen sein muß. Damals tat ich das nicht, sonst hätte ich sie nie und nimmer alleingelassen. Ich hatte gedacht, er würde sich irgendwie dort an Deck an sie heranmachen, sie mit Gewalt in irgendeine Zwangslage manövrieren, aus der sie sich später nur mit Geld wieder hätte befreien können. Oder ihr irgendein Memento abluchsen, das sie später hätte zurückkaufen müssen, um dein Vertrauen und ihren guten Namen nicht zu verlieren. Es kam mir sogar der Gedanke, als ich allein zu meiner Kabine zurückging, daß er seine Meinung vielleicht völlig geändert, den ganzen Plan aufgegeben hatte, wie immer der ausgesehen haben mochte. Ich kannte ihn und wußte, daß er das schon häufiger fertiggebracht hatte, auch dann, wenn eine Sache schon längst in Gang gesetzt war, und ohne mich vorher davon zu verständigen.«

Dann schüttelte sie ernst den Kopf. »Nein, das war nicht der Fall. Er muß irgendwie in ihre Kabine gelangt sein, während sie mit mir fort war, und ihr dann da drinnen aufgelauert haben. Dazu bedurfte er aber einer Gelegenheit, und deshalb wollte er, daß ich mit ihr an Deck spazierenging.«

»Aber dann ... Er hat dir nie erzählt, was da drinnen passiert ist, in der Kabine?«

Sie schüttelte mit Bestimmtheit den Kopf. »Er hat's mir nie genau erzählt. Und ich konnte auch nichts aus ihm herausbekommen. Er kannte keine vertraulichen Gespräche, keine schwachen Momente, besonders nicht bei Frauen. Die Art, wie er mich unterrichtete, war nicht darauf angelegt, daß man dem Glauben schenkte, das wußte ich genausogut wie er. Das waren nur Phrasen, um etwas zu vertuschen, um etwas so schnell wie möglich als erledigt zu vergessen. Und doch sprach er von Anfang an nur so davon zu mir. Und ich mußte mich damit begnügen, es war halt alles, was ich bekam.«

»Und was war das nun?«

»Also, das ist die Art und Weise, wie er mich davon unterrichtete, Wort für Wort. Er kam später und klopfte leise an meine Tür, weckte mich auf, ungefähr eine Stunde vor Tagesanbruch, als das ganze Schiff noch schlief. Er war vollständig angekleidet, aber ob er sich gerade erst angezogen hatte oder dies noch vom Abend vorher war, weiß ich nicht. Auf seiner Stirn war eine Kratzwunde, über den Brauen. Eine ganz kleine nur, nicht viel länger als höchstens zwei Zentimeter. Und das war alles.

Er kam herein, schloß die Tür sorgfältig hinter sich und sagte sehr geschäftsmäßig und kurz angebunden zu mir: ›Zieh dich an, ich brauche dich. Deine Freundin von gestern abend hatte vor einer Weile einen Unfall, ist in der Dunkelheit über Bord gefallen. Sie ist nicht wieder aufgetaucht.‹ Und dann warf er mir meine Sachen zu, die Strümpfe und alles, Stück für Stück, damit es schneller ginge. Das war alles, was er mir je gesagt hat, damals und später, nämlich daß sie einen Unfall hatte und im Dunkeln vom Schiff gefallen war.«

»Du aber wußtest?«

»Wie hätte ich denn anders gekonnt, als zu wissen? Ich sagte ihm, daß ich es wüßte. Er räumte sogar so gut wie ein, daß ich es wissen könnte, gab zu, daß ich es wissen könnte. Aber seine einzige Antwort darauf war immer nur: ›Was willst du da nun machen?‹

Ich sagte ihm, daß das nicht zu unserer Vereinbarung gehörte. ›Kartenspiele sind eine Sache, dies aber ist etwas anderes.‹

Er zog behutsam den Ring von seinem Finger, damit meine Haut nicht verunstaltet würde, und schlug mich dann mehrmals ins Gesicht, bis mir der Kopf schwamm und er, wie er sich auszudrücken beliebte, ›mir die Religion ein wenig ausgetrieben‹ hatte. Er drohte mir. Er sagte, daß er, wenn ich Anzeige gegen ihn erstattete, mich ebenfalls anzeigen würde. Daß wir dann beide im Kittchen landen würden. Und ich sei mit ihr zusammen gesehen worden, er nicht. Daß es keinem von uns beiden zum Vorteil gereichen, uns beide vielmehr erledigen würde. Am Ende drohte er mir sogar damit, daß er mich, wenn nötig, töten würde, das sei noch die schnellste Methode, mir das Maul zu stopfen, sollte ich etwa versuchen, es jemandem zu erzählen.

Als er dann sah, daß er mich genug geduckt und eingeschüchtert hatte und ich bereit war, auf ihn zu hören, redete er mir gut zu. ›Sie ist ein für allemal fort‹, sagte er, ›und nichts, was du tust, wird sie wieder zurück an Bord bringen. Aber auf dich warten da 100 000 Dollar, wenn du morgen in New Orleans von diesem Schiff gehst.‹

Er hielt mir die Tür auf, und ich richtete meine Kleidung und ging mit ihm hinaus.

Er nahm mein Gepäck, das wenige, das ich hatte, mit in seine Kabine und tat's zu dem seinen. Und ihres holten wir gemeinsam aus ihrer Kabine und brachten es in meine, ersetzten meins damit. Wir vergaßen auch ihren Vogel nicht. Dann holte er ihre Briefe an dich und die Fotografie von dir, die du ihr geschickt hattest, aus der Tasche, und ich steckte alles in meine Handtasche. Und dann warteten wir die Zeit ab.

In der allgemeinen Aufregung des Anlegens und Aussteigens vermißte sie keiner. Kein Passagier dachte an sie, alle waren viel zu beschäftigt mit ihren eigenen Sachen. Und die Gepäckträger mußten, wenn sie überhaupt ihre leere Kabine beachteten, der Meinung sein, daß sich wohl schon ein anderer ihrer und ihrer Gepäckstücke angenommen habe. Wir beide verließen das Schiff getrennt, er gleich als erster, ich fast als letzte. Und das bemerkte auch keiner.

Ich sah dich da stehen, ich kannte dich ja von der Fotografie her, und als es endlich leer geworden war auf dem Pier, ging ich zu dir. Und das ist die ganze Geschichte, Lou.«

Sie schwieg, ließ sich wieder auf ihre Fersen zurücksinken, und ihre Hände fielen leblos in ihren Schoß zurück, als seien sie zu keinen weiteren Gesten mehr fähig. Sie schien nun – bewegungslos, leer, klein und häßlich – nur noch auf seinen Spruch zu warten, auf das Urteil, das er über sie fällen würde. Alles an ihr war dem Boden zugeneigt, ihre Schultern, ihr Kopf, ja selbst die Beugung ihres Halses, und nur etwas war nach oben gerichtet, nämlich ihre Augen, die flehend auf sein ernstes Gesicht gerichtet waren.

»Nicht ganz«, sagte er. »Nicht ganz. Denn was machte er, wie hieß er doch gleich? Wie sahen die weiteren Pläne aus?«

»Er sagte, er würde sich wieder melden, wenn genug Zeit verstrichen sei. Und als ich von ihm hörte, war ich dabei...«

»Zu tun, was du getan hast.«

Sie schüttelte entschieden den Kopf. »Nein, nicht was ich getan habe. Oder was ich vielleicht in deinen Augen getan habe. Ich traf ihn einmal heimlich, nur für ein paar Augenblicke, als ich ohne dich – das war so verabredet – auf einem Einkaufsbummel war, und sagte ihm da, daß er nicht mehr mit mir zu rechnen brauche, daß er den Plan aufgeben solle, weil ich es nicht mehr über mich brächte, ihn auszuführen.«

»Woher dieser Sinneswandel?«

»Muß ich dir das sagen?«

»Warum nicht?«

»Es wäre doch in den Wind gesprochen. Es würde keinerlei Glauben finden.«

»Laß das mich entscheiden.«

»Nun gut, wenn du es unbedingt wissen willst«, sagte sie fast trotzig. »Ich sagte ihm, daß ich nicht länger daran denken könne, die Rolle zu spielen, die mir zugedacht sei. Ich sagte ihm, daß ich mich in meinen eigenen Mann verliebt hätte.«

Es war, als erschiene plötzlich ein Regenbogen in all seiner gestreiften Herrlichkeit vor trostlosen, grauen Himmeln. Er sagte sich, daß dies eine Illusion sei, gerade so, wie sein Gegenstück, der richtige Regenbogen, eine Illusion der Natur war. Aber er wollte nicht schwächer werden, wollte nicht wanken – da stand er, das Zeichen der Hoffnung, das Zeichen, das baldigen Sonnenschein verhieß.

Sie hatte ohne Unterbrechung weitergesprochen, aber der dankbar erlebte Schock ihrer letzten Bemerkung, der ihn noch immer mit wohltuender Wärme überflutete, hatte ihn einen Teil ihrer Worte nicht mitbekommen lassen.

»... lachte und sagte, ich hätte nicht mehr Ahnung von der Liebe als der Mann im Mond. Dann wurde er plötzlich rachsüchtig und sagte, ich löge ihn nur an und versuchte, den ganzen Batzen für mich allein zu behalten.«

Ich hatte mich verliebt – die Worte gingen ihm immer wieder durch den Kopf und dämpften den Klang ihrer Stimme. Es war wie ein Kontrapunkt, der sich in die Grundmelodie drängt und sie fast unhörbar macht.

»Ich versuchte es mit einer Abfindung. Ich sagte, er könne alles Geld haben, das ich in die Finger bekäme, fast so viel, wie er sich erhofft hätte, wenn er nur aus New Orleans verschwände und mich in Ruhe ließe. Ja, ich erbot mich, meinen eigenen Ehegatten zu berauben, eben das in Gefahr zu bringen, was ich mir zu erhalten versuchte – wenn er nur von mir abließe, mich das sein ließe, was ich war, nämlich zum ersten Mal in meinem Leben glücklich.«

Zum ersten Mal in ihrem Leben glücklich – der Freudengesang schwoll mächtig an in seinem Kopf. Sie war wirklich glücklich mit mir.

»Wenn er sich doch bloß hätte bestechen lassen, für dich hätte ich dann schon eine verzweifelte Ausrede gefunden – daß man mir im Gewühle meine Geldbörse entrissen hätte, daß ich das Geld abgehoben und dann auf der Straße verloren hätte, daß meine ›Schwester‹ plötzlich krank geworden sei und mittellos dastünde, ich es ihr deshalb nach St. Louis geschickt hätte, ach, alles, alles, egal wie fadenscheinig, wie jämmerlich, solange es nur weniger schändlich gewesen wäre als die Wirklichkeit. Ja, ich hätte dein Mißfallen in Kauf genommen, deine Mißbilligung, ja schlimmer noch, deinen sehr begründeten Argwohn, wenn es mir nur gestattet war, dich mir zu erhalten, wie ich es mir so sehnlich wünschte, um mit dir zusammen so weiterzuleben.«

Mit dir zusammen so weiterzuleben. Er erinnerte sich nun an das Feuer ihrer Küsse, an die ungehemmte Fröhlichkeit ihres Lächelns. Welche Schauspielerin hätte es vermocht, eine solche Rolle durchzuspielen, morgens, mittags und abends? Schauspielerinnen spielen ja nur am Abend, nur ein paar Stunden, konnten sich die restliche Zeit ausruhen. Nein, das mußte alles echt sein. Er konnte sich an den Blick in ihren Augen erinnern, als er sich an jenem letzten Tag von ihr verabschiedet hatte – eine Art zögernde, widerstrebende Melancholie. (Aber war dieser Blick wirklich so gewesen, oder dachte er sich das jetzt bloß aus?)

»Das befriedigte ihn nicht, genügte nicht. Er wollte *alles*, nicht nur einen Teil. Und ich glaube, es gab tatsächlich keinen Ausweg mehr. Ganz gleichgültig, wie hoch die Summe gewesen wäre, die ich ihm gegeben hätte, er hätte auch weiter geglaubt, daß ich noch wesentlich mehr als das für mich behalten hatte. Er vertraute niemandem, ich hörte das mal bei einem Streit einen anderen von ihm sagen, nicht einmal sich selbst.

Sich an meine Aussage haltend, daß ich dich liebe, entdeckte er, wie sehr dieses Wissen die Macht vergrößerte, die er über mich hatte. Und kaum hatte er das entdeckt, machte er auch schon Gebrauch davon. Sagte, daß er dir meinen Betrug selbst entdecken werde, in einem anonymen Brief, wenn ich mich weigerte, unseren Handel zum Abschluß zu bringen. Würde er sein Geld nicht bekommen, dann sollte auch ich nicht haben, was ich mir ersehnte. Wir wären dann beide Flüchtige und genau wieder da, wo wir angefangen hätten. ›Und wenn du meinen Brief abfängst‹, warnte er mich, ›dann nützt dir das gar nichts. Dann gehe ich persönlich zu ihm und trage ihm meine Anklage direkt vor. Lasse ihn wissen, daß du nicht nur nicht die bist, die zu sein du behauptest hast, sondern daß du obendrein noch in den zurückliegenden Jahren meine Geliebte gewesen bist.‹ Was nicht stimmte«, fügte sie schnell und zur Seite gesprochen hinzu. »›Wir werden ja sehen, wie lange er dich dann bei sich behält.‹ Und als ich ihn an diesem Tage verließ, da wußte ich, daß es keinerlei Zweck hatte, was immer ich auch tat. Ich wußte, daß ich dich mit Sicherheit verlieren würde, auf die eine oder andere Weise.

Ich verbrachte eine schlaflose Nacht. Der Brief kam dann. Ich wußte, er würde kommen. Er hielt Wort, jedenfalls in Dingen wie diesen. Ich fing den Brief ab. Ich stand hinter der Tür, als die Post kam. Ich riß ihn auf und las ihn. Ich kann mich noch immer an seinen Wortlaut erinnern. ›Die Frau, die Sie sich da in Ihr Haus geholt haben, ist nicht die Frau, für die Sie sie halten, sondern jemand mit ganz anderem Namen und die Geliebte eines anderen Mannes noch dazu. Dieser Mann bin ich, und deshalb weiß ich, was ich sage. Haben Sie ein Auge auf Ihr Geld, Mr. Durand. Und wenn Sie mir nicht glauben, dann beobachten Sie mal ganz genau ihr Gesicht, wenn Sie unvermittelt zu ihr sagen: Komm mal zu mir, Bonny, und Sie werden bemerken, wie es bleich wird.‹ Und unterschrieben hatte er mit ›Ein Freund‹.

Ich vernichtete den Brief, wußte aber wohl, daß die Atempause, die mir das verschaffte, nur wenige Tage andauern würde. Er würde einen neuen schicken. Oder selber kommen. Oder mich abfangen, wenn ich mal allein in der Stadt war, und dann würde man mich mit einem Messer in der Seite auf der Straße liegen finden. Ich kannte ihn genau – er verzieh keinem, der ihm irgendwas vermasselt hatte.« Sie versuchte zu lächeln, aber ohne Erfolg. »Da stürzte mein Puppenhaus über mir zusammen, flog mir regelrecht um die Ohren.

Und da entschloß ich mich zur Flucht.«

»Zu ihm.«

»Nein«, sagte sie gleichgültig, als sei diese Einzelheit jetzt, so lange danach, völlig belanglos. »Ich nahm das Geld, ja. Aber ich floh so sicher vor ihm, wie ich dich verlassen hatte. Diese kleine Genugtuung war mir wenigstens vergönnt – er hatte seinen Willen nicht gekriegt. Der Rest war Schutt und Asche. All mein Glück lag hinter mir. Ich entsinne mich, daß ich damals dachte, was für ein seltsames Dreieck wir doch bildeten. Du warst die Liebe, er war der Tod – und ich das Mittel von beiden.

Ich floh so weit, wie es nur möglich war. Ich nahm den Flußdampfer nach Norden und ließ mich nicht sehen, bis er eine Stunde von New Orleans entfernt war. Ich ging zuerst nach Memphis und dann nach Louisville und schließlich nach Cincinnatti, wo ich mich eine Weile versteckt hielt. Ich wußte, daß er mich umgebracht hätte, wenn ich ihm in die Finger geraten wäre. Und dann hörte ich da in Cincy eines Tages, wie jemand, der uns beide wohl flüchtig gekannt hatte, als wir noch zusammen waren, erzählte, daß er sein Leben bei einer Schießerei in einer Spielhölle unten in Cairo verloren hätte. Die Gefahr war also überstanden. Aber zu dieser Zeit war es schon zu spät, um das Geschehene noch rückgängig machen zu können. Ich konnte nicht mehr zu dir zurück.«

Und der Blick, den sie ihm zuwarf, war von einer solchen Schmerzlichkeit, daß er Steine erweicht hätte.

»Ich bewegte mich nun wieder in südlicher Richtung, nun, da ich das gefahrlos tun konnte, und erst vor wenigen Wochen traf ich dann diesen Colonel Worth und bin jetzt hier, wie du siehst. Und das ist meine Geschichte, Lou.«

Sie wartete, und das Schweigen schien sich nun, da sie ihren Bericht beendet hatte, zu einer Ewigkeit auszudehnen.

Er sah sie unverwandt an, sagte jedoch kein Wort. Aber hinter dieser ruhigen, nachdenklichen, vernünftigen Fassade, die er so stoisch aufrechterhielt, tobte ein unvermuteter Aufruhr, herrschte ein wirbelndes Chaos von Glaube und Unglaube, Beschuldigung und Widerlegung, Pro und Contra, Hin und Her, und ging rund und rund und rundherum wie ein Strudel.

Sie hat aber nichtsdestotrotz dein Geld an sich gebracht. Warum das, wenn sie dich so »liebte«? Ihr stand doch bevor, der Welt auf Jahre hin ganz allein ins Auge blicken zu müssen, und sie wußte nur zu gut und aus eigener Erfahrung, wie schwer es gerade für eine Frau ist, sich ohne Beistand durchbringen zu müssen. Kannst du ihr deswegen Vorwürfe machen?

Woher weißt du denn aber, daß sie nicht uns beide gleichermaßen übers Ohr gehauen hat? Daß das, was geschehen ist, nicht doch genau das war, was er ihr vorgeworfen hat, nämlich weglaufen und die ganze Beute allein für sich behalten, sie nicht mit ihm teilen zu wollen? Ein doppelter Betrug statt eines einfachen.

Zumindest ist sie an Julias Tod unschuldig, du hast's ja gehört. Aber wie willst du das wissen? Die Lebende, die Überlebende ist da, um dir *ihre* Version der Geschichte erzählen zu können, aber die Tote, das Opfer, ist nicht mehr in der Lage, auch die ihre beizusteuern. Vielleicht ist das ja eine gänzlich andere?

Du hast sie damals geliebt, das bestreitest du nicht. Warum mißtraust du ihr dann, wenn sie sagt, daß auch sie dich damals geliebt hätte? Ist sie nicht ebenso zur Liebe fähig wie du? Und wer bist du, daß du darüber befinden könntest, wer zu lieben vermag und wer nicht? Die Liebe ist doch wie ein Magnet, der anzieht, was ihm gleicht. Sie muß dich geliebt haben, damit deine Liebe zu ihr hingezogen werden konnte. So, wie du sie geliebt haben mußt – und du weißt, daß du sie geliebt hast –, so daß ihre Liebe zu dir hingezogen wurde. Ohne die eine Liebe kann es die andere nicht geben. Es muß auf beiden Seiten Liebe da sein, damit sich die Einheit vollenden kann.

»Hast du mir gar nichts zu sagen, Lou?«

»Was gäbe es da zu sagen?«

»Das kann nicht ich dir sagen. Das muß von dir kommen.«

»Muß es das?« sagte er trocken. »Und wenn da nichts ist, was gesagt werden könnte, keine Antwort?«

»Keine, Lou?« Ihre Stimme nahm einen singenden Tonfall an. »Nichts?« Den Tonfall einer einlullenden Beschwörung. »Nicht ein einziges Wort?« Ihr Gesicht kam dem seinen kaum merklich näher. »Nicht einmal... so viel?« Er hatte Bilder gesehen, irgendwann und irgendwo, Bilder aus Indien, von Kobras, die sich zu den Flötentönen der Schlangenbeschwörer aus dem Knäuel ihres eigenen Körpers erhoben. Und wie eine solche Schlange, so glatt, so rätselhaft, war sie an ihm emporgekrochen, bevor er es noch recht wußte – nur verhexte hier die Schlange ihren Beschwörer, nicht der Beschwörer die Schlange. »Nicht einmal... dies?«

Plötzlich sah er sich fest umfangen, von ihr umwickelt wie von einer gefährlichen tropischen Pflanze. Feuerlippen waren mit den seinen verschmolzen. Er schien Flammen zu atmen, sie durch die Luftröhre in seine Brust hineinzusaugen, wo sich der trockene Zunder seiner Einsamkeit, der Entbehrung zu rasendem Feuer entzündete, das aufwärts loderte und ihren Kuß mit wahnsinniger Wildheit an sie zurückgab.

Er rappelte sich hoch, und sie erhob sich mit ihm, so fest waren sie ineinander verschlungen. Aber er stieß sie mit all der Kraft von sich, die er auch im unerbittlichen Kampf mit einem Manne eingesetzt hätte und derer es auch bedurfte, hätte er sie doch mit weniger niemals von sich losbekommen.

Sie wankte, stolperte, fiel lang hin, aber ein Arm, nach hinten gestreckt, sorgte dafür, daß ihre Schulter und ihr Kopf den Boden nicht berührten.

Da lag sie, völlig aufgelöst und erniedrigt – und doch war auf ihrem Gesicht der Schimmer des Sieges, auf ihren Lippen ein verstohlenes Lächeln des Triumphes zu erkennen. Als ob sie wüßte, wer diesen Wettkampf gewonnen, wer ihn verloren hatte. Sie räkelte sich nun schon bequem am Boden herum, war sich ihrer selbst viel zu sicher, um sich noch die Mühe zu machen, wieder aufzustehen. Er war es, der torkelte, von Stuhllehne zu Stuhllehne, erstickt, geblendet, wie ein Krüppel. Das Blut dröhnte in seinen Ohren, es würgte ihn am Hals, als seien die Geister ihrer Arme noch immer dort, um ihn zu erdrosseln.

Endlich stand er über ihr, die geballte Faust hoch über seinen Kopf erhoben, als wolle er sie ein zweites Mal niederschlagen, sollte sie den Versuch wagen, sich zu erheben. »Zieh dich an!« schrie er ihr ins Gesicht. »Pack deine Sachen! Nicht dies, gar nichts wird daran ändern. Ich bringe dich nach New Orleans!«

Sie rutschte auf dem Boden ein Stück von ihm weg, um sich aus seiner Reichweite und in Sicherheit zu bringen, obwohl ihr wissendes Lächeln ihre Furchtsamkeit widerlegte. Dann raffte sie ihr Kleid und erhob sich mit einer angeborenen Anmut, die nichts ihr nehmen konnte, nicht einmal ein so harter Sturz.

Sie erschien nun demütig, seinem Willen gefügig, resigniert – und zugleich war da das wissende Lächeln, welches sie Lügen strafte. Sie stellte keine Forderungen mehr. Sie strich sich das Haar zurück, von dem sich bei ihrem Sturz eine Locke gelöst hatte. Ihre Schultern deuteten ein Achselzucken an, und mit den Händen schlug sie sich klatschend auf die Hüfte, hob sie dann wieder hoch wie zum Zeichen fatalistischer Schicksalsergebenheit.

Er wandte sich abrupt von ihr ab, als er sah, wie sich ihre Hände dem seitlichen Verschluß ihres Kleides näherten, den sie ja schon zum Teil geöffnet hatte.

»Ich warte da draußen in dem kleinen Vorraum«, sagte er angespannt und ging hinaus.

»Tu das«, stimmte sie ihm ironisch zu. »Wir sind wohl tatsächlich schon eine ganze Weile getrennt.«

Er setzte sich auf ein kleines, lehnenloses Bänkchen, das an der Wand des Vorraums stand.

Sie kam ihm langsam nach und zog die Zimmertür zu, die sich jetzt zwischen ihnen befand, schloß sie aber nicht ganz, sondern ließ sie angelehnt.

»Meine Fenster liegen in der zweiten Etage«, versicherte sie ihm, noch immer mit ironischem Unterton. »Und da draußen ist keine Leiter. Es ist also nicht sehr wahrscheinlich, daß ich einen Fluchtversuch unternehme.«

Er ließ ganz plötzlich seinen Kopf nach vorn fallen, als sei ihm das Genick gebrochen, und preßte sich die Fäuste gegen die Stirn, in deren Mitte eine Ader hervorgetreten war, pulsierend und pochend unter dem Andrang der Liebe, die gegen den Haß, und des Hasses, der gegen die Liebe ankämpfte – ein Kampf, von dem nur er etwas wußte, so still zusammengekrümmt saß er da.

Und so blieben sie durch eine Tür getrennt, die nicht geschlossen war. Sieger und Besiegter. Auf welcher Seite aber war wer zu finden?

Hinter der Tür schurrte eine Schublade auf und dann wieder zu. Der Hauch eines frischen Duftes kam herausgeschwebt und hüllte ihn ein, so frisch, als habe man ihn gleichsam von einer Wiese voller erster Frühlingsblumen abgeschöpft. Das Licht, das durch den Türspalt fiel, wurde matter, als seien ein paar seiner Quellen eliminiert worden.

Er wandte unvermittelt den Kopf und bemerkte, daß die Tür – ohne daß ihm das bewußt geworden wäre – schon ein paar Minuten offengestanden haben mußte. Und da stand sie in der neuen, einladenden Öffnung, einen Arm zur Tür, den anderen zum Türrahmen erhoben. Die schäumenden Spitzen, die in Wellen an ihr hinabströmten, waren vor dem Licht, das von hinten aus dem Zimme auf sie fiel, durchsichtig wie Dunstschleier. Ihre Silhouette war die eines zweibeinigen Tieres.

Ihr Blick war traumumflort, ihr halbes Lächeln die wiedergefundene Erinnerung an lang vergessene Dinge.

»Nun komm schon herein, Lou«, murmelte sie nachsichtig, als spräche sie zu einem störrischen kleinen Jungen, der die Grenzen des Erlaubten überschritten hat. »Mach das Licht da neben dir aus und komm herein, komm herein zu deiner Frau.«

39

Ein Geräusch an der Tür weckte Durand. Es war ein ganz leises Klopfen, ein lockendes Pochen, nur mit einem Fingernagel.

Als sich seine Augen geöffnet hatten, sah er sich in einem Zimmer, an das er sich nur schwer erinnern konnte. Das kühlende Silbergrün brennender Nachtlichter war nicht mehr da. Das dampfende Sonnenlicht der Golfküste fiel schräg durch die Schlitze der Jalousien und bildete auf dem Bett und auf dem Boden ein streifiges Muster. Und darüber war eine von irgendwo reflektierte Helligkeit, als ob alles frisch geweißt worden wäre.

Es war ganz einfach so, daß es Tag war an einem Ort, den er zuletzt bei Nacht gesehen hatte.

Zuerst glaubte er, er sei allein. Er legte eine Hand über seine noch schlaftrunkenen Augen, um sie gegen das überscharfe Leuchten abzuschirmen. »Wo bin ich?«

Dann erblickte er sie. Ihr kleeblättriger Mund erwiderte sein Lächeln, indirekt, auf dem Wege über den Spiegel, vor dem sie saß. Ihre Hand tastete nach ihrer Brust, blieb einen Augenblick lang darauf liegen, wobei ein Finger nach oben zeigte, der andere dahin, wo ihr Herz war. »Bei mir«, antwortete sie. »Wo du hingehörst.«

Es lag ein zerbrechlicher Zauber in dieser flüchtigen kleinen Geste, dachte er. Und er beobachtete sie versonnen und bedauerte ihr Ende, das Zurückfallen der Hand an ihren vorherigen Platz. Die Geste war so ungekünstelt gewesen. Bei mir, der Finger unbewußt auf ihrem Herzen.

Das stotternde leise Pochen wurde erneut hörbar. Es hatte etwas Scheues an sich, das ihn irritierte. Er drehte den Kopf und sah stirnrunzelnd in seine Richtung. »Wer ist denn das?« fragte er streng, aber sie und nicht die Tür.

Sie formte mit ihrem Mund das Zeichen lautlosen Gelächters, dämpfte dies dann noch mehr, obwohl ja gar nichts zu hören gewesen war, indem sie ihre Hand mit gespreizten Fingern fächerartig darüberlegte. »Ein Verehrer, fürchte ich. Der Colonel. Ich erkenne ihn an seinem Klopfen.«

Durand, dessen Gesicht sich immer mehr verdüsterte, stand nun neben dem Bett und kämpfte sich – hin und her hopsend – in seine Hose hinein.

Das Pochen hatte sich ein drittes Mal an sie gewandt.

Er wies mit dem Daumen hinter sich auf die Tür und forderte sie pantomimisch auf, dem anderen hinhaltend zu antworten, damit er selbst sich fertigmachen konnte.

»Ja?« flötete sie süß.

»Hier ist Harry, mein Liebes«, kam es durch die Tür. »Guten Morgen. Bin ich zu früh?«

»Nein, zu spät«, knurrte Durand düster. »Ich werde mich gleich mal mit diesem ›Harry, mein Liebes‹ befassen!« versprach er ihr leise.

Sie lachte sich jetzt kaputt, hatte den Kopf auf den Frisiertisch gelegt, die Hände im Nacken verschränkt, bebte vor unterdrücktem Gelächter.

»Ein Augenblickchen noch«, sagte sie mit halberstickter Stimme.

»Hetz dich nicht, mein Liebes«, kam die gurrende Antwort

zurück. »Du weißt, ich warte auch den ganzen Vormittag auf dich, wenn es sein muß. Vor deiner Tür darauf zu warten, daß du herauskommst, das ist das schönste, was ich kenne. Es gibt nur etwas noch Schöneres, und das wäre...«

Die Tür flog auf, und er sah sich Durand gegenüber – dieser barfuß, ungekämmt, nur mit Hose und Unterhemd bekleidet.

Es machte alles noch schlimmer, daß er den Kopf vorgeneigt und an die Tür gelegt hatte, um sich besser verständlich zu machen, weshalb sich jetzt seine Nase beinah in Durands grobe Unterwäsche bohrte, etwa in Höhe von dessen Brust.

Sein Kopf hob sich ruckweise, als werde er an einem Flaschenzug hochgezogen, bis er auf einer Höhe mit dem von Durand war. Und jeden Ruck begleitete er mit einem erstickten Ausruf, mit einer Art atemlosem Grunzen. »Horrrr... arrrr... horrrr...«

»Ja, Sir?« bellte Durand.

Worths Hand machte hilflos wedelnde Bewegungen, vollführte kleine, gedrehte Wellenlinien, als dieser versuchte, an Durand vorbei ins Zimmer zu weisen, dies jedoch nicht zuwege brachte.

»Sie sind... da drin? Sie sind... nicht *angekleidet*?«

»Würden Sie wohl die Güte haben, sich um Ihre eigenen Angelegenheiten zu kümmern, Sir?« sagte Durand.

Der Colonel hob beide Arme über den Kopf, die Fäuste geballt, wie in drohender Anklage. Dann stockten sie, erstarrten, fielen wieder herab. Seine Augen waren plötzlich auf Durands rechte Schulter gerichtet und weiteten sich, bis sie ihm fast aus dem Kopfe sprangen.

Durand fühlte ihren liebkosenden Arm über seine Schulter gleiten und dann ihre Hand sein Kinn streicheln, während sie sonst hinter ihm verborgen blieb. Er sah hinunter zu der Stelle, die Worth anstarrte, und erblickte die Hand, an der ihr Ehering, der alte Ehering, steckte.

Diese Hand hob sich jetzt wieder, streichelte und liebkoste Durands Wange, und ließ dabei den schweren Goldring deutlich sichtbar blitzen und funkeln. Sie kniff ihn zärtlich in die Backe, ließ dann die beiden Finger, die das getan hatten, sich weit auseinanderspreizen zu etwas, was man auch als einen recht leichtfertigen Gruß hätte ansehen können.

»Ich ... ich ... ich wußte das nicht!« gelang es Worth asthmatisch und wie mit letztem Atem hervorzustoßen.

»Dann wissen Sie es jetzt, Sir!« sagte Durand. »Und was machen Sie hier vor der Tür meiner Frau, wenn ich fragen darf?«

Der Colonel wich langsam in den Flur zurück, streifte mal die eine, mal die andere Wand, offensichtlich unfähig, sich umzudrehen und seine Augen von dem hypnotisierenden Anblick Durands und der liebevoll streunenden Hand loszureißen.

»Ich ... ich bitte Sie um Entschuldigung!« keuchte er schließlich aus sicherer Entfernung.

»Und ich Sie!« erwiderte Durand mit grimmiger Unbeugsamkeit.

Da endlich wandte sich der Colonel zur Flucht, beziehungsweise wankte eher wie betrunken davon.

Die losgelöste Hand fuhr in die Luft empor, bog die Finger ein paarmal herab und ließ sie wieder hochschnellen.

»Tschüßchen, o du mein Geliebter«, rief sie ihm fröhlich nach.

40

Die Arme eng umeinandergeschlungen, sich fast begierig aus dem offenen Fenster ihres Zimmers beugend und im Gleichklang ihres Gelächters strahlend, beobachteten sie die strömende Massenflucht des Worthschen Gepäcks, das unter der Überdachung der Veranda hervorquoll. Ihr folgte die hastig trabende Abreise seines Besitzers. Der Colonel schien gar nicht schnell genug in die auf ihn wartende Equipage springen und die Stätte seiner selbstvernichtenden Niederlage verlassen zu können – er sprang auf einem Bein hinein wie ein staksiger Kranich, der ungelenk hopsend zur Erde zurückkehrt, so daß der leichte Buggy mächtig schwankte.

Es war, so stand zu vermuten, nicht so sehr sein Gewissen, welches ihn vorwärtstrieb, sondern weit eher der Umstand, daß er sich vor aller Welt lächerlich gemacht sah. Die Geschichte hatte sich ganz offensichtlich in Windeseile im ganzen Haus verbreitet, in der ganz unerklärlichen Weise, wie sie gerade Seebädern eigen ist, obwohl weder Durand noch sie auch nur ein Sterbenswörtchen zu irgend jemandem gesagt hatten. Es war, als sei die Geschichte Wasser, und das Hotel ein Schwamm, als seien den Schlüssellöchern in ihren senkrecht geschlitzten Mäulern Zungen gewachsen, so daß sie alles flüsternd weitererzählen konnten. Spaziergänger, die im Augenblick seines Aufbruchs das Hotel betraten oder verließen, blieben stehen, drehten sich um und starrten auf das Schauspiel, das seine Flucht ihnen bot – entweder mit ganz unverhülltem Lächeln auf ihren Gesichtern oder mit taktvoll vor ihre Münder gelegten Händen, welche so verrieten, daß unter ihnen ein Grinsen war, das es zu verbergen galt.

Der Colonel floh in dem schützenden Turmbau seines umfangreichen Gepäcks, das neben ihm auf dem Sitz hoch aufgetürmt worden war, und das Gefieder seines männlichen Stolzes war so böse angesengt wie Federn von einem Brand. Die gelben Radspeichen drehten sich immer schneller, verwandelten sich in solide Scheiben, eine Staubwolke erhob sich, die Straße war wieder leer, der Colonel entschwunden.

Sie hatte sogar winken wollen, diesmal mit ihrem Taschentuch, so wie sie ihm vor ein paar Stunden von der Tür aus zugewinkt hatte, aber Durand, in dem sich Reste maskulinen

Mitgefühls regten, hielt ihre Hand fest und verhinderte die Geste, wobei er jedoch weiterlachte. Noch immer kichernd und die Arme umeinander, um ein wiedergefundenes Besitztum gelegt, wandten sie sich ins Zimmer zurück. Sie waren gerade eben sehr grausam gewesen, obwohl sie das nicht beabsichtigt hatten – aber ihr ganzes Denken war einzig und allein auf ihr eigenes Vergnügen gerichtet. Was aber ist Grausamkeit anderes, als daß man sich sein Vergnügen nimmt und dafür Schmerzen gibt?

»O Himmel!« stieß sie atemlos hervor. Sie löste sich von ihm, ließ den Oberkörper erschöpft auf die Rückenlehne eines Stuhles sinken. »Dieser Mensch! Der war wahrlich nicht zum romantischen Liebhaber geboren. Aber das sind die, die sich immer am meisten abmühen, genau diese Rolle zu spielen. Ich frage mich wirklich, wieso eigentlich.«

»Gehöre ich auch dazu?« fragte er und war neugierig auf ihre Antwort.

Sie sah ihn an, etwas Unaussprechliches im Blick. »Ach Louis«, flüsterte sie kaum hörbar. »Darfst du *mich* das fragen? Du bist das vollkommene Musterexemplar. Mit dem Erröten eines Knaben, sieh dich doch an, mit den Armen eines Tigers und mit einem Herz, das sich so leicht brechen läßt wie das einer Frau.«

Das mit dem Tiger war der einzige Teil dieser Rede, der ihm gefiel. Er entschied, daß alles andere einzig und allein eine Ausgeburt ihrer Phantasie war.

Er machte noch einmal von seinen Tigerarmen Gebrauch, kurz, aber herzlich, wie es wohl jeder Mann auf eine solche Anregung hin getan hätte.

»Wir selbst müssen auch bald aufbrechen«, erinnerte er sie dann.

»Wieso denn?« fragte sie, als sei sie zwar bereit dazu, zugleich aber doch nicht ganz in der Lage einzusehen, warum das notwendig sein sollte.

Nach kurzem Nachdenken konnte sie sich aber selbst eine Antwort auf ihre Frage geben, die sie ihn auch sogleich wissen ließ. »O ja, wegen dem, was gewesen ist. Ja, das stimmt. Man hat mich ja dauernd mit ihm zusammen gesehen in den letzten ...«

»Nein«, sagte er, »das meinte ich nicht. Es ist wegen dieser ... dieser Sache auf dem Schiff. Ich habe dir gestern abend gesagt, daß ich mich an einen Privatdetektiv in St. Louis gewandt habe, und soweit ich unterrichtet bin, verfolgt er den Fall noch.«

»Es liegt doch kein Haftbefehl vor, oder?«

»Nein, aber ich glaube, es ist besser, wenn wir ihm nicht in den Weg laufen. Ich möchte vermeiden, daß er an uns herankommt oder in Erfahrung bringt, wo wir zu finden sind.«

»Er hat keine polizeilichen Machtbefugnisse, oder doch?« fragte sie mit schnellem, kaltem Interesse.

»Nicht daß ich wüßte. Ich weiß überhaupt nicht, was er tun darf und was nicht, verspüre aber auch keinerlei Verlangen, das herauszufinden. Die Polizei in New Orleans sagte mir, daß du nicht belangt werden könntest, aber das war ja damals, noch bevor er sich der Sache annahm. Deine Immunität könnte ganz plötzlich dahin sein, und das, wenn wir es am allerwenigsten erwarten, solange er noch da ist. Es ist für uns sicherer, wenn wir ihnen nicht zu nahe oder unter die Finger kommen. Verstehst du, wir können jetzt nicht nach New Orleans zurückkehren.«

»Nein«, stimmte sie emotionslos zu, »das können wir nicht.«

»Und es ist auch besser für uns, hier nicht zu lange zu bleiben. Das Wort reist schnell. Du kannst nicht verhindern, daß du alle Blicke auf dich ziehst, wo immer du in Erscheinung trittst. Du bist ja nicht gerade ein freudloses Mauerblümchen. Und im übrigen ist auch bekannt, daß ich mich hier aufhalte. Ich habe kein Geheimnis daraus gemacht, daß ich hierher reisen wollte, und sie wissen, wo sie mich erreichen ...«

»Wirst du ... das können?«

Er wußte, was sie meinte.

»Ich habe für den Augenblick genug. Und ich kann mich dann mit Jardine in Verbindung setzen, wenn das erforderlich werden sollte.«

Sie hob die Hand und schnipste dicht vor seinem Gesicht mit den Fingern. »Also los, reisen wir ab«, sagte sie fröhlich. »Wir werden noch vor Sonnenuntergang unterwegs sein. Wohin soll's gehen? Sag du's.«

Er steckte eine Hand in die Tasche, hob die andere mit nach oben gekehrter Handfläche empor. »Wie wäre es mit einer der Städte im Norden? Die sind alle groß, können uns mit Haut und Haar verschlingen, niemand wird uns da entdecken können. Baltimore, Philadelphia, selbst New York...«

Er sah, wie sie in plötzlichem Abscheu auf ihrer Unterlippe herumkaute. »Nicht in den Norden«, sagte sie mit einem abwesenden Blick in ihren Augen. »Der ist kalt und grau und häßlich, und es schneit...«

Er fragte sich, was für ein aus der Vergangenheit stammendes Damoklesschwert der Vergeltung dort wohl über ihr hängen mochte.

»Dann bleiben wir eben hier unten«, sagte er ohne Zögern. »Wir sind ihnen dann bloß näher und müssen halt öfter den Standort wechseln. Aber ich möchte es dir doch recht machen. Wie wär's also mit Mobile oder Birmingham? Das sind Städte, die groß genug sind, um dort untertauchen zu können.«

Sie traf ihre Entscheidung mit einem kecken kleinen Kopfnikken. »Also erst einmal Mobile. Ich fange sofort an zu packen.«

Nach einer Weile unterbrach sie sich dabei, irgendeinen Gegenstand in der Hand, und trat erneut dicht zu ihm hin. »Wie anders ist das doch jetzt als noch gestern abend. Erinnerst du dich? Da war es eine Festnahme. Jetzt sind es Flitterwochen.«

»Der Anfang eines neuen Lebens. Alles neu. Neue Pläne, neue Hoffnungen, neue Träume. Ein neues Ziel. Ein neues Du. Ein neues Ich.«

Sie schmiegte sich in seine Arme, sah zu ihm auf, ihre ganze Seele in ihrem Blick. »Vergibst du mir? Nimmst du mich wieder bei dir auf?«

»Ich habe dich erst gestern abend kennengelernt. Es *gibt* keine Vergangenheit. Dies ist unser eigentlicher Hochzeitstag.«

Die »Tigerarme« zeigten ihre Streifen, legten sich wieder um sie.

»Lou, Lou«, schluchzte sie auf.

»Meine Jul...«

»Na, Vorsicht!« warnte sie, einen Finger auf seine Lippen legend.

»Meine Bonny.«

41

Mobile also.

Sie wählten das vornehmste Hotel, und wie die Braut und der Bräutigam, die sie in allem, nur nicht in zeitlicher Hinsicht waren, nahmen sie auch die vornehmste Suite, die Hochzeitssuite. Schlaf- und Wohngemach, Gipfel des Luxus, Spitzengardinen vor den Fenstern, kastanienbraune Vorhänge, dicke Orientteppiche auf dem Boden und selbst die noch selten anzutreffende Neuerung eines eigenen, niemandem sonst zugänglichen Bades, mit allem, einschließlich einer krallenfüßigen, hellgrün emaillierten Wanne, ausgestattet.

Hotelpagen warteten ihnen auf, vom Morgen bis in die Nacht, und alle Augen ruhten auf ihnen, wann immer sie unten durch die öffentlichen Räume kamen oder gingen. Die zierliche Blondine, stets so nett, so ausgesucht gekleidet, und der große, dunkle Herr neben ihr, der allein für sie Augen hatte, für niemanden sonst. »Das romantische Paar aus...« Niemand wußte genau, von woher, aber jeder wußte, wer gemeint war.

Mehr als nur ein Seufzer wohlmeinenden Bedauerns folgte ihnen.

»Ich sage dir, ich fühle mich einfach ein bißchen jünger, wenn ich sie bloß anschaue.«

»*Mich* stimmt es ein bißchen traurig. Denn wir wissen ja alle, daß so etwas nicht von Dauer ist. Irgendwann einmal geht es ihnen notgedrungen verloren.«

»Aber dann haben sie etwas davon gehabt.«

»Ja, sie haben etwas davon gehabt.«

In jedem einigermaßen ansprechenden Restaurant der Stadt kannte man sie, an jedem fröhlichen und hellerleuchteten Ort gesellschaftlicher Zusammenkünfte, in jedem Theater, bei jedem öffentlichen Ball, bei allen Unterhaltungsveranstaltungen, bei allen Konzerten. Jedesmal, wenn irgendwo die Geigen erklangen, war sie in seinem Arm, drehten sie sich in den endlosen, fiebrigen Spiralen des Walzers. Jedesmal, wenn der Mond voll war, lag sie in seinen Armen, irgendwo, in einer haltenden Equipage, den Kopf an den seinen gelegt, eingehüllt in den süßen Duft der Magnolien, zum Himmel hinaufschauend mit verträumten, staunenden Augen.

Aber sie hatten recht, die Grübler und Seufzenden und Vernachlässigten in der Lobby des Hotels. Alles währt nur kurz. Es kommt nur einmal und geht und kommt dann nie wieder. Selbst bei den Rechtschaffenen, den Gesegneten nicht. Und mit wieviel weniger Wahrscheinlichkeit dann bei den Gejagten, den Verdammten.

Noch aber war das ihre Stunde, war dies die Zeit, die ihnen zugestanden war – Durand und seiner Julia (Julia, weil der erste Gedanke der Liebe ein bleibender ist, der erste Name, den sich die Liebe gibt, ihr wahrer). Es war dies der plötzliche Sonnenstrahl ihres Glücks, die kurze Mittagsglut ihres Lebens.

Mobile also, Höhepunkt ihrer Romanze. Und alles war Entzücken, alles war Liebe.

42

Ohne die Augen zu heben, lächelte sie leise und ließ so erkennen, daß sie sehr wohl wußte, daß sein Blick auf ihr ruhte, dort in dem kleinen Salon neben ihrem Schlafzimmer – sie studierend wie eine schwer zu erfassende Lektion, eine Lektion, die auf den ersten Blick durchaus einfach zu sein scheint, die sich dann aber nie vollständig erlernen läßt, obwohl der Schüler sie sich immer wieder vornimmt.

»Woran denkst du gerade?« fragte sie neckend, die Augen noch immer gesenkt.

»An dich.«

Sie nahm das als selbstverständlich hin. »Ich weiß. Aber was, was über mich?«

Er setzte sich neben sie ans Fußende der Chaiselongue, zog ein Knie an, umfaßte es mit beiden Händen und betrachtete sie dann nachdenklicher als je zuvor. Er schüttelte den Kopf ein wenig, als staune er selbst, daß alles so war, wie es war.

»Ich habe mir immer das gewünscht, was man eine ›gute Frau‹ nennt. Das war halt das, was ich allein für möglich hielt. Ein ordentliches kleines Ding, das sittsam dasitzt und näht, beide Füße fest auf dem Boden. Den Kopf ergeben über ihre Arbeit gebeugt, hätte sie zu mir aufgeschaut, wenn ich etwas gesagt hätte, und mit ›Ja‹ oder ›Nein‹ geantwortet. Aber das ist vorbei. Jetzt will ich nur noch eine Frau wie dich. Das Rouge von gestern noch auf den Wangen. Eine, die die Spitze ihres gekreuzten Knies schamlos aus ihrem Morgenrock hervorschauen läßt. Die überall Zigarrenasche um sich herum verstreut. Die in den intimsten Augenblicken den Mann verhöhnt, ihn anstachelt, sich eher über ihn lustig macht als kraftlos in seine Arme zu sinken.« Er schüttelte den Kopf, hilfloser denn je. »Bonny, Bonny, was hast du bloß mit mir gemacht? Obwohl ich noch weiß, daß du so sein solltest, so wie die anderen, will ich so eine überhaupt nicht mehr. Ich habe ganz vergessen, daß es andere gibt. Ich will nur noch dich. So schlecht, so herzlos, genau so, wie du bist – ich will nur dich.«

Ihr etwas angelaufenes Goldlachen klang auf und regnete auf sie beide herab wie gefälschte Münzen.

»Ach Lou, du bist so einfältig. Es gibt keine zwei Arten von Frauen, hat es nie gegeben und wird's auch nie geben. Nur eine Art von Frau, eine Art von Mann ... Und beide nicht eben gut.« Sie hatte aufgehört zu lachen. Ihr Gesicht sah müde und weise aus, und Bitterkeit zuckte darin, als sie das letztere sagte.

»Ach Lou«, wiederholte sie, »du bist so ... ahnungslos.«

»Bist du sicher, daß das das Wort ist, das dir vorschwebte?«

»Unschuldig«, stimmte sie zu.

»Unschuldig?« fragte er gequält zurück.

»Die Unschuld einer Frau ist wie Schnee auf einem heißen Ofen. Sie ist schon bei der ersten Berührung dahin. Wenn aber ein Mann unschuldig ist, dann kann er auch zehn Frauen gehabt haben und ist doch am Ende noch genauso unschuldig wie am Anfang. Er lernt nie etwas.«

Ihn durchlief ein fiebriges Zittern. »Ich weiß, daß du mich noch verrückt machst. Wenigstens soviel habe ich gelernt.«

Sie warf sich auf der Couch zurück, den Kopf so weit nach hinten gebeugt, daß sie nun zur Decke hinaufblickte, ein Bild gleichsam bebender Üppigkeit. Sie streckte ihre Arme empor, und sie bildeten ein gieriges, lockendes, ekstatisches V. Ihre Stimme nahm den verträumten Singsang des Begehrens an.

»Kauf mir ein neues Kleid, Lou. Ganz aus weißem Satin und Chantillyspitze. Kauf mir einen großen Smaragd, Lou, für meinen kleinen Finger. Kauf mir Ohrringe mit Diamanten. Führe mich aus, laß uns in einer Kutsche zu einem späten Hummeressen fahren. Ich möchte das Licht der Kronleuchter durch die verschiedenfarbigen Liköre eines ›Pousse Café‹ funkeln sehen. Ich möchte spüren, wie Champagner durch meine Kehle rieselt, während die Geigen Zigeunermusik spielen. Ich möchte leben, ich möchte leben, ich möchte leben! Die Zeit ist so kurz, und ich werde kein zweites ...«

Und dann, als ihre Angst vor der Unendlichkeit, ihr Mißtrauen hinsichtlich der Frage, ob die Vorsehung auch dann auf sie aufpassen würde, wenn man sie ihrem blinden Wirken überließe (denn das und nichts sonst stand hinter ihrem Handeln), als diese Angst auch ihn ergriffen hatte und er mit derselben trotzigen Auflehnung gegen ihr gemeinsames Schicksal infiziert war, beugte er sich schnell zu ihr herab, fand mit seinen Lippen die ihren – und die Litanei ihrer Verzweiflung war zum Schweigen gebracht.

Bis sie wenig später seufzte: »Nein, führ mich nirgendwohin aus ... Du bist da, ich bin da ... wir haben den Champagner, die Musik hier bei uns ... alles ist da ... kein Grund, woanders danach zu suchen ...«

Und ihre Arme sanken herab, schnappten über ihm zu wie eine Falle. Was sie auch waren.

43

Später gaben sie die Suite im Hotel auf und mieteten sich ein Haus. Ein ganzes Haus für sich allein. Ein Haus mit einem Oben und einem Unten.

Das war ihre Idee gewesen. Und sie war es auch gewesen, die den Makler mit der Suche beauftragt und ihn begleitet hatte, um die verschiedenen Angebote kritisch in Augenschein zu nehmen, die schließlich die Wahl getroffen hatte. Eine »elegante« (wie sie sich ausdrückte), wenngleich ziemlich überladene Angelegenheit in einem der ruhigeren Wohnviertel, von Bäumen umrahmt. Alles, was er zu tun gehabt hatte, war, die erforderlichen Papiere zu unterzeichnen, begleitet von dem einen oder anderen überredenden Lächeln ihrerseits. Er erledigte das alles mit der Miene eines Mannes, der verständnisvoll den Launen eines Kindes gerecht zu werden versucht. Grillenhaften Wünschen, so argwöhnte er, deren sie morgen schon wieder überdrüssig sein würde, die abzuschlagen er aber heute, da sie sie noch hatte, nicht übers Herz brachte.

Es schien jedoch, als erfülle sich für sie damit ein schon sehr lange vorhandener, sehr tiefsitzender Wunsch – ein eigenes Haus! Das war mehr als nur ein Ausdruck von Wohlhabenheit – es war vielmehr ein Ausdruck *legitimen* Wohlstands, das äußerste an Stabilität, an Zugehörigkeit, an gesellschaftlichem Ansehen, was man erreichen konnte. Es war, als hätte ihr Wertsystem etwa folgendes Aussehen: Schmuck und elegante Kleider, so etwas kann jede vorübergehende Geliebte von ihrem Verehrer kriegen. Dann ein rechtmäßig angetrauter Ehemann, wozu aber jeder Verehrer gemacht werden konnte, wenn man's nur darauf anlegte. Aber ein eigenes Haus – damit hatte man wirklich den Gipfel erreicht, damit war man wirklich sozial unangreifbar, damit war man wirklich eine große Dame! Oder (mitleidsvolle Paranthese!) das, was man sich halt so darunter vorstellte.

»Es ist so viel stilvoller«, sagte sie. Sie seufzte nachdenklich. »Es macht, daß ich mich wie eine richtig verheiratete Frau fühle.«

Er lachte nachsichtig. »Als was haben Sie sich denn bislang gefühlt, Madame?«

»Ach, es ist sinnlos, mit einem Mann darüber zu reden!« sagte sie mit einem Anflug gespielter Entrüstung.

Und das war es wohl in der Tat, denn sie beide wurden von den unterschiedlichen Instinkten ihres Geschlechts bestimmt.

Als er versuchte, sie halb neckend und wohlweislich erst nach Inkrafttreten des neuen Arrangements warnend auf seine Nachteile hinzuweisen, wollte sie nichts davon hören.

»Aber wer soll für uns kochen? Ein Haus braucht Pflege. Du bürdest dir da sehr viel auf.«

Sie hob die Hände. »Na schön, dann werde ich eben Hausangestellte haben wie die anderen Damen mit eigenen Häusern. Du wirst schon sehen, überlaß das nur mir.«

Eine farbige Frau erschien und überdauerte fünf Tage. Da war irgend etwas wegen eines fehlenden Schmuckstücks. Aber bald nach ihrer stürmischen Entlassung und ihrem Auszug, die das Untergeschoß eine Viertelstunde lang mit Lärm erfüllt hatten, kam Bonny zu ihm und gestand, daß sie das Kleinod irgendwo wiedergefunden und nur vergessen hatte, daß sie selbst es dort hingelegt hatte.

»Warum hast du nicht erst gesucht und sie dann beschuldigt?« meinte er so sanft, wie es ihm nur möglich war. »So hätte das jede andere Dame, jede Herrin über ein eigenes Haus gemacht.«

»Ach, wirklich?« Sie schien nicht recht weiterzuwissen. »Daran habe ich gar nicht gedacht.«

»Du darfst sie nicht tyrannisieren«, versuchte er, sie zu belehren. »Du mußt zugleich freundlich und fest sein. Sonst verrätst du nur, daß du es nicht gewöhnt bist, deine eigenen Bediensteten zu haben.«

Die nächste überdauerte drei Tage bei ihnen. Es gab weniger Unruhe, dafür aber Tränen. Bei Bonny.

»Ich habe versucht, freundlich zu sein«, erstattete sie ihm Bericht, »aber sie befolgte keine meiner Anweisungen. Ich scheine nicht mit ihnen umgehen zu können. Wenn ich streng bin, dann hauen sie ab. Und wenn ich freundlich bin, dann tun sie ihre Arbeit nicht.«

»Es ist eine Kunst«, tröstete er sie. »Du wirst sie bald erlernt haben.«

»Nein«, sagte sie. »Da ist irgendwas an mir. Sie sehen mich an und feixen. Sie *respektieren* mich einfach nicht. Von anderen müssen sie weit mehr hinnehmen und sind doch fügsam, aber von mir lassen sie sich gar nichts sagen und werden dann auch noch unverschämt. Ist das hier nicht mein Haus? Bin ich nicht deine Frau? Was ist das bloß mit mir?«

Er konnte ihr darauf keine Antwort geben, denn er sah sie mit den Augen der Liebe und wußte nicht, wie die anderen sie sahen, konnte sie nicht mit deren Augen sehen.

»Nein«, sagte sie in Beantwortung seines Vorschlages, »keine Bediensteten mehr. Von denen habe ich genug. Laß mich das machen. Ich kann's ja mal versuchen, ich werde schon zurechtkommen.«

Es folgte eine Mahlzeit, die ein totales Fiasko war. Die Eier waren im Wasser zerplatzt, in dem sie hätten gekocht werden sollen, und so war eine Art milchiger Brei entstanden, den man weder essen noch trinken konnte. Der Kaffee hatte die Färbung von Tee, aber keinen seiner Vorzüge, und beim zweiten Versuch entstand eine schlammige Scheußlichkeit, die ihre Münder mit Kaffeesatz füllte. Der Toast war durchtränkt mit Eau de Cologne, das sie sich so reichlich über die Hände zu schütten pflegte.

Er äußerte nicht ein einziges vorwurfsvolles Wort. Er stand nur auf und legte seine Serviette beiseite. »Komm«, sagte er, »wir essen wieder im Hotel.«

Sie eilte davon, um ihre Sachen zusammenzusuchen, als sei auch sie zutiefst erfreut über diese Lösung.

Und auf dem Weg zum Hotel sagte er mit einem Augenzwinkern: »Bereust du's jetzt nicht?«

Zumindest in diesem Punkte blieb sie aber standhaft. »Nein«, sagte sie. »Auch wenn wir woanders essen müssen, ich habe doch wenigstens noch mein eigenes Haus. Ich würde das gegen nichts eintauschen.« Und sie wiederholte, was sie schon einmal gesagt hatte: »Ich möchte mich als richtig verheiratete Frau fühlen. Ich möchte mich wie alle anderen fühlen. Ich möchte wissen, wie das ist.«

Sie konnte, so schien es, sich noch immer nicht an den Gedanken gewöhnen, daß sie ihm rechtmäßig angetraut, daß dies alles ihr rechtmäßiger Besitz war – und keine unrechtmäßige Eroberung.

44

Sich zunehmend unbehaglich fühlend und außerdem gräßlich gelangweilt, gepeinigt auch von dem Gefühl, daß alle Augen nur auf ihm ruhten, schritt er im Vorzimmer der Schneiderin auf und ab und schien bei jeder Kehrtwendung mit irgendeinem vorbeihuschenden jungen Mädchen zu kollidieren, das frische Stoffballen in einen durch einen Vorhang abgetrennten Nebenraum schleppte, in dem Bonny vor unendlich langer Zeit verschwunden war. Diese fliegenden Helferinnen kamen stets mit leeren Händen wieder heraus – wenn er nach der Menge von Material ging, die er da schon hatte hineinwandern sehen und von der nicht das geringste wieder fortgebracht worden war, mußte der Raum eigentlich schon bis unter die Decke voll sein.

Gelegentlich konnte er ihre Stimme hören, wie sie sich über das Rascheln abgewickelter Stoffballen und die sorgsam gewählten Äußerungen professioneller Anpreisung erhob.

»Ich kann mich nicht entscheiden! Je mehr Sie da anschleppen, um es mir vorzuführen, desto schwerer wird es, eine Wahl zu treffen. Nein, lassen Sie das noch da, ich komme vielleicht noch mal darauf zurück.«

Plötzlich teilte sich der Vorhang, wurde aber von einer zurückhaltenden Hand unmittelbar unterhalb der Öffnung weiterhin zugehalten, so daß diese sich nicht nach unten ausweiten konnte, und ihr Kopf schaute heraus, nicht mehr.

»Lou, ich brauche entsetzlich lange, was? Gerade bist du mir da draußen wieder eingefallen.«

»Lange, aber nicht entsetzlich«, antwortete er galant.

»Was treibst du denn?« fragte sie, als sei er ein kleiner Junge, den man einen riskanten Augenblick lang sich selbst überlassen hatte.

»Ich bin allen beständig im Weg«, gestand er.

Ein Chor höflichen Frauenlachens erklang, sowohl vor als auch hinter dem geheimnisvollen Vorhang, als habe er etwas ungemein Komisches von sich gegeben.

»Armer Kerl«, sagte sie zerknirscht. Sie wandte ihren Kopf zu jemandem hinter sich um. Die Hand, mit der sie den Vorhang zusammenhielt, rutschte für einen Moment ein klein wenig nach unten, und eine bloße Schulter wurde sichtbar, bedeckt nur von einem schmalen Streifen weißen Bandes. »Haben Sie keine Illustrierten oder irgend etwas, worin er blättern könnte, um sich die Zeit zu vertreiben?«

»Bedaure, nur Modehefte mit Schnittmustern, Madam.«

»Nein, danke«, sagte er mit großer Entschiedenheit.

»Es ist so schwer für *sie*«, sagte sie von oben herab, noch immer zu jemandem hinter sich sprechend. Dann wandte sie sich wieder ihm zu. »Warum gehst du nicht spazieren und kommst später wieder her?« schlug sie großmütig vor. »Auf diese Weise brauchst du nicht ganz so zu leiden, und ich kann mich voll auf das hier konzentrieren.«

»Wann soll ich wieder da sein?«

»Hiermit bin ich noch mindestens eine Stunde lang beschäftigt. Wir sind ja noch nicht einmal mit der Wahl des Materials durch. Dann kommt noch die Auswahl eines Schnitts und das Zuschneiden und das genaue Maßnehmen...«

»Puh«, stöhnte er humorvoll, und erneut erhob sich das höfliche Gelächter.

»Du gibst mir am besten anderthalb Stunden, die werde ich bestimmt brauchen. Und wenn dich das inzwischen zu sehr ermüdet, dann geh doch nach Hause, und ich komme nach.«

Er nahm voll Eifer seinen Hut auf, froh, dem allen entrinnen zu können.

In ihrem körperlosen Gesicht spitzten sich die Lippen zu einer kleinen Schnute.

»Willst du mir denn gar nicht Adieu sagen?«

Sie berührte ihre Lippen, um zu verdeutlichen, was sie meinte, und schloß dann erwartungsvoll die Augen.

»Vor allen diesen Leuten?«

»Ach, wie du wieder sprichst, Lieber! Man sollte meinen, du seist überhaupt nicht mein Mann. Ich versichere dir, daß das durchaus nicht unschicklich ist, in so einem Fall.«

Wiederum erhob sich von Schmeichelei erzwungenes Lachen, fast wie auf ein Stichwort hin. Sie schien aus der Anfertigung eines Kleides so etwas wie eine Unterhaltungsveranstaltung im Stile der *opéra bouffe* machen zu können, wobei sie der große Star war, den ein schwärmerisch-untertäniger Chor umgab. Eigentlich sollte Musik erklingen, mußte er denken, und es sollten Zuschauer da sein, auf drei Seiten die Ränge füllen.

Er trat zum Vorhang, errötete leicht, gab ihr einen flüchtigen Kuß, drehte sich um und verließ das Atelier.

Trotz seiner Verlegenheit erfüllte ihn merkwürdigerweise auch ein geschmeicheltes, seinen Selbstwert erhöhendes Gefühl. Er fragte sich, wie sie es wohl geschafft hatte, ihm das zu vermitteln, und ob sie sich der Tatsache bewußt war, daß sie das tat. Was das letztere anbetraf, so gab er sich da insgeheim eine positive Antwort.

Sie kannte jede Ursache, kannte jede Wirkung, wußte, wie man sie erzielte. Bei allem, was sie tat, wußte sie, daß sie es tat.

Es mußte andere Zeiten gegeben haben, andere Anproberäume von Schneiderwerkstätten, wo der draußen wartende Mann keineswegs rechtlich verpflichtet gewesen war, die Kosten auf sich zu nehmen, die sie verursachte, wo aber diese Glut der Selbstachtung ihren ganz eigenen Wert ge...

Schnell verscheuchte er diese Gedanken und machte sich bereit, sich an dem nachmittäglichen Sonnenschein und dem bis zum Horizont reichenden blauen Golf und den sich auf der Uferpromenade ergehenden Menschen zu erfreuen. Er mischte sich ein Weilchen unter sie, nahm seinen Platz am äußeren Rand des müßig dahinziehenden Stromes ein, drehte am Ende der Promenade wieder um und kam mit ihm zurück, nun als Teil der inneren Strömung, die sich langsam in die entgegengesetzte Richtung bewegte.

Die schwächer gewordene Hitze der Sonne war seinen Schultern und seinem Rücken angenehm, und gelegentlich wehte eine salzige Brise daher, gerade stark genug, um für wünschenswerte Abkühlung zu sorgen. Dicke Wolken, schattenlos wie Eiweiß, lockerten die Monotonie des Himmels auf, und auf allen Gesichtern war ein Lächeln zu sehen – wie wohl auch auf dem seinen, so wurde ihm schließlich bewußt, denn was er bei den anderen sah, das war ja nur die unbewußte Antwort auf sein eigenes Lächeln, die ihm jedes Gesicht im Vorübergehen zuteil werden ließ. Ohne Zweck und Vorbedacht, ohne zu wissen, daß sie das taten – es war einfach ein Ausdruck ihrer geteilten Zufriedenheit.

Er hatte genug Geld, es reichte für eine lange Zeit, und sie liebte ihn – das hatte sie ihm gezeigt, als sie ihn dazu gebracht hatte, sie vor einem ganzen Laden voller Mädchen zu küssen. Was konnte er sich noch mehr wünschen?

Die Welt war eine gute Welt.

Der buntkarierte Ball eines kleinen Jungen streifte ihn am Bein, und der Kleine selbst klammerte sich einen Augenblick daran fest, als er ihn unsicher einzufangen versuchte. Durand blieb stehen und zauste das schon arg zerzauste strohseidige Haar.

»Ob dir die Mutter wohl erlaubt, von einem Fremden einen Penny anzunehmen?«

Der Knabe blickte zu ihm auf, mit offenem Mund und jener

infantilen Verblüffung, mit der Kinder alles Tun der Erwachsenen bestaunen.

»Weißichnich.«

»Na, dann zeig ihr halt den hier und probier's aus.«

Er wartete nicht, sondern ging weiter.

Die Welt war in der Tat eine gute Welt.

Nach zwei vollständigen Umrundungen des für Promenaden zur Verfügung stehenden Raumes blieb er schließlich an der ihn säumenden hölzernen Reling stehen, stützte die Ellbogen darauf und stand nun, in Nachdenken versunken, mit dem Rücken zu den sich langsam fortbewegenden Spaziergängern, zu denen er selbst soeben noch gehört hatte.

Er hatte etwa zwei oder drei Minuten, keinesfalls mehr, so ausgeruht, als er sich jener eigentümlich unwiderstehlichen Empfindung bewußt wurde, die man hat, wenn jemand hinter einem einen unverwandt anblickt.

Da blieb keine Zeit für eine Warnung. Sein Impuls war der, sich umzudrehen und die Ursache festzustellen – und bevor er ihn noch hatte zurückdrängen können, hatte er eben das schon getan.

Er starrte direkt in das Gesicht von Downs, in das Gesicht des Privatdetektivs aus St. Louis, so wie dieser direkt in das seine starrte.

Er stand ein paar Schritte von ihm entfernt, fast noch nah genug, daß er die Hand hätte ausstrecken und ihn berühren können, wenn er das gewollt hätte. Downs' Körper hatte noch die Haltung eines Menschen, der ganz plötzlich, im Augenblick des Erkennens, den Schritt verhält. Ein Bein nach hinten, den Absatz vom Boden gelöst, die Schultern nach vorn gelegt, genauso, wie er gegangen war. Allein der Kopf war schräg geneigt, beim Anblick von Durand in dieser Haltung erstarrt.

Durand hatte das Übelkeit erregende Gefühl, daß sie, wenn er seinen Platz im Kreis der Promenierenden beibehalten hätte, den

Rest des Nachmittages weiter hätten hintereinander hergehen können, in gleichbleibendem Abstand, einander nie näherkommend, ohne einander zu bemerken. Denn Downs mußte, da er ihn so schnell danach ausgemacht hatte, ziemlich dicht hinter ihm gegangen sein, weshalb sie wahrscheinlich beide stets auf ein und derselben Seite der Promenade dahinspaziert waren. Dadurch aber, daß er aus dem Strom herausgetreten und stehengeblieben war, hatte er Downs ermöglicht, ihn einzuholen und zu entdecken. Wo alle stillstehen, da wird eine sich bewegende Person schnell bemerkt. Wo sich aber alle bewegen, da ist es die bewegungslose Gestalt, die sofort auffällt.

»Durand«, sagte Downs mit seltsamer Sachlichkeit.

Durand versuchte, dem zu entsprechen, nickte nur kurz, sagte: »Sie sind's, was?« Versuch bloß, keine Furcht vor ihm zu zeigen, ermahnte er sich selbst, keine Furcht vor ihm merken lassen. Vergiß ganz schnell, daß sie in so furchtbarer Nähe ist, oder du wirst ihm das allein schon durch den Versuch verraten, es ihm nicht verraten zu wollen. Schau nicht da hinüber, wo das Geschäft ist, sieh nicht dorthin. Und vor allem dreh ihn herum, laß ihn sich in die andere Richtung drehen, damit er der Schneiderei den Rücken zuwendet. Sollte sie ganz zufällig da heraus...

»Sind Sie allein hier?« fragte Downs. Die Frage war eher beiläufig gestellt, aber kaum ausgesprochen, bohrten sich seine Augen in die Durands, bis dieser das kaum noch zu ertragen vermochte.

»Sicher«, sagte er ziemlich gereizt.

Downs hob träge eine beschwichtigende Hand. »Wollte Ihnen nicht zu nahe treten«, sagte er schleppend. »Sie scheinen es nicht zu mögen, daß ich frage.«

»Können Sie mir irgendeinen Grund nennen, warum mich eine solche Frage kränken sollte?« Er bemerkte, daß er viel zu schnell sprach, die Worte fast schon heraussprudelte.

»Wenn Sie's nicht können, dann kann ich's auch nicht«, sagte Downs mit vorgetäuschter Liebenswürdigkeit.

Durand gab dem Holzgeländer einen forschen Abschiedsklaps, drehte sich von ihm weg, bewegte sich müßig schlendernd an Downs vorbei auf dessen andere Seite hinüber, trat wieder an die Reling und lehnte sich dagegen, sich lässig mit einem Ellbogen darauf abstützend. Downs drehte sich ganz automatisch mit ihm mit.

»Und was bringt Sie Ihrerseits hierher?« fragte Durand, als dieser Stellungswechsel vollzogen war.

Downs lächelte bedeutsam, und diese Bedeutsamkeit war von einer Art, die ihn, Durand, daran teilhaben ließ, ob er das nun wollte oder nicht. »Was bringt mich schon irgendwohin«, parierte er. »Kein Urlaub, da können Sie sicher sein.«

»Oh«, war alles, was Durand darauf zu erwidern einfiel. Ein sehr kleines, schwaches »Oh«.

Im Eingang zum Atelier der Schneiderin – in mittlerer Entfernung, aber doch noch nah genug, um mehr als deutlich erkennbar zu sein – erschien plötzlich ein länglicher Farbstreifen, eine Frau, die gerade gehen wollte und die bei sich hinziehender Verabschiedung halb drinnen und halb draußen in der Tür stehengeblieben war und mit jemandem im Geschäft sprach. Durands Herz stieß eine Weile hart gegen die Höhlung seiner Brust, hart wie ein spitzer Felsbrocken. Dann kam die Gestalt gänzlich heraus, groß, ganz in Blau – jemand anderes.

Seine Aufmerksamkeit wandte sich schnell wieder Downs zu, damit er noch mitbekam, was ihm da soeben fast entgangen wäre. »Mir kamen Berichte zu Ohren«, sagte dieser nämlich, »von einer sehr auffälligen Blondine, die hier zusammen mit einem Mann für Aufsehen sorgen soll. Die drangen sogar bis nach New Orleans.«

Durand zuckte mit den Achseln, ein wenig zu ruckartig. Der Ellbogen rutschte ihm ein kleines Stückchen auf dem Holzgeländer weg, und er mußte seine Stellung korrigieren. »Blondinen gibt's doch überall, wo's Frauen gibt.«

Was sind wir doch bloß für Dummköpfe gewesen, dachte er bitter. Woche um Woche hier am Ort zu bleiben! Wir hätten wissen sollen ...

»Das aber war eine sehr auffällige Blondine, fast silberhell«, bemühte sich Downs zu erläutern, wobei er die Augen fest auf ihn gerichtet hielt. »Eine leichtlebige Frau, wie ich hörte.«

»Da hat Sie wohl jemand zum Narren gehalten.«

»Ich glaube nicht, daß *mich* jemand zum Narren gehalten hat«, sagte Downs mit Nachdruck, »denn die Geschichte war zunächst gar nicht in erster Linie für *meine* Ohren bestimmt. Diese hörten sie nur ganz zufällig mit, schnappten sie auf.« Er wartete einen Augenblick. »Ist Ihnen zufällig so ein Paar aufgefallen? Sie sind doch schon länger hier als ich, nehme ich an.«

Durand blickte auf die Planken zu seinen Füßen hinab. »Ich bin von Blondinen kuriert«, sagte er mürrisch.

»Ein Rückfall ist immer möglich«, erwiderte Downs.

Wie meinte er das? fragte sich Durand erschreckt. Aber – laß dich nicht darauf ein, du machst sonst alles nur noch schlimmer.

Er zog seine Uhr hervor. »Ich muß gehen.«

»Wo wohnen Sie denn?«

Durand deutete – irreführend – mit dem Daumen über die Schulter. »Da runter.«

»Ich begleite Sie bis zu Ihrem Zimmer, wo immer das sein mag«, erbot sich Downs.

Er möchte nur herausbekommen, wo das ist. Ich werde ihn nie wieder los! dachte Durand gequält.

»Ich hab's ein bißchen eilig«, konnte er schließlich herausbringen.

Downs lächelte beruhigend. »Ich dränge mich niemals jemandem auf.« Dann fügte er pointiert hinzu: »Ich meine, wenn es um die Geselligkeit geht.«

»Wohin wollen Sie denn?« fragte Durand plötzlich, als er sah, daß der andere im Begriff stand, sich umzudrehen und in die entgegengesetzte Richtung davonzugehen, in Richtung des Ateliers der Schneiderin und daran vorbei. Sie konnte ja gerade in dem Augenblick dort herauskommen, in dem er darauf zu...

Er ergriff Downs ganz plötzlich am Arm, drückte den, war jetzt so drängend, wie er noch vor kurzem zögernd gewesen war. »Kommen Sie nur mit. Darf ich Sie zu einem Bier einladen?«

Downs blickte nach oben. »Die Sonne *ist* heiß«, sagte er, die Einladung annehmend. »Ihr Gesicht ist zum Beispiel ziemlich feucht.« Es lag etwas leicht Spöttisches in der Art, wie er das sagte, dachte Durand.

Sie gingen nebeneinander. Bei jedem Schritt sagte sich Durand: Ich habe ihn einen Schritt weiter von ihr fortgezogen, sie ist um so viel sicherer.

»Da ist ein Lokal, lassen Sie uns das probieren«, sagte er nach einer Weile.

»Ich wollte das auch gerade vorschlagen«, bemerkte Downs. Wieder war da dieser spöttische Unterton zu hören.

Sie gingen hinein und setzten sich an ein kleines Rattantischchen.

»Zwei Pils«, beschied Durand einen oberlippenbärtigen, streifenhemdigen Kellner. Und fragte dann, bevor dieser sich noch zurückziehen konnte: »Wo sind die Toiletten?«

»Dort hinten, gerade durch.«

Durand erhob sich. »Entschuldigen Sie mich für einen Augenblick.« Downs nickte – ironisch, wie ihm schien.

Durand ließ ihn an dem Tischchen sitzen, ging durch die Schwingtür hinaus. Er fand sich in einem Durchgang wieder. Die Zwischentür zu seiner Seite außer acht lassend, folgte er ihm bis zum Ende und trat hinten aus dem Lokal. Dann fing er wie ein Besessener zu laufen an. Er *war* auch besessen, besessen von dem Gedanken, sie zu retten.

45

Er rannte wie verrückt zwischen der offenen Garderobe und dem offenen Schrankkoffer hin und her, mit leeren Armen bei jeder Reise hin, halb vergraben unter Bergen von ihren Kleidern bei jeder Reise zurück. Er stopfte sie unordentlich hinein, so daß der Koffer schon überquoll, bevor noch seine tatsächliche Aufnahmekapazität erreicht war. Aber für sorgfältiges Packen war keine Zeit, hier hieß es für sie nur, schnell raus und um ihr Leben laufen.

Er hörte sie zur Haustür hereinkommen, und bevor sie noch den Vorraum am Eingang durchschritten hatte, schrie er ihr schon von oben her wild drängend zu: »Bonny!« Und dann noch einmal! »Bonny! Komm rauf, schnell, beeil dich! Ich muß dir etwas sagen!«

Aus irgendeinem Grunde folgte sie seinem Ruf nicht sogleich. Vielleicht hinderte sie die sehr weibliche Angewohnheit, zunächst den Hut absetzen oder die Päckchen wegbringen zu müssen, bevor man etwas anderes tat – und das selbst in Augenblicken der Krise.

Halb wahnsinnig von seiner eigenen Hast, raste er aus dem Zimmer und hinab, um sie zu holen. Aber dann blieb er mitten auf der Treppe stehen, als wenn seine Beine von einer Bremse gestoppt worden wären, und stand still, vollkommen still, und zitterte doch und starb ein Stückchen.

Die Gestalt mit dem Rücken zur Tür, mit dem Rücken zur soeben geschlossenen Tür, so reglos wie er, war Downs.

Keiner von beiden bewegte sich. Die Entdeckung war da, die Entdeckung war gemacht, die Entdeckung lag lang schon zurück. Nur zwei eisstarre Männer, die sich endlos ansahen. Von der Treppe zur Tür, von der Tür zur Treppe. Der eine düster lächelnd, endlich bestätigt. Der andere aschfahl, tödlich getroffen.

Einer von beiden seufzte schließlich tief auf. Da seufzte auch der andere, wie zur Antwort. Zwei Seufzer in der gespannten Stille. Zwei ganz verschiedene Seufzer. Ein Seufzer der Verzweiflung, ein Seufzer der Vollendung.

»Sie haben sie eben gerufen«, sagte Downs langsam. »Sie haben sie bei ihrem Namen gerufen. Dachten, sie sei es. Sie *ist* also hier bei Ihnen.«

Durand hatte sich halb zur Seite gedreht, das Geländer mit beiden Händen ergriffen und sich leicht darüber gebeugt, als könne er sich nur noch so aufrecht halten. Er schüttelte den Kopf. Zuerst langsam. Dann bei jeder Wiederholung schneller, immer schneller, bis er damit auf die verstockte Luft einhieb. »Nein«, sagte er. »Nein. Nein. Nein.«

»Mr. Durand, ich habe gute Ohren. Ich habe Sie gehört.«

Straußenartig, erschrocken, ängstlich versuchte er den Kopf in den Sand seines eigenen hypnotischen Leugnens zu stecken. Als wenn das Wort »nein«, sprach man es nur lange genug aus, die Gefahr bannen könne, benutzte er es als eine Art Talisman.

»Nein. Nein. *Nein*!«

»Mr. Durand, wir wollen uns wenigstens wie Männer aufführen. Sie haben ihren Namen gerufen, haben ihn heruntergeschrien.«

»Nein. Nein.« Er machte einen wankenden Schritt, der ihn eine Stufe tiefer brachte. Dann noch einen. Aber es hatte eher den Anschein, sein Körper *gleite* mehr das schräg nach unten führende Geländer hinab als daß er die Beine bewegte, so hart und fest klammerte er sich daran. Wie ein Betrunkener. Und das war er. Betrunken vor Angst. »Jemand anderes. Frau, die vorbeikommt und für mich sauber macht. Ihr Name klingt so wie...« Er wußte selbst nicht mehr, was er sagte.

»Nun gut«, sagte Downs trocken. »Dann nehme ich die Frau, die für Sie saubermacht, die Frau, deren Name genauso klingt. Es ist nicht so schwer, mich zufriedenzustellen.«

Sie waren plötzlich beide sehr wachsam, belauerten einander. Beide Augenpaare wanderten zuerst weit hinüber zur einen Seite, dann weit hinüber zur anderen, in einer Art von synchronisierter, wortloser Arglist. Dann folgte körperliche Bewegung, auch sie völlig synchron.

Durand rannte die Treppe hinab, Downs von der Tür ins Haus. Ihre beiden diagonal verlaufenden Vorstöße ließen sie vor der bespiegelten und gehörnten Wandgarderobe in der Eingangshalle zusammentreffen, zu der auch ein lehnenbewehrter Sitz gehörte, dessen Fläche zugleich als Deckel einer kleinen Truhe diente. Durand versuchte, diesen niederzudrücken, Downs dagegen, ihn aufzuziehen. Downs fuhr schließlich mit einem verräterischen Arm hinein und wieder heraus und brachte zwei himmelblaue Bänder zum Vorschein, die zu einem Strohhut gehörten. Das Ende des einen Bandes hatte unter dem Deckel hervorgeschaut, war beim letzten Schließen dort eingeklemmt worden. Ein winziger Farbklecks, nicht größer als ein Fingernagel, in der ganzen ebenerdigen Weite des Hauses.

(»Aber warum magst du die denn so?« hatte er sie einmal gefragt.

»Ich weiß es nicht. Es ist halt meine Farbe, und alle, die mich kennen, *wissen*, daß sie das ist. Wo ich auch immer bin, es wird unweigerlich etwas davon zu finden sein.«)

Downs ließ den Strohhut in die Truhe zurückfallen. »Die Arbeitskleidung der Frau, die vorbeikommt und für Sie arbeitet«, bemerkte er nur. Und dann, Durand mit einem Blick ansehend, in dem sein ganzer Abscheu und die völlige Aberkennung jeder Achtung lag, murmelte er mit unterdrückter Stimme etwas, das so klang wie: »Gott helfe Ihnen, liebt eine...«

»Hören Sie, Downs, ich möchte mit Ihnen reden...« Die Worte stolperten vor lauter Eifer, aus ihm herauszukommen, übereinander. Er war so atemlos, daß er kaum sprechen konnte. Er packte den anderen am Revers seines Jacketts, mit beiden

Händen, hielt ihn in gleichsam flehentlicher Verringerung des Abstandes dicht vor sich fest. »Kommen Sie mit herein, kommen Sie da in den Salon, lassen Sie mich mit Ihnen reden!«

»Sie und ich haben nichts zu bereden. Alle meine Worte sind für...«

Durand bewegte sich insistierend rückwärts, zerrte ihn, gefangen in seinem zusammengezogenen Jackett, hinter sich her, bis er ihn drinnen jenseits der Türschwelle hatte, da, wo er ihn haben wollte. Dann ließ er ihn los, und Downs blieb, wohin er ihn gebracht hatte.

»Hören Sie, Downs... Warten Sie, da gibt's einen Brandy, lassen Sie mich Ihnen einen Drink einschenken.«

»Ich beschränke mein Trinken auf die Bars.«

»Hören Sie, Downs... sie ist nicht hier. Sie begehen einen schrecklichen Fehler...« Dann brach er den Hinweis auf den angenommenen Widerspruch schnell mit einer fächerartigen Drehbewegung seiner Hand ab. »...aber das ist's gar nicht, worüber ich mit Ihnen reden möchte. Es ist ganz einfach dies. Ich... ich habe mich anders besonnen. Ich möchte die Sache fallenlassen. Ich möchte, daß alle weiteren Nachforschungen eingestellt werden.«

Downs wiederholte das mit einem ironischen Mangel an Betonung. »Sie möchten die Sache fallenlassen. Sie möchten, daß alle weiteren Nachforschungen eingestellt werden.«

»Ich habe das Recht dazu. Das ist meine Entscheidung. Es war schließlich meine ureigenste Klage.«

»Um der Wahrheit die Ehre zu geben – das stimmt nur zum Teil. Sie traten zusammen mit Miss Bertha Russell als Kläger auf. Aber lassen Sie uns um des Arguments willen mal sagen, daß das Ihre ureigenste Klage war. Was dann?« Seine Brauen hoben sich. »Und was dann?«

»Aber wenn ich die Klage zurückziehe, wenn ich sie fallenlasse...«

»Sie haben doch keine Macht über mich«, sagte Downs steinern. Er schwang ein Bein über die Lehne des Sessels, neben dem er gerade stand, und ließ sich darauf nieder, als wolle er warten. »Sie können Ihre Klage zurückziehen. Alles gut und schön. Sie können alle weiteren Zahlungen an mich einstellen. Im übrigen ist Ihr Vorschuß schon seit Monaten aufgebraucht. Aber Sie können mich nicht zwingen, den Fall aufzugeben. Verstehen Sie? Wie es immer so schön heißt, dies ist ein freies Land. Und ich bin ein freier Mann. Wenn ich mir in den Kopf setze, auf eigene Faust weiterzumachen, bis ich die Sache zu einem befriedigenden Abschluß gebracht habe – und das ist nun mal der Fall –, dann können Sie absolut nichts dagegen machen. Ich arbeite nicht mehr für Sie, ich arbeite für mein eigenes Gewissen.«

Durand begann vor Entsetzen am ganzen Leibe zu zu zittern. »Aber das ist eine Schikane...«, stammelte er mit vibrierender Stimme.

»Das ist Gewissenhaftigkeit, würde ich sagen, obwohl es nicht an mir ist, darüber zu befinden», sagte Downs mit einem frostigen Lächeln.

»Aber Sie gehören nicht der Polizei an... Sie haben kein Recht...«

»Soviel Recht, wie ich bislang hatte, als ich noch in *Ihrem* Auftrag tätig war. Der einzige Unterschied ist der, daß ich meine Resultate jetzt direkt an die übergebe, wenn ich fertig bin, und nicht auf dem Umweg über Sie.«

Durand war mit schleppenden Schritten um den im Raum stehenden großen, schweren Tisch herum zu dessen anderer Seite gestolpert, wobei er sich mit beiden Händen auf dessen Kante gestützt und an ihr entlanggetastet hatte, als stehe sein völliger Zusammenbruch unmittelbar bevor.

»Warten Sie... Hören Sie mir zu...«, keuchte er und fummelte mit unerträglicher Fahrigkeit in den Taschen seiner Weste herum, in einer nach der anderen, ohne offensichtlich die richtige finden zu können. Dann zog er endlich einen Schlüssel hervor, drehte ihn im Holz herum, zog eine Schublade auf. Wenig später stand ein solides, stahlbandgefaßtes Kistchen auf dem Tisch, der Deckel geöffnet. Durand wühlte darin herum, kam dann mit ausgestreckten Händen, die mit Papiergeld vollgestopft waren, zu Downs zurück.

»Hier sind 20 000 Dollar. Machen Sie Ihre Hand auf, Downs. Halten Sie's einen Augenblick, Downs, halten Sie's nur mal eine Minute.«

Die Hände von Downs hatten sich bei Durands Annäherung in seine Hosentaschen zurückgezogen – da war nichts, wo dieser seine Opfergabe hätte abladen können.

Downs schüttelte mit unbeugsamem Starrsinn den Kopf. »Nicht eine Minute, nicht eine Stunde, nicht für immer.« Er machte eine befehlende Bewegung mit dem Kopf. »Bringen Sie's dahin zurück, wo Sie's hergeholt haben, Durand.«

»*Halten* Sie's doch nur mal für mich«, beharrte Durand in kindischer Manier. »Nur mal ein Momentchen, das ist alles, worum ich bitte ...«

Downs sah ihn ruhig an. »Sie sind an den falschen Mann geraten, Durand. Das ist Ihr Unglück. An den einen falschen unter zwanzig richtigen. Oder vielleicht sogar von hundert. Ich habe den Fall zunächst aus beruflichen Gründen übernommen, gegen Bezahlung. Jetzt aber verfolge ich ihn um meiner selbst willen. Ich würde heute nicht nur kein Geld mehr dafür nehmen, sondern es könnte mich auch keine Summe mehr dazu bewegen, ihn fallenzulassen. Ich bin halt ein neugieriger Bursche, das ist alles. Sie machten einen Fehler, Durand, als Sie in St. Louis zu mir kamen. Sie hätten sich an jemand anderen wenden sollen. Sie haben sich den vielleicht einzigen Privatdetektiv im ganzen Land herausgepickt, der eine Sache, die er einmal angefangen hat, nicht mehr aufgeben kann, nicht einmal dann, wenn er das wollte. Manchmal frage ich mich selbst, was das ist. Ich wünschte, ich wüßte es. Vielleicht bin ich ja ein Fanatiker. Ich will diese Frau haben, nicht mehr Ihretwegen, sondern zu meiner eigenen Befriedigung.« Er zog endlich die Hände wieder aus den Taschen, aber nur, um die Arme hartherzig vor der Brust zu verschränken und es sich noch bequemer auf dem Stuhl zu machen, auf dessen Lehne er nach wie vor saß.

»Ich bleibe hier, bis sie kommt. Und dann nehme ich sie mit nach St. Louis.«

Durand war nun wieder bei der Geldkassette, die Hände auf den zurückgestopften Inhalt gelegt, den sie mit angestrengter Vergeblichkeit niederdrückten.

Downs mußte seinen abwägenden Blick zur Tür hin bemerkt haben. Er konnte seine Gedanken lesen.

»Und wenn Sie rausgehen wollen und versuchen, sie draußen abzufangen und zu warnen, dann gehe ich mit Ihnen.«

»Sie können mir doch nicht verbieten, mein eigenes Haus zu verlassen«, sagte Durand verzweifelt.

»Das habe ich auch nicht gesagt. Aber Sie können mich auch nicht daran hindern, neben Ihnen herzugehen. Oder eben ein paar Schritte hinter Ihnen. Die Straßen gehören nun mal der Öffentlichkeit.«

Durand preßte einen Handrücken gegen seine Stirn, ließ die Hand dort eine Weile ruhen, als befinde sich über ihm ein Licht, das ihm zu hell in die Augen schien. »Ich kann weitere 30 000 in New Orleans lockermachen, Downs. Fahren Sie mit mir dorthin, behalten Sie mich bei jedem Schritt im Auge, Sie haben mein Versprechen. 50 000 Dollar nur dafür, daß Sie uns in Ruhe lassen, einfach vergessen, daß Sie je von uns gehört ...«

»Sparen Sie sich die Worte, ich habe mich zu diesem Thema doch schon geäußert«, sagte Downs verächtlich.

Durand ballte eine Hand zur Faust, schüttelte sie, nicht drohend jedoch, sondern flehentlich. »Warum müssen Sie ihren

Namen in den Schmutz ziehen, ihr Leben ruinieren? Was haben Sie...«

Der Mund von Downs formte ein Lachen, aber kein Laut wurde hörbar. »Den Namen dieser Dirne in den Schmutz ziehen? Das Leben dieses mordenden Flittchens ruinieren?«

Der Schlag hinterließ sichtbare Spuren auf Durands Gesicht, bleichte aschgraue Streifen um Mund und Augen, aber er ignorierte ihn. »Sie hat nichts getan. Die ganze Sache ist eine Verkettung unglücklicher Umstände. Sie war zufällig auf dem gleichen Schiff, das ist alles. Da waren auch noch Dutzende von anderen. *Sie* können nicht mit Sicherheit sagen, was Julia Russell widerfahren ist. Niemand kann das, niemand weiß es. Sie ist einfach verschwunden. Vielleicht hat sie einen Unfall gehabt. Das kommt vor. Oder sie ist überhaupt noch am Leben, jetzt, in dieser Stunde. Vielleicht ist sie mit jemandem durchgebrannt, den sie an Bord getroffen hat. Alles, was Bonny sich hat zuschulden kommen lassen, ist, daß sie unter falschem Namen zu mir gekommen ist, ganz am Anfang. Und wenn *ich* ihr das verzeihe, wie ich das schon längst...«

Downs gab plötzlich seine halb ruhende Stellung auf der Sessellehne auf. Er sprang hoch, sah Durand hellwach an, seine Augen funkelten.

»Da gibt es etwas, was Sie noch nicht zu wissen scheinen, Mr. Durand. Und ich denke, Sie können's genausogut jetzt schon erfahren, nicht erst später. Sie hören's sowieso bald genug. Es dreht sich nicht mehr einfach nur um ein Verschwinden. Und ich *kann* mit Sicherheit sagen, was Julia Russell widerfahren ist! Damals, als wir uns zum letzten Mal sahen, konnte ich das noch nicht, aber jetzt kann ich es!«

Er beugte sich in seiner Eindringlichkeit, in seinem Eifer leicht nach vorn – es war jener Eifer, von dem er selbst vor ein paar Minuten gesprochen hatte.

»Von den Strudeln bei Cape Girardeau freigegeben, trieb am

zehnten dieses Monats ein Leichnam ans Ufer. Sie können wohl blaß werden, Mr. Durand, Sie haben allen Grund dazu. Der Leichnam eines Menschen, der ermordet und bereits tot ins Wasser geworfen worden war. Es war kein Wasser in den Lungen. Ich brachte Bertha Russell hin, damit sie sich ihn ansähe. Und obwohl er schon schlimm zersetzt war, konnte sie ihn identifizieren. Als den ihrer Schwester, als den von Julia Russell. Sie konnte ihre Aussage auf dreifache Weise untermauern, und das, obwohl das Gesicht nicht mehr da war. Sie erkannte ein Zwillingsmuttermal ziemlich weit oben an der Innenseite des linken Oberschenkels, das praktisch seit ihrer Kindheit kein anderes menschliches Wesen mehr zu Gesicht bekommen hatte. Dann durch den ungewöhnlichen Umstand, daß beide Weisheitszähne beider Zahnreihen, will sagen alle vier Weisheitszähne Goldkronen hatten. Und schließlich durch die Tatsache, daß sie an der Seite ganz eigenartige, in gerader Linie nebeneinander liegende Narben hatte, die von den spitzen Zinken einer Harke und ebenfalls aus ihrer Kindheit stammten. Die Harke war rostig gewesen, weshalb man die Einstiche mit einem glühenden Eisen hatte ausbrennen müssen.«

Er schwieg, weil er keine Luft mehr hatte, und es trat eine kurze Stille ein.

Durand stand da, den Kopf gesenkt, sah vor sich nieder. Vielleicht in noch unausgesprochener Kapitulation zu Boden, vielleicht in die aufgerissene Schublade, aus der er die Geldkassette geholt hatte. Das Atmen wurde ihm schwer. Seine Brust hob und senkte sich mit sichtbarer Mühe.

»Weiß die Polizei schon Bescheid?« fragte er endlich, ohne den Kopf zu heben.

»Noch nicht, aber sie wird's erfahren, wenn ich mit ihr zusammen hinkomme.«

»Sie werden nie mit ihr zusammen da hinkommen, Downs. Sie wird dieses Haus nicht verlassen. *Und Sie auch nicht.*«

Jetzt kam sein Kopf hoch. Und mit ihm die Pistole, auf die seine Hand gefallen war, schon sehr viel früher, schon lange vor diesem Augenblick.

Der Schock fuhr über Downs' Gesicht, in dem sich nacheinander Angst, Zusammenbruch, Panik spiegelten, nur für einen winzigen Augenblick – all die ganz normalen und nur allzu menschlichen Reaktionen. Aber dann zügelte er sie und hielt sich von da an gut.

Er sprach um sein Leben, aber seine Stimme war fest und vernünftig, und nach dem ersten vergeblichen Schritt zurück hielt er entschlossen stand. Auch duckte er sich nicht, zog nicht defensiv die Schultern ein, sondern hielt sich straff aufrecht. Er versuchte nicht, seine Angst zu verbergen, aber er bezwang sie, was wohl die größerere Tapferkeit erfordert.

»Tun Sie das nicht. Verlieren Sie nicht den Kopf, Mann. Sie sind noch in nichts verwickelt. Bislang ist noch nichts Strafbares an der Tatsache, daß Sie sich mit ihr eingelassen haben. Das Verbrechen wurde begangen, bevor Sie ihr begegnet sind, Sie waren nicht daran beteiligt. Sie sind bislang nur ein Narr gewesen, aber noch kein Verbrecher... tun Sie's nicht, Durand... Hören Sie auf und denken Sie nach, bevor es zu spät ist. Um Ihrer selbst willen, solange noch Zeit dazu ist, legen Sie das Ding da weg. Legen Sie's dahin zurück, wo Sie's hergenommen haben.«

Zum ersten Mal während ihres gesamten Interviews schien sich Durand nicht an den Detektiv, sondern an irgendeinen anderen zu wenden. Wer das aber war, vermochte niemand zu sagen. Er wußte es selbst nicht. »Es ist bereits zu spät, seit ich ihr begegnet bin. Es ist schon zu spät, seit ich geboren wurde. Es ist schon zu spät, seit Gott diese Welt erschuf!«

Er senkte die Augen, um nicht das Gesicht von Downs sehen zu müssen. Er blickte auf seinen Finger hinab, der sich um den Abzug spannte. Beobachtete ihn mit einer Art distanzierter

Neugier, als gehöre er nicht zu ihm. Beobachtete ihn, als wolle er mal sehen, was jener tue.

»Bonny«, schluchzte er gebrochen auf, als flehe er sie an, ihn gehen zu lassen.

Der Knall betäubte ihn kurz, und Rauch zog vorübergehend einen gnädigen Vorhang zwischen ihnen beiden zu. Aber der wurde schnell wieder dünner und beiseite geweht, lange noch bevor er etwas Gutes hätte bewirken können.

Durand blickte auf und sah das Gesicht, das er nicht hatte sehen wollen.

Downs stand noch immer aufrecht da, seltsamerweise.

In seinen Augen war ein so unaussprechlich schwerer Vorwurf, daß es Durand, hätte er dieses Gesicht im Laufe seines Lebens noch ein zweites Mal anschauen müssen, den Verstand gekostet hätte. Jedenfalls kam ihm dieser Gedanke.

Ein gedämpftes Wort umschwebte sie in der plötzlichen, wiederhergestellten Stille des Raumes, wie ein Seufzer der Reue. Jemand hatte »Bruder!« geflüstert, und Durand hatte später das eigentümliche Gefühl, daß er das gewesen war.

Ganz unvermittelt gaben die Beine von Downs nach, und er stürzte zu Boden. Sehr viel härter nach der Verzögerung, als wenn er gleich gefallen wäre. Und dann lag er tot da. Ohne jeden Zweifel tot, die Augen offen, aber nur mehr schleimige, durchsichtige Materie, die Lippen gummiartig und nicht ganz geschlossen.

Die Dinge, die es nun zu tun galt, wurden Durand nur langsam klar, als sei er es und nicht Downs, der sich in zeitloser Ewigkeit bewege. Und selbst als er sie dann tat, war er sich dessen nicht bewußt, obwohl er sich selbst durchaus dabei beobachtete, wie er sie tat. Als seien das alles Akte seiner Hände und seines Körpers, nicht aber seines Gehirns.

Er erinnerte sich, eine Weile auf einem Stuhl, auf der äußersten Kante eines Stuhles gesessen zu haben wie jemand, der sehr unruhig ist und im Begriff, sich jeden Augenblick zu erheben, aber eben dies nicht zustande bringt. Er bemerkte erst, daß er gesessen hatte, als er schließlich doch wieder stand und sich vom Stuhl entfernte. Die ganze Zeit über hatte er die Pistole in der Hand behalten und mit ihrer Mündung auf seiner Kniescheibe herumgeklopft.

Er trat zum Tisch und tat sie dahin zurück, woher er sie genommen hatte. Dann bemerkte er die Kassette, die immer noch auf dem Tisch stand, mit geöffnetem Deckel, ein paar Banknoten darum herum verstreut. Diese legte er hinein, klappte dann den Deckel zu, verschloß die Kassette und räumte auch sie weg. Daraufhin verschloß er die Schublade und steckte den Schlüssel ein.

Ja, dachte er benommen, das alles kann ich wieder in Ordnung bringen, nur das eine nicht. Das ist etwas, was ich nicht wieder zu dem machen kann, was es zuvor gewesen ist. Und er schwankte, lehnte sich schaudernd einen Moment lang gegen die Tischkante, als sei dieser Gedanke ein heftiger, kalter Windstoß, der ihn unversehens getroffen und in Gefahr gebracht hatte, das Gleichgewicht zu verlieren.

Seine Lage erschien zeitlos – es war, als werde er ewig hier drinnen bei diesem toten Mann bleiben. Bei diesem toten Ding, das einmal ein Mann gewesen war – gekleidet wie ein Mann, aber doch kein Mann mehr. Er verspürte keinerlei unmittelbaren Drang, aus dem Zimmer herauszukommen. Der Instinkt sagte ihm, daß es besser war, hier hinter seinen verbergenden Wänden zu sein als woanders. Aber er wollte nicht mehr länger das sehen müssen, was da auf dem Boden lag. Er wollte nicht mehr, daß seine Augen immer wieder dorthin zurückkehren mußten.

Downs lag auf einem länglichen Teppich, und er lag schräg darauf, so daß eine der oberen Ecken seitlich weit über seine Schultern, eine der unteren weit über seine Füße hinausragte. Auch in dieser Verletzung der Symmetrie lag etwas Irritierendes, das jedesmal, wenn sein Blick auf das Relief dort auf dem Boden fiel, an seinen Nerven zerrte.

Schließlich ging er hinüber, kauerte sich neben dem toten Gesicht nieder und bedeckte es, die Teppichecke darüberschlagend, wie mit einem dicken, wolligen Leichentuch. Er bemerkte an sich Symptome der Erleichterung oder doch zumindest einer Besserung, bewegte sich – sich nicht erhebend, sondern die hochgebogenen Füße unter seinem Körper seitwärts schiebend – schnell zum Fußende hinab und schlug auch dort die Teppichecke um, hüllte damit die Füße und Unterschenkel des Toten ein. Alles, was jetzt noch sichtbar war, war ein stark gestutzter Torso.

Einer plötzlichen Eingebung folgend, drehte er den Körper um – und den Teppich mit ihm. Und dann ein zweites Mal, den Teppich wieder mit. Jetzt war der Torso weg, vollkommen verborgen, verschwunden in einem Kokon aus rohgewebtem Teppichrücken. Aber er drehte ihn doch noch einmal herum. Aus dem Teppich war jetzt ein langer, hohler Zylinder geworden, war nicht mehr als eben ein aufgerollter Teppich mit nichts an sich, was Verwunderung erregen, Zeugnis ablegen oder Klage hätte erheben können.

Aber er lag im Weg, blockierte den Ein- und Ausgang. Deshalb ließ er sich auf allen vieren nieder und begann, den Teppich durch das Zimmer zur gegenüberliegenden Wand zu rollen. Er rollte schwer und ein wenig ruckartig, eher bewegt von seiner eigenen Füllung als von Durands Manipulationen. Dieser mußte schließlich seine Bemühungen unterbrechen, aufstehen, am Teppich vorbeigehen und einen Stuhl aus dem Weg räumen.

Als er sich der Rolle wieder zuwandte, ließ er sich, ermüdet wie er war, nicht erneut auf die Knie nieder, um mit den Händen zu schieben, sondern er blieb aufrecht stehen, stemmte einen Fuß gegen die Rolle und stieß sie so vor sich her, bis er sie schließlich so dicht und so unauffällig, wie es nur gehen wollte, an der Wand liegen hatte.

Ein kleiner perlmuttener Kragenknopf war unterwegs aus dem Teppich herausgerollt und lag auf dem Boden. Durand hob ihn auf, ging zur Rolle an der Wand zurück und warf ihn zu einer der beiden Öffnungen hinein, wobei er nicht mehr zu sagen vermochte, welche von beiden das eigentlich war, die am Kopf- oder die am Fußende.

Nun vollkommen erschöpft, stolperte er durch das Zimmer und erreichte die Wand unmittelbar neben der Tür, die Stelle, die am weitesten von der Rolle entfernt war, und sank erschöpft dagegen, ließ sie seine Schultern und seinen Rumpf stützen. Und so blieb er stehen, völlig bewegungslos.

Er stand noch immer so da, als sie heimkam.

Ihre Ankunft war die Antiklimax. Er konnte ihr keinerlei Bedeutung mehr beimessen. Alle Nervenkraft war aus ihm herausgesickert. Er wandte sich, als er sie hinter sich, außerhalb seines Gesichtsfeldes in die Halle kommen hörte, lustlos um. Einen Augenblick später war sie neben ihn getreten, stand da und blickte ins Zimmer hinein, ganz damit beschäftigt, einen Handschuh abzustreifen.

Ein schwacher Hauch von Veilchenduft schien ihn zu streifen, aber den bildete er sich vielleicht nur bei ihrem Anblick ein. Vielleicht rief er sich nur frühere Male in die Erinnerung zurück, statt ihn tatsächlich zu riechen.

Sie drehte nun den Kopf und bemerkte ihn, wie er da aufrecht gegen die Wand gelehnt stand und hilflos die Arme zur Seite herabhängen ließ.

Ihr gespitzter Mund stieß ein kurzes Lachen aus. »Aber was machst du denn da, Lou? Flach an die Wand...«

Er sagte nichts.

Ihr Blick glitt über das Zimmer hin, auf der Suche nach einer Antwort.

Er sah, wie er sich schließlich auf den schrägen Staubflecken auf dem Boden richtete, auf den Geist des Teppichs sozusagen.

»Was ist denn mit dem Teppich passiert?«

»Da ist jemand drin. Da ist der Körper eines Mannes drin.« Noch als er das sagte, wurde ihm bewußt, wie eigenartig das klang. Da ist jemand drin. Als ob da ein winzig kleines Lebewesen drin hauste. Wie aber sollte man es sonst sagen?

Er wandte den Kopf, um in seine Richtung zu deuten. Sie drehte den ihren begleitend mit, und nahm so den Teppich wahr. Ein gerundeter Schatten, der sich heimlichtuerisch an die Wand drückte. Von den Augen leicht zu übersehen, wurden sie doch durch Stuhlbeine abgelenkt.

»Geh nicht hin...«, begann er gerade zu sprechen, aber da war sie schon schnell darauf zugegangen. Er beendete seine Anordnung nicht, dies aber nur, weil ihm die Energie dazu fehlte, und nicht etwa, weil sie schon dagegen verstoßen hatte.

Er sah sie sich bei der ovalen, ofenrohrartigen Öffnung niederkauern, wobei sich ihre Röcke um sie bauschten. Sie beugte sich tief zu ihr hinab und spähte hinein. Dann steckte sie den Arm hinein, um blindlings zu ertasten, ob tatsächlich etwas darin war. Schließlich bemerkte er, wie sie den Teppich bei der Kante faßte, als wolle sie ihn ein Stück aufrollen oder doch zumindest das Loch erweitern.

»Nicht«, sagte er krank. »Mach's nicht wieder auf.«

Sie richtete sich auf und kam zu ihm zurück. In ihrem Gesicht war jetzt eine gewisse Wachheit, eine Art umsichtiger Klugheit, aber das war auch alles – kein Schrecken und keine Angst, keine Blässe des Schocks. Sie schien sogar an Lebenskraft gewonnen zu haben, als wenn dies alles nicht eine moralische Katastrophe, sondern viel eher eine Prüfung wäre, die sie zur Mobilisierung aller ihrer Kräfte anspornte.

»Wer hat das getan? Du?« verlangte sie energisch flüsternd zu wissen.

»Es ist Downs«, sagte er.

Ihre Augen ruhten mit hellem Beharren auf ihm – in ihnen war jetzt ein Ausdruck konzentrierter Zielstrebigkeit, der fast etwas Begieriges an sich hatte. Sie bestand darauf, alles zu wissen, alles zu erfahren. Harte Sachlichkeit, ohne jede emotionale Verwässerung.

»Er kam her, um dich zu holen.«

Er wollte nicht weitersprechen. Sein Kopf senkte sich abschließend. Aber sie drängte ihn zur Fortsetzung, indem sie die Hand an sein Kinn legte und es wieder hob.

»Er hat herausbekommen, daß du hier bist.«

Sie nickte, sehr schnell. Die Erklärung genügt, schien das zu bedeuten – sie akzeptierte, sie verstand sie. Die Tat, die sich aus ihr ergeben hatte, war eine ganz normale. Keine andere war zu erwarten gewesen. Ihr nickender Kopf sprach zu ihm, sagte ihm das.

Sie faßte ihn fest am Oberarm. Er hatte gar nicht gewußt, daß sie über solche Kräfte verfügte, über soviel sengende Hitze in ihren Fingern. Er hatte den merkwürdigen Eindruck, daß das eine Form von Anerkennung sein sollte.

Ihre nächste Bemerkung war von solcher Intimität durchdrungen, von solcher Vertraulichkeit, wie sie keine einzige ihrer Liebesbegegnungen bisher gehabt hatte.

»Womit hast du's getan? Was hast du dazu genommen?«

»Die Pistole da«, sagte er. »Die in der Tischschublade.«

Sie drehte sich halb um und sah zum Teppich hinüber. Und während sie so stand, schlug sie ihm leicht mit dem Rücken ihrer einen Hand gegen die Brust. Das einzige, was er aus dieser Geste herauszulesen vermochte, war eine verwegene Kameraderie, eine Art kumpelhaftes, unausgesprochenes Bündnis.

Dann sah sie ihn wieder an, sah ihm lange und eingehend in die Augen. Und dabei lächelte sie ein träges, halbes Lächeln, als entdecke sie in den vertrauten Zügen seines Gesichts zum ersten Mal einige neue Qualitäten, die zu würdigen, zu bewundern waren.

»Du brauchst was zu trinken«, sagte sie mit energischer Entschiedenheit. »Ich auch. Warte, ich hole uns was.«

Er sah sie zur Bar gehen, zweimal aus der Karaffe einschenken, den Glasstopfen zurückstecken und ihn leicht drehen, als sei er ein Türknauf.

Er hatte das Gefühl, als wage er sich in eine fremde, neue Welt vor. Eine Welt, die wohl auch ihre althergebrachten Gepflogenheiten hatte, mit denen er aber erst jetzt zum ersten Mal in Berührung kam. Das war's also, was man machte, wenn man jemanden umgebracht hatte – man nahm zunächst einmal einen Drink. Er hatte das noch nicht gewußt, wäre auch nie darauf gekommen, wenn sie nicht gewesen wäre. Er fühlte sich wie ein Anfänger in Gegenwart eines alten Hasen.

Sie drückte ihm eines der beiden Gläser in die Hand, umfaßte dann das Gelenk eben dieser Hand wie zum Zeichen der Zuneigung, und hob die andere wild und senkrecht in die Höhe.

»Jetzt bist du ein Mann nach meinem Geschmack», sagte sie mit glühender Inbrunst. »Jetzt bist du es wert, daß man sich mit dir einläßt. Jetzt bist du die Art von Mann, die *ich* liebe.«

Sie stieß mit dem ihren an sein unsicheres Glas, legte den Kopf zurück und kippte den Drink durch jene zurückhaltenden Lippen, die kaum in der Lage schienen, sich überhaupt je zu öffnen.

»Auf uns«, sagte sie. »Auf dich. Auf mich. Auf uns beide. Trink aus, mein Lieber. Auf ein kurzes und aufregendes Leben!«

Sie schleuderte ihr geleertes Glas an die Wand, und es zersprang in winzige Stücke.

Er zögerte einen Augenblick, leerte aber dann auch das seine hastig, als wolle er sie wieder einholen, nicht allein zurückbleiben, und schickte es dem ihren nach.

Wer sie eine halbe Stunde später zufällig erblickt hätte, hätte die Szene für den Inbegriff schöner Häuslichkeit halten können – zwei Eheleute, die vielleicht über die Kosten der Haushaltsführung sprechen oder die Neueinrichtung eines Zimmers planen.

Er saß mit ausgestreckten Beinen und zurückgelegtem Kopf in einem Sessel mit Armlehnen, und sie saß auf einer der Lehnen dicht neben ihm und ließ ihre Hand gelegentlich abwesend über sein Haar streichen, während sie da gemeinsam über etwas nachdachten und miteinander sprachen.

Er hatte ein Glas, ein neues, in der Hand. Das nahm sie ihm schließlich ab und setzte es auf den Tisch. »Davon im Augenblick nichts mehr«, mahnte sie und tätschelte ihm das Haupt. »Du brauchst einen klaren Kopf dafür.«

»Es ist doch hoffnungslos, Bonny«, sagte er matt.

»Nichts dergleichen.« Wieder strich sie ihm über den Kopf. »Ich habe...«

Sie sprach den Satz nicht zu Ende, aber irgendwie vermochte er zu erraten, was sie hatte sagen wollen. Ich bin nicht zum ersten Mal in einer Situation wie der augenblicklichen. Er fragte sich, wo und wann. Er fragte sich, wer's da getan hatte, mit wem sie wohl zu der Zeit gerade zusammengewesen war.

»Hals über Kopf von hier zu fliehen«, sagte sie, als nähme sie eine Diskussion wieder auf, die für ein Weilchen unterbrochen gewesen war, »wäre das Dümmste, was Leute... in unserer Lage..., tun könnten.« Als höre er sie aus großer Entfernung, war er erstaunt darüber, wie gouvernantenhaft und geziert ihre Wort klangen – ganz so, als sei sie eine hübsche junge Lehrerin, die gerade einem nicht eben übermäßig hellen Schüler Unterricht erteilte. Sie hätte irgendeine Stickerei im Schoß und die Augen beim Sprechen darauf gesenkt haben müssen, das hätte zu ihrem Tonfall gepaßt.

»Wir können nicht *bleiben*, Bonny«, stammelte er. »Was sollen wir tun? Wie können wir hier *bleiben*?« Und er verbarg für einen Augenblick seine Augen mit einer Hand. »Es ist jetzt schon eine Stunde her.«

»Und wie lange vor meiner Rückkehr ist es geschehen?« fragte sie mit fast wissenschaftlicher Distanziertheit.

»Das weiß ich nicht. Es schien mir eine lange Zeit ...« Er setzte sich rebellierend im Stuhl auf. »Wir könnten schon weit von hier fort sein. Sollten es sein!«

Sie drückte ihn mit sanfter, aber fester Hand zurück.

»Wir bleiben ja nicht«, beruhigte sie ihn. »Aber wir hauen auch nicht holterdipolter beim ersten Anlaß von hier ab. Weißt du nicht, was das bedeuten würde? Es würde allenfalls ein paar Stunden dauern, bis jemand dahinterkommen würde und uns auf den Fersen wäre.«

»Aber das werden sie doch sowieso!«

»Nein, werden sie nicht. Nicht, wenn wir unsere Karten richtig spielen. Wir werden zu einer von uns selbst bestimmten Zeit hier aufbrechen. Aber das kommt erst als letztes, wenn wir mit allem fertig und bereit dazu sind. Zuerst einmal« – sie wies nachlässig mit dem Daumen zur anderen Seite des Zimmers hinüber – »muß *das* aus dem Weg geschafft werden.«

»Raus aus dem Haus?« meinte er zweifelnd.

Sie kaute nachdenklich auf ihren Lippen. »Warte, laß mich mal einen Augenblick nachdenken.« Schließlich schüttelte sie den Kopf, sagte langsam: »Nein, nicht draußen ... Man würde uns sehen. So gut wie sicher.«

»Dann ...?«

»Irgendwo hier drinnen«, sagte sie mit einer kleinen Bewegung ihrer Schultern, als sei das schon abgemacht, als sei es ganz selbstverständlich.

Ihn schreckte der Gedanke. »Hier im Haus?«

»Natürlich. Das ist viel sicherer. Genau besehen, ist es die einzig in Frage kommende Lösung. Wir sind hier ganz allein, nur wir beide, keine Bediensteten. Wir können uns soviel Zeit lassen, wie wir brauchen...«

»Puh«, stöhnte er.

Sie dachte wiederum nach, verzog den Mund – sie schien für Emotionen keine Zeit zu haben. Sie erschreckte ihn fast ebensosehr wie die Tatsache, die sie da zu verbergen trachteten.

»Einer der Kamine?« fragte er stockend. »Hier unten gibt es zwei große...«

Sie schüttelte den Kopf. »Das wäre nur eine Frage von Tagen.«

»Eine Kammer?«

»Schlimmer. Eine Sache von Stunden.« Sie streckte einen Fuß von sich und klopfte ein paarmal mit dem Absatz auf den Boden. Dann nickte sie, als wenn sie sich einer befriedigenden Entscheidung zumindest angenähert habe. »Der Fußboden.«

»Das ist Hartholz. Jeder würde es sofort merken, sobald er im Zimmer wäre.«

»Der Keller. Wie sieht der Boden da aus?«

Er konnte sich nicht erinnern, den schon jemals gesehen zu haben. Soviel er wußte, war er noch nie da unten gewesen.

Sie stand abrupt von der Lehne auf. Die Zeit des Brütens war vorbei, die Zeit der Taten angebrochen. »Warte einen Augenblick, ich werde mal runtergehen und mir das ansehen.« Von der Tür aus und ohne sich umzudrehen, ermahnte sie ihn: »Nicht, daß du dir da noch irgendeinen Drink einschenkst, während ich weg bin.«

Sie kam schon bald zurück, blinzelte pfiffig. »Festgestampfter Lehm. Das wird gehen.«

Sie mußte das Denken für sie beide besorgen. Sie zog ihn energisch am Arm. »Na los, laß uns das runterschaffen. Das ist besser als es hier liegenzulassen, bis wir fertig sind. Es könnte ja in der Zwischenzeit jemand kommen.«

Er ging zu der Rolle hinüber und versuchte dabei, die Übelkeit zurückzudrängen, die seinen Magen attackierte.

Sie mußte aber auch an alles denken. »Ziehst du dir nicht besser das Jackett aus? Es wird dich nur behindern.«

Sie nahm es ihm ab und hängte es sorgfältig über eine Stuhllehne. Sie rieb sogar ein Weilchen an einem der beiden Ärmel herum, bevor sie das Kleidungsstück endlich in Ruhe ließ.

Er fragte sich, wie ihm eine so alltägliche Handlung, die Tatsache nämlich, daß sie ihm aus dem Jackett geholfen hatte, dermaßen gräßlich sein, ihn so gewaltig ängstigen konnte.

Er nahm den zusammengerollten Teppich in der Mitte auf, umfaßte ihn mit beiden Armen. Die eine Seite, wahrscheinlich das Fußende, hing aufgrund ihres Gewichts herab und schleifte über den Boden. Das andere Ende, dasjenige, wo der Kopf war, konnte er mit einiger Mühe hochhalten.

Er machte ein paar Schritte, zerrte. Plötzlich war seine Last leichter, und das herabhängende Ende hatte aufgehört, über den Fußboden zu schleifen. Er blickte hin und sah, daß sie es hochgehoben hatte, ihm half.

»Nein, um Himmels willen, nein!« sagte er gezwungen. »Du darfst nicht ...«

»Ach, sei kein Narr, Louis«, antwortete sie ungeduldig. »Es geht so wirklich erheblich schneller!« Dann fügte sie mit etwas weniger Schärfe hinzu: »Für mich ist das doch nur ein Teppich. Ich kann ja nichts *sehen*.«

Sie durchquerten also das Zimmer damit und wanderten dann durch den zum Keller führenden Gang bis zu dessen Ende. Mußten dort anhalten und die Rolle ablegen, damit er die Tür öffnen konnte. Dann ging's da hindurch und die Treppe hinab in den Keller. Dort legten sie sie endgültig ab.

Er atmete schwer. Er fuhr sich mit der Hand über die Stirn.

»Schwer«, pflichtete sie bei. Sie stieß die Luft mit einem kleinen Lächeln aus.

Alle diese kleinen Dinge, die sie tat, erschreckten ihn so sehr. Sie ließen ihm fast das Blut in den Adern erstarren.

Sie wählten einen Platz an der Wand. Sie benutzte die Schuhspitze, um ein paar Stellen auszuprobieren, trat hierhin und dahin, stocherte im Boden, bis sie sich endlich für den einen entschied. »Ich glaube, das ist so in etwa der beste. Der Boden ist hier ein bißchen weniger fest.«

Er nahm ein vermoderndes, weggeworfenes Holzstück auf und zerbrach es über seinem hochgehaltenen Knie, um so eine scharfe Spitze zu erhalten.

»Du willst das doch nicht damit machen, oder? Das würde ja eine Ewigkeit dauern!« In ihrer Stimme war fast so etwas wie die Andeutung von Heiterkeit, was er aber nicht bemerkte.

Er trieb das Stockende in den festgestampften Lehm, und prompt brach es ein zweites Mal durch und erbrachte damit den Nachweis seiner Untauglichkeit.

»Wir werden schon einen Spaten brauchen«, sagte sie. »Nur damit geht's.«

»Es gibt hier unten aber keinen.«

»Im ganzen Haus nicht. Wir müssen einen besorgen.« Sie ging die Treppe wieder hinauf. Er blieb unten stehen. Oben angekommen, wandte sie sich um und nickte ihm zu. »Ich geh los und besorg einen«, sagte sie. »Du bist noch etwas wacklig auf den Beinen, das sehe ich wohl. Bleib nicht da unten, während ich weg bin, das verschlimmert deinen Zustand nur. Wart hier oben auf mich.«

Er folgte ihr nach oben, schloß die Kellertür hinter sich.

Sie setzte ihren Hut auf, warf sich einen Schal um die Schultern, als wolle sie nur eben eine häusliche Besorgung machen.

»Hältst du das für weise?« fragte er.

»Leute kaufen halt Spaten, weißt du. Das muß nicht von Schaden sein. Es hängt doch alles davon ab, wie man's macht.«

Sie ging zur Haustür, und er trottete ihr nach.

Sie drehte sich dort zu ihm um. »Verlier den Mut nicht, Liebster.« Sie faßte sein Kinn und küßte ihn auf den Mund.

Er hatte noch gar nicht gewußt, daß ein Kuß etwas so Grauenvolles sein konnte.

»Bleib hier oben, weit weg davon«, riet sie. »Und geh nicht an den Alkohol.« Sie war wie eine gewissenhafte Mutter, die einem kleinen Jungen letzte Anweisungen gibt, ihn zu gutem Betragen ermahnt, bevor sie ihn sich selbst überläßt.

Die Tür schloß sich, und er sah ihr eine Weile durchs Fenster nach. Sah sie den Weg zur Straße hinuntergehen, grad so wie eine geschäftige kleine Matrone auf dem Weg zum Einkaufen. Sie streifte sich sorgsam die Handschuhe über, als sie auf die Straße hinaustrat und seinen Blicken entschwand.

Nun war er mit seinem Toten allein.

Er ging in das nächstgelegene Zimmer – nicht in das, in dem es geschehen war – und ließ sich in einen Stuhl fallen. In ihm kauerte er sich reglos zusammen, das Gesicht gegen die Rückenlehne gedrückt, und wartete darauf, daß sie zurückkäme.

Es schien Stunden zu dauern. Und tatsächlich mußte ihre Abwesenheit den größten Teil einer Stunde beansprucht haben.

Sie hatte einen besorgt. Sie trug ihn ganz offen in der Hand – aber wie anders hätte sie ihn auch tragen sollen? Das Metallblatt war in braunes Packpapier eingewickelt, mit einem Bindfaden verschnürt, der Stiel ragte unverpackt heraus.

»Hat's lange gedauert?«

»Ewig«, stöhnte er.

»Ich habe absichtlich einen Umweg gemacht. Ich wollte ihn nicht hier in der Nähe kaufen, wo man uns vom Sehen her kennt.«

»Es war ein Fehler, ihn überhaupt zu besorgen, meinst du nicht auch?«

Sie schenkte ihm ein aufmunterndes Grinsen. »Nicht bei der Art und Weise, wie ich das erledigt habe. Ich wollte gar keinen

Spaten kaufen, sondern das war das, wozu er mir riet. Ich habe mich nämlich erkundigt, welches Gerät er mir vorschlagen würde, wenn ich mir hinter dem Haus ein paar Beete anlegen wollte, eine Schaufel oder eine Harke. Ich hatte hinsichtlich eines Spatens so meine Zweifel, und es bedurfte seiner ganzen Überredungskunst, mir die auszureden.« Sie nickte selbstzufrieden mit dem Kopf.

Und sie konnte da stehen und mit diesem Kaufmann verhandeln, dachte er fassungslos.

Er nahm ihr den Spaten ab.

»Soll ich mit hinunterkommen?« erbot sie sich und nahm dabei sehr vorsichtig und mit beiden Händen ihren Hut ab, steckte die Nadeln in ihn zurück und legte ihn sorgsam nieder, damit er keinen Schaden nähme.

»Nein«, sagte er mit erstickter Stimme. Wenn sie ihm zugeschaut hätte, wäre das nur ein zusätzlicher Schrecken gewesen, den er nicht hätte ertragen können. »Ich sag dir Bescheid, wenn … wenn ich fertig bin.«

Sie gab ihm noch letzte, hilfreiche Hinweise. »Markier dir erst die Fläche. Also wie lang und breit du's haben möchtest, verstehst du? Mit der scharfen Kante des Spatens. So kannst du vermeiden, daß du mehr als notwendig arbeiten mußt.«

Seine unhörbare Antwort darauf war ein Würgen im Hals.

Er schloß die Tür hinter sich, ging die Treppe hinunter.

Die Lampe brannte noch immer da, wo sie sie stehengelassen hatten.

Er drehte den Docht höher. Das aber war ihm dann zu hell, ließ ihn viel zuviel sehen, weshalb er das Licht schnell wieder ein wenig dämpfte.

Er hatte noch nie ein Grab ausgehoben.

Er markierte erst die Fläche, wie sie es gesagt hatte. Dann stieß er den Spaten in die so bezeichnete Fläche und ließ ihn da stehen. Er krempelte sich die Ärmel hoch.

Daraufhin zog er den Spaten wieder heraus und fing an.

Das Graben war nicht so schlimm. *Es* lag hinter ihm, unsichtbar, solange er damit befaßt war. Der Schrecken ließ sich, wenn auch nicht vollends vertreiben, so doch wenigstens auf ein Minimum reduzieren. Es hätte ja auch ein notwendig gewordener Entwässerungsgraben oder sonst eine Grube sein können, was er da aushob.

Als er dann aber fertig war damit...

Er brauchte ein Weilchen, um sich in die erforderliche Entschlossenheit hineinzusteigern. Dann lief er ganz unvermittelt und schnell von der Wandseite des Kellers, an die er sich zurückgezogen und wo er mit dem Rücken zu ihr gearbeitet hatte, zur Teppichrolle hinüber.

Er zog sie durch den Keller, legte sie parallel zu der wartenden Vertiefung nieder. Dann faßte er die oben liegende Teppichkante und stieß die Rolle mit dem Fuß von sich fort. Sie entrollte und entleerte sich mit kaum mehr als einem dumpfen Plumpsen in die Grube. Er zog den Teppich nun wieder hoch, und dieser kehrte unbeschwert zu ihm zurück. Für einen Augenblick erschien ein hochgeworfener Arm, der aber schnell wieder herabfiel.

Er vermied es hineinzusehen. Er ging darum herum zur anderen Seite, wo der Hügel der ausgehobenen Erde lag, und fing mit abgewandtem Gesicht an, diese mit dem umgedrehten Spaten in das Loch zu schieben und zu kratzen.

Als er schließlich doch hinschauen mußte, um zu sehen, wie weit er gediehen war, war das Schlimmste überstanden. Dort unten war kein Gesicht mehr, das ihm entgegenblicken konnte. Da war nur noch ein winziges Stückchen von der Rumpfmitte sichtbar, welches gleichsam auf der Oberfläche zu treiben schien und aus der Erdschicht darum herum herausschaute.

Bald war aber auch das weg.

»Und das ist nun aus Gottes Werk geworden«, ging es ihm durch den Kopf.

Am Ende mußte er noch darauf herumstampfen und -trampeln, um alles festzutreten. Auch dieser Teil der Arbeit war schlimm.

Er beschäftigte sich damit sehr viel länger, als nötig gewesen wäre. Als wolle er das, was unter ihm lag, daran hindern, jemals wieder herauszukommen. Er schien fast so etwas wie einen Angst- und Verzweiflungstanz aufzuführen, völlig unfähig, von sich aus wieder damit aufzuhören.

Plötzlich blickte er hoch.

Sie stand oben auf der Treppe und sah ihm zu.

»Woher wußtest du, wann?« keuchte er abgespannt.

»Ich war schon zweimal da, um zu sehen, wie weit du bist. Ich ging wieder weg, weil ich dachte, es wäre vielleicht das beste, dich in Ruhe zu lassen.« Sie sah ihn unergründlich an. »Ich habe nicht geglaubt, daß du bis zum Ende würdest durchhalten können. Aber du hast's geschafft, hm?« Ob das ein Lob sein sollte oder nicht, vermochte er nicht zu sagen.

Er trat gegen den Spaten, daß er beiseite flog, und stolperte die Treppe hinauf, ihr entgegen.

Er stürzte, bevor er sie noch erreicht hatte. Oder besser: Er ließ sich fallen. Und da lag er, lang auf der Treppe ausgestreckt, das Gesicht in seinem Arm verborgen, und weinte leise.

Sie beugte sich zu ihm hinab. Ihre Hand legte sich tröstend auf seine Schulter.

»Aber, aber. Es ist doch vorbei. Es ist geschafft. Da ist nichts mehr, was dir noch Kummer machen müßte.«

»Ich habe einen Mann getötet«, sagte er überwältigt. »Ich habe einen Menschen getötet. Das hat Gott verboten.«

Sie stieß ein kurzes, humorloses Lachen aus. »Die Soldaten im Krieg töten sie zu Zigtausenden und verschwenden nicht einen Gedanken daran. Sie kriegen sogar Medaillen dafür.«

Sie zog an seinem Arm, bis er seine Füße wiedergefunden hatte, neben ihr stand.

»Komm hier raus.«

Sie ging kurz hinunter, um die Lampe zu holen, die er vergessen hatte, brachte sie herauf und machte sie aus. Dann machte sie die Tür hinter ihnen beiden zu. Sie wischte sich sorgfältig die Fingerspitzen sauber, rieb sie aneinander ab – sie waren wohl schmutzig geworden, als sie die Lampe angefaßt hatte. Oder vielleicht...

Sie legte trostspendend den Arm um ihn, als sie wieder zu ihm trat. »Komm rauf ins Bett. Du bist völlig erledigt. Es ist ja auch schon fast zehn, wußtest du das? Du bist ganze vier Stunden da unten gewesen.«

»Du meinst...?« Er glaubte, sie nicht richtig verstanden zu haben. »Hier in diesem Haus schlafen?«

Sie warf eine Hand hoch, tat damit den Unsinn solcher Bedenken ab. »Es ist spät. Was für Züge fahren jetzt wohl noch? Und selbst wenn noch welche fahren würden, schießt man doch wohl im allgemeinen nicht so plötzlich und mitten in der Nacht aus seinem Bau. Das *würde* ihnen etwas zu...«

»Aber zu *wissen*, wie wir's tun, Bonny. Die ganze Zeit zu wissen, du und ich, wir beide, was da unten...«

»Sei nicht kindisch. Denk einfach nicht mehr daran. Es ist alles weit weg da unten im Keller. Und wir sind weit weg da oben im Schlafzimmer.«

Sie zupfte wieder an ihm, bis sie ihn dazu gebracht hatte, neben ihr nach oben zu gehen.

»Du bist wie ein kleiner Junge, der sich vor der Dunkelheit fürchtet«, neckte sie.

Er sagte nichts mehr.

Im erleuchteten Schlafzimmer beobachtete er sie heimlich, während er sich apathisch und mit schweren Bewegungen auszog. Es ließ sich kein Unterschied zu sonstigen Abenden in der geschäftigen Routine entdecken, mit der sie sich für die Nacht fertigmachte. Wie stets hoben sich gewisse Unterschichten von

Kleidern in unverändert großem, armlosem Durcheinander über ihren Kopf. Wieder fielen die Petticoats auf den Boden hinab, und wieder trat sie seitlich aus ihnen heraus, aus einem nach dem anderen. Wieder fing sich ihr gelöstes Haar innen in ihrem hochkragigen Flanellmorgenrock, wurde wie stets mit einem kleinen Schütteln des geneigten Kopfes befreit und nach außen gebracht. Alle ihre Bewegungen waren ganz normal, ungezwungen.

Sie setzte sich sogar vor den Spiegel und bürstete ihr Haar.

Er sank mit einem welken, kränklichen Gefühl zurück und schloß die Augen.

Sie sagten einander nicht gute Nacht. Sie meinte wohl, er schliefe schon oder fühlte sich vielleicht ein wenig von seinen moralischen Exzessen gekränkt. Zumindest er war froh darüber. Froh, daß sie nicht versuchte, ihn zu küssen. Er hatte ein paar Sekunden lang das eigenartige Gefühl, daß er, wenn sie es versucht hätte, unfreiwillig hochgefahren und zum Fenster gestürzt wäre, um sich da hinauszuwerfen.

Sie löschte die Nachttischlampe, und der Raum wurde dunkel.

Er lag reglos da, so steif, so ausgestreckt wie das, was er vor einer Weile dort unten im Keller in das Erdloch gelegt hatte.

Er *konnte* nicht nur nicht schlafen, sondern hatte geradezu Angst davor. Hätte er einschlafen können, dann hätte er sich selbst daran gehindert. Er hatte Angst, dem Manne zu begegnen, den er ermordet hatte, sobald er nur ein wenig die Grenze zum Schlaf überschritt.

Aber auch sie fand keinen Schlaf, trotz all ihrer Unbekümmertheit. Er hörte, wie sie sich ein paarmal hin und her drehte. Bald darauf gab sie einen verhaltenen Seufzer der Ungeduld von sich. Dann hörte er das Bett leise knarren, als sie sich auf einen Ellbogen hochstützte.

Wieder etwas später wußte er irgendwie, daß sie sich zu ihm

herüberbeugte. Vielleicht aufgrund der Richtung ihres Atems, der ihn streifte.

Ihr seidiges Flüstern drang an sein Ohr.

»Schläfst du, Lou?«

Er hielt die Augen geschlossen.

Er hörte sie aufstehen, sich etwas überziehen. Hörte sie die Lampe aufnehmen und leise mit ihr das Zimmer verlassen, ohne sie angezündet zu haben. Dann vor der Tür, die offen geblieben war, der langsam sich entfaltende Schein des Lichts, als sie die Lampe ansteckte. Der dann wieder schwächer wurde, als sie mit ihr die Treppe hinunterging.

Sein Atem fing an, schneller zu gehen. Verließ sie ihn? War sie dabei, in der Tiefe der Nacht einen Akt der Illoyalität, des Verrats zu begehen? Zutiefst erschrocken, sprengte er plötzlich die erstarrte Form, die ihn umschlossen hatte, sprang selbst auf, warf sich etwas über, kroch vorsichtig hinaus in den Flur.

Er konnte das Licht matt von unten heraufschimmern sehen. Und manchmal ließ sich ein schwaches Geräusch vernehmen, wenn sie sich behutsam in der Küche herumbewegte.

Er tastete sich die Treppe hinunter, Schritt für Schritt, stoßweise atmend, und dann durch die Halle nach hinten, dahin, wo das Licht herkam. Dann trat er in die Tür und stand ihr gegenüber.

Sie saß am Küchentisch im Schein der Lampe, hielt einen Hähnchenschenkel in der Hand und benagte ihn eifrig.

»Ich hatte Hunger, Lou«, sagte sie einfach. »Ich hab ja kein Abendessen bekommen.« Und dann ergriff sie mit einer Hand den leeren Stuhl neben sich und zog ihn einladend unter dem Tisch hervor: »Setzt du dich zu mir?«

47

Der sanfte, aber beharrlich wiederholte Druck ihrer kleinen Hand auf seiner Schulter ließ den Schlaf langsam fadenscheinig werden, nutzte ihn ab. Er schreckte mit einem Ruck hoch.

Und da kam alles wieder, da erinnerte er sich. Wie ein Messer, das auf ihn gewartet hatte, sauste alles auf ihn zu und traf ihn.

»Ich gehe jetzt und besorge die Fahrkarten, Lou. Lou, wach auf, es ist schon zehn vorbei. Ich gehe und besorge die Fahrkarten. Für uns, am Bahnhof. Ich habe die ganze Packerei bereits erledigt, während du noch geschlafen hast. Ich hab dir einen Anzug draußen gelassen, alles andere ist eingepackt... Lou, wach auf, werd endlich munter. Hörst du mich? Ich gehe und besorge die Fahrkarten. Wie steht's mit Geld?«

»Da drüben«, murmelte er leer, die Augen nach innen und auf das Gestern gerichtet. »Gesäßtasche, links...«

Sie hatte es sofort gefunden, als wenn sie's schon gewußt hätte, lediglich zu wollen schien, daß er mitbekam, wie sie es an sich nahm.

»Für welchen Bestimmungsort soll ich sie kaufen? Wohin möchtest du, daß wir fahren?«

»Ich weiß nicht...«, sagte er verschwommen, bedeckte die Augen. »Ich kann dir das nicht sagen...«

Sie warf ihren Kopf kurz zurück, war voller Ungeduld angesichts seiner Schwerfälligkeit. »Dann gehe ich halt nach den Zügen. Der, der zuerst fährt, den nehmen wir.«

Sie trat zu ihm und gab ihm ein flüchtiges kleines Abschiedsküßchen. Der Duft ihres Veilchenwassers umschwebte ihn.

»Sei vorsichtig«, sagte er düster. »Es könnte gefährlich sein.«

»Wir haben Zeit. Es besteht noch keine Gefahr. Wie auch? Es ist ja noch nicht einmal bekannt.« Sie bedachte ihn mit einem zuversichtlichen Achselzucken. »Wenn wir es nur richtig anstellen, gibt's vielleicht nie eine Gefahr.«

Das Rauschen ihrer Röcke wehte über den Boden. Sie öffnete die Tür. Sie bog die Finger, als winke sie ihn zu sich.

»Tschüßchen, mein Geliebter«, sagte sie.

48

Sie schien den ganzen Vormittag fortbleiben zu wollen. Wie konnte denn das so lange dauern, einfach Fahrkarten für den Zug zu besorgen? fragte er sich immer und immer wieder, Höllenqualen schwitzend. Wie? Wie? Selbst wenn man sie zweimal kaufte, ja sogar dreimal?

Er schritt unentwegt auf und ab, und hielt dabei eine Tasse des Kaffees, den sie ihm auf dem Ofen warm gestellt hatte, mit beiden Händen fest umklammert, als fürchte er, sie zu verlieren. Aber die kleinen Dampfwölkchen, die anfangs noch mit sich kräuselnder Trägheit in die Luft aufgestiegen und seinem Lauf gefolgt waren, waren schon längst zunächst immer dünner geworden und dann gänzlich verschwunden. Immer wieder mal nahm er einen hastigen Schluck, wobei er aber eher mit dem Munde zur Tasse hinabtauchte, als diese zu seinen Lippen zu erheben. Er achtete weder auf den Geschmack, noch auf den Grad der Wärme, noch auch darauf, was es überhaupt war.

Sie kam nicht wieder, das war alles. Sie hatte ihn verlassen, hatte allein einen Zug bestiegen und ihn dagelassen, damit er die Folgen seiner Tat selbst trage, so gut er halt dazu in der Lage war. Immer wieder brach ihm bei diesem Gedanken der Schweiß aus, Schweiß, der wie Blut schmerzte, obwohl es doch nur der Tau der Angst war. Dann wiederum erinnerte er sich daran, daß sie ihn ja mit voller Absicht geweckt hatte, bevor sie aus dem Haus gegangen war, was sie wohl sorgfältigst vermieden hätte, wenn sie geplant hätte, ihn zu verlassen – und dann atmete er wieder leichter, legten sich seine Befürchtungen ein wenig. Nur um bald darauf schon wiederzukehren, stärker als zuvor, wie in einer bösen, strafenden Spirale.

Er steckte gerade mitten in diesem inneren Aufruhr, als er sich ganz plötzlich einer von draußen hereinbrechenden Krise gegenübersah – und das ganz allein.

Da war ein Klopfen an der Tür, von dem er sofort wußte, daß es unmöglich das ihre sein konnte, und als er durch eines der seitlichen vorderen Fenster spähte, sich hinter dem Vorhang verborgen haltend, sah er eine leere Equipage und einen Kutscher draußen auf der Straße vor dem Haus stehen, die auf jemand warteten.

Wieder klopfte es an der Haustür. Und als er im Inneren des Hauses näher an sie heranschlich und von der Mitte der Eingangshalle aus einen Blick auf die Glasscheiben im oberen Teil der Tür warf, da waren darauf wie aus dünnem Film die schattenartigen Büsten eines Mannes und einer Frau aufgedruckt, die wartend draußen auf der Schwelle standen.

Seite an Seite, dunkel vor hellem Hintergrund. Der Kegel eines Zylinders, die abwärts geneigte Linie einer Hutkrempe.

Das Klopfen wiederholte sich und schien seine Stimme völlig gegen seinen eigenen Willen in die Falle einer Antwort zu locken. »Wer ist da?« Zu spät versuchte er, das aufzuhalten, zurückzurufen – es war schon heraus.

»Dollard«, antwortete eine tief dröhnende Männerstimme.

Er kannte den Namen nicht, konnte ihn nicht unterbringen.

Entmutigt stand er da und hatte Angst.

Die Stimme draußen erklang von neuem. »Kann ich Sie einen Augenblick sprechen, Mr. Durand?«

Zumindest die Stimme kannte also ihn. Es war kein Irrtum, nein, er war es, der da gewünscht wurde.

Er hätte sich – selbst nachdem er sich zu erkennen gegeben hatte – nicht mehr gerührt, wenn sie ihn nur in Ruhe gelassen hätten.

Aber wieder erklang sein Name. »Mr. Durand.« Und dann das Klopfen, verwirrt jetzt und fragend. Und dann wieder sein Name. »Mr. Durand. Hallo! Mr. Durand?«

Er wurde davon angezogen, als sei er in einen tranceartigen Zustand versetzt worden, ging zur Tür, entriegelte sie und zog sie auf.

Die zinnernen Silhouetten erblühten zu voller Farbigkeit, die Brustbilder zu Gestalten in voller Größe.

Die Frau war dunkelhaarig, blaß, ziemlich schmalgesichtig, aber trotz allem hübsch. Sie trug ein Kostüm aus traubenfarbigem Baumwollsamt, dessen Oberteil mit schwarzem Schnurbesatz verziert war wie die Uniformjacke eines Husars. Der Mann hatte ein rotes Gesicht mit einem kupferfarbenen, über die Mundwinkel herabhängenden Walroßbart, ein Stöckchen über dem gebogenen Arm und eine Hemdbrust, die mit kleinen blauen Vergißmeinnicht verziert war.

Er lüftete seinen Hut vor Durand, mit Rücksicht auf seine Begleiterin, und ließ dabei einen Schädel sehen, der ziemlich kahl und ziemlich sonnengebräunt war.

Durand erkannte ihn zunächst nicht wieder.

»Ich bin Dollard, der Makler, bei dem Sie dieses Haus gemietet haben.«

Er wartete, bereit, das bevorstehende Wiedererkennen mit einem Lächeln zu honorieren, aber es kam keins.

»Mrs. Durand hat mich wissen lassen, daß Sie unerwarteterweise fortgerufen worden sind und das Haus deshalb wieder verfügbar ist.«

Sie war also dort gewesen. Sie hatte selbst daran gedacht.

»Oh«, sagte er benommen. »Oh. O ja. Natürlich.«

Dollard warf ihm einen ziemlich komischen Blick zu, als sei er nicht in der Lage, diesen Mangel an unmittelbarem Verstehen zu begreifen. »Das *ist* doch zutreffend, oder?«

»Ja«, sagte er, sich bewußt, daß er in den wenigen Augenblikken seit seinem Erscheinen an der Tür schon eine Fülle schwerwiegender Fehler gemacht hatte.

»Habe ich wohl Ihre Erlaubnis, dieser möglichen Klientin das Haus einmal zeigen zu dürfen?«

»Jetzt?« murmelte er entgeistert. Er konnte spüren, wie sich seine Brust zusammenzog, als schließe sie sich aus Mangel an Sauerstoff.

Dollard schien die Betonung nicht bemerkt zu haben, sich plötzlich auf seine besten Manieren als Geschäftsmann zu besinnen. »Oh, verzeihen Sie. Mrs. Thayer, darf ich Ihnen Mr. Durand vorstellen?«

Er sah, wie die junge Frau auf die vergessene Kaffeetasse blickte, die er noch immer umklammert hielt, als handele es sich um einen Kelch mit wundersamen, seiner Erlösung dienlichen Kräften. »Ich fürchte, wir sind zu einer nicht sehr gelegenen Stunde gekommen«, meinte sie entschuldigend. »Wir stören Mr. Durand. Sollten wir nicht lieber zu einer anderen Zeit wiederkommen, Mr. Dollard?«

Der Makler jedoch hatte sich inzwischen schon selbst energisch in das Haus eingelassen, und da er sich weigerte, zu ihr zurückzukehren, mußte sie ihm, wenn auch zögernd, dahin folgen, wo er sich befand – und das, während sie noch sprach.

»Ich weiß wohl, wie sehr alles in Aufregung ist, wenn ein Umzug bevorsteht. Die Packerei und all das«, bemerkte sie entschuldigend.

»Ich bin sicher, Mr. Durand hat nichts dagegen«, sagte Dollard. »Wir brauchen ja auch nicht lange.« Und da er es inzwischen ganz unaufdringlich geschafft hatte, die Haustür hinter ihnen dreien zu schließen, gab es kein Zurück mehr.

Sie gingen also nebeneinander durch die Halle, die junge Frau in ihrer Mitte. Dollard schritt mit schwerfüßiger Selbstsicherheit dahin, Durand fast schwankend.

»Das ist die Eingangshalle. Beachten Sie, wie geräumig sie

ist.« Dollard hob schwungvoll den Arm, wie ein Operntenor bei einer hohen Note.

»Die Lichtverhältnisse sind auch sehr gut«, stimmte die junge Frau zu.

Dollard pochte mit einem Stock auf den Boden. »Das feinste Hartholzparkett. Man findet das nicht überall.«

Nach diesem kurzen Aufenthalt setzten sie ihren Weg fort.

»Dies hier ist der hintere Salon«, verkündete Dollard großartig und wiederum mit ausholender Handbewegung.

»Gehören die Möbel Ihnen, Mr. Durand?« fragte sie.

Dollards Antwort setzte sich über jede hinweg, die er sich vielleicht abgerungen hätte, und enthob ihn deshalb der entsprechenden Notwendigkeit. »Die Möbel gehören zum Haus«, stellte er schlicht fest.

Sie nickte zustimmend mit dem Kopf. »Das ist ein recht hübscher Raum. Ja, recht hübsch.«

Sie hatte sich schon halb abgewandt, stand bereits im Begriff, den Salon wieder zu verlassen, als sich Dollard, der sich mit ihr gedreht hatte, noch einmal umblickte, als sei ihm erst jetzt etwas bewußt geworden, was er eigentlich schon vor einer ganzen Weile wahrgenommen hatte, und überraschend mit seinem Stock in den Salon wies.

»Sollte da nicht ein Teppich liegen?«

Der Staubfleck war plötzlich das Auffälligste im ganzen Raum. Im ganzen Haus, in der ganzen Welt. Er leuchtete, als sei er mit Phosphor übermalt. Zumindest Durand erschien er fast weißglühend hell, und er war sicher, daß auch die anderen ihn so sehen mußten. Er konnte fühlen, wie sein Gesicht blaß wurde und sich die Haut über den Backenknochen spannte, als zöge eine grausame Hand sie ihm am Hinterkopf zusammen.

»Wo?« brachte er schließlich heraus.

Dollards Stock klopfte zweimal mit irritierter Betonung auf den Fußboden. »Hier. Hier.«

»Ah«, sagte Durand jämmerlich und zerkrümelte Sätze in dem Versuch, Zeit zu schinden. »Ach, dort... o ja... ich denke, Sie haben... ich muß mal meine Frau danach fragen...« Dann hatte er ganz plötzlich seine Selbstbeherrschung wiedergefunden und seine Stimme war fest, wenn auch noch spröde. »Der wurde rausgeschafft, um mal richtig ausgeklopft zu werden. Ich erinnere mich jetzt.«

»Dann liegt er draußen?« wollte Dollard wissen, und es war, als ob ihm dies nicht so ganz gefalle. Ohne auf eine Antwort zu warten, schritt er zu einem der Fenster, hob die Gardine ein wenig zur Seite und blickte draußen umher. »Nein, dort kann ich nichts sehen.« Er wandte sich wieder Durand zu, als bitte er voller Unbehagen um eine bessere, ihn wirklich beruhigende Erklärung.

Die Lider des letzteren, die sich für einen Augenblick über irgendeiner Krankheit in seinem Inneren geschlossen hatten, öffneten sich wieder – gerade rechtzeitig, um dem durchdringenden Blick des Maklers zu begegnen.

»Er ist in sicherem Gewahrsam«, sagte er. »Er ist irgendwo im Haus. Nur wo, das kann ich im Augenblick nicht genau...«

»Er ist ziemlich wertvoll«, sagte Dollard. »Ich gehe davon aus, daß er nicht gestohlen worden ist. Die Sache muß natürlich noch geklärt werden.«

»Das wird sie«, hauchte Durand fast unhörbar.

Die junge Frau bewegte ganz leicht den Fuß, um nachsichtig daran zu erinnern, daß sie aufgehalten wurde. Das hatte den unmittelbaren Erfolg, Dollard seine augenblicklichen Pflichten ins Gedächtnis zurückzurufen, so daß er das Thema fallenließ.

Er eilte zu ihr hin, faßte mit den Spitzen zweier Finger ihren Ellbogen, um sie höflich zu führen. »Sollen wir weitergehen, Mrs. Thayer? Ich möchte, daß Sie sich als nächstes mal das Obergeschoß ansehen.«

Sie stiegen hintereinander die Treppe hinauf, sie an der Spitze,

Durand als letzter. Sie stiegen langsam höher, und ihm war, als werde jeder ihrer Schritte in sein Herz gestanzt, als träten sie nicht auf die Stufen, sondern darauf herum. Das Rascheln und Zischeln ihrer Röcke klang wie munter sprudelndes Wasser, das durch eine hölzerne Rinne hinabschoß, obwohl es hier ja in die andere Richtung strömte, nämlich nach oben statt nach unten.

»Sie werden bemerken, wie exzellent die Lichtverhältnisse im ganzen Haus sind«, plusterte sich Dollard auf, sobald sie alle wieder auf einer Ebene beieinander waren. Er hakte die Daumen in die Ärmellöcher seiner Weste und gestattete seinen Fingern, zufrieden auf seine Brust zu trommeln. »Hier drin ein eigener kleiner Salon für die Dame des Hauses. Wo sie ihre Näharbeiten erledigen kann, beispielsweise.« Er lächelte gnädig, zwinkerte hinter ihrem Rücken Durand zu, um diesem zu verstehen zu geben, daß er die Frauen kenne und wisse, was ihnen gefiel.

Er war heute offenkundig in guter Verfassung, hatte Freude an den schon so oft bewältigten Pflichten seines Berufes. Durand entsann sich der Freude nur als eines akademischen Begriffs aus einer unbestimmten Vergangenheit. Entsann sich des Wortes, nicht aber der Empfindung. Seine Handgelenke fühlten sich so kalt an, als ob enge Drahtschlingen in ihr Fleisch schnitten, schon längst jede Blutzirkulation unterbunden hätten.

An der Tür des Schlafzimmers wollte sie nicht weiter, zog züchtig den Fuß, den sie zögernd vorgesetzt hatte, wieder zurück, sobald sie den Raum als das identifiziert hatte, was er war.

»Und dieses Zimmer hat einen überaus reizvollen Ausblick«, sprach Dollard achtlos. »Wenn Sie die Güte hätten, hineinzugehen und ...«

Ihre Augen weiteten sich in würdevollem, ernstem Tadel. »Mr. Dollard!« erinnerte sie ihn mit Festigkeit. »Da steht ein *Bett* drinnen. Und ich bin nicht in Begleitung meines Mannes.«

»Oh, Verzeihung, natürlich!« entschuldigte er sich eilfertig und mit seinen Rückzug begleitenden Verbeugungen. »Mr. Durand?«

Die beiden Herren zogen sich zartfühlend ganz bis zur Treppe zurück, um dort auf sie zu warten, und da nun also die Unreinheit der gemischten Gesellschaft beseitigt worden war, betrat sie das Schlafzimmer und inspizierte es ausgiebig.

»Eine wirkliche Dame«, sagte Dollard leise und voller Bewunderung, wobei er höchst pedantisch in die entgegengesetzte Richtung schaute, damit nicht einmal seine Augen ihr auf ihrer unbeaufsichtigten Expedition folgen konnten.

Durands Hand lag zerrend an seinem Hemdkragen, war dort vergessen worden, als er vor ein paar Augenblicken letztmals versucht hatte, seinem Halse Erleichterung zu verschaffen.

Kurz darauf kam sie wieder heraus. Ihre Gesichtsfarbe war ein ganz klein wenig dunkler als bei ihrem Eintritt in das Zimmer, weil drinnen das Bett nicht gemacht gewesen war – aber sie gab keinerlei Kommentar dazu ab.

Sie gingen wieder hinunter – in derselben Reihenfolge, in der sie heraufgekommen waren. Ihre sich in Wellenlinien abwärtsbewegende Hand verließ am Fuße der Treppe das Geländer, und sie wandte sich Dollard zu.

»Sie haben mir alles gezeigt?«

»Ich denke ja.« Vielleicht in dem Glauben, sie sei noch nicht gänzlich von den Vorzügen des Hauses überzeugt, suchte er nach zusätzlichen Anreizen, die er ihr bieten könnte, drehte den Kopf hierhin und dahin. »Alles, bis auf den Keller ...«

Durand verspürte in seiner Leibesmitte einen scharfen Schmerz, fast so etwas wie einen Krampf. Er widerstand dem instinktiven Drang, die Hände in seinen Bauch zu krallen und sich nach vorne zu beugen.

Ihre Augen ruhten glücklicherweise gerade nicht auf ihm, sondern sie schauten in den rückwärtigen Teil des Hauses, wo die Kellertür war, auf die Dollard ihre Aufmerksamkeit gelenkt hatte.

»Er ist ziemlich groß und geräumig. Erlauben Sie, daß ich Ihnen den auch noch zeige? Das wird nur einen kleinen Augenblick in Anspruch nehmen...«

Sie drehten sich um und gingen auf die Kellertür zu.

Durand, der sich einen notwendigen Augenblick lang an den Endpfosten des Geländers geklammert hatte, ließ diesen wieder los und machte einen stolpernden Schritt hinter ihnen her.

Sein Denken drehte sich plötzlich, produzierte Entschuldigungen dafür, daß er sich ihnen in den Weg warf, wie ein Schleifstein Funken. Ratten, sag, daß es da unten Ratten gibt. Sie wird sich fürchten... Spinnen, Schmutz, sie könnte leicht ihre Kleider zerreißen...

»Es gibt kein Licht dort unten«, sagte er heiser. »Sie werden nichts sehen können. Und ich fürchte, Mrs. Thayer könnte sich leicht verletzen...«

Er sprach viel zu abgehackt und viel zu heiser für den intimen, kleinen, nur ellbogenbreiten Durchgang, der sie jetzt alle umschloß. Beide wandten sich erstaunt um angesichts der lauten Eindringlichkeit seiner Stimme – als befänden sie sich in weitaus größerer Entfernung von ihm, als es tatsächlich der Fall war. Schon wenig später aber schienen sie dieser Abweichung keine weitere Beachtung mehr zu schenken.

»Kein Licht in Ihrem Keller?« sagte Dollard mit schmollender Unzufriedenheit. »Sie sollten aber ein Licht in Ihrem Keller haben. Was machen Sie denn, wenn Sie selbst einmal hinuntergehen wollen?« Und sich angesichts dieser Behinderung mit wachsender Verdrießlichkeit umblickend, fiel sein Auge plötzlich auf die Lampe, die einer von ihnen – Bonny oder er, er konnte sich nicht mehr erinnern – unmittelbar neben der Kellertür abgesetzt hatte, als sie gestern abend heraufgekommen waren.

Wieder starb er in seinem Inneren, wie er schon mehrfach im

Verlauf der letzten halben Stunde oder einer sogar noch längeren Zeit gestorben war. Er hatte den falschen Hinderungsgrund gewählt, er hätte Ratten oder Schmutz nehmen sollen.

»Kein Licht, sagten Sie?« rief Dollard aus, die Brauen weit nach oben gezogen. »Wieso, hier ist doch eine Lampe. Oder was soll das sonst sein?«

Alles, was er mit erstickter Stimme zu stammeln vermochte, war: »Meine Frau muß sie dorthin gestellt haben... beim letzten Mal war keine da... Ich erinnere mich, daß ich mich beschwert habe...«

Dollard hatte sie bereits aufgenommen, den Glaszylinder abgezogen. Er hielt ein brennendes Streichholz daran, steckte den Zylinder wieder auf, und die Flamme leuchtete gelblich. Durand erschien sie wie die qualmende, eingesperrte Erscheinung eines rachsüchtigen Geistes, ins Leben gerufen, um ihn zu vernichten.

Er dachte: Soll ich mich umdrehen und aus dem Haus fliehen? Soll ich mich umdrehen und aus der Tür laufen? Warum stehe ich hier noch herum, schaue ihnen über die Schulter, warte darauf, daß sie...? Aber so sehr es ihn auch danach verlangte, kehrtzumachen und zu fliehen – er mußte entdekken, daß er eben das nicht konnte. Seine Füße schienen am Boden festgeklebt zu sein, jedenfalls konnte er sie nicht mehr heben.

Dollard hatte die Kellertür geöffnet. Er trat hindurch und auf den kleinen Treppenabsatz dahinter, stieg dann ein paar Stufen hinab. Der blasse gelbe Schein der Lampe sprang wie etwas Lebendiges verräterisch vor ihm her, den Rest der Stufen hinab und über den Kellerboden, ja sogar an den Wänden empor, wurde aber schwächer und gedämpfter, je mehr sich die Entfernung zur Lampe vergrößerte, bis er schließlich die Kraft verlor, noch irgend etwas zu enthüllen.

Er stieg ein paar weitere Stufen hinab, streckte den Arm mit der Lampe aus und drehte sie langsam, so daß das Licht alle Ecken des Kellers erfassen konnte, wenn auch nur vorübergehend.

»Es sind eingebaute Bottiche da«, sagte er, »für die Wäsche, und ein Boiler, der mit Holz beheizt wird und Ihnen auf Wunsch...«

Er stieg noch weiter hinunter. Er war nun fast schon am Fuße der Treppe angelangt. Mrs. Thayer war oben auf die kleine Bühne getreten, hatte ihre Röcke vorsichtshalber ein wenig angehoben. Durand, dessen eigener Atem in seinen Ohren toste und trommelte, faßte mit beiden Händen nach dem Türrahmen, eine über der anderen, und lehnte Kopf und Schultern dagegen.

Dollard streckte ihr die Hand entgegen. »Möchten Sie nicht noch weiter herunterkommen?«

»Ich denke, ich kann von hier aus genug sehen«, sagte Mrs. Thayer.

Ihr zu Gefallen drehte er sich mit der Lampe um, leuchtete auch in die andere Richtung. Als der reflektierte Lichtstrahl über die Stelle glitt, schien ein dunkles Rechteck, ein Fleck oder Schatten in seine Bahn hinauszuschießen, sich dann wieder zurückzuziehen, als der volle Lichtschein der Lampe daran vorbeiwanderte. Das geschah alles so schnell, daß es aussah, als sei es die Stelle selbst gewesen, die sich bewegt hatte – dank des Vorbeiwanderns der Lampe so schnell, als habe jemand eine Verdunklung mit einem Ruck fortgezogen und sofort wieder darübergeworfen. Plötzlich da – und schon wieder weg.

Das versetzte ihm einen Schock, der das Blut in seinem Herzen zusammendrängte und es zu zersprengen drohte. Und doch schienen die beiden anderen es nicht gesehen oder – wenn – dann nicht als das erkannt zu haben, was es war. Ihre Augen hatten es vielleicht nicht so gesucht wie die seinen.

»Aber ist das nicht der Teppich aus dem Salon oben, über den wir vorhin sprachen?« Dollard verließ die unteren Stufen und ging darauf zu.

Wieder schob sich der dunkler gefärbte Streifen vor, diesmal direkt unter seinen Füßen. Er hielt unmittelbar darüber an, stand mit beiden Füßen darauf, neigte sich leicht nach vorn, dem anderen Gegenstand entgegen, der seine Aufmerksamkeit beanspruchte. »Wie kommt der hier herunter? Klopfen Sie Ihre Teppiche immer im Keller aus, Mr. Durand?«

Durand gab keinen Laut von sich. Er konnte sich nicht mehr daran erinnern, ob irgendwelche Blutflecken auf dem Teppich gewesen waren. Das war alles, woran er denken konnte.

Mrs. Thayer kam ihm taktvoll zu Hilfe.

»Ich selbst mache das auch manchmal. Wenn es draußen regnet, dann muß man ja. Jedenfalls bin ich sicher, daß sich Mr. Durand *darum* nicht selbst kümmert.« Sie lächelte begütigend von einem zum anderen.

»Man kann ja damit auch warten, bis es wieder aufgehört hat zu regnen«, knurrte Dollard. »Und nebenbei, es hat die ganze Woche nicht geregnet, nicht, daß ich mich erinnere ...« Aber er führte diese kritischen Anmerkungen nicht weiter aus.

Eine Sekunde später beobachtete Durand, wie Dollard sich bückte, den Teppich mit beiden Händen ergriff, ihn – zusammengelegt, wie er war – aufhob und sich dann der Treppe zuwandte, um ihn wohl dahin zurückzubringen, wohin er gehörte. Er wollte anscheinend vermeiden, ihn vielleicht dadurch noch schmutziger zu machen, daß er ihn zunächst auf dem staubigen Kellerboden entrollte.

Aber das Licht würde oben ja auch besser sein. Und Durands Atem streifte seinen Rachen so heiß, als käme er direkt aus einem Backofen. Er hätte keine Wörter mehr bilden können, selbst wenn er welche zu äußern gehabt hätte. Sie traten nun beide auf ihrer jeweiligen Seite der Kellertür zurück, um Dollard durchzulassen. Mrs. Thayer mit einem graziösen kleinen Schritt, Durand mit einem unsteten Stolpern, das dankenswerterweise ihrer Aufmerksamkeit entging, oder – wo nicht – halt der männlichen Unfähigkeit zugeschrieben werden konnte, sich auf engem Raum zu bewegen.

Dann drehten sie sich um und folgten dem Teppichträger zurück in den hinteren Salon, wobei sich Durand – unbeobachtet – an der Wand entlangtastete wie ein Gelähmter.

»Das hätte aber auch warten können, Mr. Dollard«, sagte die junge Hausfrau.

»Ich weiß, aber ich wollte doch, daß Sie diesen Raum in seinem besten Zustand sehen.«

Dollard warf die ungesicherte Teppichkante mit leichtem Schwung hoch, ließ sie fallen und entrollte dann, rückwärts schlurfend, den Teppich auf dem Fußboden zu seiner vollen Länge.

Als er das tat, fiel etwas heraus. Etwas Kleines, Unbestimmtes. Das Auge konnte es herausfallen sehen, nicht aber erkennen, um was es sich handelte. Es sprang mit kleinen, klickenden Lauten über das Parkett.

Dollard bückte sich und schnappte mit zwei Fingern nach einer Stelle, an der nichts zu sehen war. Zumindest nicht von dem Punkt aus, an dem die beiden anderen standen. Dann richtete er sich damit auf, was immer es sein mochte, und trat zu Durand.

»Das gehört Ihnen, nehme ich an«, sagte er und sah ihm dabei gerade in die Augen. »Einer Ihrer Kragenknöpfe, Mr. Durand.«

Er warf ihn mit einer kleinen, ruckartigen Bewegung in Durands sich nur zögernd öffnende Hand, die sogleich ihre Finger darüber schloß. Der Knopf war noch warm von Dollards Hand, aber Durand schien es eher so, als sei er noch warm vom Hals des Detektivs. Er fühlte sich an, als ginge der Nagel einer Kreuzigung geradewegs durch das Fleisch seiner Hand, und es hätte ihn nicht überrascht, einen Blutstropfen zwischen seinen gekrümmten Fingern hervorsickern zu sehen.

»Mr. Thayer verliert sie überall in unserem Haus«, warf die freundliche Mrs. Thayer ein, bemüht, ihn aus der Demütigung zu erretten, die es in ihren Augen für ihn bedeuten mußte, daß einer der notwendigen Verschlüsse seiner intimeren Gewänder in ihrem Beisein besprochen wurde. Sie meinte, daß die Männer in dieser Hinsicht wie die Frauen seien, und daß sie, wenn sie selbst irgendeine Sicherheitsnadel oder dergleichen aus ihrer Unterkleidung verloren hätte, wohl auch diesen konsternierten Ausdruck auf dem Gesicht gehabt und verwirrt Halt an der Rückenlehne eines Stuhles gesucht hätte, wie sie es ihn jetzt tun sah.

»Hm!« knurrte Dollard, so als wollte er sagen: *Ich* nicht, nur einem Schlamper passiert das.

Aber er kehrte doch zum Teppich zurück und strich nun seine Falten mit dem Fuß glatt.

Durand stopfte das Beweisstück tief in seine Tasche. Selbst durch die Kleidung hindurch verspürte er ein anhaltendes Brennen. Er nahm die anderen durch seine dicklinsigen, von Angst angespannten Augen nur mehr schwankend wahr und fragte sich, ob er ihnen wohl auch so erschiene. Offenkundig aber nicht, denn ihre Augen zeigten keine plötzliche Aufmerksamkeit oder übermäßige Besorgtheit, wenn sie einmal für kurze Zeit in seine Richtung schauten.

»Ich denke, ich habe Ihnen alles gezeigt«, sagte Dollard endlich.

»Ja, das meine ich auch«, stimmte ihm seine potentielle Klientin zu.

Sie schlenderten daraufhin zur Haustür, und Durand taumelte wie eine Geistererscheinung neben ihnen her. Schließlich erreichte er die Tür und klammerte sich schnell an ihr fest, so daß sich nun alle unerwarteten Unstetigkeiten seines Körpers deren unsicheren Drehbewegungen zuschreiben ließen.

Mrs. Thayer wandte sich ihm zu, lächelte. »Herzlichen Dank. Ich hoffe nur, wir haben Sie nicht gestört.«

»Guten Tag«, sagte Dollard mit knapp bemessener Urbanität, wäre doch mehr davon aus seiner Sicht bei Leuten, die schon bald nicht mehr seine Mieter waren, vergeudet gewesen.

Er eskortierte sie zur Equipage, half ihr hinein, sprach dabei in dem Bemühen beharrlich auf sie ein, sie zum Abschluß eines Vertrages zu überreden. Er war gerade dabei, hinter ihr in die Kutsche zu steigen und – zu Durands unaussprechlicher Erleichterung – mit ihr davonzufahren, als plötzlich Bonny erschien. Sie kam schnell auf dem Bürgersteig dahergegangen, bog dann in den Weg zum Haus hinauf ein und blickte dabei zu ihnen zurück.

Durand öffnete die Tür noch ein Stückchen weiter, um sie hereinzulassen und die Tür dann wieder zu schließen, aber sie blieb in ihr stehen, ließ letzteres nicht zu.

»Um Himmels willen«, sagte er erschöpft, »komm bloß rein, ich bin halb tot.«

»Einen Moment mal«, sagte sie unbewegt. »Er kann dieses Haus nicht vermieten, solange wir nicht eine Freigabe unterzeichnet haben. Hast du ihm die Schlüssel schon ausgehändigt?«

»Nein.«

»Gut«, sagte sie forsch. Zu seinem Entsetzen hob sie den Arm und winkte Dollard zu sich. Sie rief sogar laut seinen Namen. »Mr. Dollard! Noch einen Augenblick, wenn's genehm ist!«

»Ruf ihn doch nicht zurück«, flehte Durand. »Laß ihn gehen, laß ihn doch gehen. Woran denkst du denn?«

»Ich weiß, was ich tue«, sagte sie fest.

Durand, schreckerstarrt, sah den Makler zögernd wieder aus der Equipage steigen und zu ihnen zurückkommen. Er rieb sich in gnädiger Stimmung die Hände. »Ich denke, die Transaktion ist abgeschlossen«, vertraute er ihnen an. »Und das zu erheblich besseren Bedingungen. Sie ist so gut wie entschlossen.«

Durand sah, wie diese Bemerkung ein schlaues, berechnendes Funkeln in Bonnys Augen erscheinen ließ.

»Ja?« sagte sie einschmeichelnd. »Aber da sind noch ein paar Dinge, die Sie vergessen haben, oder nicht? Die Schlüssel und der von uns unterschriebene Rücktritt vom Mietvertrag.«

Dollard kramte hastig in seiner Tasche. »O ja, das habe ich. Aber ich habe das Formular bei mir, und wenn Sie mir die Schlüssel gleich übergeben, so erspart mir das, ihretwegen später noch einmal hierher ...« Er blickte sich zu der wartenden Equipage um. Er war so bestrebt – oder doch fast so bestrebt – von hier fortzukommen, wie Durand bestrebt war, ihn fortkommen zu sehen.

Bonny jedoch schien es gar nicht eilig zu haben. Sie fing das Papier ab, welches Dollard Durand hingehalten hatte, und besah es sich höchstpersönlich. Mit Fleiß ignorierte sie das stumme, verzweifelte Flehen in Durands aufgerissenen Augen. Er wischte sich verstohlen die Stirn.

Sie hob den Kopf. Dann klopfte sie, keinerlei Anstalten machend, es an Dollard zurückzugeben, fragend mit dem Handrücken auf das Papier.

»Und was ist mit dem noch nicht abgewohnten Teil des Mietzinses? Ich sehe hier keine entsprechende ...«

»Nicht abgewohnt? Ich verstehe nicht ganz.«

Sie schützte das Formular vor seiner vorsichtig ausgestreckten Hand, die es wieder an sich zu bringen versuchte. »Die Miete für diesen Monat ist bereits voll bezahlt.«

»Natürlich.«

»Aber heute ist erst der zehnte. Was ist mit den drei Wochen, in denen wir das Haus nicht mehr in Anspruch nehmen?«

»Die müssen Sie abschreiben. Ich kann von bereits geleisteten Zahlungen nichts zurückerstatten.«

»Na schön«, sagte sie giftig. »Aber dann können Sie es auch erst nach dem dreißigsten an jemand anderen weitervermieten.

Sie gehen besser und verständigen die Lady davon, um ihr eine Enttäuschung zu ersparen.«

Dollards Mund öffnete sich erstaunt. »Aber Sie werden doch gar nicht mehr da sein! Sie reisen heute ab. Sie sind doch selbst heute morgen zu mir gekommen und haben mich davon unterrichtet.« Er blickte hilflos zur Kutsche hin, wo die wartende Mrs. Thayer anfing, erste Anzeichen damenhafter Ungeduld zu zeigen. Sie sah forschend zu ihm herüber, hüstelte pantomimisch – aus dieser Entfernung unhörbar – in ihre vorgehaltene Hand. »Kommen Sie, seien Sie vernünftig, Madam. Sie sagten doch selbst...«

Bonny war nicht zu erweichen. Es war sogar ein ganz kleines Lächeln in ihre Mundwinkel geätzt. Ihre Augen weigerten sich, zu Durand hinzuschauen, erriet sie doch die heimlichen, gequälten Zeichen, die er ihr hinter dem Rücken des Maklers zu geben versuchte. »Seien lieber Sie vernünftig, Mr. Dollard. Mein Mann und ich beabsichtigen nicht, Ihnen den größeren Teil einer Monatsmiete zum Geschenk zu machen. Unsere Abreise könnte im Bedarfsfalle sehr wohl verschoben werden. Entweder Sie erstatten uns die überzahlte Miete, oder wir bleiben bis zum Ersten des neuen Monats hier.«

Sie wandte sich absichtsvoll um und betrat die Eingangshalle. Dort blieb sie vor dem Spiegel stehen. Vor den Augen Dollards hob sie die Hände zu ihrem Hut, nahm diesen ab. Dann strich sie sich mit der Hand über die Frisur, um sicherzustellen, daß sie nicht in Unordnung war.

»Schließ doch bitte die Tür«, sagte sie zu Durand. »Und dann komm mit hinauf und hilf mir beim Auspacken unserer Sachen. Guten Tag, Sir!« fügte sie, an Dollard gewandt, pointiert hinzu.

Der Makler sah besorgt zur Equipage, um abzuschätzen, wie lange er es wohl noch wagen könnte, sie warten zu lassen. Dann zu ihr – sie ging nun auf die Treppe zu, als wolle sie hinaufsteigen. Dann wieder, noch schneller, zur Equipage. Und wiederum und noch viel schneller zu ihr. Die Kutsche zumindest stand still, sie aber nicht.

So stolperte er denn an Durand vorbei, der inzwischen schon fast hörbar stöhnte, hinter ihr ins Haus. »Einen Augenblick!« kapitulierte er. »Also gut. Das sind 75 Dollar monatlich. Ich erstatte Ihnen den Betrag für die letzten beiden Wochen, also siebenunddreißigfünfzig.«

Bonny drehte sich um, schenkte ihm ein granitenes Lächeln, schüttelte den Kopf. Dann ging sie weiter, setzte den Fuß auf die unterste Treppenstufe, legte die Hand aufs Geländer. »Heute ist nicht der fünfzehnte des Monats, heute ist der zehnte. Wir haben das Haus nur ein Drittel der Zeit genutzt, für die wir bezahlt haben. Deshalb stehen uns zwei Drittel zu, also 50 Dollar.«

»Madam!« sagte Dollard und fuhr sich mit der Hand über den Schädel, wobei er wohl vergessen hatte, daß da gar kein Haar mehr war, welches er sich hätte raufen können.

»Sir!« echote sie ironisch.

Ein Schatten verdunkelte die offene Tür hinter den dreien – der Kutscher war darin erschienen. »Verzeihen Sie, Sir, aber die Dame sagt, sie könne nicht länger warten...«

»Hier«, sagte Dollard bitter und zerrte Geldscheine aus seiner Brieftasche. »Fünfzig Dollar. Lassen Sie mich hier raus, bevor Sie noch eine Bezahlung dafür verlangen, daß Sie überhaupt in diesem Haus zu wohnen geruht haben!«

»Unterschreib das Papier, Liebster«, sagte sie süß. »Und gib Mr. Dollard seine Schlüssel. Wir dürfen ihn wirklich nicht länger aufhalten.«

Durand schloß hinter dem erbosten Makler die Tür. Dann brach er fast zusammen, fiel gegen die Innenseite derselben. »Wie konntest du das nur tun, wo du doch die ganze Zeit wußtest, was da unter dem Boden liegt, den wir...«, würgte er hervor, an seinem Kragen zerrend. »Was hast du nur für Nerven, was für ein Herz?«

Sie stand auf der Treppe, zählte triumphierend die gebündelten Scheine.

»Ach, aber *er* wußte das doch nicht – und da liegt der Unterschied. Du hast nie gepokert, was, Lou?«

49

Sie ging im Gang des Eisenbahnwaggons voran, er folgte, und der Gepäckträger kämpfte hinter ihnen mit ihrem Handgepäck, drei oder vier Stücke an jedem Arm. Sie hatte den unbeschwerten kleinen Schritt eines Menschen, der schon sehr oft mit der Eisenbahn gefahren ist, gerne reist und weiß, wie man es anstellen muß, wenn man dem ein Höchstmaß an Vergnügen abgewinnen will.

»Nein, nicht dort«, rief sie zurück, als Durand versuchsweise neben einer der mit grünem Plüsch bezogenen Doppelsitze stehengeblieben war. »Weiter hier, auf dieser Seite. Drüben kriegst du die ganze Sonne ab.«

Sie bewegten sich gehorsam weiter, ihrem Wunsche folgend.

Sie trat beiseite und überwachte das Verstauen des Gepäcks – Stück für Stück – im Gepäcknetz über ihnen. Intervenierte nur einmal mit dem Ratschlag: »Tun Sie den leichteren oben auf die anderen drauf. Die zerdrücken ihn sonst nur.«

Als er fertig war: »Ziehen Sie die Sonnenblende noch etwas höher.«

Durand warf ihr über den gebeugten Rücken des Gepäckträgers einen zur Vorsicht mahnenden Blick zu, der besagte, daß sie sich nicht zu auffällig verhalten sollten.

»Unsinn«, beantwortete sie den Blick laut. »Ziehen Sie sie noch ein bißchen höher, Porter. So, so ist's gut.« Dann winkte sie Durand großmütig zu, damit er den Mann für seine Mühen entlohne.

Sie schlängelte sich zu ihrem Sitzplatz, nachdem er in ausreichender Weise vorbereitet worden war, zog ihre Röcke erst seitwärts und drapierte sie dann bequem um sich. Durand schob sich neben sie, das Gesicht blaß und angespannt, als habe er sich auf einem Nagelbrett niedergelassen.

Sie wandte den Kopf und fing an, mit wohlgefälligem Interesse die Szenerie draußen vor dem Fenster zu überblicken, wobei sie den Kopf auf die Hand gestützt hielt.

»Wann fahren wir ab?« fragte sie nach einer Weile.

Er antwortete nicht.

Offenkundig konnte sie sein Spiegelbild in der Glasscheibe sehen. Ohne sich zu ihm umzudrehen, sagte sie undeutlich aus dem Mundwinkel: »Hab dich nicht so. Die Leute könnten denken, du wärst krank.«

»Das bin ich auch«, sagte er schaudernd und blies sich in die Hände, als wolle er sie wärmen. »Das bin ich auch.«

Ihre kleine, spitzenbewehrte Hand schob sich plötzlich im Schutze des Sitzes vor ihnen zu ihm hinüber. »Nimm meine Hand, halt sie einen Augenblick. Wir sind hier weg, bevor du es merkst.«

»Gnädiger Gott«, flüsterte er mit gesenktem Blick, »warum fahren sie nicht endlich los? Worauf warten sie denn noch?«

»Lies etwas«, schlug sie mit gedämpfter Stimme vor, »und denk nicht mehr daran.«

Lies etwas, dachte er verzweifelnd, lies etwas! Er hätte die Buchstaben keines einzigen Wortes so zusammenfügen können, daß sich ein Sinn ergeben hätte.

Die Glocke einer Lokomotive fing an zu läuten, irgendwo vorne, und dann stieß eine Dampfpfeife ihre schrille Warnung aus.

»Na bitte«, sagte sie beruhigend. »Jetzt.«

Es gab einen plötzlichen, gleichsam einleitenden Stoß, der die Reihe der Petroleumlampen erzittern ließ, die oben aus einer die

Wagendecke teilenden Vertiefung herabbaumelten, dann einen zweiten, weniger heftigen – und dann setzte sich der Zug vorwärtsruckend in quietschende Bewegung. Die festgefügte Szenerie draußen verflüssigte sich, begann langsam zu gleiten, hinaus aus der Begrenzung ihrer Fensterscheibe, während auf der anderen Seite unablässig eine neue hereinströmte, ohne Pause. Sie ließ seine Hand los, wandte ihre ganze Aufmerksamkeit diesem Vorgang zu, davon gebannt wie ein Kind.

»Ich liebe das, so unterwegs zu sein«, rief sie aus. »Irgendwohin. Es ist mir ganz gleichgültig, wohin es geht.«

Ein Verkäufer kam langsam den Gang entlang, den Korb über dem Arm, seine Waren ausrufend, womit er die lärmende Konfusion von knirschenden Rädern, knarrendem Holz und dem Summen sich vermischender Stimmen nur noch erhöhte.

»Hier, bitte, meine Damen und Herren. Mineralwasser, frisches Obst, viele leckere Süßigkeiten für Sie und Ihre Kinder. Karamelbonbons, Fruchtgummi, Lakritz. Das wird eine lange, eine staubige Fahrt! Hier, bitte! Hier, bitte!«

Plötzlich riß sie sich vom Fenster los, das sie bisher völlig absorbiert hatte. »Lou«, sagte sie lebhaft, »kauf mir doch eine Apfelsine, ich bin so durstig. Ich lutsche gern an einer Apfelsine herum, wenn ich mit der Eisenbahn fahre.«

Der Verkäufer blieb auf sein zögerndes Zeichen hin stehen.

Sie beugte sich über Durand, kramte und wühlte in dem Korb. »Nein, die da. Die ist viel voller.«

Durand lehnte sich auf seinem Sitz seitwärts, um in seine Tasche zu greifen und ein paar Münzen herauszuholen.

Der Verkäufer nahm eine und zog weiter.

Plötzlich starrte Durand betroffen auf die restlichen Münzen, die er in der Hand behalten hatte. Der Kragenknopf von Downs war dabei, lag da auf seiner Handfläche.

»O Gott!« stöhnte er und warf ihn verstohlen unter die Sitzbank, auf der sie saßen.

50

Ein anderes Hotelzimmer an einem anderen Ort. Und doch das gleiche. Das Hotel hatte lediglich einen anderen Namen, das war alles. Die Szenerie, auf die seine Fenster hinausblickten, hatte einen anderen Namen, das war alles.

Sie aber waren die gleichen zwei, im gleichen Hotelzimmer. Die gleichen zwei Menschen, die gleichen zwei Flüchtigen.

Das, so wurde ihm bewußt, während er sie nachdenklich beobachtete, war das, was ihr Leben von nun an ausmachen würde. Ein anderes Hotelzimmer und dann wieder ein anderes und dann noch ein anderes. Aber immer das gleiche. Eine andere Stadt und wieder eine andere Stadt und dann noch eine andere. Weiter und weiter und weiter – nirgendwohin. Bis sie eines Tages zu ihrem letzten Hotelzimmer kommen würden, in ihre letzte Stadt. Und dann...

Ein kurzes Leben und ein aufregendes, das hatte sie in ihrem Toast an jenem Abend in Mobile gesagt. Sie irrte. Ein kurzes Leben und ein ödes – das hätte sie sagen sollen. Das Muster einer gesicherten Existenz vermag niemals so aufreibend gleichförmig zu sein wie das Muster des Daseins von Flüchtlingen ohne eine Zuflucht. Die Monotonie der Gesetzestreue kann sich nie und nimmer mit der Monotonie des Verbrechertums vergleichen. Das hatte er inzwischen erkannt.

Sie saß dort in einem Viereck aus rotgoldenem Sonnenlicht am Fenster, die Beine übereinandergeschlagen, den Kopf eifrig über ihre Arbeit gebeugt, die darin bestand, ihre Nägel zu feilen. Ihre Arme waren bis zu den Schultern entblößt, und die zahlreichen, rein weißen Kleidungsstücke, die sie anhatte, waren nicht dazu bestimmt, von anderen Augen als den seinen erblickt zu werden. Der geformte Panzer ihres Korsetts war voll und ganz sichtbar, von den Achseln bis gut über die Hüften hinab. Und darüber trug sie nur ein sehr dünnes Schleiergebilde aus Batist, weder ein

Unter- noch ein Ober-, sondern ein Zwischenkleid, »Korsettbezug« genannt (wie er gelernt hatte), das überaus kurz war.

Ihr Haar war offen und fiel lose herab, kleidete ihren Nacken in welliges, feingesponnenes Gelbgold, gab aber zugleich ihrem Schädel oben ein eigentümlich flaches Aussehen, wie man es gemeinhin nur bei jungen Mädchen beobachten kann. Von ihrer normalen Frisur waren nur die Ponyfransen geblieben.

Eine der stiftartigen Zigarren lag brennend und unberührt neben ihr auf der Kante des Frisiertischchens.

Sie spürte seinen langen, grübelnden Blick, hob die Augen und schenkte ihm das komprimierte, herzförmige Lächeln, das für ihren Mund die einzige Form darstellte, in der er ein Lächeln zum Ausdruck bringen konnte.

»Kopf hoch, Lou«, sagte sie, »Kopf hoch, Liebster.«

Sie warf den ihren kurz hoch, um auf das Bild jenseits des sonnenüberfluteten Fensters hinzudeuten. »Mir gefällt's hier. Es ist schön. Und die Leute kleiden sich hier wirklich todschick. Ich bin froh, daß wir hergekommen sind.«

»Sitz nicht so dicht am Fenster. Man kann dich sehen.«

Sie warf ihm einen verständnislosen Blick zu. »Aber wieso denn, hier kennt uns doch niemand.«

»*Das* meine ich nicht. Du bist in Unterkleidern.«

»Oh«, sagte sie. Und dann, als könne sie seine in diesem Punkte übertriebene Pedanterie nicht ganz begreifen: »Aber man kann doch nur meinen Rücken sehen. Niemand kann mein Gesicht sehen und so sagen, *wessen* Rücken das ist.« Sie schob ihren Stuhl gönnerhaft ein winziges Stückchen zurück, mit einem Lächeln, als tue sie das einzig ihm zuliebe.

Selbstzufrieden wandte sie sich wieder für ein paar Augenblicke der Pflege ihrer Fingernägel zu.

»Denkst du ... denkst du manchmal daran?« Er konnte nicht anders, platzte damit heraus. »Belastet dich das?«

»Was?« fragte sie, sah wieder auf. »Ach so, das, damals.«

»Das meine ich, ja«, sagte er. »Wenn ich es doch nur vergessen könnte, so wie du.«

»Ich vergesse das nicht. Ich grüble nur nicht so viel darüber nach.«

»Aber der Akt des Erinnerns selbst, ist das nicht dasselbe wie grübeln?«

»Nein«, sagte sie und drehte in ihrem Erstaunen die Hände mit einem Ruck nach außen. »Ich will dir das erklären.« Sie pochte auf der Suche nach einem veranschaulichenden Bild mit einem Fingernagel gegen ihre Vorderzähne. »Nehmen wir mal an, ich kaufe mir einen neuen Hut. Nun, sobald der gekauft ist, ist er gekauft, und das ist's dann. Ich *erinnere* mich wohl daran, daß ich ihn gekauft habe. Es ist nicht so, daß ich das vergesse. Aber ich grüble nicht darüber nach, halte mich nicht den lieben langen Tag damit auf.« Sie stieß die eine, zur Faust geballte Hand in die offene Innenfläche der anderen. »Ich sage nicht immer und immer wieder vor mich hin ›Ich hab mir einen Hut gekauft‹, ›Ich hab mir einen Hut gekauft‹, verstehst du?«

Er sah sie mit völlig entgeistertem Gesichtsausdruck an. »Du... du vergleichst das, was da an jenem Tag in Mobile geschehen ist, mit dem Kauf eines neuen Hutes?« stammelte er.

Sie lachte. »Nein. Jetzt verdrehst du alles, machst mich schlechter, als ich es bin. Ich weiß, daß es nicht strafbar ist, sich einen neuen Hut zu kaufen, das andere aber wohl. Ich weiß, daß man keine Angst davor haben muß, daß irgend jemand herausfindet, daß man sich einen neuen Hut gekauft hat, während man im anderen Falle diese Angst haben muß. Aber das sollte doch auch nur ein Beispiel sein. Dafür, daß man sich sehr gut an etwas erinnern kann, sich deshalb aber nicht die ganze Zeit Sorgen machen, sich davon nicht das ganze Leben verdunkeln lassen muß. Das ist alles, was ich sagen wollte.«

Aber er war sprachlos. Er konnte einfach nicht über ihr schreckliches Beispiel hinwegkommen.

Sie stand auf und ging langsam zu ihm hin, stand endlich neben ihm, sah auf ihn hinunter und legte eine Hand auf seine Schulter, fast schon mit herablassender Miene. Sicher nicht mit maßloser Bewunderung.

»Möchtest du wissen, wo das Problem liegt, Lou? Ich werde es dir sagen. Der Unterschied zwischen dir und mir ist *nicht* der, daß ich etwa weniger Angst davor hätte, erwischt zu werden. Ich habe genausoviel Angst wie du. Der Unterschied ist der, daß du zuläßt, daß dich dein Gewissen drückt, und ich nicht. Du machst es zu einer Frage von gut oder schlecht, richtig oder falsch. Weißt du, wie bei den Sonntagsschullektionen für Kinder – man kommt in den Himmel oder in die Hölle. Für mich ist das einfach etwas, was geschehen ist, und wozu es nichts mehr zu sagen gibt. Du wünschst dir fortwährend, du könntest zurückgehen und alles ungeschehen machen. Da liegt die Schwierigkeit. Nämlich daß dich dein eigenes Gewissen ständig plagt. Das ist's, was dir zu schaffen macht.«

Sie sah, daß er schockiert war. Sie zuckte ganz leicht die Achseln und drehte sich um. Sie nahm einen Petticoat aus Musselin auf, der zusammengefaltet auf der Bettkante gelegen hatte, schüttelte ihn, daß sich seine Falten kreisförmig öffneten, trat hinein und band ihn sich um die Taille fest. Die groteske Kürze ihrer Bekleidung verschwand, und ihre Extremitäten waren nun wieder in der üblichen Weise bis zum Boden bedeckt.

»Laß dir von mir einen guten Rat geben. Du mußt lernen, die Dinge so zu sehen wie ich, Lou«, fuhr sie fort. »Du wirst erfahren, daß das alles sehr viel einfacher macht. Es ist nichts Gutes und es ist nichts Schlechtes, sondern« – hier machte sie ihm das Zugeständnis, ihre Stimme ein wenig zu senken – »einfach etwas, womit du vorsichtig sein mußt, das ist alles.«

Sie nahm einen zweiten Petticoat auf, dieser aus Taft und mit Spitzen gesäumt, und zog ihn über den ersten.

Er war entsetzt über die erschreckende Entdeckung, die er

allmählich und ganz langsam machte – die Entdeckung, daß sie keinerlei sittliches Empfinden hatte. Sie war in einem sehr buchstäblichen Sinn eine vollkommene Wilde.

»Wollen wir nicht einen kleinen Spaziergang machen?« schlug sie vor. »Es ist ein idealer Tag dafür.«

Er nickte, die Lippen geöffnet, unfähig zu sprechen.

Sie drehte sich nun vor dem Spiegel hin und her, eine Reihe von Kleidern in Schulterhöhe vor sich hin haltend, um über ihre Eignung zu befinden. »Welches soll ich anziehen? Das blaue? Das rehbraune? Oder dieses karierte hier?« Sie schnitt eine kleine schmollende Grimasse. »Ich habe sie alle schon ein paarmal angehabt. Die Leute werden sie langsam kennen. Lou, hol deine Geldkassette hervor, bevor wir aufbrechen, sei ein guter Junge. Ich glaube, es ist wirklich an der Zeit, daß du mir ein neues Kleid kaufst.«

Keinerlei sittliches Empfinden!

51

Die Entdeckung erfolgte mit katastrophaler Plötzlichkeit, obwohl das durchaus nicht der Fall hätte sein müssen. Soeben waren sie noch wohlhabend gewesen, konnte er sich leisten, ihr alles zu bieten, was sie sich wünschte – und im nächsten Augenblick waren sie mittellos, konnten sie kaum noch das Geld für das abendliche Vergnügen aufbringen, dem sie sich gerade hatten zuwenden wollen.

Er mußte sich eingestehen, daß dies nicht so überraschend hätte kommen müssen, sie dies alles keineswegs so unvorbereitet hätte treffen dürfen. Ihnen war nichts gestohlen worden (außer durch ihn selbst), nichts dergleichen. Aber es war auch nichts ergänzt worden. Der Nullpunkt mußte mit Notwendigkeit irgendwann einmal erreicht werden. Das stand schon seit einiger

Zeit drohend bevor – wenn er sich doch nur ein einziges Mal der Mühe unterzogen hätte, Inventur zu machen! Genau das aber hatte er nicht getan. Vielleicht hatte er Angst davor gehabt, eine geheime Angst vor dem nur allzu eindeutigen Ergebnis, zu dem eine solche Zählaktion geführt hätte – zu der Gewißheit nämlich, daß seine Mittel erschöpft waren. Angst vor der Kälte, die sich über das Fest ihrer Tage senken, vor dem Schatten, der ihre Freude trüben würde. Es gab ja immer ein anderes Morgen, um abzurechnen. Und morgen gab es dann immer noch ein Morgen. Und inzwischen schwoll die Musik immer lauter an, drehte sich der Walzer immer schneller, blieb ihnen keine Zeit zum Atemholen.

Jedesmal griff er einfach hinein, hastig, nachlässig, ohne nachzuzählen, wieviel er jeweils herausgenommen hatte. Solange noch etwas da war, war alles in Ordnung. Eine Sache, um die man sich bei nächster Gelegenheit einmal kümmern mußte. Und nun war diese nächste Gelegenheit zur letzten geworden, jenseits derer es keine nächste mehr gab.

Sie hatten gerade ausgehen wollen. Wirbel von Duftwolken breiteten sich hinter ihr aus wie das in prunkender Pracht aufgespannte Rad eines unsichtbaren weißen Pfaus, und eine Flutwelle elektrischer Funken umgab ihren Aufbruch. Sie stopfte sich ein mit schaumigen Spitzen besetztes Taschentuch in die Manschette ihres Handschuhs, während er noch damit beschäftigt war, hinter ihnen die Gaslichter in der Wohnung zu löschen. Sie wurde umrauscht von mandarinenfarbigem Taft, der mit Sealstreifen besetzt war, und orangenfarbene Federn schlängelten sich wie die Tentakel eines lebendigen Wesens über ihren Hut. Sie stand schon in der offenen Tür ihrer Suite, wünschte sich sehnlichst, endlich fortzukommen, wartete nur noch einen Moment ab, damit er sie einholen und die Tür hinter ihnen abschließen könne, und nahm diese Verzögerung nur ungern hin.

»Hast du auch genug Geld dabei, Schätzchen?« fragte sie umgänglich. Und ließ das irgendwie so bezaubernd häuslich klingen – ganz die Frau, die sich um das Wohlergehen ihres Mannes sorgt und die ebensogut hätte fragen können »Bist du auch warm genug angezogen?« oder »Hast du den Hausschlüssel eingesteckt?«, obwohl der Zweck ihrer Frage keineswegs häuslicher Natur, sondern das genaue Gegenteil davon war.

Er konsultierte seine Brieftasche.

»Nein, wie gut, daß du mich daran erinnert hast«, sagte er. »Ich werde noch etwas holen müssen. Dauert nur eine Sekunde, ich werde dich nicht lange aufhalten.«

»Das macht doch nichts«, willigte sie gnädig ein. »Wenn man erst später hinkommt, dann sind die Chancen viel größer, daß alle sehen, was man trägt.«

Sie stand noch in der Tür, klopfte müßig mit dem zusammengefalteten kleinen Fächer, der mit einer seidenen Schlinge an ihrem Handgelenk befestigt war, auf die empfangende Fläche der anderen Hand, als er aus dem Schlafzimmer zurückkam, in das er geeilt war.

Als sie ihn kommen sah, beugte sie die Knie ein wenig, hob den weiten Saum ihres Rockes leicht an und griff hinter sich nach dem Türknauf, bereit zum Aufbruch und diesmal willens, an seiner Stelle die Tür hinter ihnen zuzuziehen.

Dann bemerkte sie aber, daß sich sein Schritt verändert hatte, nun zögernd war, kraftlos, nicht mehr so wie vorhin, als er forsch hineingegangen war.

»Was ist los? Etwas nicht in Ordnung?«

Er hielt zwei einzelne Geldscheine in der Hand, halb von sich weg, als wisse er nicht recht, was er damit anfangen solle.

»Das ist alles, was noch da ist. Das ist alles, was wir noch haben«, sagte er benommen.

»Du meinst, es ist weg, ist gestohlen worden?«

»Nein, wir haben alles aufgebraucht. Wohl schon länger, aber ich hab's nicht bemerkt. Ich hab den Haufen kleiner werden sehen, ja, aber ... ich hätte genauer hinschauen sollen. Ich hab halt jedesmal einfach hineingelangt und ... da schien immer noch was da zu sein. Bis eben habe ich nicht gewußt, daß ... das alles ist ...« Er hob die Hand mit den Geldscheinen hilflos hoch, ließ sie wieder sinken.

Er blieb reglos stehen, sah jetzt sie an, nicht mehr das Geld, als ob sie ihm die Antwort geben könnte, die zu geben er selbst nicht in der Lage war. Sie erwiderte seinen Blick, aber sie sagte nichts. Sie schwiegen beide.

Ihre Lippen hatten sich zwar geöffnet, dies aber wohl eher zu einer Art innerer Lagebeurteilung, denn kein hörbares Wort kam über sie. Nur ein bißchen Atemluft strömte hindurch, hauchte ein sanftes, wortloses »Oh« des Begreifens.

Schließlich ließ ihre Hand den Türknauf wieder los, sank mit einem kleinen, schwunglosen Klaps der Frustration gegen ihre Seite und daran hinab.

»Und was sollen wir nun tun?« fragte sie.

Er antwortete nicht.

»Bedeutet das, daß wir ... jetzt nicht gehen können?«

Er sah sie wieder an, antwortete noch immer nicht. Er sah an ihr herab, vom Kopf bis zu den Füßen. Sah, wie hübsch sie sich zurechtgemacht hatte, wie bis ins kleinste Detail vollkommen das Kunstgebilde war, welches sie für die öffentliche Präsentation hergestellt hatte. Oder besser: Welches sie hatte präsentieren wollen, wenn ihr eine Gelegenheit dazu gegeben worden wäre.

Plötzlich riß er sich hoch, griff zielstrebig – und trotzig – nach seinem Hut.

»Ich werde um einen Kredit bitten. Wir haben genug ausgegeben, wo immer wir auch waren, da sollten sie uns einen solchen doch wohl einräumen.«

Jetzt war sie es, die sich nicht bewegte, die dort an der Tür stehenblieb. Sie sah nachdenklich auf etwas hinab, was da gar nicht zu sehen war. Endlich schüttelte sie ganz leicht den Kopf, und ein freudloses Lächeln veränderte den Ausdruck ihres Mundes. »Nein«, sagte sie. »Das ist nicht dasselbe. Es würde jetzt alles nur verderben, dieses Wissen. Und außerdem behandeln sie dich mit weit weniger Achtung, wenn du darum bittest. Oder sie fangen nach ein paar Tagen schon an, dir nachzujagen, und du bist doppelt so übel dran wie vorher.«

Sie trat von der Tür zurück. Dann schloß sie diese, nun aber vor – und nicht hinter – sich. Und als sie dies tat, stieß sie sie kaum merklich von sich weg – sollte sie sich doch selbst in die gewünschte Position bewegen! Er versuchte zu erkennen, ob sich hinter dieser Geste schlechte Laune verbarg, konnte sich aber nicht schlüssig werden. Sie hätte auch nicht mehr bedeuten können als eine gewisse unbekümmerte Mißachtung ihres Dilemmas, als einen Versuch, ihm zu zeigen, daß es ihr ganz gleichgültig war, ob sie nun ausgingen oder nicht. Aber selbst wenn darin keine Verstimmung lag, so war der Gedanke an eine solche doch in seinem Kopf aufgetaucht, hatte gleichsam schon die Szene betreten.

Er beobachtete, wie sie mit langsamen Schritten auf ihren Platz vor dem Frisiertisch zurückkehrte, auf dem sie gerade erst eine knappe Stunde gesessen hatte. Nun aber wandte sie dem Spiegel ihren Rücken zu, nicht ihr Gesicht. Die Vorgänge von vorhin hatten jetzt die umgekehrte Reihenfolge – sie entledigte sich mit schlaffen Bewegungen all der Dinge, mit denen sie sich noch vor einer kleinen Weile so voller Eifer ausstaffiert hatte. Ihre Handschuhe fielen fadenartig über ihre Schultern hinweg auf den Frisiertisch. Ihnen folgte der unbenutzte Fächer, der Fächer, der keinerlei Gelegenheit erhalten hatte, seine Wirkung bei stilisiert betörendem Einsatz zu erproben. Dann nahm sie das winzige Hütchen mit den orangefarbenen Federn vom Kopf, warf es (nicht gewaltsam, sondern mit philosophischer Entsagung) zur Seite, so daß es auf den Sitz eines in der Nähe stehenden Stuhles niederfiel. Dabei hoben sich die Federranken für einen Augenblick schwankend über dem Hütchen in die Höhe wie Pflanzen auf dem Meeresboden, die sich in der Strömung des Wassers bewegen, und sanken dann wieder herab.

»Du könntest eigentlich auch die Lampen wieder anstecken«, sagte sie gleichgültig. »Wenn wir nun schon dableiben müssen.«

Sie hob, einen nach dem anderen, die Füße hoch und zog, sie von hinten ergreifend, ihre bronzefarbenen Satinschuhe mit den gewundenen Absätzen à la Louis xv. aus, die ganze sieben Zentimeter hoch waren, waghalsig hoch, was aber wohl angesichts ihrer Figur verzeihlich war. Ließ sie dann fallen, wohin sie fallen wollten, und setzte ihre bestrumpften Füße zurück auf den Boden, so, wie sie waren.

Und zu guter Letzt ließ sie, irgendein gewisses Etwas in ihrem Rücken öffnend, ihr Kleid sich weiten und dann, von seinem eigenen Gewicht gezogen, hinabgleiten bis zu ihrer sitzend gebeugten Hüfte, und saß nun, halbwegs noch drinnen und halbwegs draußen, höchst liederlich da. Ganz so, als tue sie das mit Fleiß.

Es ließ ihn nicht unberührt, dabei zusehen zu müssen, wie sie das vollendete Kunstwerk, welches sie so geschickt und mit solcher Sorgfalt geschaffen hatte, wieder auseinandernahm. Schwerer, als alle laut erhobenen Vorwürfe das je hätten tun können, traf ihn der stumme Tadel, der in ihrem Verhalten zum Ausdruck kam.

Die Hände in die Taschen versenkt, blickte er zu Boden und fühlte sich klein und gedemütigt.

Sie nahm jetzt die Perlenkette ab, die ihren Hals umschlossen hatte, ließ sie leise klirrend in ihre Hand rieseln, warf sie wieder hoch, als wiege sie sie, und fing sie, da sie sie als zu leicht befunden hatte, in der Handfläche wieder auf.

»Helfen die? Du kannst sie haben, wenn du magst.«

Sein Gesicht wurde weiß, als habe er sich in seinem Inneren eine schwere Verletzung zugezogen. »Bonny!« sagte er angespannt und befahl ihr: »Sag so etwas nie wieder zu mir!«

»Ich meinte ja nur so«, sagte sie begütigend. »Du hast doch mehr als hundert dafür bezahlt, nicht wahr? Da dachte ich mir halt...«

»Wenn ich dir etwas schenke, dann gehört es dir.«

Sie schwiegen ein Weilchen, blickten in entgegengesetzte Richtungen. Er sah zum Fenster hin und auf den unpersönlichen, weit entfernten Abend da draußen. Sie zur Tür und (mag sein) auf den ihr einladend zuwinkenden Abend dahinter.

Nach einer Weile zündete sie sich eine Zigarre an. Sagte dann, von unmittelbar einsetzenden Gewissensbissen bewegt: »Oh, ich vergaß. Du magst ja nicht, wenn ich das tue.« Und drehte sich um, um sie wieder auszumachen.

»Mach sie nicht aus«, sagte er abwesend. »Rauch sie zu Ende, wenn du willst.«

Sie machte sie dennoch aus.

Sich wieder umwendend, hob sie ein Knie hoch, umfaßte es mit beiden Händen und lehnte sich bequem zurück. Aber schon bald – und wiederum voller Reue – gab sie diese Stellung wieder auf. »Oh, ich vergaß. Du magst ja nicht, wenn ich das tue.«

»Das war doch vorher, als du noch die angebliche Julia warst«, sagte er. »Jetzt ist das doch etwas anderes.«

Plötzlich sah er sie mit verdoppelter Aufmerksamkeit an und fragte sich mit einiger Verspätung, ob das wohl eine neue Form war, ihn zu tadeln, ihn dadurch zurechtzuweisen, daß sie ihn beständig an seine frühere Kritik an *ihr* erinnerte. Ihr Gesicht erschien jedoch relativ arglos, ja, sie schien nicht einmal zu bemerken, daß er sie ansah. Die Winkel ihres nichtssagenden Mundes waren in selbstgefälliger Zufriedenheit nach oben gezogen.

»Es tut mir leid, Bonny«, sagte er endlich.

Sie wandte ihre Aufmerksamkeit wieder ihm zu – von wo immer sie soeben herumgewandert sein mochte. »Es macht mir nichts«, sagte sie gelassen. »Mir ist das alles schon mal passiert. Aber für dich ist es das erste Mal, und das macht es so hart.«

»Du hast noch gar nichts zu Abend gegessen«, bemerkte er kurze Zeit später. »Und es geht schon auf acht.«

»Das ist wahr«, stimmte sie fröhlich zu. »Wir können doch noch was essen, oder nicht?«

Wiederum fragte er sich, ob das vielleicht eine indirekte Verhöhnung sein sollte – aber wieder schien nur er so zu denken. Dennoch war der Gedanke da – und er mußte ja irgendwo hergekommen sein.

Sie stand auf, ging zur Wand neben der Tür hinüber und nahm den Sprachtrichter herab. Sie blies in die Öffnung hinein, und ein Pfeifton wanderte in die Tiefe bis zu seinem Bestimmungsort unten im Hause.

»Schicken Sie doch bitte einen Zimmerkellner herauf«, sagte sie. »Wir sind in Suite 12.«

Als der Mann erschienen war, bestellte sie, ohne Durand noch weiter zu befragen.

»Bringen Sie uns etwas *Kleines*«, sagte sie. »Wir sind nicht sehr hungrig. Ein Hammelkotelett für jeden, das wäre völlig ausreichend. Keine Suppe, kein Dessert...«

Wieder suchten Durands Augen ihr Gesicht, um zu ergründen, ob sie für ihn bestimmt gewesen war, diese ironische Hervorhebung. Aber ihr Blick begegnete dem seinen nicht.

»Ist das alles, Madam?«

»Ach ja, noch eins. Bringen Sie uns doch ein Kartenspiel mit. Wir möchten den heutigen Abend hier verbringen.«

»Wozu willst du das denn haben?« fragte Durand, sobald sich die Tür geschlossen hatte.

Sie wandte sich ihm zu und lächelte süß. »Um Streit-Patience zu spielen«, sagte sie. »Ich bringe dir das Spiel bei. Es gibt nichts Besseres, um sich die Zeit zu vertreiben.«

Er reagierte nicht sofort. Die Reaktion war langsam, brauchte vier bis fünf Minuten, bis sie endlich sichtbar da war.

Ganz plötzlich ergriff er eine Nippesfigur aus Biskuitporzellan, die auf dem Mitteltisch stand, hob sie mit all seiner Kraft und zusammengepreßten Lippen hoch und schleuderte sie an die gegenüberliegende Wand.

Sie mußte derartige Gewaltausbrüche gewohnt sein. Sie zuckte nicht mit der Wimper, ja, ihre Lider hoben sich kaum weit genug, um sie erkennen zu lassen, was es gewesen war.

»Sie werden uns das in Rechnung stellen, Lou. Wir können uns so etwas jetzt nicht mehr leisten.«

»Ich fahre morgen nach New Orleans«, sagte er mit einer von wilder Entschlossenheit ganz belegten Stimme. »Ich nehme den ersten Zug. Du wartest hier auf mich. Ich werde wieder Geld für dich haben, du wirst sehen. Ich werde es mir bei Jardine holen.«

Ihre Augen waren jetzt weiter geöffnet, aber ob aus Gründen einer tiefen Besorgnis, ließ sich nicht sagen. »Nein!« entgegnete sie entsetzt. »Du kannst da nicht hin. Du darfst nicht. Wir werden gesucht. Sie werden dich schnappen.«

»Besser das, als hier so weiterzumachen, wie ein Hund zu leben.«

Da lächelte sie ein echtes Lächeln, strahlend hell und nicht schablonenhaft blaß. »Das war die richtige Antwort. Ich liebe Männer, die das Risiko nicht scheuen.«

52

Jardine wohnte in der Esplanade Avenue. Durand konnte sich noch gut an das Haus erinnern. In seinen Junggesellentagen war er an manch einem Sonntagabend zum Essen dort gewesen und zum »Ehrenonkel« von Jardines kleiner Tochter Marie geworden.

Das Haus war unverändert. Es waren ja auch nicht die Häuser, die sich wandelten, dachte er wehmütig, sondern die Menschen. Es war noch immer ein ehrliches, freundliches, offengesichtiges Haus. Er hätte auch gut zwei oder drei Jahre früher mit einer kleinen Tüte Bonbons für Marie in der Hand davorstehen können. Aber das tat er nicht.

Er stand, nachdem er geklopft hatte, da auf der Schwelle und hielt sich ein Taschentuch vor die Nase, als leide er an einer schweren Erkältung. Er tat dies jedoch nur, um soviel von seinem Gesicht zu verbergen wie nur irgend möglich. Aber noch während er eben dies zu bewerkstelligen trachtete, ging ihm durch den Sinn, wie vergeblich doch eigentlich solche Vorsichtsmaßnahmen waren. Alle, die ihn auch nur flüchtig kannten, würden ihn auch von hinten erkennen, auch ohne sein Gesicht zu sehen.

Bevor sich die Tür noch öffnete, hatte er deshalb seinen Versuch wieder aufgegeben, das Taschentuch von der Nase genommen und eingesteckt.

Noch immer war die Farbige namens Nelly bei ihnen, die er sofort wiedererkannte, als sie ihm jetzt die Tür öffnete.

Ihr Gesicht hellte sich bei seinem Anblick auf, und sie hob die Hände überrascht bis in Schulterhöhe. »Aber nu sieh ma einer an, wer da is! Also, ich sag ja! Der Mr. Lou! Sie *sind* mir aber 'n Fremder!«

Er lächelte ein wenig beklommen, sah unbehaglich die Straße hinunter.

»Ist Mr. Allan schon vom Büro zurück?«

»Nee, Sir, noch nich! Aber kommen Se doch trotzdem rein. Er wird ja bald da sein. Miss Gusta, die is da. Und die junge Miss Marie auch. Die wern sich beide wahnsinnig freun, Sie zu sehn, das will ich mein.«

Er trat über die Schwelle, zögerte dann. »Nelly, sagen Sie ... sagen Sie ihnen nicht, daß ich da bin ... noch nicht. Ich muß erst einmal Mr. Allan geschäftlich sprechen. Lassen Sie mich ganz einfach irgendwo hier unten warten, bis er kommt, und sagen Sie nichts ...« Er ertappte sich dabei, daß er den Hut in der Hand drehte, ganz wie ein Bittsteller, und hörte schnell damit auf.

Nellys Gesicht nahm einen vorwurfsvollen Ausdruck an.

»Sie wolln nich, daß ich Miss Gusta sage, daß Se vorbeigekomm sind?«

»Noch nicht. Ich muß erst allein mit Mr. Allan sprechen.«

»Nu, dann komm Se innen Salon und machn Se's sich bequem. Ich werd ma die Lampe anmachen.« Ihre Überschwenglichkeit war dahin, sie gab sich jetzt ein bißchen kühler. »Soll ich Ihrn Hut nehm?«

»Nein, danke, ich behalte ihn.«

»Wenn Se was brauchn, während Se hier warten, klingeln Se einfach nach mir, Mr. Lou.«

»Das wird nicht nötig sein.«

Sie warf von der Tür aus noch einen Blick auf ihn zurück, ging dann hinaus.

Er bewegte sich, das war ihm klar, auf sehr dünnem Eis. Sie alle, auch Jardine selbst, könnten davon erfahren haben und ihn verraten, seine sofortige Festnahme veranlassen. Er war ihnen ausgeliefert. Er setzte sein Vertrauen in sie, ohne die Sicherheit zu haben, daß er ihnen wirklich vertrauen konnte. Freundschaft? Ja, zu einem ganz normalen Menschen von ihrer Art. Aber Freundschaft zu einem Manne, der als Mörder gebrandmarkt war? Das waren zwei ganz verschiedene Dinge, das war ganz und gar nicht dasselbe.

Er hörte eine wohlbekannte Frauenstimme glockenhell von irgendwo oben herabrufen: »Wer war das, Nelly?«

Bei dem kurzen Zögern Nellys schloß sich sein Griff unfreiwillig fester um die sich immer noch nervös drehende Hutkrempe, hielt sie einen Augenblick lang an.

»'n Herr, der Mr. Jardine geschäftlich zu sprechen wünscht.«

»Wollte er warten?«

Nelly wich mit Geschick einer Lüge aus. »Ich hab ihm gesagt, er is noch nich da.«

Die Stimme von oben, noch hörbar, aber nicht mehr so hoch, sondern gedämpft zum Gespräch mit jemandem, der sich auf der gleichen Etage befand, ließ sich mit der Bemerkung vernehmen: »Wie merkwürdig, hierherzukommen, statt ins Büro deines Papas zu gehen.« Woraufhin sie sich zurückzog und es zu keiner weiteren Äußerung mehr kam.

Durand saß in dem leuchtenden Glanz des Salons und starrte wie gebannt auf ein kleines handgemaltes Zweiglein von Immergrün auf dem Lampenschirm, welches zwischen ihm und dem weißen Schein, der überall darum herum aus dem Schirm hervorleuchtete, aufgehängt zu sein schien.

Das ist's, was Zuhause bedeutet, dachte er. Nichts geschieht hier, nichts Böses. Man kehrt straflos dahin zurück, geht frei davon fort, schaut der Welt offen ins Gesicht. Und Mord, also der Tod eines Menschen durch die Hand eines anderen – der kommt nur in der Bibel vor, in den Geschichtsbüchern, der ist Sache der Großen, der Könige der Vergangenheit. Gehört in die Passagen, die man vielleicht übersprang, wenn man den Kindern vorlas. Cortez und die Borgias und die Medicis, Dolche und Gifte, lange her und weit weg. Das hat nichts mit einem hellichten Tag dieses 19. Jahrhunderts, nichts mit dem eigenen Leben zu tun.

Das sollte mein Zuhause sein, dachte er. Ich meine, mein Zuhause sollte so aussehen wie das dieses Mannes. Warum bin ich dessen beraubt worden? Was habe ich falsch gemacht?

Wieder ließ sich oben die Stimme der Frau vernehmen, die mit wohltuender Festigkeit von einem Raum in einen anderen hinüberrief: »Marie, dein Haar, Liebes, und deine Hände. Papa wird nun bald heimkommen.«

Und eine jüngere, höhere Stimme antwortete: »Ja, Mama. Soll ich mir heute abend ein Band ins Haar tun? Papa mag das.«

Und unten wehten irgendwo aus den rückwärtigen Gefilden des Hauses abwechselnd sinnliche Duftwölkchen von Reis und Gemüse und würzigem Bratenfett zu ihm herein.

Das ist das, was ich mir immer gewünscht habe, dachte er. Warum nur habe ich das verloren? Warum ist es mir genommen worden? Alle anderen haben es. Womit habe ich Anstoß erregt? *Wen* habe ich gekränkt?

Jardines Schlüssel drehte sich klickend im Schloß der Haustür, und Durand wandte sich schnell in seinem Stuhl herum, um die offenstehende Tür vor sich zu haben und bereit zu sein, wenn er auf seinem Wege nach hinten an ihr vorbeiging.

Da war ein letztes Mal für diesen Tag sein Stock zu hören, als er ihn mit einem leichten Schlag in den Ständer stellte, und etwas wie der dunkle Laut einer Trommel, als er seinen Hut an einen Haken der Garderobe hängte.

Dann erschien er, das Gesicht treppenwärts der Familie zugekehrt, den hüftlangen, senffarbenen Mantel aufknöpfend, den er noch anhatte.

»Allan«, sagte Durand mit behutsamer Stimme, »ich muß mit dir reden. Hast du ein paar Minuten für mich? Ich meine, bevor du ... noch vor der Familie?«

Jardine wandte sich ihm abrupt zu, erkannte ihn dann. Er kam herein, die Hand ausgestreckt, um die des Freundes zu schütteln, aber sein Gesicht hatte schon einen ernüchterten Ausdruck angenommen, zeigte die Beunruhigung durch Durands eröffnende Bemerkung.

»Was machst denn du hier? Wann bist du zurückgekommen? Weiß Auguste, daß du da bist? Warum lassen sie dich hier so allein herumsitzen?«

»Ich bat Nelly, nichts zu sagen. Ich muß dich erst einmal unter vier Augen sprechen.«

Jardine zog an einem Veloursband, an dessen Ende ein dünner Messingring befestigt war. Ging dann zur offenen Tür zurück, sah hinaus, und sagte, als sie auf sein Klingeln hin kam, mit einer Schroffheit, die seine Befangenheit verriet: »Warten Sie noch ein paar Minuten mit dem Abendessen, Nelly.«

»Ja, Sir. Ich hoff nur, die beiden Herrn werden dran denken, daß es nich schmackhafter wird vom Warten.«

Jardine breitete die Arme aus und zog die Flügel der Schiebetür zum Salon zu, schloß sie ab. Daraufhin kam er zu Durand zurück, stand nun vor ihm und sah ihn fragend an.

»Schau, Allan, ich weiß gar nicht, wie ich anfangen soll...«

Jardine schüttelte den Kopf, als befriedige ihn der Zustand des anderen ganz und gar nicht. »Würde ein Drink dir die Sache erleichtern, Lou?«

»Ja, ich glaube schon.«

Jardine goß ein, und sie tranken.

Dann stand er wieder da und schaute auf Durand in seinem Stuhl hinab.

»Irgend etwas ist also nicht in Ordnung, Lou.«

»Ganz und gar nicht.«

»Wo bist du denn hingefahren? Wo hast du die ganze Zeit gesteckt? Nicht ein Wort davon zu mir. Ich habe buchstäblich nicht gewußt, ob du eigentlich tot bist oder lebst...«

Durand brachte den Strom der Fragen mit einer halbherzigen Hebung der Hand zum Versiegen.

»Ich bin wieder mit ihr zusammen«, sagte er nach kurzem Schweigen. »Ich kann nicht nach New Orleans zurück. Frag mich nicht, warum. Deshalb bin ich auch nicht hergekommen.« Dann fügte er hinzu: »Hast du gar nichts in der Zeitung gelesen, nichts, was dir das alles erklären könnte?«

»Nein, ich habe keine Ahnung, wovon du sprichst.«

Hat er wirklich keine? fragte sich Durand. Weiß er tatsächlich nichts? Sagt er die Wahrheit? Oder ist er einfach zu zartfühlend, zu rücksichtsvoll, um mir zu sagen...

Jardine besah sich sein Glas, trank es aus, sagte: »Ich möchte nichts wissen, was du mir nicht von dir aus mitteilen möchtest, Lou. Jeder Mensch lebt sein eigenes Leben.«

Das galt auch für Downs, ging es Durand durch den Kopf. Bis ich...

»Na gut, dann laß uns zum Grund meines Hierseins kommen«, sagte er mit einer Forschheit, die er durchaus nicht verspürte. Er drehte sich wieder ein Stückchen im Stuhl herum, um den anderen anblicken zu können. »Wieviel würde unser Geschäft nach dem heutigen Stand erbringen, Allan? Ich meine, wie könnte ein fairer Preis aussehen, wenn da jemand daherkäme und...«

Jardine wurde blaß. »Du denkst an einen Verkauf, Lou?«

»Ich denke an einen Verkauf, Allan, ja. An dich, wenn du meine Anteile übernehmen möchtest. Magst du? Kannst du?«

Jardine schien keiner sofortigen Antwort fähig zu sein. Er fing an, langsam auf und ab zu gehen, auf kurzem, geradem Weg direkt neben dem Stuhl, in dem Durand saß. Er verschränkte die Arme. Dann legte er die Hände auf dem Rücken über seinen beiden Gesäßtaschen ineinander und ließ den Saum seines Mantels darüberfallen.

»Bevor wir weiterreden, solltest du wohl noch folgendes wissen«, fuhr Durand fort. »Ich kann an gar keinen anderen verkaufen, *nur* an dich. Ich kann nirgends in Erscheinung treten, um Verkaufsverhandlungen zu führen. Ich kann mich an keinen anderen wenden. Der Notar wird hier in dein Haus kommen müssen. Die ganze Sache muß völlig geräuschlos über die Bühne gehen.«

»Warte doch wenigstens noch ein paar Tage«, drängte Jardine. »Denk noch einmal darüber...«

»Ich *habe* keine paar Tage mehr, um zu warten!« Durand bewegte in verzweifelter Ungeduld langsam den Kopf von einer Seite zur anderen. »Verstehst du nicht? Muß ich deutlicher werden?«

Noch ein paar Augenblicke, und es ist zu spät, ermahnte er sich selbst. Wenn ich ihm erst einmal alles gesagt habe, hat er mich völlig in seiner Gewalt. Was ich ihm verkaufen will, würde eines Tages wegen Nichtwahrnehmung meiner Pflichten sowieso an ihn fallen. Er müßte nur zu diesem Klingelzug dort hinübergehen und ...

Er sprach aber doch weiter und sagte es ihm, ließ dem warnenden Gedanken kaum Zeit genug, seine Mahnung vorzutragen.

»Ich bin auf der Flucht, Allan. Ich bewege mich außerhalb des Gesetzes. Ich habe alle meine bürgerlichen Rechte verloren.«

Jardine blieb wie gelähmt stehen. »Großer Gott«, flüsterte er.

Durand schlug sich mit einer Art wütender Verzweiflung auf den Schenkel. »Es muß noch heute abend erledigt werden. Jetzt. Es kann nicht länger warten, *ich* kann nicht. Es ist schon ein Risiko, daß ich mich so lange hier in der Stadt ...«

Jardine beugte sich über ihn, ergriff ihn bei den Schultern, packte hart zu. »Du wirfst deine ganze Zukunft weg, dein ganzes Lebenswerk ... ich kann nicht zulassen, daß du ...«

»Ich habe keine Zukunft mehr, Allan. Keine sehr ausgedehnte jedenfalls. Und mein Lebenswerk ist, fürchte ich, sowieso dahin, ob ich nun verkaufe oder nicht.«

Er saß jetzt in niedergeschlagener Haltung da und ließ die Arme schlaff zwischen seinen Beinen herabhängen. »Was machen wir also, Allan?« murmelte er bedrückt. »Wirst du mir helfen?«

Es klopfte an der Tür. Dann ließ sich eine kindliche Stimme vernehmen: »Papa! Mama möchte wissen, ob es noch lange dauert. Die Ente wird schon schrecklich trocken. Nelly kann nichts dagegen machen.«

»Bald, Kind, bald«, rief Jardine über die Schulter.

»Geh doch zu deiner Familie«, drängte Durand. »Ich verderbe euch das ganze Abendessen. Ich bleibe hier sitzen und warte derweil.«

»Ich könnte keinen Bissen hinunterbekommen, solange mir das alles im Kopf herumgeht«, sagte Jardine. Er beugte sich noch einmal über Durand, als wolle er sein Bemühen um das Geständnis erneuern, auf das er aus war. »Sieh mal, Lou. Wir kennen uns nun, seit du dreiundzwanzig warst und ich achtundzwanzig. Seit wir zusammen in der Versandabteilung vom alten Morel angefangen haben, dort nebeneinander an unseren Pulten hockten und uns abrackerten. Wir wurden immer zur gleichen Zeit befördert. Wenn er dich befördern wollte, legtest du ein gutes Wort für mich ein, wenn er mich befördern wollte, dann sang ich dein Lob. Als wir schließlich soweit waren, legten wir zusammen und machten uns selbständig. Unser eigenes Importgeschäft. Angefangen haben wir mit so gut wie nichts, trotz des Geldes, das Auguste mit in die Ehe brachte. Du erinnerst dich doch noch an diese frühen Zeiten.«

»Ich erinnere mich daran, Allan.«

»Aber das hat uns nichts ausgemacht. Wir sagten uns, wir wollten lieber für uns selbst arbeiten und möglicherweise dabei scheitern, als für einen anderen und das mit Erfolg. Und wir arbeiteten für uns selbst und taten's mit Erfolg. Da stecken doch Dinge in unserem Geschäft, die man nicht herausnehmen kann. Schweiß und Sorgen und die hochgespannten Erwartungen zweier junger Burschen und die besten Jahre ihres Lebens. Und du kommst zu mir und willst diese Dinge von mir *kaufen*, willst, daß ich sie dir *verkaufe*, als ob es sich dabei um Säcke von unserem grünen kolumbianischen Kaffee handelte ... Wie kann ich, selbst wenn ich wollte? Wie soll ich einen Preis dafür festlegen?«

»Du kannst doch sagen, was das Geschäft wert ist, kalt, in barer Münze, nach den Büchern. Und dann gibst du mir die Hälfte im

Austausch gegen einen Verzicht auf alle weiteren Ansprüche meinerseits, gegen einen Kaufvertrag oder wie immer das erforderliche Dokument halt aussehen mag. Vergiß, daß ich Durand bin. Ich bin eben irgendwer, ich bin irgendein Fremder, der nun mal fünfzig Prozent der Anteile hält. Erstatte mir den ungefähren Wert, das ist alles, worum ich dich bitte.« Er gestikulierte heftig. »Verstehst du nicht, Allan? Ich kann nicht mehr in unserem Geschäft mitarbeiten, ich kann meine Rolle darin nicht mehr spielen. Ich kann nicht mehr *da* sein, um das zu tun, ich kann nicht hier *bleiben*.«

»Aber wieso das? Es gibt doch nichts, was du getan haben könntest, das...«

»Das gibt es wohl. Es gibt da eine Sache.«

Jardine wartete, sah ihn fest an.

»Wenn ich's dir sage, Allan, hast du mich in der Hand. Du brauchst mir nicht einen Cent zu zahlen, meine Hälfte des Geschäfts fällt dir sowieso zu, weil ich meinen Pflichten nicht mehr nachkomme.«

Aber er war ja in jedem Falle in seiner Hand, wurde ihm reumütig bewußt, ob er ihn nun einweihte oder nicht.

Jardine fühlte sich gekränkt, richtete sich auf. »Ich nehme dir das übel, Lou. Wir sind Freunde...«

»Freundschaften hören auf bei dem, was ich dir sagen will. Jenseits einer gewissen Grenze gibt es keine Freunde mehr. Das Gesetz untersagt das sogar, stellt es unter Strafe.«

Da war wieder das Klopfen an der Tür. »Mama ist schon ganz verstimmt. Sie sagt, sie setzt sich gleich ohne dich zu Tisch, Papa. Das war eine ganz besondere Ente...«

Und dieser schlichte, häusliche Ton machte, daß Durand – längst jenseits des Punktes angelangt, an dem er sich noch hätte zurückhalten können – endlich hervorstieß:

»Ich habe einen Mord begangen, Allan. Ich kann nicht länger als diese eine Nacht hier verweilen. Ich brauche Geld.«

Und ließ den Kopf nach vorn in seine nach oben gedrehten, schützenden Handflächen fallen, als habe die Schlinge des Henkers bereits sein Genick gebrochen.

»Papa?« kam es fragend durch die Tür.

»Warte, Kind, warte«, sagte Jardine elend, das Gesicht so weiß wie ein Laken.

Eine entsetzliche Stille trat ein.

»Ich wußte, daß es soweit kommen würde«, sagte Jardine dann mit gesenkter Stimme. »Sie war von Anfang an nicht gut für dich. Auguste hat das schon am Tage eurer Hochzeit gespürt, das hat sie mir selbst gesagt. Frauen sind in dieser Hinsicht schneller...«

Er goß sich noch einen Drink ein, als sei es sein Verbrechen. »Du bist ihr begegnet... hast sie gefunden... deinen Kopf verloren...« Er brachte auch Durand noch einen. »Aber man kann dir keine Vorwürfe machen. Jeder Mensch... Laß mich einen guten Anwalt für dich suchen, Lou. Es gibt keinen Gerichtshof im Lande...«

Durand blickte zu ihm auf und lächelte ein erbärmliches Lächeln.

»Du verstehst nicht, Allan. Es ist nicht... sie. Es ist eben der Mann, den ich damit beauftragte, sie zu finden und festzunehmen. Er hat sie auch gefunden, und um sie zu retten, habe ich...«

Jardine, in dessen Besorgnis bislang noch so etwas wie ein – deutlich sichtbarer – Schimmer rachsüchtiger Befriedigung gewesen war, wich einen Schritt zurück, nun vollends entgeistert.

»Ich bin wieder mit ihr zusammen«, gestand Durand. Und in einem fast unhörbaren Flüsterton, als sage er das zu seinem eigenen Gewissen und nicht zu dem anderen, der da mit ihm im Zimmer war: »Ich liebe sie mehr als mein Leben.«

»Papa«, drang der piepsende Diskant aus erschreckender Nähe an ihr Ohr, »Mama sagt, ich soll nicht von der Tür weggehen, bis du da herauskommst!« Der Türknauf drehte sich, schnappte wieder zurück.

Jardine stand eine lange Zeit da und schaute nicht so sehr auf seinen Freund, sondern auf ein Bild, welches nur er ganz allein zu sehen vermochte.

Endlich streckte er langsam die Hand aus, und diese legte sich traurig, aber in unausgesprochener Loyalität auf Durands Schulter.

»Ich werde dafür sorgen, daß du deinen Anteil ausbezahlt bekommst, Lou«, sagte er. »Aber jetzt... dürfen wir Auguste wirklich nicht mehr länger warten lassen. Kopf hoch. Komm herein und iß mit uns zu Abend.«

Durand erhob sich und zerquetschte fast Jardines Hand zwischen den seinen. Dann ließ er sie rasch wieder los, als schäme er sich dieser spontanen Zurschaustellung seiner Gefühle.

Jardine öffnete die Tür und beugte sich nieder, um jemanden zu küssen, der ungesehen draußen vor der bewachten Öffnung stand. »Lauf hinein, mein Kleines, wir kommen jetzt.«

Durand wappnete sich für die Feuerprobe, die ihm nun bevorstand, straffte die Schultern, zog an seinen Rockschößen und richtete den Sitz seines Kragens. Dann folgte er dem Gastgeber.

»Du wirst ihnen nichts sagen, Allan?«

Jardine zog die Tür ganz auf und trat beiseite, um ihm den Vortritt zu lassen. »Es gibt bestimmte Dinge, die ein Mann nicht mit an seinen Eßtisch nimmt, Lou.« Und er legte dem Freund den Arm um die Schulter und ging neben ihm, loyal neben ihm ins Speisezimmer, wo seine Familie auf sie wartete.

53

Bei Morgengrauen war er schon auf, hatte er sich von seinem schlaflosen, sorgenvollen Nachtlager erhoben und sich angekleidet, um dann in dem schäbigen Zimmer des versteckten Hotels auf und ab zu laufen. Darauf wartend, daß Jardine mit dem Geld erschiene...

(»Ich kann dir das Geld nicht vor morgen früh beschaffen, Lou. Ich hab nicht so viel hier im Haus, sondern muß es bei der Bank holen. Kannst du solange warten?«

»Ich muß. Ich wohne im Palmetto Hotel, unter dem Namen Castle, Zimmer 60. Bring es mir dorthin. Oder halt so viel, wie du kannst, ich kann eine genaue Inventur nicht abwarten.«)

...und mit dem Dahingehen der Stunden immer stärker befürchtend, daß er nicht erscheinen werde. Bis aus der Befürchtung Gewißheit und aus der Gewißheit Überzeugung geworden war, als dann die Stunde, als die Banken öffneten, gekommen und vergangen, der Morgen weiter fortgeschritten war. Und er wußte, daß ein weiteres Warten den unausweichlichen Verrat nur dazu ermuntern konnte, ihn einzuholen und an Ort und Stelle dingfest zu machen.

Unzählige Male schloß er seine Tür auf und lauschte hinaus in den schmuddeligen Flur, kehrte dann ins Zimmer zurück und schloß sich wieder ein. Nichts, niemand. Er kam nicht. Nur ein Riesennarr konnte das von ihm erwarten.

Wieder wurde ihm bewußt, wie vollständig er sich in die Gewalt seines früheren Partners gegeben hatte. Alles, was der tun mußte, war, statt des Geldes die Polizei mitzubringen – und schon war die Sache gelaufen. Warum sollte er auch auf Tausende von hart verdienten Dollars verzichten? Und Geld, so sagte sich Durand, hatte eine eigentümliche Wirkung auf die Menschen. Wenn sie sich deswegen selbst gegen ihr eigenes Fleisch und Blut wendeten – warum dann nicht auch gegen einen Außenseiter?

Ihm kam Bonnys Bemerkung wieder in den Sinn. »Und keiner von uns taugt viel, selbst die Besten nicht, weder Männer noch Frauen.« Sie wußte Bescheid. Sie kannte die Welt gut, kannte sie besser als er. Sie hätte sich niemals in eine solche trügerische Lage manövriert.

Kein Freund sollte je einer solchen Prüfung unterzogen werden. Ein Gesetzloser hatte keinen Anspruch, kein Recht mehr darauf, zu erwarten...

Da klopfte es leise an die Tür, und er wich erschreckt bis an die Wand zurück. Jetzt kommen sie, um mich abzuholen, schoß es ihm durch den Kopf. Er hat sie auf meine Fährte gesetzt...

Er bewegte sich nicht. Es klopfte erneut.

Dann Jardines flüsternde Stimme: »Lou. Bist du da? Es ist alles in Ordnung. Ich bin's.«

Er hatte sie mitgebracht, sie selbst hierher geführt.

Mit bitterem Hohn – er konnte ihnen nun ja nicht mehr entkommen, hatte zu lange gewartet – ging er zur Tür und schloß auf. Dann zog er seine Hände zurück und ließ den Dingen ihren Lauf.

Ein Weilchen passierte gar nichts, dann öffnete sie sich von selbst und Jardine kam herein, allein. Er zog sie hinter sich zu und schloß wieder ab. Er hatte eine kleine Mappe in der Hand.

Er trug diese zum Tisch, legte sie dort nieder.

In ganz sachlichem Ton und mit äußerster Schlichtheit sagte er nur: »Hier ist das Geld, Lou. Tut mir leid, daß ich mich so verspätet habe.«

Durand konnte eine Zeitlang nicht antworten, wandte sich überwältigt ab.

»Was ist los, Lou? Aber deine Augen sind ja...« Jardine sah ihn an, konnte gar nicht verstehen, was mit dem anderen war.

Durand wischte sich verlegen mit dem Handrücken darüber. »Nichts. Du bist nur gekommen, wie du's versprochen hast...

hast es mitgebracht, wie du mir's zugesagt hast...« Irgend etwas stak ihm im Hals, und er konnte nicht weitersprechen.

Jardine sah ihn voller Mitgefühl an. »Früher hättest du das als selbstverständlich angesehen, hättest es von mir erwartet. Was hat dich so verändert, Lou? *Wer* hat dich verändert?« Und leise, wild, durch die zusammengepreßten Zähne zischte er, während er mit der zur Faust geballten Hand hart auf den Tisch schlug: »Und möge sie Gott dafür strafen! Es geht mir gegen den Strich, einen aufrichtigen Mann in die Gosse gezogen zu sehen.«

Durand stand da und sagte nichts.

»Du weißt, daß ich recht habe, sonst würdest du nicht so dastehen und dir das von mir sagen lassen«, brummte Jardine. »Aber ich sage nichts mehr. Ein jeder ist Herr seiner eigenen Hölle.«

(Ich weiß ja, daß das stimmt, dachte Durand wehmütig, aber ich muß nun mal meinem Herzen folgen – wie könnte ich bestimmen wollen, wohin es mich führt?) »Nein, sag nichts mehr«, stimmte er kurz angebunden zu.

Jardine öffnete die Mappe. »Hier drin ist der volle Betrag«, sagte er, jetzt energisch und geschäftsmäßig. »Und damit wären wir quitt.«

Durand nickte steinern.

»Ich kann dich nicht noch einmal in mein Haus bitten«, sagte Jardine. »Um deinetwillen nicht.«

Durand stieß ein kurzes, ziemlich unfreundliches Lachen aus. »Ich verstehe.«

»Nein, das tust du nicht. Ich versuche lediglich, dich zu schützen. Auguste ahnt schon etwas, und ich kann mich für ihre Diskretion nicht verbürgen, solltest du noch einmal zu uns kommen.«

»Auguste haßt mich, nicht wahr?« fragte Durand mit losgelöster Neugier, als sei er nicht verantwortlich dafür.

Jardine antwortete nicht, bestätigte damit aber nur Durands Feststellung.

Er deutete auf die Mappe, die er noch immer festhielt. »Ich übergebe dir das hier nur unter einer Bedingung, Lou. Ich bitte dich darum auch nur, weil es zu deinem Besten ist.«

»Worum geht's?«

»Übergib dieses Geld niemals einem anderen, *ganz gleichgültig, wie nah sie dir sind*. Bewahre es sicher auf, behalt es stets bei dir. Gib es nie aus der Hand.«

Durand lachte freudlos. »Wem sollte ich es wohl auch anvertrauen? Die Lage, in der ich mich befinde, ist doch allein schon Gewähr dafür, daß ich...«

Jardine wiederholte, woran ihm lag, um alle Mißverständnisse auszuschließen: »Ich sagte, *ganz gleichgültig, wie nah sie dir sind*.«

Durand sah ihn eine Weile lang fest an. »Ich sehe, daß ich in guten Händen bin«, sagte er endlich mit Bitterkeit. »Auguste haßt mich, und du haßt... meine Frau.«

»Deine Frau«, sagte Jardine tonlos.

Durand ballte die Hände zur Faust. »Ich sagte, meine Frau.«

»Laß uns nicht streiten, Lou. Gib mir dein Wort.«

»Das Wort eines Mörders?«

»Das Wort des Mannes, der mein bester Freund war. Das Wort des Mannes, der einmal Louis Durand war«, sagte Jardine angespannt. »Das genügt mir ganz und gar.«

»Nun gut, ich geb's dir.«

Jardine überreichte ihm die Mappe. »Dann gehe ich jetzt.«

Plötzlich waren sie beide befangen. Jardine hielt ihm die Hand zum Abschied hin. Durand sah sie, sah sie warten, ließ eine ganze Zeit vergehen, bevor er sie ergriff. Als sie sich die Hände schüttelten, geschah dies eher unter dem Zwang vergangener Freundschaft als aus der Empfindung gegenwärtiger Herzlichkeit.

»Das ist wahrscheinlich ein letztes Lebewohl, Lou. Ich bezweifle, daß wir uns je wiedersehen werden.«

Durand senkte verdrossen die Augen. »Dann wollen wir uns nicht lange dabei aufhalten. Viel Glück und Dank dafür, daß du einmal mein Freund gewesen bist.«

»Ich bin noch immer dein Freund, Lou.«

»Aber ich bin nicht mehr der, dessen Freund du warst.«

Ihre Hände lösten sich voneinander, trennten sich.

Jardine ging auf die Tür zu.

»Weißt du, was ich an deiner Stelle tun würde? Ich würde zur Polizei gehen, mich stellen und die Sache ein für allemal hinter mich bringen.«

»Und hängen«, sagte Durand düster.

»Ja, selbst zu hängen ist besser als das, was noch vor dir liegt. Man könnte dir dann helfen, Lou. So aber kann dir keiner helfen. Wenn ich an deiner Stelle wäre...«

»Du könntest gar nicht an meiner Stelle sein«, schnitt ihm Durand das Wort ab. »Dir wäre das alles zunächst einmal nie und nimmer passiert. Du gehörst nicht zu den Menschen, denen so etwas widerfährt. Ich ja. Du stößt sie ab, ich ziehe sie an. Es ist mir passiert, mir, und niemand anderem. Und deshalb muß ich damit fertig werden. Ich muß tun... was ich tun muß.«

»Ja, das mußt du wohl«, sagte Jardine traurig. »Keiner kann für einen anderen sprechen.« Er öffnete die Tür, sah mit irgendwie melancholischer Neugier an der Kante des Türblattes hinauf, als habe er noch nie zuvor die Kante einer geöffneten Tür gesehen. Er fuhr sogar im Vorbeigehen mit der Hand darüber, als wolle er erfühlen, was das sei.

Seine letzten Worte waren: »Paß auf dich auf, Lou.«

»Wenn ich's nicht tue, wer soll's dann tun?« antwortete Durand aus der Tiefe seines Alleinseins. »Wer in der großen weiten Welt sollte es sonst tun?«

54

Er atmete erst wieder frei, als der Zug aus dem Bahnhof hinaus war, blickte erst wieder frei aus dem Fenster, als die letzten Häuser der Stadt hinter ihm zurückblieben und die langweiligen Sandflächen der Küste erreicht waren. Die Stadt, die er einmal von allen Orten der Welt am meisten geliebt hatte!

Der Zug war ein gebrechliches, raupenartiges Kriechtier, das an jeder Bude mit Wassertank anhielt (jedenfalls gewann er diesen Eindruck) und ihn erst um ein Uhr nachts an seinem Bestimmungsort absetzte. Er fand die Umgebung des Bahnhofs verlassen und so gut wie unbeleuchtet vor. Und auch droschkenlos, so daß er mit der Reisetasche in der Hand zu Fuß unter einem Himmel voller kalter, irgendwie ironisch blinkender Sterne zum Hotel gehen mußte.

Obwohl der Gedanke, sie auf irgendeiner verräterischen Tat zu ertappen, nicht der Grund dafür war, daß er eine halbe Nacht früher zurückgekehrt war als angekündigt, wurde ihm im Dahingehen doch immer klarer, in wie fataler Weise erhellend diese unangekündigte Rückkehr sein könnte – bis diese Vorstellung völlig von ihm Besitz ergriffen hatte. Und als er das Hotel erreicht hatte und die Treppen zu ihrer Etage hinaufgestiegen war, dort vor ihrer Tür stand, hatte er fast schon Angst, den Schlüssel ins Schloß zu stecken und sie zu öffnen. Er hatte Angst vor dem, was er vorfinden könnte. Es war nicht so sehr die Angst vor konventioneller Untreue, sondern vor ihrer eigenen, für sie charakteristischen Form dieser Untreue. Also nicht die Angst, sie in anderen Armen, sondern sie überhaupt nicht anzutreffen. Zu entdecken, daß sie in seiner Abwesenheit auf und davon gegangen war, wie er das ja schon einmal erlebt hatte.

Er öffnete ganz leise und hielt den Atem an. Das Zimmer war dunkel, und der Veilchenduft, der ihn begrüßte, hatte gar nichts zu bedeuten, denn er hätte ebensogut auch noch von gestern stammen können. Und im übrigen hatte er ihn eher in seinem Herzen als in seiner Nase, weshalb er nicht als echter Beweis angesehen werden konnte.

Er nahm die kleine Schachtel mit Wachshölzchen aus der Tasche, die leise in seiner zitternden Hand klapperten, tastete nach dem Streifen Sandpapier an der Wand und zündete den Lampendocht an. Dann drehte er sich um und sah zu, wie die langsam ansteigende goldene Flut die Nacht davonspülte.

Sie schlief wie ein Kind, so unschuldig wie ein Kind und so schön. (Vielleicht war ihr ja eine solche Unschuld überhaupt nur noch im Schlaf möglich.) So überaus graziös und natürlich, ganz wie ein Kind. Ihr Haar überflutete das Kissen, so daß es aussah, als ruhe ihr Kopf mitten in einem Feld niedergedrückter, sonnengelber Halme. Ein Arm war verborgen, die unter dem Kopfkissen hervorschauende, mit einem Grübchen geschmückte Spitze des Ellbogens war alles, was davon sichtbar war. Der andere hing über den Rand des Bettes herab, Daumen und Zeigefinger der Hand berührten sich noch, bildeten eine unregelmäßige kleine Rundung, in der sie etwas gehalten hatte. Auf dem Teppich darunter lagen zwei Spielkarten, die Karo-Dame und der Herz-Bube.

Der Rest des Kartenspiels lag verstreut auf der Bettdecke, einige der Karten sogar auf ihrer ruhenden Gestalt.

Er ließ sich vor dem Bett auf ein Knie nieder, nahm ihre herabhängende Hand und drückte sanft, aber doch mit brennender Dankbarkeit einen Kuß darauf. Und obwohl ihm das gar nicht bewußt war, er sie ganz gedankenlos eingenommen hatte, glich seine Haltung der des unsterblichen Liebenden, der seine Werbung vorträgt. Der um ein Herz wirbt, welches sich nicht erweichen läßt.

Er wischte die Karten behutsam vom Bett, so daß sie zu Boden fielen, und ersetzte sie dann durch das Geld, das er aus New Orleans mitgebracht hatte. Ja, er hob die mit Geldscheinen gefüllten Hände über sie und ließ diese dann wahllos in einem grün- und orangeblättrigen Schauer auf sie hinabschneien.

Ihre Augen öffneten sich, folgten den sanften Wellen der Bettdecke, die sie so dicht vor sich hatten, sahen etwas und nahmen einen begehrlichen Ausdruck an – einen Ausdruck, der vielleicht der Wahrheit am ehesten entsprach.

»Ein Hundertdollarschein«, murmelte sie schläfrig.

»Lou ist wieder da«, flüsterte er. »Schau, was er dir aus New Orleans mitgebracht hat.« Und einige der herabgeschneiten Banknoten wieder aufsammelnd, ließ er sie erneut auf sie niederregnen. Eine verfing sich in ihrem Haar, und sie tastete mit einem affektierten Lächeln der Befriedigung danach. Als sie sie erfühlt hatte, ließ sie sie dort liegen, als sei das gerade der Ort, an dem sie sie gern haben wollte.

Sie streckte die Hände nach ihm aus, fuhr zum Zeichen träger Anerkennung über seine Brauen, über sein Gesicht, über seine Ohrläppchen.

»Was ist mit den Karten da?«

»Ich habe versucht, unsere Zukunft daraus abzulesen«, sagte sie. »Und dabei bin ich eingeschlafen. Ich bekam die Karo-Dame, die Geldkarte. Und das hat sich ja bewahrheitet. Ich werde nie wieder über diese Dinge lachen.«

»Und was hab ich bekommen?«

»Pik-As.«

Er lachte. »Und was bedeutet das?«

Er fühlte, wie ihre Hand, die ihm durchs Haar gefahren war, einen Moment lang innehielt. »Das weiß ich nicht.«

Er hatte den Eindruck, daß sie es sehr wohl wisse, ihm nur nicht sagen wolle.

»Warum hast du das getan? Versucht, die Karten zu lesen, meine ich.«

»Ich wollte wissen, ob du zurückkommst oder nicht.«

»Wußtest du nicht, daß ich zurückkommen würde?«

»Doch«, meinte sie vorsichtig. »Aber ich war mir nicht ganz sicher.«

»Und ich war mir nicht ganz sicher, ob ich dich noch hier antreffen würde«, gestand er.

Plötzlich überkam sie eine jener Anwandlungen großer Aufrichtigkeit, zu der sie durchaus fähig war, die sie aber nur sehr selten zuließ. Sie warf ihm ihre Arme in einer konvulsivischen, verzweifelten, umklammernden Umarmung um den Hals. »O Gott!« klagte sie bitterlich. »Was ist nur mit uns beiden los, Lou? Ist das nicht die Hölle, wenn man sich gegenseitig nicht vertrauen kann?«

Er antwortete mit einem Seufzer.

Wenig später sagte sie: »Ich schlafe gleich wieder ein.«

Sie legte den Kopf gegen den seinen, kuschelte sich an ihn statt ins Kopfkissen.

»Laß das Geld nur da liegen«, schnurrte sie glücklich. »Es ist ein so schönes Gefühl, wie's da überall auf mir liegt.«

Nach einer Weile verriet ihm ihr Atem, daß sie eingeschlafen war. Ihr Kopf an dem seinen, ihre Arme noch immer wie ein Kragen um seinen Hals. Er würde ihr niemals näherkommen können als so, das spürte er irgendwie. Er in ihren Armen, sie sich seiner nicht bewußt.

Sein Herz sprach ein Gebet. Es wußte nicht, zu wem, richtete es an das Nichts um ihn her, in das er sich selbst gestürzt hatte.

»Mach, daß sie mich so liebt«, flehte er stumm, »wie ich sie liebe. Öffne ihr Herz für mich, wie das meine für sie geöffnet ist. Wenn sie mich nicht auf eine gute Art lieben kann, dann laß es eine schlechte sein – Hauptsache, es ist irgendeine. Egal welche, nur irgendeine. Das ist alles, worum ich bitte. Dafür will ich alles hingeben. Dafür will ich auch alles hinnehmen, was immer es sei, selbst das Pik-As.«

55

Er stieß ganz zufällig darauf. Es war der reinste Zufall, daß er dahin ging, wohin er ging, als er ging. Mehr noch: daß er das tat, was er tat, als er dahin ging, wohin er ging.

Als er darauf gewartet hatte, daß sie mit dem Ankleiden fertig würde, ein Vorgang, der bei ihr stets mehr Zeit in Anspruch nahm als bei ihm, hatte sie ihn gebeten, schon mal loszugehen und ihr ein paar von ihren dünnen Zigarren zu besorgen, denen sie so verfallen war und die »La Favorita« hießen. Sie rauchte inzwischen ganz offen, das heißt vor ihm und immer, wenn sie allein waren. Nichts, was er sagte oder tat, konnte sie dazu veranlassen, damit aufzuhören, so daß es zu guter Letzt er war, der es aufgab, sie zu beeinflussen, und sie gewähren ließ. Und es war ebenfalls er, der die Aschenbecher leerte und die Asche beseitigte, die sie allerorten achtlos um sich streute, der die Fenster öffnete, damit sich der Geruch wieder verzog, oder der schon ein paarmal, als sie von einem Zimmermädchen oder dergleichen überrascht worden waren, die Zigarre an sich genommen und selbst daran gezogen hatte, als sei es die seine, obwohl er doch Nichtraucher war – und das nur um ihres guten Rufes willen und um zu verhindern, daß irgendwelche Gerüchte in Umlauf gebracht wurden.

»Was hast du gemacht … ich meine, früher?« fragte er sie an dem Tage, an dem sie die obige Bitte aussprach.

Er meinte, bevor sie ihn kennengelernt hatte. Wobei er sich fragte, ob es da wohl einen anderen gegeben hatte, der losgegangen und sie für sie besorgt hatte.

»Ich mußte sie mir selbst beschaffen«, gestand sie.

»Du?« stieß er hervor. Die Möglichkeiten, ihn zu erschrekken, schienen wahrlich unbegrenzt zu sein.

»Zumeist sagte ich, daß sie für meinen Bruder wären, der krank sei, sie nicht selbst besorgen könne und deshalb mich geschickt habe. Sie glaubten mir, das merkte ich, aber...« Sie zuckte mit einer Andeutung von Widerwillen die Achseln.

Wie hätten sie das auch nicht tun können, dachte er bei sich. Wie konnte jemand, der alle seine fünf Sinne beieinander hatte, sich auch nur im Traum vorstellen, daß eine Frau es wagen würde, einen Tabakladen aufzusuchen, um dort für sich selbst einzukaufen?

»Aber ich tat das nicht sehr gerne«, fügte sie hinzu. »Alle glotzten einen immer so an. Du hättest meinen können, ich sei ein Ungeheuer oder irgend so etwas. Wenn mehr als einer drin war, und das war meistens der Fall, dann senkte sich sofort ein frostiges Schweigen über alle, als ob ich sie verzaubert hätte oder was. Wie schnell es sich aber auch herabsenkte, so doch nie schnell genug, um zu verhindern, daß ich im Eintreten noch das eine oder andere Wort mitbekam, das ich eigentlich gar nicht mitbekommen sollte. Und dann standen alle mit schuldbewußten Gesichtern herum und fragten sich, ob ich's wohl gehört und, wenn ja, mitgekriegt hätte, was gemeint war.« Sie lachte. »Ich hätte ihnen diese Frage stets bejahen und ihnen ihr Unbehagen ersparen können.«

»Bonny!« sagte er, streng tadelnd.

»Nun, es war so«, insistierte sie. »Warum sollte ich's leugnen?« Dann lachte sie erneut, diesmal über den Ausdruck auf seinem Gesicht, und tat so, als werfe sie etwas nach ihm. »Ach, geh schon zu, du alter Tugendbold!«

Der Tabakladen, den er – eher willkürlich – wählte, um ihr ihren Wunsch zu erfüllen, bot, da es sich um einen Badeort handelte, auch noch andere Dinge feil, mit denen er seine vorübergehende Kundschaft in Versuchung zu führen bestrebt war. Ansichtskarten auf drehbaren Ständern, Schreibpapier, Gläser mit Süßigkeiten, Souvenirs, sogar ein bißchen Spielzeug für die ganz Kleinen. Außerdem gab es noch in unmittelbarer Nähe des Eingangs, wo er am meisten ins Auge fiel, einen schräg geneigten

Holzständer, in dem Tageszeitungen aus mehreren Städten steckten – eine Neuerung, die darauf abzielte, von Heimweh geplagte Badegäste anzusprechen.

Als er den Laden wieder verließ, blieb er vor diesem Ständer stehen und sah die Zeitungen in der Hoffnung durch, eine aus New Orleans darunter zu finden. Er verspürte jenes leicht wehmütige Gefühl, das der bloße Name des Ortes schon in ihm wachrief. Zu Hause. Eine Nachricht von zu Hause, im Exil. Die Canal Street im Sonnenlicht. Royal Street, Rampart Street, der Cabildo... Er vergaß, wo er war, er fühlte sich einsam, und irgendwo tief in ihm war ein Schmerz, so tief in seinem Inneren, daß es nur sein Mark sein konnte. Eine andere Liebe dies. Die Liebe, die jeder Mensch dem Ort entgegenbringt, an dem er seine Wurzeln hat, dem er entstammt.

Es war keine da. Er entdeckte eine aus Mobile und zog sie ersatzweise aus dem Ständer. Sie war nicht mehr neu. Bis heute unverkauft geblieben, war sie, wie er feststellte, schon ganze zwei Wochen alt.

Inzwischen drängelte hinter ihm – gänzlich unbeachtet – der Ladenbesitzer voller Hilfsbereitschaft: »Kann ich helfen, Sir? Aus welcher Stadt sind Se denn, Mister? Hab se alle da. Und wenn nich, isses mir ein Vergnügen, nach jeder zu schicken, die Sie ham wollen...«

Er hatte die aus Mobile inzwischen eher beiläufig aufgeschlagen. Und von der Innenseite – es handelte sich nur um einen einzigen, einmal gefalteten Bogen – sprang dies hervor, stach ihm wie der Blitz einer Pulverflamme in die Augen:

GRAUSIGER FUND IN UNSERER STADT

Im Keller eines Hauses in der Decatur Street ist vor wenigen Tagen das Skelett eines Mannes aufgetaucht. Zur Zeit des jüngsten Hochwassers hatten die Bewohner wie alle ihre unmittelbaren Nachbarn das Haus verlassen. Bei ihrer Rückkehr entdeckten sie die eingesunkenen Umrisse eines Grabes, dessen Inhalt teilweise bloßgelegt worden war. Man geht davon aus, daß das Wasser die nur lose aufgefüllte Erde fortgeschwemmt hat, war doch bis dahin keinerlei Anzeichen für eine solche ungesetzliche Bestattung zu erkennen gewesen. Die Ansicht, daß es sich um ein Verbrechen handelt, wird dadurch bestärkt, daß sich in den Überresten des menschlichen Körpers eine Bleikugel fand. Die augenblicklichen Hausbewohner, die die Behörden unverzüglich von ihrem grausigen Fund verständigten, sind von jeder Schuld frei, da der Zustand der besagten Überreste klar zeigt, daß das Grab schon lange vor ihrem Einzug in das Haus dort war.

Die Behörden sind augenblicklich damit beschäftigt, eine Liste aller Vormieter zu erstellen, um diese ausfindig machen und zu einer Vernehmung vorladen zu können. Wir werden unsere Leser über die weiteren Entwicklungen unterrichten, sobald sie uns bekannt werden.

Sie wandte sich um und starrte ihn an, als er Minuten später, heftig atmend und grün im Gesicht, zur Tür hereinstürzte. Ihre eigenen Wangen waren nach der gerade erfolgten Applikation von Rouge rosig wie reife Pfirsiche.

»Was ist los? Du bist so käseweiß, als hättest du einen Geist gesehen.«

Das habe ich auch, dachte er, von Angesicht zu Angesicht. Den Geist eines Mannes, von dem wir geglaubt hatten, wir hätten ihn für immer begraben.

»Man hat's herausgefunden«, sagte er kurz.

Sie wußte sofort Bescheid.

Sie las den Bericht.

Sie nahm ihn mit erstaunlicher Gelassenheit auf, dachte er. Kein Zurückfahren, kein Erbleichen. Mit fast professioneller Objektivität, als ob ihr ganzes Interesse nur seiner Genauigkeit gelte und nicht seinem Inhalt. Sie sagte nichts, als sie ihn durchgelesen hatte. Er war derjenige, der etwas sagen mußte.

»Nun?«

»Wir mußten damit rechnen, daß das eines Tages geschehen würde.« Sie machte eine Geste mit der Zeitung, warf sie dann nieder. »Und da ist es nun. Was soll man mehr sagen?« Sie zuckte philosophisch mit den Achseln. »Wir sind gar nicht so schlecht gefahren. Es hätte viel eher schon geschehen können.« Sie begann, an den Fingern abzuzählen, wie es tratschende Hausfrauen angesichts einer nahe bevorstehenden Geburt zu tun pflegen. Oder eher noch mit Blick auf ihre Vorgeschichte. »Wann war das? Ungefähr am 10. Juni, wenn ich mich richtig erinnere. Das sind jetzt volle drei Monate ...«

»Bonny!« stieß er hervor, die Augen vor Entsetzen schließend.

»Sie werden nicht mehr erkennen, wer das ist. Sie werden nicht in der Lage sein, das herauszufinden. Das ist unser Vorteil.«

»Aber Sie *wissen* es, sie *wissen* es«, würgte er heraus, lief kurze Strecken hastig hin und her wie ein Bär, der einen Fluchtweg durch die Gitterstäbe sucht.

Sie stand plötzlich auf, warf etwas mit erzürnter Ungeduld nieder. Erzürnte Ungeduld mit ihm, den sie zu beruhigen, mit dem sie zu reden versuchte, denn sie ging zu ihm hin, ergriff ihn am Revers seines Gehrocks und schüttelte ihn einmal, aber heftig, als wolle sie ihn damit einigermaßen wieder zur Vernunft bringen.

»Hörst du mir mal zu?« fuhr sie ihn an. »Willst du vielleicht mal deinen Kopf benutzen? Sie wissen *was*, na gut. Aber sie wissen noch nicht, *wer*. Sie wissen nicht, wer es getan hat. Und sie werden es niemals wissen.« Sie warf einen vorsichtigen Blick zur Tür, senkte die Stimme. »Es war niemand in dem Zimmer an jenem Tage. Niemand im Haus an jenem Tage. Niemand, der *gesehen* hätte, wie es geschah. Vergiß das nicht. Sie können mutmaßen, sie können einen Verdacht hegen, sie können sich sogar ihrer Sache sicher sein, alles, was sie wollen, aber sie können es nicht *beweisen*. Und die Zeit ist vorbei, es ist bereits zu spät dafür. Sie werden's niemals können, nie und nimmer. Was war's doch, was sie dir gesagt haben, als du wegen mir hingegangen bist? Du brauchtest *Beweise*. Und sie haben keine. Du hast die, du weißt schon, weggeworfen. Sie liegt verrostet, im Sand vergraben, irgendwo am Strand von Mobile, wird vom Salzwasser zerfressen. Und können sie sagen, daß eine Kugel aus einer ganz bestimmten und keiner anderen stammt?« Sie lachte hämisch. »Nicht mit den Methoden, die bisher bekannt sind.«

Ihr nur halb zuhörend, sah er auf die Wände und sogar zur Decke empor, als habe er das Gefühl, daß sie sich immer enger um ihn zusammenschöben.

»Laß uns hier verschwinden«, sagte er mit erstickter Stimme und zerrte an seinem Kragen. »Ich halt's nicht mehr aus.«

»Es ist nicht hier entdeckt worden, sondern in Mobile. Wir sind hier so sicher wie vor dem Fund. Sie wußten vorher nicht, daß wir hier sind, und sie wissen's jetzt auch nicht.«

Selbst wenn das fruchtlos und gar nicht erforderlich sein sollte – er wollte einen zusätzlichen Schritt, eine Extrastrecke zwischen sie und das Schicksal bringen, das dunkel wie eine drohende Wolke am Horizont sichtbar geworden war.

Sie seufzte, warf ihm einen Blick zu, als fände sie ihn hoffnungslos. »Da geht also unser Abend dahin, nehme ich an«, murmelte sie eher sich selbst als ihm zu. »Und ich hab darauf gezählt, das neue, weinrote Taftkleid anziehen zu können.«

Sie klopfte ihm beruhigend auf den Arm. »Geh runter und nimm einen Drink, einen ordentlichen. Ich seh schon, daß du den mehr als alles andere gebrauchen kannst. Sei ein braver Junge. Danach kommst du wieder rauf, und wir werden sehen, wie du dich dann fühlst, können dann über alles nachdenken.

Also, sei ein braver Junge.« Und ziemlich unzusammenhängend fügte sie noch hinzu: »Ich kleide mich weiter an. Ich *wollte* ihnen nun mal dieses weinrote Taftkleid vorführen.«

Schließlich und endlich blieben sie. Es waren aber nicht ihre Argumente, die ihn hielten, sondern weit eher ein ihn bannendes Entsetzen, das ihn nun fest im Griff hatte. Er wartete darauf, daß die nächste Nummer der Tageszeitung aus Mobile beim Tabakladen einträfe, und wußte keinen anderen Weg, an sie heranzukommen, als ganz in der Nähe zu bleiben, also da, wo sie waren.

Es dauerte fünf Tage, obwohl er den Ladenbesitzer in der Zwischenzeit unablässig drängte.

»Manchmal schicken sie sie, manchmal auch nich«, erklärte ihm der letztere. »Ich könnte mal hinschreiben und ihnen Beine machen, wenn Se das wolln.«

»Nein, tun Sie das nicht«, sagte Durand ziemlich hastig. »Es ist ja nur, daß ich hier unten nichts mit mir anzufangen weiß. Ich lese halt gern die Neuigkeiten aus meiner alten Heimatstadt.«

Als sie dann endlich kam, hatte er nicht den Mut, sie gleich dort im Laden durchzusehen, und so nahm er sie mit zu ihr und sie suchten gemeinsam danach. Sie hielt die Zeitung aufgeschlagen hoch, und er blickte ihr über die Schulter.

»Da ist es«, sagte sie lebhaft, faltete die Zeitung enger zusammen, und sie lasen beide:

... Bruce Dollard, ein Immobilienmakler, der schon seit etlichen Jahren für dieses Objekt verantwortlich ist, hat die Behörden von einem Vorfall in Kenntnis gesetzt, bei dem die Mieter ganz plötzlich kündigten und das Haus innerhalb eines einzigen Vormittages verließen, ohne daß sie vor diesem Tage ihre Absicht in irgendeiner Weise zu erkennen gegeben hätten.

Der Besitzer eines Eisenwarenladens hat einen im Keller des Hauses gefundenen Spaten als den identifiziert, den er vor einiger Zeit einer unbekannten Frau verkauft hat, und man geht davon aus, daß der Kauf dieses Werkzeuges sehr wohl dazu beitragen kann, den ungefähren Zeitpunkt der Untat genauer zu bestimmen.

Abgesehen von diesen Ergebnissen hat es keine neuen Erkenntnisse gegeben, aber die Behörden sind zuversichtlich, bald neue Tatsachen ans Tageslicht...

»*Jetzt* wissen sie's«, sagte er bitter. »*Jetzt* hilft kein Leugnen mehr. *Jetzt* wissen sie's.«

»Nein, das tun sie nicht«, sagte sie bestimmt. »Dann stünde das nicht in dieser Form da drin. Sie raten herum, so wie sie das bislang auch getan haben.«

»Der Spaten...«

»Der Spaten war noch lange nach unserem Auszug im Haus. Es könnten ihn auch andere benutzt haben, die nach uns da wohnten.«

»Es wird alles immer schlimmer, ständig.«

»Das scheint nur so. Sie möchten ja genau das bei dir erreichen, was sie da tun, nämlich dir Angst einjagen, dich dahin bringen, daß du irgendeinen Fehler machst. In Wirklichkeit ist alles um keinen Deut schlimmer als vor dem Fund.«

»Wie kannst du bloß so etwas sagen, wo es doch schwarz auf weiß da vor dir steht?«

Sie schüttelte den Kopf. »Bellende Hunde beißen nicht. Wenn sie zuschnappen wollen, müssen sie erst mal damit aufhören. Ist dir denn nicht klar, daß *wir*, gesetzt den Fall, sie *wüßten* es, das nie erfahren würden? Du wartest da auf eine Botschaft, die uns nie erreichen wird. Du wartest auf Nachrichten, die nie kommen. Weißt du denn nicht, daß wir solange in Sicherheit sind, solange sie noch davon berichten? Wenn sie damit aufhören, dann ist die Zeit gekommen, wo wir aufpassen müssen. Wenn plötzliche Stille eintritt, dann wird es erst wirklich gefährlich.«

Er fragte sich, woher sie all ihre Weisheit wohl habe. Aus der harten Schule eigener Erfahrungen? Oder hatte sie das einfach so im Blut – wie eine Katze, die im Dunkeln sehen und Fallen ausweichen kann?

»Könnte es nicht auch bedeuten, daß sie's vergessen haben?«

Sie verabreichte ihm eine weitere Pille ihrer bitteren Weisheit, verzuckert mit einem harten, gelangweilten Lächeln.

»Die Polizei? Die vergißt nie, mein Schätzchen. Wir sind's, die das müssen. Wenn wir überhaupt leben wollen.«

Beim nächsten Mal brachte er gleich drei Zeitungen mit. Drei Nummern in Folge, die zusammen eingetroffen waren. Sie teilten sie zwischen sich auf und machten sich getrennt an die Arbeit, blätterten die Zeitungen auf der Suche nach dem, was sie interessierte, hastig Seite für Seite durch.

Er drehte den Kopf schnell herum, sah sie halb erschrocken an. »Es hat aufgehört! Da ist kein Wort mehr drüber zu finden.«

»In diesen hier auch nicht.« Sie nickte mit weiser Vorahnung. »*Jetzt* wird es wirklich gefährlich. Jetzt geht es los.«

Er schleuderte explodierend die Zeitungen beiseite, schnellte in augenblicklicher Bereitschaft hoch – so sehr hatte er sich in diesen Dingen ihrer Führung unterworfen. »Sollen wir gehen?«

Sie dachte nach, traf dann die Entscheidung für sie beide. »Wir warten noch eine weitere Ausgabe ab. So viel Spielraum haben wir. Sie mögen ja schon wissen, *wer*, aber ich bezweifle, daß sie auch wissen, *wo*.«

Erneutes Warten. Diesmal drei Tage. Dann traf die nächste Nummer ein. Wieder nichts. Totenstille. *Brütende* Stille, wollte ihm scheinen, als sie zusammen die Zeitung studierten.

Dieses Mal sahen sie sich nur an. Sie war es, die sich am Ende erhob, die ihr cremefarbenes Hauskleid aus Satin an den Schultern faßte, um es auszuziehen. Kühl, ohne Hast, aber zielstrebig.

»Jetzt ist es an der Zeit, hier zu verschwinden«, sagte sie ruhig. »Sie sind hinter uns her.«

Er war noch immer – selbst noch nach all der Zeit – verblüfft über diesen beinahe sechsten Sinn, den sie entwickelt zu haben schien. Das erschreckte ihn. Zumindest wußte er, daß das etwas war, worüber er selbst niemals verfügen würde.

»Ich fange an zu packen«, sagte sie. »Geh nicht mehr weg. Bleib hier oben, wo du bist, bis wir fertig sind.«

Es durchlief ihn ungewollt ein Schauer. Er saß da, beobachtete sie, folgte ihr mit den Augen, wie sie sich im Zimmer herumbewegte. Es war, als beobachte man eine lebende Wünschelrute, die wie eine Frau ging und sprach.

»Du hast das falsch angestellt«, bemerkte sie nach einer Weile. »Es ist jetzt zu spät, um noch etwas daran zu ändern, aber es könnte durchaus sein, daß du selbst das alles sogar noch beschleunigt hast. Du hast nämlich immer nur die Zeitungen aus Mobile genommen. So etwas ist schneller rum als du ahnst.«

»Aber was hätte ich sonst...«

»Immer, wenn du eine besorgt hast, hättest du noch eine weitere aus irgendeinem anderen Ort dazukaufen sollen, selbst wenn du sie gleich darauf wieder weggeworfen hättest. Auf diese Weise zerstreut man Argwohn.«

Sie ging ins Nebenzimmer.

Selbst noch dabei konnte man etwas Richtiges tun oder etwas Falsches, dachte er hilflos. Ah, die Weisheit der Gesetzlosen!

Sie kam für einen Augenblick zur Tür zurück, unterbrach ihre Packerei.

»Wo soll's hingehen? Wohin wollen wir jetzt fahren?«

Er sah sie gequält an. Er wußte darauf keine Antwort.

56

Sie machten schließlich und endlich in Pensacola Rast, um wieder zu Atem zu kommen. Sie waren der weit ausholenden, langsamen Krümmung der Golfküste so weit ostwärts gefolgt, wie es nur möglich war, ostwärts, immer nur ostwärts. Stoß- und ruckweise, mit erschreckten Aufbrüchen und furchtsamen Aufenthalten, einige lang, andere kurz, so waren sie blind ihrem Schicksal gefolgt. New Orleans, dann Biloxi, dann Mobile, dann Pensacola. Und manch ein kleiner, versteckter Ort dazwischen.

Jetzt also Pensacola. Weiter als bis hierher konnten sie auf ihrer selbstgewählten Flugbahn nicht gelangen, wenn sie nicht die Küstenregion verlassen wollten, an die sie sich aus dem einen oder anderen Grunde – wahrscheinlich aber aus Angst vor dem Unbekannten – klammerten. Hinter Pensacola fiel die Kurve steil ab, über den Haufen von blechbedachten Hütten, der sich Tampa nannte, hinab bis zu der unvertrauten, anderssprachigen Fremdheit Havannas. Und das hätte bedeutet, daß sie sich selbst von allem abgeschnitten, sich in ein Exil begeben hätten, aus dem zurückzukehren nicht mehr möglich gewesen wäre. (Zurückkehrende Schiffe wurden durchsucht, und sie hatten ja keine Papiere.) Aber landeinwärts wollten sie sich auch nicht wenden und etwa Atlanta ansteuern, was ein naheliegender nächster Schritt hätte sein können. Sie fürchtete sich aus nur ihr allein bekannten Gründen vor dem Norden, und obwohl das noch gar nicht der Norden war, wäre es doch zumindest ein Schritt in diese Richtung gewesen.

Also Pensacola. Sie mieteten sich wieder ein Haus, da in Pensacola. Nicht um der Großartigkeit, um des Stils willen oder um sich »wirklich« verheiratet zu fühlen, sondern schlichtweg aus Gründen der elementarsten Sicherheit.

»Sie entdecken dich in einem Hotel sehr viel leichter«, flüsterte sie ihm in der regenüberschütteten, für eine Nacht gewählten Absteige zu. »Sie stecken ihre Nase viel schneller in deine Angelegenheiten. Um dich herum kommen und gehen so viel mehr Menschen, die nehmen Geschichten mit und verbreiten sie überall.«

Er nickte, beugte sich nieder, um unter der heruntergezogenen Jalousie hindurchzuschauen, und schrak zurück, als ein Blitz von unerträglicher Helligkeit herabfuhr.

Sie nahmen das entlegenste, versteckteste, unauffälligste Haus, das sie finden konnten. Es lag an einer verschlafenen, baumbestandenen Straße weit außerhalb des Stadtzentrums. Andere Häuser nicht in allzu großer Nähe, nicht zu viele Nachbarn. Sie hängten schwere Spitzenvorhänge vor die Fenster, um sich noch besser gegen spähende Blicke abzuschirmen. Sie beschäftigten zwar aus schierer Notwendigkeit eine Hausangestellte, reduzierten ihre Anwesenheit aber auf ein Minimum, nämlich auf drei Tage in der Woche, und die Frau mußte bis sechs Uhr abends wieder gegangen sein, durfte nicht im Haus schlafen. Sie hielten in ihrer Gegenwart die Zunge im Zaum oder sprachen gar nicht.

Sie würden sich diesmal sehr diskret, sehr klug verhalten.

Die ersten ein oder zwei Wochen hielt Bonny jedesmal, wenn sie bei Tageslicht nach Hause kam oder dieses verließ, wenn sie aus der Droschke ausstieg oder in sie hinein, ihren Parasol so gesenkt, daß er ihr Gesicht verdeckte. Und er hielt, da ihm der Vorteil einer solchen Tarnungsmöglichkeit versagt war, den Kopf stets so tief gesenkt, wie es nur gehen wollte. Es hatte schon fast den Anschein, als suche er andauernd etwas auf der Erde, ob er nun aus dem Hause ging oder dahin zurückkehrte.

Und als, dem alten Brauche folgend, eines Tages eine Nachbarin – beladen mit selbstgemachter Marmelade oder ähnlichem – erschien, um ihnen einen Begrüßungsbesuch abzustatten, hielt Bonny sie an der Haustür zurück und gab als Entschuldigung dafür, daß sie sie nicht hereinbat, wortreiche Erklärungen des Inhalts ab, daß alles noch nicht fertig eingerichtet und das Haus noch im Zustand völliger Unordnung sei.

Daraufhin ging die Frau wieder fort, mit beleidigter Miene und ihren nicht überreichten Gaben, und als sie ihr das nächste

Mal auf der Straße begegneten, erwiderte sie ihren Gruß nicht und schaute in die andere Richtung.

»Das hättest du nicht tun sollen«, mahnte er und trat aus seinem Versteck, als die frustrierte Besucherin wieder fort war. »Es sieht sehr viel verdächtiger aus, wenn man so ängstlich ist.«

»Es gab keine andere Möglichkeit«, sagte sie. »Wenn ich sie erst mal hereingebeten hätte, dann wären auch andere gekommen, und sie alle hätten von mir erwartet, daß ich ihren Besuch erwidere. Das hätte alles gar kein Ende mehr genommen.«

Nach dieser einen kam niemand mehr.

»Sie denken wahrscheinlich, daß wir zusammenleben«, meinte sie einmal mit spöttischem Lachen. »Ich ziehe jetzt nie mehr den linken Handschuh an, wenn ich ausgehe, und halte mit dieser Hand den Sonnenschirm besonders hoch, so daß sie den Ehering einfach nicht übersehen können.« Und bemerkte dann noch mit Nachdruck: »Diese Drecksäue!«

Mr. und Mrs. Rogers waren nach Pensacola gekommen. Mr. und Mrs. Rogers hatten in Pensacola ein Haus gemietet. Mr. und Mrs. Rogers – von nirgendwoher. Auf dem Wege nach – unbekannt.

57

Diesmal sagte er nichts. Sie erriet es, als sie sein Gesicht sah. Sie sah, wie er da am Fenster stand, in ein Nichts hinausstarrte und auf seinen Lippen herumkaute. Und als sie zu ihm sprach, irgend etwas zu ihm sagte, da antwortete er ihr nicht mit Worten, sondern dadurch, daß er sich abwandte, die Hände in die Taschen schob und anfing, auf gerader Bahn im Zimmer hin und her zu gehen.

Sie kannte ihn inzwischen gut genug, um zu wissen, daß das nur eines bedeuten konnte.

Nachdem sie ihn eine Weile aufmerksam beobachtet hatte, nickte sie schließlich mit dem Kopf. »Wieder?« fragte sie dunkel.

»Wieder«, antwortete er, hielt an und warf sich in einen Stuhl.

Sie legte irritiert einen Strumpf beiseite, den sie sich über den Arm gezogen hatte, um nach Löchern zu forschen. »Warum nur muß das bei uns immer so sein?« klagte sie. »Wir drehen uns einmal um, holen einmal tief Luft, und es ist wieder weg, und alles fängt von vorne an!«

»Es geht dahin, bei allen«, sagte er ernst. »Es ist halt die einzige Sache, die man nicht gleichzeitig halten und nutzen kann.«

»Bei uns scheint's aber davonzufliegen!« rief sie bitter aus. »Ich hab so etwas noch nie erlebt.« Jetzt war sie es, die ans Fenster trat, um nach dem fernen, schwankenden Stern ihres Glücks irgendwo da oben Ausschau zu halten, nach dem vorhin er gesucht hatte. »Heißt das wieder New Orleans?«

Sie waren so miteinander verwachsen, daß sie sich fast schon ohne Worte verstanden, ganz gewiß aber ohne voll ausformulierte Sätze.

»Es gibt kein New Orleans mehr, das ist erledigt. Da ist nichts mehr zu holen.«

Sogar ihre Eigenheiten hatten sich aneinander angeglichen. Jetzt kaute sie auf ihren Lippen herum. »Wieviel haben wir?«

»Zweihundert und ein bißchen«, antwortete er, ohne den Kopf zu heben.

Sie trat zu ihm und legte ihm die Hand auf den Arm, als wolle sie seine Aufmerksamkeit auf sich lenken – wiewohl sie diese schon völlig ungeteilt hatte.

»Es gibt zwei Dinge, die wir tun können«, sagte sie. »Wir können entweder hier rumsitzen und gar nichts tun, bis alles weg ist. Oder wir können es hernehmen und für uns arbeiten lassen.«

Er sah einfach nur zu ihr auf. Diesmal war da eine Lücke in ihrem gegenseitigen Verstehen, ein blinder Fleck.

»Ich habe eine Menge Leute gekannt, die viel weniger als zweihundert Dollar einsetzen konnten und die doch zwei- oder dreitausend draus gemacht haben.«

Sie ließ ihre Hand auf seinem Arm liegen, als könne der von ihr ausgesprochene Gedanke eher dort in ihn hineingelangen als auf dem Wege über das gesprochene Wort. Aber das war nicht der Fall.

»Kannst du irgendwelche Kartenspiele?« fragte sie weiter.

»Da gab's eins, das ich in jüngeren Jahren öfter mit Jardine spielte, halt so am Abend. Bézigue, glaube ich. Ich kann mich kaum noch erin...«

»Ich meine richtige Spiele«, unterbrach sie ihn ungeduldig.

Da verstand er sie endlich.

»Ah, du meinst Glücksspiele? Es aufs Spiel setzen?«

Sie schüttelte den Kopf, ungeduldiger denn je. »Nur Narren setzen was aufs Spiel. Nur Narren *riskieren* etwas. Ich zeig dir, wie man so spielt, daß man *sicher* sein kann, seine zweihundert vermehrt zu bekommen.«

Nun verstand er, was sie eigentlich meinte.

»Betrügen«, sagte er tonlos.

Sie warf ihren Kopf herum, schaute weg von ihm, wandte sich ihm dann wieder zu.

»Tu doch nicht so scheinheilig. Betrug ist auch nur 'n Wort. Warum gerade das gebrauchen? ›Sich vorbereiten‹. ›Sich sichern‹, gegen Verlust. Warum denn alles dem Zufall überlassen? Der Zufall ist eine Dirne.«

Sie trat zurück, ergriff einen Stuhl bei der Lehne und fing an, ihn lockend hinter sich herzuziehen, schräg gekippt.

»Komm, setz dich her. Ich bringe dir erst mal das Spiel bei.«

Sie war eine gute Lehrerin. Nach einer Stunde beherrschte er es einigermaßen.

»So, jetzt kannst du Pharo spielen«, meinte sie. »Du kannst es jetzt so gut, wie ich oder irgend jemand anderes es dir beibringen kann. Nun werde ich dir den wirklich wichtigen Teil des Spiels zeigen. Dazu muß ich mir aber erst einmal ein paar Sachen holen«

Während sie draußen war, saß er da und spielte müßig mit den Karten herum. Sie kam bald wieder und hatte all ihren Schmuck angelegt, wie für einen festlichen Abend. Jetzt sah das allerdings eher grotesk aus, so über dem häuslichen Negligé, das sie trug.

Sie setzte sich vor ihm nieder, und irgend etwas ließ seine Hand ein klein wenig zittern. Wie es eine Hand tut, die im Begriffe ist, etwas ganz Abscheuliches zu tun.

»Es gibt vier Farben, und auf die mußt du gut aufpassen«, sagte sie lebhaft. »Ich selbst spiele nicht, weil sie nie mit Frauen spielen, und alles hängt von der schnellen Abstimmung zwischen uns, zwischen dir und mir, ab. Aber das hat auf den Flußdampfern immer funktioniert, deshalb sollte es bei uns eigentlich auch klappen. Es ist das einfachste System von allen und am leichtesten zu durchschauen, aber wir müssen uns seiner erst mal bedienen, da deine Finger noch nicht geschickt genug sind, um ein Blatt manipulieren zu können. Deshalb mußt du dich hierbei nicht auf dich, sondern ganz auf mich verlassen, um die kritischen Stellen zu überwinden. Wir werden es nur sparsam einsetzen und für die entscheidenden Momente aufheben. Also, paß auf. Wenn sich meine Hand so zu meiner Brust hinbewegt, dann heißt das Cœur. Der Anhänger an meiner Kette, das ist Karo. Das Ohrgehänge links ist Pik, das rechts Treff. Und dann paß auf meine Hand auf, wenn sie wieder nach unten geht, sie zeigt dir nämlich die Werte an. Die Finger sind von eins bis zehn durchnumeriert, beginnend bei der Außenseite der linken Hand. Das heißt, der kleine Finger der linken Hand ist eins, der kleine Finger der rechten zehn. Die Finger, die ich umbiege oder auch nur ein klein wenig verkürze, das sind die gemeinten Kartenwerte.«

»Und wie erfahre ich, wenn er Buben, Damen oder Könige auf der Hand hat?«

»Sie folgen in ganz normaler Reihenfolge, will sagen elf, zwölf und dreizehn. Ein König wäre also der umgebogene kleine Finger der linken Hand und der dritte, der Mittelfinger der linken Hand. Ein As ist schlicht eins.«

»Wie kannst du darauf vertrauen, daß du alle Karten in seiner Hand sehen und mir signalisieren kannst?«

»Das kann ich nicht, und ich versuch's auch gar nicht. Ein paar der höchsten Karten, das ist alles, was du brauchst, und das ist auch alles, was du von mir bekommst.«

Sie schob ihm das Kartenspiel über den Tisch zu.

»Komm, gib mal.«

Sie nahm ihre Karten auf.

»Jetzt sag mir, was ich habe.«

Er beobachtete sie.

»Deine höchsten Karten sind die Karo-Dame, der Herz-Bube und das Treff-As.«

Er erntete kein Lob.

»Du hast mich so angeglotzt, daß auch ein Blinder mitbekommen hätte, worauf du aus warst. Man spielt das Spiel ebensosehr mit dem Gesicht wie mit den Fingern, das mußt du lernen. Noch mal.«

Er nannte ihr wieder ihre Karten.

»Schon besser, aber noch zu langsam. Die warten nicht auf dich, während du dasitzt und im Kopf rechnest. Auf ein neues.«

Ihr einziges Lob war ein Kopfnicken. »Noch mal.«

Diesmal gestand sie ihm endlich zu: »Du bist nicht dumm, Louis.«

Plötzlich warf er die Karten beiseite.

»Ich kann das nicht machen, Bonny.«

Sie warf ihm einen vernichtenden Blick zu.

»Wieso nicht? Bist du dir zu gut dafür? Besudelt dich das?«

Er senkte den Blick, fuhr sich mit verzweifelten Fingern durchs Haar.

»Du hast da in Mobile mal einen getötet, wenn ich mich recht erinnere!« warf sie ihm vor. »Aber mal so nem Kartenspiel etwas auf die Sprünge helfen, nein, das kannst du nicht. Dazu bist du ja viel zu tugendhaft.«

»Das war doch etwas anderes...« (Und warum machst ausgerechnet *du* mir solche Vorwürfe? dachte er.)

»Wenn's irgendwas gibt, was mich ganz krank macht, dann ist's ein heiligmäßiger Mann. Du solltest wirklich deinen Kragen rumdrehen. Na gut, wir wollen nicht mehr davon sprechen. Sitz halt rum und hätschele deine zweihundert Dollar, bis sie weg sind.« Sie stieß ihren Stuhl ärgerlich zur Seite, stand auf.

Er sah sie zur Tür gehen, den Knauf ergreifen und die Tür aufziehen, um hinauszugehen.

»Möchtest du sehr, daß ich das mache?« fragte er. »*So* sehr?«

Sie blieb stehen und drehte sich um, sah ihn an. »Es ist zu deinem Vorteil, nicht zu meinem. Ich habe nur versucht, dir zu helfen. *Ich* gewinne doch nichts dabei. Ich kann jederzeit zurechtkommen. Das bin ich früher, das kann ich auch wieder.«

Lauter als alles andere hörte er das eine Wort heraus, das sie nicht ausgesprochen hatte: *allein.*

»Ich werd's für dich tun, Bonny«, sagte er müde. »Ich werd's für dich tun.«

Sie schlug für einen Augenblick selbstgefällig die Augen nieder. Dann kehrte sie zum Tisch zurück und setzte sich wieder hin. Ihr Gesicht glättete sich langsam. Sie widmete sich von neuem und sehr aufmerksam ihrem Unterricht: »Na, was habe ich auf der Hand?«

58

Wie sie den Ort in Erfahrung gebracht hatte, blieb ihm schleierhaft. Er hätte nie und nimmer auch nur vermutet, daß es ihn gab. Sie schien über eine Nase zu verfügen, die solche Stätten schon auf eine Entfernung von einer Meile riechen konnte.

Es war im Obergeschoß, eine Treppe hoch, die gelegentlich jemand herunterkam, die man aber nie jemanden hinaufgehen sah. Unten war ein Restaurant mit Weinstube. Sie waren früher im Verlaufe ihrer nächtlichen Vergnügungstouren schon ein paarmal dort gewesen, waren aber, da sie das Lokal nicht sonderlich unterhaltsam fanden, nie lange geblieben. Sollte sie bei diesen Gelegenheiten schon etwas entdeckt haben, dann hatte sie das damals jedenfalls nie erwähnt.

Jetzt kamen sie wieder hin, die zweihundert Dollar wohlverwahrt bei ihm, und nahmen zunächst unten Platz, in der Nähe der Treppe, um ein Glas Burgunder zu trinken.

»Bist du sicher?« fragte er sie immer wieder mit zweifelndem Unterton.

Sie erwiderte das mit einem schnellen, bestätigenden Stirnrunzeln. »Ich weiß es. Ich habe einen Sinn dafür. An einem der Abende damals sah ich den Ausdruck auf dem Gesicht von ein paar Leuten, die da diese Treppe herunterkamen. Ich habe solche Gesichter schon früher oft gesehen. Das Gesicht zu weiß, die Augen zu leuchtend und fiebrig.« Sie tätschelte unterm Tisch sein Knie. »Bleib nur ruhig. Tu das, was ich dir gesagt habe, wenn's soweit ist.«

Sie saßen eine Weile so da, sie mit einem unergründlichen Blick, er mit einem unbehaglichen Gefühl.

»Jetzt«, sagte sie endlich.

Er winkte dem Ober. »Die Rechnung bitte.« Er nahm die ganzen zweihundert Dollar heraus, ließ ihn die sehen, während er einen Schein aus dem Bündel zog, um zu bezahlen. Sie unterdrückte derweil höchst kunstvoll ein Gähnen. Er wandte sich dem Ober zu. »Ganz schön fade hier. Sagen Sie, haben Sie nichts zu bieten ... nichts, was ein bißchen interessanter wäre?«

Der Ober ging zum Manager und sprach in einer Ecke hinter vorgehaltener Hand mit ihm. Nun kam der Manager selbst an ihren Tisch, beugte sich vertraulich über die Lehne von Durands Stuhl.

»Was kann ich für Sie tun, Sir?«

»Können Sie uns nicht irgend etwas Aufregenderes bieten als das hier?«

»Wenn Sie allein wären, Sir, dann würde ich vorschlagen ...«

»Schlagen Sie's doch ruhig erst mal vor«, ermutigte ihn Durand.

»Da sind ein paar Herren oben ... verstehen Sie mich?«

»Vollkommen«, sagte Durand. »Hätte ich das nur eher gewußt. Komm, meine Liebe.«

»Die Dame auch?« fragte der Manager zweifelnd.

»Ich betrage mich auch sehr ordentlich«, sagte sie mit einem affektierten Lächeln. »Ich werd mucksmäuschenstill sein. Niemand wird merken, daß ich überhaupt da bin.«

»Sagen Sie, Mr. Bradford schickt Sie von unten. Wir möchten nicht, daß das allzu große Beachtung findet. Es ist lediglich zur Unterhaltung einiger unserer Stammgäste gedacht.«

In einem günstigen Augenblick, als niemand sie zu beachten schien, gingen sie hinauf. Durand klopfte an eine große Doppeltür, hinter der man das Stimmengewirr sich unterhaltender Männer hören konnte. Ein Mann öffnete und sah heraus, hielt dabei die Türen so, daß sie nicht hineinblicken konnten.

»Mr. Bradford schickt uns von unten.«

»Damen haben hier keinen Zutritt, Sir.«

Sie lächelte ihr betörendstes Lächeln. Ihre Augen blickten in die seinen, ihre Hand legte sich sogar für einen Moment auf seinen Arm. »Jede Regel hat ihre Ausnahmen. Sie werden doch gewiß *mich* nicht aussperren wollen? Ich wäre ja so gänzlich verlassen ohne ihn.«

»Aber die Gespräche der Herren könnten ...«

Sie zwackte ihm neckisch in die Backe. »Hu, hu. Ich hab meinen Mann schon fluchen gehört, das wird mich nicht schokkieren.«

»Einen Augenblick.«

Er schloß die Tür. Öffnete sie nach wenigen Augenblicken wieder, um ihr eine schwarze, samtene Augenmaske zu offerieren. »Vielleicht fühlen Sie sich damit doch wohler.«

Sie warf Durand einen spöttischen Seitenblick zu, so, als wollte sie sagen: »Ist der nicht naiv?«, setzte die Maske dann aber dennoch auf.

Der Mann trat beiseite, um ihnen die Tür aufzuhalten.

»Mußtest du dich so kokett aufführen?« raunte er ihr schnell zu.

»Es hat mich immerhin hier hereingebracht, oder nicht?«

Ihr Eintritt rief eine Sensation hervor. Er hatte gesehen, wie sie die Aufmerksamkeit auf sich zog, wo immer sie auch hingingen – aber im Vergleich mit dem hier, war das alles nichts gewesen. Das Stimmengewirr verebbte, Stille trat ein. An ein paar Tischen hörte sogar das Spiel völlig auf. Ein paar der Herren langten hinter sich, als wollten sie sich schnell noch ihre Jacketts wieder überziehen – obwohl sie ihr Vorhaben dann doch nicht ausführten.

Sie sagte hinter vorgehaltener Hand etwas zu ihrem Gastgeber, der daraufhin mit klarer Stimme verkündete: »Die Dame wünscht, daß Sie ihrer Anwesenheit keinerlei Beachtung schenken. Es bereitet ihr lediglich großes Vergnügen, bei Kartenspielen zuzuschauen.«

Sie neigte sittsam und in gespielter Bescheidenheit das Haupt, schritt dann an Durands Arm weiter.

Ihr Führer stellte ihn, nachdem er von ihm den Namen und

von den anderen Spielern ihre Einwilligung, ihn als Mitspieler zu akzeptieren, eingeholt hatte, einem der Tische vor. »Mr. Castle – Mr. Anderson, Mr. Hoffman, Mr. Steeves.«

Bonny wurde nicht vorgestellt – in diesem Falle gebot der Anstand, daß man sie überging.

»Champagner für die Herren!« Sofort, nachdem er sich niedergelassen hatte, gab Durand seine Bestellung auf.

Ein farbiger Kellner brachte das Getränk herbei, aber sie nahm ihm seine Aufgabe sofort ab, bemerkte dazu: »Es soll mir eine Lust sein, mich um die Versorgung der Herren an diesem Tische hier zu kümmern.« Und ging herum, von einem zum anderen, schenkte ihnen die Gläser voll, nachdem die Karten längst wieder ausgeteilt waren. Setzte sich dann ein wenig abseits hin – mit der Miene eines kleinen, wohlerzogenen Mädchens, dem gestattet worden ist, etwas länger aufzubleiben und im Kreise der Erwachsenen zu verweilen. Auch wenn ihre Beine nicht wirklich vom Stuhl herabbaumelten, so war das doch immerhin der Eindruck, den sie erweckte.

Durand zog mit gleichgültiger Hand die gesamten zweihundert Dollar hervor, als sei das nur ein Bruchteil dessen, was er bei sich hatte, und das Spiel begann.

Innerhalb von Minuten waren es keine zweihundert mehr. Und zu keiner Zeit sank der Bestand wieder auf zweihundert ab, obwohl er mal anstieg und mal auch wieder zusammenschrumpfte. Er verdoppelte sich schließlich, und als er sich noch ein weiteres Mal verdoppelt hatte, machte Durand zwei Stapel und mußte nun bald einen Gewinn von tausend Dollar vor sich auf dem Tisch haben. Er ließ das Geld für alle sichtbar liegen, was nach den Regeln des Spiels so lange zu geschehen hatte, solange es noch im Gange war.

Der Raum war heiß und ungelüftet, und die Spieler waren darüber hinaus auch noch durch ihre eigene Erregung erhitzt. Der Champagner, mit Bedacht neben sie gestellt, wurde bei jeder sich bietenden Gelegenheit dankbar und in großen Schlucken hinuntergekippt.

Und jedesmal, wenn ein Glas geleert war, kam ein flüchtiger Schatten, ja, weniger als ein Schatten herbei, nahm es taktvoll ein Stück hinter den Spieler zurück, um es wieder vollzuschenken, ohne dabei seinen Blick auf den Tisch zu behindern. Mit graziöser, sanfter, liebevoller kleiner Geste die Hand an den Hals oder auf die Brust oder ans Ohrläppchen legend, auf daß kein Tropfen verschüttet werde, wenn das Glas wieder auf seinen Platz zurückgestellt wurde. Und spitze Finger um den Stiel des Glases, der eine oder andere ein wenig zurückgebogen.

Gelegentlich wurde ihr von einem der Spieler ein abwesend gemurmeltes »Danke schön« zuteil, zumeist aber nahmen sie sie gar nicht wahr, so unaufdringlich wurden sie umsorgt.

Einmal winkte sie dem Kellner mit ihrem Fächer, und er brachte eine neue Flasche, und als der Korken knallte, stieß sie einen kleinen, erschreckten Schrei aus – ach, sie war ja ein so furchtsames kleines Ding, so unvertraut mit dem Wesen und Wirken von Champagnerkorken.

Aber plötzlich wurde es still am Tisch. Das Spiel war unterbrochen, ohne daß jemand ein Wort gesagt hätte. Alle Spieler sahen auch weiterhin auf ihre Karten hinab, aber keiner rührte sich.

»Wenn Sie dann soweit wären, meine Herren«, sagte Durand liebenswürdig.

Keiner antwortete, keiner spielte.

»Ich warte, Gentlemen«, sagte Durand.

Keiner blickte auf, selbst nicht bei diesen Worten. Und auch die Antwort wurde ihm schließlich zuteil, ohne daß der Sprecher den Blick von seinen Karten hob.

»Würden Sie die Dame wohl bitten, sich zurückzuziehen, Sir?« sagte der Mann, der ihm am nächsten saß.

»Wie meinen?«

»Muß man Ihnen das noch erklären?« Jetzt sahen ihn alle an.

Durand sprang mit einer feinen Aufwallung erzwungener Indigniertheit auf die Beine. »Ich möchte wissen, was Sie damit sagen wollen!«

Der andere erhob sich nun ebenfalls, ein bißchen weniger schnell. »Das.« Er stieß seine aufgefächerten Karten auf dem Tisch zu einem Stapel zusammen und schlug Durand damit zweimal ins Gesicht, erst auf die eine Wange, dann auf die andere.

»Wenn es etwas noch Niederträchtigeres gibt als einen Mann, der beim Spiel betrügt, dann ist es einer, der eine Frau dazu benutzt, das Betrügen für ihn zu erledigen!« Durand versuchte, ihm einen Faustschlag zu versetzen, denn in diesem Augenblick waren die näheren Umstände vergessen, brannte nur die Herausforderung auf seinen Wangen – er konnte ja auf keine längere Geschichte erduldeter Kränkungen zurückblicken, um an diese Art von Vorkommnissen hinlänglich gewöhnt zu sein. Aber die anderen waren inzwischen ebenfalls aufgesprungen, umringten ihn und hielten seine Arme fest. Er wand sich heftig, versuchte, sich selbst zu befreien, aber alles, was er dabei erreichen konnte, war, daß er sie ein wenig mit in die Bewegungen seines Körpers hineinriß – ihre Überzahl war einfach zu groß.

Der Tisch wackelte, und einer der Stühle stürzte um. Ihr Aufschrei erklang schwach und vergeblich aus dem Hintergrund, blechern in seiner entsetzten Tugendhaftigkeit.

Der Manager trat wie herbeigezaubert in Erscheinung. Die Rangelei endete, aber sie hielten Durand noch immer fest, wobei sein marmorweißes Gesicht nun schlaff nach unten geneigt war, als wolle es sich vor ihren durchdringenden Blicken verbergen.

»Dieser Kerl hier ist ein ganz gemeiner, elender Betrüger. Wir dachten, Ihr Laden hier sei etwas für Gentlemen. Vielleicht sollten Sie den guten Ruf Ihres Etablissements etwas besser schützen.«

Er versuchte nicht, alles abzustreiten – wenigstens soviel Stolz war ihm geblieben. Das war sogar alles, was ihm geblieben war. Sein Hemd hatte sich vor seiner Brust geöffnet, und man konnte sehen, wie sie sich schweratmend hob und senkte. Aber weniger wegen der kurzen physischen Anstrengung, sondern aufgrund tiefer Beschämung. Der ganze Spielsalon stand um sie herum, alle anderen Spiele waren vergessen.

Der Manager winkte zwei stämmigen Helfern. »Schafft ihn hier raus. Aber schnell. Ich betreibe ein ehrliches Geschäft, so etwas dulde ich hier nicht.«

Er setzte sich nicht zur Wehr. Er wurde an die bezahlten Schergen übergeben und äußerte dabei nur den für einen von Menschenhand hinausbeförderten Kunden üblichen Protest: »Lassen Sie mich los!« Nicht mehr.

Aber als er dann sah, wie der Manager den unordentlichen Tisch aufräumte, zusammenschob, was darauf herumlag, rief er laut: »Zweihundert davon gehören mir, ich habe sie ins Spiel eingebracht.«

Der Manager forderte ihn mit einer Handbewegung zum Weitergehen auf, dies aber aus sicherer Entfernung: »Die haben Sie ans Haus verloren. Das wird Sie lehren, solche Tricks nicht noch einmal auszuprobieren! Raus jetzt, Halunke!«

Plötzlich erscholl ihre Stimme mit schriller Schärfe: »Ihr Gangster! Gebt ihm sein Geld zurück!«

»Ein Esel schilt den anderen Langohr«, sagte jemand, und ein allgemeines Gelächter erhob sich, das die beiden übertönte.

Er wurde durch den Raum geschoben und dann aus einer Hintertür hinaus, wohl um zu vermeiden, daß er bei den Speisenden unten im Restaurant Anstoß erregte. Da war eine ungestrichene, hölzerne Treppe, die seitlich an dem Gebäude klebte. Die stießen sie ihn hinab, und er stürzte in der Gasse unten zu Boden. Wie durch ein Wunder war er unverletzt geblieben, aber ihn schmerzte eine Scham, wie er sie noch nie zuvor empfunden hatte, und er hätte sich am liebsten umgedreht und sein Gesicht im Schlamm vergraben.

Jemand warf ihm seinen Hut nach, und als er das getan hatte, klopfte sich der Werfer ostentativ die Hände ab, als wolle er so einer Vergiftung vorbeugen.

Aber das Maß der Demütigung, der Schmach war noch keineswegs voll. Die größte Erniedrigung war es, sehen zu müssen, wie sich die Tür plötzlich wieder öffnete, und Bonny herausgestolpert kam. Vorwärts getrieben, vorwärts *gestoßen*, von groben, verschwitzten Männerhänden, wie ein ganz gewöhnliches Ding.

Seine Frau! Seine Liebe!

Ein Messer bohrte sich in sein Herz, und dieses schien um die Klinge herum, die es durchstoßen hatte, zu schrumpfen, in sich zusammenzufallen, sich darum zu schließen.

Hinausgestoßen in die Nacht, so daß auch sie fast das Gleichgewicht verloren hätte und hinter ihm her hinabzustürzen drohte. Glücklicherweise bekam sie das Geländer zu fassen und konnte sich so gerade noch rechtzeitig festhalten.

Sie stand einen Augenblick bewegungslos da, dort über ihm, und sah nicht zu den anderen zurück, sondern auf ihn herab.

Dann kam sie die Treppe hinunter und ging, die Röcke anhebend, um ihm auszuweichen, an ihm vorbei, als sei er ein Stück Abfall, das ihr dort im Wege lag.

»Steh auf«, sagte sie kurz angebunden. »Steh auf und komm hier weg. Ich hab noch nie von einem Mann gehört, der weder so noch so gewinnen kann, nicht auf ehrliche Weise und auch nicht auf betrügerische.«

Er hatte gar nicht gewußt, daß die menschliche Stimme in der Lage war, ein solches Maß an ätzender Verachtung zum Ausdruck zu bringen.

59

Er sah die Veränderung an ihr, die wohl mit Sicherheit auf dieses Debakel hin folgen würde, bereits lange, bevor sie eingetreten war – so gut kannte er sie inzwischen, so bitter, so köstlich gut. Kannte ihre Stimmungen, kannte ihr Wesen. Und die Veränderung trat ein, nur ein bißchen weniger schnell und sicher, als er es vorhergesehen hatte.

Am ersten Tag danach war sie einfach nur etwas weniger gesprächig, vielleicht auch eine Winzigkeit weniger freundlich. Das war alles. Es war, als sei das die Zeit des Keimens, die Zeit, in der der Samen im Wachstum begriffen war, aber noch unsichtbar. Nur das liebende Auge hätte es bemerken können – und seine Augen waren ja die eines Liebenden, auch wenn sie im Kopfe eines Ehemannes saßen.

Aber am selben Abend noch kam es bereits zu einer deutlichen Abkühlung. Die Temperatur ihrer Stimmung sank ständig. Ihre Bemerkungen waren höflich, aber das allein war ja schon ein deutliches Zeichen, bedeutet Höflichkeit doch Distanz. Mann und Frau sollten niemals höflich zueinander sein. Süß oder sauer, aber nicht höflich.

Am zweiten Tag begann die Abneigung zu sprießen wie ein verderbliches Unkraut, alles überwuchernd, was einmal ein hübscher Garten gewesen war. Ihre Blicke mieden ihn jetzt. Um sie in seine Richtung zu lenken, mußte er sich schon direkt an sie gerichteter Fragen bedienen, mit weniger war da nichts zu erreichen. Und selbst dann verweigerten sie ein längeres Verweilen, als fänden sie es nicht der Mühe wert, Zeit an ihn zu verschwenden.

Innerhalb eines einzigen weiteren Tages erblühten die Unkräuter und brachten giftige, widerliche Früchte hervor. Der Kreislauf der Entwicklung hatte sich vollendet, alles, was nun noch fehlte, war die Ernte. Aber wer würde die Sense schwingen? Ihre Zunge hatte jetzt eine scharfe Schneide, das Samtweiche war an manchen Stellen schon ganz abgenutzt. Eine nicht im geringsten provozierende Bemerkung seinerseits konnte leicht auf eine dieser Stellen treffen und eine Antwort wie kaltes Feuer daraus schlagen.

Dann schien es, als ob das alles selbst ihr zu weit ginge, als ob sie manchmal den Versuch einer Eindämmung machte, gelegentlich eine Anstrengung unternahm, nachzugeben, sich erweichen zu lassen – nur um am Ende festzustellen, daß ihre Natur in dieser ganzen Frage ihren Absichten entgegenstand und stärker war als sie, auch wenn sie sich die allergrößte Mühe gab. Sie lächelte dann, und das blaue Eis in ihren Augen schmolz dahin, aber nur für flüchtige Augenblicke – danach würde sich die Eisschicht, die sie festhielt, wieder über ihr schließen und sie seinen Blicken entziehen.

Er nahm zu ausgedehnten Spaziergängen Zuflucht. Sie waren wie eine Pause, eine Unterbrechung, denn wenn er losging, dann begleitete sie ihn. Wenn er losging, dann war sie so bei ihm, wie sie noch vor kurzer Zeit gewesen war. Er stellte dann ihre frühere Erscheinung wieder her, füllte sie gleichsam auf, bis sie wieder ganz war. Und wenn er dann mit einem Lächeln und leichterem Herzen nach Hause zurückkehrte, dann traten sich die beiden Erscheinungen gegenüber, die alte und die neue, und in einem einzigen Augenblick war sein ganzes Werk zunichte gemacht, hatte die neue die alte zerstört.

»Ich such mir halt einen Job, wenn dir das alles so nahegeht«, brach es am Ende aus ihm hervor. »Ich bin dazu fähig, es gibt keinerlei Grund, warum ich ...«

Er stieß nur auf karge Zustimmung.

»Ich hasse Männer, die arbeiten!« sagte sie mit zusammengepreßten Zähnen. »Da hätte ich ja auch gleich einen Karrengaul heiraten können, wenn ich das gewollt hätte. Das wäre dann genauso fade gewesen.« Warf ihm einen schneidenden Blick zu, als habe er ja gar nicht wirklich die Absicht, ihr Los zu verbessern, als offeriere er ihr mit voller Absicht Lösungsvorschläge, die gänzlich nutzlos und keinesfalls ernsthaft in Erwägung zu ziehen waren. »Es muß doch noch andere Möglichkeiten außer dieser geben, an Geld für uns heranzukommen.«

Er fragte sich voller Unbehagen, was sie wohl damit meinen mochte, und hatte doch Angst, das zu erfahren, Angst, es genauer erläutert zu bekommen.

»Nur Trottel arbeiten«, fügte sie dann noch verächtlich hinzu. »Das hat mir mal vor langer Zeit jemand gesagt, und ich glaube das heute mehr denn je.«

Er fragte sich, wer das wohl gewesen sein und wo er heute stecken mochte. Welches Gefängnis hatte ihn schon vor langer Zeit verschluckt, an welchem Galgen mochte er sein Ende gefunden haben? Oder er war vielleicht noch unversehrt, sein Glaube gerechtfertigt, wartete irgendwo auf ein Wort von ihr, auf das stillschweigende Zugeständnis, daß sie einen Fehler gemacht hatte. Und wußte, daß ihn dieses Wort eines Tages erreichen würde.

»Er muß ein Taugenichts gewesen sein«, war alles, was ihm dazu einfiel.

In ihren kalten blauen Augen funkelte Verachtung. »Er war ein Taugenichts, ja«, räumte sie ein, »aber auch ein guter Kumpel.«

Er verließ das Zimmer.

Und dann, nach diesem Gespräch, herrschte eisernes Schweigen zwischen ihnen – nicht einmal ein »Wenn es dir recht ist», nicht einmal ein »Gute Nacht«. Es war schrecklich, es war undenkbar, aber es war soweit gekommen. Zwei Stumme, die sich umeinander herumbewegten, zwei Pantomimen, zwei schlaflose Schattenbilder im Zwielicht ihrer Kammer. Er wollte die Hand nach der ihren ausstrecken und sie ergreifen, sie schien zu schlafen. Und erriet doch im Schlaf seine Absicht und zog die Hand weg, bevor er sie noch gefunden hatte.

Am folgenden Tag ging er, aus dem hinteren Teil der Halle kommend, am Salon vorbei, um sich auf einen seiner erholsamen Spaziergänge zu begeben, als er sie erblickte, wie sie dort vor ihrem Sekretär saß. Er hatte nicht gewußt, daß sie dort drin war. Sie schrieb keinen Brief, soweit er sehen konnte. Sie saß irgendwie ziellos da, unbeschäftigt. Die Schreibunterlage war heruntergeklappt, aber es war kein Papier darauf zu sehen. Zu welchem anderen Zweck aber sitzen Menschen an einem Schreibtisch? fragte er sich. Für den Akt des Sitzens an sich gab es in dem Zimmer weitaus geeignetere Stühle.

Er hatte das unselige Gefühl, daß sie irgendeine Beschäftigung, der sie sich soeben gewidmet hatte, wieder aufnehmen würde, sobald er das Haus verlassen hatte. Schon der Ausdruck ihres Gesichts verriet das – diese entschiedene Leere. Keine natürliche Leere, nein, sondern eine gewollte, die so lange sorgsam aufrechterhalten wurde, solange er noch an der Tür war und hereinblickte.

Der kleine Finger ihrer Hand, die seitlich auf der Kante der Schreibunterlage ruhte, hob sich und senkte sich wieder, als er zu ihr hinsah. So, wie die Schwanzspitze einer Katze zuckt, die im übrigen völlig zur Ruhe gekommen ist – Ausdruck einer unterdrückten, lauernden Ungeduld.

Er konnte nichts tun. Wenn er sie diesmal abhielt, dann würde sie eine andere Gelegenheit finden. Wenn er sie beschuldigte, würde sie leugnen. Wenn er es ihr bewies, dann würde ihr schwelender Unmut zur offenen Flamme werden, und das wollte er nicht.

Ein Brief an die Vergangenheit. Ein Brief an jene andere, unterirdische Welt, der sie, wie er gemeint hatte, für immer entronnen war.

Er ging hinaus und schloß die Tür hinter sich, schweren Herzens.

Wenn sich ein paar Stunden später bei seiner Rückkehr ein

zusätzlicher, neuer Zug an ihr entdecken ließ, dann war es ein Funkeln boshafter Befriedigung, eine Art Hohngelächter in den Augen. Der Blick eines Menschen, der zu sich selbst sagt: Ich bin nicht untätig gewesen. Warte nur ab, du wirst schon sehen!

Noch zwei weitere Tage, und er konnte ihre Entfremdung nicht mehr ertragen – er kapitulierte. Er kapitulierte mit einer Lüge, opferte die Wahrheit seiner Ergebenheit. Es kann keine totalere Kapitulation geben, als wenn sich der eine bedingungslos den Wünschen des anderen beugt, wenn er etwas, das nicht so ist, um der Erneuerung des guten Einvernehmens willen so erscheinen läßt, als sei es so.

»Ich habe dich belogen, Bonny«, sagte er ohne weitere Vorrede.

Sie kämmte sich das Haar vor dem Zubettgehen, hatte ihm den Rücken zugewandt. Hatte sie das schon viele Tage lang in übertragenem Sinne getan, so tat sie es in diesem Moment buchstäblich.

»Es *gibt* noch Geld, das war noch nicht alles.«

Sie legte die Bürste hart nieder, drehte sich um und starrte ihn an.

»Warum hast du mir das dann weisgemacht? Wozu hast du das getan?«

»Ich dachte, wir würden vielleicht alles zu schnell ausgeben. Ich dachte, wir sollten vielleicht ein bißchen davon für eine Weile beiseite legen, es für später aufheben.«

Die Habgier mußte ihre Wahrnehmungsfähigkeit geschwächt haben. Er war, wenn's hoch kam, ein schlechter Lügner. Aber jetzt, angesichts dessen, was auf dem Spiel stand, war er der allerschlechteste. Sie jedoch wollte ihm glauben, und das tat sie denn auch von ganzem Herzen. Sie hatte sein dahergestammeltes Phantasieprodukt sofort als gegebene Tatsache akzeptiert, was sich vor allem an der Schnelligkeit erkennen ließ, mit der sie zu einem Gespräch darüber bereit war. Über etwas, was nicht

Tatsache ist, debattiert man ja nicht, sondern man übergeht es. Man setzt sich nur mit dem auseinander, was gegeben ist.

»Später?« sagte sie erregt. »Wieviel später? Werden wir bis dahin jünger geworden sein, bis zu diesem kostbaren Tag? Wird ein Kleid dann noch so gut an mir aussehen wie jetzt? Wird meine Haut noch so weich, dein Schritt noch so fest sein?«

Sie nahm ihre Haarbürste erneut auf, aber nicht, um sie zu benutzen, sondern um sie wieder auf den Frisiertisch zu werfen und damit ihre Worte zu unterstreichen.

»Nein, ich habe nie auf diese Weise gelebt und werde mich dem auch jetzt nicht beugen! ›Für schlechte Zeiten‹, ›Für einen regnerischen Tag‹ – o ja, ich habe diese ollen, muffigen Sprüche oft genug gehört in meinem Leben. Ich sag dir einen anderen, einen wahreren. ›Ein Morgen gibt es nicht.‹ Laß es morgen doch schütten! Laß mich doch naß werden, pitschnaß. Wenn ich es nur heute abend trocken und warm habe! Das ist alles, was mich interessiert. Der morgige Regen könnte ja auch über mich hinwegziehen. Oder ich könnte morgen schon tot sein, und du auch. Und man kann da im Grab nun mal kein Geld ausgeben. Ich lasse mich auf das Geschäft ein, frage nicht nach den Chancen. Begrabt mich morgen, in Ordnung. Auf dem Armenfriedhof, wenn's sein muß. Und ohne Leichentuch, das mich bedeckt. Wenn ich nur jetzt diesen Abend habe.«

Die Hitze und Wildheit ihres Philosophierens ließ sie schneller atmen. Der Protest der Enterbten, die Panik der Heiden, die ohne die Verheißung jenseitiger Freuden leben müssen.

»Wieviel ist es?« fragte sie begierig. »Wieviel, ungefähr?«

Er wollte, daß sie glücklich war. Er konnte ihr den richtigen Himmel nicht schenken, und so schenkte er ihr den einzigen Himmel, an den sie zu glauben vermochte, den sie verstand. »Sehr viel«, sagte er. »Sehr viel.«

»Ungefähr?«

»Eine Menge«, konnte er nur immer wieder sagen.

Sie war aufgestanden, war ganz überwältigt, kam Schritt für Schritt auf ihn zu. Jeder Schritt eine Zärtlichkeit, jeder Schritt die Verheißung einer weiteren, noch zu erwartenden Zärtlichkeit, jenseits der letzten. Sie legte ihre Hände auf der Brust zusammen, als wolle sie die Freude darin halten, die sie erfüllte. »Ach, das macht ja auch nichts, mußt's mir gar nicht genau sagen. Ich konnte Zahlen noch nie leiden. Eine Menge, das reicht mir schon. Ein Bündel, ein Haufen, eine Wagenladung. Wo? Hier bei uns?«

»In New Orleans«, murmelte er ausweichend. »Aber wo ich leicht drankommen kann.« Alles, nur um sie zu halten. Sie wollte diesen Abend haben – gut, er wollte ihn auch.

Sie drehte sich plötzlich in einem Walzerschritt, als hätten unsichtbare Violinen irgendwo einen Akkord gespielt. Dann warf sie sich halb aufs Bett und in seine wartenden Arme.

Wieder eins, wieder liebend. Geflüsterte Worte, Beteuerungen, Versprechen und Schwüre – niemals wieder ein herzloses Wort, niemals wieder ein düsteres Schweigen, niemals wieder eine Kränkung. Ich verzeihe dir, ich bete dich an, ich kann nicht ohne dich leben. »Ein neues Du, ein neues Ich.«

Plötzlich hob sie für einen kurzen Augenblick den Kopf wachsam hoch, als sei ihr nachträglich noch etwas eingefallen. »Oh, es tut mir leid«, hörte er sie hauchen, und er vermochte nicht zu sagen, ob das ihm oder ihr selbst galt, war es doch gleichsam nach innen und sehr gedämpft gesprochen worden.

»Es ist vorbei, vergessen«, murmelte er, »darin waren wir uns doch einig.«

Ihr Kopf sank zurück, getröstet.

Aber die Verspätung dieser Anwandlung, die sie erst überkommen hatte, *nachdem* alle Verzeihung erbeten und gewährt worden war, und keineswegs während dies geschah, ließ ihn doch denken, daß ihre Reue etwas ganz anderem gegolten haben könnte als ihrer Entfremdung, die nun glücklich überwunden war. Irgend etwas, von dem er noch nicht die geringste Ahnung hatte, das aber nun überstürzt und unwiderruflich einem Ende zugeführt worden war.

Sie fragte ihn in einem fort, wann er denn zu fahren gedenke, wieder und immer wieder, mit zunehmender Häufigkeit und immer stärkerem Drängen, bis er sich schließlich zu dem Widerruf veranlaßt sah, den er so fürchtete – es blieb ihm nichts anderes übrig, als es ihr zu gestehen. Und das tat er dann auch.

»Gar nicht.«

»Aber ... aber wie sonst willst du es denn dann beschaffen?«

»Da ist gar nichts, was ich beschaffen könnte. Nicht ein Cent. Es ist längst alles weg, alles aufgebraucht. Das Geld aus dem Verkauf des Hauses in der St. Louis Street, den Jardine für mich besorgt hat, mein Anteil am Geschäft. Mir kommt nichts mehr zu.« Er versenkte die Hände in den Taschen, atmete tief ein, blickte zu Boden. »Also gut, ich habe dich angelogen. Frag mich nicht warum. Du solltest es eigentlich wissen. Vielleicht nur, damit du mich noch ein bißchen länger anlächelst.« Und dann murmelte er kaum hörbar: »Um diesen Preis war das billig.«

Sie sagte, noch immer ganz ruhig: »Du hast mich also reingelegt.«

Sie legte ihren Handspiegel beiseite. Sie erhob sich. Sie wanderte ziellos umher. Sie schlang die Arme um sich, als wolle sie sich selbst umarmen.

Das Unwetter braute sich nur langsam zusammen, langsam, aber zu höllischer Gewalt. Sie lief auf und ab, atmete schneller, ihre Brust wogte, aber sie sagte noch kein Wort.

Endlich ergriff sie den geschliffenen Glasflakon mit ihrem Eau de toilette, hob den Arm so hoch über ihren Kopf wie es nur ging, und zerschmetterte das Fläschchen auf dem Frisiertisch.

»So behandelst du mich also. Ein netter Spaß, was? Ein schlauer Trick. Sag ihr, du hast Geld, sag ihr, du hast keines. Die

Närrin glaubt ja alles, was du sagst. Im einen Augenblick ja, im nächsten nein.« Das Glasgefäß mit dem Talkumpuder war als nächstes dran, zersprang in kristallene Splitter, von denen einige durchs ganze Zimmer und bis vor seine Füße flogen. Dann der Handspiegel. »Es reicht nicht aus, mich einmal zu belügen, es muß gleich noch ein weiteres Mal sein.«

»Diesmal hab ich die Wahrheit gesagt. Gelogen habe ich nur, als ich sagte, wir hätten noch was.«

»Immerhin hast du bekommen, was du haben wolltest, nicht wahr? Das war doch alles, was dich interessierte, alles, was für dich zählte!«

»Hast du denn überhaupt kein Schamgefühl? Gibt es denn gar nichts, was du unausgesprochen läßt?«

»Du findest dich besser damit ab, das kann ich dir sagen. Es wird lange, lange dauern ...«

»Für so ein hübsches Gesicht hast du doch ein recht häßliches Mundwerk«, sagte er scharf. »Die Zunge einer Hure im Gesicht eines Engels.«

Sie warf eine Flasche mit Duftwasser, diesmal direkt nach ihm. Er wich nicht aus. Sie krachte dicht neben seiner Schulter an die Wand. Ein Glassplitter traf seine Backe, und süß nach Jasmin duftende Tropfen spritzten auf sein Jackett. Sie spielte nicht, spielte keine Rolle in irgendeinem Liebesdrama – nein, ihr Gesicht war haßverzerrt. Sie war außer sich. Wenn irgend etwas Scharfes zur Hand gewesen wäre, was sie als Waffe ...

»Du – –« Sie belegte ihn mit einem Ausdruck, von dem er geglaubt hatte, er sei nur Männern geläufig. »Ich bin nicht gut genug für dich, was? Bin deiner nicht würdig. Ich bin halt bloß ein Stück Dreck, und du bist der feine Herr. Na schön, wer hat dir denn befohlen, hinter mir her zu sein? Wer will dich denn überhaupt?«

Er fuhr sich mit einem Taschentuch über das winzige Fleckchen Blut auf seiner Wange. Er hielt den Mund, stand aufrecht und fest in den schmutzigen Fluten ihrer Vorwürfe, die ihn umtosten.

»Was bist du mir schon nütze? Du bist zu gar nichts zu gebrauchen. Du und deine romantische Liebe! Pa!« Sie wischte sich mit beleidigender Geste über den Mund, als habe er sie gerade geküßt.

»Nein, wahrscheinlich nicht«, sagte er, jetzt mit hartem Blick, mit bitterem Gesichtsausdruck. »Der Wind hat sich gedreht. Jetzt, wo mir nichts mehr geblieben ist. Jetzt, wo du alles aus mir herausgeholt hast, was herauszuholen war. Du gieriger kleiner Blutegel. Bist du auch sicher, daß du nicht noch irgendwo etwas übersehen hast?« Er zitterte nun vor Erregung. Seine Hände fuhren suchend in seine Taschen, stülpten sie in der Heftigkeit ihrer Suche fast nach außen. Er kramte ein paar Münzen hervor, warf sie ihr mitten ins Gesicht. »Da ist noch was, das fehlt dir noch. Und hier, das kannst du auch haben.« Er riß sich die edelsteinbesetzte Krawattennadel herunter, warf ihr auch die hin. »Und das ist alles, was da ist. Eine Versicherungspolice, irgendwo bei meinen Unterlagen, vielleicht möchtest du ja, daß ich mir höchstpersönlich die Kehle durchschneide, damit du was gewinnst... unglücklicherweise ist sie allerdings nicht gültig.«

Sie zog jetzt Sachen aus den Schubladen heraus, ließ dabei mehr fallen, als sie an sich nahm.

»Ich habe dich schon einmal verlassen, und ich werde dich wieder verlassen. Und diesmal endgültig, diesmal heißt's wirklich ade. Ich will dich nie wieder sehen.«

»Ich bin noch immer dein Mann, und du wirst dieses Haus nicht verlassen.«

»Wer sollte mich daran hindern? *Du* etwa?« Sie warf den Kopf zurück und schickte ein schrilles Gelächter zur Decke empor. »Dazu bist du doch gar nicht Manns genug, dazu hast du gar nicht den...«

Sie rannten plötzlich beide von ihrem jeweiligen Standort aus auf die Tür zu. Er erreichte sie zuerst, lehnte sich mit dem Rücken dagegen, blockierte den Ausgang.

Sie hob ihre winzigen Fäuste, trommelte damit fruchtlos auf seiner Brust herum, trat mit den Schuhspitzen gegen seine Waden.

»Geh mir aus dem Weg. Du kannst mich nicht aufhalten.«

»Geh von der Tür weg, Bonny.«

Er schlug zu, und der Schlag war für ihn ebenso überraschend, wie er das für sie gewesen sein mußte. Wie ein Mann, der nach einer Mücke schlägt, bevor er noch den Gedanken gehabt hat, das zu tun. Sie stolperte rückwärts, drehte sich im Fallen herum und sank auf das Bänkchen, das vor ihrem Frisiertisch stand, die untere Hälfte ihres Körpers über den Boden nachschleppend.

Sie sahen sich beide an, vollkommen fassungslos.

Sein Herz, zutiefst gepeinigt, wollte ihr zurufen: »Liebling, hab ich dich verletzt?«, aber seine verstockten Lippen weigerten sich, die Worte weiterzugeben.

Im Raum schien es nun tödlich still zu sein – nach dem lärmenden Streit, der ihn soeben noch erfüllt hatte. Sie war sichtlich überwältigt. Es war eher ein widerwilliges und zweischneidiges Kompliment, das sie ihm machte, als sie, sich steif aufrichtend, langsam sagte: »Es ist ein Wunder, daß du dazu Manns genug warst. Ich hätte nicht gedacht, daß du das Zeug dazu hast.«

Sie kam wieder auf die Tür zu, aber jetzt war aller Widerstand in ihr gebrochen.

Er sah sie mit warnend verengten Lidern an.

»Nun laß mich mal ins Bad«, sagte sie mit schmollender Gefügigkeit. »Ich muß mein Gesicht kalt abwaschen.«

Als er später wieder von unten heraufkam, hatte sie ihr Bettzeug aus dem Schlafzimmer geholt und es in das Gästezimmer am Ende des Flurs gebracht.

60

Etwa vier oder fünf Tage später kehrte er gerade von einem seiner Spaziergänge, die ihm inzwischen zur Gewohnheit geworden waren, zum Haus zurück, als er plötzlich weit vor sich ihre Gestalt erblickte – ein paar Straßenkreuzungen weiter, aber in derselben Richtung gehend wie er, durch den gleichen gefleckten Tunnel, den die überhängenden Äste der schattenwerfenden Bäume bildeten.

Die Entfernung war so groß und die Gestalt durch sie so sehr verkleinert, zusätzlich durch die flackernde Wirkung, die der Wechsel von Sonnenlicht und Schatten hervorrief, derart verschwommen, daß er nicht gänzlich sicher war, ob es wirklich sie war, die er da vor sich hatte. Dann aber glaubte er wieder, ihren Gang zu erkennen, und als jemand an ihr vorüberging, konnte er sehen, daß sie gemessen an anderen tatsächlich und nicht nur aufgrund der Entfernung klein war. Vor allem aber hatte ihr Kleid die Farbe desjenigen, in dem er sie zuletzt gesehen hatte, als er aus dem Haus gegangen war, nämlich pflaumenblau. Kurz, es waren insgesamt so viele Ähnlichkeiten zu entdecken, daß er nicht mehr zweifelte, daß es Bonny war.

Es hatte keinen Sinn, sie anzurufen, denn das hätte sie, da sie ihm schon so weit voraus war, doch nicht gehört. Der Abstand zwischen ihnen war auch zu groß, als daß er hätte hoffen können, sie noch in angemessener Zeit einzuholen, selbst wenn er jetzt zu laufen begann. Bis dahin hätte sie das Haus wohl schon so gut wie erreicht. Außerdem bestand eigentlich auch kein rechter Anlaß zu unziemlicher Hast, es war keine Not, er würde sie ja bald genug sehen, und im übrigen war er auch von seinem Spaziergang einigermaßen ermüdet, ihm also in keiner Weise nach laufen zumute.

Sie war noch vor wenigen Augenblicken nicht zu sehen gewesen, und der Punkt, an dem sie da plötzlich in Erscheinung getreten war, lag etwa in der Mitte zwischen zwei der sie trennenden Straßenkreuzungen, weshalb er annahm, daß sie aus der Tür eines Etablissements gekommen war, welches sich etwa da befinden mußte, wo er sie zuerst gesehen hatte.

Als er diese Gegend endlich erreicht hatte, sah er sich im Vorbeigehen die Häuser am Straßenrand zunächst nur so aus purer Neugier genauer an, denn er wollte doch gerne feststellen, wo sie wohl hergekommen sein und was sie dort gemacht haben könnte. Immer vorausgesetzt, daß es tatsächlich sie gewesen war.

Seine zunächst eher oberflächliche Neugier wandelte sich aber schon beim ersten Blick in ein großes Erstaunen, das ihn stehenbleiben ließ. Das Gebäude neben ihm stellte sich nämlich als das Postamt heraus. Direkt daneben lag, das stimmte schon, ein ziemlich schäbig aussehender Kramladen, aber da es einige sehr viel einnehmendere Geschäfte dieser Art in sehr viel größerer Nähe ihres Hauses gab, erschien es kaum wahrscheinlich, daß sie sich der Mühe unterzogen hatte, ausgerechnet diesen Laden aufzusuchen. Es mußte das Postamt gewesen sein, aus dem sie herausgekommen war.

Es gab eigentlich nur einen Grund für sie, dorthin zu gehen – es diente ihr als Vorwand. Wenn sie Briefe abschicken wollten, so gab es einen Briefkasten direkt in ihrer Straße, und wenn sie Briefe bekamen, dann wurden ihnen die von einem Briefträger zugestellt. Und was bekamen sie schon für Briefe? Wer wußte denn eigentlich, daß sie sich hier aufhielten? Wer wußte überhaupt, wer sie waren?

Unruhig jetzt, da das wiedergefundene Sonnenlicht durch schnell heraufziehende Wolken verdunkelt wurde, hatte er sich schon zur Seite gewandt und das Gebäude betreten, bevor er sich noch klar darüber geworden war, was er dort eigentlich wollte. Und einmal drinnen angelangt, wünschte er, er wär's nicht, und versuchte, sich umzudrehen und wieder hinauszugehen. Aber die Unruhe war doch stärker als sein Zögern, ihr auf diese Weise nachzuspionieren, und zwang ihn schließlich, zu dem ärmelhaltertragenden Angestellten hinter dem Schalter mit der Aufschrift »Postlagernde Sendungen» hinzutreten.

»Ich suche jemanden«, sagte er schüchtern. »Ich muß ... sie wohl verpaßt haben. Ist eine kleine, blonde Dame ... o nein, etwas größer, so ... vor kurzem hier gewesen?«

Er dachte an jenen Tag in New Orleans, als er mit ihr zur Bank gegangen war. Sie würde hier wohl eine ganz ähnliche Wirkung erzielt haben. Wenn sie überhaupt dagewesen war, dann war es unausweichlich, daß man sich an sie erinnerte.

Und richtig, die Augen des Postangestellten leuchteten noch nachträglich auf. »Ja, Sir«, sagte er mit Herzlichkeit. »Sie war noch vor wenigen Minuten an eben diesem Schalter hier.« Er schob erst das eine, dann das andere der seine Hemdsärmel haltenden Bänder wieder ein Stück nach oben. »Sie hat nach einem Brief gefragt.«

Durand hatte eine trockene Kehle, aber er preßte die in ihr feststeckende Frage heraus: »Und ... hatten Sie einen für sie?«

»Na klar.« Der Postangestellte wiegte den Kopf in nachsinnender Bewunderung, entlockte mit der Zunge einer Zahnlücke ein schnalzendes Geräusch. »›Miss Mabel Greene‹«, erinnerte er sich. »Sie muß in der Gegend hier neu sein, ich entsinne mich nämlich nicht, sie ...«

Aber Durand war nicht mehr da.

Sie war im Salon im Erdgeschoß. Hut und Schal waren fort, als habe sie sie nie getragen. Sie stand vor dem großen Mitteltisch, zupfte an den Blumen herum, die sie am Vortag in einer Schale dorthin gestellt hatte, ein Strauß Narzissen, aus dem sie die Blüten entfernte, die erste Anzeichen des Welkens erkennen ließen. Es lag ein versengter Geruch in der Luft, als ob etwas verbrannt worden wäre – er roch das sofort, als er den Salon betrat.

»Wieder da?« fragte sie freundlich und blickte über die Schulter zu ihm hin, dann wieder auf die Blumen.

Er zog zweimal schnell hintereinander die Luft tief ein und bestätigte damit eher unfreiwillig, daß er den fremden Geruch sehr wohl wahrgenommen hatte.

Obwohl sie ihn nicht mehr ansah, mußte sie das doch zumindest gehört haben, denn sie ließ ganz abrupt von den Blumen ab, ging ans Fenster und schob es weit nach oben. »Ich habe vorhin eine Zigarre hier geraucht«, sagte sie ungefragt. »Es muß mal gelüftet werden.«

Auf den Präsentiertellerchen, die sie normalerweise benutzte, war nicht die Spur von irgendwelchen Überresten einer solchen zu sehen.

»Ich habe sie nicht zu Ende geraucht und aus dem Fenster geworfen«, sagte sie. Sie war zu ihren Narzissen zurückgekehrt. »Die ließ sich überhaupt nicht rauchen, die Verarbeitung wird jedesmal schlechter.«

Die Ausdünstungen ihrer eigenen Zigarren hatten sie bisher jedoch noch nie gestört. Und dies war auch nicht der aromatische Nachlaß von Tabak, sondern der schärfer beißende Geruch, den verbranntes Papier hinterläßt.

Ich weiß doch, daß sie jetzt lügt, ich weiß es doch, dachte er traurig. Sie kann dem nicht ausweichen. Ach, warum nur frage ich sie? Warum bin ich darauf aus, mich selbst zu strafen? Aber da war die Frage schon heraus und gestellt, er hätte sie auch dann nicht mehr zurückhalten können, wäre ihm in diesem Augenblick die Zunge herausgerissen worden.

»Habe ich dich gerade auf der Straße gesehen?«

Sie zögerte mit ihrer Antwort. Aber wie konnte sie unsicher sein, wenn sie gerade erst zurückgekehrt war? Sie zog eine weitere Blüte aus der Schale, drehte sie am Stiel, untersuchte sie nach Mängeln. Sie legte sie nieder. Dann drehte sie sich endlich um und sah ihn an. Sie sah, daß sein Blick für Augenblicke auf ihrem pflaumenfarbenen Sergekleid ruhte. Und erst da antwortete sie ihm.

»Ja.«

»Wo warst du denn? Auf der Post?«

Wieder zögerte sie eine Weile. Als führe sie sich blitzschnell die Topographie der Gegend vor Augen, in der sie vor kurzem gewesen war, um sie sich wieder zu vergegenwärtigen.

»Ich mußte eine Besorgung machen«, sagte sie erstaunlich ruhig. »Ich mußte etwas einkaufen.«

»Was?« fragte er.

Sie sah auf die Blumen hinab. »Eine Gartenschere. Um Blumen zu schneiden.«

Sie hatte gut gewählt. Die würde man tatsächlich in Kramläden kaufen können. Und ein solcher befand sich ja neben dem Postamt.

»Und hast du?«

»Sie hatten keine vorrätig. Sie boten mir an, mir eine zu beschaffen, aber ich sagte ihnen, das sei der Mühe nicht wert.«

Er wartete. Sie hatte aber nicht die Absicht weiterzusprechen.

»Du warst nicht auf dem Postamt?«

In der Wiederholung der Frage, ja, schon in der Tatsache, daß er sie überhaupt stellte, war ihre Antwort ja eigentlich indirekt schon vorgegeben. Das wurde ihm in diesem Augenblick bewußt. Allein die Tatsache, daß er ihr diese Frage getellt hatte, setzte sie davon in Kenntnis, daß er wußte, daß sie dort gewesen war.

»Ich ging kurz rein«, sagte sie obenhin. »Ja, jetzt fällt's mir wieder ein, ich hatte es schon ganz vergessen. Um Briefmarken zu besorgen. Ich hab sie in meiner Geldbörse. Willst du sie sehen?« Sie lächelte wie jemand, der auf alle Eventualitäten vorbereitet ist.

»Nein«, sagte er matt. »Wenn du sagst, daß du Briefmarken gekauft hast, dann ist die Sache erledigt.«

»Ich zeige sie dir wohl besser.« Ihre Stimme verriet weder Verletztheit noch Feindseligkeit. Sie klang eher launig, amüsiert.

Wie die eines Menschen, der die Grillen eines anderen geduldig erträgt, sie verzeiht.

Sie öffnete ihre Handtasche, nahm die Geldbörse heraus, zeigte ihm zwei purpurne, durch eine perforierte Linie voneinander getrennte Vierecke.

Er sah kaum hin. Sie hätte die vor einer Stunde gekauft, aber auch schon seit einem Monat in ihrer Börse haben können.

»Der Angestellte da sagte, er hätte dir einen Brief ausgehändigt.«

»So, sagte er das?« Ihre Brauen hoben sich belustigt.

»Ich habe ihm eine Beschreibung von dir gegeben.«

»Hat er auch«, sagte sie kühl.

»Er war an Miss Mabel Greene adressiert.«

»Das weiß ich«, stimmte sie zu. »Deshalb habe ich ihm den ja auch zurückgegeben. Er hat mich mit jemandem verwechselt. Ich stand da nämlich eine Weile dicht neben seinem Schalter, ohne zu wissen, wo ich mich befand, um die Briefmarken einzustecken. Ich hatte ihm den Rücken zugekehrt, weißt du? Da rief er plötzlich ›Oh, Miss Greene, ich hab da einen Brief für Sie‹, und schob ihn mir heraus. Ich war so überrascht, daß ich ihn ganz gedankenlos an mich nahm und eine Weile in der Hand hielt. Dann erst sagte ich ›Ich bin aber nicht Miss Greene‹, und gab ihn ihm zurück. Er entschuldigte sich, und damit war der Fall erledigt. Obwohl ich, wenn ich so darüber nachdenke, schon glaube, daß sein Irrtum gar kein wirklicher war. Ich glaube, der versuchte nur« – sie änderte in zögerndem Feingefühl die Tonlage – »mit mir zu flirten. Er versuchte auf der Stelle, eine Unterhaltung mit mir anzufangen, indem er mir versicherte, wie sehr ich doch dieser anderen Person ähnlich sähe. Ich hab mich einfach umgedreht und bin weggegangen.«

»Er hat mir nichts davon gesagt, daß du ihn zurückgegeben hast.«

»Aber *ich* sage, daß ich das getan habe.« In ihrer Stimme war keinerlei Unmut, überhaupt keinerlei Emotion. »Und du kannst wählen, wem du nun Glauben schenken willst.«

Er ließ den Kopf hängen. Er hatte dieses geistige Duell verloren, und er hätte das schon vorher wissen können. Sie war so bar jeden Schuldbewußtseins. Was nicht hieß, daß sie etwa ohne Schuld gewesen wäre – nein, aber sie war frei von jener Furcht, die die Schuld für gewöhnlich begleitet und die sie aufzudecken hilft. Er hätte sie auch dem Postangestellten gegenüberstellen können, und es hätte nicht das geringste geändert. Sie hätte seiner Bestätigung ihr Leugnen entgegengesetzt und ganz darauf vertraut, daß die erstere zuerst ins Wanken geraten würde.

Auf ihrem Weg aus dem Zimmer ließ sie ihre Hand fast zärtlich über seinen Rücken gleiten.

»Du traust mir nicht, Lou, ist's nicht so?« sagte sie mit fast neutraler Stimme.

»Ich möchte so gern.«

Sie zuckte, schon in der Tür, mit den Achseln und sagte im Hinausgehen: »Dann tu's doch, mehr braucht's doch gar nicht. Das ist doch einfach genug.«

Sie schritt in gemächlicher Selbstgefälligkeit die Treppe hinauf. Und obwohl er ihr Gesicht nicht sehen konnte, war er sich noch nie sicherer gewesen, daß darauf ein genau zu ihrem Gang passendes selbstgefälliges Lächeln war.

Er warf sich vor dem Kamin auf die Knie, ließ die Hände in rasch kreisenden Bewegungen über seinen Backsteinboden gleiten. Und da sammelte sich dann auf seiner sonst so sauberen, geschwärzten Oberfläche ein kleines Häufchen spröder Papierasche. Sehr wenig nur, kaum genug, um eine Hand zu füllen. Er nahm ein kleines Fetzchen auf, das nicht verbrannt war, weil der Verbrennende es vielleicht bis ganz zuletzt zwischen seinen Fingern gehalten hatte. Eine untere Ecke, mehr nicht. Zwei gerade Ränder, schräg abgeschnitten von einer welligen, angesengten Linie.

Darauf ein einziges, abschließendes Wort. »Billy«. Und selbst das war nicht gänzlich unversehrt geblieben. Die obere Rundung des »B« war geöffnet, in sie hatte sich die Flamme noch hineingefressen, einen bräunlichen Fleck hinterlassend.

61

Danach nichts mehr, fünf Tage lang. Keine Besuche beim Postamt mehr. Kein müßiges Sitzen vor Schreibtischen mehr. Keine Briefe mehr verschickt, keine empfangen. Was zu sagen gewesen war, war gesagt worden, und nur das Innere eines Kamins wußte, was das gewesen war.

Nach diesem Vorfall verließ sie fünf Tage lang das Haus überhaupt nicht mehr, nicht einmal für Spaziergänge. Sie lungerte in den Zimmern herum, unkommunikativ, selbstsicher. Als warte sie auf etwas. Als warte sie darauf, daß eine festgelegte Zeit verstreiche. Fünf Tage.

Dann, am fünften Tag und ohne ein Wort der Warnung, öffnete sich die Tür ihres Zimmers nach langer Verschlossenheit, und er sah sie herabkommen, zum Ausgehen gerüstet. Sie hatte sich sorgfältig angekleidet, so sorgfältig, so elegant, wie er es schon lange nicht mehr gesehen hatte. Sie hatte ihr Haar mit einem Brenneisen behandelt und künstliche kleine Wellen hineingepreßt. Ihre Lippen zeigten keine verstohlene, sondern eine ganz offene Röte. Ein Rouge, das nicht versuchte, nach Natur auszusehen, sondern nach Rouge. Ihr blumiges Duftwasser verströmte einen schon fast betäubend intensiven Geruch – auch hier ein Maßstab, der sich von den seinen unterschied.

Sie ging aus. Sie ließ das ganz deutlich werden, vertraute nicht auf seine Beobachtungsgabe allein. Als wünsche sie da keinerlei Mißverständnis, keinerlei Behinderung. »Ich gehe aus«, sagte sie. »Ich bin bald wieder zurück.«

Er fragte nicht, wohin sie wollte.

Das war ungefähr um drei Uhr am Nachmittag.

Um fünf war sie noch nicht zurück, auch nicht um sechs, um sieben.

Es wurde dunkel, er zündete die Lampen an, und sie brannten vor sich hin bis gegen acht. Da war sie immer noch nicht zurück.

Er wußte, daß sie ihn nicht verlassen hatte, er wußte, daß sie zurückkommen würde. Das war irgendwie nicht das, was ihn ängstigte. Etwas an der Art und Weise ihres Aufbruchs, ihr so offenes, auffälliges Gebaren hatte ausgereicht, ihm das zu verraten. Wenn sie nicht hätte wiederkommen wollen, dann wäre sie ganz still gegangen oder auch so, daß er sie überhaupt nicht hätte fortgehen sehen.

Irgendwann im Laufe des Abends ging er zu ihrem Sekretär und holte aus seinen tiefsten Tiefen das kleine Lackkästchen hervor, in dem sie ihren Schmuck verwahrte. Ihr Ehering lag drin, den sie wohl für den Augenblick abgelegt hatte. Aber auch der Diamantring, den er ihr am Tag ihrer Ankunft in New Orleans geschenkt hatte.

Nein, sie hatte ihn nicht verlassen, sie würde zurückkommen. Das war nur ein Ausflug ohne Ehering.

Gegen neun Uhr hörte er ein Geräusch an der Haustür. Nicht so sehr ein Öffnen, als eher den fummelnden, zu keinem Abschluß gelangenden Versuch dazu.

Er ging schließlich in die Halle hinaus, um nachzuschauen. Um nachzuschauen, warum sie nicht damit fertig wurde, ins Haus hereinzukommen, denn er wußte schon, daß sie es war.

Sie stand halb drinnen und halb draußen, mit dem Rücken seitlich an den Türrahmen gelehnt. Es hatte den Anschein, als ruhe sie aus. Oder als hätte sie den Gedanken daran, gänzlich einzutreten, angesichts der damit verbundenen Mühen aufgegeben.

»Ist dir nicht gut, Bonny?« fragte er ernst und ging auf sie zu, aber ganz ohne Hast. Eher mit einer Art vorwurfsvoller Würde.

Sie lachte. Ein verstohlener, kichernder kleiner Laut, der einem *alter ego* zugedacht war, ihn ausschloß. Der jedoch auf seine Kosten ging.

»Ich wußte, daß du mich das fragen würdest.«

Er stand jetzt dicht neben ihr.

Der Duft der blumigen Essenz hatte sich verändert, war vergoren, als sei er zu lange schlechter Luft ausgesetzt gewesen. Die alkoholische Basis war jetzt zu riechen.

»Nein, ich bin nicht krank«, sagte sie.

»Dann komm herein. Soll ich dir helfen?«

Sie stieß den ihr dargebotenen Arm weg, schritt ohne seine Hilfe an ihm vorbei. Ihr Gang hatte etwas Steifes an sich. Er war wohl noch gerade, aber auf eine sehr bewußte Weise. Als wolle sie sagen: »Sieh mal, wie gut ich gehen kann.« Sie erinnerte ihn an eine mechanische Puppe, die aufgezogen über den Boden dahinstapfte.

»Ich bin auch nicht betrunken«, sagte sie unvermittelt.

Er schloß die Tür, nachdem er zuvor noch kurz hinausgeschaut hatte. Aber es war niemand draußen. »Ich habe nicht behauptet, daß du das bist.«

»Nein, aber du denkst es.«

Sie wartete, daß er darauf antwortete, aber er schwieg. Die eine wie die andere Erwiderung würde, das konnte er vorhersehen, in gleichem Maße Reizstoff bieten – ob er ihr nun widersprach oder zustimmte. Sie wollte mit ihm streiten, ihre Stimmung war feindselig. Ob ihr eingepflanzt oder von sich aus da, das konnte er nicht sagen.

»Ich werde nie betrunken«, sagte sie und drehte sich in der Tür zum Salon nach ihm um. »Ich bin noch nie im Leben betrunken gewesen.«

Er sagte nichts. Sie ging in den Salon.

Als er eintrat, saß sie in dem zu hart gepolsterten Stuhl, den Kopf ein wenig zurückgeneigt, ruhend. Ihre Augen waren offen, aber nicht auf das gerichtet, was sie gerade tat, sondern aufwärts und in die Ferne. Sie streifte sich die Handschuhe ab, dies aber nicht mit der üblichen Aufmerksamkeit, die er sie dem stets hatte widmen sehen. Vielmehr ließ sie mit einer Miene nachlässiger Leichtfertigkeit die leeren Finger herabbaumeln, sich hin und her bewegen.

Er stand da und sah ihr eine Weile zu.

»Du bist spät dran«, sagte er schließlich.

»Ich weiß, daß ich spät dran bin. Das brauchst du mir nicht erst zu sagen.«

Sie warf die Handschuhe auf den Tisch, schleuderte sie mit einem kleinen, wütenden Schwung ihres Handgelenks von sich.

»Warum fragst du gar nicht, wo ich war?«

»Würdest du mir das denn sagen?« erwiderte er.

»Würdest du mir denn glauben?« gab sie zurück.

Als nächstes nahm sie den Hut ab. Betrachtete ihn eingehend und mit Mißfallen, ließ ihn auf dem Finger um sich selbst kreisen.

Dann sah er, wie sie ganz plötzlich mit dem Zeigefinger der anderen Hand dagegenschnipste, ihm mit dem Fingernagel einen kleinen, heftigen Stoß salopper Geringschätzung versetzte. Einen Augenblick später warf sie ihn von sich, und er fiel in beträchtlicher Entfernung von ihr auf der anderen Seite des Raumes zu Boden.

Er machte keine Anstalten, ihn aufzuheben. Schließlich und endlich war das ihr Hut. Er schaute lediglich nach, wo er hingefallen war. »Ich dachte, du magst den. Ich dachte, diese Mode ginge dir über alles.«

»Brrroch«, sagte sie mit kehligem Abscheu. »In New York trägt man in dieser Saison viel größere. Diese kleinen Dinger sind passé.«

Wer hat dir denn das erzählt? fragte er sich in bitterem Schweigen. Wer hat dir gesagt, daß du deine Tage vergeudest, wenn du dich hier unten vergräbst, so weit entfernt von den großen Städten, in denen du einst zu Hause warst? Er konnte die Worte direkt hören, fast als sei er dabeigewesen, als sie gesprochen wurden.

»Kann ich dir irgend etwas bringen?« fragte er nach einer Weile.

»Du kannst mir nichts bringen.« Sie sagte das mit einem fast schon verächtlichen Grinsen. Und er konnte auch den unausgesprochenen Rest ihres Gedankenganges lesen: Ich kann alles kriegen, was ich will, auch ohne dich. Ohne deine Hilfe.

Er ließ sie in Ruhe. Irgendein Einfluß hatte sie dazu gebracht, sich gegen ihn zu wenden. Oder hatte, eher noch, die Feindschaft zu neuer Glut entfacht, die latent ja schon längst vorhanden war. Das hatte aber nicht der Alkohol bewirkt. Das war mehr, etwas anderes, der Alkohol war nur das Schmiermittel.

Er kehrte nach einiger Zeit in den Salon zurück und brachte ihr eine Tasse Kaffee, die er schnell für sie gekocht hatte. Das war eine einfache Sache und, was diesen Bereich anbelangte, die einzige, zu der er fähig war. Er hatte sie das tun sehen und wußte deshalb, wie's gemacht wurde – tu Wasser rein und auch Kaffee und stell das alles dann aufs Feuer.

Wo aber vielleicht andere – andere, die er nie kennengelernt hatte – den wehmütigen Charme erkannt hätten, der ganz unbewußt in seiner Bemühung zum Ausdruck kam, da sträubte sie sich, zeigte sich bis zum Brechreiz angeekelt.

»Herrje, du bist so scheißnett, das macht mich ganz krank. Warum bist du kein Mann? Warum läßt du die Frau nicht hin und wieder mal den Hosengürtel spüren? Das wäre vielleicht für uns beide besser.«

»Ist es das, was sie immer ...«, fing er kalt an, sprach den Satz aber nicht zu Ende.

Sie trank den Kaffee aber trotzdem. Ohne ihm für seine Mühe zu danken.

Nach einer gewissen Zeitspanne der schläfrigen Nahrungsaufnahme zeigte sich seine kräftigende Wirkung. Sie wurde plötzlich redselig. Als wolle sie jeden nachteiligen Eindruck, den ihr Mangel an Zurückhaltung hervorgerufen haben könnte, korrigieren. Die Feindschaft verschwand oder machte sich doch zumindest unsichtbar.

»Ich hatte einen Drink«, räumte sie ein. »Und ich fürchte, das war schon zuviel für mich. Aber sie bestanden darauf.«

Sie wartete, dachte, er würde fragen, wer »sie« seien. Er fragte aber nicht.

»Ich hatte mich auf den Heimweg gemacht, das war so um fünf, vor Stunden also, und ich glaube, mein Fehler war, daß ich mich entschloß, die ganze Strecke zu Fuß zu laufen, statt eine Droschke zu nehmen. Kann sein, daß ich mich überschätzt habe. Oder ich war zu eng geschnürt. Ich weiß es nicht, jedenfalls begann ich mich plötzlich da auf der Straße ganz schwach zu fühlen, und alles verschwamm mir vor den Augen. Glücklicherweise ging zufällig eine feine Dame nur wenige Schritte hinter mir, die mich auffing und verhinderte, daß ich zu Boden sank. Sobald ich wieder in der Lage war, auf eigenen Beinen zu stehen, bestand sie darauf, mich mit zu sich nach Hause zu nehmen, damit ich mich ein wenig ausruhen könne, bevor ich meinen Heimweg fortsetzte. Sie wohnte nur ein paar Häuser weiter, ja, wir befanden uns fast schon vor ihrem Haus, als mir das passierte.

Ihr Mann kam bald darauf nach Hause, und sie wollten beide nichts davon wissen, daß ich weiterging, bevor sie nicht die Sicherheit hatten, daß ich gänzlich wieder auf dem Damm war. Sie gaben mir diesen Drink, der stärker gewesen sein muß, als ich dachte. Sie waren wirklich überaus freundlich zu mir. Sie hießen Jackson, so meine ich, sagten sie mir, ich zeig dir gelegentlich mal das Haus. Sie haben eine ganz entzückende Wohnung.«

Sich an ihrer Erinnerung erwärmend, fing sie an, ihm diese zu beschreiben. »Sie führten mich in ihren vorderen Salon, und ich mußte mich dort auf das Sofa legen. Du solltest das mal alles sehen. Geld wie Heu, das merkt man gleich. Oh, unser Haus ist in keiner Weise damit zu vergleichen. Louis-quinze-Möbel, vergoldet, mit Bezügen aus dunklem Purpur. Hohe Pfeilerspiegel auf beiden Seiten des Kaminsimses, und im Kamin künstliche Scheite mit Gasflammen, Scheite aus Eisen, die man an- und abstellen ...«

Er konnte, während sie sprach, das schäbige, heimliche Hotelzimmer vor seinem inneren Auge sehen, versteckt in einer der Nebengassen des Bahnhofsviertels. Die Jalousien heruntergelassen, um eine Entdeckung von der Straßenseite her auszuschalten. Das heimliche Rendezvous, unabsichtlich über die Grenzen der Klugheit hinaus verlängert, in dem Vergessen, das der Alkohol gewährte. Sie und der Mann, wer immer er war ...

Die Flamme einer alten Liebe neu entfacht, mit Alkohol als Brennstoff. Die Erneuerung alter Verbindungen, das Getuschel und das Gekicher, die gemeinsamen Erinnerungen ... Er konnte das alles vor sich sehen, er war so gut wie dabei, blickte ihnen über die Schultern.

Was ihn am meisten erschütterte, war gar nicht so sehr ihre körperliche Untreue. Nein, es war ihr geistiger Verrat, der ihn so elend machte, denn dem war weit weniger leicht abzuhelfen. Sie hatte ihn mit ihrem Kopf und ihrem Herzen weitaus schmerzlicher betrogen, als sie es je mit ihrem Körper hätte tun können. Daß er nicht als der erste Mann in ihr Leben getreten war, das war ihm stets bewußt gewesen. Was er aber stets gewollt, erhofft und erfleht hatte, war, daß er der letzte sein würde.

Zurückblickend war es leicht, die einzelnen Schritte nachzuvollziehen, die zu dem allen geführt hatten. Seine Lüge bezüglich des Geldes, ein Beruhigungsmittel, das die Dinge nicht besser, sondern nur schlechter gemacht hatte. Und dann ihr erbitterter, brutaler Streit, als er sich zu seinem Widerruf gezwungen gesehen hatte, der ihr Schmerzen verursacht und sie mit Gehässigkeit erfüllt hatte und sie danach dürsten ließ, ihm den Streich heimzuzahlen, den er ihr, wie sie meinte, gespielt hatte. Zu dieser Zeit etwa mußte ein Brief nach Norden gegangen sein, und obgleich er ihn niemals zu Gesicht bekommen hatte, konnte er doch erraten, welche haßerfüllte Aufforderung in ihm enthalten gewesen war: »Komm und hol mich, ich halte das hier nicht mehr aus, hol mich hier raus!« Und dann vor fünf Tagen die Antwort, der mysteriöse Brief an »Mabel Greene«.

Danach brauchte sie nicht mehr zum Postamt zu gehen, um sich heimlich welche abzuholen. Es würden keine mehr kommen. Der Absender war inzwischen hier bei ihr, hier in der gleichen Stadt.

Ja, dachte er mit traurigem Verständnis, ich würde ja auch eine Fünftagereise, ach, eine Reise von zwanzig mal fünf Tagen auf mich nehmen, um mit einer Frau wie Bonny zusammensein zu können. Welcher Mann nicht? Wenn die neue Liebe nicht ausreichend für sie zu sorgen vermag, dann braucht sie nur zu rufen, und eine alte ist zur Stelle.

Endlich erkannte sie an seinem Gesichtsausdruck, daß er ihr gar nicht zuhörte. »Ich schwatze zuviel«, sagte sie lahm. »Ich fürchte, ich langweile dich.«

»Das tust du nie«, antwortete er grimmig. »Du langweilst mich nie, Bonny.« Und das war die Wahrheit.

Sie unterdrückte ein Gähnen, schob dabei die Ellbogen nach hinten. »Ich denke, ich könnte wohl auch mal zu Bett gehen.«

»Ja«, stimmte er dumpf zu, »das wäre vielleicht das beste.«

Und als er wenig später hörte, wie sich oben die Tür ihres Zimmers schloß, da sank sein Kopf langsam und untröstlich hinab und suchte Zuflucht in seinen auf der Tischplatte ruhenden Armen.

Er kam am nächsten Tag nicht auf ihren alkoholisierten Ausflug zurück, noch viel weniger auf das weitaus größere Vergehen, das er in sich einschloß. Er wollte sehen, ob sie versuchen würde, das alles zu wiederholen (in seinem Herzen die halb entwickelte Absicht, ihr dann zu folgen und den Mann umzubringen, wenn er auf ihn treffen sollte) – aber sie tat's nicht. Wenn eine weitere Zusammenkunft verabredet worden war, dann zumindest nicht für diesen nächsten Tag.

Sie stand sehr spät auf, überließ seine Versorgung ganz der zarten Obhut jener schlampigen Alten, welche an jedem zweiten Tag, also dreimal pro Woche ins Haus kam, um zu putzen und zu kochen. Selbst diese anrüchige Unpäßlichkeit, die schlicht und einfach ein »Kopf« war, wie sie das nannten, also das Resultat von übermäßigem Alkoholgenuß, hielt er ihr nicht vor.

Als sie schließlich herunterkam, um mit ihm zu Abend zu essen, gab sie sich alles in allem recht liebenswürdig. Es war (so sagte er sich), als ob sie über zwei Wesen verfüge. Ihr nüchternes Ich wußte nichts von der instinktiven Animosität, welche ihr betrunkenes Ich am Vorabend ganz ungewollt offenbart hatte – und es konnte sich auch nicht daran erinnern. Oder versuchte, wenn es so war, alles wiedergutzumachen.

»Ist Amelia gegangen?« fragte sie. Das war zwar eine gänzlich überflüssige Frage, die jedoch offenkundig den Zweck hatte, eine Unterhaltung in Gang zu bringen. Denn die Stille in der Küche und die Tatsache, daß niemand hereinkam, um bei Tisch aufzuwarten, beantworteten sie eigentlich schon von selbst.

»Ungefähr um sechs«, sagte er. »Sie hat noch den Tisch gedeckt und das Essen auf dem Herd warmgestellt.«

»Ich helfe dir«, sagte sie, als sie sah, daß er in die Küche gehen wollte, um es hereinzuholen.

»Bist du dem denn auch gewachsen?« fragte er.

Sie senkte bei diesem Rüffel die Augen, als wolle sie zugeben, daß sie ihn verdient habe.

Sie bedienten sich also selbst. Sie reichte ihm scheu den Brotkorb über den Tisch. Er tat ein Weilchen so, als sähe er das nicht, gab dann nach, nahm eine Scheibe und knurrte: »Danke.« Ihre Augen begegneten sich.

»Bist du sehr böse mit mir, Lou?«

»Habe ich denn Grund dazu?«

Sie schaute ihn für einen Augenblick erschreckt an, als wollte sie sagen: Wieviel weißt du?

Er dachte bei sich: Welcher andere Mann würde wohl so hier sitzen, friedfertig Ruhe halten – und dabei *wissen*, was ich weiß? Dann entsann er sich an das, was er damals bei seinem Besuch in New Orleans zu Jardine gesagt hatte: Ich muß tun, was ich tun muß. Etwas anderes kann ich nicht machen.

»Ich war ja nicht gerade sehr bewunderungswürdig«, sagte sie leise.

»Du hast nichts allzu Schlimmes getan«, entgegnete er, »sobald du hierher zurückgekehrt warst. Du hast ein wenig geschmollt, das war alles.«

»Und ich hab sogar noch viel weniger Schlimmes getan«, sagte sie sogleich, »*bevor* ich hierher zurückkam. Ich habe mich nur hier schlecht benommen.«

Wie gut wir uns doch verstehen, dachte er. Wir sind wirklich und wahrhaftig miteinander verheiratet.

Sie sprang auf, kam um den Tisch und hinter seinen Stuhl, beugte sich über seine Schulter und hatte ihn schon geküßt, bevor er das noch vereiteln konnte.

Sein Herz ging sofort wie Pulver in die Luft, war ein Feuerblitz in seiner Brust, obwohl keinerlei äußeres Zeichen verriet, daß es zur Explosion gebracht worden war. Wie leicht bin ich doch zu kaufen, dachte er. Wie leicht besänftigt. Ist das nun Liebe oder ein Verfall meiner Männlichkeit?

Er saß da, hölzern, bewegungslos, die Hände auf dem Tisch, hielt diese entschlossen von ihr fern.

Seine Zunge aber verriet ihn, obwohl er doch versuchte, sie im Zaum zu halten. »Noch einmal«, sagte er.

Sie beugte ihr Gesicht wieder zu dem seinen hinab und küßte ihn.

»Noch einmal«, sagte er.

Seine Lippen zitterten jetzt.

Sie küßte ihn wieder.

Und plötzlich erwachte er zum Leben. Er packte sie mit solcher Gewalt, daß es schon eher einem Angriff gleichkam als einer Umarmung. Er riß sie auf seinen Schoß und küßte hungrig ihre Lippen, ihren Hals, ihre Schultern.

»Du weißt ja nicht, was du mit mir machst. Du bringst mich um den Verstand. Oh, nein, das ist nicht Liebe. Das ist eine Strafe, ein Fluch. Ich werde jeden umbringen, der auch nur versucht, dich mir zu nehmen ... ich bringe auch dich um. Und ich werde mit dir gehen, nichts wird bleiben.«

Und als seine Lippen immer wieder ihren Körper suchten und fanden, waren die einzigen, jedesmal von einem Kuß begleiteten zärtlichen Worte, die er hervorbrachte: »Hol dich der Teufel! ... Hol dich der Teufel! ... Hol dich der Teufel! Kein Mann sollte dir je begegnen müssen!«

Als er endlich erschöpft von ihr abließ, lag sie matt in seine Arme geschmiegt da. Auf ihrem Gesicht war ein befremdeter, erschreckter Ausdruck, als habe seine Gewaltsamkeit etwas bei ihr ausgelöst, womit sie nicht gerechnet hatte.

Sie war wie in einem Trancezustand. Sie strich sich mit der Hand über die Stirn, als wolle sie sich etwas ins Gedächtnis zurückrufen, an das sie sich unbedingt erinnern wollte, das er aber fast ausgelöscht hatte, und sagte: »Louis, du selbst bist jemand, den zu kennen gefährlich ist. Ach, Liebling, du läßt mich fast vergessen ...«

Und dann erstarb der verkrüppelte, schwankende Gedanke unvollendet.

»Wen vergessen?« fragte er anklagend. »Was vergessen?«

Sie sah ihn ganz benommen an, als wüßte sie gar nicht mehr, daß sie soeben gesprochen hatte. »Vergessen?... Mich selbst«, schloß sie müde.

Das ist nicht der Mensch, den sie meint, dachte er mit melancholischer Weisheit. Und trotzdem ist es das richtige Wort. Ich habe gar keinen wirklichen Rivalen – außer ihr. Es ist allein sie selbst, die ihr im Wege steht, die ihr nicht gestattet, mich zu lieben.

Sie verließ auch am nächsten Tag das Haus nicht. Wieder wartete er, wieder hielt er die Luft an, aber sie blieb pflichtschuldigst in seiner Nähe. Das erneute Zusammentreffen, falls eines verabredet war, ließ weiterhin auf sich warten.

Auch am nächsten Tage nichts. Die Putzfrau war da, und als er die Treppe herunterkam, erblickte er die beiden Frauen, wie sie in der Halle dicht beieinander standen, als hätten sie sich heimlich besprochen. Er meinte zu sehen, wie Bonny hastig am Oberteil ihres Kleides herumfummelte, als verberge sie da etwas, was sie gerade erhalten hatte.

Vielleicht wäre das ja ganz unbemerkt von ihm geblieben, aber die farbige alte Frau war eine schlechte Verschwörerin – sie wich bei seinem Anblick mit theatralischem Schrecken vor ihrer Herrin zurück und brachte ihn erst dadurch auf den Gedanken, daß irgend etwas von der einen zur anderen gewandert sein mußte.

Es gibt ja auch noch andere Möglichkeiten der Kommunikation als die des direkten Rendezvous, ging ihm durch den Kopf. Vielleicht ist die Verabredung, vor der mir so graut, längst über die Bühne gegangen, und das unmittelbar vor meinen Augen mit Hilfe eines Stückchens Papier.

An diesem Tag wurde sie gegen Ende des Abendessens merklich nachdenklicher. Wieder war die Alte, die Botin des Verrats, gegangen, wieder waren sie allein.

Ihre beiläufigen Bemerkungen von der Art, wie sie jede Mahlzeit eines jeden allein miteinander speisenden Paares würzen, wurden immer seltener. Bald machte sie von sich aus gar keine mehr, antwortete nur noch auf die seinen. Und noch ein wenig später begann auch dieser Anteil an der Unterhaltung gänzlich dahinzuschwinden, so daß schließlich er allein die ganze Last trug. Alles, was ihm nun noch zuteil wurde, war ein geistesabwesendes Kopfnicken oder eine undeutliche Zustimmung, während sie mit ihren Gedanken offensichtlich ganz woanders war.

Am Ende hatte es sogar noch Auswirkungen auf ihr Essen, denn es wurde immer langsamer und hörte dann ganz auf – so intensiv dachte sie über das nach, was ihr Geist da vor sich sah, was immer das sein mochte. Und etwas mußte es ja sein, denn letztlich kann das Denken aufgrund seines ureigensten Wesens nicht seine eigene Leere überdenken. Ihre Gabel war bereit, ihr eine Portion der Mahlzeit zuzuführen, konnte dieses Vorhaben dann aber einige Minuten lang nicht ausführen. Oder sie verhielt auf halbem Wege zu ihrem Munde und blieb dann dort in der Luft stehen.

Aber so unerklärlich plötzlich, wie diese Geistesabwesenheit gekommen war, war sie auch wieder gegangen, war sie vorbei. Welche Seitenpfade ihre Gedanken auch entlanggewandert sein mochten, diese waren ihnen jetzt versperrt. Oder aber die Gedanken waren an ihr Ziel gelangt.

Ihre Augen sahen ihn nun wieder, wenn sie auf ihm ruhten.

»Erinnerst du dich noch an jenen Abend, als wir den Streit hatten?« fragte sie mit sanfter Stimme. »Du sagtest da etwas von einer alten Versicherungspolice aus der Zeit, als wir in der St. Louis Street wohnten. Stimmte das? Hast du die wirklich noch, oder hast du das auch nur erfunden wie die Geschichte von dem Geld, das noch da sein sollte?«

»Ich habe sie noch«, sagte er unaufmerksam. »Aber sie ist nicht mehr gültig, weil keine Beiträge mehr entrichtet wurden.«

Sie aß jetzt mit großem Eifer, als wolle sie die Zeit wieder aufholen, die sie vorhin vertrödelt hatte. »Ist sie also inzwischen völlig wertlos?«

»Nein, wenn die ausstehenden Beiträge nachgezahlt würden, dann würde der Vertrag seine Gültigkeit wiedererlangen. Es ist noch nicht allzuviel Zeit verstrichen, glaube ich.«

»Wieviel wäre denn erforderlich?«

»Fünfhundert Dollar«, antwortete er ungeduldig. »Haben wir die?«

»Nein«, sagte sie fügsam, »aber fragen schadet doch nichts, oder?«

Sie schob ihren Teller zurück. Sie senkte den Blick, als hätte er ihr eine Abfuhr erteilt, und ließ ihn auf ihren gefalteten Händen ruhen. Dann umfaßte sie einen Finger mit den anderen und fing an, langsam den daran steckenden Diamantring zu drehen und zu wenden, den er ihr einst zur Hochzeit geschenkt hatte. Sie schob ihn hierhin, dorthin, nachdenklich, wieder geistesabwesend.

Wer vermochte zu sagen, ob sie den Ring wahrnahm oder nicht, als sie das tat? Wer vermochte zu sagen, was sie sah? Was sie dachte? Ihre Geste verriet nichts. Es war einfach die einer Frau, die ruhelos mit ihrem Ring herumspielte.

»Wie würde man das anstellen? Ich meine, wenn wir das Geld hätten. Was müßte man dann tun?«

»Du schickst das Geld ganz einfach nach New Orleans an die Versicherungsgesellschaft. Und die schreibt dann den Betrag deinem Konto gut.«

»Und dann hat die Police wieder Gültigkeit?«

»Dann hat die Police wieder Gültigkeit«, sagte er ein wenig gereizt, verärgert angesichts der Beharrlichkeit, mit der sie bei diesem Thema blieb.

Er hatte natürlich erraten, warum sie sich so plötzlich dafür interessierte. Sie machte sich vage Hoffnungen, daß sie diese Police vielleicht irgendwie beleihen und auf diese Weise wieder zu Geld kommen könnten.

»Könnte ich sie mal sehen?« fragte sie schmeichelnd.

»Jetzt gleich? Sie ist oben, irgendwo bei meinen Unterlagen. Aber sie hat keinerlei Wert, ich warne dich. Die Beiträge sind nicht mehr gezahlt worden.«

Sie bedrängte ihn nun nicht mehr. Sie saß da, spielte versonnen mit dem Ring an ihrem Finger, schob ihn ein Stückchen in diese Richtung, ein Stückchen in jene, so daß er im Lampenlicht Funken versprühte.

Sie fragte ihn nicht mehr danach, bat ihn nicht noch einmal darum, aber er machte sich doch in Erinnerung an ihre Frage von sich aus daran, die Versicherungspolice zu suchen. Nicht unmittelbar danach, sondern erst ein paar Tage später.

Er konnte sie nicht finden. Er sah da nach, wo er glaubte, daß er sie verwahrt hatte, aber da war sie nicht. Dann suchte er an anderen Stellen, konnte sie aber auch da nirgends entdecken.

Sie mußte wohl während ihrer vielen, eiligen Umzüge von einem Ort zum anderen, bei dem stets hastigen Ein- oder Auspacken verlorengegangen sein. Oder sie würde vielleicht doch noch wieder auftauchen, an irgendeinem höchst unwahrscheinlichen Ort, an den er nicht gedacht und an dem er folglich nicht gesucht hatte.

Schließlich und endlich stellte er seine Nachforschungen wieder ein, und dies ohne allzu großen Kummer, allenfalls mit einem geistigen Achselzucken. Da die Police wertlos war und sich auch nicht beleihen ließ (was er doch für das Motiv ihrer Nachfragen hielt), bedeutete ihr Verschwinden ja keinen großen Verlust.

Er erwähnte ihr gegenüber nicht einmal, daß er sie nicht finden konnte. Dazu bestand keinerlei Anlaß, schien doch auch sie ihr früheres Interesse daran völlig verloren zu haben, wie sie ihm da so am Tisch gegenübersaß, müßig und nachdenklich die ringlosen Hände aneinander reibend.

Innerhalb dieser Woche war plötzlich die Putzfrau und Köchin (beides in einer Person) gegangen, die sie bislang gehabt hatten, und sie waren jetzt allein im Haus.

Nach zwei aufeinanderfolgenden Tagen ohne sie fragte er Bonny nach ihr, hatte er doch, ganz Mann, ihren Fortgang erst bemerkt, nachdem dieser bereits erfolgt war. »Was ist eigentlich aus Amelia geworden?«

»Ich hab sie am Dienstag fortgeschickt«, sagte sie kurz.

»Aber ich denke, wir schulden ihr noch den Lohn für zwei oder drei Wochen? Womit hast du sie bezahlt?«

»Das habe ich gar nicht.«

»Und sie war trotzdem einverstanden zu gehen?«

»Sie hatte gar keine andere Wahl, ich hab's ihr befohlen. Sie wird ihr Geld bekommen, wenn wir wieder etwas haben, das weiß sie.«

»Willst du gar keine neue einstellen?«

»Nein«, sagte sie. »Ich komme schon zurecht«, und fügte dem leise noch etwas hinzu, was er nicht genau verstehen konnte.

»Was?« fragte er ganz unwillkürlich vor lauter Überraschung, denn er meinte, sie hätte so etwas gesagt wie »für die kurze Zeit, die bleibt«.

»Ich sagte, für eine kurze Zeit jedenfalls.«

Und sie kam zurecht, und das sehr viel besser als seinerzeit in Mobile, wo sie ja erstmals den Versuch gemacht hatte, ihren eigenen Haushalt zu führen, und wo er dann zum Essen wieder ins Hotel mit ihr hatte gehen müssen.

Vor allem war sie sehr viel zielstrebiger als in jenen lange zurückliegenden, unbeschwerten Tagen – ihren Bemühungen haftete weit weniger Leichtfertigkeit, dafür aber sehr viel größere Entschlossenheit an. Es gab vielleicht weniger Gelächter bei den Vorbereitungen der Mahlzeiten, dafür aber auch weniger Entsetzen angesichts der Ergebnisse. Sie war jetzt keine kindliche Braut mehr, die Haushaltsführung spielte, sondern eine Frau, deren Sinn darauf gerichtet war, sich neue Fertigkeiten zu erwerben, und die sich bei diesem Bestreben nicht schonte.

Zwei ganze Tage lang kochte sie, wusch sie ab, fuhr sie mit einem Besen die Treppe hinauf und hinunter. Dann, am zweiten Abend dieser Lehrzeit...

Er hörte sie plötzlich in der Küche laut aufschreien, hörte dann das Zersplittern eines heruntergefallenen Tellers, der ihrer Hand entglitten war. Sie war in die Küche gegangen, um nach dem Abendessen noch schnell den Abwasch zu machen, und er war am Tisch sitzengeblieben und hatte die Zeitung durchgesehen. Selbst der verliebteste Mann erbot sich nicht, seiner Frau das Geschirr abzutrocknen – das wäre ebenso unkonventionell gewesen, wie bei einer Geburt zu assistieren.

Er warf die Zeitung beiseite und eilte in die Küche. Sie stand vor der dampfenden Abwaschschüssel. »Was ist passiert? Hast du dich verbrannt?«

Sie zeigte verängstigt auf den Fußboden.

»Eine Ratte«, würgte sie heraus. »Sie ist mir direkt zwischen den Beinen durchgelaufen, als ich hier stand. Da rein.« Und mit einer angewiderten Grimasse: »Oh, was war die groß! Und wie grauslich sie aussah!«

Er nahm ein Schüreisen und versuchte, damit in das Loch hineinzufahren, das sich an der Stelle befand, auf die sie gezeigt hatte, da, wo Wand und Boden zusammentrafen. Er stieß auf ein Hindernis. Die Höhle hatte keinerlei Tiefe. Es schien sich nur um einen relativ flachen Riß zu handeln, um nicht mehr.

»Sie kann da nicht hineingelaufen sein...«

Ihre Angst verwandelte sich in Zorn. »Meinst du, ich lüge? Muß sie mich erst beißen und mir das Blut aussaugen, damit du mir glaubst?«

Er ließ sich auf alle viere nieder und fing an, mit dem Schüreisen heftig in dem Loch herumzustochern, wobei er eine Höhle in die Wand schlug, sofern da zuvor noch keine gewesen war.

Sie sah ihm einen Augenblick lang zu. »Was soll das denn werden?« fragte sie dann kalt.

»Na ja, ich will sie töten«, keuchte er.

»Das ist wohl kaum die geeignete Methode, sich ihrer zu entledigen!« Sie stampfte ungeduldig mit dem Fuß auf. »Du tötest eine, und es bleibt noch ein Dutzend anderer übrig.«

Sie warf ihre Schürze von sich, schritt aus der Küche in die Halle hinaus. Er spürte eine Absicht, die er nicht zu erraten vermochte, die ihn aber trotzdem beunruhigte, weshalb er nach einer Weile das Schüreisen aus der Hand legte, sich hochrappelte und ihr folgte. Er fand sie in der Halle, zu seinem großen Erstaunen schon in Hut und Schal, bereit, aus dem Hause zu gehen.

»Wohin willst du denn?«

»Da du nicht damit fertig wirst, gehe ich zur Apotheke und hole mir dort was, womit ich sie ausrotten kann«, erwiderte sie ungnädig.

»Jetzt? Um diese Zeit? Aber es ist doch schon nach neun, da hat sie schon lange geschlossen.«

»Da ist noch eine, auf der anderen Seite der Stadt, die hat bis zehn auf, das weißt du genausogut wie ich.« Und dann fügte sie noch mit übellauniger Entschiedenheit hinzu, als trage irgendwie er die Schuld an der Existenz der Ratten: »Ich werde die Küche nicht mehr betreten und mich der Gefahr aussetzen, daß ich attackiert werde. Die werden auch noch über unser Bett laufen, während wir drinliegen und schlafen!«

»Na gut, ich werde gehen«, erbot er sich eilig. »Es muß nicht sein, daß du das um diese Nachtzeit tust.«

Sie ließ sich einigermaßen erweichen. Sie nahm ihren Schal wieder ab, obwohl sie noch immer ein ganz klein bißchen schmollte, denn er hätte wahrlich schon sehr viel eher erkennen dürfen, was seine Pflicht war. Sie begleitete ihn zur Haustür.

»Geh da nicht wieder hinein«, ermahnte er sie, »bis ich zurück bin.«

»Nichts könnte mich dazu bringen«, erklärte sie mit ängstlicher Stimme.

Sie schloß die Tür hinter ihm.

Dann öffnete sie sie noch einmal, um ihn auf einen Augenblick zurückzurufen.

»Sag dem Apotheker nicht, wer wir sind, für welches Haus das ist«, schlug sie mit gesenkter Stimme vor. »Ich hätte es nicht so gern, wenn unsere Nachbarn erführen, daß wir Ratten in unserem Haus haben. Das würde ein schlechtes Licht auf mich werfen, auf meine Reinlichkeit als Hausfrau ...«

Er lachte über diese so typisch weibliche Befürchtung, versprach's aber und lief los.

Bei seiner Rückkehr fand er sie in der Küche, wo sie sich trotz seiner Ermahnungen und all ihrer Angst wieder den häuslichen Aufgaben zugewandt hatte – wohl eine vom Gewissen diktierte Courage, die er sogar heimlich bewunderte. Sie hatte immerhin vorsichtshalber die Tischlampe mitgenommen und sie als eine Art hellglühenden Schutz dicht neben sich auf den Fußboden gestellt.

»Hast du noch welche gesehen, während ich weg war?«

»Ich meinte, ich hätte sie zu diesem Loch da zurückkommen sehen, aber ich habe was danach geworfen, und da ist sie nicht wieder aufgetaucht.«

Er zeigte ihr, was ihm der Apotheker gegeben hatte. »Das muß man vor ihren Löchern und Verstecken ausstreuen.«

»Stellte er dir irgendwelche Fragen?« wollte sie ganz irrelevanterweise wissen.

»Nein, nur, ob Kinder im Haus wären.«

»Er hat nicht gefragt, um welches Haus es sich handelt?«

»Nein. Er war schon ziemlich alt und tatterig, weißt du. Ihm schien mehr daran gelegen zu sein, mich wieder loszuwerden, um endlich schließen zu können.«

Sie streckte die Hand danach aus.

»Nein, faß das nicht an. Ich mach das schon.«

Er zog den Gehrock aus, krempelte sich die Hemdsärmel hoch und streute, sich vor der anstößigen Öffnung niederkauernd, hier und da kleine puderige Bahnen der giftigen Substanz aus. »Sind noch mehr da?«

»Eins da drüben, ein Stück hinter dem Kohleofen.«

Sie schaute ihm mit hausfraulicher Anerkennung zu.

»Das reicht. Mach nicht zuviel hin, sonst schleppen wir es nur mit unseren Schuhen überall rum.«

»Man muß es alle zwei oder drei Tage erneuern«, erklärte er ihr.

Schließlich stellte er die Schachtel auf dem Wandregal ab, da, wo die Gewürzdöschen standen, aber ausreichend weit zur Seite.

»Du mußt dir jetzt unbedingt die Hände waschen«, mahnte sie. Er hätte das fast vergessen, wenn sie ihn nicht daran erinnert hätte. Sie hielt ihm das Leinenhandtuch, damit er sie sich nach Beendigung der Wäsche abtrocknen konnte.

Am folgenden Abend begann seine Krankheit. Sie entdeckte sie als erste.

Als er zur Schlafenszeit sein Buch schloß, bemerkte er, daß sie ihn sehr eindringlich betrachtete. Eine freundliche Prüfung, aber streng. Sie schien schon einige Augenblicke im Gange zu sein, als er sie bemerkte.

»Was ist denn?« fragte er fröhlich.

»Louis.« Sie zögerte. »Bist du ganz sicher, daß du dich in letzter Zeit gesund und munter gefühlt hast? Ich finde, du siehst gar nicht so aus. Ich mag überhaupt nicht, wie du ...«

»Ich?« rief er erstaunt aus. »Aber es ist mir in meinem ganzen Leben noch nicht besser gegangen.«

Ihre erhobene Hand ließ ihn verstummen. »Das mag wohl sein, aber dein Aussehen straft dich doch Lügen. Ich habe in der letzten Zeit immer häufiger gefunden, daß du manchmal sehr abgespannt und erschöpft aussiehst. Ich habe lange nichts gesagt, weil ich dich nicht beunruhigen wollte, aber seit einiger Zeit schon habe ich mir vorgenommen, es doch zu tun. Es ist doch zu auffällig, ich kann es so deutlich sehen.«

»Unsinn«, sagte er halb lachend.

»Ich weiß da ein ausgezeichnetes Heilmittel, wenn du mich dir das nur geben ließest. Und ich will's auch mit dir zusammen nehmen, gleichsam als Anreiz.«

»Was denn?« fragte er amüsiert.

Sie sprang auf. »Von heute an werden wir beide jeden Abend vor dem Zubettgehen einen Eierflip zu uns nehmen. Das ist ein ganz hervorragendes Stärkungsmittel, wie man mir gesagt hat, zur Kräftigung des gesamten Organismus.«

»Ich bin doch aber kein Inval ...«, versuchte er zu protestieren.

»Also, kein Wort mehr, Sir!« befahl sie aufgeräumt. »Ich habe die Absicht, das Tonikum sogleich zuzubereiten, und du sollst mich nicht daran hindern. Ich habe ja alle notwendigen Zutaten draußen. Frische Eier und die besten, die man bekommen kann, zu *zwölf* Cent das Dutzend, immerhin! Und den Brandy haben wir auch im Haus.«

Er konnte nicht anders, er mußte sie nachsichtig anlächeln und ihr ihren Willen lassen. Das war wohl eine neue Rolle – die der Krankenschwester, die sich um ein nicht vorhandenes Leiden kümmerte. Wenn sie das glücklich machte, was schadete es dann?

Sie war nun liebenswürdig, heiter, ganz Sanftmut und Zerknirschung. Sie beugte sich sogar im Vorbeigehen zu ihm nieder, um ihn auf den Kopf zu küssen.

»War ich sehr eklig zu dir? Verzeih mir, Lou, mein Schatz. Du weißt, ich wollte das nicht sein. So ein Schrecken wie der kann einen aber wirklich zur alten Vettel machen...« Sie lächelte ihm über die Schulter zu und ging hinaus in die Küche.

Er hörte, wie sie die Eier aufschlug, irgendwo jenseits der offenstehenden Tür, und zwinkerte sich selbst verständnisinnig zu.

Bald begann sie, leise vor sich hinzusummen, während sie da draußen so geschäftig war – ganz offensichtlich bereitete ihr ihre neue, selbstgewählte Aufgabe große Freude.

Und dann nahm das Summen sogar Worte an, wurde zu einem richtigen Lied.

Er hatte sie noch nie singen hören. Ausdruck ihrer Zufriedenheit war bisher immer das Lachen gewesen, nie der Gesang. Ihre Stimme war nicht sehr voll, aber rein. Nicht gerade lyrisch, ihm fiel statt dessen das Wort *metallisch* ein, aber sie hielt sehr gut den Ton.

»Nur ein Liedchen im Zwielicht,
wenn es schon dunkelt...«

Plötzlich hörte das Singen auf, als sei sie mit etwas beschäftigt, das ihre ganze Konzentration erforderte. Vielleicht maß sie den Brandy ab. Wie dem auch sei, sie sang das Lied nicht weiter.

Sie kam wieder herein, ein Glas in jeder Hand. Der Inhalt von blaßgoldener Farbe und cremiger Konsistenz.

»Da. Eins für dich, eins für mich.« Sie hielt ihm beide hin. »Nimm, welches du magst.« Als das geschehen war, nippte sie vorsichtig an dem Glas, das ihr geblieben war. »Ich hoffe, ich habe nicht zuviel Zucker hineingetan. Das würde Übelkeit verursachen. Darf ich mal von deinem probieren?«

»Natürlich.«

Sie nahm ihm das Glas wieder aus der Hand, nippte nun daran. Auf ihrer Oberlippe blieb ein kleiner, weißer Rand.

Als sie so dastand, beide Gläser in der Hand, drehte sie sich plötzlich zur Küchentür um.

»Was war das?«

»Was denn? Ich habe nichts gehört.«

Sie ging kurz hinaus. Sie blieb nur einen Augenblick draußen. Dann kehrte sie zu ihm zurück.

»Ich dachte, ich hätte da in der Küche ein Geräusch gehört. Ich wollte nur nachsehen, ob ich die Tür richtig zugemacht habe.«

Sie gab ihm nun das Glas wieder in die Hand, das er sich vorhin schon genommen und dessen Inhalt sie gekostet hatte.

»Da Brandy drin ist«, sagte sie, »meine ich, daß wir zuvor einen Toast ausbringen sollten.« Sie stieß mit ihrem Glas gegen das seine. »Auf deine baldige Genesung.«

Sie trank ihr Glas in einem Zuge aus.

Er nahm einen großen Schluck. Er empfand das Getränk als samtig und angenehm. Der Alkohol, mit dem sie nicht gegeizt hatte, erzeugte nach einer Weile eine milde Wärme im Magen.

»Ich wünschte, alle Stärkungsmittel wären so schmackhaft, du nicht auch?« bemerkte sie.

»Es ist recht wohltuend«, gab er zu, aber mehr, um ihr einen Gefallen zu tun, und nicht so sehr, weil er es wirklich für einen großen Erfolg gehalten hätte. Nach seinem Geschmack handelte es sich schließlich doch nur um einen Bastard, war weder richtiger Alkohol noch richtige Medizin.

»Du mußt es ganz austrinken, denn nur dann kann es dir guttun«, drängte sie sanft. »Siehst du, so wie ich.«

Da sie sich nun schon der Mühe unterzogen hatte, diesen Drink zuzubereiten, wollte er sie schonen und gehorchte ihr.

Nachher schmeckte er dem Getränk unschlüssig nach. »Es ist ein bißchen kalkig, findest du nicht auch? Ein bißchen ... astringierend. Es zieht einem die Haut zusammen.«

Sie nahm ihm das Glas ab. »Das liegt daran, daß du nie Milch trinkst. Hast du noch nie den Mund eines Babys gesehen, nachdem es getrunken hat? Alles klumpig und geronnen.«

»Nein«, versicherte er ihr mit gespieltem Ernst, »du hast mir noch nicht zu diesem Vergnügen verholfen.«

Sie lachten beide ein Weilchen, in vertrauter Intimität.

»Ich spüle nur eben die Gläser ab«, sagte sie, »und dann können wir nach oben gehen.«

Er schlief anfangs sehr fest, fühlte bis zuletzt die angenehme Glut, die das Tonikum in seinem Bauch hinterlassen hatte, auch wenn sie ganz auf diesen Bereich konzentriert blieb, sich nicht ausbreitete, wie das bei unvermischtem Alkohol der Fall gewesen wäre. Aber nach ein paar Stunden wachte er schmerzgepeinigt wieder auf. Die Glut war nicht mehr wohltuend, sondern hatte nun einen brennenden Biß. Der Schlaf, einmal vertrieben, konnte nicht mehr zu ihm zurück, wurde abgehalten von einem feurigen Schwert, welches in seinen Eingeweiden gedreht und gewendet wurde, wieder und wieder.

Der Rest der Nacht war eine einzige Höllenqual, ein wahres Martyrium. Er rief mehr als einmal nach ihr, aber sie war ihm nicht nahe genug, um ihn hören zu können. Hilflos und von ihr getrennt, biß er sich mit aller Kraft auf die Lippen und blieb stumm. Am Morgen war überall auf seinem Kinn getrocknetes Blut.

Auf der anderen Seite des Schlafzimmers, Meilen von ihm entfernt, stand der Stuhl, über den er seine Kleidungsstücke gehängt hatte. Ein Stuhl aus Ebenholz, der Sitz und die Lehne mit aprikosenfarbenem Plüsch bezogen. Bislang nie sonderlich beachtet, nun aber ein Symbol.

Meilen entfernt stand er da, und er sah sehnsüchtig zu ihm hinüber, überbrückte mit seinem Blick die unermeßliche Entfernung zwischen Siechtum und Gesundheit, zwischen Hilflosigkeit und Leistungsfähigkeit, zwischen dem Tod und dem Leben.

Ganz auf der anderen Seite des Zimmers, Meilen entfernt.

Er mußte dort hinüber zu dem Stuhl gelangen. Dieser war weit weg, aber irgendwie mußte er da hinkommen. Er sah ihn so eindringlich, so sehnsüchtig an, daß der übrige Raum in Nebeln zu versinken schien, und sich konzentrische Kreise von großer Klarheit allein um den Stuhl herum zu bilden schienen, so daß es so aussah, als stehe er im Mittelpunkt einer hellen Scheibe und alles andere um ihn herum sei ganz verschwommen.

Es gelang ihm nicht, mit den Beinen zuerst aus dem Bett aufzustehen, weshalb er zunächst einmal mit Kopf und Schultern in schrägem Fall auf den Fußboden hinunter mußte. Und dann ein zweiter, wenn auch milderer Sturz, als sein Unterleib und seine Beine dem Rest nachfolgten.

Jetzt fing er an, über den Boden dahinzukriechen wie ein sich windendes Tier, wie ein Wurm oder eine Raupe, wobei sein Kinn immer wieder hart aufstieß und sein heißer, angestrengter Atem den Flor des Teppichs vor seinem Munde bewegte, als gingen kleine Wellen kreisförmig von ihm aus. Nur daß Würmer und Raupen nicht derart hoffen können, keine so großen Herzen haben, mit denen sie so verzweifelt ringen müssen.

Langsam, Blumenmuster um Blumenmuster. Ein jedes wie eine Insel. Und der einfarbige Hintergrund zwischen ihnen jedesmal wie ein Gewässer oder Abgrund, viele Kilometer breit, nicht Zentimeter. Der, der das vor Jahren gewebt hatte, hatte nicht ahnen können, daß seine Zwischenräume einmal so ausgemessen werden würden – mit Tropfen menschlichen Schweißes und brennenden Schmerzes und mit Tränen der Tapferkeit.

Er kam näher heran. Der Stuhl war nun kein ganzer Stuhl mehr, seine Lehne schon viel zu hoch über ihm. In seinem auf die Höhe des Teppichbodens gedrückten Gesichtsfeld waren nur noch die vier Beine und die Teppichschoner darunter und ein kleiner Teil des Sitzes, der Rest verlor sich in den verschwommenen Nebeln der Höhe.

Dann war auch der Sitz weg, waren nur noch die vier Stuhlbeine übrig, er jetzt sehr nahe an ihnen dran. Vielleicht schon nahe genug, um den Stuhl mit den Armen erreichen zu können, wenn er sie am Boden lang ausstreckte. Er versuchte das, aber es reichte noch nicht. Nicht mehr als etwa fünfzehn Zentimeter blieben zwischen seinen sich streckenden Fingern und dem einen der Stuhlbeine, das er mit ihnen erreichen wollte. Fünfzehn Zentimeter – nur noch ein so kleines Stück!

Er wand und krümmte sich. Er kam drei Zentimeter voran. Der Rand des Blumenmusters zeigte ihm das an. Aber der Stuhl neckte und quälte ihn, nahm ihm auf irgendeine Weise diese Zentimeter wieder ab. Er war immer noch fünfzehn Zentimeter entfernt. Er hatte auf seiner Seite ein paar gewonnen, der Stuhl jedoch hatte sie ihm auf der anderen wieder entwendet...

Und wieder kam er drei Zentimeter voran, und wieder betrog ihn der Stuhl um sie, ergänzte sie auf der anderen Seite.

Aber das war doch Wahnsinn, war Halluzination. Der Stuhl fing an, sich über ihn lustig zu machen, ihn auszulachen – und Stühle können doch gar nicht lachen.

Er streckte seinen Arm, dehnte alle Sehnen von den Fingerspitzen bis zum Schultergelenk auf das äußerste. Er überwand die fünfzehn Zentimeter, was ihn Jahre seines Lebens kostete. Und diesmal ruckte der Stuhl ganz abrupt zurück, und da waren erneut fünfzehn Zentimeter, erneut fünfzehn Zentimeter zwischen ihnen.

Da sah er erst durch die ihn blendenden Tränen, daß da ein Paar Schuhe zuviel war. Vier Schuhe statt nur zweier. Seine eigenen unter dem Stuhl, und die ihren, ein wenig zur Seite, von ihm bis zu diesem Augenblick überhaupt nicht bemerkt. Sie mußte die Tür so lautlos geöffnet haben, daß er es nicht gehört hatte.

Sie hatte sich von der Seite her über ihn gebeugt. Ihre eine Hand hielt ihre Röcke zurückgezogen, damit sie bis zum letztmöglichen Augenblick ihre Anwesenheit nicht verrieten. Die andere Hand, die die Lehne des Stuhles hielt, hatte ihm diesen unmerklich entzogen – immer dann, wenn er geglaubt hatte, ihn endlich erreicht zu haben.

Das mußte ein guter Witz gewesen sein, denn plötzlich brach ihr Gelächter über ihm los, lauthals und nicht mehr zu unterdrücken. Dann versuchte sie, sich wieder zu beherrschen, es sich – wenn schon aus keinem anderen Grunde – um des Anstands willen zu verbeißen.

»Was wolltest du denn? Deine Sachen? Warum hast du mich denn nicht gefragt?« sagte sie spöttisch. »Du kannst mit ihnen aber absolut nichts anfangen, mein Schatz. Es geht dir viel zu schlecht.«

Und die Lehne nun fest umklammernd, schob sie den Stuhl vor seinen verzweifelten Augen ganz zurück an die Wand, diesmal ein paar Meter auf einmal, hoffnungslos weit weg.

Seine Hosen, die auf dem Stuhl gelegen hatten, fielen dabei jedoch herunter und waren in ihrem Fallen weitaus freundlicher zu ihm als sie, denn sie fielen direkt auf seine ausgestreckte Hand, ließen sich von dieser ergreifen und festhalten.

Sie beugte sich herab, um sie ihm wieder abzunehmen, und ein kurzes, ungleiches Kräftemessen ließ sie für einen Augenblick aneinandergeraten.

»Aber sie nützt dir doch gar nichts, mein Lieber«, sagte sie mit jener Amüsiertheit, die man einem bockigen Kind gegenüber an den Tag legt. »Komm, laß sie schon los. Was willst du denn damit?«

Sie zog sie Stück um Stück weg, entriß sie am Ende gewaltsam seinen sich erbittert an ihnen festklammernden Händen.

Als sie ihn schließlich wieder im Bett hatte, bedachte sie ihn mit einem Lächeln, das brannte, ihn versengte, obwohl es doch nur ein ganz süßes, harmloses, besorgtes Lächeln war. Dann schloß sich die Tür hinter ihr.

Der Stuhl stand in seinem strahlenden Lichthof, Ebenholz und aprikosenfarbener Plüsch. Ganz auf der anderen Seite des Zimmers, meilenweit von ihm entfernt.

63

Sie kam später wieder herein und saß an seinem Bett, in einem kühlen, frischen Gewand, bildhaft schön, eine wahre Florence Nightingale, ihn besänftigend und tröstend, fürsorglich um ihn bemüht. In jeder Hinsicht, nur in einer nicht.

»Armer Lou. Leidest du sehr?«

Er weigerte sich entschieden, das zuzugeben. »Es wird schon wieder werden«, keuchte er. »Ich bin noch keinen einzigen Tag meines Lebens krank gewesen. Das geht vorbei.«

Sie senkte sittsam die Augen. Sie seufzte in behaglichem Einverständnis. »Ja, das wird bald vorbei sein«, gestand sie großmütig zu.

Das Bild eines satten Kätzchens, das gerade seine Schale mit Milch ausgeleckt hat – das kam ihm aus ganz unerfindlichen Gründen für einen Augenblick in den Sinn, löste sich dann wieder in der Vergessenheit auf, aus der es emporgestiegen war.

Sie fächelte ihm mit einem Fächer aus Palmenblättern Luft zu. Sie brachte eine Schüssel herbei und wusch und kühlte mit einem feuchten Tuch sanft seine gepeinigte Stirn und seine schwer atmende Brust, jeder seidige Tupfer leichter als die Berührung eines Schmetterlingsflügels.

»Magst du eine Tasse Tee?«

Er wandte in heftigem Widerwillen den Kopf zur Seite.

»Möchtet du, daß ich dir etwas vorlese? Das lenkt dich vielleicht ein bißchen von deinem Ungemach ab.«

Sie ging nach unten und holte einen Gedichtband herauf, las ihm mit melodischer, einschläfernder Stimme Gedichte von Keats vor.

»Ach, was fehlt dir, Rittersmann,
so hager und so kummervoll?«

Und hielt dann inne, um ganz unschuldig zu fragen: »Was bedeutet das eigentlich, ›La Belle Dame Sans Merci‹? Es klingt hübsch, aber die Worte ergeben gar keinen Sinn für mich. Sind alle Gedichte so?«

Er hielt sich die Ohren zu und drehte gequält den Kopf weg.

»Hör auf!« flehte er. »Mehr kann ich nicht ertragen. Ich bitte dich!«

Sie schloß das Buch. Sie sah ganz überrascht drein. »Ich hab doch nur versucht, dich ein bißchen zu unterhalten.«

Als Wasser allein nicht mehr ausreichte, seinen rasenden, immer größer werdenden Durst zu stillen, zog sie los und besorgte unter großen Schwierigkeiten bei einem Fischhändler einen Eimer mit zerstoßenem Eis, von dem sie ihm dann ein Stück nach dem anderen reichte, damit er es lutschte und zwischen den Zähnen zermahlte.

Alle seine Wünsche erfüllte sie ihm, nur einen nicht.

»Ruf einen Arzt«, flehte er sie schließlich an. »Ich kann das nicht allein ausfechten. Ich brauche Hilfe.«

Sie blieb sitzen. »Sollten wir nicht noch einen Tag abwarten? Ist das noch mein tapferer Lou? Morgen geht es dir vielleicht schon so viel besser, daß ...«

Er krallte in stummem Flehen seine Finger in ihr Kleid, bis sie ihren Stuhl ein wenig von ihm wegschob, damit er es nicht in Unordnung brächte. In sein Gesicht gruben sich die Falten des Weinens. »Morgen werde ich tot sein. Oh, Bonny, ich kann diese Nacht nicht durchstehen. Dieses Feuer in meinen Eingeweiden... Wenn du mich liebst, wenn du mich liebst... einen Arzt!«

Schließlich und endlich ging sie. Sie blieb eine halbe Stunde fort. Dann kam sie wieder herein, in Hut und Schal, nahm beides ab. Sie war allein.

»Du hast keinen...« Ein Stück von ihm erstarb.

»Er kann erst morgen kommen. Dann aber bestimmt. Ich hab ihm die Symptome beschrieben, und er sagte, es bestünde kein Grund zu Beunruhigung. Es sei eine Form von... Kolik, der man ihren Lauf lassen müsse. Er sagte mir, was wir tun sollen, bis er zu dir kommen kann... Aber, aber, bleib doch ganz ruhig...«

Seine Augen ruhten auf ihr, glänzend vor Fieber und vor Verzweiflung.

Und dann flüsterte er: »Ich habe dich gar nicht die Haustür hinter dir schließen hören.«

Sie sah ihn schnell an, aber antwortete dann ohne jedes Stokken.

»Ich ließ sie angelehnt, um bei meiner Rückkehr Zeit zu sparen. Ich hatte dich ja immerhin ganz allein hier im Haus zurückgelassen. Sicher...« Nach kurzer Pause sagte sie: »Du hast doch gesehen, daß ich gerade den Hut aufhatte, oder nicht?«

Er anwortete ihr nicht mehr. Alles, was sein verwüsteter Kopf jetzt nur noch wiederholen konnte, war:

Ich habe sie nicht die Haustür hinter sich schließen hören.

Und da endlich, endlich wußte er Bescheid.

Morgendämmerung, eine weitere Morgendämmerung, die zweite, seit dies alles begonnen hatte, kroch durch das Fenster herein – und mit ihr ein gewisses Maß an Spannkraft. Eine Kraft, die er sorgsam gehortet und für die alleräußerste Anstrengung aufgespart hatte, die nun vor ihm lag. Eine Kraft, die nicht die übliche war, keine körperliche, sondern einzig und allein eine geistige. Der Geist, der Wille zu überleben, gerettet zu werden, sich selbst entzündend, sich selbst verzehrend, den reinsten Sauerstoff seines ureigensten Wesens atmend. Und wenn diese Kraft verbraucht war, dann war keine mehr da, um sie zu ersetzen, endgültig keine mehr.

Obwohl sich noch nichts weiter bewegt hatte als nur die Lider seiner Augen, war dies doch schon der Beginn einer Reise. Einer sehr weiten Reise.

Eine Weile ließ er seinen Körper noch still so liegen, wie er da lag. Wenn er zu schnell aufbräche, würde das nur zu Störungen und zu Entdeckung führen.

Da – ihr Schritt war im Flur zu hören, sie war aus ihrem Zimmer gekommen. Die Lider senkten sich über seine Augen, verbargen sie wieder.

Die Tür öffnete sich, und er wußte, daß sie zu ihm hersah. Sein Gesicht wollte sich furchtsam zusammenziehen, aber er hielt es ganz ruhig.

Was für ein langer Blick. Wollte sie gar nicht mehr aufhören mit ihrem Schauen? Was dachte sie wohl dabei? »Brauchst du so lange zum Sterben?« oder vielleicht »Mein Liebster, fühlst du dich nicht ein wenig besser heute?« Welcher Gedanke war wohl der zutreffende, welches war wohl ihr wahres Ich und welches sein falscher Traum von ihr?

Sie war nun ganz ins Zimmer hereingekommen, trat zu ihm ans Bett.

Sie beugte sich mit gespannter Aufmerksamkeit über ihn. Er konnte ihren warmen Atem spüren. Er konnte den Duft des Veilchenwassers riechen, mit dem sie sich erst vor wenigen Minuten besprüht hatte und das noch kaum getrocknet war. Vor allem aber konnte er ihre Blicke sich fast durch seine Haut hindurchbrennen fühlen – wie wenn man mit zwei Lupen das Licht der Sonne bündelt und auf Holzspäne lenkt, bis sie versengen, rauchen und endlich hellodernd brennen. So groß war die Intensität ihres steten Blickes.

Er durfte sich nicht bewegen, durfte nicht zucken.

Plötzlich senkte sich ein Gewicht auf sein Herz und ließ es fast stehenbleiben. Das war ihre Hand, die sich daraufgelegt hatte, um zu erfühlen, ob es noch schlug. Es flatterte wie ein unter ihren gespreizten Fingern gefangener Vogel, und wenn sie das spürte, dann mußte sie zu dem Schluß kommen, daß es sehr unregelmäßig klopfte und vor Überanstrengung gleichsam stotterte. Plötzlich zog sich ihre Hand wieder von dort zurück, und er fühlte, wie sich ihre Finger statt dessen zu einem seiner Augen hinbewegten. Vielleicht, um seine Reflexe zu prüfen. Sie zeigten ihm ihre Richtung warnend an, denn sie berührten ein bißchen zu früh die Haut unter dem Auge. Er rollte daraufhin die Augäpfel nach oben, und eine Sekunde später, als sie ein Lid anhob, um prüfend hineinzuschauen, war nur das nichts sehende Weiß zu sehen.

Nun nahm sie seine Hand auf und preßte ihren Daumen auf das Gelenk. Sie fühlte nach seinem Puls.

Danach legte sie die Hand wieder an die Stelle zurück, von der sie sie aufgenommen hatte. Und obwohl sie sie weder fallenließ noch niederwarf, ließ ihn doch die Art und Weise, wie sie das tat, sehr deutlich einen Anflug von Enttäuschung verspüren. Es war die Verkürzung der Bewegung, die den Verdacht in ihm bestärkte, daß sie verärgert darüber war, ihn noch lebend vorgefunden zu haben.

Ihre Kleider verkündeten endlich rauschend ihren Rückzug, flüsterten ihm sanft und abschiednehmend zu. Wenig später schloß sich die Tür, hatte sie das Zimmer verlassen. Die hölzernen Treppenstufen hallten von ihrem hinuntersteigenden Tritt wider, und es klang ganz so, als ließe jemand die Knöchel seiner Hand ganz leicht darüber hinfahren, Stufe für Stufe nach unten, poch, poch, poch.

Nun begann die Flucht zurück ins Leben.

Durch die angesammelte Kraft gestärkt, fielen ihm die ersten Schritte leicht. Er warf die Bettdecke zurück, er zwang seinen Körper schräg zum Kopfende hin aus dem Bett, bis er über die seitliche Kante geglitten war.

Er lag nun ausgestreckt neben dem Bett auf dem Boden, er mußte sich nur noch erheben.

Er ruhte kurz aus. Aufflackernde Schmerzen, die wie Flammen eines schwach brennenden Holzfeuers an der Innenseite seines Bauches hochzüngelten, griffen ihn an, stiegen in seiner Luftröhre wie in einer Esse nach oben und erstarben dann wieder zu der dumpf schmerzenden Schlaffheit, die er fortwährend verspürte und die noch am ehesten zu ertragen war.

Er war jetzt auf die Beine gekommen und arbeitete sich am Bett entlang zu dessen Fußende vor. Von dort zum Stuhl führte der Weg durch freien Raum, da gab es keinerlei Halt. Er ließ das Gitter des Bettes mit einem trotzigen, nach hinten gerichteten Stoß der Arme fahren, warf sich nach vorn in den stützenlosen Raum. Zwei ungehinderte Schritte, ein Taumeln. Noch zwei Schritte, ein dritter, er hastete auf einen Sturz zu. Wenn er nur vorher den Stuhl erreichen konnte! Er lief das Stück bis dorthin mit dem Stuhl um die Wette gegen den Sturz an – und der Stuhl siegte. Er erreichte ihn, packte ihn an der Lehne, brachte ihn ins Wanken, aber er blieb stehen.

Er zog sein Jackett an und knöpfte es zu, kein Hemd darunter. Das war vergleichsweise noch einfach. Ebenso die Hosen. Er schaffte das, indem er sich auf den Stuhl setzte und sie dann langsam vom Boden her nach oben zog. Die Schuhe jedoch erwiesen sich als eine fast nicht zu überwindende Schwierigkeit. Sich ganz normal zu ihnen hinabzubeugen, war ein Ding der

Unmöglichkeit. Sich so tief zu bücken, das wäre viel zu schmerzhaft gewesen.

Er schob deshalb die Schuhe zunächst mit den Füßen so zurecht, daß sie ganz gerade nebeneinanderstanden. Dann zielte er erst mit dem einen, dann mit dem anderen Fuß auf die entsprechende Öffnung des jeweiligen Schuhs und ließ ihn sich dort hineinwinden. Aber die Schuhe standen weit offen, und es war unmöglich, in ihnen zu laufen, ohne sich der Gefahr auszusetzen, schon beim nächsten Schritt von den Beinen geholt zu werden.

Er legte sich auf den Fußboden, auf die Seite. Er kreuzte dann die Beine, zog eines an, bis er den Fuß in beiden Händen hielt. Die Schuhe hatten fünf Knöpfe, aber er beschränkte sich darauf, nur den obersten, den am leichtesten erreichbaren, zu schließen, ihn durch die zu ihm gehörende Öse zu zwingen. Dann wechselte er das Bein und verfuhr mit dem anderen Schuh in gleicher Weise.

Dann erhob er sich wieder, zum Aufbruch fertig. Nun blieb ihm nur noch, auch die Vorwärtsbewegung über eine größere Distanz zu meistern. Nur! Er sagte das Wort mit wehmütiger Ironie vor sich hin.

Wie ein Schlafwandler, alle Muskeln und Gelenke angespannt, oder ein Matrose, der über das sturmgeneigte Deck wankt, so lief er vom Stuhl bis zur Zimmertür und lehnte sich dort ein Weilchen, gänzlich bewegungsunfähig, an den Rahmen. Dann ergriff er ganz sachte den Türknauf, drehte ihn und hielt ihn so gedreht fest, um zu verhindern, daß er laut zurückschnappte.

Die Tür war auf, er trat hinaus.

In der Stirnwand der Halle befand sich ein ovales Fenster, das der Treppe Licht gab und einen Ausblick ermöglichte. Davor hing eine Scheibengardine aus Gazestoff.

Er streckte sich zu diesem Fenster hinauf, stützte sich mit den Ellbogen an der Wand ab und blickte hungrig in das Leben hinaus. So dicht vor seinen Augen, wirkte die Gardine wie ein Raster – sie zerteilte den Ausblick in viele einzelne, kleine Vierecke, die durch dicke Stoffrahmen voneinander getrennt waren, nämlich durch die einzelnen Fäden des Gewebes, die ja bei so geringer Entfernung vom Auge stark vergrößert erschienen.

Eins dieser Vierecke zeigte ein Stück des Weges zur Straße hinab, nichts anderes. Es war ganz gleichmäßig schiefergrau.

Das darüber zeigte ebenfalls den Weg, aber schon in größerer Entfernung, so daß sich oben bereits ein dreieckiges Stück der daneben befindlichen Rasenfläche grün in die graue Fläche schob. Noch eines darüber zeigte gleiche Anteile von Rasen und Weg, aber in die obere Ecke dieses Vierecks drang nun der weiß gestrichene Fuß von einem der Torpfosten ein. Und immer so weiter, lauter verlockende Fragmente – aber niemals eine ganze, eine intakte Welt.

Ich möchte wieder leben, flehte sein Herz. Ich möchte wieder leben, da draußen leben.

Er wandte sich von dem Provisorium ab, um nun schnell nach unten zu kommen, dorthin, wo das Original war. Aber da lagen noch die Treppenstufen vor ihm, fielen steil ab wie eine Schlucht, eine gezackte Klippe. Einen Moment lang verließ ihn angesichts dieses Anblicks der Mut, denn er wußte, was ihn der Abstieg kosten würde. Und das entfernte Schurren ihres Stuhls auf dem Küchenboden, das gerade in diesem Augenblick hörbar wurde, verstärkte noch sein Entsetzen.

Aber er konnte nur vorwärts gehen. Ein Umkehren wäre in sich schon gleichbedeutend mit dem Tod, mit dem Tod im Bett gewesen.

Er erreichte den Anfang der Treppe, und sein Blick wanderte über sie nach unten, legte die vielen Meilen von Stufen bis zu ihrem Fuß zurück. Ein Schwindelanfall überkam ihn, aber er hielt ihm entschlossen stand, klammerte sich mit doppeltem Griff an den Pfosten des Geländers, als sei dies der Halt allen Lebens.

Er wußte, daß er nicht in der Lage sein würde, die Treppe

aufrecht hinunterzugehen, wie es die Gesunden taten. Er würde sich einfach nicht auf den Beinen halten können, würde das Gleichgewicht verlieren und kopfüber hinabstürzen. Deshalb verkürzte er erst einmal die Entfernung vom Boden und setzte sich auf die oberste Stufe, seine Füße auf die darunter. Nun setzte er die Füße auf die dritte und ließ seinen Rumpf auf die zweite hinabrutschen wie ein Kind, das noch nicht laufen kann.

Sein Abstieg brachte ihn ihr näher und näher. Denn sie war ja dort unten, da, wo er sich hinbewegte.

Es hörte sich schon ganz so an, als befände sie sich bereits in seiner unmittelbaren Nähe. Allein aufgrund der Geräusche konnte er fast alles vor sich sehen, was sie gerade tat.

Ein geschäftiges Klappern, das in klirrenden kleinen Schlägen auf den Rand einer Tasse endete – das bedeutete, daß sie Zucker in ihren Kaffee gerührt hatte.

Ein Knarren ihres Stuhls – das hieß, daß sie sich nach vorn gebeugt hatte, um von ihm zu trinken.

Ein weiteres Knarren – das bedeutete, daß sie sich nach diesem ersten Schluck wieder zurückgelehnt hatte.

Er konnte das knisternde Geräusch hören, das entstand, als sie ein knuspriges Brötchen in zwei Hälften brach.

Krümel davon blieben ihr in der Kehle stecken und sie hustete. Beugte sich sodann wieder vor, um sie mit einem weiteren Schluck hinunterzuspülen.

Aber wenn er sie so genau hören konnte, wie dann, so fragte er sich, sie nicht auch ihn und die heimlich raschelnden Geräusche, die er da auf der Treppe machte?

Er hatte sogar schon Angst zu atmen – und hatte doch noch nie so dringend der Atemluft bedurft.

Endlich aber der Fuß der Treppe, und er konnte nur noch still liegenblieben, zusammengeknüllt wie ein leerer Sack, der von oben heruntergefallen war. Er mußte ausruhen, selbst auf die Gefahr hin, daß sie plötzlich herauskam und ihn entdeckte.

Von hier aus war bis zur Haustür nur noch eine gerade Strecke zurückzulegen. Aber er wußte wohl, daß er auch das nicht in aufrechter Haltung schaffen konnte. Er war schon viel zu erschöpft, hatte auf seinem bisherigen Weg schon zu viele Kräfte verbraucht. Wie aber dorthin gelangen?

Sich mühsam aufrichtend, beantwortete sich ihm seine Frage ganz von selbst. Er lehnte sich nämlich einfach an die Wand der Halle, drehte dann seine Schultern auf ihr, drehte sie weg von ihr und wieder zu ihr hin und wieder weg von ihr . . . er *rollte* sich an der Wand entlang. Sie gab ihm Halt, und er konnte nicht fallen, zugleich aber doch vorankommen.

Auf halbem Wege zur Tür stieß er auf ein Hindernis, das seinen Pakt mit der Wand fast zunichte machte. Da befand sich nämlich eine Garderobe, deren unterer Teil als Sitzbank ausgebildet war und weit vorsprang, während der obere aus einer dünnen Holzwand bestand, an der Haken und ein Spiegel angebracht waren. Das Ganze war eine recht wackelige Konstruktion, deren Proportionen in keiner Weise stimmten, so daß er befürchten mußte, sie würde mit ihm zusammenbrechen.

Er stemmte sich unbeholfen von der Wand ab, umrundete die Garderobe, sich selbst und sie sozusagen an ausgestreckten Armen festhaltend, und gelangte so auf ihre andere Seite. Als sehr viel schwieriger erwies es sich nun aber, sie wieder loszulassen – und ein paar Sekunden lang sah er sich in einer schrecklichen Falle festsitzen. Er hatte Angst, daß das Nachlassen der Belastung, wenn er seine Hände fortnahm, sie in ein verräterisch lärmendes Schwanken versetzen würde.

Deshalb zog er zunächst nur die Hand an der ihm näheren Seite weg, hielt die Garderobe also auf der anderen noch fest, um das Nachlassen des Drucks auf diese Weise auszugleichen. Dann erst ließ er auch mit der anderen Hand vorsichtig los, und das Gestell schwankte nur einen Moment lang geräuschlos hin und her, stand dann wieder still.

Der Garderobe sicher entronnen, kauerte er sich in ihrem Schutze nieder – nicht etwa aus Vorsicht, sondern aus purer Erschöpfung, die ihn unfähig machte, auch nur einen einzigen weiteren Schritt zu tun. Und ausgerechnet ihr verdankte er jetzt seine Rettung, allein ihr.

Denn ganz plötzlich und ohne jegliche Vorwarnung war sie unter die Küchentür getreten, von wo aus sie die Treppe hinaufspähte. Dann ging sie sogar zur Treppe hin, stieg sie forschend ein Stück nach oben, bis sie eine Position erreicht hatte, von der aus sie besser hören und sich vergewissern konnte, daß alles ruhig war. Dann kam sie befriedigt wieder herunter, wandte sich nach hinten und kehrte in die Küche zurück.

Er zog das zerknüllte Stück Hemdenstoff wieder heraus, das er sich in den Mund gestopft hatte, um das Geräusch seines schwergehenden Atems zu dämpfen, den er anders nicht unter Kontrolle hätten halten können, und es zeigte eine blaßrosa Färbung.

Wenige Augenblicke später preßten sich seine Lippen auf den unteren Rand der Haustür – das sollte zwar kein Kuß sein, war es aber in gewisser Weise doch.

Jetzt blieb nur noch so wenig zu tun, daß er sicher war, er würde auch das noch hinter sich bringen und schaffen, selbst wenn sein Herz schon zu schlagen aufgehört hätte, sein Körper schon tot und kalt wäre. Die Naturgesetze selbst hätten ihn nun, so dicht vor seinem Ziel, nicht mehr aufhalten können.

Der Schnappriegel glitt leise zurück, und er wartete ein Weilchen, den Kopf noch nach vorne gebeugt, um zu sehen, ob dieses winzige Geräusch vielleicht bis zu ihr gedrungen wäre und sie wieder herauskommen lassen würde. Aber alles blieb still.

Er zog, und da trennte sich mit unsicher schwimmender Bewegung das Türblatt von seinem Rahmen, wurde eine Öffnung und wartete auf ihn.

Er ging hindurch. Er stolperte vorwärts und fiel draußen

gegen eine Säule des Portals, blieb dort starr an sie gelehnt stehen und ließ sich von ihr stützen.

Wenig später kletterte er die Stufen des Vorbaus hinunter.

Und noch ein wenig später war er den Weg bis zur Gartenpforte hinabgetorkelt, der Torpfosten hielt ihn, als sei er darauf niedergestürzt und von ihm durchbohrt worden.

Er war gerettet!

Er war in das Leben zurückgekehrt.

Ein ganz eigentümlicher Duft drang ihm in die Nase – frische Luft!

Und ein seltsamer Balsam erwärmte ihm Kopf und Nacken – Sonnenwärme!

Er war nun draußen auf der Straße, schwankte durch das helle Sonnenlicht, und sein Schatten am Boden schwankte mit ihm. Wankender Herr, wankender Schatten. Er faßte einen Baum am Straßenrand ins Auge, einen, der nur wenige Meter entfernt war.

Er rannte darauf zu wie ein Kind, das laufen lernt. Ein erwachsenes Kind. Kurze, staksende Schritte, steif in den Knien. Die Füße in stockendem Stolzieren hochgeworfen, die Arme lang vor sich ausgestreckt, bereit, das näherkommende Ziel zu umfangen. Und dann sank er gegen den Stamm, umklammerte ihn und blieb daran hängen.

Und von dort aus dann weiter zum nächsten Baum.

Und zum nächsten.

Aber dann waren plötzlich keine Bäume mehr da, sah er sich von ihnen im Stich gelassen.

Zwei Frauen gingen an ihm vorbei, die Einkaufskörbe über dem Arm, und er hob keuchend die Hand, um sie anzuhalten, hoffte, daß sie ihn lange genug anhören und ihm dann helfen würden.

Sie wichen ihm jedoch schnell aus, die Nasen angewidert in die Luft erhoben, und eilten weiter.

»Ekelhaft, schon so früh am Tag!« hörte er die eine zur anderen sagen.

»Die Tageszeit ist nun mal für Trunkenbolde völlig belanglos«, antwortete ihre Gefährtin mit empörter Tugendhaftigkeit.

Er sank auf ein Knie nieder, erhob sich aber sofort wieder und bewegte sich auf der Stelle im Kreis herum wie ein Vogel mit gebrochenen Flügeln.

Wenig später verlangsamte ein vorübergehender Mann seinen Schritt, warf ihm einen neugierigen Blick zu – und Durand gelang es, in diesem einen Augenblick seine Aufmerksamkeit zu fesseln. Er machte einen unsicheren Schritt auf ihn zu, wiederum die Hand flehentlich erhoben.

»Würden Sie mir bitte helfen, Sir? Mir ist nicht gut.«

Der Mann blieb stehen. »Was ist denn? Was fehlt Ihnen?«

»Gibt es hier in der Nähe einen Arzt? Ich brauche einen.«

»Wenn ich mich richtig erinnere, ist einer zwei Blocks hier die Straße hinunter. Ich bin da jedenfalls gerade an einer Praxis vorbeigekommen.«

»Würden Sie mich wohl das Stück bis dorthin begleiten, mich am Arm nehmen? Ich glaube, ich schaffe es nicht allein...« Der Mann vor ihm verdoppelte sich zeitweise und schob sich dann wieder zu einem zusammen.

Der Fremde konsultierte seine Taschenuhr. »Ich bin schon recht spät dran«, sagte er und verzog das Gesicht. »Aber ich kann Ihnen diese Bitte wohl kaum abschlagen.« Er wandte sich Durand entschlossen zu. »Also los, stützen Sie sich auf meinen Arm. Ich bringe Sie hin.«

Sie schleppten sich mühsam vorwärts, Durand schief gegen seinen Begleiter gelehnt.

Einmal blickte Durand kurz nach oben, betrachtete das, was jedermann an jedem Tage sah.

»Wie herrlich die Welt doch ist!« seufzte er. »Überall Sonne... und trotzdem noch genug davon übrig.«

Der andere sah ihn ein wenig befremdet an, sagte aber nichts.

Dann blieb er stehen, sie waren da.

Von allen Häusern dieser Stadt, oder vielleicht auch nur von allen Arzthäusern in dieser Stadt, betrat man dieses und nur dieses allein nicht im Erdgeschoß, sondern in Höhe der ersten Etage. Eine Treppe führte zu einer kleinen, dem Eingang vorgebauten Veranda hinauf. Das war ein ganz neuer Baustil, der sich in allen größeren Städten durchgesetzt hatte und ganze Stadtviertel prägte. Alle diese Häuser waren aus schokoladenfarbenem Stein erbaut, und ihr Erdgeschoß wurde nun »amerikanisches Kellergeschoß« genannt.

Wäre es ein normales Haus gewesen, hätte er schon wenige Augenblicke nach ihrer Ankunft in der Praxis sitzen können.

Der gute Samariter jedoch, den es etwa zehn Minuten seiner Zeit gekostet hatte, ihn bis vor dieses Haus zu bringen, atmete voller Unruhe tief ein, zog seine Uhr hervor und blickte einmal mehr forschend auf sie hinab, diesmal mit allen Zeichen zerfurchter Besorgnis. »Ich würde Sie gern noch bis dort hinauf bringen«, gestand er, »aber ich komme zu einer Verabredung, die ich unbedingt einhalten muß, schon eine Viertelstunde zu spät. Ich nehme nicht an, daß Sie das alleine schaffen ... Warten Sie, ich laufe schnell hinauf und läute. Wer immer dann herauskommt, kann Ihnen sicher weiterhelfen ...«

Er stieg hinauf, drückte auf den Klingelknopf, und war im nächsten Augenblick schon wieder unten.

»Werden Sie zurechtkommen«, sagte er, »wenn ich Sie jetzt verlasse?«

»Ich danke Ihnen«, atmete Durand schwer und hielt sich an der verzierten Säule fest, die den Anfang des hinaufführenden Geländers bildete. »Danke. Ich ruhe nur ein wenig aus.«

Der Mann rannte in schwerfälligem Trott die Straße zurück, die sie gerade gekommen waren, und zeigte so, daß sein Mangel an Zeit keine faule Ausrede gewesen war.

Durand, nun wiede alleingelassen und hilflos, drehte sich um und blickte die Treppe hinauf zur Eingangstür der Arztpraxis. Noch niemand war da erschienen und hatte sie geöffnet. Seine Augen wanderten seitwärts zum nächstgelegenen Fenster. In dessen unterster Ecke war ein Schild, das sie beide nicht vollständig gelesen hatten. Da stand:

RICHARD FRASER, M. D.
Sprechstunden: täglich
vormittags von 11 bis 13 Uhr

Von einem Kirchturm in der Nähe schlug es die halbe Stunde. Die halbe Stunde nach zehn. Halb elf.

Plötzlich legten sich zwei weiße Hände, zwei zarte Hände sanft und überredend auf seine erschöpft herabhängenden Schultern, von hinten, eine auf jeder Seite, und im nächsten Augenblick hatte sie sich um ihn herum und vor ihn geschoben, ihn vom Haus und das Haus von ihm getrennt.

»Lou! Lou, Liebling! Was soll denn das? Wie kommst du hierher? Was denkst du dir denn ... Ich habe eben erst entdeckt, daß die Haustür offenstand, daß du das Bett verlassen hattest. Ich bin durch die Straßen gerannt ... sah dich dann glücklicherweise von der nächsten Querstraße aus hier stehen ... Lou, wie konntest du mir das antun? Wie konntest du mich nur so erschrecken?«

Eine Tür öffnete sich verspätet, irgendwo in der Nähe, aber ihr Gesicht war im Weg, ihr Gesicht dicht vor dem seinen löschte die ganze Welt aus.

»Ja?« fragte eine Frauenstimme. »Wünschen Sie etwas?«

Sie wandte den Kopf kaum, nur ein winziges Stück, um zu antworten: »Nein, nichts. Es war ein Versehen.«

Die Tür schloß sich, und mit ihr das Leben.

»Hinauf«, hauchte er. »Da hinauf. Jemand ... der mir hilft.«

»Hier«, antwortete sie sanft. »Hier, vor dir... der einzige Mensch, der dir helfen kann.«

Er bewegte sich schwach zur Seite, um freie Bahn zu haben – für einen Aufstieg, den er in gar keinem Falle mehr bewältigen konnte.

Sie bewegte sich mit ihm, stand noch immer vor ihm.

Er schob sich zurück an das Geländer, taumelte.

Der Walzer hob wieder an, der langsame, schreckliche Walzer des Todes, dort auf dieser Treppe.

»Hinauf«, bat er inständig. »Laß mich hinauf. Die Tür. Hab Erbarmen!«

Ihre Stimme war voller Mitleid, schluchzte honigsüß. »Komm mit mir heim. Mein Schatz. Mein armer Liebling. Mein Mann.« Nun auch ihre Augen. Und ihre Hände stützten ihn so sanft, so sanft, daß er es kaum fühlte.

»Gib dich doch zufrieden«, weinte er matt. »Du hast schon genug getan. Gib mir diese eine, letzte Chance... Nimm sie mir nicht weg...«

»Glaubst du, ich würde dir weh tun? Willst du einem Fremden mehr trauen als mir? Kannst du gar nicht glauben, daß ich dich liebe? Zweifelst du wirklich so sehr daran?«

Er schüttelte verwirrt den Kopf. Wenn die Kräfte des Leibes verbraucht sind, dann wird auch das geistige Wahrnehmungsvermögen stumpf. Schwarz ist weiß, und weiß schwarz, und die letzte Stimme, die spricht, ist die eigentliche und wahre.

»Du liebst mich? Tust du das, Bonny? Trotz allem?«

»Wie kannst du fragen?« Ihre Lippen fanden die seinen, dort im hellen Licht des Tages, auf offener Straße. Nie gab es einen zärtlicheren Kuß, der ein solches Maß an Selbstverleugnung atmete. »Frag nur dein Herz«, flüsterte sie. »Frag dein Herz.«

»Ich habe so schreckliche Dinge gedacht. Schlechte Träume müssen das gewesen sein. Aber sie schienen so wirklich, als ich sie hatte. Ich glaubte, du wolltest mich aus dem Weg räumen.«

»Du hast geglaubt, ich sei der Grund dafür … daß du so krank bist?« Spielerin bis ans Ende. Sie trat einen Schritt zur Seite, den Schritt, den er sich vorhin von ihr gewünscht hatte. »Hier sind meine Arme. Die Tür ist dort über dir. Nun geh dahin, wohin du am liebsten gehen möchtest.«

Er machte einen schwankenden Schritt auf sie zu, dorthin, wo sie jetzt stand. Sein Kopf sank in wehrloser Selbstaufgabe an ihre Brust. »Ich bin so müde, Bonny. Nimm mich mit heim zu dir.«

Ihr Atem bewegte sein Haar. »Bonny wird dich nach Hause bringen.«

Sie half ihm die Stufe herab, die eine Stufe zu seiner Errettung, die zu erklimmen er geschafft hatte.

Hier und da, um sie herum, auf dieser und der anderen Straßenseite war auf den Bürgersteigen eine Handvoll neugieriger Passanten verstreut, die stehengeblieben waren, um die rührende kleine Szene zu beobachten, ohne zu wissen, worum es da eigentlich ging.

Als sie und er sich auf den Weg machten, ließ das Interesse der Zuschauer nach, und sie gingen in die verschiedensten Richtungen weiter. Sie rief schnell einen jungen Mann an, der ihnen am nächsten stand, bevor er noch davongehen konnte.

»Sir! Würden Sie bitte versuchen, uns eine Droschke zu besorgen? Mein Mann ist sehr krank, und ich muß ihn so schnell wie möglich nach Hause bringen.«

Sie hätte auch ein Herz aus Stein gerührt. Der Angerufene tippte mit einem Finger an seinen Hut und begab sich eilends auf die Suche. Innerhalb weniger Minuten kam eine Droschke um die Ecke gesaust, ihr Abgesandter auf dem Trittbrett stehend.

Das Gefährt hielt vor ihnen an, und der junge Mann half ihr, hielt Durand auf der einen Seite, während sie, trotz ihrer Winzigkeit recht kräftig, ihn tapfer auf der anderen stützte. Sie führten ihn behutsam zwischen sich zur Droschke, sorgten dafür, daß er bequem saß, wozu der Fremde mit einsteigen, sich auf den gegenüberliegenden Sitz setzen und dann auf der anderen Seite wieder aussteigen mußte, nachdem er Durand endlich losgelassen hatte.

Sie setzte sich nun neben ihren Mann und legte ihre Hand ganz kurz auf die ihres anonymen Helfers, um ihn mit bebender Dankbarkeit zu entlohnen. »Danke, Sir, danke. Ich weiß nicht, was ich ohne Sie gemacht hätte.«

»Aber das ist doch nicht der Rede wert, Madam.« Er sah sie voller Mitgefühl an. »Und möge Gott mit Ihnen beiden sein.«

»Ja, darum bete auch ich«, sagte sie voller Inbrunst, als die Droschke sich in Bewegung setzte und davonfuhr.

Hinter ihnen stand jetzt, schnell zurückbleibend, auf eben jenen umkämpften Treppenstufen ein anderer Mann, der eine schwarze Tasche in der Hand hatte und dem Pferdefuhrwerk mit flüchtigem Interesse nachblickte. Dann zuckte er verständnislos mit den Achseln und vollendete seinen Aufstieg, wobei er im Steigen den Schlüssel aus seiner Manteltasche hervorzog, um oben die Tür aufzuschließen.

Auf ihrer kurzen Heimfahrt in der Droschke hätte niemand fürsorglicher sein können als sie.

»Komm, leg dich zur Seite, leg deinen Kopf auf meinen Schoß, Lieber. Das wird die Stöße der Federung etwas mildern.«

Und in einem einzigen Augenblick, wie ihm schien, waren sie wieder vor ihrer Haustür – sein langes Martyrium war ganz umsonst gewesen, hatte nichts gefruchtet. Aber er verspürte keinerlei Schmerz – so vollkommen, so betäubend war die Vortäuschung ihrer Liebe.

Jetzt war es der Droschkenkutscher, der ihr half, ihn aus dem Gefährt wieder herauszubekommen. Und dann ließ sie ihn an der Pforte kurz in dessen Obhut zurück. »Bleib eben hier und halt dich an dem Pfosten da fest, Lieber, bis ich Geld für die

Droschke geholt habe. Ich bin doch ohne meine Börse losgelaufen, ich hab mich ja so geängstigt deinetwegen.« Sie lief allein ins Haus, der Eingang blieb eine Weile leer (und er vermißte sie während dieses Moments, ja, er vermißte sie), dann kam sie zurück, noch immer in vollem Lauf, bezahlte den Kutscher und nahm Durand in ihre alleinige Obhut.

Hinauf zur Veranda – ein letzter, schwächer werdender Schein des hellen Sonnenlichts floß an ihren Rücken hinab – und hinein ins Haus. Ein Schwung ihres Armes, und die Tür hatte sich wieder hinter ihm geschlossen. Für immer? Zum letzten Mal?

Durch die große, dämmrige Halle, vorbei an der behörnten Garderobe, bis zum Fuß der Treppe. Jeder Zentimeter hatte da einst einen Tropfen Blut gekostet.

Nun aber hüllte ihn die Liebe ein, hielt sie ihn in ihren Armen, und das alles machte ihm nichts mehr aus. Oder es war vielleicht schon der Tod – wenn es ans Sterben geht, berührt einen vielleicht das und vieles andere nicht mehr.

Dann die Treppe hinauf, ein schleppender Schritt nach dem anderen. Ihre Stärke war großartig, ihr Wille, ihm zu helfen, unbeugsam.

Auf dem Treppenabsatz, wo das letzte Stück des Aufstiegs begann, keuchte er: »Halt mal einen Augenblick an.«

»Was ist denn?«

»Laß mich nur kurz auf unseren Salon zurückblicken, bevor wir ganz hinaufsteigen. Vielleicht sehe ich ihn nie wieder, und ich möchte doch Abschied von ihm nehmen« Er wies mit zitternder Hand über das Geländer. »Sieh mal, dort ist der Tisch, an dem wir so viele Abende gesessen haben, bevor... bevor dies über mich gekommen ist. Siehst du, und da ist die Lampe, von der ich, schon als ich noch jung und unverheiratet war, wußte, daß sie auf das hübsche Gesicht meiner Frau mir gegenüber herabscheinen würde. Und sie hat auf deines herabgeschienen,

Bonny. Dafür danke ich ihr. Darf sie niemals mehr für mich auf dich herabscheinen, Bonny?« Er zeichnete mit den Fingern ihren Umriß in die Luft, zeichnete ihn auf die leere Fläche, die zwischen ihm und der Lampe war. »Die Lampen des Zuhauses, die Lampen der Liebe gehen aus. Für mich werden sie nie wieder brennen. Ade...«

»Komm«, sagte sie mit schwacher Stimme.

Und nun zurück in das Schlafzimmer – die Totenbahre nahm das ihr geweihte Haupt wieder auf.

Sie half ihm bis zum Bett, half ihm, sich darauf zurückzulegen. Dann hob sie seine Füße hinauf, zog ihm die Schuhe aus, das Jackett, aber nichts weiter. Zog daraufhin die Decke langsam hoch und über ihn wie ein Leichentuch.

»Liegst du auch bequem, Lou? Ist das Bett weich genug?« Sie legte ihm ihre Hand auf die Stirn. »Dieser törichte Ausflug hat dich alle deine Kraft gekostet.«

Sein Blick war mit einer eigentümlich schmelzenden Weichheit auf sie gerichtet. Wie der eines schwerverletzten Hundes, der um Erlösung fleht.

Sie wandte den ihren ab, aber er wurde unwiderstehlich wieder zu ihm hingezogen. »Warum schaust du mich so an, mein Schatz? Was willst du mir sagen?«

Er bedeutete ihr, sich dichter zu ihm herabzubeugen.

Sie neigte den Kopf ein wenig, um besser hören zu können, was er zu sagen hatte.

Er hob die zitternde Hand und strich ihr über die seidigen, blonden Ponys, die ihr in die kühle, glatte Stirn hingen.

Dann mühte er sich, sich noch weiter aufzurichten, stützte sich auf einen Ellbogen – wie auf den Strand geworfen von einer Flut, die schnell abgelaufen war und ihn dort liegengelassen hatte.

»Ich liebe dich, Bonny«, flüsterte er heiß. »Niemand sonst, keine andere Liebe. Vom ersten bis zum letzten Augenblick, vom Anfang bis zum Ende. Und noch darüber hinaus. Darüber hinaus, Bonny, hörst du? Darüber hinaus. Sie wird nicht enden. *Ich* ja, aber sie nicht.«

Ihr Gesicht kam ihm noch näher, langsam, unsicher, wie das Gesicht eines Menschen, der tastend in eine neue Erfahrung eintaucht. Etwas war diesem Gesicht widerfahren, widerfuhr ihm noch immer – er hatte es niemals so weich gesehen. Es war, als sähe er ein ganz anderes, ein nie geborenes Gesicht, das scheu durch die Maske hindurchspähte, die es all diese Jahre hindurch nie hatte abstreifen können. Das Gesicht, das das ihre hätte sein sollen, hätte sein können, aber nie gewesen war. Das Gesicht der Seele, bevor es die verderblichen Einflüsse dieser Welt so verändert hatten, daß es nicht mehr wiederzuerkennen gewesen war.

Es kam zögernd und durch ganz neue, fremde Bereiche des Fühlens auf ihn zu, durch Bereiche, die noch gänzlich unerforscht waren.

Sie hatte Tränen in den Augen. Das war keine Einbildung, denn er sah sie.

»Tut's auch ein ganz klein wenig Liebe, Lou?«

»Viel, wenig, jedes Maß.«

»Dann *hat* es einen Augenblick gegeben, in dem ich dich geliebt habe. Und das ist er.«

Ihr Kuß, weder erzwungen noch erbeten, hatte all die bittere Süße, das unerfüllte Sehnen einer Liebe, die hätte sein können. Und er, oder besser sein Herz wußte, daß es die erste wirkliche Liebe war, die sie ihm jemals geschenkt hatte.

»Das war genug«, lächelte er zufrieden. »Das ist alles, was ich mir je gewünscht habe.«

Nach ihrer Hand greifend und sie in der seinen festhaltend, verfiel er in einen unruhigen Schlaf, in ein fiebriges Vergessen.

Als er erwachte, sanken die letzten Reste des Tageslichts im Westen herab wie feine, weiße Asche. Der Tag war vorüber. Ihre

Hand lag noch in der seinen, sie saß immer noch dort, ihr Gesicht ihm zugewandt. Sie schien sich in den vergangenen Stunden überhaupt nicht bewegt, schien ohne Zögern auf sich genommen zu haben, was ihr so neu war – den Schmerz, den man wegen eines anderen erduldet. Sie schien ihre Wache, bei der ihr niemand, nur sein todgeweihtes Gesicht Gesellschaft geleistet hatte, durchgehalten und auch ertragen zu haben, was immer für Gedanken ihr in dieser Zeit durch den Kopf gegangen waren.

Er gab ihre Hand frei. »Bonny«, seufzte er gequält, »bring mir jetzt doch noch ein Glas von diesem Tonikum. Ich bin bereit dafür. Es ist besser... wenn du, meine ich...«

Für einen Augenblick zog sie – ganz unbeabsichtigt – ihren Kopf heftig zurück, sah ihn unverwandt an. Beugte ihn dann wieder vor und nahm wieder ihre alte Stellung ein.

»Warum willst du es jetzt? Ich habe es dir doch gar nicht angeboten.«

»Ich habe Schmerzen«, sagte er einfach. »Ich kann sie nicht mehr länger aushalten.« Und drehte sich ein wenig zur einen, dann zur anderen Seite. »Wenn nicht aus Freundlichkeit, dann aus Nächstenliebe...«

»Später«, sagte sie ausweichend. »Sprich nicht so, sag solche Sachen nicht.«

Schweiß trat auf sein Gesicht, der Atem kam zischend aus seiner Nase. »Als ich es nicht haben wollte, hast du's mir aufgedrängt... aber jetzt, wo ich dich darum anflehe, verweigerst du's mir...« Er richtete sich auf, sank dann wieder zurück. »Jetzt, Bonny, jetzt. Ich kann nicht mehr. Dieser Augenblick ist so gut wie jeder andere. Warum warten, bis die Nacht noch weiter fortgeschritten ist? Oh, erspar mir doch die Nacht, Bonny, erspar mir die Nacht! Sie ist so lang... so dunkel... so einsam...«

Sie stand langsam auf, rieb sich gedankenverloren ihre erstarrte Hand. Dann ging sie mit noch größerer Langsamkeit zur

Tür. Sie öffnete sie, blieb unter ihr stehen und sah zu ihm zurück. Dann ging sie hinaus.

Er hörte, wie sie die Treppe hinunterging. Und zweimal hörte er sie stehenbleiben, als fehle es ihr plötzlich an dem erforderlichen Antrieb, und wieder weitergehen, als sei ihre Energie zu neuem Leben erwacht.

Sie blieb alles in allem etwa zehn Minuten fort. Zehn höllische Minuten, in denen ihn die Flammen umloderten.

Dann aber öffnete sich die Tür, und sie war wieder da. Trug das Glas in der Hand. Sie kam zu ihm und setzte es auf das Regal neben dem Bett, wo er es nicht so leicht erreichen konnte.

»Nicht ... noch nicht«, sagte sie mit erstickter Stimme, als er versuchte, es sich zu nehmen. »Laß es noch eine Weile. Später ist noch früh genug.«

Sie zündete die Lampe an, ging dann zum Kamin hinüber, um das abgebrannte Streichholz dort hineinzuwerfen. Dann blieb sie dort stehen, blickte vor sich hin. Er wußte, daß sie nichts von dem sah, was vor ihr war, daß sie sich in einer Träumerei verloren hatte, die nichts wahrnahm.

In seinem Traum dagegen sah er alles. Alles noch einmal. Wieder tanzte er bei Antoine den Walzer mit ihr, am Abend ihres Hochzeitstages – »Ein Walzer im Sonnenlicht, Liebes. In Blau, Weiß und Gold«. Wieder ertönte ihre neckende Befragung durch die hochzeitliche Tür. »Wer klopft da?« – »Dein Mann ist's.« Wieder stand sie in der erleuchteten, mitternächtlichen Tür. »Komm ins Schlafzimmer deiner Frau, Louis.« Wieder spazierten sie auf der Strandpromenade von Biloxi dahin, Arm in Arm, und die Brise entriß ihm seinen Hut, und sie lachte, als er ihm nachjagte, sie selbst ein sich drehendes Rundgemälde windzerzauster Röcke. Wieder hob er seine Arme über ihren schlafenden Körper, um Hundertdollarscheine darauf niederflattern zu lassen. Wieder ...

Noch einmal, noch einmal, noch einmal ... zum letzten Mal.

Der wirklich grausame Teil des Sterbens ist nicht der Tod des Leibes, sondern das Erlöschen der Erinnerungen.

Ein hell leuchtendes Licht, ein heißer, flackernder, gelber Stern brannte sich durch das geisterhafte Geflecht seiner Todesträume. Er blickte zu ihr hinüber – sie stand seitlich neben dem Kamin und hielt eine brennende Fackel hinein. Aber keinen Holzspan oder Ast, sondern ein eng zusammengerolltes Schriftstück. Und als die Flamme sich langsam daran nach oben fraß, auf ihre Hand zu, da drehte sie die Rolle schnell herum ergriff sie am verkohlten Ende und ließ auch das andere gänzlich verbrennen. Warf sie schließlich nieder, streckte den Fuß vor und trat auf ihren Überresten herum, hier und da und dort, ein kleines Getrappel voller Endgültigkeit.

»Was tust du da, Bonny?« flüsterte er schwach.

Sie drehte sich nicht um, als ob es keinen Unterschied für sie mache, ob er sie beobachtet hatte oder nicht. »Ein Papier verbrennen.«

»Was für ein Papier?«

Ihre Stimme war tonlos. »Eine Versicherungspolice ... eine Lebensversicherung auf deinen Namen über 20 000 Dollar.«

»Das war die Mühe nicht wert. Sie war nicht gültig, das hab ich dir doch gesagt.«

»Sie *war* seit neuestem wieder gültig. Ich habe meinen Ring versetzt und die Fehlbeträge nachgezahlt.«

Er sah, wie sie plötzlich ihr Gesicht mit den Händen bedeckte, als ob sie jetzt, wo sie das Dokument verbrannt hatte, selbst seinen nur mehr erinnerten Anblick nicht ertragen könnte.

Er seufzte, aber ohne viel Mitgefühl. »Arme Bonny. War dir das Geld wirklich so wichtig? Ich hätte ...« Er sprach den Satz nicht zu Ende.

Ein paar Augenblicke lag er reglos da.

»Ich sollte das jetzt trinken«, sagte er schließlich leise.

Er streckte sich, bis er das Glas mit seinem Arm erreicht hatte. Er ergriff es, nahm es hoch.

64

Sie hatte sich blitzschnell umgedreht, war auf ihn zugestürzt. Er hatte gar nicht gewußt, daß sich der menschliche Körper so schnell bewegen konnte. Aber sie war ja so flink, sie war so klein. Ihre Hand zuckte wie ein weißes Geschoß an seinem Gesicht vorbei. Das Glas war nicht mehr in seiner Hand, es zersprang auf dem Fußboden in kleine Stücke, irgendwo neben dem Bett und außerhalb seiner Reichweite.

Ihr Gesicht schien im Weinen formlos zu zerfließen – wie ein Gesicht, das man durch eine regennasse Glasscheibe sieht. Sie drückte ihn konvulsivisch zuckend an sich, preßte seinen Kopf an ihre weiche Brust. Er hatte nicht geahnt, welch eine Kraft in ihrer Umarmung sein konnte. Sie hatte ihn nie genug geliebt, um diese Kraft zu voller Entfaltung kommen zu lassen.

»O gnädiger Gott!« schrie sie wild auf. »Sieh auf mich herab und vergib mir! Gebiete diesem Schrecken Einhalt, mach ihn rückgängig, mach ihn ungeschehen! Lou, mein Lou! Jetzt erst sehe ich! Ach, meine Augen sind geöffnet, endlich geöffnet! Was habe ich bloß getan?«

Sie fiel vor ihm auf die Knie – wie damals in der Nacht in Biloxi, als sie nach ihrer Trennung zum ersten Mal wieder zusammengewesen waren. Aber wie anders war das jetzt. Wie falsch, wie gekünstelt war ihr Flehen, ihre Haltung damals gewesen, wie untröstlich war ihre leidenschaftliche Reue jetzt. Ein wahrer Krampf der Zerknirschung, den nichts, auch kein Wort von ihm zu lindern vermochte.

Ihr Schluchzen war so heftig und atemlos wie das eines Kindes, es erstickte ihre Worte und machte sie so gut wie unverständlich. Und vielleicht war sie ja auch ein Kind, das jetzt da weinte, ein neugeborenes Ich in ihr, ein kleines Mädchen, welches zwanzig Jahre lang stumm gewesen und erst heute, erst so spät zu einer Stimme gekommen war.

»Ich muß wahnsinnig gewesen sein ... Wie konnte ich mich nur auf solch einen Plan einlassen? Aber immer, wenn ich bei ihm war, sah ich nur ihn, niemals dich ... Er hat das alte, böse Ich in mir wiedererweckt ... er ließ falsche Dinge richtig erscheinen oder allenfalls als etwas, worüber man sich lustig machte ...«

Ihre Finger zeichneten flehentlich die Linien seines Gesichtes nach. Fuhren zitternd über seine Lippen, über seine Stirn, als versuchten sie, diese wieder so werden zu lassen, wie sie gewesen waren. Aber nichts, keine begierig sein Gesicht bedeckenden Küsse, keine ihn überflutenden Tränenströme konnten ihn ihr wiedergeben.

»Ich habe dich umgebracht! Ich habe dich umgebracht!«

Und sie warf sich auf die Erde, hämmerte mit ihren Fäusten auf den Boden, rebellierte ohnmächtig gegen den Betrug des Schicksals, dessen Opfer sie geworden war.

Dann hörte ihr Weinen plötzlich auf. So plötzlich, als habe die Angst ihr gebeugtes Haupt wie ein Blitzschlag getroffen. Ihre trommelnden Fäuste lagen still.

Sie hob den Kopf. Sie war jetzt ruhig, wachsam, umsichtig. Er wußte nicht, was diese Veränderung bewirkt hatte. Sie drehte sich um und sah zum Fenster hinüber, als sei sie von einer schrecklichen Vorahnung heimgesucht worden.

»Niemand soll dich mir nehmen«, sagte sie durch zusammengepreßte Lippen. »Ich werde dich nicht verlassen, für niemanden. Es ist noch *nicht* zu spät, nein, das ist es noch nicht! Ich werde dich hier raus- und in Sicherheit bringen ... Schnell, zieh deine Sachen an. Wir gehen zusammen. Ich habe genug Kraft für uns beide. Du wirst leben. Hörst du mich, Lou? Du wirst leben ... trotzdem.«

Sie schob sich dicht an das Fenster heran, an der Wand entlang bis zu ihm hinkriechend, und spähte dann vorsichtig durch den Schlitz zwischen Gardine und Wand hindurch nach draußen. Er sah, wie sie kaum merklich nickte, als fände sie bestätigt, was sie erwartet hatte.

»Was ist?« flüsterte er. »Wer ist da draußen?«

Sie antwortete nicht. Sie zog ganz plötzlich ihren Kopf zurück, als fürchte sie, von draußen gesehen worden zu sein.

»Soll ich die Lampe ausmachen?« fragte er.

»Nein!« Sie gestikulierte entsetzt. »Um Gottes willen, nein! Das soll *ich* tun. Das ist das Signal dafür, daß ... daß alles vorbei ist. Unsere einzige Chance ist die, jetzt zu verschwinden und sie brennen zu lassen, als ob ... als ob wir noch hier wären.«

Sie kam zu ihm zurückgelaufen, wobei sie noch einen schnellen, erschreckten Blick hinter sich auf das Fenster warf. Sie setzte sich neben ihn aufs Bett, wobei sich ihre Röcke bauschten, ergriff den einen Fuß und hob ihn hoch, während er noch tapfer mit dem anderen kämpfte.

»Schnell, den anderen Schuh! So, das reicht ... Für mehr haben wir keine Zeit.«

Sie half ihm von der Bettkante hoch, hielt ihn neben sich aufrecht wie eine unbelebte Gliederpuppe oder einen steifen Spielzeugsoldaten, der umkippen würde, sobald sie ihn losließe.

»Stütz dich nur auf mich, ich helfe dir. So! So! Beweg die Füße, ja, gut so! O Lou, versuch's noch einmal. Noch ein einziges Mal. Du hast's doch schon einmal geschafft. Und diesmal sind wir *zusammen*, gehen wir zusammen fort. Diesmal ist es unsere Liebe, die flieht ... die um ihr Leben läuft.«

Er lächelte sie an, als der Boden langsam unter ihren unsicheren Füßen dahinkroch, Zentimeter um schmerzhaften Zentimeter.

»Unsere Liebe«, flüsterte er tapfer. »Unsere Liebe, die flieht. Und wohin?«

»Irgendein Zug, irgendwohin. Laß uns nur erst aus diesem Haus raus...«

Sie kämpfte heroisch mit ihm, als sei sie der Geist des Lebens selbst, der da mit dem Geist des Todes kämpfte, welcher ihn in seine Gewalt bringen wollte. Sie hielt ihn zurück, wenn er sich zu weit nach vorne neigte, sie zog ihn nach vorne, wenn er zu weit nach hinten kippte. Aus der Zimmertür hinaus und durch den oberen Flur. Auf der Treppe wäre er ihr fast entglitten. Einen grauenvollen Augenblick lang sah es so aus, als würde er das Gleichgewicht verlieren – er hing nach vorne über und drohte hinabzustürzen, kopfüber die ganze Treppe hinab. Sie mußte ihren kleinen Körper bis aufs äußerste anspannen, um die Balance, die unvorsichtigerweise fast verlorengegangen wäre, wiederherzustellen.

Kein Wimmern kam in diesem schrecklichen Augenblick über ihre Lippen, und wäre er wirklich in sein Verderben gestürzt, dann hätte sie sich mit Sicherheit bis ans Ende an ihn geklammert, wäre sie lieber selbst zu Schaden gekommen als ihn loszulassen. Aber in ihren Armen war eine Kraft, die sie nie vorher besessen hatten, und langsam richtete ihn ihr inniges Ziehen, ihre verzweifelte Umarmung wieder auf, konnte sie ihn halten – und sie waren gerettet.

Als sie sich dann, gegen das Geländer gelehnt – sie mit dem Rücken dagegen, er den Kopf auf ihre Brust gebettet wie auf ein Kissen –, ein wenig ausruhten, strich sie ihm besänftigend das Haar aus der Stirn und flüsterte ihm zu: »Nur Mut, mein Liebster. Ich lasse dich nicht fallen. Wird es dir sehr schwer?«

»Nein«, murmelte er schwach und rollte die Augen zu ihrem über ihn gebeugten Gesicht hoch, »du bist ja bei mir.«

Weiter hinunter also, diesmal mit größerer Vorsicht, ein gestelzter Schritt nach dem anderen, wie ein sich umschlungen haltendes Paar von Balletttänzern, das auf den Fußspitzen einen grausigen, blind suchenden Pas de deux tanzt.

Als sie zum Fuß der Treppe kamen, nur noch eine Stufe vor sich hatten, hielt sie plötzlich wie erstarrt an. Und in der Stille, ihrer beider schweres Atmen übertönend, hörten sie es beide.

Ein leises, drängendes, unablässiges Pochen an der Haustür. Sehr heimlich, sehr, sehr verstohlen. Nur für ein ganz bestimmtes Paar Ohren gedacht, nicht für andere. Ein Paar Ohren, das darauf vorbereitet war, es erwartete, danach lauschte. Zwei Finger höchstens, vielleicht auch nur einer, bearbeiteten ohne Unterlaß das Holz, kratzten daran, ja, rieben fast nur darüber hin, so sanft war ihre Berührung.

Und dieses Pochen wurde von einem merkwürdigen Pfeifen begleitet. Auch dieses sehr leise, beherrscht. Kaum mehr, als daß die Atemluft vom Zittern einer Oberlippe bewegt wurde. Klagend, wehmütig, wie der Ruf einer jungen Eule. Oder ein verirrter Hauch des Nachtwindes, der ins Haus wollte.

Es kam stoßweise. Es verstummte, erklang dann wieder. Verstummte, erklang erneut.

»Psst! Kein Laut!« Er spürte, wie sie ihn fester an sich zog. Als versuche sie ganz instinktiv, ihn vor irgend etwas zu schützen. Vor etwas, von dem sie wußte, dessen Bedeutung sie kannte, er aber nicht. »Der Hinterausgang«, flüsterte sie. »Wir müssen da hinaus. Halt die Luft an, Schatz. Um der Liebe Gottes willen, nur kein Geräusch, sonst ... sonst sind wir beide tot, hier auf der Stelle, auf der wir stehen.«

Vorsichtig und sich eng aneinanderdrückend (nun wohl ebenso in dem Bemühen, ihr beiderseitiges Stillschweigen zu sichern, wie in dem, ihn auf den Beinen zu halten), lösten sie sich von der Treppe und krochen durch die Halle nach hinten ins Eßzimmer. Sie ließ ihn dort einen kostbaren Augenblick lang ausruhen, um nach einer Karaffe mit etwas Alkoholischem zu greifen, sie kurz zu schwenken, den Glasstopfen herauszuziehen und seine Lippen damit zu befeuchten, während sie ihn weiterhin mit ihrem anderen Arm stützte.

»Ich habe Angst, dir zuviel davon zu geben«, klagte sie. »Du bist so erschöpft.«

»Meine Liebe ist an meiner Seite«, sagte er, als spräche er zu sich selbst. »Ich werde nicht aufgeben.«

Sie setzten ihren Weg in die unbeleuchtete, hinter dem Eßzimmer liegende Küche fort, die in der blauen Flut der Nacht versunken war. Aber das mit einem Gardinchen versehene Viereck der Glasscheibe in der Tür – der Hinterausgang – starrte sie an, war in der Dämmerung deutlich auszumachen.

Er hörte, wie der Riegel von ihren geschickt tastenden Fingern leise zurückgeschoben wurde. Dann tat sich die Tür nach innen auf, und die Kühle der Rettung berührte ihre dankbaren Gesichter.

Das letzte Geräusch, das hinter ihnen von der Frontseite her durch das ganze Haus hindurch bis zu ihnen drang, war jenes leise Pochen, das nach widerwilligen kleinen Pausen immer wieder einsetzte. Ein bißchen schneller jetzt, ein bißchen drängender auch. Und dazu das Pfeifen mit seiner geheimen Botschaft, dieses Pfeifen, das zu sagen schien: »Mach mir auf. Mach auf. Du weißt, wer hier ist. Du kennst mich. Warum zögert du?« Ein bißchen heftiger jetzt, ein bißchen fordernder auch, da seine Geduld nachließ.

Durand fragte sie nicht, wer das war. Es gab so viele Dinge im Leben, nach denen zu fragen und die zu wissen jetzt zu spät war. Es gab nur noch eines, was er unbedingt wissen wollte, wissen mußte, nämlich ob sie ihn liebte. Und das hatte er schließlich und endlich doch noch erfahren.

Sie quälten sich hinaus in den Hinterhof des Hauses und dann durch die hintere Pforte auf die Gasse, die hinter dieser Häuserzeile entlanglief. Diese weiter hinunter bis zu ihrem Anfang und in die dortige Querstraße. Und dann die entlang und wieder um die Ecke und in die Straße hinein, die jenseits derjenigen lag, an welcher sich ihr Haus befand.

»Der Bahnhof«, sagte sie immer wieder. »Der Bahnhof... Oh, versuch's doch, Lou. Er liegt vor uns, nur noch ein paar kurze Straßen weiter. Wir sind in Sicherheit, wenn wir ihn nur erst erreicht haben. Da ist immer jemand, Tag und Nacht... Da ist es hell, da kann uns niemand etwas tun. Ein Zug... irgendein Zug, irgendwohin...«

Irgendein Zug, wiederholte sein Herz im Takt seines verzweifelten Schlagens, irgendwohin.

Weiter und weiter und weiter, zwei taumelnde Gestalten, die schluchzend atmeten. Trunken hin und her wankend, trunken von dem Willen, in Frieden zu leben und zu lieben. Kein Auge, das sie sehen, keine Hand, die ihnen helfen sollte.

Er war jetzt schon sichtbar, dort, auf der anderen Seite des Bahnhofsplatzes, der Mittelpunkt dieser Stadt, der Bahnhof (jedenfalls behauptete sie das, er war nicht mehr in der Lage, so weit zu sehen), als plötzlich die Verbindung ihrer beider allzusehr beanspruchten Kräfte versagte, ihre Arme, ihr Wille nicht mehr helfen konnten, und er neben ihr in den Staub der Straße fiel.

Sie versuchte verzweifelt, ihn wieder hochzubekommen, aber sie selbst war inzwischen dermaßen geschwächt, daß seine Bewegungsunfähigkeit nun eher sie niederzwang und sie plötzlich halb neben ihm lag, als zöge er an ihr und nicht sie an ihm.

»Vergeude keine Zeit mehr«, seufzte er. »Ich kann nicht... keinen Schritt weiter.«

Sie kämpfte sich wieder hoch, fuhr sich besorgt mit der Hand durch die Haare, blickte sich unruhig um.

»Ich muß dich hier draußen weg und dort hinein kriegen! Ach, mein Liebster, mein Liebster, sie können uns immer noch erwischen, wenn wir hier allzu lange...«

Dann beugte sie sich zu seinem Gesicht hinab, um ihm mit einem Kuß Mut zu machen, und lief schon los, ihn da liegenlassend, wo er lag. Sie verschwand in einem der Häuser am Bahnhofsplatz, über dessen Eingang eine Gaslaterne brannte und der Hinweis zu lesen war: »Möblierte Zimmer für Reisende«.

Schon kurz darauf erschien sie wieder in der Tür dieses Hauses, winkte jemandem hinter sich zu, daß er ihr schnell folgen solle. Ohne noch länger abzuwarten, kam sie zu ihm zurückgelaufen, ihre Röcke mit beiden Händen nach vorn und oben hebend, um ihren Füßen den Freiraum zu schaffen, den sie brauchten. Hinter ihr tauchte ein Mann in Hemdsärmeln auf, der sich noch in seine Jacke quälte, als er herauskam und hinter ihr herzulaufen begann.

»Hierher!« rief sie. »Hier herüber. Hier ist er.«

Er erreichte sie endlich, trat zu der Gestalt, die wie ein gefällter Baum am Boden lag.

»Helfen Sie mir, ihn in eins Ihrer Zimmer zu schaffen.«

Der Mann, ein vierschrötiger, strammer Bursche, hob Durand mit beiden Armen auf und wandte sich der Pension zu. Sie sprang um ihn herum, von einer Seite zur anderen, versuchte, ihm behilflich zu sein, Durands Füße zu halten.

»Nein, ich schaff das schon«, sagte der Mann. »Gehen Sie mal lieber vor und halten Sie mir die Tür auf.«

Der schwarze Himmel über dem Bahnhofsplatz, pockennarbig sternenübersät, schwankte direkt über Durands nach oben gerichteten Augen, mal zur einen, mal zur anderen Seiten. Er hatte das Gefühl, ihm sehr nahe zu sein. Dann verwandelte er sich plötzlich in die blasse Gaslichthelle einer Stuckdecke. Diese neigte sich schräg nach oben, verlor immer mehr von ihrer Helligkeit – er wurde eine Treppe hinaufgetragen. Er konnte in den Pausen zwischen den langsamen Schritten seines Trägers den weitaus schnelleren Schritt ihrer flinken Füße hören, wie sie sich dicht hinter ihnen hinaufdrängte. Und einmal fühlte er, wie seine herabbaumelnde Hand für einen kurzen Augenblick von zwei kleinen Händen aufgenommen wurde, spürte den inbrünstigen Druck zweier samtiger Lippen darauf.

»Tut mir leid, daß es so weit oben ist«, sagte der Mann, »aber das ist alles, was ich noch habe.«

»Macht nichts«, antwortete sie. »Hauptsache ein Zimmer, irgendeins.«

Sie traten durch eine Tür. Die Zimmerdecke drinnen war erst dunkel, erhellte sich dann aber nach dem leisen, schwammigen Geräusch, mit dem sich das Gas entzündete, ganz langsam zu mattem Silberglanz. Ihre Schatten schwammen darin herum, vereinten sich, verschwanden plötzlich.

»Soll ich ihn aufs Bett legen, Madam?«

»Nein«, sagte Durand schwach. »Keine Betten mehr. Betten bedeuten Sterben, bedeuten Tod.« Seine Augen suchten die ihren, als der Mann ihn auf einen Stuhl niedersetzte, und er lächelte mit ihnen. »Und ich werde doch nicht sterben, nicht wahr, Bonny?« flüsterte er beherzt.

»Niemals!« antwortete sie heiser. »Das werde ich nicht zulassen!« Sie ballte ihre winzigen Fäuste und machte ein entschlossenes Gesicht. Er konnte Funken des Trotzes in ihren Augen sehen, als seien diese Feuersteine.

»Soll ich einen Arzt rufen, Madam?« fragte der Mann.

»Im Augenblick noch nicht. Lassen Sie uns jetzt bitte allein. Ich sage Ihnen später Bescheid. Hier, nehmen Sie das erst einmal.« Sie steckte ihm durch die Tür Geld zu. »Ich trage uns dann auch in das Meldebuch ein.«

Sie schloß die Tür, eilte wieder zu Durand zurück. Sie sank in flehender Haltung vor ihm nieder.

»Louis, Louis, wollte ich wirklich Geld, wollte ich schöne Kleider und Schmuck haben? Ach, das alles würde ich in diesem Augenblick hergeben, wenn ich dafür dich hier stark und aufrecht vor mir stehen sehen könnte. Ja, ich würde sogar mein *Aussehen* dafür hergeben« – sie krallte ihre Finger in ihr Gesicht, zerrte an ihren geschmeidigen Wangen, als wolle sie sie ihm geben – »denn was hätte ich sonst auch schon zu bieten?«

»Wende dich mit deinem Flehen an Gott, mein Liebes, nicht an mich«, sagte er leise, sanft. »Ich will dich so, wie du bist. Ich würde dich gar nicht anders haben wollen, auch um mein Leben nicht. Ich will keine gute, keine noble Frau. Ich will meine eitle, meine selbstsüchtige Bonny ... Du bist es doch, die ich liebe, die Schlechtigkeit und das Gute an dir gleichermaßen, und nicht die Qualitäten, die eine Frau nach der allgemeinen Meinung haben sollte. Bleib standhaft darin, ändere dich nicht, niemals. Denn ich liebe dich so, wie ich dich kenne, und wenn Gott zu lieben vermag, dann vermag Er auch zu verstehen.«

Die Tränen strömten nun mit uneingeschränkter Freigebigkeit aus ihren Augen – sie weinte hemmungslos, sie, die noch nie in ihrem Leben geweint hatte. Die Tränen eines ganzen Lebens, bis zu diesem Augenblick aufgestaut, schossen in einem einzigen wilden Sturzbach der Reue aus ihren Augen.

Er streckte zitternd seine Finger aus, um sie ihrem Lauf folgen zu lassen. »Weine nicht mehr. Du hast in diesen wenigen Minuten schon so viel geweint. Und ich wollte dir doch Glück schenken, nicht Tränen.«

Sie hielt den Atem an, rang mit ihnen, drängte sie zurück, erstickte sie. »Ich bin noch so unerfahren in der Liebe, Louis. Es ist ja erst ein halber Tag. Nur ein halber Tag von dreiundzwanzig Jahren, Lou!« Und wie ein verwundertes Kind fragte sie: »Ist das die Liebe? Schmerzt sie immer so?«

Er ging in Gedanken den Weg ihrer gemeinsamen Geschichte zurück, die jetzt zu Ende war, und sagte: »Sie schmerzt. Aber das ist's wert. Es ist die Liebe.«

Ein befremdliches, schnaubendes Geräusch drang durch das geschlossene Fenster herein, von irgendwo ganz in der Nähe. Es klang, als schnüffele ein großes, bullenartiges Tier, in klirrenden Ketten gefangen, am Boden herum.

»Was war das?« fragte er ausdruckslos und hob den Kopf ein wenig.

»Es ist ein Zug, da draußen in der Dunkelheit. Ein Zug, der gerade einläuft oder irgendwo auf dem Verschiebebahnhof rangiert...«

Seine Arme auf der Stuhllehne versteiften sich, schoben ihn höher.

»Bonny, das ist unserer, der ist für uns. Irgendein Zug, irgendwohin... Hilf mir. Hilf mir hier raus. Ich schaff's, ich kann es...«

Sie hatte ihr ganzes Leben lang mit der Gewalt gelebt, mit plötzlichen Veränderungen und schnellen Entschlüssen. Sie reagierte schnell auf neue Situationen, war das gewöhnt. Ein Wort, und sie war bereit. Ihre Entschlußkraft flammte unverzüglich auf, von seinem Wunsch entzündet.

»Irgendwohin. Selbst nach New York. Du wirst dort zu mir stehen, wenn sie...«

Sie legte ihren Arm um ihn, half ihm, vom Stuhl aufzustehen. Es war wieder soweit, die endlose Flucht begann von neuem. Eng umschlungen machten sie einen Schritt vorwärts, auf die Tür zu. Einen einzigen...

Er fiel. Und diesmal hatte dieser Sturz eine Endgültigkeit an sich, die nicht mehr zu übersehen war. So stürzten nur Sterbende, Tote auf die Erde. Er lag dort, flach auf dem Rücken, widerstandslos, erwartete ihn. Er lag mit dem Gesicht nach oben, sah sie mit verzweifelten Augen an.

Ihr Gesicht senkte sich schnell zu dem seinen hinab.

»Keine Zeit mehr«, flüsterte er mit unbewegtem Mund. »Sprich nicht. Leg deine Lippen auf meine. Sag mir so Adieu.«

Abschiedskuß. Ihre Seelen schienen zusammenzufließen. Schienen zu versuchen, sich auf ewig zu einer einzigen zu verbinden. Scheiterten dann verzagend, wurden wieder getrennt, und die eine sank hinab in die Dunkelheit, und die andere blieb im Licht.

Sie löste endlich aus schierer Atemnot ihren Mund von dem

seinen. Und auf diesem blieb ein unsagbares Lächeln der Zufriedenheit, dort, wo ihre Lippen ihn berührt hatten.

»Und das war mein Lohn«, seufzte er.

Seine Augen schlossen sich, und da war der Tod.

Ein Schauer durchrieselte sie, als liege sie selbst im Todeskampf. Sie schüttelte ihn, versuchte, die Bewegung in ihn zurückzuholen, die gerade erst aus ihm entwichen war, dies aber nun für immer. Sie drückte ihn in verzweifelter Umarmung an sich, aber das war nicht mehr er, sondern nur noch irgendein totes Etwas, das er zurückgelassen hatte. Sie flehte, sie rief ihn an. Ja, sie versuchte sogar, mit dem Tod zu handeln, einen kleinen Aufschub bei ihm zu erwirken.

»Nein, warte! Oh, nur noch eine Minute! Gib mir noch eine Minute, und dann will ich ihn auch loslassen! O Gott! O irgendeiner! Irgendwer! Nur eine Minute! Da gibt es doch noch etwas, was ich ihm sagen möchte!«

Keine Verlassenheit gleicht der des plötzlich beraubten Heiden. Denn für den Heiden gibt es kein Jenseits.

Sie warf sich über ihn, und ihr Haar, das sich gelöst hatte, bedeckte ihn, bedeckte sein Gesicht. Ihr blondes Haar, das er so sehr geliebt hatte, war sein Leichentuch.

Ihre Lippen suchten sein Ohr, und sie versuchte, etwas hineinzuflüstern, was nur er hören sollte. »Ich liebe dich. Ich liebe dich. Kannst du mich nicht hören? Wo bist du? Das ist's doch, was du dir immer gewünscht hast. Wünschst du es dir jetzt nicht mehr?«

Im Hintergrund ihres Schmerzes, weit entfernt, undeutlich, unbeachtet, schienen plötzlich sich wiederholende Geräusche zu erklingen. Ein gedämpftes Klopfen an der Tür, lautstark fordernde Stimmen, die es unterstützend begleiteten, eben jetzt dahergezaubert, an diesen Ort, in diesem Augenblick, wer weiß wie? Vielleicht durch den lang aufgestauten Verdacht von Nachbarn, der endlich übergeflossen und zu Denunziation geworden war, vielleicht durch jenes andere, lang, lang zurückliegende Verbrechen in Mobile, das sie schließlich doch eingeholt hatte – zu spät, zu spät. Denn sie war entronnen, sie war ebenso in Sicherheit wie er.

»Machen Sie auf! Hier ist die Polizei! Öffnen Sie die Tür, hören Sie?«

Ihre Forderung konnte keinen Eindruck machen, ihre Drohung keine Angst. Denn sie war jetzt die Gefangene eines anderen. Sie war ihnen entkommen.

Klagte schmerzgepeinigt in das Ohr, das sie nicht mehr hörte: »O Louis, Louis! Meine Liebe kam zu spät. Zu spät habe ich dich geliebt.«

Das Klopfen und das Rufen und der Schmerz vergingen langsam, und da war nichts mehr.

»Und das ist meine Strafe.«

Die lautlose Musik hört auf.
Die Tänzer welken dahin und sinken nieder.
Der Walzer ist zu Ende.

Cornell Woolrich im Diogenes Verlag

Der schwarze Vorhang

Roman. Aus dem Amerikanischen
von Signe Rüttgers. detebe 21625
Neuübersetzung

Nach einem leichten Unfall im Vergnügungsviertel geht Frank Townsend nach Hause – um festzustellen, daß er seit Jahren nicht mehr dort gewesen war. An Gedächtnisschwund leidend, des Mordes angeklagt und Opfer mörderischer Verfolgungen, muß er die ›Strafe‹ überstehen, die die Zeit über ihn verhängt hat.

»Unmöglich, das Buch vor dem Ende aus der Hand zu legen.« *The New York Times*

Verfilmt von Jack Hively mit Burgess Meredith, Claire Trevor, Louise Platt und Sheldon Leonard in den Hauptrollen.

Der schwarze Engel

Roman. Aus dem Amerikanischen von
Harald Beck und Claus Melchior. detebe 21626
Neuübersetzung

Ihr Mann nennt sie Engel, und als er wegen Mordes an seiner Geliebten verhaftet wird, wird sie es tatsächlich: ein schwarzer Todesengel. Um die Unschuld ihres Gefährten zu beweisen, steigt sie in die schwarze Welt der Spielhöllen, der Drogen und Prostituierten und bringt allen, die mit ihr in Berührung kommen, Unglück und Verderben.

»Woolrich gewinnt mehr Entsetzen, mehr Spannung und zitterndes Nägelkauen aus den allergewöhnlichsten Ereignissen als fast alle seiner Kollegen und Zeitgenossen.« *Ellery Queen*

Verfilmt von Roy William Neill mit Peter Lorre, June Vincent und Dan Duryea in den Hauptrollen.

Der schwarze Pfad

Roman. Aus dem Amerikanischen von Daisy Remus. detebe 21627

Scotty und Eve konnten zwar vor Eves verbrecherischem Ehemann flüchten, nicht aber vor seiner Rache. In einer überfüllten Bar in Havanna wird die schöne Frau ermordet, und Scotty sitzt in einer mörderischen Falle, bleibt allein zurück in einem fremden Land, das nichts von ihm will als den Beweis, daß er die Frau, die er liebte, nicht umgebracht hat.

»Ein satanisches, scharfsinniges Plot.«
The New York Times

Verfilmt von Arthur Pripley mit Michèle Morgan und Robert Cummings in den Hauptrollen.

Das Fenster zum Hof

und vier weitere Kriminalstories
Aus dem Amerikanischen von Jürgen Bauer und Edith Nerke. Mit einem Nachwort von Wolfram Knorr. detebe 21718
Neuübersetzung

»Rein technisch betrachtet sind viele von Woolrichs Werken schrecklich; man vermißt in ihnen jeglichen Sinn. Und genau das ist es: wie im Leben. Dennoch finden einige seiner Geschichten, gewöhnlich infolge merkwürdiger Zufälle, ein glückliches Ende. Aber da er niemals einen Serien-Helden eingeführt hat, weiß der Leser auch nie im voraus, ob die Woolrich-Geschichte, vor der er gerade sitzt, hell oder dunkel, ob sie *allègre* oder *noire* ist – einer von vielen Gründen dafür, daß seine Geschichten so packend und spannungsgeladen sind. Wie die fünf in diesem Band vereinten.« *Francis M. Nevins jr.*

Die Titelgeschichte wurde verfilmt von Alfred Hitchcock mit Grace Kelly und James Stewart in den Hauptrollen.

Walzer in die Dunkelheit

Roman. Aus dem Amerikanischen von Harald Beck
und Claus Melchior. detebe 21719
Neuübersetzung

Die Geschichte beginnt – wie so viele von Woolrichs Geschichten – mit einem einsamen Mann. Louis Durand, 37 Jahre alt, wohlhabender Kaufmann, hat nur noch einen Gedanken: seiner Einsamkeit zu entfliehen. Die Frau, die er heiraten will, kennt er nur aus Briefen. Doch dann taucht sie persönlich auf, die namenlose *femme fatale*, die für Durand zum Schicksal wird...

»In Woolrichs Geschichten spielt die Liebe eine große Rolle, eine totale und ausschließliche Liebe, die, wenn sie zerstört ist, unersetzlich bleibt.« *François Truffaut*

Verfilmt von François Truffaut unter dem Titel *La Sirène du Mississippi;* in den Hauptrollen Jean-Paul Belmondo und Catherine Deneuve.

Die Nacht hat tausend Augen

Roman. Aus dem Amerikanischen von
Michael K. Georgi. detebe 21720
Neuübersetzung

John Triton, ein Varieté-Hellseher, hat plötzlich die Gabe, tragische Ereignisse vorauszusehen. Sein Unvermögen, diese Katastrophen zu verhindern, läßt ihn verzweifeln. Er sieht voraus, daß seine Braut und Assistentin Jenny im Kindbett sterben wird, weshalb er sich von ihr und der Bühne zurückzieht, in der Hoffnung, damit die Tragödie abzuwenden. Jenny heiratet seinen Partner Whitney Courtland. Bald darauf stirbt sie bei der Geburt ihrer Tochter Jean...

»Cornell Woolrich ist der Meister der Spannung.«
Isaac Asimov

Verfilmt von John Farrow, mit Edward G. Robinson, Gail Russell und Virginia Bruce in den Hauptrollen.

Im Dunkel der Nacht

Kriminalstories. Aus dem Amerikanischen
von Signe Rüttgers. detebe 21759
Deutsche Erstausgabe

»Woolrich schreibt Psychotope, Etüden der Angst und der Einsamkeit, voll cooler Bildentwürfe und grandioser Stimmungsmalerei.« *Die Weltwoche, Zürich*

Titelgeschichte verfilmt mit Edward G. Robinson in der Hauptrolle.

Ich heiratete einen Toten

Roman. Aus dem Amerikanischen von
Matthias Müller. detebe 21742
Neuübersetzung

»Ein verschollener Klassiker des amerikanischen Kriminalromans kommt im Diogenes Verlag in neuen deutschen Übersetzungen ans Licht: Cornell Woolrich, der ›dritte Mann‹ neben *Dashiell Hammett*[1] und *Raymond Chandler*[2].« *Der Spiegel, Hamburg*

Verfilmt mit Barbara Stanwyck in der Hauptrolle.

[1] *Dashiell Hammett,* sämtliche Werke in 10 Bänden. Vollständig und neu übersetzt von Hellmuth Karasek, Gunar Ortlepp, Walter E. Richartz, Harry Rowohlt, Wulf Teichmann, Hans Wollschläger u. a.

[2] *Raymond Chandler,* Werkausgabe in 13 Bänden. Vollständig und neu übersetzt von Hellmuth Karasek, Gunar Ortlepp, Walter E. Richartz, Wulf Teichmann, Urs Widmer und Hans Wollschläger.

Raymond Chandler im Diogenes Verlag

Die besten Detektivstories
Aus dem Amerikanischen von Hans Wollschläger. Diogenes Evergreens

Der große Schlaf
Roman. Aus dem Amerikanischen von Gunar Ortlepp. detebe 20132

Die kleine Schwester
Roman. Deutsch von Walter E. Richartz
detebe 20206

Das hohe Fenster
Roman. Deutsch von Urs Widmer
detebe 20208

Der lange Abschied
Roman. Deutsch von Hans Wollschläger
detebe 20207

Die simple Kunst des Mordes
Briefe, Essays, Notizen. Herausgegeben von Dorothy Gardiner und Kathrine Sorley Walker. Deutsch von Hans Wollschläger
detebe 20209

Die Tote im See
Roman. Deutsch von Hellmuth Karasek
detebe 20311

Lebwohl, mein Liebling
Roman. Deutsch von Wulf Teichmann
detebe 20312

Playback
Roman. Deutsch von Wulf Teichmann
detebe 20313

Mord im Regen
Frühe Stories. Vorwort von Philip Durham. Deutsch von Hans Wollschläger
detebe 20314

Erpresser schießen nicht
Gesammelte Detektivstories I. detebe 20751

Der König in Gelb
Gesammelte Detektivstories II. detebe 20752

Gefahr ist mein Geschäft
Gesammelte Detektivstories III. detebe 20753
Alle drei Bände deutsch von Hans Wollschläger

Englischer Sommer
Geschichten, Parodien, Sprüche, Essays. Mit einem Vorwort von Patricia Highsmith, Zeichnungen von Edward Gorey und einer Erinnerung an den Drehbuchautor Chandler von John Houseman. Deutsch von Hans Wollschläger, Wulf Teichmann u.a.
detebe 20754

Meistererzählungen
Deutsch von Hans Wollschläger
detebe 21619

Außerdem liegt vor:

Frank MacShane
Raymond Chandler
Eine Biographie
Mit vielen Fotos. Deutsch von Christa Hotz, Alfred Probst und Wulf Teichmann
detebe 20960

Dashiell Hammett im Diogenes Verlag

Der Malteser Falke
Roman. Aus dem Amerikanischen von Peter Naujack. detebe 20131

Rote Ernte
Roman. Deutsch von Gunar Ortlepp detebe 20292

Der Fluch des Hauses Dain
Roman. Deutsch von Wulf Teichmann detebe 20293

Der gläserne Schlüssel
Roman. Deutsch von Hans Wollschläger detebe 20294

Der dünne Mann
Roman. Deutsch von Tom Knoth detebe 20295

Fliegenpapier
Detektivstories I. Deutsch von Harry Rowohlt, Helmut Kossodo, Helmut Degner, Peter Naujack und Elizabeth Gilbert. Vorwort von Lillian Hellman. detebe 20911

Fracht für China
Detektivstories II. Deutsch von Elizabeth Gilbert, Antje Friedrichs und Walter E. Richartz. detebe 20912

Das große Umlegen
Detektivstories III. Deutsch von Walter E. Richartz, Hellmuth Karasek und Wulf Teichmann. detebe 20913

Das Haus in der Turk Street
Detektivstories IV. Deutsch von Wulf Teichmann. detebe 20914

Das Dingsbums Küken
Detektivstories V. Deutsch von Wulf Teichmann. Nachwort von Prof. Steven Marcus. detebe 20915

Meistererzählungen
Ausgewählt von William Matheson. Deutsch von Wulf Teichmann, Walter E. Richartz und Elizabeth Gilbert. detebe 21722

Außerdem liegt vor:

Diane Johnson
Dashiell Hammett
Eine Biographie. Aus dem Amerikanischen von Nikolaus Stingl. Mit zahlreichen Abbildungen. detebe 21618

Patricia Highsmith im Diogenes Verlag

Suspense
oder Wie man einen Thriller schreibt
Aus dem Amerikanischen von Anne Uhde
Broschur

Geschichten von natürlichen und unnatürlichen Katastrophen
Deutsch von Otto Bayer. Leinen

Der Stümper
Roman. Deutsch von Barbara Bortfeldt
detebe 20136

Zwei Fremde im Zug
Roman. Deutsch von Anne Uhde
detebe 20173

Der Geschichtenerzähler
Roman. Deutsch von Anne Uhde
detebe 20174

Der süße Wahn
Roman. Deutsch von Christian Spiel
detebe 20175

Die zwei Gesichter des Januars
Roman. Deutsch von Anne Uhde
detebe 20176

Der Schrei der Eule
Roman. Deutsch von Gisela Stege
detebe 20341

Tiefe Wasser
Roman. Deutsch von Eva Gärtner und Anne Uhde. detebe 20342

Die gläserne Zelle
Roman. Deutsch von Gisela Stege und Anne Uhde. detebe 20343

Das Zittern des Fälschers
Roman. Deutsch von Anne Uhde
detebe 20344

Lösegeld für einen Hund
Roman. Deutsch von Anne Uhde
detebe 20345

Der talentierte Mr. Ripley
Roman. Deutsch von Barbara Bortfeldt
detebe 20481

Ripley Under Ground
Roman. Deutsch von Anne Uhde
detebe 20482

Ripley's Game
Roman. Deutsch von Anne Uhde
detebe 20346

Der Schneckenforscher
Gesammelte Geschichten. Vorwort von Graham Greene. Deutsch von Anne Uhde
detebe 20347

Ein Spiel für die Lebenden
Roman. Deutsch von Anne Uhde
detebe 20348

Kleine Geschichten für Weiberfeinde
Deutsch von W. E. Richartz. Mit Zeichnungen von Roland Topor. detebe 20349

Kleine Mordgeschichten für Tierfreunde
Deutsch von Anne Uhde. detebe 20483

Venedig kann sehr kalt sein
Roman. Deutsch von Anne Uhde
detebe 20484

Ediths Tagebuch
Roman. Deutsch von Anne Uhde
detebe 20485

Der Junge, der Ripley folgte
Roman. Deutsch von Anne Uhde
detebe 20649

Leise, leise im Wind
Erzählungen. Deutsch von Anne Uhde
detebe 21012

Keiner von uns
Erzählungen. Deutsch von Anne Uhde
detebe 21179

Leute, die an die Tür klopfen
Roman. Deutsch von Anne Uhde
detebe 21349

Nixen auf dem Golfplatz
Erzählungen. Deutsch von Anne Uhde
detebe 21517

Elsie's Lebenslust
Roman. Deutsch von Otto Bayer
detebe 21660

Meistererzählungen
Ausgewählt von Patricia Highsmith. Deutsch von Anne Uhde, Walter E. Richartz und Wulf Teichmann. detebe 21723

Als Ergänzungsband liegt vor:

Über Patricia Highsmith
Essays und Zeugnisse von Graham Greene bis Peter Handke. Mit Bibliographie, Filmographie und zahlreichen Fotos. Herausgegeben von Franz Cavigelli und Fritz Senn
detebe 20818

Margaret Millar im Diogenes Verlag

Banshee die Todesfee
Roman. Aus dem Amerikanischen von Renate Orth-Guttmann. Leinen

Gesetze sind wie Spinnennetze
Roman. Deutsch von Barbara Rojahn-Deyk und Jobst-Christian Rojahn. Leinen

Liebe Mutter, es geht mir gut . . .
Roman. Deutsch von Elizabeth Gilbert
detebe 20226

Die Feindin
Roman. Deutsch von Elizabeth Gilbert
detebe 20276

Fragt morgen nach mir
Roman. Deutsch von Anne Uhde
detebe 20542

Ein Fremder liegt in meinem Grab
Roman. Deutsch von Elizabeth Gilbert
detebe 20646

Die Süßholzraspler
Roman. Deutsch von Georg Kahn-Ackermann und Susanne Feigl. detebe 20926

Von hier an wird's gefährlich
Roman. Deutsch von Fritz Güttinger
detebe 20927

Der Mord von Miranda
Roman. Deutsch von Hans Hermann
detebe 21028

Das eiserne Tor
Roman. Deutsch von Karin Reese und Michel Bodmer. detebe 21063

Fast wie ein Engel
Roman. Deutsch von Luise Däbritz
detebe 21190

Die lauschenden Wände
Roman. Deutsch von Karin Polz
detebe 21421

Nymphen gehören ins Meer!
Roman. Deutsch von Otto Bayer
detebe 21516

Kannibalen-Herz
Roman. Deutsch von Michael K. Georgi
detebe 21685